# NUR HEILIGE
## Mennoniten in Russland, 1789 - 1889

*James Urry*

**Crossway Publications Inc.**
Steinbach, Manitoba, Canada

*Sonntag Morgan vor der Chortitza Kirche* – Henry B. Pauls
(Toronto Mennonite Centre, wiedergabe mit der Erlaubniss des Board of the Directors of the St. Clair O'Connor Community Inc.)

Henry B. Pauls (1904-1995) wurde in der mennonitischen Kolonie Chortitza in Südrussland geboren. Er wanderte 1923 nach Kanada aus und betrieb Landwirtschaft in Saskatchewan und Ontario, bis er 1987 in den Ruhestand trat. Er fing noch in seiner alten Heimat in Russland an, Bilder zu malen und setzte dies neben dem Beruf als Farmer in Saskatchewan und Ontario bis 1972 fort. Seine Bilder gibt es in einer Reihe von Kollektionen u.a. auch im Kanadischen Museum der Zivilisation und dem Nationalarchiv von Kanada in Ottawa sowie in den mennonitischen Zentren in Ontario und Manitoba.

*Siehe auch:* Hildi Tiessen und Paul Tiessen Hgr. *A Sunday afternoon: painting by Henry Pauls* (St. Jacobs, Ont.: Institute of Anabaptist-Mennonite Studies and Sand Hill Press, 1991)

# NUR HEILIGE
## Mennoniten in Russland, 1789 - 1889

*James Urry*
(Aus dem Englischen übersetzt von Elisabeth L. Wiens)

**Crossway Publications Inc.**
Steinbach, Manitoba, Canada

Titel des Originals:
**None But Saints: The Transformation of Mennonite Life in Russia 1789-1889**
Winnipeg: Hyperion Press, 1989

© James Urry 1989

Übersetzung: Elisabeth L. Wiens

Alle Rechte vorbehalten.
Nachdruck, auch auszugsweise, verboten.
Kein Teil dieses Werkes darf ohne schriftliche Einwilligung des Verfassers und Verlages in irgendeiner Form (Fotokopie, Mikrofilm oder ein anderes Verfahren), auch nicht für Zwecke der Unterrichtsgestaltung, reproduziert oder unter Verwendung elektronischer Systeme verarbeitet, vervielfältigt oder verbreitet werden.

ISBN: 0-920534-80-5

Typographisches Konzept: Jason Funk

Druck: Derksen Printers
       Box 1209 Steinbach, Manitoba Canada R0A 2A0

Printed in Canada, 2005.

Verlag: Crossway Publications Inc.
       Website: www.hshs.mb.ca

*Für Rita*

*Was Tyrannei allein nicht kann, sie mit dem Aberglauben schafft.*
*So hat die erste denn den Leib, der zweite hat den Geist versklavt*
*Da wurde sehr viel geglaubt, und wenig man verstand,*
*denn Ignoranz und Stumpfsinn war's, was man für recht und gut befand.*
*Verboten waren eitler Witz und unerwünschte Krittelei'n..*
*Und stolz zu sein? Dies Recht besaßen nur die Heiligen allein.*

ALEXANDER POPE
*Aus Essay über die Kritik* (1736. Ausgabe)
(Übers.: Elisabeth L. Wiens)

# Nur Heilige - Vorwort des Verlegers

Am 14 August, 2004

Als James Urry's Werk *None But Saints* (Nur Heilige) 1989 erschien, war es bis dahin das bedeutendste Werk zum Thema der Russlandmennoniten. Von den 600-800,000 Nachkommen der Flämisch- Russlandmennoniten sind etwa die Hälfte englischsprechend, die andere Hälfte besteht aus Deutschlesern. Es ist mir und dem Crossway Verlag Inc. deshalb eine Freude und ein Vorrecht die deutsche Fassung dieses bedeutenden Werkes *Nur Heilige* zu drucken, um damit diesen Klassiker unsern beliebten Deutschlesern vorzustellen.

Die flämischen Mennoniten haben einen besonderen und heiligen Ruf von Gott empfangen als Zeugen des Friedens und der Wahrheit des Evangeliums in einer Welt der Gewalt und des Krieges aufzutreten. Es ist mir von grosser Wichtigkeit, dass Mennoniten ihren Glauben, ihre Kultur, und ihre Geschichte kennen und studieren. Nur indem man mit fundiertem Wissen in solchen Belangen gerüstet ist, können Mennoniten, insbesondere unsere Jugend, den rücksichtslosen Eiferern fremder Religionen, vor allem amerikanischen Evangelikalen mit ihren Lügen und Verzerrungen der Wahrheit, die Stirn bieten.

Seit dem Anfang der flämischen Mennonitenbewegung in den Märtyrer-Scheiterhaufen Brabants und Flandern des sechzehnten Jahrhunderts hat es immer wieder Verräter gegeben, die eifrig bedacht waren, ihren Glauben den finstern Mächten Preis zu geben. Während der Reformation hat es immer wieder spiritualistische Wiedertäufer wie Hans Denck und David Joris gegeben, die Menno Simons (1496-1561) und seiner apostolischen Vision einer sichtbaren Gemeinde ohne Fleck und Runzeln versuchten streitig zu machen. In der darauffolgenden Generation war es Hans de Ries (1553-1638) und seine Waterländer, die ständig versuchten die Flamen herauszufordern, zu bekämpfen und ihnen die Heilige Schrift zu entführen.

Dennoch hat die Danziger Altflamen-Gemeinde mutig und standhaft den Kampf um die Gemeinde aufgenommen; sie legten im Weichseldelta in preussischen Polen in den 1540'er Jahren eine Neue Heimat an, verzogen aber in der Folge 1788 nach Südrussland. Hier setzten sie den Prozess ihres Glaubens fort und entwickelten viele ihrer Eigenschaften, Gepflogenheiten und Traditionen, die wir in unserer Zeit mit dem Flämisch-Russlandmennonitentum verbinden.

Crossway Publications Inc. ist ein kleiner Verleger, der die Erhaltung des Glaubens, der Geschichte, und der Kultur der konservativen und traditionellen Mennoniten aufrecht zu erhalten sich zur Aufgabe gemacht hat. Es ist unsere Hoffnung, dass *Nur Heilige* vielen zum Segen gereichen möge, und ein neues Interesse an den Glaubenssachen und Kulturgeschichte des Flämisch-Russlandmennoniten-Volkes schaffen wird.

† Delbert F. Plett Q. C.

# INHALTSVERZEICHNIS

Anmerkungen zum Text ................................................................. 9
Abkürzungen ................................................................................. 10
Vorwort von David G. Rempel ..................................................... 11
Vorwort zur deutschen Ausgabe von James Urry ....................... 13
Vorwort zur Original Ausgabe von James Urry .......................... 31
Einführung ..................................................................................... 36
  1. Grundlagen .............................................................................. 50
  2. Auswanderung und Ansiedlung ............................................ 67
  3. Gemeinschaft und Gemeinde ................................................ 81
  4. Ein Land der Möglichkeiten .................................................. 101
  5. Fremde und Brüder ................................................................ 113
  6. Der Prophet des Fortschritts .................................................. 128
  7. Die Verfechter der Tradition .................................................. 144
  8. Handel und Gemeinschaft ...................................................... 160
  9. Erziehung und Frömmigkeit .................................................. 176
  10. Abfall und Trennung ............................................................ 197
  11. Reform und Reaktion ........................................................... 220
  12. Neue Ziele ............................................................................ 244
  13. Die Entstehung des mennonitischen Staates im Staate ...... 267
  14. 1889: Das Jubiläumsjahr ...................................................... 291
Schlußworte ................................................................................... 304
Anhang I ........................................................................................ 308
Anhang II ....................................................................................... 311
Bibliographie ................................................................................. 316
Namenverzeichniz ......................................................................... 337

## TABELLEN

1. Die Gründung der Chortitzer Dörfer, 1789 -1824 ..................................... 73
2. Die Gründung der Molotschnaer Dörfer, 1804 - 1811 ........................... 93
3. Die Gründung der Molotschnaer Dörfer, 1819 - 1824 ........................... 120
4. Die Gründung der Molotschnaer Dörfer, 1832 - 1863 ........................... 169
5. Mitglieder der Wüst Brüder ..................................................................... 194
6. Tochterkolonien in Neurussland 1868 - 1889 ......................................... 248
7. Größe der mennonitischen Gemeinden: Chortitza und
   Molotschnaja 1888 ................................................................................. 278

## KARTEN

Das Mennonitische Preußen ......................................................................... 62
Neurussland 1802 .......................................................................................... 91
Molotschnaja 1806 ........................................................................................ 94
Chortitza 1812 ............................................................................................... 108
Molotschnaja 1830 ........................................................................................ 127
Molotschnaja 1875 ........................................................................................ 250
Neurussland 1880 .......................................................................................... 256
Chortitza 1889 ............................................................................................... 338

# Anmerkungen zum Text

Russische Gewichte und Maße

| | | |
|---|---|---|
| 1 arschin = | = | 0,71 m |
| 1 werst | = | 1,0668 km |
| 1 pud | = | 16,38 kg |
| 1 tschetwert | = | 26,349 Hohlliter |
| 1 dessjatina | = | 1,092 ha |

Mennonitische Namen werden sehr unterschiedlich geschrieben. Ich habe versucht, bei den Namen bestimmter Personen konsequent zu bleiben.

In diesem Buch wurde der Ausdruck "kleinrussisch" statt "ukrainisch" für die Bauern verwendet, die in der Nähe der neurussischen Kolonien lebten, da diese Bezeichnung vor Ort sowohl von den Mennoniten als auch von den erwähnten Bauern in der von diesem Buch erfaßten Zeit gebraucht wurde. Damals und in dieser Gegend hatte der Name noch nicht den negativen Beiklang, den er später bekam.

Wo russische Worte gebraucht werden, ist kein Versuch gemacht worden, sie dem grammatikalischen Kontext anzupassen, in dem sie erscheinen. (Ich habe sie in der deutschen Übersetzung dem grammatikalischen Kontext angepaßt. E. Wiens)

*James Urry*

## ABKÜRZUNGEN

| | |
|---|---|
| Botsch | Der Botschafter |
| Bte | Der Bote |
| CWMS | Complete Writings of Menno Simons (Scottdale, 1956) |
| | (Gesammelte Schriften von Menno Simons) |
| Frdst | Die Friedensstimme |
| HBR | Heimatbuch der Deutschen aus Russland |
| HT | Herald of Truth (Herold der Wahrheit) |
| JGO | Jahrbücher für Geschichte Osteuropas |
| JMS | Journal of Mennonite Studies |
| LG | Low German (Plattdeutsch) |
| MBl | Mennonitische Blätter |
| ME | Mennonite Encyclopedia (Mennonitische Enzyklopädie) |
| MERSH | Modern Encyclopedia of Russian and Soviet History |
| MGbl | Mennonitische Geschichtsblätter |
| MHC | Mennonite Heritage Centre, Winnipeg |
| MJ | Mennonitisches Jahrbuch |
| MKG | Mittheilungen der Kaiserlichen freien ökonomischen |
| | Gesellschaft zu St. Petersburg |
| ML | Mennonite Life |
| Mlex | Mennonitisches Lexikon |
| MQR | Mennonite Quarterly Review |
| MR | Die Mennonitische Rundschau |
| OZ | Odessaer Zeitung |
| PSZ | Polnoje Sobranije Sakonow Rossijskoj Imperii |
| | (Vollständige Sammlung der Gesetze des russischen Reiches) |
| RBS | Russkij Biografitscheskij Slowarj (Russisches biographisches Wörterbuch) |
| TsGAIL | Zentraljnyj Gossudarstwennyj Istoritscheskij Archiv SSSR, Leningrad)* |
| | (Staatliches Historisches Zentralarchiv der UdSSR, Leningrad) |
| Ubl | Unterhaltungsblatt für deutsche Ansiedler im südlichen Russland |
| UB | Unser Blatt |
| ZH | Zur Heimath |
| SMG | Journal Ministerstwa Gossudarstwennych Imuschtschestw |
| | (Zeitschrift des Ministeriums für Staatsvermögen) |

\* *[Bei Zitaten von Quellen aus diesem Archiv f=fond (Archiv- bzw. Seriennummer) op=opis{Katalog oder Register), d=delo (Angelegenheit, Akte, Band)]*

# Vorwort von David G. Rempel

Vor etwas mehr als zweihundert Jahren, Ende März 1788, machten sich der Deputierte Jakob Hoeppner, seine Familie und andere Mennoniten auf den Weg nach Rußland, und bis November haten sich bereits 228 Familien in Dubrowna, in der Nähe von Smolensk eingefunden, um dort zu überwintern, bevor sie in ihre neue Heimat am südlichen Dnjepr weiterreisten. Unter ihnen befand sich auch Peter Hildebrandt, damals ein Gehilfe Hoeppners, sein zukünftiger Schwiegersohn und späterer Prediger in Chortitza. Nach vielen Jahren hat Peter Hildebrandt auf vielfache Bitten von Freunden und Bekannten seine Erinnerungen an die Auswanderung und die Pionierjahre aufgeschrieben. Um jedoch einen erneuten Ausbruch alter und längst in Vergessenheit geratener Streitigkeiten zu vermeiden, wies er seine Erben an, die Veröffentlichung des Manuskripts erst dann zu erlauben, wenn die letzte, darin erwähnte Person gestorben sei. Als das hundertjährige Jubiläum der mennonitischen Ansiedlung in Rußland näherrückte, erinnerten sich die Leute an die Existenz dieses Manuskripts. Peters Enkel Kornelius (1833-1920) erklärte sich bereit, es zu veröffentlichen, wenn sich eine geeignete Person fände, die "es druckreifer machen würde". Der Mann, der für die Redigierung des Manuskripts gewählt wurde, war David H. Epp, damals ein junger Lehrer und Sohn des Ältesten Heinrich Epp. Dieses anspruchslose Büchlein, das vor gerade hundert Jahren unter dem Namen von Peter Hildebrandt erschien (*Erste Auswanderung der Mennoniten aus dem Danziger Gebiet nach Südrussland*) ist noch immer von unermeßlicher historischer Bedeutung und erschien später in Fortsetzungen in mennonitischen Zeitungen in Kanada. 1965 wurde es mit Anmerkungen von Dr. Victor Peters im Echo-Verlag neuaufgelegt.

Peter Hildebrandt sammelte auch eine Menge Dokumente und schriftliche Erinnerungsstücke seiner Familie, der Gemeinden und der Kolonie Chortitza. Sein Sohn Jakob (1793-1867) und sein Enkel Cornelius setzten die Arbeit ihres Vorfahren fort und bewahrten eine Menge von Dokumenten auf, die mit der Zeit als der *Hildebrandt Nachlaß* bekannt wurden. Kornelius war der eigentliche Verwalter dieser ungeheuer bedeutenden privaten Sammlung. Die erfolgreiche Herausgabe von Peter Hildebrands Manuskript verschaffte dem jungen Lehrer David Epp den freien und uneingeschränkten Zugang zu diesen Schätzen. Soviel mir bekannt ist, war Epp der einzige außerhalb des unmittelbaren Familienkreises, dem je dieses Vorrecht gewährt wurde. Das war jedenfalls die Ansicht meiner Großmutter Maria Hildebrandt Pauls, der jüngsten Schwester von Cornelius. Epp machte im Laufe der Jahre guten Gebrauch von dieser Sammlung, angefangen mit seiner meisterhaften Geschichte von Chortitza, die für das hundertjährige Jubiläum 1889 *(Die Chortitzer Mennoniten)* veröffentlicht wurde, und später mit einer Anzahl bedeutender Aufsätze und Studien über das wirtschaftliche und kulturelle Leben der Kolonie, die hauptsächlich in Zeitungen und Zeitschriften in den Jahren vor 1914 erschienen.

Davids jüngerer Bruder Dietrich H. Epp veröffentlichte einen großen Teil der Arbeit seines Bruders in der Zeitung der kanadischen Mennoniten *Der Bote*, die er im Januar 1924 gründete. Zwei Jahre nach dem Tod Davids in Russland im Jahr 1934, veröffentlichte Dietrich eine interessante Abhandlung seines Bruders mit der Überschrift *Bausteine für unsere Geschichtsschreibung* (*Der Bote*, 2. Dezember 1936, 6-7). In dieser Abhandlung wies David darauf hin, daß es vor dem Schreiben eines geschichtlichen Berichts notwendig sei, erst einmal das grundlegende Material, *die Bausteine* zu sammeln. Man kann die Gegenwart nicht verstehen, sagte er, solange man nicht aus der Vergangenheit gelernt hat; man kann die Zukunft nicht begreifen, wenn man sich selbst und sein eigenes Volk nicht versteht. Viele Steine sind erforderlich, um einen Bau aufzuführen, den man als eine endgültige geschichtliche Darstellung bezeichnen kann. Ob sie nun groß oder klein, roh und eckig und gerade erst aus der Fundgrube kommen, oder glatt und poliert sind, alle dazugehörigen Steine müssen an der richtigen Stelle eingefügt werden. Dann kann ein Artikel als Suchscheinwerfer dienen und Licht auf die Vergangenheit werfen.

Epp hat hier eine tiefschürfende Behauptung aufgestellt, an die er sich im großen und ganzen sein ganzes Leben lang bis zu seinem frühzeitigen Tod in Rosenthal gehalten hat. Er wurde schon lange von dem Sowjetregime wegen seiner Zugehörigkeit zur Geistlichkeit verfolgt. Aber Epp, genau wie seine Molotschnaer Kollegen, die etwas über die mennonitische Vergangenheit geschrieben haben und zu denen auch Franz Isaak und Peter M. Friesen gehören, können als Geschichtsschreiber mit Recht beanstandet werden. Obwohl Epp und Friesen beide eine gewisse akademische Bildung besaßen, lag diese nicht auf dem Gebiet der Geschichte. Im Gegensatz zu den meisten Mennoniten kannten sie Russland aus eigener Erfahrung, die weit über ihre kleine mennonitische Welt hinausging, und beide sprachen und lasen sie fließend Russisch. Es fehlte ihnen jedoch die richtige Perspektive für die russische Geschichte und das russische Volk.

Ich möchte die große Schwäche unserer Geschichtsschreibung unserer Geistlichkeit anlasten. Jeder mennonitische Geschichtsschreiber in den Jahren vor der Revolution war ein Prediger in einer der etablierten Gemeinden oder in einer neu gegründeten mennonitischen Kirche. Zuweilen schrieben diese Prediger Berichte über ihre Gemeinde, ihr Dorf oder ihre Kolonie nach ihrem eigenen Gutdünken, viel öfter taten sie es jedoch, weil sie sich aufgrund der Erwartungen ihrer Gemeinde dazu verpflichtet fühlten. Überarbeitet und von zahllosen Lasten

## Vorwort von David G. Rempel 13

und Leiden bedrängt, bemühten sie sich, ihre Berichte so gut wie möglich aufzubauen. Aber ein Prediger war immer sehr gehemmt durch das, was er schreiben und was er nicht schreiben durfte. Man ging einfach davon aus, daß die mennonitische Vergangenheit, einschließlich der vielen Wanderungen unseres Volkes, von religiösen Fragen bestimmt wurde. Obwohl dies gelegentlich stimmen mochte, hatte die Auswanderung nach Russland kaum etwas mit dem Glauben zu tun. Die wirtschaftliche Not trieb unsere Leute nach Russland. Die ganze Auswanderungszeit von 1788 bis 1870 war auf diese Tatsache zurückzuführen. Und die späteren politischen Kämpfe und religiösen Bewegungen in Russland wurden zum großen Teil durch ähnliche materielle Interessen verursacht. Das größte Problem war, daß die mennonitische Kirche in Russland innerhalb des mennonitischen Staates zu einer Staatskirche geworden war, und die Dorfkirche war eigentlich eine Pfarrkirche mit allem, was eine solche Bezeichnung beinhaltet. Unsere Prediger-Historiker waren alle nur zu anfällig dafür, die vergangenen Ereignisse durch das Prisma der Bibel und die getönten Gläser ihrer Predigerbrillen zu sehen. Es war zu leicht, schwierige Fragen und solche Dinge, die für die Gemeinde und prominente Leute nachteilig sein konnten, unter den sprichwörtlichen Teppich zu fegen.

Aufgrund meiner eigenen Forschungsarbeit in den russischen Archiven könnte ich eine ganze Reihe von Beispielen anführen, bei denen in der Arbeit von Epp, Isaak und Friesen versucht wurde, Ereignisse zu unterschlagen und Berichte zu verändern. Das würde hier jedoch zu lange dauern. Hier könnte man natürlich einwenden, daß ich Zugang zu Dokumenten hatte, die diese Prediger-Historiker nicht hatten, aber das ist hier nicht die entscheidende Frage.

Es gibt keine wirklichen Beweise dafür, daß die Historiker in der Zeit vor der Revolution wenigstens in ihren Heimatgebieten Gebrauch von russischen Archiven gemacht haben, oder daß sie sich bemüht hätten, Informationen aus den vielen russischen Quellen über Mennoniten zu holen, die in den Zeitschriften der russischen Ministerien, der wirtschaftlichen und landwirtschaftlichen Gesellschaften oder in so "dicken" Zeitschriften wie *Westnik Jewropy* oder *Istoritschiskij Westnik* veröffentlicht wurden. Was die Archive betrifft, so lebte Epp eine Zeitlang in Jekaterinoslaw, wo die Unterlagen des Fürsorgekomitees aufbewahrt wurden, das von 1800 bis 1818 für die Kolonialangelegenheiten zuständig war. Diese Unterlagen waren in einem Regierungsgebäude untergebracht, das nur ein paar Blocks vom Stadtzentrum und vom mennonitischen Wohnviertel entfernt war, wo Epp wohnte. Diese Stadt war das Tätigkeitszentrum des Komitees, bevor es nach Odessa verlegt wurde. Friesen lebte viele Jahre in Odessa und hätte Einsicht in die späteren Dokumente dieses Komitees nehmen können. Epp und Friesen besuchten St. Petersburg und Moskau bei zahlreichen Gelegenheiten, wo es weitere Sammlungen von Dokumenten über die Mennoniten gab. Zu einer anderen Zeit lebte Epp in Berdjansk und Friesen in der Nähe von Simferopol, beides Zentren, die ebenfalls wichtiges Material enthielten. Aber es gibt keinen Nachweis dafür, daß sie diese Gelegenheit für eine gründlichere Forschungsarbeit nutzten.

All das ist vor vielen Jahren geschehen, bevor die Zeit der großen Trübsal über die Mennoniten hereinbrach. Und doch warten wir heute, zweihundert Jahre nach der ersten mennonitischen Ansiedlung in Russland, noch immer auf eine umfassende, wissenschaftliche Arbeit über diese Auswanderung und eine vollständige Bearbeitung der wirtschaftlichen, religiösen, kulturellen und intellektuellen Geschichte unseres Volkes. Unsere Geschichtsschreibung ist heute noch erbärmlich armselig. Was uns schon immer fehlte, war die große Arbeit eines in geschichtlichen Gedankengängen und geschichtlicher Schlußfolgerung geschulten und erfahrenen Akademikers.

Die Geschichtsforschung der Russland-Mennoniten wird durch die Veröffentlichung des vorliegenden Werkes von James Urry einen außerordentlich glücklichen Auftrieb erhalten. Sein Buch, das keinen Anspruch darauf erhebt, eine abgeschlossene und endgültige wissenschaftliche Erforschung des Themas für den erfaßten Zeitraum zu sein, wurde 1978 als Doktorarbeit in Anthropologie an der Universität Oxford ins Leben gerufen. Diese Dissertation, die als Manuskript einer Reihe kanadisch-mennonitischer Akademiker und bestimmten Laien in Kanada und in den Vereinigten Staaten zugänglich gemacht wurde, hat hohes Lob und großen Beifall gefunden und wurde einer Veröffentlichung für unbedingt würdig erachtet. Aber sie hat in bestimmten Kreisen auch Besorgnis erregt. Einige Laien glaubten, daß diese Dissertation für einen großen Teil der mennonitischen Öffentlichkeit zu gelehrt sei und dadurch viele Leser entmutigen könnte. Zudem äußerten einige konservativ gesinnte Personen ihre Besorgnis darüber, ob der Autor des Manuskrips - das sie nur in groben Zügen vom Hörensagen kannten - auch wirklich ein rechtgläubiger Mensch sei. Oder wie es mir gegenüber von einigen in Deutsch formuliert wurde: "Ja, aber wes Geistes Kind ist der Mann?" Vielleicht befürchtete man, daß hier ein Engländer auf eigene Faust in ein Feld eingedrungen war, das von Rechts wegen ihnen gehörte.

Hier genügt es, darauf hinzuweisen, daß dieses Buch ein vollkommen neues Werk von viel kleinerem Format als die Doktorarbeit, aber genauso wissenschaftlich fundiert ist. Es ist sehr gut, mit einem offensichtlichen Einfühlungsvermögen für das Thema und einem echten Interesse und aufrichtiger Liebe zum mennonitischen Volk geschrieben. Es sollte besonders unter unserer jungen Generation einen guten Anklang finden. Diese Gruppe hat eine viel bessere Bildung, als sie die Jungend in Alt-Russland hatte, und sie ist eher als viele alte Leute dazu geneigt, die Glaubwürdigkeit von vielem zu hinterfragen, was bisher über "die gute Zeit in der alten Heimat in Russland" aufgeschrieben worden ist. Viele dieser jungen Leute haben eine Universitäts- oder eine andere höhere Bildung und haben die angeblich glücklichen Jahre nicht erlebt, deren sich ihre Eltern und Großeltern erfreuten, bevor das große Herzeleid unter dem Kommunismus für sie begann. Und diese jungen Leute haben in den meisten Fällen eine größere und tiefere Kenntnis der Welt als die früheren Generationen und wissen zudem auch etwas über russische Geschichte, Kultur und Politik. Sie nehmen die Gemeindeberichte der Vergangenheit mit ihren oft einfältigen Interpretationen von Ursache und Wirkung der mennonitischen Geschichte nicht so bereitwillig an.

Ich erhebe keinen Anspruch darauf, ein Fachmann für Geschichte zu sein. Ich bin lange ein Student und Liebhaber der russischen Geschichte und Literatur und ein Amateur in der Erforschung des Lebens und der Arbeit der Mennoniten in jenem Land gewesen. Ich wurde in eine mennonitische Familie in Russland, ganz am Ende des neunzehnten Jahrhunderts hineingeboren und bin in einer mennonitischen Umwelt in Zeiten des Friedens, der Revolution und des Krieges aufgewachsen. Ich befand mich unter der ersten Auswandererwelle, die 1923 nach Kanada kam, ich hatte Gelegenheit, an einer Universität in den Vereinigten Staaten zu studieren und habe danach viele Jahre unterrichtet. Zudem habe ich mich fast ein halbes Jahrhundert lang intensiv darum bemüht, Dokumente über die Russland-Mennoniten zu sammeln und über unsere Vergangenheit zu schreiben. Durch all das habe ich mein Volk gut kennengelernt - seine unterschiedlichen Interessen, Sorgen, Anschauungen und Schwächen.

Ich kenne James Urry und sein Werk gut. Ich habe mit ihm über mennonitische Angelegenheiten mehr als fünfzehn Jahre lang korrespondiert und unterhalten, und er hat mich bei zwei Gelegenheiten besucht. Es gibt kein Werk in Deutsch, Russisch oder Englisch, das qualitätsmäßig dem zu vergleichen ist, was der Leser in dieser Studienarbeit finden wird. Die Kritik, die von einigen Lesern erhoben werden mag, daß Dr. Urry eigentlich nichts wirklich Neues hervorgebracht hat, ist meines Erachtens kaum stichhaltig. Obwohl viele seiner mennonitischen Quellen ziemlich dieselben sind, die auch von P. M. Friesen und anderen früheren mennonitischen Schreibern benutzt wurden, so sind seine anderen Quellen in Deutsch und Englisch, die jüngsten Forschungsarbeiten entnommen wurden, doch sehr viel umfangreicher. Und das Buch enthält auch einiges wichtiges neues Quellenmaterial.

Diese Studienarbeit ist ein beredtes Zeugnis für das umfangreiche Wissen, mit dem Autor sein Thema behandelt, und die unvoreingenommene Frische, mit der er Fragen von grundlegender Bedeutung interpretiert. Ich würde dem Leser raten, sich erst einmal das Inhaltsverzeichnis des Buches anzusehen, einen flüchtigen Einblick in Vorwort und Einführung zu nehmen, um dann zur umfangreichen Bibliographie überzugehen und festzustellen, daß wir in unserer bisherigen Geschichtsschreibung nichts Vergleichbares haben, was Themenanordnung, Behandlungsbreite und interpretative Stellungnahme betrifft.

Es steht zu hoffen, daß Dr. Urry sich auch weiterhin - soweit ihm dies seine Lehrtätigkeit und Forschungsarbeit in Anthropologie erlaubt - seinem Interesse für die Geschichte und Kultur der Russland-Mennoniten widmen wird. Es steht auch zu hoffen, daß er dies zusammen mit kanadischen und amerikanischen Gelehrten tun wird, mit denen er viele Jahre lang zusammengearbeitet hat. Was die Zukunft betrifft, so werden wir uns mehr darum bemühen müssen, die erforderlichen finanziellen Mittel zu beschaffen, damit weitere Wissenschaftler Forschungsarbeiten auf diesem Feld durchführen können. Besonders bei den Mennoniten in Kanada findet man Interesse an der russischen Vergangenheit wie auch die Mittel zur Förderung der Forschungsarbeit. Wenn und sobald die sowjetischen Behörden einen leichteren Zugang zu dem enormen Reichtum ihrer nationalen und regionalen Kollektionen erlauben, werden wir die Geschichte der Russland-Mennoniten neu schreiben müssen. Bis dahin wird dieses Buch als Einführung zu unserer Vergangenheit in Russland dienen.

DR. DAVID G. REMPEL<br>
Menlo Park, Kalifornien

D. Rempel 1899-1992
#158400

# Vorwort zur deutschen Ausgabe von James Urry

Dies Buch erschien 1989, einem Jahr dramatischer Ereignisse, weltweit. Die Berliner Mauer fiel, der Kommunismus in Westeuropa brach zusammen, und der politische Belagerungszustand, der seit 1945 zwischen Ost und West bestanden hatte, kam zu einem plötzlichen Abschluß. Drei Jahre später, als ich mit einer Gruppe mennonitischer Touristen von Leningrad nach Kiew flog, machte eine rebellierende Gruppe sowjetischer Kommunisten einen letzten Versuch, das Reich zusammenzuhalten, das die "Bolschewiken 1917 vom zaristischen Regime ererbt hatten. Und nur eine Woche später leitete der örtliche Touristenführer in Odessa seine Erklärungen mit dem Satz ein: "... In der Sowjetzeit...." Es war nicht nur die Sowjetunion, die nun nicht mehr bestand, sondern ich befand mich zudem in einem neu entstehenden ukrainischen Staat. Somit hatte sich innerhalb weniger Jahre nach der Veröffentlichung dieses Buches, die Umwelt, in der es erforscht und geschrieben wurde, bis zur Unkenntlichkeit verändert.[1]

Diese sich verändernde Umwelt hat u.a. auch zur Öffnung von Archiven in der Ukraine und in Russland geführt, die früher nur in- und ausländischen Wissenschaftlern zugänglich waren. Das in der Einleitung dieses Buches erwähnte, von Peter Braun aufgebaute Mennonitische Archiv der Molotschnaja, das in den 1920er Jahren verschwand, wurde im Archiv von Odessa von George K. Epp und Harvey Dyck, unabhängig voneinander, entdeckt und später dank der Bemühungen des Letzteren auf Mikrofilme aufgenommen. Kopien dieser Mikrofilme sind in einer Anzahl nordamerikanischer mennonitischer Bibliotheken und Archive hinterlegt worden.[2] Anderes mennonitisches und mit Mennoniten in Verbindung stehendes Archivmaterial ist identifiziert und in Saporoschje,

---

[1] Dasselbe gilt für eine bedeutsame Auswahl von Aufsätzen, die im gleichen Jahr wie mein Buch erschienen: John Friesen, Hrg., *Mennonites in Russia 1788-1988: essays in honour of Gerhard Lohrenz* (Winnipeg, 1989); als Übersicht anderer englischsprachiger Quellen siehe James Urry, "The Mennonites in Russia and the Soviet Union: recent perspectives from English language sources," *Forschungen zur Geschichte und Kultur der Russlanddeutschen*, 5 (1995), 129-45.

[2] Harvey L. Dyck, "Odyssey to Odessa: fresh sources and perspectives in Russian Mennonite studies," *MQR*, 65 (1991), 437-49; Ingrid I. Epp und Harvey L. Dyck, *The Peter J. Braun Russian Mennonite Archive, 1803-1920: a research guide* (Toronto, 1996); siehe auch James Urry und Terry Martin, "The significance of the Peter Braun Russian Mennonite Archive: a review essay," *JMS*, 15 (1997), 211-27.

St. Petersburg und Moskau, sowie aus Sammlungen verschiedener Provinzen, einschließlich Sibirien, kopiert worden. Deutsche und jüdische Forscher haben Material identifiziert, kopiert und Verzeichnisse davon angelegt, von dem einiges auch für mennonitische Forscher von Bedeutung ist. In Nord- und Südamerika wie auch in Deutschland ist Material, das mennonitische Immigranten aus Russland und der Sowjetunion mitbrachten, weiter gesammelt und in Archiv-Kollektionen deponiert worden.

Seit dem Zusammenbruch der Sowjetunion haben ukrainische und russische Forscher ein wachsendes Interesse an der Bedeutung ausländischer Kolonisten, wie die Mennoniten, für die Geschichte ihrer Länder gezeigt. In Russland und in der Ukraine ist eine neue Generation von Wissenschaftlern eifrig mit Forschungsarbeiten und deren Veröffentlichung beschäftigt.[3] In dem jetzt wiedervereinten Deutschland haben sich junge Wissenschaftler ebenfalls damit beschäftigt, Archivquellen über ausländische Kolonisten in Russland und in der Ukraine ausfindig zu machen, Forschungszentren zu gründen sowie Zeitschriften und bibliographische Handbücher und Monographien herauszugeben.[4]

Der Zugang zu diesen neuen Quellen, die zunehmende Forschungsarbeit und Veröffentlichung von Schriften haben unser Wissen über ausländische Kolonisten und deren Stellenwert im Zarenreich ungemein erweitert. Und die Zukunft verheißt uns noch viel mehr. Der Zugang zu den Daten von Volkszählungen und statistischem Material, das

---

[3] In Dnjepropetrowsk und in Odessa sind Forschungszentren für das Studium der "deutschen" Kolonisten gegründet worden. Diese haben eine Anzahl von Abhandlungskollektionen herausgegeben, wie z.B. *Woprossy germanskoj istorii. Njemzy v Ukraine* (Dnepropetrowsk, 1996), wie auch Dokumentar-Sammlungen Fond *"Kontora opekunstwa noworossijskich inostrannych posselenzew"* 1781-1857 Band I: *Annotirowannaja opisj del 1781-1818 gg.* N.L. Juzbatschewa, D. Ju. Metschkow (Dnepropetrowsk, Kiew 1997); *Popecitelnyj Komitet ob inostrannych posselenzach juschnogo kraja Rossii 1799-1876. Tom I: Annotirowannaja opisj del 1799-1818 gg.* (Odessa, 1998); *Tom 2: Annotirowannaja opisj del 1819-1826 gg* ed., O.V. Konowalowa (Odessa , 1999); *Nemezkoje nasselenie Tawritscheskoj gubernii. Tom I: Annotirowannyj tematitscheskij perecenj del. Kanceljarnija Tawritscheskogo gubernatora. 1803-1917 gg.* (Odessa, 2000).

[4] Dazu gehört das Institut für Kultur und Geschichte im östlichen Europa an der Heinrich-Heine-Universität, Düsseldorf, die Forschungsstelle für Geschichte und Kultur der Deutschen in Russland, Ruprecht-Karls-Universität, Heidelberg, und das Institut für Deutschland, und Osteuropaforschung, Universität Göttingen, das das Jahrbuch *Forschungen zur Geschichte und Kultur der Russlanddeutschen* herausgibt. Zu den bedeutenden veröffentlichten Werken gehören die bibliographischen Handbücher von Detlef Brandes, Margarete Busch und Kristina Pawlowi, *Bibliographie zur Geschichte und Kultur der Russlanddeutschen, Band I: Von der Einwanderung bis 1917* (München, 1994); Detlef Brandes und Viktor Dönninghaus, *Bibliographie.... Band 2: Von der Revolution von 1917 bis zur Gegenwart* (München, 2000) und Monographien, wie Detlef Brandes', *Von den Zaren adoptiert. Die deutschen Kolonisten und die Balkansiedler in Neurussland und Bessarabien 1751-1914* (München, 1993) und Dietmar Neutatz, *Die "deutsche Frage" im Schwarzmeergebiet und in Wolhynien. Politik, Wirtschaft, Mentalitäten und Alltag im Spannungsfeld von Nationalismus und Modernisierung (1856-1914)* (Stuttgart, 1993).

zur Zeit hauptsächlich von mennonitischen Sippenforschern genutzt wird, kann sicherlich auch zu einem besseren Verständnis des gesellschaftlichen und kulturellen Lebens innerhalb der Kolonien beitragen.[5] Neue Quellen über den religiösen Konflikt der 1860er Jahre liefern bedeutende neue Informationen über die Ereignisse, aus denen später die Mennoniten-Brüdergemeinde hervorging.[6] Viel von diesem Material muß noch erst geprüft werden. Für ein Verständnis der Beziehungen zwischen den Mennoniten und dem russischen Staat und ihren nicht-mennonitischen Nachbarn wird die Erforschung weiterer Archive und ein breiteres Verständnis für die größeren Zusammenhänge erforderlich sein. Diese Arbeit hat kaum begonnen.[7] Nicht alle neuen Informationsquellen stammen jedoch aus Quellen in Russland und der Ukraine. Delbert Plett und seine Partner haben ihre Arbeit fortgesetzt, die darin besteht, dass sie hinüber gerettetes Material von Emigranten sammeln, die nach 1874 von Russland nach den Vereinigten Staaten und Kanada ausgewandert sind, und haben dadurch bedeutendes Material entdeckt und veröffentlicht.[8]

---

[5] Nordamerikanische Genealogen haben bedeutende Verzeichnisse aus Archivquellen erstellt, von denen eine Anzahl nun im Internet zur Verfügung steht, z.Z. besonders durch die Webseite der Manitoba Mennonite Historical Society. Zum gedruckten Quellenmaterial gehören: Peter Rempel, *Mennonite migration to Russia 1788-1828* Hrg. Alfred H. Redekopp und Richard D, Thiessen (Winnipeg, 2000).

[6] Alan Peters "Where were they in 1835? Observations from the Molotschna census," *California Mennonite Historical Society Bulletin*, 33 (1996); John B. Toews "Early Mennonite Brethren membership lists found in St. Petersburg archives," *California Mennonite Historical Society Bulletin*, 33 (1996); John B. Toews, "Two letters of Heinrich Hübert," *Direction*, 25 (1996), 55-60; Alf Redekopp, "Einlage Mennonite Brethren baptism list from 1862," *Mennonite Historian* (from now on *MH*), 24 (1998), 910; John B. Toews, "Early Mennonite Brethren and evangelism in Russia," *Direction*, 28 (1999), 187-200 und das später erschienene *The story of the early Mennonite Brethren (1860-1869). Reflections of a Lutheran churchman* Hrg. John B. Toews (Winnipeg und Hillsboro, 2002).

[7] Bezüglich der Beziehungen mit benachbarten Völkern siehe Leonhard G. Friesen, "Mennonites and their peasant neighbours in Ukraine before 1900," *JMS*, 10 (1992), 56-69; John R. Staples, "'On civilizing the Nogais': Mennonite-Nogai economic relations, 1825-1860," *MQR*, 74 (2000), 229-256 und sein *Cross-cultural encounters on the Ukrainian steppe: settling the Molochna basin, 1784-1861* (Toronto, 2003). Die Arbeit im größeren politischen Bereich ist weniger umfangreich, aber siehe Terry Martin, "The German question in Russia, 1848-96," *Russian History*, 18 (1991), 371-432.

[8] Zu den Werken, die nach dem Erscheinen meines Buches veröffentlicht worden sind, gehören: Delbert F. Plett, Hrg., *Pioneers and pilgrims: the Mennonite Kleine Gemeinde in Manitoba, Nebraska and Kansas, 1874 to 1882* (Steinbach, 1990); *Leaders of the Mennonite Kleine Gemeinde in Russia, 1812 to 1874* (Steinbach, 1993). Plett hat auch eine einzelne Abhandlung *Saints and Sinners. The Kleine Gemeinde in Imperial Russia 1812 to 1875* (Steinbach, 1999) geschrieben. Neues Material erscheint weiter in: *Preservings. Magazine/Journal of the Hanover Steinbach Historical Society*. Der erste Teil von Royden Loewen, *Family, church and market: a Mennonite community in the old and the new worlds, 1850-1930* (Toronto, 1993) behandelt die Gesellschaft und Wirtschaft der Kleinen Gemeinde in Russland vor 1874 und deren Kontinuität und Unterbrechung nach der Auswanderung in die Vereinigten Staaten und Kanada; siehe auch Loewens *Hidden worlds, revisiting the Mennonite migrants of the 1870s* (Winnipeg, 2001).

Die Veröffentlichung von zwei Tagebuchquellen der Familie Epp aus Chortitza sind ebenfalls wertvoll, da sie uns die "Sicht eines Insiders (Einheimischen)" der mennonitischen Gemeinschaft liefert, wie man sie selten in den offiziellen Dokumenten findet.[9]

Diese Hinweise lassen vermuten, daß mein Buch gründlich überprüft werden müßte, da schon die Übersetzung des Originaltextes in Deutsch von den Ereignissen überholt worden ist. Wie ich jedoch bereits in der Einführung zu meinem Buch sagte, war es nicht meine Absicht, neue Tatsachen vorzulegen, sondern eine Neuinterpretation des vorhandenen Materials in einem neuen Rahmen zu liefern. Dazu gehörte auch die Betrachtung der mennonitischen Geschichte innerhalb der größeren Zusammenhänge des Übergangs der europäischen Gesellschaft von der Agrar- zur Industriegesellschaft während des neunzehnten Jahrhunderts. Die Mennoniten in Russland bieten eine besondere Gelegenheit für die Untersuchung dieses Übergangs, da sie sich dafür einsetzten, die Kontinuität ihres Glaubens und ihrer Lebensweise zu erhalten, indem sie sich vom äußeren Wandel abschlossen. In Wirklichkeit wurden sie jedoch von innen und auch von außen her verwandelt. Die Tatsache, daß sie in einer marginalen Gegend am Rande des europäischen Übergangsstadiums ansiedelten, und dann doch in den gleichen Übergangsprozess hineinzogen wurden, macht den Wandel der mennonitischen Lebensweise bedeutsam und interessant. Obwohl die neueren Entdeckungen reichhaltiger Archivquellen zweifellos Einzelheiten der vorherigen Kenntnisse erweitern, glaube ich, daß meine Erörterung der allgemeinen Struktur der Ereignisse und der Zusammenhänge, unter welchen diese stattfanden, ihre Gültigkeit behält. Einzelheiten sind wichtig, aber die Anhäufung von Einzelheiten um ihrer selbst willen, fördert nicht das Wissen; im Gegenteil sie kann oft sogar ein Hindernis sein. Zu einer wissenschaftlichen Untersuchung gehört die kritische Anwendung eines analytischen Rahmens bei der Interpretation und Erklärung sowohl alten wie auch neuen Materials, und nicht massenhafte neue Archivtexte, nur um bereits bestehende Einsichten zu untermauern.[10] Und schließlich hoffe ich sogar darauf, daß einige Aspekte meiner Interpretation und Erklärung durch neue Quellen in Frage gestellt werden. Gegenwärtig hat die Prüfung neuer mennonitischer und nicht-mennonitischer Quellen jedoch kaum begonnen.

---

[9] *A Mennonite in Russia: the diaries of Jacob D. Epp 1851-1880,* übersetzt und herausgegeben mit einer Einführung und Analyse von Harvey L. Dyck (Toronto, 1991); *The diaries of David Epp (1837-1843)* übersetzt und herausgegeben von John B. Toews (Vancouver, 2000). Bezüglich der Bedeutung von Tagebüchern für das Verständnis der mennonitischen Sozialgeschichte siehe Royden Loewen, Einführung in *From the inside out: the rural worlds of Mennonite diarists, 1863 to 1929* Hrg. von Royden Loewen (Winnipeg, 1999).

[10] Zwei interessante Beiträge zum Verständnis von Aspekten der mennonitischen Lebensweise von Nicht-Mennoniten, die aus verschiedenen Disziplinen stammende analytische Modelle anwandten, siehe in Jeffrey Longhofer, "Specifying the commons: Mennonites, intensive agriculture and landlessness in nineteenth-century Russia," *Ethnohistory,* 40 (1993), 384-409 und Judith Pallot, "Agricultural 'culture island' in the eastern steppe: the Mennonites in Samara Province," in Judith Pallot und Denis J.B. Shaw, Hrg. *Landscape and settlement in Romanov Russia 1613-1917* (Oxford, 1990), 79-111.

Einige Kommentatoren meiner ursprünglichen These und ein Prüfer meines Buches haben darauf hingewiesen, daß zuviel Betonung auf den Wandel der mennonitischen Lebensweise und nicht genug auf deren Kontinuität gelegt worden sei.[11] Solche Auffassungen mißverstehen eine theoretische Hauptvoraussetzung in meiner Stellungnahme zum Thema: nämlich, daß trotz aller Berufung auf Kontinuität, alle menschliche Existenz sich in einem Wandlungsprozess befindet, so daß keine Lebensweise genau kopiert werden kann, und daß eine solche Nicht-Wiederholbarkeit schließlich zu einem Wandel der Formen und Gewohnheiten des gesellschaftlichen Lebens führt.[12] Auch unter den Mennoniten besteht jedoch immer noch die Illusion einer Kontinuität im menschlichen Bereich, die als eine mächtige Kraft in der Überlieferung des Glaubens und der Lebensweise agiert. Die mennonitischen Interpretationen ihrer eigenen Vergangenheit ergeben oft polarisierte Gruppen, von denen die einen behaupten, daß sie seit der Gründung ihrer Glaubensgemeinschaft ihren Glauben und ihre Traditionen unverändert aufrechterhalten haben, und andere, die den Wandel als eine Errungenschaft preisen, und sich dabei auch auf religiöse Erneuerung und die Neuentdeckung des persönlichen Glaubens durch die Evangelisation berufen.[13] Die erste Sicht betont die Kontinuität in der Aufrechterhaltung traditioneller Formen, die zweite eine unterbrochene Kontinuität, die am Fortschritt im geistlichen und oft auch materiellen Bereich gemessen wird. Mein Konzept besteht darin, beiden Gesichtspunkten gegenüber kritisch zu bleiben und die Ansprüche auf Kontinuität oder einen progressiven Wandel als Reflex der ganz unterschiedlichen Folgen des gleichen Wandlungsprozesses zu betrachten, der beim Übergang von der Agrar- zur Industriegesellschaft während des neunzehnten Jahrhunderts wirksam war. Wie immer man auch die Richtung betrachtet, die das Leben der Mennoniten sowohl in Russland als auch in Nordamerika nach 1889 einschlug, es geht daraus klar hervor, daß die Wurzeln dieses Übergangs bereits in der ersten Hälfte des neunzehnten Jahrhunderts entstanden. Damals bauten sie ihre Siedlungen im südlichen Russland am Rande der größeren europäischen Welt auf, und wurden trotzdem von diesem großen Wandel des wirtschaftlichen und gesellschaftlichen Lebens erfaßt.[14]

Seit der ersten Veröffentlichung dieses Buches haben viele mennonitische Leser ihre

---

[11] Harvey L. Dyck, "Russian servitor and Mennonite hero: light and shadow in images of Johann Cornies," *JMS*, 2 (1984), 24-25; Buchbesprechung *None but Saints* von Raymond Pearson in *Revue Canadienne des Slavistes*, 32 (1990), 180-81.

[12] Es liegt deshalb eine gewisse Ironie darin, daß mein Buch von konservativ eingestellten Mennoniten gut aufgenommen worden ist; andererseits habe ich aber auch im Gegensatz zur früheren mennonitischen Geschichte, die zum großen Teil in einem überheblichen Ton geschrieben wurde, versucht, den mennonitischen Konservatismus als eine rechtmäßige Idee und Lebensweise zu verstehen und ihn nicht von vornherein als eine forschrittswidrige, auf Unwissenheit beruhende Unaufgeklärtheit abzutun.

[13] Die Befürworter eines solchen Standpunktes erheben auch Anspruch auf die Rechtmäßigkeit fundamentalistischer Prinzipien, ich glaube jedoch, daß ihre Argumente nicht stichhaltig sind.

Hoffnung bekundet, ich würde eine Fortsetzung über die späteren Entwicklungen im Zaristischen Russland schreiben. Obwohl ich niemals die Absicht hatte, eine solche Fortsetzung herauszugeben, und eigentlich dagegen protestierte, weil mir die Fähigkeiten und die Kenntnisse dafür fehlten, habe ich doch Artikel über die späteren Entwicklungen geschrieben, die über die Zarenzeit hinausgingen. Dies war zum Teil auf Anfragen seitens der Organisatoren mennonitischer Symposien zurückzuführen, die mich baten, über spätere Epochen zu schreiben. Ich stellte aber auch fest, daß ich spätere Aspekte des russisch-mennonitischen Lebens für meine spätere Forschungsarbeit verstehen mußte, die sich seit 1990 auf eine mennonitische Gemeinschaft im südöstlichen Manitoba konzentrierte. Diese Gemeinschaft wurde in einem Gebiet gegründet, die zuerst von Mennoniten aus Russland in den 1870er Jahren besiedelt wurde, und deren Nachkommen in den 1920er Jahren nach Paraguay auswanderten. Dieses Gebiet wurde dann in den 1920er und 1930er Jahren durch einen großen Strom von Flüchtlingen und Immigranten aus der Sowjetunion und aus anderen Gegenden von Manitoba neu besiedelt. Bei diesen Forschungsarbeiten entdeckte ich schon sehr bald, daß ich viel mehr als ursprünglich angenommen über die Entwicklungen wissen mußte, die das Leben dieser Flüchtlinge und Immigranten am Ende des Zaristischen Russlands und auch zu Beginn der Sowjetzeit geprägt hatten.

Meine spätere Forschungsarbeit hat sich dann auf wirtschaftliche, soziale und politische Fragen konzentriert. Dazu gehört auch eine Übersicht der wirtschaftlichen Entwicklungen der Mennoniten und eine gründliche Untersuchung der Kosten für den Aufbau und den Unterhalt der komplexen sozialen und wirtschaftlichen Struktur des mennonitischen Gemeinwesens: Schulen und andere Bildungsanstalten, Krankenhäuser, Altenheime, einer Nervenheilanstalt und natürlich des Forsteidienstes.[15] Andere Schriften untersuchen die zunehmende Komplexität der mennonitischen Gesellschaft im späten Zaristischen Russland einschließlich der Entstehung einer Klassenstruktur und städtischer Einflüsse auf eine vorwiegend ländliche mennonitische Gesellschaft.[16] In jüngerer Zeit hat sich das Interesse auf Mennoniten und Politik gerichtet, einschließlich der mennonitischen Reaktion auf die russische Staatsreform, Nationalismus und ihrer späteren Beteiligung an der Politik.[17] Diese Forschungsarbeit

---

[14] Ich schließe Nordamerika mit ein, weil die Vorgänge, die in Russland ihren Anfang nahmen, sich in der Neuen Welt fortsetzten, obwohl eine ausführliche, vergleichende Analyse dieses Parallelismus noch erst erstellt werden muß.

[15] "Mennonite economic development in the Russian mirror," in John Friesen Hrg. *Mennonites in Russia 1788-1988: essays in honour of Gerhard Lohrenz* (Winnipeg, 1989), 99-126; "The cost of community: the funding and economic management of the Russian Mennonite Commonwealth before 1914," *JMS*, 10 (1992), 22-55. Eine allgemeine Übersicht des Schulwesens findet man in Adolf Ens, "Mennonite education in Russia," in John Friesen Hrg., *Mennonites in Russia: essays in honour of Gerhard Lohrenz* (Winnipeg, 1989), 75-97 und die ausgezeichnete Fallstudie einer Schule in der Molotschna, T.D. Regehr (mit Hilfe von J.I. Regehr), *For everything a season: a history of the Alexanderkrone Zentralschule* (Winnipeg, 1988).

hat sich über die Zarenzeit hinaus bis zum Beginn der Sowjetherrschaft ausgedehnt.[18]

Während ich nur wenig über religiöse Entwicklungen nach 1889 geschrieben habe, gibt es auf diesem Gebiet bedeutende Beiträge von anderen Mennoniten, besonders von John B. Toews, der sich weiter für die Erforschung der Aspekte des Glaubens und des Gottesdienstes der Mennoniten-Brüdergemeinde eingesetzt hat.[19] Eigentlich wird die jüngere Literatur über das Glaubensleben nach 1889 von Studien über die Mennoniten-Brüdergemeinde beherrscht, einschließlich ihrer Verbindungen mit den Baptisten, Missionsarbeit, die Organisation ihrer Konferenzen und ihrer Vereinigungsversuche mit der größeren mennonitischen Kirchengemeinde.[20] Die

---

[16] "Prolegomena to the study of Russian Mennonite society 1880-1914," *JMS*, 8 (1900), 52-75; "Growing up with cities: the Mennonite experience in Imperial Russia and the early Soviet Union," *JMS*, 20 (2002), 123-54; zu anderen bedeutenden Untersuchungen der Entwicklung der mennonitischen Gesellschaft nach 1889 gehören Harry Loewen über die mennonitische Intelligenz ("Intellectual development among the Mennonites of Russia: 1880-1917," *JMS*, 8 (1990), 89-107); Al Reimer über Gutsbesitzer ("Peasant aristocracy: the Mennonite *Gutsbesitzertum* in Russia," *JMS*, 8 (1990), 76-88) und Natascha V. Ostascheva über mennonitische Unternehmer-Familien ("Die Dynastie Lepp und ihr Unternehmen," *Forschungen zur Geschichte und Kultur der Russlanddeutschen*, 8 (1998), 25-34).

[17] "The Russian state, the Mennonite world and the migration from Russia to North America in the 1870s," *ML*, 46(1991), 11-16; "The Russian Mennonites, nationalism and the state 1789-1917," in Abe J. Dueck Hrg., *Canadian Mennonites and the challenge of nationalism* (Winnipeg, 1994), 21-67, (gekürzt als "Mennonites, nationalism and the state in Imperial Russia," *JMS*, 12 (1994); und ein größeres noch unveröffentlichtes Manuskript *Mennonites, politics and peoplehood*.

[18] "'After the rooster crowed:' some issues concerning the interpretation of Mennonite Bolshevik relations during the early Soviet period," *JMS*, 13 (1995), 26-50.

[19] Zum Beispiel John B. Toews *Perilous Journey: the Mennonite Brethren in Russia 1860-1910* (Winnipeg, 1988); "The early Mennonite Brethren and conversion," *JMS*, 11 (1993); 76-97; "Mennonite Brethren founders relate their conversion," *Direction*, 23 (1994), 31-37; "Baptists and Mennonite Brethren in Russia (1790-1930)," in Paul Toews Hrg., *Mennonites and Baptists: a continuing conversation* (Winnipeg, 1993), 81-96, 236-39; "Patterns of piety among early Mennonite Brethren," *JMS*, 12 (1994), 137-55; "The Mennonite Brethren in Russia during the 1890s," *Direction*, 30(2001), 139-52; "The calm before the storm: Mennonite Brethren in Russia (1900-1914)," *Direction*, 31 (2002), 74-95.

[20] Heinrich Loewen, *In Vergessenheit geratene Beziehungen. Frühe Begegnungen der Mennoniten-Brüdergemeinde mit dem Baptismus in Russland – ein Überblick* (Bielefeld, 1989); Albert W. Wardin Jr., "Mennonite Brethren and German Baptists in Russia: affinities and dissimilarities," in Paul Toews Hrg., *Mennonites and Baptists: a continuing conversation* (Winnipeg, 1993), 97-112, 239-41; Peter Penner, "Baptist in all but name: Molotschna Mennonite Brethren in India," *ML*, (1991), 17-23; Peter Penner, "The Russian Mennonite Brethren and American Baptist tandem in India (1890-1940)," in Paul Toews Hrg., *Mennonites and Baptists: a continuing conversation* (Winnipeg, 1993), 133-46; 243-47; Peter Penner, *Russians, North Americans and Telegus. The Mennonite Brethren mission in India 1885-1975* (Winnipeg, 1997); Abe J. Dueck, *Moving beyond secession: defining Mennonite Brethren Mission and identity 1872-1922* (Winnipeg, 1997); Abe J. Dueck, "Mennonites, the Russian state, and the crisis of Brethren and Old Church relations in Russia, 1910-1918," *MQR*, 69 (1995), 453-85.

Entstehung der Allianz-Gruppe nach 1900 hat auch einige Beachtung gefunden.[21] Im Gegensatz dazu ist über die größte Gruppe, der mennonitischen Kirchengemeinde, praktisch nichts erforscht oder geschrieben worden, ein paar allgemeine Übersichten ausgenommen.[22] Auf diesem Gebiet gibt es offensichtlich noch viel zu tun, schon allein um das Ungleichgewicht zu beheben, das in unserem Verständnis des Glaubenslebens der Russland-Mennoniten in späten Zarenreich entstanden ist.

Obwohl viele Schreiber der Mennoniten-Brüdergemeinde die Tendenz zeigten, die Entstehung ihrer eigenen Glaubensgemeinschaft als eines der zentralen Ereignisse in der Geschichte der Russland-Mennoniten während der Zarenzeit hervorzuheben, haben andere Mennoniten die Vergangenheit ganz anders gesehen. Die Nachkommen der vielen Emigranten, die in den 1870er Jahren nach Nordamerika auswanderten, betrachten diese Auswanderung und deren Ursachen als das wichtigste Ereignis und zeigen oft nur wenig Interesse an den späteren Entwicklungen in Russland. Sie sehen diese zuweilen nur als Bestätigung dafür, wie weise ihre Vorfahren handelten, als sie sich zur Auswanderung entschlossen. Die Immigranten aus der Sowjetunion in den 1920er Jahren und deren unmittelbare Nachkommen dagegen, sehen in der Russischen Revolution das Ende der "Goldenen Jahre" der mennonitischen Geschichte in Russland. Ihre Erzählungen, die bis vor kurzem die geschichtliche Literatur der Russland-Mennoniten beherrschten, folgten oft dem Trend, der von mennonitischen Schreibern im späten Zarenreich eingeschlagen wurde. Die volkstümlicheren Abhandlungen berichten oft unkritisch über die mennonitischen Errungenschaften im Zarenreich, obwohl sie gleichzeitig auch einen starken Sinn für die Tragik, den Verlust und die Leiden während der Revolution und des Bürgerkrieges zeigten, die dem Zusammenbruch der Zarenherrschaft im Jahr 1917 folgten. Ein großer Teil dieser Werke enthält eine stillschweigende Verurteilung des Sozialismus, insbesondere des Versuchs, eine neue Gesellschaft aufzubauen, der in den ersten Jahren der Sowjetzeit gemacht wurde. Diese Berichte befassen sich jedoch nicht mit den Mängeln des Zarenregimes, den Auswirkungen eines zügellosen Kapitalismus und den sozialen Ungleichheiten, die in der mennonitischen Gemeinschaft und zwischen den Mennoniten und deren Nachbarn entstanden. Eine Folge davon ist, daß solche Erzählungen wenig Verständnis für die breit gefächerten

---

[21] John B. Toews, "Russian Mennonites and *Allianz*," *JMS* 14 (1996), 46-64; David P. Sudermann, "Allianz in Ukraine: more pieces of the puzzle," *MH,* 23 (1) (1997) 1-2; (2), 6-7.

[22] Abe J. Dueck, "Mennonite churches and religious developments in Russia 1850-1914," in John Friesen Hrg., *Mennonites in Russia 1788-1988: essays of honour of Gerhard Lohrenz* (Winnipeg, 1989), 149-81 Colin P. Neufeld, "Church Mennonites in Russia and USSR (1788-1991)," in Paul D. Steeves, Hrg., *The Modern Encyclopedia of Religions in Russia and the Soviet Union,* Vol. 5. (Gulf Breeze, Florida, 1993), 168-80; siehe auch Abe Dueck, "The quest for a Mennonite seminary in Russia, 1883-1926: signs of a changing Mennonite world," *MQR,* 74 (2000), 441-62.

Erfahrungen der Mennoniten im späten Zaristischen Russland geschaffen haben, einschließlich der radikalen Ansichten einiger Leute der jüngeren Generation gebildeter Mennoniten, deren Hoffnungen durch die darauffolgenden Ereignisse in der Sowjetunion und bei der Auswanderung vereitelt wurden. Die Erlebnisse derjenigen, die während der 1920er und 1930er Jahre in der Sowjetunion blieben und später der ganzen Wucht des Sowjetregimes - durch die Kollektivierung, Verhaftung, Terror, Tod und Verbannung ausgesetzt waren - wurden von denen, die in den 1920er Jahren auswanderten, lediglich als eine Fortsetzung ihrer eigenen Erlebnisse betrachtet und nicht als etwas grundsätzlich anderes.[23] Ein nuancierteres Verständnis für die Erlebnisse der Mennoniten, die in der Sowjetunion blieben, mußte jedoch so lange warten, bis sie aus der Sowjetunion herauskamen, einige als Flüchtlinge während des zweiten Weltkrieges, andere als Aussiedler nach Deutschland ab den 1970er Jahren.[24] Vielen Verfassern, die die spätere Sowjetzeit erlebt haben, scheinen die Ereignisse der 1870er Jahre sehr fern und die Leiden der Auswanderer der 1920er Jahre vor ihrer Ansiedlung in Nord- und Südamerika verblassen zur Bedeutungslosigkeit im Vergleich zu ihren eigenen. Es ist aber bedeutsam, daß ein ernsthafter Versuch, die Geschichte der Mennoniten vom achtzehnten bis zum zwanzigsten Jahrhundert zu schreiben, von dem verstorbenen George K. Epp gemacht wurde, einem Flüchtling aus der Sowjetunion der 1940er Jahre.[25]

Auf den ersten Blick scheint es, daß mein Buch bei der Behandlung des ersten Jahrhunderts der Mennonitengeschichte in Russland eine ausdrückliche Zeiteinteilung meidet. Meine Absicht war es jedoch, die mennonitische Geschichte innerhalb des größeren Rahmens der Geschichte Russlands und des restlichen Europas zu sehen und damit einen Abstand von den üblichen chronologischen

---

[23] Die Auswanderer der 1920er Jahre haben jedoch – und deren Nachkommen sind noch immer dabei, Aspekte der später erfahrenen Leiden ins rechte Licht zu rücken, siehe Krista M. Taves, "Dividing the righteous: Soviet Mennonites as cultural icons in the Canadian Mennonite narrative, 1923-1938," *JMS*, 16 (1998), 101-27.

[24] Es scheint, daß sich für die Flüchtlinge der 1940er Jahre der Terror mehr auf die 1930er Jahre konzentriert, während sich für die Aussiedler die Erlebnisse unter den Sowjets bis in die Nachkriegswelt erstrecken; siehe eine interessante Übersicht von einem Historiker, der zu keiner der beiden Gruppen gehört, in Walter Sawatsky, "From Russian to Soviet Mennonites 1941-1988," in John Friesen, Hrg., *Mennonites in Russia 1788-1988: essays in honour of Gerhard Lohrenz* (Winnipeg, 1989), 299-337.

[25] George K. Epp, *Deutsche Täufer in Russland: die Glaubensgemeinschaft der Mennoniten und die Gütergemeinschaft der Hutterischen Brüder* (Geschichte der Mennoniten in Russland. Bd. 1.) (Lage, 1997). *Die Gemeinschaft zwischen Fortschritt und Krise (1820-1874.* (Geschichte der Mennoniten in Russland Bd. 2.) (Lage, 1998); *Neues Leben in der Gemeinschaft. "Das Commonwealth der Mennoniten" (1871-1914)* (Geschichte der Mennoniten in Russland Bd. 3.) (Lage, 2003). Weitere Bände, die sich auf Material aus Epps Forschungsarbeit gründen, werden von Peter Letkemann erstellt, der auch die Veröffentlichung der ersten Bände überwachte.

Meilensteinen - wie religiöse Erneuerung, Auswanderung aus Glaubensgründen usw. - zu gewinnen, die lange das mennonitische Schrifttum beherrscht haben. Mein Text baut sich deshalb um die Zeit der großen Reformen in Russland zwischen 1861 und anfangs der 1880er Jahre auf. Diese Reformen waren ein Versuch des Zarenreichs, die Niederlage Russlands mit Hilfe modernerer, durch die Industrialisierung gestärkter westeuropäischer Staaten zu überwinden. Sie waren aber auch der Höhepunkt früherer Bemühungen, das Reich einer modernen Staatsform anzugleichen, auch wenn seine Gesellschaft und Wirtschaft im Vergleich zu denen in Westeuropa rückständig blieben. Die Mennoniten wurden bei diesen Reformversuchen oft als "Modelle" vorgeführt. Die in der Zeit der großen Reformen aufgezwungenen Änderungen jedoch, spalteten die Mennoniten, die vorher bereits bewußte Strategien zugunsten entweder der Kontinuität, oder für Entwicklung und Wandel aufgebaut hatten.[26] Obwohl die meisten Mennoniten, die nach 1880 in Russland blieben, sich weiter entwickelten und veränderten, wurde ihre Stellung zur größeren russischen Gesellschaft und der sich verändernden Form des russischen Staates immer unsicherer.

Nach der Ermordung von Zar Alexander II., der sich für die großen Reformen eingesetzt hatte, kam eine Zeit der Gegenreaktion gegen weitere Reformen des Staates und der Gesellschaft, und tatsächlich auch eine Rücknahme einiger früherer Reformen. In der von Alexander III. geschaffenen reaktionären Atmosphäre wurden die Mennoniten auch wegen ihrer angeblichen Deutschfreundlichkeit und als nicht-orthodoxe Fremdlinge in einem slawischen Land angegriffen. Und schließlich wurde mit wachsendem materiellem Wohlstand der Mennoniten der Abstand zwischen ihnen und ihren benachbarten Kleinbauern immer größer, und damit auch ein soziales Konfliktpotential immer wahrscheinlicher. Lokale Vorgehensweisen einer mennonitischen Minderheit steigerten noch die Gefahr eines gesellschaftlichen Konflikts.[27]

Die revolutionären Ereignisse von 1905, die den Zaren zwangen, seinen Untertanen begrenzte Freiheiten zu gewähren, prägen das nächste bedeutende Geschehen, in dessen Zusammenhängen die mennonitische Geschichte gesehen werden muß. Die Verheißung größerer Freiheit wurde von den verschiedenen Mitgliedern der mennonitischen Gemeinschaft unterschiedlich aufgenommen.

---

[26] Bezüglich des Begriffs "Musterwirte" siehe Dietmar Neutatz, "'Musterwirte'. Zum Selbstbild der Schwarzmeerdeutschen, insbesondere der Mennoniten," *Forschungen zur Geschichte und Kultur der Russlanddeutschen*, 9 (1999), 73-83. Bezüglich der Entwicklung einer bewußten Stellungnahme zur Kontinuität im Zusammenhang mit der Auswanderung, siehe Titus Guenther, "Theology of migration: the *Ältesten* reflect," *JMS*, 18 (2000), 164-76.

[27] James Urry und H-H. Loewen, "Protecting mammon. Some dilemmas of Mennonite non-resistance in late Imperial Russia and the origins of the Selbstschutz," *JMS*, 9 (1991), 34-53 und Terry Martin, "The Terekers' dilemma: a prelude to the Selbstschutz," *MH*, 17 (1991), 1-2.

Einerseits versprach man sich von mehr Freiheit neue Gelegenheiten für Bildung, Unternehmertum und Evangelisation. Andererseits sahen viele darin auch mögliche Gefahren für die Zukunft. Konservative Mennoniten, und insbesondere die älteren Bauern setzten ihr Vertrauen noch immer auf die unumschränkte Herrschaft des Zaren und mißtrauten der Regierung der Massen. Jüngere, gebildetere Mennoniten begrüßten wohl die neue Ordnung, trauten jedoch nicht der Aufrichtigkeit der herrschenden Eliten, insbesondere als vor dem Ersten Weltkrieg diese Freiheiten allmählich wegbröckelten. Einige Leute aus der mennonitischen Gemeinschaft wurden jedoch in der Politik aktiv, einige unterstützten die konservativen, demokratischen Parteien und andere die liberaleren Gruppen. Es gab sogar einige wenige Radikale bei der extremen Linken und Rechten.[28] Jeglicher Versuch, die mennonitische Geschichte nach der "Zaren-" und "Sowjet-" Epoche zu ordnen, wirkt zu oberflächlich, und bleibt eigentlich umstritten. Die zunehmende Komplexität des mennonitischen Lebens und die Ausdehnung der Gemeinschaften in weit entfernte Gebiete des Reiches vor 1914, macht es immer schwieriger, etwas Allgemeingültiges über die Erfahrungen der Mennoniten zu sagen. Die Ereignisse verliefen unterschiedlich in den verschiedenen Gegenden, insbesondere nach der Revolution von 1917, als das Reich zusammenbrach und Verallgemeinerungen noch schwieriger wurden.

Was den weiteren Zusammenhang der Ereignisse betrifft, so gibt es eine Anzahl von Möglichkeiten, die Frage der Zeiteinteilung zu betrachten. Nicht alle entsprechen der Art in der die Mennoniten ihre Vergangenheit aufgefaßt und ihre geschriebenen Geschichten aufgebaut haben. Ich habe einmal darauf hingewiesen, daß der Begriff vom Ende der Welt, wie ihn die Mennoniten im neunzehnten Jahrhunderten entwickelten, mit dem Ausbruch des Ersten Weltkrieges im Jahr 1914 begann, und daß es nur ein klein wenig länger dauerte, "bis der letzte Vorhang fiel".[29] Ich bin mir nicht sicher, ob ich diese Sicht heute noch vertreten würde, aber die Auswirkung des Krieges auf viele Aspekte des mennonitischen Lebens ist noch nicht gründlich genug untersucht worden, weil sie einfach zu sehr überschattet wurde von den Ereignissen, die nach dem Fall des Zaren und seiner Herrschaft im Jahr 1917 folgten. Die zumeist vertretene mennonitische Sicht, ist, daß diese Ereignisse, oder die darauffolgende sowjetische Machergreifung oder deren Sieg nach dem brutalen Bürgerkrieg von 1921-22 das Ende der in Russland aufgebauten charakteristischen mennonitischen Lebensweise und des mennonitischen Staates im Staate (Commonwealth) kennzeichnen. Dies war die Sicht, die von den meisten Immigranten bevorzugt wurde, die in den 1920er und 1930er Jahren nach Kanada und Südamerika kamen, und die von ihren Nachkommen bis

---

[28] Bezüglich der späteren Beteiligung der Mennoniten an der Politik siehe Leonard Friesen, "Mennonites in Russia and the revolution of 1905: experiences, perceptions and responses," *MQR*, 42 (1988), 42-55 und Terry Martin, *The Mennonites and the Russian State Duma, 1905-1914* (Seattle, 1996).

[29] "Mennonite economic development in the Russian mirror," 120.

zur Gegenwart vertreten wird.³⁰ Eine andere Sicht besteht darin, die Ereignisse von 1905 als den Beginn eines Revolutionsprozesses zu betrachten, der schließlich zum Fall des Zaren im Jahr 1917 führte, sich jedoch auch durch eine Zeit eines rapideren experimentellen Wandels in Politik und Gesellschaft fortsetzte und erst mit der Aufgabe der Neuen Wirtschaftspolitik im Jahr 1926 und dem Beginn der stalinistischen Kollektivierungspolitik und deren Trieb zur Industrialisierung des Landes durch staatliche Kontrolle sein Ende fand.³¹ Stalins Politik bedeutete das Ende für Russlands jahrhundertealte, auf dem Stand der Kleinbauern basierende Agrargesellschaft und beendete auch jegliche Hoffnung, die die Mennoniten in bezug auf die Wiederherstellung des Systems privaten Bauerntums, Landbesitzes, Handels und Industrie gehegt haben mögen, auf die sich ihre Gesellschaft vor der Revolution gründete.

In den letzten Jahren sind die mennonitischen Berichte über die Revolution und den Bürgerkrieg in zunehmendem Maß von Werken überschattet worden, die sich mit der späteren Sowjetzeit, dem Schicksal der Mennoniten in der Sowjetunion und insbesondere in der Ukraine vor und während des Zweiten Weltkrieges befassen.³² Die gleichen Themen tauchen im größten Teil dieser Literatur immer wieder auf, die sich auf Berichte über Verfolgung, Tragik, Verlust und Leiden konzentriert und sozusagen zwischen den Zeilen die Glaubenstreue hervorhebt.³³ Als solche stehen sie in einem scharfen Kontrast zur Betonung der wirtschaftlichen, sozialen und kulturellen Errungenschaften, die die Literatur der Zarenzeit beherrschen. Obwohl die meisten Mennoniten während der Sowjetherrschaft tatsächlich außerordentlich gelitten haben, gibt es doch viele andere Themen, die erforscht werden sollten. Dazu gehört die bedeutende Rolle, die Leute mennoniti-

---

[30] Es ist bemerkenswert, daß trotz der ungeheuer umfangreichen Literatur über die Revolution und den Bürgerkrieg, die aus zeitgenössischen Berichten, Tagebüchern, Erinnerungen und einer Anzahl einzelner Studien besonderer Episoden besteht, bis heute keine einzige zusammenhängende Geschichte dieser Zeit geschrieben worden ist.

[31] Zwei westliche Experten auf dem Gebiet der Sowjetunion zeigen diese Stellungnahme in ihren kurzen Einführungen zu dieser Zeit, Robert Service, *The Russian revolution 1900-1927* (London, 1999; 3. Ausgabe); Sheila Fitzpatrick, *The Russian revolution* (Oxford, 1994: 2. Ausgabe).

[32] Colin P. Neufeld, "Through the fires of hell: the dekulakization and collectivization of the Soviet Mennonite community, 1928-1933," *JMS,* 16 (1998), 9-32; Peter Letkemann, "Mennonite victims of the 'Great Terror', 1936-1938," *JMS,* 16 (1998), 33-58; Marlene Epp, *Women without men: Mennonite refugees of the Second World War* (Toronto, 2000); Harry Loewen Hrg., *Road to freedom: Mennonites escape the land of suffering* (Kitchener, 2000); siehe auch James Urry, "Agency and structure in Harry Loewen *Road to Freedom*. A review article," *JMS,* 19 (2001), 217-21.

[33] Siehe Sonderausgabe der *Conrad Grebel Review,* 18 (2), (2000) u.a. mit Beiträgen von Waldemar Janzen, Henry Petkau und Walter Sawatsky; siehe auch Harry Loewen, "A Mennonite-Christian view of suffering: the case of Russian Mennonites in the 1930s and 1940s," *MQR,* 77 (2003), 47-68.

scher Abstammung bei der Industrialisierung der südlichen Teile der Sowjetunion gespielt haben, sowie die Beiträge anderer für Bildungswesen, Wissenschaft und Literatur. Sie alle weisen auf bedeutende Zusammenhänge zwischen der vorrevolutionären mennonitischen Welt und der Sowjetgesellschaft hin.[34] Mit der Öffnung der Archive der alten Sowjetunion, müssen die gesellschaftlichen und politischen Reaktionen der Mennoniten auf die sich verändernde sowjetische Welt und die Okkupation durch die Nazis noch gründlich untersucht und in die richtigen Zusammenhänge gebracht werden.[35] Eine interessante neue Arbeit in dieser Richtung erscheint als Forschungsergebnis russischer, deutscher und einiger mennonitischer Wissenschaftler, und weitere sind zu erwarten.[36] Und zuletzt ist auch die Zeit, die die Mennoniten nach dem Zweiten Weltkrieg erlebten, wohl in der Erinnerungsliteratur beschrieben, aber bisher kaum einer sachverständigen Analyse unterzogen worden.[37]

Ich hoffe, daß diese Kommentare nicht nur zeigen, was seit dem ersten Erscheinen dieses Buches erreicht worden ist, sondern auch, wieviel mehr noch getan werden muß. Ich kann nur hoffen, daß meine kleinen Beiträge zum Verständnis der mennonitischen Vergangenheit auch weiter anderen helfen werden, ihre Forschungsarbeiten fortzusetzen und kritische Studien der reichen Welt der russischen und sowjetischen Mennoniten und deren Platz in der Geschichte zu erstellen.

* * * * * *

Ich möchte nur noch Elisabeth L. Wiens meinen persönlichen Dank für die Übersetzung meines Buchs ins Deutsche und Gundolf Niebuhr für seine Unterstützung dieser Übersetzung aussprechen. Prof. Rolf Brednich von der Universität Göttingen und der emeritierte Professor Harry Loewen haben beide die Übersetzung durchgelesen und hilfreiche Vorschläge gemacht. Viele Leute, denen ich bereits im Original meines Buches meinen Dank ausgesprochen habe, unterstützen auch weiterhin meine Forschungsarbeiten und meine Schriften zu mennonitischen Studien. Auch eine Anzahl jüngerer Wissenschaftler, die einfach

---

[34] Harry Loewen, "Anti-Menno: introduction to early Soviet Mennonite literature (1920-1940)," *JMS*, 11 (1993), 23-42; Natalia Viktorowna Ostaschewa, *Na perelome epoch: mennonitskoje soobschtschestwo Ukrainy w 1914-1931 gg.* (Moskau, 1998).

[35] Neufeld, "Through the fires of hell;" Terry Martin, "The Russian Mennonite encounter with the Soviet state, 1917-1955 (The 2001 Bechtel Lectures in Anabaptist Mennonite Studies)" *Conrad Grebel Review*, 20 (2002), 5-59.

[36] Die *Forschungen zur Geschichte und Kultur der Russlandmennoniten* enthält eine Anzahl wichtiger Artikel und eine Übersicht mit einzelnen Referenzen über die Mennoniten siehe in Detlef Brandes und Andrej Sawin, *Die Sibiriendeutschen im Sowjetstaat 1919-1938* (Essen, 2001).

[37] Walter Sawatsky hat in seinem "What makes Russian Mennonites Mennonite?" *MQR*, 53 (1973), 5-20 und "From Russian to Soviet Mennonites 1941-1988," in John Friesen Hrg., *Mennonites in Russia 1788-1988: essays in honour of Gerhard Lohrenz* (Winnipeg, 1989), 299-337 auf einige zu behandelnde Fragen hingewiesen.

zu zahlreich sind, um hier erwähnt zu werden, sind behilflich gewesen. Andere sind leider seit 1989 gestorben, darunter auch Dr. David G. Rempel, der so viel getan hat, um mich bei meinen Forschungsarbeiten zu unterstützen und das Vorwort zu meinem Buch geschrieben hat. Während ich dieses Vorwort schrieb, habe ich jedoch zu meiner Freude von seiner Tochter Cornelia Carlson erfahren, daß sein letztes, von ihr herausgegebenes Manuskript, jetzt in Kanada veröffentlicht werden soll.[38] Die Tatsache, daß Bücher länger leben als ihre Autoren, ist für jeden Schreiber ein tröstlicher Gedanke.

James Urry
Wellington
New Zealand
April 2003

---

[38] David G. Rempel mit Cornelia Rempel Carlson, *A Mennonite family in Tsarist Russia and the Soviet Union, 1789-1923* (Toronto, 2003).

# Vorwort zur Original Ausgabe von James Urry

Immer wenn ich Mennoniten zum ersten Mal begegne, stellen sie mir unweigerlich die gleiche Frage. Sie sind immer erstaunt darüber, wie ich als Nichtmennonit darauf gekommen bin, mich für eine Erforschung der Mennoniten zu interessieren und auch sie um weitere Einzelheiten zu bitten. Dieses Interesse entstand, als ein Bekannter von mir, der beim britischen Militär diente, in Belize, Mittelamerika, stationiert wurde. In Belize gab es eine Anzahl mennonitischer Gemeinschaften.

Schon bald danach entdeckte ich, daß es mennonitische Gemeinschaften in vielen Teilen Lateinamerikas gab, und daß ihre Vorfahren hauptsächlich und auf verschiedenen Wegen von Russland kamen, obgleich sie nach Sprache und Kultur keine Russen waren, sondern Deutsch oder deutsche Dialekte sprachen und ihre entfernten Vorfahren aus dem nordwestlichen Europa stammten. Aber selbst diese "russischen" Mennoniten waren sehr unterschiedlich in bezug auf ihre Geschichte, ihr Gemeinschaftsverständnis und ihrer Haltung gegenüber der modernen Welt. Einige waren extrem konservativ. Sie lehnten moderne Technik und materielle Güter um eines einfachen Landlebens willen ab. Andere wieder waren reich, weltoffen und aktiv an der modernen Industriegesellschaft beteiligt. Anfangs fühlte ich mich mehr von den konservativen Gruppen angezogen. Alle Anthropologen möchten gerne ein "Volk" finden, das sie studieren können, vorzugsweise ein räumlich isoliertes und klar von anderen Kulturen abgegrenztes Volk. Daher auch der Wunsch vieler Ethnographen, wirkliche oder nur in ihrer Vorstellung existierende Inselvölker zu studieren. Ich glaubte, daß ich das friedliche Idyll einiger lateinamerikanischer Mennoniten-Gemeinschaften durch die normalerweise vorgeschriebene Zeit "intensiver Feldarbeit als beteiligter Beobachter" stören könnte, die ich brauchte, um ausreichend Information für meine anthropologische Studienlaufbahn zu sichern. Es sollte jedoch anders kommen.

Als Vorbereitung für diese Untersuchung beschloß ich, erst einmal die Literatur über Mennoniten zu erforschen. Dabei stellte sich sehr bald heraus, daß man die konservativen russischen Mennoniten wie auch die fortschrittlichen modernen Gruppen nur verstehen konnte, wenn man etwas von dem wußte, was mit den Mennoniten im neunzehnten Jahrhundert in Russland geschehen war. Obwohl es eine umfangreiche Literatur über die Mennoniten in Russland gab, war doch nur sehr wenig gründliche Forschungsarbeit unternommen worden um festzustellen, welche Ereignisse unter den Mennoniten zu der Vielfalt mennonitischer Gruppen im zwanzigsten Jahrhundert geführt hatten. Die gebildeten Mennoniten schienen mehr an Theologie und an einem Verständnis ihrer täuferischen Ursprünge interessiert zu sein, als daran, das komplexe Lebensknäuel des neunzehnten Jahrhundert in Russland zu entwirren.

Als ich meine Forschungen in der mennonitischen Literatur aufnahm, ahnte ich kaum, daß diese so lange in meiner Arbeit vorherrschen würden. Je mehr ich las, desto bedeutsamer und komplizierter wurde die "russische" Geschichte. Jegliche Hoffnung, Felduntersuchungen in Lateinamerika durchzuführen, mußte aufgegeben werden, solange ich mit der mennonitischen Vergangenheit kämpfte. Das Thema war nun über all meine Erwartungen hinausgewachsen und in vielen Hinsichten auch über mein Wissen und Können. Die meisten Quellen waren in Deutsch (das ich einigermaßen verstand) und Englisch geschrieben. Es stellte sich jedoch bald heraus, daß ich auch den russischen Kontext verstehen mußte, um die äußeren Einflüsse voll abschätzen zu können, die zur Gestaltung des mennonitischen Lebens beigtragen hatten. Meine Russischkenntnisse sind weniger als rudimentär geblieben, aber zum Glück habe ich Hilfe von Mennoniten und anderen auf diesem Gebiet geschulten Leuten erhalten. Trotzdem ist dieser Aspekt eine grundlegende Schwäche meiner Arbeit geblieben.

Doch meine Forschungsarbeit ist nicht ausschließlich auf Literatur beschränkt geblieben. 1974 und später konnte ich Kanada besuchen und dort in mennonitischen Bibliotheken und Archiven arbeiten und Mennoniten kennenlernen. Ich habe viel Zeit damit verbracht, mich mit älteren Mennoniten zu unterhalten, die noch in Russland geboren und aufgewachsen waren, bevor die traumatischen Ereignisse eintraten, die ihre Siedlungen und ihre gewohnte Lebensweise zerstörten. Gleichzeitig bin ich mit einer Reihe mennonitischer Akademiker in Kontakt gekommen und habe aus erster Hand eine so wunderbare Gastfreundschaft und herzliche Freundschaft erlebt, wie man sie nur bei Mennoniten findet.

Aus meinen usprünglichen Nachforschungen entstand eine Doktorarbeit, eine viel zu lange und weitschweifige. Für meine Prüfer war sie eine Last, und einige Mennoniten versetze sie in Schrecken; mehr wegen ihres Umfangs als wegen ihrer Gelehrsamkeit. Die schicksalhafte Suche nach einer akademischen Stellung in unserer modernen Welt brachte mich nach Australien und später nach Neuseeland, weitab von Bibliotheken, die für eine gründliche Erforschung der europäischen Geschichte ausgestattet waren, und fern aller mennonitischen Siedlungen. Über ein Jahrzehnt lang verfolgte ich auf der anderen Halbkugel der Erde andere Interessen, blieb jedoch mit den Mennoniten in Kontakt. Das abschließende Exil in Neuseeland veranlaßte mich dazu, mich von neuem der Aufgabe zu widmen, einen ausführlichen Bericht über den Wandel des Mennonitentums in Russland zu schreiben, zum Teil ermutigt durch das wiedererwachte Interesse der Mennoniten in Nordamerika an ihrer russischen Vergangenheit.

Dies Buch ist jedoch keine revidierte Doktorarbeit. Es wurde mir sehr bald klar, daß eine Überarbeitung nicht in Frage kam. Dies ist also ein vollständig umgeschriebenes Werk. Ich hoffe, daß die Beweisführung hier klarer und besser aufgebaut ist als in meiner Thesis; der Text wurde umgestaltet, und neue Quellen sind eingeschlossen worden.

Wenn man ein so gespanntes und interessiertes Publikum hat wie die Mennoniten, weiß man nicht so recht, wie man ein Buch schreiben sollte. Wenn es sich um eine große, nicht akademische Leserschaft handelt, sollte man es so klar und so knapp wie möglich schreiben. Aber die akademische Beweisführung und die akademische Nüchternheit haben ihre eigenen Ziele und ihren eigenen Stil, die nicht immer leicht zu verstehen und zuweilen leider auch unnötig obskurantistisch sind. Auch wird man in akademischen Kreisen von seinen Kollegen nach anderen Maßstäben beurteilt als denen, die von "Laienlesern" angewandt werden. Zudem werden die Dinge hier etwas durch die Tatsache kompliziert, daß ich als Anthropologe Geschichte schreibe, und zudem noch über ein Thema, das nur wenige meiner Kollegen interessant finden. Es ist eine sonderbare Tatsache: wenn ein Anthropologe über die kleine Gemeinschaft eines weit entfernten, exotischen Volkes schreibt, sind seine akademischen Verdienste sehr viel größer, als wenn er ein großes, komplexes, in Europa beheimatetes, christliches Volk erforscht, wie es die Mennoniten sind. Ich hatte es schon einfach satt, jahrelang als "Religions-Soziologe" eingestuft zu werden, während die Mennoniten als "Sektierergruppe" abgestempelt wurden. Dies ist ein Buch über mennonitische Gesellschaft und Kultur, über den gesellschaftlichen Wandel, das veränderliche Wesen der Religion und das tatsächliche Leben eines lebensprühenden und faszinierenden Volkes. Und trotz meiner begrenzten Sprachkenntnisse ist es auch ein Beitrag zur russischen Geschichte. Vor allem aber ist es jedoch ein Buch über Mennoniten und für Mennoniten. Schließlich haben Anthropologen die unbedingte Verpflichtung, ihre Berichte und Darstellungen denjenigen zugänglich zu machen, die sie erforscht haben.

Ich fürchte jedoch, daß ich letzten Endes vielleicht niemand zufriedengestellt habe. Es kann sein, daß den Mennoniten meine Schlußfolgerungen zu unklar sind oder daß ihnen im Text Einzelheiten über Menschen und Orte fehlen, die ihnen so lieb sind. Anthropologen mögen den Mangel an "Theorie" und das Fehlen jener schönen, netten Aussagen über das Wesen der mennonitischen Gesellschaft und Kultur für unwichtig halten, mit denen sie in den meisten derzeitigen Untersuchungen über die jüngste Vergangenheit rechnen konnten. Historiker, insbesondere die russischen Historiker, mögen den mangelhaften Kontext bedauern, und daß ich nicht mehr Fragen behandelt habe, die sie für wichtig halten, wie auch das Fehlen einer gründlichen Forschungsarbeit in den sowjetischen Archiven. Man kann es nicht allen Menschen immer recht machen, und einigen Leuten wahrscheinlich niemals!

Für das Schreiben dieses Buches bin ich am allermeisten Dr. David G. Rempel aus Kalifornien zu Dank verbunden. Er ist in Russland geboren und aufgewachsen und kam in den 1920er Jahren nach Nordamerika, wo er 1933 seine Doktorarbeit über Mennonitengeschichte abschloß. Als bester Kenner der Geschichte der

Russland-Mennoniten ist er für mich eine ständige Quelle der Inspiration und freundlicher Beratung gewesen und hat mich jahrelang mit wichtigem Quellenmaterial versorgt. Es ist für mich eine große Ehre, daß er sich bereit erklärt hat, ein Vorwort zu diesem Buch zu schreiben.

Meine älteren Informanten aus Kanada, von denen viele inzwischen gestorben sind, haben mich aus dem Schatz ihrer Erinnerungen mit lebendigen Bildern eines Lebens versehen, das sich zu einer früheren Zeit in einem fernen Land abgespielt hat. Diese haben sich für mich als unschätzbar erwiesen. Ich möchte besonders John P. Dyck, Gerhard Lohrenz, Jacob P. und Tina Penner, Henry P. Rempel, Gerhard und Olga Wiens und vor allem Helena Janzen danken.

Die Studenten und das Lehrerkollegium des Canadian Mennonite Bible College, des Mennonite Brethren Bible College (beide in Winnipeg) und des Conrad Grebel College, Universität Waterloo, Ontario, haben mich in der Vergangenheit und Gegenwart in meiner Forschungsarbeit unterstützt und begleitet: Dr. Adolf Ens, der verstorbene Dr. Frank H. Epp, Peter Fast, Margaret Franz, Dr. John Friesen, Herb Giesbrecht, Annie Janzen, Dr. Waldemar Janzen, Dr. Cal Redekop, Rudy Regehr, Dr. Rod Sawatzky, Dr. David Schroeder, Dr. Walter Klaassen, Larry Cornies, Titus Guenther, Eric Olfert, Vernon Epp, and Robert Peters. Peter und Elsie Rempel und ihrer Familie bin ich für ihre Hilfe und Gastfreundschaft zu ganz besonderem Dank verbunden.

Wie alle Forscher war ich ganz außerordentlich von den Diensten der Bibliothekare und Archivare abhängig. Die Bibliothekare und Archivare der mennonitischen Bibliotheken und Archive am Bethel College, Kansas, am Goshen College in Indiana und Amsterdam in den Niederlanden haben mir alle Kopien aus verborgenen Quellen zur Verfügung gestellt. Eine ganz besondere Hilfe habe ich jedoch von Dr. Lawrence Klippenstein und seinem Personal am Mennonite Heritage Centre, Winnipeg, Ken Reddig vom Centre for Mennonite Brethren Studies, Winnipeg, Kanada, Sam Steiner vom Conrad Grebel College und Dr. Paul Toews und Kevin Enns-Rempel vom Centre for Mennonite Brethren Studies, Fresno, Kalifornien, erhalten. Kathleen Cann von der British and Foreign Bible Society, London, Dr. Richard Hoffmann von der Temple Society in Melbourne, Australien, erhalten und zahlreiche andere Bibliothekare und Archivare in Ost- und Westdeutschland, der Schweiz, der Sowjetunion, Britannien, Australien und Neuseeland haben mir bei der Suche nach Quellen und Informationen geholfen.

In den letzten Jahren hat es eine Renaissance in der Erforschung der Russland-Mennoniten in Kanada und in den Vereinigten Staaten gegeben, und ich möchte mich bei folgenden Akademikern und Historikern für ihre Hilfe bedanken: Carl Bangs, Victor Doerksen, Harvey Dyck, Bert Friesen, Len Friesen, Peter J. Klassen, Harry Loewen, Delbert Plett, Al Reimer, Walter Sawatzky, Bill Schroeder und Roy Vogt.

Dr. Roger Bartlett von der School of Slavonic and East European Studies, Universität London, hat mich viele Jahre lang sachkundig in russischer Geschichte und russischer Kultur beraten. Die ursprüngliche Dissertation wurde von dem verstorbenen Edwin Ardener vom St. Johns College, Oxford, überwacht, und im Laufe der Jahre habe ich sehr viel von meinen Lehrern und Kollegen in Anthropologie in Britannien, Australien und Neuseeland gelernt.

Die Forschungsarbeit wurde zuerst von dem damaligen Social Science Research Council of the U.K., dem Radcliffe-Brown Fund der Association of Social Anthropologists und in den letzten Jahren durch finanzielle Beihilfe vom Internal Research Committee der Victoria Universität in Wellington unterstützt. Die Karten wurden von Robin Mita erstellt, und verschiedene Maschinenschreiber haben jahrelang mit den Entwürfen gearbeitet, besonders Nell Millist und Joy Paris.

Abschließend muß ich meinen Dank meiner Frau Rita und meinen Kindern Katharine, Judith und Nicholas aussprechen, die die vollen Freuden eines mennonitischen Lebens aus erster Hand noch erst erleben müssen, die mich jedoch freigestellt und meine Abwesenheit auf sich genommen haben, damit ich mich der Erforschung der mennonitischen Geschichte widmen konnte.

James Urry
Wellington, New Zealand
1988

# Einführung

Irgend etwas ist mit den Mennoniten seit den ersten Jahren ihrer Ansiedlung in Russland im Jahr 1789 geschehen. Die mennonitische Gesellschaft und Kultur hat Verwandlungen erfahren. Nach sehr bescheidenen Anfängen bauten mennonitische Immigranten eine ganze Reihe blühender Koloniegemeinschaften in den südrussischen Steppen und seit 1850 auch im Wolgagebiet auf. Um das Jahr 1889 waren ihre Nachkommen vielfach bereits aus ihrer ursprünglichen Heimat weggezogen, um wohlhabende Siedlungen zu gründen - einige davon als neue Kolonien, andere als Privatunternehmen auf gepachtetem oder gekauftem Land, einige wenige auch auf großen Landgütern, wo sie wie der Landadel lebten. An die Stelle der kleinen Handwerksbetriebe der ersten Siedler traten zum großen Teil mächtige Industriekonzerne, die sich in die nach der Emanzipation Russlands rasch entwickelnde industrielle Umwelt integrierten. Alle Mennoniten wurden Ende des neunzehnten Jahrhunderts in die Wirtschaft und Gesellschaft Russlands hineingezogen. Die landwirtschaftliche Produktion wurde zum größten Teil vermarktet, und viele Mennoniten waren durch ihre Profite wohlhabend, reich und weltlich geworden. Mit dem räumlichen und materiellen Wachstum der verschiedenen Gemeinschaften wurde die mennonitische Gesellschaft immer unterschiedlicher. Während 1889 die meisten Mennoniten noch als Bauern lebten, waren die Beschäftigungs- und Arbeitsmöglichkeiten, die nun den jungen Mennoniten offenstanden, sehr viel breiter gefächert als in den Tagen ihrer Großväter. Bildung spielte nun eine entscheidende Rolle nicht nur für Fortdauer der Gemeinschaftswerte, die Menschen brauchten sie auch als notwendige Ausrüstung, um sich auf das sich verändernde wirtschaftliche Umfeld einstellen zu können. Bildung war die Voraussetzung für gesellschaftliche Mobilität innerhalb und außerhalb der mennonitischen Welt; sie förderte gesellschaftliche und intellektuelle Vielfalt und trug zur Entwicklung eines verfeinerten bürgerlichen Geschmacks bei. Um das Jahr 1889 hätten viele Mennoniten sich mühelos in den breiteren Rahmen einer westeuropäischen Gesellschaft eingefügt. Diese materiellen und gesellschaftlichen Veränderungen waren jedoch nur die offensichtlicheren, äußeren Erscheinungen des Wandels im mennonitischen Leben, der in Russland seit dem Ende des achtzehnten Jahrhunderts stattgefunden hatte.

*Einführung* 37

Im mennonitischen Lebens ist der Glaube von zentraler Bedeutung. Mennoniten leben in christlichen Gemeinschaften. In den ersten Jahren der Ansiedlung in Russland waren ihre Gemeinschaften jedoch einheitlicher und in sich geschlossener als in späteren Zeiten. Während des neunzehnten Jahrhunderts änderte sich die Organisation des Gemeindelebens und der Gemeinschaftssinn der Mennoniten. Aus den sehr auf Innerlichkeit ausgerichteten religiösen Gemeinden der Mennoniten, die einen unbedingten Gehorsam und Unterordnung von ihren Gliedern verlangten, wurden mennonitische Gemeinschaften, die offener und weltlicher waren. Die Führung in der mennonitischen Gemeinschaft war nicht mehr das alleinige Vorrecht von Menschen, die ein kirchliches Amt bekleideten, und die einzelnen Gemeinden nicht mehr gleichbedeutend mit der mennonitischen Gemeinschaft. Der Gemeinschaftssinn, der nun nicht mehr auf eine begrenzte Zahl religiöser Grundsätze beschränkt war, die das gesamte Leben der Mennoniten erfassen sollten, wurde weiter. Die Beziehung der Mennoniten zur größeren Umwelt wurde immer komplexer. Ideen und Institutionen außerhalb der mennonitischen Tradition wurden nicht mehr von vornherein abgelehnt. 1889 waren Mennoniten bereits in vielen Lebensbereichen außerhalb ihrer Gemeinschaften aktiv, und die klaren Unterschiede, die die Mennoniten einst gegen äußere Einflüsse abgeschirmt hatten, waren entweder verwischt oder wurden für belanglos gehalten.

Innerhalb der mennonitischen Gemeinschaften änderte sich auch die Ansicht darüber, was es heißt, ein Mennonit zu sein und zur mennonitischen Welt zu gehören. Während früher die persönliche Glaubenserfahrung eine Privatsache und der äußeren Gemeinschaftsethik unterworfen war, wurden nun die Glaubensbekenntnisse zunehmend eine öffentliche und persönliche Angelegenheit. Der Individualismus, der durch das wetteifernde und elitäre, von den Mennoniten in Russland aufgebaute Bildungssystem gefördert wurde, war nicht nur ein Anreiz für das Unternehmertum in materiellen Hinsicht, es ließ die Menschen auch außerhalb der Gemeinschaftsgrenzen und bestehenden Traditionen nach dem Sinn des Glaubens und religiöser Erfahrung suchen. Mit der zunehmenden Manigfaltigkeit des gesellschaftlichen und kulturellen Lebens wurde auch die Glaubenserfahrung immer ungleichartiger und mehr eine persönliche als eine Gemeinschaftssache. Als eine neue gebildete und fortschrittlich gesinnte Elite in den Gemeinschaften in Erscheinung trat und Führungsrollen in den Gemeinden übernahm, wuchs die religiöse Toleranz. In der Vergangenheit waren Mennoniten, die einen religiösen Kontakt mit Menschen, Ideen oder Institutionen außerhalb ihrer Tradition gesucht hatten, aus der Gemeinschaft ausgeschlossen worden. Obwohl die Mennoniten 1889 sich immer noch stark mit ihren Ortsgemeinden identifizierten, so erkannten die meisten auch die Rechtmäßigkeit anderer christlicher Gruppen an wie auch die Autorität des russischen Nationalstaates, dem gegenüber sie als Untertannen zur Treue verpflichtet waren. Ein solches erweitertes Verständnis wäre von den meisten mennonitischen Siedlern in Russland vor nur gerade einem Jahrhundert nicht geduldet worden.

So wie die materiellen Lebensverhältnisse und das Selbst-, Gemeinschafts- und

Glaubensverständnis sich für die Mennoniten im Laufe des ersten Jahrhunderts nach ihrer Ansiedlung in Russland veränderten, so änderten sich auch ihre Bewertung dieser Veränderung und deren Auswirkung auf ihr Leben. Obwohl die ersten Siedler einen starken Sinn für Kontinuität mit ihrer Vergangenheit hatten, waren sie sich nur wenig der Veränderungen bewußt, die sich dadurch ergaben, daß sie die Lebensweise ihrer Vorfahren nachzuahmen versuchten. Als die Folgen des rapiden materiellen und sozialen Wandels in den ersten Jahrzehnten des neunzehnten Jahrhundert immer offensichtlicher wurden, bestand die anfängliche Reaktion der Mennoniten darin, diesen Wandel zu leugnen, ihren Widerstand gegen äußere Einflüsse zu verstärken und Neuerungen abzulehnen. Um der Zugkraft des Fortschritts entgegenzuwirken, bestätigten sie immer wieder, daß das was sie glaubten, die wesentliche Grundlage ihrer Tradition sei, indem sie eine Reihe von Strategien anführten, die auf die Beibehaltung, den Erhalt und den Fortbestand bestehender Ideen und Bräuche ausgerichtet waren[39] Andere Mennoniten jedoch, ermutigt und unterstützt durch das russische Beamtentum, förderten die Veränderung durch ihre Unterstützung fortschrittlicher Ideen und Praktiken. Die mennonitischen Gemeinschaften polarisierten sich in zwei Gruppen, die Förderer des Fortschritts und die Hüter der Tradition. Schließlich triumphierten die Fortschrittlichen über die konservativen Kräfte, jedoch nicht bevor das mennonitische Leben sich grundlegend geändert und ihre Gesellschaft und Kultur sich gewandelt hatten. Die Anhänger des Konservatismus (die Konservativen), die selbst genauso ein Produkt des Wandels waren wie die Fortschrittlichen, waren stark in den Gruppen vertreten, die nach 1870 nach Nordamerika auswanderten. Die fortschrittlichen Mennoniten hatten nun zum großen Teil die Führung der mennonitischen Siedlungen in ihren Händen und konnten das Leben in diesen Siedlungen frei nach "modernen" Ideen gestalten.

Die Veränderungen, die in den mennonitischen Siedlungen stattgefunden hatten und deren Reaktion auf diese Veränderungen waren jedoch nichts Ungewöhnliches. In ganz Europa mußte sich der Bauernstand mit der Herausforderung der rapiden Veränderung im Laufe des neunzehnten Jahrhunderts auseinandersetzen, als der politische und wirtschaftliche Wandel über den Kontinent fegte. Aber aufgrund ihrer anfänglichen Abgeschlossenheit, ihrer klaren Behauptung, daß Ideologie und Praxis im alltäglichen Leben miteinander verbunden sein mußten, und ihres überhöhten Wahrnehmungsvermögens gegenüber Wechsel und Neuerungen boten sie ein ganz besonderes Beispiel für den größeren Wandel der europäischen Gesellschaft. Die Tatsache, daß sie in Russland Emigranten in einem neuen, unterentwickelten Grenzgebiet waren und kulturelle Fähigkeiten und Formen der sozialen Organisation besaßen, die sich von den meisten ihrer ländlichen Nachbarn unterschieden, trug ebenfalls zu ihrer Andersartigkeit bei und ließ die bevorstehenden Wandlungsprozesse um so krasser erscheinen. Der Wandel des mennoni-

---

[39] Eine eingehende Erörterung dieser Ideen und einen Vergleich mit mennonitischen Gruppen außerhalb Russlands siehe in meinem "All that glisters..": Delbert Plett and the place of the Kleine Gemeinde in Russian-Mennonite history," *JMS*, 4 (1986), 241-47

tischen Lebens in Russland war deshalb Teil des größeren Wandels der europäischen Gesellschaft und Kultur während des neunzehnten Jahrhunderts, als die Agrargesellschaft der Industriegesellschaft beim Übergang von vorkapitalistischen (bzw. feudalen) zu kapitalistischen Produktionsmethoden weichen mußte und die "traditionellen" Gesellschaften durch eine "moderne" Welt ersetzt wurden.

Ich bin mir voll dessen bewußt, daß die Konzepte des Übergangs in den Produktionsmethoden, der Veränderung sozialer und politischer Formen und der Begriff der "Modernisierung" in der neueren Literatur mehr als konkurrierende denn als ergänzende "Theorien" erscheinen[40]. Bei dieser Studie ist es nicht mein Ziel, mich mit meiner Interpretation irgendeiner Auffassung anzuschließen und die Mennoniten den Phantastereien starrer Theorien zu unterwerfen. Obwohl die Untersuchung die Bedeutung der materiellen Kräfte anerkennt, die sich auf die Mennoniten in Russland auswirkten, finden auch andere Faktoren die gleiche Beachtung. Ganz besonders geht es hier um die Reaktion der Mennoniten auf den Wandel und ihre Wahrnehmung der Veränderung, wie sie sich in ihren Gemeinschaftsorganisationen zeigten, ihre Auffasung von Person und ihre Einstellung zum Glauben.[41] Deshalb sind mir auch die Ursachen weniger wichtig als die Wirkungen und in einem erweiterten Sinn, der Zusammenhang der Veränderung. Es wäre falsch, die Mennoniten für eine isolierte und andersartige Gruppe zu halten, und absurd zu behaupten, daß die Veränderungen auschließlich die Folge interner Kräfte innerhalb der mennonitischen Gesellschaft waren. Andererseits muß hier auch anerkannt werden, daß es den Mennoniten trotz ihrer veränderten Lebensweise in Russland gelang, ihre ganz eigene Identität zu behalten und zu entwickeln und neue Institutionen zu schaffen, die ihr Überleben als ein abgesondertes Volk bis in das zwanzigsten Jahrhundert hinein sicherten. Die Beibehaltung ihrer besonderen Identität und Kultur ist zum Teil der multiethnischen Umwelt im südlichen Russland und der Politik der russischen Regierung zu verdanken, die zumindest in der ersten Hälfte des neunzehnten Jahrhunderts eine eigenständige kulturelle Entwicklung ausländischer Kolonisten unterstützte. Die Mennoniten trugen jedoch zum Erhalt ihrer religiösen und kulturellen Gemeinschaften bei. Sie bauten in Russland etwas auf, was man als einen mennonitischen Staat bezeichnen könnte, ein Gemeinwesen, das alle Mennoniten miteinander verband. Gleichzeitig

---

[40] Eine neue, kritische Rezension der verschiedenen Auffassungen mit einer Neuformulierung siehe in R.J. Holton. *The transition from feudalism to capitalism* (London, 1985).
[41] Diese Einstellung ist zum großen Teil auf den Einfluß jener Anthropologen zurückzuführen, die wie die verlorenen Söhne von ihrem Studium "anderer"(d.h. nicht europäischer) Kulturen zurückgekehrt waren, und nun ihre anderswo gewonnenen Fachkenntnisse und ihre Einsicht dazu nutzten, die Entstehung der "modernen" europäischen Kultur zu verstehen; insbesondere Louis Dumont, siehe sein *From Mandeville to Marx: the genesis and triumph of economic ideology* (Chicago, 1977), Ernest Gellner, zum Beispiel sein *Nations and nationalism* (Oxford, 1983), und Jack Goody *The domestication of the savage mind* (Cambridge, 1977), *Production and reproduction: a comparative study of the domestic domain* (Cambridge, 1977).

schufen sie eine heterogene Gesellschaft, die eine große Vielfalt in Lebensstil und Ideologie ermöglichte und sich bei einem raschen wirtschaftlichen Wandel als außerordentlich anpassungsfähig erwies. Im Gegensatz zu den meisten mennonitischen Gemeinschaften im westlichen Europa gingen die Mennoniten in Russland nicht in den homogenisierten Gesellschaften unter, die von den im neunzehnten Jahrhundert aufkommenden modernen industriellen Nationalstaaten geschaffen wurden. Die dynamische Gesellschaft, die von den Russlandmennoniten unter Beibehaltung ihrer Eigenart entwickelt wurde, erleichtert auch das Verständnis für den recht unterschiedlichen Wandel, der unter den Gruppen anderer europäischer Mennoniten in der gleichen Zeit stattfand.

Ob und inwieweit sich die Mennoniten der Veränderung in ihren eigenen Gemeinschaften und in ihrer Umwelt bewußt waren, gehört ebenfalls in den größeren Rahmen der Veränderung des europäischen Denkens während des neunzehnten Jahrhunderts. Wie viele andere ländliche Gruppen waren die Mennoniten sich der Veränderung wenig bewußt. Sie glaubten, daß die Vergangheit sich kontinuierlich bis in die Gegenwart fortsetze, und daß ihre Zukunft genauso geordnet sei. Im Laufe des neunzehnten Jahrhunderts wurden solche Vorstellungen von der zunehmenden Wahrnehmung des Wandels und der Erkenntnis verdrängt, daß menschliche Aktivität eine entscheidende Rolle in der Geschichte spielt. Die Gegenwart sah man nun nicht mehr als kontinuierliche Fortdauer der Vergangenheit, die deshalb am besten aufzugeben sei. In vielen wurde die Hoffnung geweckt, daß durch menschliche Bemühungen die Zukunft nicht nur anders sein könnte als die Gegenwart, sondern sogar "verbessert" werden könnte. Während konservative Mennoniten die Vergangenheit wiedereinzuführen versuchten, wollten die fortschrittlichen Mennoniten mithelfen, eine neue, und wie sie glaubten, bessere Welt zu schaffen. "Utopia" lag in der Zukunft und nicht in einem vergangenen, goldenen Zeitalter. Aus diesem Bewußtsein des Wandels heraus wurde die mennonitische Geschichtsschreibung geboren, und dieses Buch stützt sich sehr stark auf Berichte, die von Mennoniten über ihre eigene Vergangenheit geschrieben wurden.[42]

Obwohl einige kleinere Werke vor 1880 geschrieben wurden, setzte die Geschichtsschreibung der Russlandmennoniten eigentlich erst in den 1880er Jahren ein. Die bedeutendsten frühen Werke wurden von dem Lehrer und Prediger, David H. Epp geschrieben, der seine Geschichtsschreibung mit einem Bericht über die erste Kolonie Chortitza zum hunderjährigen Jubiläum dieser Siedlung im Jahr 1889 begann.[43] Später hat Epp eine Reihe bedeutender Abhandlungen über die mennonitische Geschichte geschrieben, die oft als Bücher oder als Artikel

---

[42] Eine ausgezeichnete Einführung in einige Aspekte der Geschichtsschreibung der Russlandmennoniten des neunzehnten und Anfang des zwanzigsten Jahrhunderts findet man in David G. Rempels "An introduction to Russian Mennonite historiography", *MQR*, 48 (1974), 409-46

[43] *Die Chortitzer Mennoniten: Versuch einer Darstellung des Entwicklungsganges derselben* (Odessa, 1889); bezüglich der Feiern siehe Kapitel 14.

neuaufgelegt wurden.[44]

Epp schloß viele Dokumente in seine Berichte ein. Es wurden auch andere größere Dokumentensammlungen veröffentlicht, insbesondere die von Franz Isaak, einem bedeutenden Molotschnaer Prediger, dessen Sammlung 1908, einige Jahre nach seinem Tod erschien.[45] Ein wuchtiger Band von P.M. Friesen, der sich von allem auf Dokumente gründete, die sich mit der Entstehung einer kleinen Sektierergruppe, den mennonitischen Brüdern, befaßte, wurde 1911 veröffentlicht.[46] Friesen begann 1885 Material für seinen Bericht zu sammeln. Obwohl das Buch sich hauptsächlich mit den Brüdern beschäftigt, ließ er es zu, daß seine Sammlung mit sehr viel zusätzlichem Material überladen wurde: Erinnerungen, Anekdoten und statistischen Daten nebst seinen eigenen Überlegungen über die Moral oder die theologische Richtigkeit besonderer Ereignisse.

Keiner dieser frühen mennonitischen Schreiber und Dokumentensammler war ein geschulter Geschichtsschreiber. Sie unterließen es, die meisten ihrer Quellen zu nennen, und es fehlte ihnen im allgemeinen die Fähigkeit zu einer kritischen Interpretation. Nach ihrem Format und ihrem Stil gehören ihre Werke zur Tradition populärer, örtlich entstandener "Geschichten", die auch von anderen ausländischen Kolonisten in Russland vor dem 1. Weltkrieg geschrieben wurden. Da sie zu den mennonitischen Intellektuellen gehörten, waren die Autoren dieser Werke darum bemüht, die Ideale des sozialen und kulturellen Fortschritts aufrechtzuerhalten, die sie als Führer des mennonitischen Gemeinwesens in Russland förderten. Ihre Werke wurden von den Mennoniten als triumphale Errungenschaften ihrer Leistung, des Fortschritts und der hohen kulturellen Entwicklung gefeiert. Geschichte hatte auch einen didaktischen Zweck, die Jungen sollten aus dem lernen, was ihre Vorfahren geleistet hatten. Beide, Epp und Friesen, neigten dazu, strittige Themen zu vermeiden, insbesondere wenn es dabei um Einzelpersonen oder Institutionen ging, die sie als ein positives Beispiel für mennonitische Tüchtigkeit darstellen wollten. Kritik und Verurteilung waren den Gestalten der Vergangenheit vorbehalten, die nicht bereit waren, die Ideale anzuerkennen, die sie in ihrer blühenden, mennonitischen Vorkriegswelt vertraten.

Zudem ist die Arbeit dieser frühen mennonitischen Geschichtsschreiber engstirnig. Es fehlt ihr das Verständnis für die viel größeren Zusammenhänge, in die das Leben der Mennoniten in Russland verwickelt war. Während ein großer Teil von Epps Arbeit der Kolonie - Chortitza - gewidmet ist, in der er geboren wurde, zeigt

---

[44] Siehe die Liste in Rempels "An introduction.."435-40.

[45] Franz Isaak (oder Isaac) *Die Molotschnaer Mennoniten. Ein Beitrag zur Geschichte derselben* (Halbstadt, Taurien, 1908).

[46] Peter M. Friesen, *Die Alt-Evangelische Mennonitische Brüderschaft in Russland (1789-1910) im Rahmen der Mennoniten Gesamtgeschichte* (Halbstadt, Taurien, 1911), übersetzt als *The Mennonite Brotherhood in Russia (1789-1910)* (Fresno, CA, 1978). Bezüglich des Werkes von Friesen und seines Wertes als Geschichtsschreiber siehe die Abhandlungen in Abraham Friesen, Hrg., *P.M. Friesen and his history: understanding Mennonite Brethren beginnings* (Fresno, CA, 1979).

Friesens mehr allgemeine Geschichte eine Vorliebe zu seiner eigenen Kolonie, der Molotschnaja, und seine Vorurteile gegenüber Chortiza sind nicht schwer festzustellen. Friesens Werk ist ohne Zweifel das einflußreichste all dieser frühen Schriften gewesen, dies hat jedoch zu einem merkwürdigen Vermächtnis geführt. Das Buch war ursprünglich als Geschichte der Brüdergemeinde gedacht, ist dann aber als eine umfassendere Geschichtsschreibung aufgefaßt worden. Lange Zeit haben die Mennoniten die Entstehung der Brüdergemeinde in der Geschichte der Russlandmennoniten als das zentrale Ereignis des neunzehnten Jahrhunderts betrachtet. Vor 1860 war alles Rückständigkeit und Dunkelheit; aber sobald die Brüder da waren, war alles Fortschritt und Licht. Ein Ziel dieses Buches ist, wieder mehr eine Sicht für nüchterne Ausgewogenheit geltend zu machen. Es betont, daß bei der Umgestaltung des mennonitischen Lebens sowohl äußere als auch innere Faktoren am Werk waren, und es ging dabei um Fragen, die größer waren als Glaubensdinge oder der Zustand einzelner mennonitischer Seelen. Die entscheidende Zeit für die Neuorientierung des mennonitischen Lebens in Russland wie auch für alle anderen Einwohner des Reiches war die der großen Reformen, die von der russischen Regierung in den 1860er und 70er Jahren nach der Niederlage im Krimkrieg eingeleitet wurden. Da die Mennoniten bereits von früheren russischen Reformversuchen stark beeinflußt worden waren, ist es kein reiner Zufall, daß die Brüder in dieser Zeit der Reform in Erscheinung traten. Die Brüder waren jedoch nur ein Aspekt der viel breiteren mennonitischen Reaktion und Stellungnahme zum Wandel in dieser Zeit.

Trotz offensichtlicher Unzulänglichkeiten der frühen mennonitischen Geschichtsschreibung erlangten die Berichte von Epp, Isaak und Friesen doch eine recht bedeutsamen Stellung in der späteren mennonitischen Geschichtsschreibung. Die Gründe sind verständlich. Der Zerfall und die schließliche Zerstörung des mennonitischen Gemeinwesens während des I. Weltkrieges und der nachfolgenden Revolution und des Bürgerkrieges führten zu einer weitreichenden Zerstörung von vielem Archivmaterial, das in den Kolonien aufbewahrt wurde. Bei der mennonitischen Auswanderung nach Nord- und Südamerika während der 1920er Jahre hatten nur wenige Mennoniten Gelegenheit und Interesse, auch nur Dokumente ihrer Familie zu retten.[47] Andererseits wurden später, als das Interesse an mennonitischer Geschichte und Kultur erwachte, diese Geschichten sehr geschätzt, einige wurden neu veröffentlicht und neue Werke wurden geschrieben, die sich oft sehr stark auf diese überlebenden Quellen stützten, insbesondere auf Friesens Buch.[48] In anderen Kreisen

---

[47] Die besten allgemeinen, z.Z. noch verfügbaren Berichte über jene Ereignisse sind John B.Toews, *Czars, Soviets and Mennonites* (Newton, Kansas, 1982), John B. Toews, *Lost Fatherland: Mennonite Emigration from Soviet Russia, 1921 - 1927* (Scottdale, Pa. 1967) und Frank H. Epps *Mennonite Exodus: the rescue and resettlement of the Russian Mennonites since the Communist Revolution* (Altona, Man., 1962).

[48] Das bedeutendste Unternehmen war das von Arnold Dyck in Kanada, der für eine geschichtliche Serienausgabe den Echo Verlag gründete, der zwischen den 1940er und 1960er Jahren eine Reihe von Büchern veröffentlichte. Siehe Henry Tessman, "Echo-Verlag: the first Mennonite book club in Canada," *Mennonite Historian*, 11 (1985), 1-2.

erlangte Friesens Werk das Ansehen eines Sakraltextes, und seine Interpretation der Ereignisse fast die Autorität der Heiligen Schrift. In den letzten zwanzig Jahren ist eine wahre Flut volkstümlicher mennonitischer Geschichtsschreibung erschienen, zumeist in Kanada und in den Vereinigten Staaten. Bei einigen dieser Arbeiten geht es um das unvermeidliche Nachforschen nach Verwandten und den damit verbundenen Eifer der Stammbaumerforschung, es gibt jedoch auch zahlreiche autobiographische Erinnerungen, bei denen ältere Mennoniten, die in Wohlstand und Frieden ihren Ruhestand genießen, sich an die Tage ihrer idyllischen Kindheit erinnern, denen dann die Schrecken des Krieges, der Revolution, der Anarchie und der Auswanderung folgten. Das Wissen über das, was im neunzehnten Jahrhundert in Russland geschah, ist jedoch verschwommen und verworren geblieben.

Die wissenschaftliche Erforschung der Mennonitengeschichte setzte in den 1930er Jahren mit dem Schreiben von zwei Doktordissertationen ein. Die erste von einem Baltendeutschen mit Namen Adolf Ehrt lieferte einen etwas abstrakten Bericht über die soziale und wirtschaftliche Entwicklung der Mennoniten unter Verwendung russischer und deutscher Quellen.[49] Die zweite, von einem neuen mennonitischen Emigranten, der aus den Russlandkolonien nach Nordamerika kam, David G. Rempel, hatte ebenfalls den sozialen und wirtschaftlichen Wandel der Mennoniten zum Thema und wurde 1933 abgeschlossen.[50] Rempels Dissertation, die sehr viel ausführlicher war als die von Ehrt, nutzte Quellen in einem viel breiteren Rahmen. Ehrt wurde in der nationalsozialistischen Partei aktiv und schrieb nichts mehr über das Thema. Rempel schlug eine andere Laufbahn ein, nachdem er seine Dissertation abgeschlossen und einige Artikel veröffentlicht hatte. Bis zu seiner Pensionierung Anfang der 1960er Jahre hatte er nichts mehr mit mennonitischer Forschung zu tun. Danach gelang ihm jedoch der Zugang zu Quellen in den sowjetischen Archiven. Seitdem hat er eine Anzahl bedeutender Schriften über die Mennonitengeschichte veröffentlicht, die die soziale und wirtschaftliche Entwicklung der Mennoniten entschieden im Zusammenhang mit der russischen Geschichte sehen.[51]

Nach einer langen Zeit der Vernachlässigung haben andere mennonitische Gelehrte in den letzten zwanzig Jahren ihre Aufmerksamkeit dem Studium der Russlandmennoniten gewidmet. Tagebücher und Briefe zusammen mit anderem

---

[49] Adolf Ehrt, *Das Mennonitentum in Russland von seiner Einwanderung bis zur Gegenwart* (Langensalza, 1932)

[50] David G. Rempel, *The Mennonite colonies in New Russia: a study of their settlement and economic development from 1789 to 1914* (Unveröffentlichte PhD-Thesis, Stanford Universität, 1933).

[51] Eine seiner bedeutendsten Abhandlungen ist *The Mennonite commonwealth in Russia: a sketch of its founding and endurance, 1789-1919.* Sie wurde vom Autor separat mit fortlaufender Numerierung im Jahr 1974 herausgegeben, die unter erwähnten Seiten beziehen sich auf diese Ausgabe. Die Abhandlung erschien zuerst in *MQR,* 47 (1973), 259-308; 48 (1974), 5-54. Die anderen Werke von Rempel werden im Text erwähnt.

unveröffentlichten Material, das von mennonitischen Emigranten entweder in den 1870er oder in den 1920er Jahren aus Russland mitgebracht wurde, sind teilweise oder vollständig mit einem unterschiedlichem Maß an Kommentaren oder Interpretationen der Zusammenhänge seitens der Herausgeber veröffentlicht worden. Einer von denen, die die produktivsten Beiträge zu dieser Literatur geleistet haben, ist der kanadische Historiker John B. Toews, der eine buchfüllende Studie über die Geschichte der Russlandmennoniten veröffentlicht hat, die sich auf das mennonitische Leben Ende des neunzehnten und in der ersten Hälfte des zwanzigsten Jahrhunderts konzentriert.[52] Die von Delbert Plett vor kurzem veröffentlichten Bände, bei denen es um die *Kleine Gemeinde* geht, eine kleine Gruppe, die Anfang des neunzehnten Jahrhunderts in Russland entstand und die 1870 nach Nordamerika auswanderte, haben neues Quellenmaterial für das Verständnis der Vergangenheit der Russlandmennoniten geliefert.[53] Außer der Arbeit von David Rempel ist jedoch wenig getan worden, um die mennonitische Erfahrung aus einer breiteren Perspektive der russischen und europäischen Geschichte neu zu interpretieren. Kurze Schriftstücke, eines von einem Mennoniten, Robert Kreider, und ein anderes von einem nichtmennonitischen Soziologen, E.K. Francis, liefern einen Überblick, ihre Hinweise und Vermutungen sind jedoch nicht gründlich ausgearbeitet worden.[54] Neben der Sammlung von Archivmaterial, das von Emigranten aufbewahrt wurde, sind die Mennoniten in Nordamerika und Kanada in den letzten Jahren in den Besitz wertvoller Kopien von veröffentlichten mennonitischen Schriften aus der Vorrevolutionszeit sowie deutschsprachigen Zeitungen von Mennoniten und Kolonisten gekommen, die eine Fülle von neuem Quellenmaterial enthalten.[55]

Die Literatur der anderen deutschsprachigen ausländischen Kolonisten in Russland ist umfangreich und unterschiedlich, wobei einiges von diesen Material unentbehrlich ist, wenn man die Zusammenhänge der Mennonitengeschichte verstehen will. Einiges Material, das nach den

---

[52] Toews, *Czars, Soviets and Mennonites* und andere im Text angeführte Werke.

[53] Delbert F. Plett, *History and events: writings and maps pertaining to the history of the Mennonite Kleine Gemeinde from 1866 to 1876* (Steinbach, Man., 1982): *The golden years: the Mennonite Kleine Gemeinde in Russia (1812-1849)* (Steinbach, Man., 1985); *Storm and triumph: the Mennonite Kleine Gemeinde (1850-1875)* (Steinbach, Man., 1986); *Profile of the Mennonite Kleine Gemeinde, 1874* (Steinbach, Man., 1987). Eine kritische Überprüfung des zweiten Buches siehe in meinem "All that glisters...."

[54] Robert Kreider, "The Anabaptist conception of the church in the Russian environment, 1789-1870," *MQR*, 25 (1951), 17-33 und E.K. Francis, "The Mennonite commonwealth in Russia, 1789-1914: a sociological interpretation," *MQR*, 25 (1951),173-82, 200; und E.K. Francis, "The Russian Mennonites, from religious to ethnic group," *American Journal of Sociology,* 54 (1948), 101-07.

[55] Insbesondere die mennonitischen Blätter *Friedensstimme* (1903-1914, 1918-1920), *Der Botschafter* (1905-1914), und das Blatt der Kolonisten *Unterhaltungsblatt für deutsche Ansiedler im südlichen Russland* (1846-1861) und die *Odessaer Zeitung* (1862-1914), die eine spezielle Spalte über die Kolonisten veröffentlichte.

*Einführung* 45

1920er Jahren veröffentlicht wurde, ist fanatisch antisowjetisch, antirussisch und prodeutsch.[56] Das russische Quellenmaterial ist mannigfaltiger. Die bedeutendste Quelle des neunzehnten Jahrhunderts ist zweifellos die Arbeit eines Wolgakolonisten, A.A. Klaus, der für das Ministerium für Reichsdomänen arbeitete und während einer gewissen Zeit für die ausländischen Kolonisten im südlichen Russland verantwortlich war. Seine wissenschaftliche Untersuchung der Kolonisten, die 1869 erschien, beschäftigt sich eingehend mit den Mennoniten.[57] Die bedeutendste Untersuchung in russischer Sprache, die sich ausschließlich auf die Mennoniten bezog, wurde von einem Beamten des Innenministeriums, S.D. Bondar, geschrieben, der beauftragt worden war, die religiösen Aktivitäten der Mennoniten vor dem I. Weltkrieg zu beobachten. Sein Buch, obwohl es während des Krieges veröffentlicht wurde und stellenweise antimennonitisch ist, enthält doch viel hilfreiche Information.[58] Neben diesen bedeutenden Berichten gibt es aus dem neunzehnten Jahrhundert eine Menge anderen russischen Materials in Zeitschriften, Besucherberichten und von verschiedenen "Experten" in Landwirtschaft, Forstwirtschaft etc., ganz abgesehen von den unzähligen Berichten von Predigern und aus den örtlichen Provinzen.[59] Außer David

---

[56] Die größte bibliographische Quelle dieser deutschen Arbeit ist Karl Stumpp, *Das Schrifttum über das Deutschtum in Russland: eine Bibliographie* (5. Ausgabe, Stuttgart, 1980). Deutsche Bibliotheken und Archive enthalten auch einschlägiges Material für ein Studium der Geschichte der Russlandmennoniten, siehe Peter J. Klassen, "Sources for the Russian Mennonite research in German archives and libraries," *MQR*,53 (1979), 21-34.

[57] A.A. Klaus, *Nashi Kolonii: Opyty i materialy po istorii i statistike inostrannoy kolonisazii w Rossii* (St. Petersburg, 1869 neuaufgelegt mit einer Einführung von Roger P. Bartlett, Cambridge, 1972). Eine genehmigte deutsche Übersetzung von einem Mennoniten Jacob Toews erschien als *Unsere Kolonien: Studien und Materialien zur Geschichte und Statistik der ausländischen Kolonisation in Russland* (Odessa, 1887).

[58] S.D. Bondar, *Sekta mennonitow Rossii, w swjasi s istoriej nemezkoi kolonisazii na juge Rossii* (Petrograd, 1916). Die übrigen bedeutenden Werke sind von G. Pisarewsky, sie beziehen sich jedoch hauptsächlich auf die Auswanderung der Mennoniten und anderer Kolonisten nach Russland, siehe nachstehendes Kapitel 2.

[59] Die wichtigsten Quellen über mennonitische landwirtschaftliche Methoden sind die Schriften von V.E. Postnikow, einem Landwirtschaftsexperten, der beim Ministerium für Landwirtschaft und Reichsdomänen angestellt war und in den 1880er Jahren ausführliche Untersuchungen in den Provinzen von Jekaterinoslav und Taurien durchführte; siehe insbesondere sein *Jushno-russkoje krestjanskoe chosjajstwo* (Moskau, 1891). Dieses Werk lieferte wertvolles Quellenmaterial für Lenins bedeutende Studie *Die Entwicklung des Kapitalismus in Russland* (zuert erschienen 1899); siehe auch Lenins "New economic developments in peasant life (on V.Y. Postnikow's 'Peasant farming in south Russia') in his *Collected Works 1: 1893-1894*. (Moskau, 1960), 13-73, Lenin bezog sich jedoch nur flüchtig auf mennonitisches Material.

Rempel haben bisher nur wenige diese Quellen erforscht.[60] Erst in den letzten Jahren haben sowjetische Gelehrte Studien ausländischer Kolonisten in ihre Schriften eingeschlossen, unter denen eine der beachtenswertesten das Werk von E.I. Drushinina über die wirtschaftliche und soziale Entwicklung in der südlichen Ukraine ist.[61]

In der Sowjetunion aufbewahrte, unveröffentlichte Quellen über die Russlandmennoniten sind kaum benutzt worden, außer von David Rempel, dem es gelang, Kopien von Dokumenten auf der einzigen, ihm erlaubten Studienreise zu erhalten.[62] Zweifellos wartet noch weiteres Material auf seine Entdeckung, nicht nur in den Hauptaufbewahrungsstellen, wo die Sammlungen der verschiedenen Ministerien hinterlegt wurden, die mit ausländischen Kolonisten zu tun hatten, sondern auch in den örtlichen Sammlungen in Gebieten, in denen die Mennoniten ansässig waren. Es ist weniger klar, was mit einigem regionalen Material geschehen ist, als mit den Hauptarchiven. Die Dokumente örtlicher Regierungsdienststellen im südlichen Russland, die vor den 1870er Jahren die Angelegenheiten ausländischer Kolonisten regelten, überlebten die Revolution und den Bürgerkrieg, während des Zweiten Weltkrieges wurde jedoch viel Material über die Kolonisten von der Deutschen Wehrmacht erbeutet und von Offizieren deutsch-russischer Herkunft beschlagnahmt, die unter dem Naziregime dienten. Was mit diesem Archivmaterial geschehen ist, d.h. was davon zurückerobert wurde und in russischen Händen geblieben ist, und was sich noch in Deutschland befindet, ist unklar.[63]

---

[60] Bezüglich eines bibliographischen Leitfadens für russische Quellen siehe James Longs *The German-Russians: a bibliography of Russian materials with introductory essay, annotations and locations of materials in major American and Soviet libraries* (Santa Barbara, CA, 1978) und den früheren F.P. Schiller, *Literatur zur Geschichte und Volkskunde der deutschen Kolonien in der Sowietunion für die Jahre 1764-1926* (Pokrowsk an der Wolga, 1926). Es gibt auch eine umfangreiche, unveröffentlichte Bibliographie von Material, das sich ausschließlich auf Mennoniten bezieht, von Nadeschda Simon, *Bibliography of Russian Mennonites* (Neuwied, Westdeutschland, 1978). *The Mennonite Bibliography 1631-1961*, (Nelson P. Springer und A.J. Klassen, Hrg.) (Scottdale, Pa. 1977) enthält weitere Listen, ist jedoch bei weitem nicht umfassend.

[61] E.I. Drushinina, *Sewernoje Pritschernomorje, 1775-1800 gg* (Moskau, 1959), *Jushnaja Ukraina 1800-1825gg.* (Moskau, 1970), *Jushnaia Ukraina w period krisissa feodalisma 1825-1860gg.* (Moskau, 1981).

[62] Die Mikrofilmaufnahmen von Material aus Moskau und Leningrad zusammen mit anderem außerordentlich wertvollem Quellenmaterial sind im Conrad Grebel College, Universität Waterloo, Ontario, Canada, hinterlegt worden, wo sie katalogisiert werden. Dr. Rempel hat mir freundlicherweise Kopien des für meine Arbeit relevanten Materials zur Verfügung gestellt, und diese sind nachstehend aufgeführt.

[63] Die hauptsächlich daran beteiligten Deutschen waren der verstorbene Georg Leibbrandt und Karl Stumpp, obwohl beide später leugneten, im Besitz irgendwelchen Materials zu sein; siehe Georg Leibbrandt, "Material über das Russland-Deutschtum in USA," *Volk auf dem Weg,* 6 (1975), 1-2.

*Einführung* 47

Das Schicksal von vielem mennonitischen Material ist ebenfalls ungewiß. Kurz vor dem I. Weltkrieg beschloß die mennonitische Führung, die Erforschung der Mennonitengeschichte zu fördern. Man wollte Bücher veröffentlichen und ein Archiv für unveröffentlichtes Material gründen, das sich bis dahin im Besitz verschiedener Institutionen der mennonitischen Gemeinschaft befand, und zu dem auch die vielen Dokumente in den Privatsammlungen gehörten. Obwohl diese Pläne durch den Ausbruch des I. Weltkrieges und die scharfen Einschränkungen, die den Mennoniten während des Krieges auferlegt wurden, eine Unterbrechung erlitten, gründeten die Molotschnaer Mennoniten ein Zentralarchiv unter der Leitung des Lehrers Peter Braun.[64] Das von ihm gesammelte umfangreiche Material überlebte den Bürgerkrieg und blieb vor der sowjetischen Obrigkeit verborgen, bis seine Existenz verraten und das Archiv 1929 beschlagnahmt wurde.[65] Was später damit geschehen ist, ist nicht bekannt. Ein großer Teil des übrigen Materials in den Gebietsämtern und in den Privatsammlungen wurde während und nach dem Bürgerkrieg vernichtet oder ist verlorengegangen.[66] Während des Sowjetregimes, insbesondere während der Kollektivierung in den 1930er Jahre haben Mennoniten, die nicht in den 1920er Jahren ausgewandert waren, oft ihre persönlichen und amtlichen Papiere vernichtet, von denen sie annahmen, daß sie sie belasten und zu ihrer Verhaftung führen könnten. Wieviel Material in bezug auf das interne Leben der mennonitischen Gemeinschaften im Gegensatz zu den offiziellen Berichten von Außenstehenden bis jetzt in der Sowjetunion überlebt hat, kann gegenwärtig unmöglich abgeschätzt werden.

Es mag so aussehen, als hätte ich eine große Anzahl möglicher primärer und sekundärer Quellen beim Schreiben dieses Buches nicht berücksichtigt. Das liegt jedoch daran, daß es mehr als eine interpretative Abhandlung gedacht ist, die zu weiterer Forschungsarbeit anregen sollte, als eine ausführliche Darstellung aller wesentlichen Merkmale im Leben der Russlandmennoniten. Die Tatsache, daß das Buch sich auf die Dynamik des Wandels innerhalb der mennonitischen Gemeinschaften konzentriert, beinhaltet, daß eine ganze Reihe interessanter Fragen

---

[64] Peter Braun, "Das Mennonitische Archiv," *Volksfreund*, 25 (11. Juni 1918), 3, "Mennonitisches Archiv," *Frdst*, 70 (19. Nov. 1918), 7.

[65] Einen ausführlichen Bericht über den Inhalt des Archivs zur Zeit seiner Beschlagnahme findet man in Peter Braun, "Archiv von Bolschewisten zerstört. Wichtige Urkunden der Mennoniten Russlands vernichtet," *MGbl.*, 1 (1936), 32-36. Die Schriftstücke des bedeutenden Wissenschaftlers Karl Lindemann, der die Rechte der deutschen Kolonisten während des Ersten Weltkrieges verteidigte und sich in die Mennonitenkolonie Molotschnaja zurückgezogen hatte, wo er auch gestorben ist, wurden zu dieser Zeit ebenfalls beschlagnahmt.

[66] Zu den Verlusten gehörte auch der berühmte Hildebrandt-Nachlaß, dem David Epp sehr viel während des Jahres 1919 entnommen hatte, als Chortitza von den Anarchisten besetzt wurde, die zu den Banden von Nestor Machno gehörten. Siehe Rempel, "An Introduction," 420. 1930 berichtete ein Mennonit in Chortitza, daß alte mennonitische Dokumente aus dem Gebietsamt auf dem örtlichen Markt zum Einwickeln von Fischen verwendet wurden. *Bte.* 5 (4. Feb. 1931), 3.

48      Mennoniten in Russland, 1789 - 1889

nicht untersucht werden und andere nur flüchtig behandelt werden konnten.

Es ist offensichtlich, daß die Umgestaltung des mennonitischen Lebens im Zusammenhang mit einem viel größeren sozialen und wirtschaftlichen Wandel in Russland stattfand, und daß die Mennoniten sehr stark von den Kräften und Ereignissen ihrer Umwelt beeinflußt wurden. Gleichzeitig haben aber auch die Mennoniten einen großen Beitrag für die größere Gesellschaft geleistet, insbesondere in den Gebieten, in denen sie sich angesiedelt hatten. Wo es möglich war, habe ich versucht, diese Einflüsse aufzuzeigen, obwohl meine Unkenntnis des Russischen mich gezwungen hat, mich auf Schriften über die russische Gesellschaft und Geschichte zu stützen, die von westlichen Gelehrten geschrieben wurden. Ich muß zugeben, daß ich mich diesen Werken gegenüber insofern verschuldet habe, als ich auf viele Probleme nicht eingegangen bin, die nach Ansicht ihrer Autoren für ein Studium der russischen Geschichte wichtig und die Gegenstand der gegenwärtigen Debatte sind. Das ist nicht geschehen, weil ich glaube, daß diese Debatten nicht interessant oder nicht wichtig sind oder daß das mennonitische Material für solche Probleme irrelevant ist. Meine Unterlassung ist einfach auf die Tatsache zurückzuführen, daß ich eine andere Zielsetzung hatte.

Es bestehen kaum Zweifel darüber, daß die Mennoniten und andere in Russland ansässige ausländische Kolonistengruppen für die Erforschung vieler Aspekte der russischen Gesellschaft und Kultur im neunzehnten und zwanzigsten Jahrhundert von bedeutendem Interesse sein würden. Einige Arbeit ist auf diesem Gebiet bereits getan und weitere geplant worden. In den Debatten hat sich der Stellenwert der Kolonisten in bezug auf die Agrarreform und den Wandel in der Landwirtschaft als außerordentlich interessant erwiesen.[67] Ein Vergleich zwischen dem Grundbesitz und der wirtschaftlichen Entwicklung der Kolonisten und der russischen Bauern ist ebenfalls als wichtig anerkannt worden. Die wirtschaftliche Entwicklung der Mennoniten ist nur eine Erscheinungsform in der großen Vielfalt von Leistungen, die vor der Revolution von Gruppen unterschiedlicher ethnischer Herkunft in den verschiedenen Regionen des so ungleichen russischen Reiches erbracht wurden.[68] Neben einer Unmenge wirtschaftlicher Überlegungen beziehen sich andere Fragen auf die Rolle der Schulen, der Bildung, der örtlichen Regierungsstellen innerhalb der Kolonien und die Verwaltung der Kolonisten im allgemeinen. Zu beachten sind auch die verschiedenen Reformpläne der Regierung, insbesondere in der Bauernorganisation. Die ausländischen Kolonisten sollten bei diesen Reformen eine wichtige Rolle spielen, insbesondere in den Plänen, die für die Reichsbauern

---

[67] Roger P. Bartlett, "Colonists, *Gastarbeiter*, and the problems of agriculture in post-emancipation Russia", *Slavonic and East European Review*, 60 (1982), 547-71; David Rempel hat eine bisher unveröffentlichte Arbeit über ein verwandtes Thema geschrieben, "Mennonite agriculture and model farming as issues of economic study and political controversy, 1837-1937."

[68] Siehe George Yaney, *The urge to mobilize agrarian reform in Russia 1861-1939* (Urbana, Il, 1982), 167-68, 357 und seine Kommentare in seinem "Some suggestions regarding the study of Russian peasant society prior to collectivization," *Russian Review*, 44 (1985), 28.

*Einführung* 49

vor der Zeit der großen Reformen entworfen wurden. Welchen Einfluß die Kolonisten auf die soziale und wirtschaftliche Entwicklung ihrer Nachbarn hatten, muß ebenfalls näher untersucht werden, wie auch die tatsächliche Beschaffenheit der Kontakte zwischen den Kolonisten und den Schismatikern, besonders die Verbindung zwischen den Mennoniten und den russischen Baptisten. Viele dieser Streitfragen stehen mit lokalen oder regionalen Angelegenheiten in Verbindung, und gegenwärtig zeigen die meisten westlichen Werke über russische Geschichte die Tendenz, sich mit nationalen und nicht mit regionalen Fragen zu beschäftigen, mit Ausnahme derjenigen, die sich mit größeren städtischen Gebieten befassen. Es sollte jedoch nicht vergessen werden, daß zu Beginn des zwanzigsten Jahrhunderts die Mennoniten ein Volk waren, mit dem man in Russland rechnen mußte. Sie hatten sich über viele Gebiete des Reiches verbreitet, und zwei Mennoniten waren in die Reichsduma gewählt worden, während andere wichtige Posten in der Verwaltung von Städten und ländlichen Bezirken bekleideten.[69]

Über das russische Umfeld hinaus gibt es einen weiteren Vergleichsrahmen, auf den man eingehen könnte. Dies liegt aber auch wieder außerhalb meiner unmittelbaren Zielsetzung, es ist jedoch klar, daß jede vergleichende Deutung mit anderen mennonitischen Gruppen in Europa und Nordamerika beginnen muß. Hier waren die Mennoniten ähnlichen Herausforderungen ausgesetzt wie die Russlandmennoniten; dem Aufstieg einer modernen Industriewelt und der Entstehung mächtiger nationaler Staaten während des neunzehnten Jahrhunderts.[70] Ein Vergleich mit anderen religiösen Gruppen könnte auch lehrreich sein wie auch ein Vergleich mit anderen bäuerlichen Siedlergesellschaften europäischer Herkunft in anderen Teilen der Welt.[71]

Dieses Buch ist nur ein Anfang. Es muß noch sehr viel Arbeit im Zusammenhang mit dem Leben der Mennoniten in Russland getan werden; neue Untersuchungen und neue Quellen müssen verwertet werden. Die mennonitische Gesellschaft und Kultur braucht einen breiteren Vergleichsrahmen, der Aufbau desselben muß jedoch mit einem ausführlichen Studium bestimmter Gesellschaften, mennonitischer und nichtmennonitischer, in der russischen Umwelt beginnen.

---

[69] Rempel, *Mennonite commonwealth,* 92

[70] Siehe z.B. Jean Seguys Abhandlung über die französischen Mennoniten, *Les assemblées Anabaptistes-Mennonites de France* (Paris, 1977), John Hostetler über die Amischen, *Amish society,* 3. Ausgabe (Baltimore, 1980); John L. Ruth über die pennsylvanischen Mennoniten *Oldest Mennonite community in North America* (Scottdale, Pa, 1984), und Calvin Redekop über die Altkolonie-Mennoniten, die selbst von den Russlandmennoniten abstammen, *The Old Colony Mennonites dilemmas of ethnic minority life* (Baltimore, 1969).

[71] Ein Vergleich, z.B mit jüdischen Gruppen, wäre aufschlußreich. Eine allgemeine Übersicht siehe in Calvin Goldscheider und Allan S. Zuckerman, *The transformation of the Jews* (Chicago, 1984).

# 1. Grundlagen

*Einen anderen Grund kann niemand legen außer dem, der gelegt ist; ich meine Jesus Christus selbst* (1. Korinther 3, 11 und Menno Simons Wahlspruch in vielen seiner Schriften).

Mennoniten sind die Erben der Täufer-Bewegung aus der Reformationszeit und werden nach einem bedeutenden Führer der Wiedertäufer, Menno Simons (etwa 1496 - 1561), so genannt. Täufer bzw. Wiedertäufer nannte man sie, weil sie die Kindertaufe ablehnten und Erwachsene wiedertauften, die bezeugten, daß sie sich entschieden hatten, ein neues Leben des Glaubens zu führen. Es ist schwierig, weiter etwas Allgemeingültiges über die Natur des Täufertums zu sagen. Neuere Forschungen haben ergeben, daß es eine außerordentlich vielseitige Bewegung mit einer Reihe eigenständiger Führer war, die oft unterschiedliche Ideen äußerten. Das Täufertum entstand Anfang der 1520er Jahre in der Schweiz und in Süddeutschland. Trotz der scharfen Verfolgung seiner Anhänger verbreitete sich das Täufertum rasch über Europa und hatte einen besonderen Einfluß in einigen Gebieten der Schweiz, Österreichs, Deutschlands und der Niederlande[72] Die ersten Wiedertäufer hatten sehr breitgefächerte Ideen und Meinungen, die Formulierung der Glaubensartikel durch Michael Sattler (etwa 1490-1527) in Schleitheim im Jahre 1527 trug dazu bei, die wichtigsten der vielen Glaubensgrundsätze dieser Bewegung herauszukristallisieren[73] Zu diesen gehörten die Erwachsenentaufe als Zeichen des Glaubens, die Bildung abgesonderter Gemeinschaften, friedliche Wehrlosigkeit und die Ablehnung des Eids.

---

[72] Es gibt eine Menge Literatur über die ersten Wiedertäufer. Zu den bedeutendsten Werken gehören G.H. Williams, *The radical reformation* (Philadelphia, 1962); C.P. Clasen, *Anabaptism: a social history 1525-1618* (Ithaca, 1972); James S.Stayer, *Anabaptists and the sword* (Lawrence, Kans., 1976), und H.J. Goertz, *Die Täufer: Geschichte und Deutung* (München, 1980). Bezüglich der Vielgestaltigkeit der ersten Bewegung siehe James S. Stayer, Werner O. Packull und Klaus Deppermann, "From mongenesis to polygenesis: the historical discussion of Anabaptist origins", *MQR,* 49 (1975), 83-121; Werner O. Packull, "Some reflections on the state of Anabaptist history: the demise of the normative vision", *Studies in Religion,* 8 (1979), 313-23.

[73] J.H. Yoder, *The legacy of Michael Sattler* (Scottdale, Pa. 1973).

*Grundlagen* 51

Obwohl schwer geprüft durch die Verfolgung seitens der protestantischen und katholischen Kirche, bildeten die Wiedertäufer doch allmählich kleine Gemeinschaften von Glaubensgenossen. In Norddeutschland und in den Niederlanden lehnten einige Wiedertäufer im Jahre 1534 die Wehrlosigkeit ab und versuchten, das Reich Gottes in der Stadt Münster aufzurichten.[74] Nach einer langen Belagerung wurden die Wiedertäufer von Münster vernichtend geschlagen, ihr Treiben war jedoch ein weiterer Beweis für die weit verbreitete Ansicht, daß die Wiedertäufer eine gefährliche Gruppe seien, und die Verfolgung seitens der Obrigkeiten nahm zu. In den Niederlanden sammelten und ordneten Menno Simons und Dirk Philips (1504-1568) die überlebenden nördlichen Wiedertäufer zu friedlichen Gemeinschaften.[75] Die Verfolgung, besonders in Flandern[76] hielt an, und so suchte eine Anzahl Familien nach 1550 Zuflucht in der Hansa-Hafenstadt Danzig (Gdansk) und den benachbarten Gebieten des Königreiches Preußen, das später (nach 1569) Teil des polnisch-litauischen Staatenbundes wurde. Die Nachkommen dieser polnisch-preußischen und Danziger Mennoniten siedelten sich später ab Ende des achtzehnten Jahrhunderts als Kolonisten in Russland an.

Angesichts der so unterschiedlichen Vorgeschichte der ersten Täufer und ihrer so vielseitigen ersten Erscheinungsformen ist es schwierig, die Ideologie dieser Bewegung zusammenhängend darzustellen. Sicher ist jedoch, daß es dem Täufertum und dem späteren Mennonitentum genauso sehr um die Praxis wie um Ideen ging.[77] Als die Täufer sich nach den Wirrnissen der Reformation niedergelassen und mennonitische Gemeinschaften gegründet hatten, ließ sich leichter erkennen, welcher Art die Ideen waren, auf die sich ihr Glaube gründete, und welches die typische Form der unterschiedlichen Gemeinschaften war, die sie in verschiedenen Teilen Europas aufbauten.

Die Mennoniten anerkannten auf dem Gebiet der Moral zwei Bereiche. Einen, der böse war und von den Kräften der Finsternis regiert wurde und am Ende der Tage zum Untergang verdammt war. Das war die "Welt". Der andere Bereich, zu dem die wahren Gläubigen gehörten, die dem schmalen und schweren Pfad des Lebens folgten, war das Reich des Lichts; wer nach seinen Regeln lebte, durfte auf Errettung bei Gottes Jüngstem Gericht hoffen.[78] Die "Welt" wurde seit dem Fall

---

[74] K.H. Kirchhoff, *Die Täufer in Münster 1534/35* (Münster, 1973)

[75] C. Krahn, *Dutch Anabaptism: origin, spread, life and thought: 1450-1600* (Den Haag, 1968); C. Bornhauser, *Leben und Lehre Menno Simons* (Neukirchen-Vluyn, 1973).

[76] A.L.E. Verheyden, *Anabaptism in Flanders, 1530-1650: a century of struggle* (Scottdale, Pa, 1961).

[77] Siehe Walter Klaassen, Hrg., *Anabaptism in outline: selected primary sources* (Kitchener, Ont., 1981) betreffs einer Auswahl von Schriften der ersten Täufer über Grundsatzfragen und W. Klaassen, *Anabaptism: neither Catholic nor Protestant* (Waterloo, Ont. 1973) zwecks einer guten Erörterung des täuferischen Gedankenguts.

[78] Siehe R. Friedmann, *The theology of Anabaptism* (Scottdale, Pa, 1973); die späteren Mennoniten widerstanden der Versuchung, ein Datum für dieses Jüngste Gericht festzusetzen.

Adams immer schlechter. Christus war gekommen, um diejenigen zu retten, die auf sein Wort hörten; die es jedoch ablehnten, seine Warnungen zu beherzigen, waren zum ewigen Untergang verdammt. Menschen, die in einer Gemeinschaft der Gläubigen auf dem Weg blieben, lebten außerhalb der verderbten "Welt" und konnten gerettet werden.[79] Der Weg war ein schwer zu gehender Pfad. Das Reich Gottes konnte nicht durch ein einsames, asketisches Zurückziehen erlangt werden, sondern nur durch ein Leben in einer sozialen Gemeinschaft von Glaubensgenossen, getrennt von der "Welt".[80] Ein Mensch wurde durch sein Glaubensbekenntnis in die Gemeinschaft aufgenommen, das durch die Taufe besiegelt wurde.

Die Mennoniten gründeten also Glaubensgemeinschaften - abgesonderte religiöse Gemeinden, die gleichzeitig auch selbständige soziale Gemeinschaften waren.[81] In einer kirchlichen Gemeinschaft konnten Menschen vor den Übeln der "Welt" bewahrt und im Glauben auf dem schmalen Weg des Lebens gehalten werden. Die Mennoniten verglichen ihre Gemeinden gerne mit den protestantischen und katholischen Kirchen. Während man in diesen Kirchen Kinder, die nichts davon wußten, was es bedeutet, ein christliches Leben zu führen, auf den Glauben taufte, wurden bei den Mennoniten nur Erwachsene, die sich ihrer christlichen Pflicht bewußt waren, in die Glaubensgemeinschaft aufgenommen. Das gesamte mennonitische Leben war dem Glauben geweiht, während die Kirchgänger ihren Glauben nur bei den wöchentlichen Versammlungen bekundeten. Die Kirchengebäude anderer Konfessionen symbolisierten für die Mennoniten die Trennung des Glaubens vom Leben, wie dies auch durch eine ordinierte Kirchenhierarchie geschah. Die Mennoniten versammelten sich in Privathäusern oder in Scheunen (erst später bauten sie einfache Versammlungshäuser) und wurden von gewöhnlichen Gemeindegliedern geleitet. Für die Mennoniten war es klar, daß Kirchgänger in der "Welt" lebten, statt sich von ihr abzusondern, und daß ihre Kirchen von "weltlichen" Mächten unterstützt wurden, von Herrschern, die ihre Position durch den Gebrauch des Schwertes sicherten. Die Mennoniten vertraten ein abgesondertes Dasein und friedliche Wehrlosigkeit.

In den mennonitischen Gemeinden gab es einen starken Gemeinschaftssinn. Durch die Taufe traten die Mennoniten in einen Bund mit Gott und mit der Gemeinde. Die Annahme des Glaubens war eine Entscheidung jedes einzelnen, und bei der Taufe gelobte jeder persönlich, Christus nachzufolgen und ein Leben im Einklang mit Christi Leben zu führen. Das öffentliche Taufgelübde galt der

---

[79] Klaassen, *Anabaptism: neither Catholic nor Protestant*, 25.
[80] R. Friedmann, "The doctrine of the two worlds," in G.F. Herschberger, Hrg., *The recovery of the Anabaptist vision* (Scottdale, Pa. 1957), 112.
[81] *Gemeinde* ist ein Wort, das sich schwer in Englisch übersetzen läßt, da es sowohl eine Orts- als auch eine Kirchengemeinde bezeichnete. Man kann es am besten als Gemeinschaft umschreiben. Siehe P. Erb, "The religious basis of the Mennonite community," *MQR*, 19 (1945). In dieser Abhandlung werde ich es zum größten Teil als kirchliche Gemeinde bezeichnen, weil man besonders in Russland darunter eine religiöse Organisation und nicht die gesamte mennonitische Gemeinschaft verstand.

Gemeinde. Was die Öffentlichkeit betraf, so erklärten sich die Mennoniten bereit, sich den ethischen Regeln der Gemeinschaft unterzuordnen: die Taufe war eine private Handlung mit öffentlichen Folgen. Im tagtäglichen Leben unterwarfen die Mennoniten ihre Selbständigkeit dem allgemeinen Wohl. Wenn sich in der Gemeinschaft jemand hervortat oder die Aufmerksamkeit auf sich zog, so war das ein Zeichen von Stolz, und Stolz war Sünde. Das war nirgends augenscheinlicher als in Glaubenssachen; eine ähnliche Einstellung prägte jedoch das ganze gesellschaftliche Leben. Im späteren Mennonitentum verschwanden die prominenten, eigenständigen Führer, die das erste Täufertum beherrscht hatten, und die Mennonitengeschichte wurde eher die Geschichte der Gemeinden, Gemeinschaften und Familien als die Geschichte einzelner Personen. Während jedoch das Mennonitentum nach außen hin von einheitlicher gemeinschaftlicher Solidarität geprägt war, blieb das religiöse Leben ausgesprochen persönlich. Die persönliche Seite des Glaubens wurde jedoch in der Öffentlichkeit niemals stark betont. Die Gründe dafür waren offensichtlich: einen tieferlebten, persönlichen Glauben zu bekunden, bedeutete freimütig und in einer öffentlichen Ansprache persönliche Religiosität zum Ausdruck zu bringen, und das konnte als ein Zeichen von Stolz ausgelegt werden. Was da ausgesprochen werden durfte, war die öffentliche Natur des Glaubens und die ethischen Regeln der Gemeinschaft.

Der Aufbau und der Inhalt der mennonitischen Gottesdienste spiegelte in vielfacher Weise diese öffentliche und private Seite des Glaubens wider. Es gab keine heiligen, vom Mysterium durchdrungenen Symbole oder Handlungen und auch keine besonderen sakramentalen Geräte.[82] Die Gemeinde versammelte sich als Gemeinschaft, die räumlich nur nach Geschlechtern getrennt war. Die Gottesdienste bestanden aus Zeiten des Gebets, des Singens und der Ansprachen. Die Gebetszeiten waren die persönlichsten und intimsten; es wurde still gebetet, denn alle Mennoniten, ob Männer oder Frauen, kommunizierten dann jeder mit seinem Schöpfer. Obwohl das Singen eine öffentliche Angelegenheit war, machte man sich in den ersten Tagen, als noch Psalmen mit holländischen Texten gesungen wurden, erstaunlich wenig Sorgen um die Harmonie. Jeder einzelne sang dem Herrn, ohne sich viel um seinen Nachbarn zu kümmern, und der dadurch entstehende Mißklang war somit die öffentliche Bekundung persönlichen Glaubens. Die öffentlichen Ermahnungen galten jedoch allen. Predigten, sorgfältig von alten Texten kopiert, wurden leidenschaftslos vorgetragen und mit wenig Verständnis aufgenommen, besonders weil viele in ein archaisches Wortgebilde oder gar in eine Sprache gehüllt waren, die nicht dem täglichen Sprachgebrauch entsprach. Den meisten genügte es, daß Gottes Wort in der versammelten Gemeinde gegenwärtig war.[83] Im Vergleich zu anderen Zeremonien war die Taufe, die öffentliche Bekundung einer persönliche Annahme des Glaubens, keineswegs großartig und wurde auch nicht als eine wichtige Gemeindehandlung be-

---

[82] Klaassen, *Anabaptism, neither Catholic nor Protestant*, 14-16.
[83] Ich bin Peter Letkemann und David Schroeder für die Behandlung dieser Angelegenheiten dankbar. Siehe auch A.J. Beachy, "The theology and practice of Anabaptist worship," *MQR*, 40 (1966), 163-78.

trachtet.[84] Des Herrn Abendmahl dagegen war wichtig. Es wurde gewöhnlich einmal jährlich gefeiert und symbolisierte die Einheit und Gemeinschaft der Gemeinde, und niemand durfte an den Sakramenten teilhaben, wenn er noch einen Groll gegen seine Mitbrüder hegte: der Friede und die Gemeindeharmonie mußten erst wiederhergestellt sein.[85] Andere Meilensteine des Lebens wie Heirat und Tod hatten mit dem normalen religiösen Gottesdienst wenig zu tun. Das waren gemeinschaftliche Zeremonien von großer gesellschaftlicher Bedeutung, die oft nicht an den Anbetungsstätten stattfanden. Besonders Hochzeiten waren oft Festlichkeiten von zweifelhafter religiöser Bedeutung.

Die ethischen Regeln der Gemeinschaft - ihr öffentlicher Ausdruck des Glaubens - beherrschten das gesellschaftliche Leben. Jeder kulturelle Austausch sollte sich idealerweise innerhalb der Schranken der kirchlichen Gemeinschaft abspielen. Dazu gehörte der Austausch über Heiratspartner, die Verteilung von Gütern und Dienstleistungen unter Brüdern sowie die Vermittlung von Ideen bezüglich der Glaubensgrundsätze. Die Ehe war ein von Gott verordneter Bund für die Fortdauer seiner Gemeinschaft auf Erden. Deshalb konnten Mennoniten nur getaufte Gemeindeglieder heiraten. Die Mennoniten glaubten, daß ihre Gemeinden der idealsten Form einer gottgewollten Gesellschaft und des Erdendaseins entsprachen, da diese Gemeinde und Gemeinschaft miteinander verbanden. Während die Mennoniten glaubten, daß sie in ihrem persönlichen Leben dem Vorbild des Lebens Christi nachfolgten, wie es die Evangelien offenbarten, waren die täuferischen Begründer des Mennonitentums überzeugt, daß sie die Gemeinde- und Gemeinschaftsformen der ersten christlichen Kirchen wiederherstellten, wie sie das Neue Testament aufzeigt. Die erste Kirche und die wahre Natur des Glaubens waren durch die Gründung der Staatskirche unter Konstantin untergraben worden.

Die Bibel, insbesondere das Neue Testament lieferte den Mennoniten die Rechtfertigung für ihre Interpretation des Glaubens wie auch für die Form und Organisation ihrer kirchlichen Gemeinschaften. Zudem legitimierten die Schriften von Menno Simons, Dirk Philips und anderen Vertretern der ersten Täufer ihre Gemeindepraktiken. Predigten, die von Generation zu Generation überliefert wurden, ermahnten die Mennoniten, an dem festzuhalten, was ihre Vorfahren als den Willen Gottes erkannt hatten. Und schließlich wurden einige erbauliche Werke, insbesondere van Braghts *Märtyrerspiegel* von vielen gelesen, in dem die Leiden der ersten Täufer anschaulich beschrieben wurden.[86] Solche Werke enthielten sämtliche

---

[84] Siehe Mennos Stellungnahme, daß die Taufe "nur eine Handvoll Wasser" ist, *CWMS*, 123.

[85] Begründet durch biblische Gebote, siehe 1. Korinther 11, 27-34. Einige Mennoniten praktizierten auch die Fußwaschung als Zeichen der Demut, "Footwashing," *ME*, 2, 347-51.

[86] T.J. van Braght, *Martyrs mirror* (Scottdale, Pa. 1938, erste holländische Ausgabe 1659, erste deutsche Ausgabe 1748-49). Bezüglich erbaulicher Literatur, insbesondere in Preußen, siehe R. Friedmann, "The devotional literature on the Mennonites in Danzig and East Prussia to 1800," *MQR*, 18 (1944), 162-73.

Quellen geistlichen Wissens, die Mennoniten brauchten. Alles Notwendige war bekannt; die Vorfahren hatten Gottes Wahrheit neu entdeckt, und da Wahrheit zu allen Zeiten wahr bleibt, brauchten Mennoniten anderswo keine neue Erkenntnis zu suchen. Neue Ideen und Lehren, die Behauptungen, man hätte weitere religiöse Offenbarungen und Neuerungen im alltäglichen Leben entdeckt, gehörten zur verderblichen "Welt" und mußten deshalb abgelehnt werden. Die Hauptpflicht der Mennoniten bestand darin, die Traditionen unverändert der nächsten Generation zu überliefern. Die Mennoniten wurden ermahnt, trotz aller Leiden, Drohungen der "weltlichen" Mächte, Angst und Bedrängnis dem Beispiel Christi zu folgen und sich getrost in ihre Lage zu fügen, sich niemals zu wehren, aber immer ihren Glauben in der Gewißheit ihrer letztendlichen Rechtschaffenheit zu bewahren.[87]

Die Gemeinschaften waren im Idealfall auch bei der Beschaffung materieller Bedürfnisse selbständig. Die Mitglieder wurden ermahnt, einfach zu leben und hart zu arbeiten. Bäuerliche Arbeit in einer ländlichen Umgebung galt als die beste Möglichkeit, diese Ziele zu erreichen und den Glauben zu bewahren; wenn irgendwelche besonderen Waren oder Dienstleistungen gebraucht wurden, war es am besten, diese ebenfalls innerhalb der Gemeinschaft verfügbar zu machen.[88] Auf diese Art reduzierten die Mennoniten ihre Abhängigkeit von fremden Mächten und hielten ihren Kontakt mit Außenseitern auf einem Minimum. Die Mennoniten gingen in diesen Dingen jedoch nicht soweit wie ihre anabaptistischen Brüder, die Hutterer, die in einer Gütergemeinschaft lebten.[89]

Die Mennoniten waren nicht gegen das Recht "weltlicher" Obrigkeiten, Macht auszuüben; in einigen Glaubenssachen anerkannten sie jedoch nur die Autorität Gottes. Wo es sich um einen Konflikt zwischen irdischen und geistlichen Mächten handelte, war für die Mennoniten Gott die entscheidende Autorität. Innerhalb ihrer Gemeinden anerkannten die Mennoniten gewisse Formen von Obrigkeit. Jede Gemeinde war eine selbständige Körperschaft, und obwohl innerhalb der Gemeinschaft ein egalitärer Geist herrschte, anerkannte jede Gemeinde eine Führungshierarchie. Die Gemeindearbeiter waren einfache Glieder der Gemeinschaft, die aus der Gemeinde heraus gewählt worden waren, um als Vertreter Gottes zu arbeiten und seine Gewalt auszuüben. Das höchste Amt war das des Ältesten, der alle Angelegenheiten regelte und die Gemeindearbeiter ordinierte. Er wurde von einer Anzahl Lehrer/Prediger unterstützt, die das Wort durch Predigten lehrten, und Diakonen, die ihm bei einfacheren Gemeindeangelegenheiten zur Seite standen.[90] Eine Gemeinde mußte gut organisiert sein, mußte aber auch rein und von der "Welt" abgesondert gehalten werden. Glieder, die von der Gnade

---

[87] Die Begriffe der Nachfolge Christi, der Jüngerschaft und der Gelassenheit waren im frühen Mennonitentum von großer Bedeutung. Siehe Klaassen, *Anabaptism: neither Catholic nor Protestant.*

[88] Siehe Peter .J. Klassen, *The economics of Anabaptism 1525-1560* (Den Haag, 1964).

[89] John A. Hostetler, *Hutterite society* (Baltimore, 1974)

[90] Siehe C. Krahn, "The office of elder in Anabaptist-Mennonite history," *MQR*, 30 (1956), 120-27; von jetzt an wird *Lehrer* mit "Prediger" übersetzt.

abfielen, bedrohten die ganze Gemeinschaft und mußten bestraft werden. Die Missetäter wurden zuerst von den Gemeindeleitern ermahnt, von ihrer Sünde zu lassen, wenn sie sich jedoch nicht änderten, wurden sie vor die versammelte Gemeinde gebracht. Wenn sie ihren Irrtum nicht bekannten, wurden sie in den Bann getan.[91] Mitglieder, die sich in einem solchen Bann befanden, wurden von der ganzen Gemeinschaft gemieden, sogar von ihren Frauen und nahen Verwandten, bis sie sich bereit erklärten, ihre Sünde vor der ganzen Versammlung zu bekennen und um Wiederaufnahme in die Gemeinde zu bitten.

Das Ziel des mennonitischen Lebens bestand also darin, eine abgesonderte Gemeinschaft zu bilden, einen geschlossener Orden, der bis zu den letzten Tagen unverändert bleiben sollte. Diese geschlossene Gesellschaft sollte den Glauben bewahren und die sozialen Lebensbedingungen für den Fortbestand der Gemeinschaft schaffen. Die Fortdauer der sozialen Gemeinschaft gründete sich jedoch nicht allein auf den Glauben. Die Kontinuität des mennonitischen Lebens wurde auch durch die mennonitische Inzucht und durch die sorgfältige Sozialisierung und kulturelle Einbindung der Kinder gesichert. Obwohl Mennoniten auch weiterhin als Erwachsene auf das Bekenntnis ihres Glaubens getauft wurden, waren die meisten von ihnen in einer geschlossenen mennonitischen Welt aufgewachsen und kannten keine andere Lebensform. Von Geburt an waren die Kinder in ein komplexes Gewebe von Verwandten und Freunden integriert und hatten nur wenige oder überhaupt keine Kontakte mit Nichtmennoniten. Es ist deshalb nicht verwunderlich, daß im späteren Mennonitentum die Gemeinschaft und das Gemeindeleben immer prosaischer wurden und die religiösen Aktivitäten viel von ihrer früheren Vitalität einbüßten. Das Leben der Menschen, die an eine begrenzte soziale Welt gebunden waren, wurde zudem von einer strikten Gesetzlichkeit regiert, die auswärtige Aktivitäten und Kontakte einschränkte. Eine starre Interpretationen der Gemeindeform und der praktischen Gemeinderegeln zusammen mit einer strikten Anwendung des Banns verursachten zahlreiche Spaltungen und eine zerstückelte und zerteilte mennonitische Welt. Einzelpersonen und Gemeinschaften trennten sich aus nichtigen Gründen, und durch die Spaltung entstand eine Vielfalt von Gemeinden, angefangen von den sehr geschlossenen bis zu solchen, die einen offeneren Umgang mit der "Welt" erlaubten.[92] Wenn Mennoniten sich in abgelegenen ländlichen Gebieten niederließen, verstärkte die natürliche Abgeschlossenheit ihrer Gemeinschaften oft die religiös bedingte Isolation. Die Mennoniten gründeten deshalb nicht nur abgesonderte soziale Lebensgemeinschaften, sondern tendier-

---

[91] Siehe Artikel in *ME*, "Ban", 1,219-25, "Excommunication,", 2,277-79, "Discipline,"2,269-70, "Avoidance,"2.200-02; Mennos Schriften über diese tendenziöse Frage sind umfangreich, *CWMS,* 409-18, 455-86, 961-98; siehe auch F.C. Peters, "The ban in the writings of Menno Simons," *MQR,* 29 (1955), 16-33.

[92] Diese Probleme fingen schon früh unter den holländischen Mennoniten an. Siehe W. Keeney, *The development of Dutch Anabaptist thought and practice from 1539 to 1564* (Niewkoop, 1968) und setzten sich in den meisten mennonitischen Gruppen bis heute fort.

## Grundlagen 57

ten auch dazu, kulturelle Anlagen zu entwickeln, die sich von den benachbarten bäuerlichen Gemeinschaften unterschieden. Das geschlossene Ordensleben war oft schwer, wenn nicht unmöglich in die Praxis umzusetzen, und obwohl die Gemeinschaften und die Gemeinden unterschiedlich daran festhielten, blieb das Prinzip der vollständigen Absonderung für die meisten mennonitischen Gemeinschaften ein unerreichbares Ideal. Es gab eine unumgängliche kulturelle Strömung, einen Austausch von Ideen und Werten zwischen den Mennoniten und ihren Nachbarn, was von den meisten Mennoniten jedoch kaum wahrgenommen wurde.

Solange die Außenwelt feindlich blieb und die Gemeinschaft bedrohte, hielten die Mennoniten die Grenzen zwischen sich und der größeren Welt aufrecht. In vielen Gebieten, besonders in der Schweiz und in Süddeutschland dauerte die Verfolgung an, und die Mennoniten suchten Zuflucht in der Auswanderung, vor allem nach den nordamerikanischen Kolonien. Hier an der Grenze des Wilden Westens und in einer bei weitem toleranteren religiösen Umwelt konnten sie in Ruhe ihres Glaubens leben, zusammen mit den meisten der anderen Pioniersiedler und ohne die Gefahr der Gleichschaltung durch mächtige etablierte Staaten wie in Europa.[93] Vom siebzehnten Jahrhundert an verfielen viele Mennoniten in den Niederlanden der "Welt". Mennonitische Gemeinschaften wurden in wohlhabenden Stadtbezirken gegründet, und durch wirtschaftlichen Erfolg, einen verhältnismäßigen Frieden und religiöse Toleranz verschwand die Gefahr der Verfolgung.[94] In ländlichen Gebieten wie Friesland entwickelten sich jedoch geschlossene Gemeinschaften, die weit bis ins neunzehnte Jahrhundert hinein fortdauerten.[95] Im polnischen Preußen und in Danzig waren die mennonitischen Einwanderer von diesen modernisierenden Einflüssen mehr isoliert, und obwohl der Kontakt mit ihren holländischen Brüdern jahrhundertelang aufrechterhalten wurde, entwickelten sich unterschiedliche Gemeinschaften. Die mennonitischen Gemeinschaften in Danzig und im polnischen Preußen waren zudem geteilter Meinung über den rechten Weg des Lebens. Zur Zeit von Dirk Philips hatte es eine größere Spaltung unter den Täufern zwischen den Friesen und den Flamingern in den Niederlanden gegeben, die sich auf regionale Meinungsverschiedenheiten in bezug auf Sitten und die Auslegung der Gemeinderegeln gründete. Diese Spaltungen wurden von den Niederlanden nach dem polnischen Preußen (und später nach Russland) mitgenommen, obwohl die Ausdrücke friesisch und flämisch ihre ursprüngliche regionale Bedeutung verloren und statt dessen ausschließlich zu Kennzeichen von Unterschieden in der Gemeindeorganisation und in den Gemeinderegeln wurden.[96]

---

[93] Richard K. MacMaster, *Land, piety, peoplehood: the establishment of Mennonite communities in America 1683-1790* (Scottdale, Pa, 1985).
[94] S. Groenveld, J.P. Jacobszoon, und S.L. Verheus, Hrg., *Wederdopers, Menisten, Doopsgezinden in Nederland 1530-1980* (Zutphen, 1980).
[95] C.F. Brüsewitz, "The Mennonites of Balk, Friesland," *MQR*, 30 (1956), 19-31.
[96] Siehe die Kommentare von Krahn, *Dutch Anabaptism*, 214.

Die Täufer-Mennoniten zog es aus wirtschaftlichen und religiösen Gründen nach Danzig und in das Königreich Preußen.[97] Die Ostsee-Häfen Danzig und Elbing (Elblag) waren wichtige Umschlagplätze, auf denen ein Tauschhandel mit Weizen und anderen Erzeugnissen, die aus dem polnischen Kernland den Weichselstrom hinab geschifft wurden, gegen ausländische Waren, insbesondere Luxusartikel, stattfand, die vom wohlhabenden polnischen Adel gekauft wurden. Ein großer Teil des Handels wurde von holländischen und deutschen Kaufleuten in den Ostsee-Häfen beherrscht, und Amsterdam war der bedeutendste Handelspartner in Westeuropa.[98] Im sechzehnten Jahrhundert war der polnische Staat multi-ethnisch, mächtig und recht tolerant, was die religiösen Unterschiede unter seinen verschiedenen Völkern betraf. Der polnische Adel hatte sowohl die Renaissance als auch die Reformation begrüßt, und Katholiken, Protestanten und verschiedene Sekten wie auch große jüdische Gemeinschaften wurden innerhalb der Landesgrenzen angesiedelt. Ab Mitte des sechzehnten Jahrhunderts fanden die Täufer eine Zuflucht in den Ostsee-Häfen, wo sie sich als Kaufleute und Handwerksleute und in den ländlichen Gebieten als Bauern zu etablieren versuchten, die Erfahrung im Ackerbau und in der Landentwässerung mitbrachten. Obwohl die Stadtobrigkeiten, insbesondere in Danzig, Schritte unternahmen, um sie aus der Mitgliedschaft in den Handels- und Handwerkergilden auszuschließen, suchten und erhielten die Mennoniten einen gewissen Schutz seitens der polnischen Könige. In den ländlichen Gebieten des Königreichs Preußen unter der Oberhoheit des Königs erkannte man sehr schnell, daß die Mennoniten tüchtige Bauern waren. Den Gliedern des polnischen Adels und sogar den polnischen Beschöfen waren die Mennoniten als ruhige und fleißige

---

[97] Obwohl es eine umfangreiche Literatur über die "preußischen" Mennoniten gibt, ist vieles davon extrem pro-deutsch, und es fehlt die richtige geschichtliche Perspektive. Bezüglich des "deutschen" Gesichtspunktes siehe: H.G. Mannhardt, *Die Danziger Mennonitengemeinde: ihre Entstehung und ihre Geschichte von 1569-1919* (Danzig, 1919); H. Penner, *Ansiedlung mennonitischer Niederländer im Weichselmündungsgebiet von der Mitte des 16. Jahrhunderts bis zum Beginn der preußischen Zeit*, 2. Ausgabe (Weierhof, 1963); H. Penner, *Die ost- und westpreußischen Mennoniten in ihrem religiösen und sozialen Leben, in ihren kulturellen und wirtschaftlichen Leistungen: Teil 1 1526 bis 1772* (Weierhof, 1978); und die Bibliographie, A. Goertz, "Bibliographie zur Geschichte der Mennoniten Altpreußens, "*Kirche im Osten*, 6 (1963), 174-90 wie auch die zahlreichen Artikel im *ME*, insbesondere "West Prussia," 4,920-26 und *MLex.*, "West Preußen," 4, 504-20. Polnische Gesichtspunkte siehe in K. Mezynski, *From the history of Mennonites in Poland* (Warschau, 1975) und die Übersicht der jüngsten Forschungsarbeiten von Edmund Kizik, "Z polskich badan nad mennonitami, (unveröffentlichtes Ms). "Neutralere" nordamerikanische Gesichtspunkte siehe in Peter J. Klassen, "Faith and culture in conflict: Mennonites in the Vistula Delta," *MQR,* 57 (1983), 194-205 und John Friesen, "Mennonites in Poland: an expanded historical view," *JMS,* 4 (1986), 94-108.

[98] Eine klare Abhandlung über die Entstehung des polnisch-litauischen Staatenbundes und die wirtschaftlichen, politischen und religiösen Entwicklungen während dieser Zeit findet man in Norman Davies, *God's playground: a history of Poland Volume 1: the origins to 1795* (Oxford, 1981).

Bauern willkommen, und zu Beginn des siebzehnten Jahrhunderts hatte sich bereits eine Anzahl mennonitischer Gemeinschaften fest ansässig gemacht.

Die ältesten und deshalb auch die Seniorengemeinden waren diejenigen von Danzig, wo beide, die Flaminger wie auch die Friesen seit dem sechzehnten Jahrhundert aktiv waren. Die Alt-Flämische Gemeinde von Danzig hielt Dirk Philips für den Ältesten und Stifter ihrer Gemeinde. Es gibt auch von den anderen Ältesten eine Liste ab 1568. Da die Anzahl der außerhalb der Stadt lebenden Flamingern zunahm, wurden separate religiöse Gemeinschaften mit ihren eigenen Predigern und späteren Ältesten gegründet. Die Mennoniten hatten seit dem sechzehnten Jahrhundert in Elbing und in den benachbarten Gebieten von Ellerwald gelebt. Hier ist anscheinend Anfang des siebzehnten Jahrhunderts eine selbständige Gemeinde gegründet worden, und eine Auflistung der Ältesten beginnt ab 1726. Elbing war wie Danzig mit der Gemeinde von Rosenort verbunden, die sich auf den Großwerder konzentrierte, ein Gebiet mit fruchtbarem Ackerland im Weichseldelta, das mit Hilfe der Mennoniten trockengelegt und bebaut worden war. Obwohl die mennonitische Bevölkerung in diesem Gebiet rasch zunahm, lebte sie bis zum Jahr 1735 so verstreut, daß die Gemeinde nach den größten Ansiedlungsgebieten in vier Teile aufgeteilt wurde: Rosenort, Tiegenhagen, Ladekopp (einschließlich Ohrloff) und Fürstenwerder. Ein weiteres dichtbesiedeltes Gebiet lag im Südosten, und hier hatte es spätestens ab 1639 eine selbständige Gemeinde mit Hauptsitz in Heubuden, einschließlich Marienburg gegeben. Anfänglich wurde die Gemeinde von den Ältesten aus Danzig und dem Großwerder betreut, ab 1728 wählte sie jedoch ihre eigenen Ältesten.

Die friesische Gemeinde in Danzig führte seit 1607 eine Liste ihrer Ältesten, und die Friesischen, die im Großwerder um Orlofferfelde und Marienburg herum lebten, wurden anfänglich von Danzig aus bedient. Orlofferfelde wählte ihren eigenen Ältesten ab 1723. Im Vergleich zu den Flamingern waren die Friesischen eine Minderheit, aber ihr Erfolg im Ackerbau ermutigte viele, die besseres Land und bessere Gelegenheiten suchten, zur Umsiedlung. Sie siedelten tiefer im Königreich Preußen um Tragheimerweide, Montau und weiter südlich die Weichsel hinauf in der Nähe von Wintersdorf (Przechowska), Schönsee und Thorn (Torun) an.[99] In diesem südlichen Gebiet gab es auch eine flämische Gemeinde, die nicht mit den nördlichen Flamingern mit Hauptsitz in Danzig verbunden war. Statt dessen war sie den alt-flämischen Gemeinden von Groningen in den Niederlanden angeschlossen, mit denen sie eine enge Verbindung unterhielt. Diese Gruppe, die nur eine kleine Mitgliederzahl hatte, war eine strikte, abgeschlossene Gemeinschaft, und einige ihrer Mitglieder wanderten 1765 aus, um sich im Preußen der Hohenzollern, in Brenkenhofswalde am Netzebruch in Brandenburg anzusiedeln.[100]

---

[99] Bezüglich des Vordringens der Mennoniten nach Polen siehe E.L. Ratzlaff, *Im Weichselbogen: Mennonitensiedlungen in Zentralpolen* (Winnipeg, 1971).

[100] Siehe B.H. Unruh "Die Mennoniten in der Neumark," *Christlicher Gemeinde Kalender,* (1941), 58-76; diese Gruppe wanderte später nach Russland aus. Siehe Kapitel 7 und 9.

Die Alt-Flaminger von Danzig waren in Gemeindeangelegenheiten sehr strikt. Der Bann wurde angewandt, um die Disziplin aufrechtzuerhalten, nur wenige Außenseiter wurden in ihre Gemeinden aufgenommen, und die Heirat eines Gliedes mit einer Person aus einer nicht angeschlossenen mennonitischen Gemeinde konnte nur stattfinden, wenn dieser Außenseiter zuvor wiedergetauft wurde. Die Flaminger glaubten, daß sie die rechtmäßige Gemeinde waren, die auf dem rechten Weg geblieben und ihre Gemeinschaften rein gehalten hatte. Die Friesischen wurden mit Geringschätzung betrachtet.[101] Die Friesischen waren tatsächlich viel offener, sie nahmen Außenstehende auf und heirateten Mennoniten aus anderen Gemeinden. Es gab dort auch kleinere Unterschiede in den Gemeindebräuchen, wie z.B. dem Lesen der Predigten, der Taufhandlung und dem Abendmahl. Die Groningen Alt-Flämischen praktizierten die Fußwaschung, die bei der Flämischen Gemeinde von Danzig nur für besondere Gelegenheiten vorbehalten war.

Obwohl die mennonitischen Gemeinden an sich schon unterschiedlich waren, waren sie doch nur Teil einer viel größeren sozialen und kulturellen Vielfalt in der Region, in der sie sich niedergelassen hatten.[102] Außerhalb von Danzig bestand die Bevölkerung zum großen Teil aus deutsch und holländisch sprechenden lutherischen Kaufleuten und Handwerkern. Es gab beträchtliche Unterschiede in bezug auf den gesellschaftlichen Statuts, die Sprache und den Glauben. Im Königlichen Preußen gab es zahlreiche bäuerliche Gemeinschaften: polnischsprachige Bauern (gewöhnlich katholisch und Leibeigene des polnischen Adels oder der Kirche) und Siedlergruppen (oft deutschsprachig, unter denen sich jedoch katholische, lutherische, und calvinistische Gemeinschaften und verschiedene Sektengruppen befanden). Viele der Siedler, einschließlich der Mennoniten waren als Holländer (Holendrzy) bekannt. Einige Mennoniten umgingen die Einchränkungen, die ihnen von den Stadträten auferlegt wurden, in denen die Lutheraner dominierten, und wurden durch den Handel wohlhabend. Die meisten Handwerker waren jedoch gezwungen, ihrem Gewerbe außerhalb der Stadtgrenzen nachzugehen. Aber die meisten Mennoniten im sechzehnten und siebzehnten Jahrhundert waren Bauern, und die Landwirtschaft wurde als die richtige Beschäftigung für ein einfaches, christliches Volk angesehen, das sich der "Welt" fern zu halten versuchte. Die Mennoniten fanden also eine angenehme Nische in einer multi-ethnischen Umwelt und eine Stellung in einer vielschichtigen Gesellschaft - sie waren selbständige Bauern, Handwerker und Handelsleute.

Die soziale und kulturelle Eigenart der Mennoniten war deshalb weder einzig-

---

[101] Siehe die Kommentare des lutherischen Pastors Abraham Hartwich in seinem Buch *Geographisch-Historische Landes-Beschreibung derer dreyen im Polnischen Preußen liegenden Werdern*, (Königsberg, 1723), 279; wie auch H.Penner, *Die ost- und westpreußischen Mennoniten*, 179.

[102] Betreffs einer klaren Beschreibung der ethnischen Vielfalt im achtzehnten Jahrhundert siehe William W. Hagen, *Germans, Poles, and Jews, the nationality conflict in the Prussian east, 1772-1914* (Chicago, 1980), Kapitel 1. Betreffs der sozialen Struktur der Agrarverfassung siehe Davies, *God's playground*, Kapitel 7.

artig noch etwas Besonderes in diesem Gebiet des polnischen Staatenbundes. Wie in vielen europäischen Agrarstaaten dieser Zeit hielt man kulturelle Unterschiede nicht unbedingt für eine Bedrohung der Staatsgewalt oder der herrschenden Elite, die ihre eigene Kultur besaß und nicht den Wunsch hatte, ihre Lebensart mit ihren Untertanen zu teilen. Erst mit der Entstehung der industrialisierten Nationalstaaten im neunzehnten Jahrhundert wurde diese Vielfalt mit der Entwicklung eines strukturierten Klassensystems einer gleichgeschalteten Nationalkultur unterordnet. Die Mennoniten versuchten jedoch bewußt, aufgrund ihres Glaubens und ihrer Lebensart anders zu bleiben. Ihre ethnische Herkunft, die sich von vielen ihrer Nachbarn unterschied, erkannte man an ihren unterschiedlichen mennonitischen Familiennamen, die ursprünglich hauptsächlich holländisch waren.[103] Das Vorkommen einiger weniger polnischer Namen wie Sawatzky, Rogalsky usw. zeigt, daß sich in Polen sogar neue Glieder slawischer Herkunft dieser Bewegung anschlossen. Alle Gemeinden erschwerten jedoch den Zugang zu ihren Gemeinschaften, und die Vergesellschaftung der Kinder wurde ständig durch den Gebrauch des Katechismus bei der Vorbereitung der Taufkandidaten verstärkt.[104] Holländisch wurde als die Sprache des Glaubens beibehalten, und erst Ende des achtzehnten Jahrhunderts wurde eine Art Hochdeutsch zumeist bei religiösen Veranstaltungen verwendet. Bei den alltäglichen Verrichtungen sprachen viele Mennoniten einen örtlichen Dialekt des Plattdeutschen, das in einem weiten Gebiet Norddeutschlands allgemein üblich war, aber mit ihren eigenen andersartigen Sprachmustern einschließlich der holländischen und polnischen Lehnwörter.[105] Die Mennoniten lehnten viele Neuerungen in der Kleidung ab. Ihr schlichtes Aussehen und ihr genügsamer Lebensstil wurden oft von damaligen Beobachtern kommentiert. Die Mennoniten bauten ihre Häuser und Scheunen im "holländischen" Stil, und sie unterstützten sich gegenseitig durch ihre Wohlfahrtsinstitutionen, einschließlich des Waisenamtes zum Schutz von Witwen und Waisen und eines Systems der ge-

---

[103] Mennoniten, die sich sehr für die Stammbaumforschung interessieren, haben eine große Anzahl von Werken über die vermutliche Herkunft der mennonitischen Familiennamen hervorgebracht. Siehe insbesondere B.H. Unruh, *Die niederländisch-niederdeutschen Hintergründe der mennonitischen Ostwanderung im 16., 18., und 19. Jahrhundert* (Karlsruhe, 1955); H. Penner, *Die ost- und westpreußischen Mennoniten*, 227-361; und die umfangreichen Schriften von Adalbert Goertz, die zum Teil in seiner Bibliographie aufgeführt sind (siehe Anmerkung 97).

[104] Der allgemeine Gebrauch des Katechismus wurde im achtzehnten Jahrhundert eingeführt, und 1778 wurde ein einheitlicher Text festgelegt. Siehe Friedmann "The devotional literature," 165.

[105] Deutsch wurde in der gewöhnlichen Korrespondenz bereits Ende des siebzehnten Jahrhunderts verwendet. Siehe Penner, *Die ost- und westpreussischen Mennoniten,* 178-81. Bezüglich der Entwicklung der Sprache siehe auch Jacob Quiring *Die Mundart von Chortitza in Südrussland* (Dissertation, Ludwig Maximilians Universität, München, 1928); J. Thiessen, *Studien zum Wortschatz der kanadischen Mennoniten* (Marburg, 1963); und J.A.Duerksen, "Transition from Dutch to German in West Prussia," *ML* 22 (1967), 107-09.

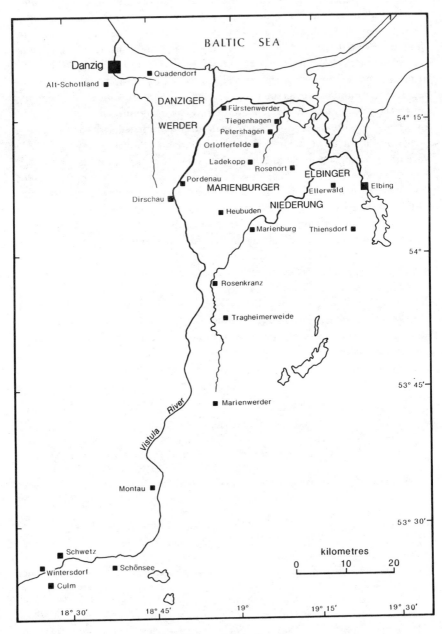

*Das Mennonitische Preußen*

Grundlagen 63

genseitigen Feuerversicherung. All diese Charakteristika trugen zur Andersartigkeit der Mennoniten bei.[106]

Trotz all dieser religiösen, sozialen und kulturellen Unterschiede hat es in Preußen nie eine vollständige Absonderung der mennonitischen Gemeinschaften von der übrigen Welt gegeben. Dies traf insbesondere in wirtschaftlicher Hinsicht zu. Die Fortdauer des mennonitischen Lebens konnte nicht durch die Erzeugung von Gütern gesichert werden, die ausschließlich für den eigenen Unterhalt bestimmt waren. Die mennonitischen Familien waren gewöhnlich groß, und die Eltern arbeiteten hart, damit sie wenigstens ihre Söhnen mit eigenen Höfen ausstatten konnten, um die Aufteilung des Eigentums zu vermeiden und das Ideal des bäuerlichen Lebens aufrechtzuerhalten. Ein Bauer mußte deshalb Kapital über den unmittelbaren Lebensbedarf hinaus ansammeln, und das bedeutete eine Beteiligung am größeren Wirtschaftsmarkt.

Die Probleme der Aufrechterhaltung des mennonitischen Lebensstils standen mit dem wechselnden wirtschaftlichen und politischen Geschick des polnisch-litauischen Staatenbundes während des siebzehnten und achtzehnten Jahrhunderts in Verbindung. Der Weichselhandel war stetig gewachsen und gediehen, bis er in den ersten Jahrzehnten des siebzehnten Jahrhunderts rückläufig wurde. Der Dreißigjährige Krieg unterbrach den Ostseehandel, und der Staatenbund wurde schon bald in eine Reihe von Kriegen verwickelt, von denen er sich nie wieder ganz erholt hat. Das Land wurde überfallen, geplündert und von Schweden, Österreichern, Türken und Preußen besetzt.

Zwischen 1654 und 1660 drangen die Schweden in das Land ein und besetzten für eine Zeit Teile des Königreichs Preußen. Der Große Nordische Krieg (1700-1710) brachte die schwedischen und russischen Armeen wieder in diese Region, und 1734 belagerten und nahmen die Russen Danzig ein. Verschiedene andere Kriege während des achtzehnten Jahrhunderts zwischen Russland, Preußen und Österreich, in die auch der Staatenbund verwickelt wurde, schwächten das Land. Als seine schwache politische Struktur in einer Anarchie zusammenbrach, verschworen sich die mächtigen Nachbarn des Staatenbundes, die Ländereien des Staates unter sich aufzuteilen. Die erste Teilung fand 1773 statt, und die preußischen Hohenzollern wurden Herrscher über das Königreich Preußen. Bei der zweiten Teilung von 1793 nahmen die Preußen Danzig ein, und nach der dritten Teilung von 1795 hörte der Polnisch-Litauische Staatenbund auf zu existieren. Die friedliebenden Mennoniten wurden nun Untertanen eines mächtigen, militaristischen preußischen Staates, und das Königtum Preußen wurde zur preußischen Provinz Westpreußen.[107] Die unbeständige Wirtschaftslage und die Verwüstungen des Krieges beschränkten sich nicht nur auf die polnischen Domänen, in denen die Mennoniten lebten. Nur wenige Europäer entgingen den Verheerungen des Krieges oder den katastrophalen Seuchen und der Hungersnot in dieser Zeit. Die

---

[106] Siehe Penner *Die ost- und westpreussischen Mennoniten*, 190-94, betr. Gebäude, sein Anhang 2, z.B. über die Feuerversicherung; betr. Waisen *ME,* "Waisenamt", 4.870-72.

[107] Weitere Informationen über diese Ereignisse siehe in in Davies, *God's playground,* Kapitel 14-18.

Mennoniten überlebten sie ganz gut, aber ihre hohe Geburtenrate bescherte ihnen schon bald ihre selbstgemachten Probleme.

Die Mennoniten verstreuten sich auf der Suche nach besseren Lebensmöglichkeiten für sich und ihre Kinder. Einige zogen weiter hinein nach Polen, dem Lauf der Weichsel folgend suchten sie nach Land. Andere zogen noch vor den Aufteilungen in Hoheitsgebiete unter preußischer Herrschaft, einige ließen sich als Kaufleute in Königsberg nieder, andere in den ländlichen Gebieten des Herzogtums Preußen (Ostpreußen), obwohl viele von ihnen später in das polnische Hoheitsgebiet zurückkehrten.[108] Als das Land im Königtum Preußen teurer und schwerer erhältlich wurde, sahen sich viele Mennoniten bäuerlicher Herkunft gezwungen, ein Handwerk zu ergreifen, oft in den proto-industriellen Textilindustrien in den Provinzstädten. Die Abwanderung in die Städte und die wachsende Kluft zwischen dem städtischen und dem ländlichen Lebensstil wurde unter den Mennoniten zum Ende des achtzehnten Jahrhundert immer sichtbarer. Die wirtschaftlichen Verhältnisse verbesserten sich, nach 1750 ging es in Handel und Industrie wieder aufwärts.

Eine Umfrage, die von den preußischen Obrigkeiten unter den 12.032 Mennoniten außerhalb von Danzig durchgeführt wurde, zeigt, daß etwa zwei Drittel in der Landwirtschaft tätig waren und der Rest den verschiedensten Beschäftigungen nachging, zumeist in den Städten des Großwerders. Die Mehrheit arbeitete in der Textilindustrie und ähnlichen Gewerben, andere dagegen waren kleine Handwerksleute, Kaufleute, Ladenbesitzer, Müller, Brauer und Branntweinbrenner - die Mennoniten waren für ihren Kirschencognac bekannt. Diese Unterschiede in der Beschäftigung waren auch an einem unterschiedlichen Wohlstand und sozialen Status zu erkennen. Die gleiche Umfrage vermerkte, daß 857 Mennoniten als Dienstleute bei anderen Mennoniten arbeiteten.[109]

Schon allein die Tatsache, daß eine solche Umfrage durchgeführt wurde, hätte die Mennoniten in Alarmbereitschaft versetzen sollen, denn sie war ein klares Zeichen dafür, daß sie es in Preußen mit einem ganz anderen Staat zu tun hatten, als sie ihn bisher in dem Staatenbund erlebt hatten. Verschiedene polnische Könige und ortsansässige Magnaten hatten den Mennoniten besondere Privilegien gewährt, einschließlich des Rechts, ihren Glauben in Frieden und frei von Verfolgung auszuüben, wie auch die Befreiung vom Waffendienst. Die Gewährung solcher Privilegien war ein alter feudaler Brauch. Der preußische Staat hatte jedoch eine modernere, bürokratische Regierungsform, die sich nach gesetzlichen Vorschriften

---

[108] Betreffs Ansiedlung in Ostpreußen und Litauen siehe E. Randt, *Die Mennoniten in Ostpreußen und Litauen bis zum Jahre 1772* (Dissertation Universität Königsberg, 1912) und Penner, *Die ost- und westpreußischen Mennoniten*, 216-24.

[109] Zahlen und Einzelheiten aus K.-H. Ludwig, *Zur Besiedlung des Weichseldeltas durch die Mennoniten. Die Siedlungen der Mennoniten im Territorium der Stadt Elbing und in der Ökonomie Marienburg bis zur Übernahme der Gebiete durch Preußen 1772* (Marburg, Lahn, 1961); Anhang.

richtete.[110] Nach den Aufteilungen und ihrer Eingemeindung in Preußen baten die Mennoniten den preußischen König Friedrich II, ihre festgelegten Privilegien anzuerkennen, insbesondere ihre Befreiung vom Militärdienst. Dies wurde gewährt, doch schon kurze Zeit danach wurden den Mennoniten von den örtlichen preußischen Beamten neue gesetzliche Einschränkungen auferlegt. Zu dieser Zeit gehörte zur preußischen Armee eine Bürgermiliz, die nach einem Quotensystem aus den jeweiligen Verwaltungsbezirken rekrutiert wurde.[111] Da die Mennoniten in einigen Bezirken die Mehrheit der Bevölkerung bildeten, standen nur wenig Rekruten zur Verfügung. Um eine weitere Verbreitung der Mennoniten zu verhindern, wurden denjenigen, die neues Land kaufen wollten, schon bald Einschränkungen auferlegt. Weitere diskriminierende Verfügungen, die gegen die Mennoniten erlassen wurden, zwangen sie, jährlich 5.000 Taler an die Militärakademie in Kulm zu zahlen.[112] Während Friedrich II. zahlreiche Ausnahmen in diesen Beschränkungen erlaubte, gab sein Sohn Friedrich Wilhelm II., der 1786 sein Thronnachfolger wurde, neue Edikte gegen die Mennoniten heraus, die mit größerer Strenge durchgeführt wurden.[113] Diese Verfügungen waren nicht nur eine Herausforderung für die mennonitischen Glaubensgrundsätze, sondern bedrohten auch den Fortbestand der mennonitischen Gemeinschaften und das von ihnen bevorzugte Leben. Die Einschränkungen in bezug auf den Landkauf waren ganz besonders verhaßt. Die Mennoniten wurden gezwungen, ihr bäuerliches Leben aufzugeben und vom Land in die städtischen Ballungszentren zu ziehen, wo sich die Kontrolle der Gemeinde als schwieriger erwiesen hatte. 1785 hörten die Mennoniten jedoch von der Ansiedlungsmöglichkeit in Russland mit garantierter Glaubensfreiheit, fruchtbarem Ackerland und dem Recht, ihr Leben nach ihrer Art zu gestalten. Da die Lage in Preußen immer schlechter wurde, bot die verheißene Ansiedlung in Russland eine neue Existenzmöglichkeit.

---

[110] Bezügl. dieser Privilegien siehe Wilhelm Mannhardt, *Die Wehrfreiheit der altpreußischen Mennoniten* (Marienburg, 1863) und die Abhandlung von Horst Penner, "Das Verhältnis der westpreußischen Mennoniten zum Staat," *MGbl*, 25 (1973), 53-59.

[111] Gerhard Östreich, "Army organization in the German territories from 1500 to 1800," in seinem *Neostoicism and the early modern state* (Cambridge, 1982), 238-39.

[112] Mannhardt, *Die Wehrfreiheit*, 126-27, 131-32.

[113] Bezüglich dieser und späterer Beziehungen zu den deutschen Behörden siehe Klassen, "Faith and Culture", 200-04, und John Friesen, "The relationship of Prussian Mennonites to German nationalism", in H. Loewen, Hrg., *Mennonite images: historical, cultural and literary essays dealing with Mennonite issues* (Winnipeg, 1980).

# MISSIVE
## VAN DE
## SOCIETEIT
### DER
*DOOPSGEZINDE GEMEENTEN*
#### IN
*FRIESLAND* EN *GRONINGEN*;

GESCHREEVEN
Aan de DOOPSGEZINDE CHRISTENEN, welke zich uit *Dantzig* hebben nedergezet, In de *Staaten* van *Haare Majesteit*, CATHARINA DE GROOTE, *Keizerin aller Russen.*

*TE LEEUWARDEN*,
Ter *Drukkerije* van JOHANNES SEYDEL,
Boekverkooper op den hoek der Koningstraat.

Voor Rekening der Societeit.

*Appell der holländischen Mennoniten von 1788 an die Mennoniten, die im Begriff waren, sich in Russland anzusiedeln*

# 2. Auswanderung und Ansiedlung

Während des achtzehnten Jahrhunderts erweiterte Russland seine Grenzen und wurde zu einer bedeutenden Macht im europäischen Raum. Viele Ausländer aus dem westlichen Europa zog es nach Russland, entweder, um dort ihr Glück zu suchen oder eine Stellung in der russischen Gesellschaft zu erlangen. 1762, kurz nachdem sie Kaiserin geworden war, erließ Katharina II. ein Kaiserliches Manifest, um Ausländer für die Ansiedlung in Russland anzulocken.[114] Dieses Manifest, das später durch eine klarer formulierte Erklärung abgelöst wurde, setzte ein Ansiedlungsprogramm für Ausländer in Gang, das trotz immer wieder vorkommender Aufhebungen und Änderungen bis zu den ersten Jahren des neunzehnten Jahrhunderts fortdauerte. Das Ziel des ersten Manifests war es, die Bevölkerung Russlands zu vermehren und zu verbessern und die Wirtschaft des Landes zu heben. Andere europäische Staaten hatten ähnliche Verfahren eingeleitet, und das Russische Manifest nutzte ihre Bestimmungen und Erfahrungen. Das Manifest von 1763 versprach den Immigranten und deren Nachkommen eine ganze Reihe von Rechten und Privilegien, einschließlich der Bewilligung von Land und Geld, Steuerbefreiungen, Glaubensfreiheit und die Befreiung vom Militärdienst. Zur Unterstützung der Immigranten wurde ein "Fürsorgeamt" gegründet.[115] Das Manifest von 1763 wurde im Ausland veröffentlicht und stieß auf reges Interesse, viele europäische Staaten verboten jedoch die Auswanderung und untersagten die Veröffentlichung des Manifests. Eine Reihe von Gruppen und

---

[114] Die umfassendste Beschreibung der Politik Katharinas und ihrer Nachfolger findet man in Roger P. Bartlett, *Human capital: the settlement of foreigners in Russia 1762-1804* (Cambridge, 1979); kürzere Zusammenfassungen auch in seinen Artikeln "Foreign settlement in Russia under Catharina II," *New Zealand Slavonic Journal*, n.s., 1 (1974), 1-22 und "Foreign colonies and foreign rural settlement in the Russian Empire," *MERSH*, 11 (1979), 210-15. Einen früheren Bericht über Politik, Rekrutierung und Ansiedlung siehe in Hattie Plum Williams, *The Czar's Germans, wih particular reference to the Volga Germans* (Lincoln, Nebr., 1975).

[115] Der vollständige Text wurde in Bartletts, *Human capital,* Anhang 1, veröffentlicht; siehe auch George Vernadsky, Hrg., *A source book for Russian history from early times to 1917* (New Haven, 1972), 2, 450-51.

Einzelpersonen gingen aber doch nach Russland, einschließlich vieler deutschsprachiger Gemeinschaften, die sich in Kolonien hauptsächlich in der Gegend von Saratow an der Wolga ansiedelten.[116] Diese Gemeinschaften waren nicht von Anfang an erfolgreich, und die russische Regierung, die es mit steigenden Kosten, Verwaltungsproblemen und der Opposition seitens der europäischen Regierungen zu tun bekam, gab 1766 ihre Kolonisationspolitik auf.

Die Grenzen Russlands wurden während der Regierungszeit von Katharina stark erweitert, besonders nach Süden hin zum Schwarzen Meer und der Krim. Die Provinz Neurussland (Novorossia) wurde vergrößert, und Ländereien, die von halbunabhängigen Kosakengruppen beherrscht wurden, waren nun ganz einer Zentralverwaltung unterstellt. Die Kriege mit der Türkei führten zur Annexion von Land, das zum Krimer Khanat gehört hatte.[117] Um 1785 war ein weites Gebiet, das sich vom Kaspischen Meer bis zum Fluß Bug erstreckte, einschließlich der Halbinsel Krim annektiert und einer vizeköniglichen Domäne angeschlossen worden, die fast wie ein selbständiges Fürstentum von Katharinas Günstling, Grigorij Potemkin, regiert wurde.[118] Um diese neue Region zu sichern, förderte Potemkin die Ansiedlung von Bauern und Ausländern, und 1784 gab er ein Manifest heraus, das sich auf frühere Manifeste Katharinas gründete, um Ausländer für die Ansiedlung im nördlichen Kaukasus anzulocken.[119] Das Manifest wurde im Ausland veröffentlicht, und die preußischen Mennoniten erfuhren davon. 1786 setzte sich ein von Potemkin angestellter Auswanderungsagent, Georg Trappe, mit den Mennoniten hinsichtlich der Ansiedlungsmöglichkeiten in Russland in Verbindung. Es wurden Versammlungen zwischen Trappe und den Leitern der friesischen und flämischen Gemeinschaften abgehalten, und eine Anzahl von Mennoniten bekundete ihr Interesse, nach Russland auszuwandern. Es wurde jedoch beschlossen, erst einmal mennonitische Delegierte zu entsenden, die das Landangebot untersuchen und ein besonderes Abkommen in Übereinstimmung mit den russi-

---

[116] Es gibt eine umfangreiche Literatur über die "deutsche" Auswanderung und Ansiedlung im Wolgagebiet. Siehe Einführung (Fußnoten 56, 60) betr. Bibliographien und Karl Stumpp, *The migration from Germany to Russia in the years 1763-1862* (Tübingen, 1972).

[117] Siehe E.I. Drushinina, *Kjutschuk-Kaynardjiyskij Mir 1774g.* (Moskau, 1955); Drushinina, *Sewernoje Pritschernomorje, 1775-1800*, A. Fisher, *The Russian annexation of the Crimea, 1772-1783* (Cambridge, 1970).

[118] Eine neuere Abhandlung über Potemkins Aufstieg zur Berühmtheit und Herrschaft über das südliche Russland siehe in I. Madariaga, *Russia in the age of Catharine the Great* (London, 1981), 262-63, 343-50 und insbesondere 359-73.

[119] Bartlett, *Human capital*, Kapitel 4; siehe auch die frühere Abhandlung von H. Auerbach, *Die Besiedlung der Südukraine in den Jahren 1774-78* (Wiesbaden, 1965) und N.D.Polons'ka Vasylenko, "The settlement of the southern Ukraine 1750-75", *Annals of the Ukrainian Academy of Arts and Sciences in the USA 1955* (Sommer/Herbst).

schen Vorschriften aushandeln sollten.[120]

Zwei Delegierte wurden gewählt: Johann Bartsch, ein Bauer aus einer friesischen Gemeinde von Danzig, und Jakob Höppner, ein Bauer und Geschäftsmann aus einer flämischen Gemeinde.[121] Die Delegierten verbrachten ein Jahr in Russland, prüften das in Frage kommende Land und trafen Potemkin und die Zarin Katharina, die ihre neu eroberten Domänen bereiste.[122] Die Delegierten suchten ein Landgebiet, das groß genug war für die Ansiedlung von tausend mennonitischen Familien, und sie entschieden sich schließlich für das Land am unteren Dnjepr, in der Nähe von Berislaw, dicht bei der neugegründeten Stadt Cherson. Dies Land wurde gewählt, weil es ziemlich flach war und gute Ackerböden und Zugang zu Wasser, Nutzholz und Weideland hatte. Zudem lag es an neuerbauten Straßen, die es den Mennoniten ermöglichen würden, ihre Erzeugnisse in Cherson zu vermarkten. Aus der Wahl des Landes und vielen anderen Punkten, auf die sich die Delegierten in ihrem Gesuch an Potemkin bezogen, ging klar hervor, daß die Mennoniten vorwiegend bäuerliche Siedlungen im südlichen Russland anlegen wollten, die sich, wie ihre ländlichen Siedlungen in Preußen, auf eine Gemischtwirtschaft gründen sollten. Neben Getreide und Vieh als landwirtschaftlicher Grundlage könnte man Fische im Dnjepr und seinem Delta fangen, und Handwerksbetriebe könnten aufgebaut werden. Die vorgesehene Wirtschaft war auf die aufblühenden Märkte in den Städten von Neurussland ausgerichtet.[123]

In ihrem Gesuch an Potemkin baten Höppner und Bartsch darum, daß jede Familie 65 *dessjatini* Ackerland, einen Zugang zu Weideland, Heu und Bauholz, Fischereirechte und die Erlaubnis für die Aufbau von Handwerksbetrieben und Mühlen erhalten sollte. Anträge auf Geldanleihen, Baumaterialien, Steuerermäßigungen und die Ernennung von Trappe als Siedlungsleiter waren ebenfalls mit eingeschlossen. Die Delegierten bemühten sich auch um die Zusicherung der Glaubensfreiheit; ferner um das Recht, eine Sache zu bestätigen,

---

[120] Es gibt eine umfangreiche Literatur über die anfängliche mennonitische Auswanderung: P. Hildebrandt, *Erste Auswanderung der Mennoniten aus dem Danziger Gebiet nach Südrussland* (Halbstadt, Taurien, 1888), neuaufgelegt von V. Peters, Hrg., *Zwei Dokumente: Quellen zum Geschichtsstudium der Mennoniten in Russland* (Winnipeg, 1965): Epp, *Chortitzer Mennoniten*, 1-47; G.G. Pisarewsky, *is istorii inostrannoj kolonisazii w Rossii w XVIII w.* (Moskau 1909), 290-340; P. Karge, "Die Auswanderung west- und ostpreussischer Mennoniten nach Russland (nach Chortitza und der Molotschna 1787-1820)," *Elbinger Jahrbuch*, 3 (1923), 65-98; David G. Rempel, "The Mennonite emigration to New Russia, 1787-1870 (Teil II: die Auswanderung nach Russland)" *MQR*, 9 (1935), 109-28; David G. Rempel, "From Danzig to Russia: the first Mennonite migration," *ML*, 24 (1969), 8-28; Rempel, *Mennonite commonwealth*, 14-35.

[121] Einzelheiten über die Vorgeschichte der Delegierten siehe in Unruhs *Die niederländisch-niederdeutschen Hintergründe*, 262, 289, 295; über Höppner, David H.Epp, "Jakob Höppner," *UB*, (Moskau) 9 (1926), 205-07.

[122] Madariaga, *Russia in the age of Catharine*, 370-73.

[123] Die Gründe für die Wahl dieses Landstückes siehe in Rempel, *Mennonite commonwealth*, 28.

statt einen Eid darauf abzulegen, so wie es die Mennoniten gewohnt waren, zudem Befreiung vom Militärdienst für alle Mennoniten und deren Nachkommen. Im Hinblick auf die Zukunft, baten sie auch darum, daß Land in der Krim für weitere mennontische Siedlungen reserviert werden möchte für die Zeit, wenn das Land in der Nähe von Berislaw voll besiedelt sein würde. Die meisten Gesuche der Delegierten lagen im Rahmen der bestehenden Bestimmungen für ausländische Siedlungen und wurden mit einigen kleinen Einschränkungen von Potemkin bewilligt.[124] Die Delegierten reisten dann nach St. Petersburg, wo ihr Abkommen mit Potemkin von der Regierung ratifiziert wurde.

1787 kehrten die Delegierten in Begleitung von Trappe nach Preußen zurück, wo die Nachricht über ihre Landwahl und das Abkommen mit den Russen mit Begeisterung begrüßt wurden. Viele Mennoniten machten sich bereit, nach Russland auszuwandern. In Danzig und in kleinerem Maß auch im übrigen, von

Volksschule in Chortitza vor 1900

Preußen beherrschten Gebiet wurden ihnen Auswanderungseinschränkungen in den Weg gelegt. In den Jahren zwischen 1788 und 1789 begaben sich jedoch über

---

[124] Der Text des Gesuches der Delegierten und die Stellungnahme von Potemkin wurden in Epps *Chortitzer Mennoniten,* 16-22 veröffentlicht und ausführlich von Rempel in *Mennonite commonwealth* 24-28 erörtert.

[125] Über Einschränkungen, die ihnen in den Weg gelegt wurden und andere Schwierigkeiten siehe David G. Rempel, "Bemerkungen zu unserer mennonitischen Geschichtsliteratur, *Bte,* (19. Juli - 6. Sep. 1966). Rempel, *Mennonite Commonwealth,* 32-34 und Dokumente in *Bte.* 10. Mai, 31. (Mai, 21. Juni und 21. Juli, 1931).

200 Familien auf den Weg nach Russland.[125] Die meisten kamen aus den flämischen Gemeinden im Großwerder zusammen mit anderen Familien aus Heubuden und Danzig. Es waren auch einige friesische Familien darunter. Obwohl die flämischen Auswanderer zum größten Teil kleine Handelsleute oder Handwerker aus städtischen Bezirken waren, unterhielten sie doch enge Beziehungen zu Verwandten und Freunden in den bäuerlichen Gemeinschaften. Die Friesischen waren hauptsächlich Bauern. Die Familien wanderten einzeln oder in kleinen Gruppen aus, und die beiden Delegierten mit ihren Familien befanden sich unter den ersten Auswanderern. Die Mennoniten versammelten sich in Dubrowna, einem Gut von Potemkin im nördlichen Russland, wo sie überwinterten, bevor sie im Frühjahr 1789 nach Neurussland weiterzogen. Bei ihrer Ankunft im Süden erfuhren sie jedoch durch Höppner, daß Potemkin ihnen nicht erlaubte, auf dem Land in der Nähe von Berislaw zu siedeln, unter dem Vorwand, daß wieder Krieg mit der Türkei ausgebrochen sei[126] und das Land zu nahe an der russischen Grenze liege. Statt dessen sollten die Mennoniten weiter den Dnjepr hinauf auf Land bei Chortitza ansiedeln, das Potemkin gehörte. Trotz ihrer Proteste wurde den Mennoniten befohlen, nach Chortitza zu ziehen und dort ihre Kolonie zu gründen.

Das Landstück bei Chortitza erwies sich als ganz anders als das Gebiet, das die Delegierten bei Berislaw ausgesucht hatten.[127] Es gab wenig flaches Land in der Nähe des Flusses. Der größte Teil von Chortitza bestand aus einem Hochplateau mit tiefen Schluchten, durch die Wasserströme in den Dnjepr flossen. Eine große Insel, einst das Zentrum Setsch der Saporoshje-Kosaken[128], gehörte mit zum Ansiedlungsgebiet. Die Schluchten und Teile der Insel waren mit Nutzholz-Bäumen bedeckt, die Böden waren jedoch sandig und ganz anders als die fruchtbareren Lehmböden des Berislawlandes. Draußen auf der Hochebene fand man aber fruchtbarere Böden, und so war ein lohnender Ackerbau auch in der neuen Kolonie möglich. Es gab jedoch keine größere Stadt in unmittelbarer Nähe, wo die Mennoniten ihre Erzeugnisse vermarkten konnten. Kurz, es war kein idealer Platz, um die gleiche Wirtschaftsform wieder aufzunehmen, wie sie die Mennoniten in

---

[126] Der zweite türkische Krieg brach 1787 aus und wurde durch den Frieden von Jassy im Dezember 1791 beendet, die Gefahr eines Krieges zwischen Russland und Preußen behinderte auch die mennonitische Auswanderung.

[127] Beschreibung von Chortitza siehe in Rempels *Mennonite commonwealth,* 34-35 und zahlreiche andere Berichte einschließlich N.J. Kroeker (Bearbeiter), *First Mennonite villages in Russia 1789-1943. Chortitza-Rosental* (Vancouver, 1981).

[128] Die Saporoshje-Kosaken, schon lange ein Dorn im Auge der russischen Regierung, wurden im Jahre 1775 als eine separate Gemeinschaft von der russischen Regierung "abgeschafft" und zerstreut - siehe Dekrete in Vernadsky, Hrg., *A source book for Russian history,* 2,459-69; auch Madariaga, *Russia in the age of Catherine,* 68-70. D.G. Rempel, "Zu Russen, Tartaren und Kosaken," *Bte.* (20. Jan., 27. Jan. 1970). Mennoniten, die auf der Insel ansiedelten (genannt "de Kaump"), fanden viele Anzeichen einer früheren Besiedlung und bauten eine romantische Folklore auf der früheren Geschichte dieser Gegend auf.

Preußen gekannt hatten.

Zur Zeit der Ansiedlung umfaßte die Kolonie 21.460 *dessjatini* Ackerland, 987 für Heu, 240 Waldbestand und 1.293 *dessjatini* Brachland. Die Kolonie wurde jedoch nicht richtig vermessen und ist später vergrößert worden.[129] Das Fehlen einer richtigen Vermessung, die Gefahr eines Kosakenangriffs und Diebstähle seitens umherstreifender Banditen zwangen die Mennoniten, den Gedanken an eine Ansiedlung mit separaten Hofstellen auf dem eigenen Grundstück aufzugeben und statt dessen geschlossene Dörfer aufzubauen. Jede Familie, die Landwirtschaft betreiben wollte, erhielt 65 *dessjatini* Land, ein Anteil, der Ackerland, Wiesen, Weide und Waldland und, falls verfügbar, ein Grundstück von anderhalb *dessiatinen* für Haus und Garten enthalten sollte, wo sie ihre Höfe aufbauen konnten. Mit der wachsenden Bevölkerung und der Ankunft neuer Siedler vergrößerte sich die Kolonie, bis schließlich im Jahr 1824 achtzehn Dörfer vorhanden waren (siehe Tabelle 1). Zwischen 1793 und 1796 kamen 118 neue Familien nach Chortitza. Die meisten waren flämische Mennoniten aus Danzig, andere waren friesische Mennoniten, von denen viele aus der Gegend von Tilsit und Memel in Ostpreußen-Litauen kamen. Die Friesischen waren tüchtige Bauern, gut ausgestattet mit Geld, Ausrüstungen und Vieh. Sie legten ihre eigenen Siedlungen in Schönwiese an, das den anderen Kolonisten gegenüber an der anderen Seite des Dnjepr in der Nähe der russischen Festung Alexandrowsk lag, und ein Dorf weiter nördlich in einiger Entfernung von der Kolonie, bei Kronsgarten.[130] Obwohl Kronsgarten von der Hauptkolonie getrennt war, wurde es für Verwaltungszwecke immer zur Kolonie Chortitza gerechnet. Alle weiteren Zuwanderer wurden in den bestehenden Dörfern angesiedelt, bis im Jahr 1803 neue Siedlungen auf Land angelegt wurden, das angrenzend an die bestehende Kolonie lag und das von der Regierung von den benachbarten Landbesitzern gekauft wurde.

Obwohl auch nach 1796 immer noch mennonitische Familien und Einzelpersonen in Russland ankamen, gab es eine Auswanderung im großen Stil erst wieder im Jahr 1803. In den 1790er Jahren bot die preußische Regierung den Mennoniten Land im nördlichen Polen und in Litauen an[131], ihre anderen Einschränkungen für die Mennoniten wurden jedoch nicht erleichtert; 1801 wurden sogar neue Vorschriften erlassen, die die Gemeinschaften in Preußen und Danzig noch mehr bedrohten. Kontakte, oft geheim, zwischen den russischen Beamten und den Mennoniten durch Gesandtschaften in Danzig und Königsberg wurden fortgesetzt, und die Mennoniten bekundeten ihr großes Verlangen, nach Russland auszuwandern. Im Jahr 1801 beauftragte Zar Alexander I. seine Beamten, im südlichen Russland einen Ort für eine neue mennonitische Auswanderung zu suchen. Das Land sollte nahe an Städten und

---

[129] Bezüglich der langen und lästigen Geschichte der Vermessungen und Streitigkeiten über die genauen Grenzen des Kolonielandes siehe David G. Rempel, "Important historical facts discussed", in N. Klassen, (Bearbeiter), *First Mennonite villages*, 29-34.

[130] Rempel, *Mennonite commonwealth*, 40.

[131] A. Müller, "Die preussische Kolonisation in Nordpolen und Litauen (1795-1807) und die Mennoniten, *Zeitschrift für Ostforschung*, 22 (1973), 487-96.

Häfen liegen, vorzugsweise in der Nähe des Dnjepr, wo die Erzeugnisse verkauft oder exportiert werden konnten. Es sollte gutes Acker- und Weideland mit Wasser und Nutzholz sein.[132] Das ausgewählte Land war ein Gebiet von 120.000 *dessjatini* im Südosten von Chortitza, den Molotschnaje-Fluß entlang gelegen, der nach Süden in das Asowsche Meer floß. Das Land entsprach nicht allen Bedingungen Alexanders, es stand nur wenig Wasser und Nutzholz zur Verfügung, aber die Böden waren ausgezeichnet, und der Zugang zu den Handelswegen über Land und zu den Häfen am Schwarzen und Asowschen Meer war gut.

1803 kamen 193 mennonitische Familien mit 1020 Personen aus Preußen nach Russland, denen 1804 165 Familien mit 953 Personen folgten. Zu diesen neuen Immigranten gehörte eine Anzahl wohlhabender Landwirte und Geschäftsleute mit beachtlichem Kapital, Ausrüstungen und Vieh. Andere wieder kamen aus ärmlicheren Verhältnissen und erhielten eine finanzielle Unterstützung von den Russen.[133] Die preu-

---

TABELLE 1: DIE GRÜNDUNG DER CHORTITZER DÖRFER, 1789-1824

Siehe Rempel, *Mennonite commonwealth*, 40-41, wo weitere Einzelheiten und die plattdeutschen und russischen Namen angegeben sind.

GEGRÜNDET 1789
| | |
|---|---|
| Chortitza | Rosental |
| Insel Chortitza | Einlage |
| Neuendorf | Neuenburg |
| Schönhorst | Kronsweide |

GEGRÜNDET 1796-1797
| | |
|---|---|
| Schönwiese | Kronsgarten |

GEGRÜNDET 1803
| | |
|---|---|
| Nieder-Chortitza | Burwalde |

GEGRÜNDET 1809-1824
| | |
|---|---|
| Kronstal (1809) | Osterwick (1812) |
| Schöneberg (1816) | Rosengart (1824) |
| Blumengart (1824) | Neuhorst (1824) |

---

[132] Siehe G.G. Pisarewsky, *Peresselenije prusskich mennonitow w Rossiju pri Aleksandre I* (Rostow am Don, 1917), 14-15; Rempel, *Mennonite commonwealth*, 47-48.

[133] Bezüglich der Wohlhabenden siehe Pisarewsky, *Peresseleniye prusskich mennonitow*, 43-44, 46; Lew Malinowski, "Passage to Russia: who were the emigrants," *Journal of the American Historical Society of Germans from Russia*, 2 (1979), 46-47; bezüglich ihrer Herkunft Karge, "Die Auswanderung," 94.

ßischen Beamten hatten versucht, die Auswanderung zu verhindern, insbesondere die der reicheren Mennoniten, jedoch mit wenig Erfolg. Die neuen Immigranten hielten in Chortitza an, wo einige Familien sich ansiedelten. Der Rest machte einen raschen Handel mit seinen Brüdern, erfuhr viel über das Land und das russische Regierungssystem und zog dann weiter auf seine neuen Ländereien. Die Kolonie Chortitza wurde ab jetzt auch Altkolonie genannt im Gegensatz zu der neuen Molotschnaja-Ansiedlung.[134]

Während dieser großen mennonitischen Auswanderung änderte die russische Regierung ihre Bestimmungen für ausländische Ansiedlungen.[135] Die neuen Verfügungen, die 1804 erlassen wurden, enthielten mehr Einschränkungen als das frühere Manifest; man suchte eine bessergestellte Klasse von Auswanderern, so daß nur wohlhabende Familien aufgenommen werden sollten. Diese Verfügungen hatten jedoch wenig Auswirkungen auf die Mennoniten. Die größere Tüchtigkeit der russischen Beamten sowohl auf Orts- als auch auf Landesebene wie auch die Erstellung klarerer Bestimmungen förderte die Ansiedlung der neuen Kolonie. Die Kolonisten hatten sich schon bald in der Molotschnaja eingerichtet. Weitere Familien kamen hinzu, bis um das Jahr 1812 zwanzig Dörfer gegründet worden waren, zumeist im westlichen und nördlichen Teil der Kolonie am Molotschnaja-Fluß und seinen Nebenflüssen entlang.

Die Welt der Kolonie und des Dorfes, die zuerst in Chortitza und dann in der Molotschnaja und in den meisten anderen Koloniesiedlungen der Russlandmennoniten begründet wurde, beherrschte das mennonitische Leben bis zum Zusammenbruch der zaristischen Regierung im Jahr 1917.[136] Die mennonitische Identität gründete sich nicht nur auf den Glauben, sondern auch auf die Zugehörigkeit zu einer Kolonie, einem Bezirk und auf das Dorf, in dem die betreffende Person geboren wurde, aufwuchs oder wohnte. Kolonien und Dörfer entwickelten ihre eigenen charakteristischen kulturellen Überlieferungen und Spitznamen ihrer Einwohner; zuweilen gab es auch Rivalität zwischen den Kolonien und zwischen den Dörfern innerhalb der Kolonien, die oft freundschaftlich waren, aber auch schwerwiegendere Probleme und Vorurteile beinhalteten.[137] Aber verwandtschaftliche Bande und Heirat, Gemeindezugehörigkeit, Geschäftsverbindungen und Freundschaft überbrückten zumeist solche Differenzen.

In jeder Kolonie war das Land auf die einzelnen Dörfer und dort unter den einzelnen Höfen verteilt. Die Kolonie behielt das Verfügungsrecht über die Flüsse,

---

[134] Bezüglich der Molotschnaja-Ansiedlung siehe insbesondere Isaak, *Molotschnaer Mennoniten* und H. Goerz, *Die Molotschnaer Ansiedlung. Entstehung, Entwicklung und Untergang* (Steinbach, Man., 1950-51).

[135] Bartlett, *Human capital*, 188-205.

[136] Dörfer wurden auch Kolonien genannt. Um Unklarheiten zu vermeiden, habe ich diesen Unterschied zwischen einzelnen Dörfern und einer Kolonie gemacht, die aus vielen Dörfern bestand.

[137] Siehe z.B. G. Wiens, "Village nicknames among the Mennonites in Russia," *ML*, 25 (1970), 177-80.

Seen und alles Brachland innerhalb ihres Gebietes. Zur Zeit der Ansiedlung hatte die Regierung angeordnet, daß Land für den zukünftigen Bevölkerungszuwachs reserviert werden sollte. Ein Sechstel des Landes aller Kategorien (d.h. Weide, Wiese und Ackerland) innerhalb eines Dorfgebietes sollte unbesetzt bleiben, so daß für den künftigen Bevölkerungszuwachs Land zur Verfügung stand; man nannte es das Überschußland. Da aber alles Überschußland später aufgebraucht sein würde, reservierte die Kolonie weitere Gebiete für die Gründung neuer Dörfer. Dieses Land wurde Reserveland genannt. Die Obrigkeiten sahen auch ein, daß nicht alle Mennoniten gerne Bauern werden würden und statt dessen vorziehen könnten, ein Handwerk oder Gewerbe auszuüben. Um diese unterzubringen, war jedes Dorf verpflichtet, eine Landfläche zurückzubehalten, das einem Sechstel der Fläche seiner Bauernhöfe entsprach, damit solche Gewerbe- und Handwerksleute sich dort ihre Häuser und Werkstätten aufbauen konnten.[138]

Die Dörfer bestanden zur Zeit der ersten Ansiedlung gewöhnlich aus 25 bis 30 Haushalten, aber als die Bevölkerung zunahm und das Überschußland besiedelt und die Gewerbe- und Handwerksleute sich etabliert hatten, wurden die Dörfer sehr schnell größer. Die einzelnen Häuser lagen zu beiden Seiten der Hauptstraße. In Chortitza waren die Höfe in den ersten Dörfern so aufgebaut, wie es jedem am besten gefiel, oder sie folgten einfach der natürlichen Gegebenheiten des Landes. Aber in den späteren Siedlungen, besonders in der Molotschnaja, wurden die Dörfer nach genauen Vorschriften angelegt: die Straßen waren gerade und die Häuser und Nebengebäude ganz symmetrisch nach sehr genauen und ausführlichen Instruktionen angelegt.[139] Die meisten Dörfer bauten mit der Zeit auch ein Schulhaus, gewöhnlich an einem zentral gelegenen Standort in der Mitte des Dorfes, wo auch das Versammlungshaus an der gegenüberliegenden Straßenseite lag. Ein Dorf hatte einen Gemeinschaftsbrunnen, obwohl die einzelnen Heimwesen ebenfalls Brunnen hatten, wo diese leicht zu graben waren. Für Brennholz wurde ein Wald auf einem Grundstück in der Nähe des Dorfes gepflanzt, in dessen Nähe auch oft der Ortsfriedhof lag. Am Ende mancher Dörfer erhob sich eine hölzerne Windmühle gegen den Horizont.

Mit der Zeit dominierten in den Dörfern die Höfe der großen Landbesitzer, die eine Vollwirtschaft von 65 *dessjatinen* besaßen. Je weiter man zum Ende des Dorfes kam, desto niedriger wurde die soziale Schicht, denn hier standen die Häuser der Landlosen. Obwohl viele davon wohlhabenden Gewerbe- und Handwerksleuten gehörten, gab es auch Anwohner, die oft arm und deshalb gezwungen waren, am Rande des Dorfes und der Gesellschaft zu leben, denn es blieb ihnen keine andere Wahl. Sie konnten sich kein Land leisten. Am ärmsten waren die Einwohner. Im Gegensatz zu den Hauseigentümern waren sie gezwungen, sich

---

[138] Rempel, *Mennonite colonies,* 105-06; Rempel, *Mennonite commonwealth,* 52.

[139] Die Dörfer wurden in der Straßendorfform angelegt; bezüglich Dörfer und Hausformen siehe die Beschreibung in G.L. Reiswitz und F. Wadzeck, *Beiträge zur Kenntnis der Mennoniten-Gemeinden in Europa und Amerika, statistischen, historischen und religiösen Inhalts* (Berlin, 1821), 358.

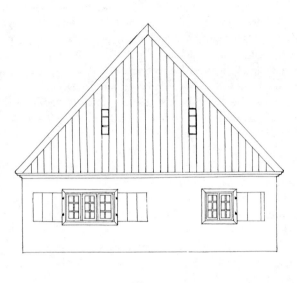

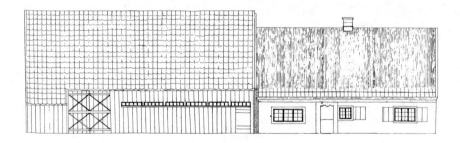

*Mennonitisches Bauernhaus, das im Jahr 1796 in Rosental, Chortitza gebaut wurde (Von Zeichnungen, die 1925 von Jakob Sudermann gemacht wurden. Mennonite Heritage Centre, Winnipeg)*

ihren Lebensunterhalt als Dienstpersonal oder Arbeiter zu verdienen, indem sie für andere Mennoniten arbeiteten. Diese soziale Ungleichheit entwickelte sich erst zu einem späteren Zeitpunkt des neunzehnten Jahrhunderts. Solche sozialen Benachteiligungen und Unterschiede in den Häusern und im Lebensstil waren in der Pionierzeit bei der Ansiedlung in Chortitza und in der Molotschnaja bei weitem nicht so offensichtlich.

Jedes Heimwesen wurde von Anfang an mit einem starken Zaun von den Nachbarn abgegrenzt, und jedes hatte seinen eigenen Hof, einen großen Gemüse- und Obstgarten für den eigenen Bedarf. Die Häuser wurden im Stil der mennonitischen polnisch-preußischen Höfe gebaut, d.h. zum Haus gehörte auch die Scheune für Wagen und Vorräte und der Stall für das Vieh, die als eine Einheit unter dem gleichen Dach gebaut wurden. Die ersten Häuser in Russland waren mit Lehm und Erde ausgefachte und mit Stroh oder Schilf gedeckte Fachwerkhäuser. In Russland hatte jedes Haus in der Mitte einen Ofen zum Kochen und zum Heizen der Hauptnebenräume im Winter.[140] Im Sommer wurde eine separate Küche, die außerhalb des Hauses gebaut wurde, zum Kochen gebraucht. Das Getreide wurde oft auf dem Dachboden des Hauses aufbewahrt, um eine zusätzliche Isolierung zu sichern. Häuser und Scheunen brannten leicht nieder, zuweilen wurden ganze Dorfteile vom Feuer verschlungen. Die Mennoniten führten jedoch ihr System der gegenseitigen Feuerversicherung ein, das sie im polnischen Preußen entwickelt hatten, und so dauerte es gewöhnlich nicht lange, bis die abgebrannten Gebäude wieder aufgebaut waren.

Die Mennoniten wanderten als Familien aus und siedelten auch so an. Ihre Größe war sehr unterschiedlich, und gelegentlich gehörten auch Dienstpersonal und Arbeiter, Großeltern, Kinder aus früheren Ehen oder Waisen von Verwandten dazu.[141] Die Familien waren gewöhnlich groß, und die Glieder eines so umfangreichen Haushalts lebten meistens in überfüllten und beengten Verhältnissen. In jedem Haus dominierte das männliche Oberhaupt und seine Frau. Alle erwachsenen, getauften Mennoniten waren verheiratet, und da die Sterblichkeitsrate hoch war, mußte ein Mann oder eine Frau damit rechnen, daß sie mehr als nur einmal in ihrem Leben heiraten würde. Eine Wiederverheiratung fand gewöhnlich schon bald nach dem Tod des Ehepartners statt, und die Kinder aus früheren Ehen gehörten nun zur neuen Familie oder sie wurden unter anderen Verwandten verteilt. Manchmal heiratete ein junger Mann eine Frau mittleren Alters mit einer Familie, manchmal heiratete ein Mann mittleren Alters ein junges Mädchen, die dann nicht nur die Kinder ihres Mannes aufziehen mußte, sondern auch die aus ihrer eigenen Ehe. In solchen Fällen hatte die Frau oft ein Mädchen, das ihr bei der Hausarbeit

---

[140] Bezüglich der Beschreibung des Häuserstils, der später nach Kanada übertragen wurde, siehe E.K. Francis, "The Mennonite farmhouse in Manitoba," *MQR*, 28 (1954), 56-59 und "Architecture," *ML*, 1, 146-51; es scheint, daß in Russland der große Ofen in der Mitte des Hauses nach einheimischem Vorbild eingeführt wurde.

[141] Viele Einzelheiten über die Größe einer Pionierfamilie kann man sich aus dem Material in Unruhs *Die niederländisch-niederdeutschn Hintergründe* errechnen.

half - eine arme Verwandte oder ein junges mennonitisches Mädchen, während in den späteren Jahren die Dienstmädchen gewöhnlich Kleinrussen waren. Ein Mann konnte auch junge, unverheiratete Männer anstellen, die ihm auf dem Feld halfen, wenn seine Söhne noch zu klein waren oder wenn er nur mit Töchtern gesegnet worden war.

Alle Erben eines Hauses, ob männlich oder weiblich, hatten die gleichen Rechte auf das Vermögen.[142] Nach russischem Gesetz konnte das Land eines Bauernhofes jedoch nicht aufgeteilt werden, sondern durfte nur an eines der Kinder vererbt werden, gewöhnlich den ältesten Sohn, der dann die anderen Familienglieder entschädigte. Um dies nicht zu einer allzu großen Belastung werden zu lassen, versuchte das Familienhaupt gewöhnlich, noch vor seinem Tod eine entsprechende Fürsorge für die übrigen Familienglieder zu treffen. Dieses System der Eigentumsübertragung (Anerbenrecht) entsprach einem bestehenden mennonitischen Brauch und stand gleichzeitig mit der russischen Vorschrift im Einklang.[143] Die Russen anerkannten zwei Systeme des bäuerlichen Grundbesitzes: das *mir*-System, nach welchem das Land aufgeteilt wurde, und ein System des vererblichen Familienbesitzes, nach welchem das Land als eine einzige Einheit an einen einzigen Erben ging, gewöhnlich den Letztgeborenen (Jüngsten). 1764 führte die Regierung das letztere System für die meisten ausländischen Siedler ein, den Mennoniten wurde jedoch erlaubt, ihre eigenen Regeln anzuwenden, nachdem ihnen im Jahr 1800 ihr besonderes Privilegium gewährt worden war. Nach russischem Recht gehörte jedoch alles Land für immer der Kolonie und nicht den einzelnen Familien. Die Familien besaßen Eigentumsrechte über ihre Bauernhöfe und die Hausgrundstücke und konnten diese an ihre Nachkommen überschreiben, ihre Grundstücke konnten jedoch nicht aufgeteilt, nicht hypothekarisch belastet und nicht an jemand außerhalb der Kolonie verkauft werden. Wenn ein Mann ohne Nachkommen starb oder wenn keines seiner Kinder weiter Landwirtschaft betreiben wollte, konnte der Hof verkauft werden, aber nur an einen anderen Mennoniten. Solche Transaktionen mußten von der Dorfversammlung und von der russischen Regierung genehmigt werden. Verwaiste Kinder wurden vom Waisenamt geschützt, das die Mennoniten hier neueingeführt hatten mit den Regeln, die bereits im polnischen Preußen festgelegt worden waren. Beamte machten eine Bestandaufnahme von allem Eigentum und Vermögen, das dann treuhänderisch verwaltet wurde, bis die Kinder volljährig wa-

---

[142] Nähere Einzelheiten über Erbschaft siehe Rempel, *Mennonite commonwealth,* 50-53.

[143] Betreffs russischer Erbschaftsbestimmungen siehe Rempel, *Mennonite colonies,* 104-05; Bartlett, *Human capital,* 72-73.

[144] Einen Bericht über das Waisenamt in Chortitza im Jahre 1850 findet man in Heinrich Heese, "Kurzgefaßte geschichtliche Übersicht der Gründung und des Entstehens der Kolonien des Chortitzer Mennonitenbezirks," in M. Woltner, Hrg., *Die Gemeindeberichte von 1848 der deutschen Siedlungen am Schwarzen Meer* (Leipzig, 1941), 24-25; Das vollständige Statut ist erschienen in Klaus, *Unsere Kolonien,* Anhang VIII. Siehe auch "Waisenamt," *ME* 4, 870-72 und Jake Peters, *The Waisenamt: a history of Mennonite inheritance custom* (Steinbach, Man., 1985).

ren. Mit der Zeit wurde das Waisenamt eine wertvolle Kreditquelle und arbeitete sehr ähnlich wie eine Bank für die Kolonisten.[144] Verschiedene Gemeinden hatten auch ihre eigenen Wohlfahrtssysteme, um ihren Armen und Bedürftigen zu helfen.[145]

Trotz anfänglicher Schwierigkeiten haben die mennonitischen Siedler in Russland viele soziale Einrichtungen, die sie von Preußen her kannten, übernommen und dort von neuem eingeführt. Nichts wurde durch die Gründung ausschließlich mennonitischer Kolonien, den Aufbau von Dörfern und die Nöte der ersten Ansiedlungszeit so sehr gestärkt, wie gerade der Gemeinschaftssinn, der in den verstreut liegenden ländlichen und städtischen Siedlungen im polnischen Preußen im Laufe des achtzehnten Jahrhunderts schwächer geworden war. Das Kolonie- und Dorfsystem veranlaßte die Mennoniten aber auch dazu, sich nur um sich selbst zu kümmern. Obwohl es die Zusammenarbeit förderte, wurde das Dorfleben aber auch zum Schauplatz von Konflikten. Die neuen Siedler hatten nur selten in einer so engen Gemeinschaft mit anderen Mennoniten gelebt, wie sie es nun in Russland taten, denn die meisten kamen aus verschiedenen Teilen Preußens und hatten unterschiedlichen, wenn auch oft ähnlichen Gemeinden angehört. Obwohl die meisten das Dorfleben gut fanden, war für einige Mennoniten die Klaustrophobie der engen gesellschaftlichen Welt, in der jedermann jedermanns Geheimnisse und Ruf kannte, schwer zu ertragen. In den ersten Ansiedlungsjahren gab es jedoch für die Mennoniten andere Probleme zu bewältigen, als die alltäglichen gesellschaftlichen Unstimmigkeiten. In Russland mußten auch die religiösen Organisationen, die sie von Preußen her kannten, neu aufgebaut werden, denn sie waren der Kern des mennonitischen Daseins. Gleichzeitig mußten auch die Russen ihr eigenes Verwaltungs- und Überwachungssystem für die Kolonisten aufbauen. Ein Konflikt war unvermeidlich.

---

[145] Wohltätigkeitsarbeit einer Gruppe, der *Kleinen Gemeinde*, zu einem späteren Zeitpunkt im neunzehnten Jahrhundert siehe in Plett, *Golden years*, 343-45, und Waisenamt, 116-18.

*Ein typisch mennonitisches Bauernhaus in Chortitza nach 1900*

*Jeder Haushalt hatte seinen eigenen Hof und Garten*

# 3. Gemeinschaft und Gemeinde

In Danzig und Westpreußen hatten die geistlichen Führer der Gemeinden aktiv mit Trappe und anderen russischen Beamten verhandelt. Die meisten unterstützten den Gedanken der Auswanderung, wenn auch oft aus unterschiedlichen Gründen. Für viele war Russland ein geeigneter Ort für die Unterbringung der wachsenden Anzahl von Mennoniten, die keine passende Arbeit in Preußen finden und deshalb leicht für die Glaubensgemeinschaft verlorengehen konnten. Andere führende Männer glaubten, daß die Mennoniten in Danzig und Westpreußen keine guten Zukunftsaussichten hatten; Russland war für sie nicht nur ein Land wirtschaftlicher Aufstiegsmöglichkeiten, sondern auch ein Ort, an dem der mennonitische Glaube aufrechterhalten oder sogar in einer reineren Form wiederhergestellt werden konnte. Der Älteste Peter Epp von Danzig hegte sicherlich solche Hoffnungen, aber er starb, gerade als er sich für die Abreise nach Russland vorbereitete. Während seiner Krankheit ermahnte er seine Kinder auszuwandern, und die meisten, zusammen mit anderen nahen Verwandten, befolgten seinen Rat.[146] Aber solche Visionen von Russland hatten wahrscheinlich nur wenige von den Auswanderern. Für die meisten Mennoniten versprach Russland billiges Land, künftigen Wohlstand und Sicherheit für ihre Familien und Nachkommen.

Obwohl die Beweggründe der Auswanderung unterschiedlich waren, wünschten sich doch fast alle Auswanderer eine Wiederherstellung der mennonitischen Gemeinden in der neuen Umwelt. Die Gemeindeform, deren Gründung viele ersehnten, war eine konservative Organisation, die alte Ideen, Regeln und Vorurteile einhielt, vor allem die Teilung zwischen den Flamingern und den Friesischen. Bei vielen Gemeindeleitern zeigte sich jedoch ein anderer Geist. Die Gründung einer neuen Gemeinschaft in Russland würde auch die Gründung einer neuen Gemeinde beinhalten, und damit konnten vielleicht alte Vorurteile überwunden werden. 1778 hatten die Leiter verschiedener Gemeinden versucht, eine gemeinsame Grundlage bei den Friesischen und den Flamingern zu finden, insbesondere bezüglich der

---

[146] Epp (1727-1789) war von Anfang an aktiv an der Auswanderungsbewegung beteiligt. Siehe Epp, *Chortitzer Mennoniten*, 7; betreffs Epps Rat an seine Kinder siehe Klaas Reimer in Friesen, *Mennonite brotherhood*, 131.

Heirat zwischen Gliedern verschiedener Gemeinden. Die Gespräche hatten zu keinem Erfolg geführt; die Flaminger Gemeinde in Danzig z.B. unterwarf in den 1780er Jahren solche Glieder noch immer der Gemeindedisziplin.[147] Einzelne religiöse Führer förderten auch weiterhin den Kontakt und die Zusammenarbeit, obwohl wahrscheinlich nur wenig Unterstützung für solche Bestrebungen unter den älteren Laiengliedern zu finden war. Unter den Familien, die von Anfang an die Auswanderung nach Russland unterstützten, waren Glieder aus beiden, den friesischen und den flämischen Gemeinden, und Trappe, der erkannte, daß religiöse Meinungsverschiedenheiten zu Konflikten führen könnten, befürwortete die Gründung einer einzigen, einheitlichen Gemeinde in Russland. Bei einem Besuch in den Niederlanden im Jahr 1788 überredete er die holländischen Gemeinden dazu, ihren Brüdern in Preußen zu schreiben und die voraussichtlichen Auswanderer dazu aufzufordern, eine neue Glaubensgemeinschaft zu bilden und insbesondere ihre Streitigkeiten in der Frage der Heirat beizulegen.[148]

Der erste Schritt für die Gründung einer Gemeinde in Russland bestand in der Wahl geeigneter Leiter. Diese Angelegenheit wurde auf den Versammlungen besprochen, noch bevor die ersten Auswanderer abreisten, sie wurde jedoch nicht entschieden. Keiner von den Auswanderern hatte bereits ein Amt, und da sie aus verschiedenen Gebieten in Preußen kamen und zu verschiedenen Gemeinden gehörten, glaubte man wahrscheinlich, die Sache sollte aufgeschoben werden, bis sie alle in Russland versammelt waren, so daß die neue Gemeinschaft dann selbst wählen konnte.[149] Während des Winters, den sie im Jahr 1788-89 in Dubrowna zubrachten, baten die Immigranten um das Recht, geistliche Leiter wählen zu dürfen. Die preußischen Gemeinden gaben ihre Zustimmung und ernannten vier Männer, wahrscheinlich als Vertreter der verschiedenen Gebiete in Preußen, aus denen die Siedler kamen, die die Wahl überwachen sollten.[150] Es gab zwanzig Kandidaten, und die Ergebnisse der Wahl wurden nach Preußen geschickt, wo die Namen von vier Predigern und zwei Diakonen bestätigt werden sollten. Drei der Gewählten (Jakob Wiens, Gerhard Neufeld und David Giesbrecht) hatten die höchste Stimmenzahl bekommen, der vierte, Bernhard Penner hatte weniger als

---

[147] Siehe Erinnerungen von Ältesten Gerhard Wiebe in Friesen, *Mennonite brotherhood*, 61.

[148] Siehe *Missive van der Societeit der Doopsgezinde in Friesland en Groningen* (Leeuwarden, 1788); Brief aus Amsterdam in Epp, *Chortitzer Mennoniten*, 39-41; betreffs Trappes Beweggründe und Verständnis der Situation siehe Kommentare von Rempel, "Important historical facts," 26.

[149] Johannes van der Smissen, "Zur Geschichte der ersten Gemeindebildung in den Kolonien Süd-Russlands", *Botsch.*, 5 (92, 1910), 3 - ursprünglich im *MBL.*, 4 (1857) veröffentlicht - über Einzelheiten der Versammlungen, der Bedenken der preußischen Führer und der regionalen Herkunft der Auswanderer. [Siehe auch Adolf Ens, "The ties that bind: Prussian and Russian Mennonites (1788-1794)", *JMS*, 8, (1990) 34-47. James Urry, 2003]

[150] Die klarsten Einzelheiten über die Leiterwahl findet man in Smissen, "Zur Geschichte," 5 (92, 1910), 3, (93, 1910) 4; und unvollständigere Beschreibungen in Epp, *Chortitzer Mennoniten,* 42-43 und Hildebrand, *Erste Auswanderung,* 28-29.

einige der anderen Kandidaten. Warum Penner der Vorzug gegeben wurde, ist unklar. Vielleicht war er in Preußen als ein angesehener Mann bekannt oder er hatte verwandtschaftliche Beziehungen zur etablierten preußischen Gemeindehierarchie. Drei der Prediger waren aus Danzig, aber die zwei Diakone kamen von außerhalb der Stadt. Bei der Wahl der Kandidaten ging es jedoch noch um andere Probleme als nur um die regionale Vertretung der Emigranten. Es scheint, daß die etwas über dreißig friesischen Familien bereit waren, eine einzige Gemeinde zu gründen. Es scheint auch, daß zwei der Kandidaten aus ihrer Mitte kamen (Cornelius Froese und David Schütz oder Schoett). Es wurde behauptet, daß Schütz mehr Stimmen erhalten hatte als einige andere, die als Prediger gewählt wurden, während er übergangen worden war. Die Friesischen nutzten dies als Entschuldigung, um sich von den anderen zu trennen, ihre eigenen Leiter zu wählen und ihre eigene Gemeinde zu gründen. 1791 bauten sie ein Versammlungshaus in Kronsweide, und Froese wurde 1792 als Ältester gewählt.[151]

1790 wählte die eigentliche flämische Gemeinde ihren eigenen Ältesten, Bernhard Penner, den Mann, der bei der früheren Wahl die niedrigste Stimmenanzahl erhalten hatte. Penner, der in späteren Quellen als arm und von schlechter Gesundheit beschrieben wird, bat um die Ernennung eines Hilfsältesten, der ihm zur Seite stehen sollte.[152] Die Arbeit wurde Johann Wiebe angeboten, er lehnte sie jedoch ab mit der Begründung, daß er für diese Aufgabe zu jung sei und bisher noch kein Amt in der Gemeinde gehabt hätte. Wiebe hatte aber ausgezeichnete Verbindungen in Preußen: er war der Neffe des Ältesten der Gemeinde Elbing-Ellerwalde, Gerhard Wiebe, einer der einflußreichsten westpreußischen Führer.[153] Als Penner 1791 starb, war Johann Wiebe bereit, Ältester zu werden, innerhalb eines Jahres bat

---

[151] Es besteht eine gewisse Unklarheit in der Literatur hinsichtlich der ersten Form der Friesischen Gemeinden, was erstaunlich ist, da einer der ersten Berichte über die Auswanderung und die Ansiedlung von einem Glied dieser Gemeinde, Peter Hildebrandt, geschrieben wurde. Beide Epp (*Chortitzer Mennoniten,* 70) und Friesen, (*Mennonite brotherhood,* 891) führen einen (N) Klassen mit einem anzweifelnden Fragezeichen als den ersten Ältesten auf. Kein N. Klassen erscheint in den ersten Auswandererlisten, sondern Unruh (*Die niederländisch-niederdeutschen Hintergründe,* 211, 295) nennt Froese als Ältesten, und Smissen, *"Zur Geschichte,"* (95, 1910), 3 führt ihn als Prediger im Jahr 1790 auf und als Ältesten ab 1792. Siehe auch den Brief der Flaminger Leiter an Danzig im Jahr 1789, aus dem die Trennung der Friesischen und die Wahl von Froese als Prediger hervorgeht: "Ein Brief aus Chortitza vom Jahre 1789," *Mennonitische Warte* (Winnipeg), 37 (1938), 20.

[152] Penner (1756-1791) aus Elbing in Preußen, siedelte in Neuendorf in Chortitza an; F. Harder, "Die Auswanderung aus der Danziger Mennoniten-Gemeinde nach Russland," *Mitteilungen des Sippenverbandes der Danziger Mennoniten Familien Epp-Kauenhowen-Zimmermann,* 3 (1937), 194-95, Hildebrand, *Erste Auswanderung,* 35.

[153] Johann Wiebe (1766-1823): Gerhard Wiebe (1725-96) war zu dieser Zeit der ranghöchste Älteste in Preußen. Er hatte weitreichende Kontakte mit anderen Gemeinden, den in Russland angesiedelten Hutterern, und war ein aktiver Unterstützer der Auswanderung nach Russland. Siehe *MLex,* 5, 529-30 und Friesen, *Mennonite brotherhood,* 58.

er jedoch auch darum, einen Hilfsältesten zu wählen, der ihm helfen sollte. Der Mann, der gewählt wurde, David Epp, war älter als Wiebe, obwohl er 1791 gerade erst als Prediger gewählt worden war.[154]

Die ersten Ansiedlungsjahre in Chortitza waren voller Konflikte. Die Ansiedler aus verschiedenen Gemeinden und Gemeinschaften in Preußen, verschiedenen Alters und mit unterschiedlichen Berufen, mußten sich in einem neuen Land in eine neue Gesellschaftsordnung einleben. Die Verlegung der Ansiedlung nach Chortitza, die Tatsache, daß die versprochene Hilfe nicht rechtzeitig eintraf und Schwierigkeiten bei der Anpassung an eine neue Umwelt machten die Lage noch schwieriger. Es wurden Anklagen gegen die Delegierten, Höppner und Bartsch, gegen den Ältesten Epp und andere erhoben, und Epp glaubte, daß er der Situation nicht gewachsen sei. Er reiste nach Preußen, um die Unterstützung der preußischen Gemeinden zu gewinnen, und diese schickten den Ältesten Cornelius Regier von Heubuden und den Prediger Cornelius Warkentin von Rosenort, die die Probleme untersuchen sollten. Diese brachten Ordnung in die Gemeinschaft und wiesen die Anklagen gegen mehrere Männer zurück. Die preußischen Amtsinhaber waren eifrig darum bemüht, der neuen Gemeinde das Bewußtsein ihrer Rechtmäßigkeit zu vermitteln; deshalb wurden Wiebe und Epp formell für ihr Amt ordiniert, und Gottesdienste wurden veranstaltet. Um seine Autorität aufrechtzuerhalten, ordinierte Regier, als er selbst krank wurde, Warkentin als Ältesten. Regier starb in Chortitza, aber Warkentin beendete seine Arbeit in der Kolonie und kehrte dann nach Hause zurück.[155]

Die Ankunft neuer Immigranten zwischen 1793 und 1796 festigte die Stärke der friesischen Gemeinde. Um 1800 war fast ein Viertel der Bevölkerung friesisch, die meisten von ihnen lebten in Kronsweide, Einlage und auf der Insel Chortitza und später in Schönwiese und Kronsgarten. Im Jahr 1794 hatte der Älteste Froese Warkentin in Kronsweide empfangen und ihm erlaubt zu predigen und ihm bei den Ordinationszeremonien zu helfen. Dies mag sehr wohl als Versöhnungsakt mit der größeren flämischen Gemeinde beabsichtigt gewesen sein. Froese starb jedoch im gleichen Jahr, und einen Nachfolger gab es anscheinend erst im Jahr 1797, als Heinrich Janzen von Schönwiese als Ältester und neue Prediger ernannt wurden. Die Wahl scheint darauf zu deuten, daß eine separate friesische Gemeinde nach einer Zeit des Konflikts wiederherge-

---

[154] Epp, geboren (1748 oder 1750-1802) in Danzig; er war der Vorfahre einer sehr einflußreichen Chortitzer Familie.

[155] Smissen, "Zur Geschichte," (96, 1910),2, (97, 1910) 3-4, (99, 1910) 4; Warkentin in Friesen, *Mennonite brotherhood*, 54 und *Bte*, (16. Januar 1935), 5-6; Regier (1740-94), Ältester in Heubuden; Warkentin (1740-1809) Prediger und späterer Ältester von Rosenort, war ein entschiedener Unterstützer und aktiver Förderer der Auswanderung, wofür er später eine Goldmedaille von Alexander I. erhielt, Rempel *Mennonite commonwealth*, 48.

*Gemeinschaft und Gemeinde* 85

stellt worden ist, es gibt jedoch keine eindeutigen Belege dafür.[156]

Der Versuch, bei der neuen Ansiedlung eine einzige, vereinigte Gemeinde zu gründen, scheiterte also.[157] Aber auch die Gründung separater Gemeinden wurde nicht ohne erhebliche Streitigkeiten innerhalb der Gemeinschaft erreicht, bei denen es nicht nur um Fragen in bezug auf Gemeindeformen und deren Rechtmäßigkeit ging, sondern auch um einen Machtkampf unter den Mitgliedern der neuen Ansiedlung. Da Gemeinschaft und Gemeinde im mennonitischen Denken im Idealfall gleichbedeutend sein sollten, hatten die Inhaber von Gemeindeämtern gleichzeitig auch das Bestimmungsrecht über die ganze Siedlung. Während eine Gemeinschaft sich für die meisten Mennoniten auf religiöse Grundsätze gründete, war für die Russen das, was hier gegründet wurde, eine Kolonie, die nach einem offiziellen Dekret definiert wurde und der russischen Verwaltung und dem russischen Gesetz unterstellt war.

Chortitza lag in Neurussland, innerhalb der von Potemkin 1784 gegründeten vizeköniglichen Domäne. Die Hauptstadt war die nördlich von Chortitza gelegene Stadt Jekaterinoslaw.[158] Das Fürsorgeamt, das unter Katharinas Regierung für die Verwaltung ausländischer Kolonisten organisiert worden war, wurde 1782 abgeschafft, und die ersten mennonitischen Siedler waren den Direktoren der Volkswirtschaft unterstellt, obwohl sie sich in Neurussland unter der direkten Herrschaft von Potemkin befanden.[159] Trappe hat niemals seinen Posten als Leiter und Verwalter der Mennonitenkolonien übernommen, statt dessen füllte Potemkin diese Stellung mit einer Reihe von Menschen aus, von denen einige ausländische Abenteurer waren, die sich als korrupt und unfähig erwiesen. Das Hauptverwaltungsamt hatte seinen Sitz in einiger Entfernung von Chortitza, in der lutherischen Kolonie Josephstal in der Nähe von Jekaterinoslaw.[160] Die Verwaltung war schwach, und die Beamten beauftragten die zwei Deputierten Höppner und Bartsch, ihre Anweisungen auszuführen.

Die Tatsache, daß es den Mennoniten nicht gelungen war, die ihnen versprochenen Ländereien in der Nähe von Berislaw zu sichern, brachte die Deputierten in eine mißliche Lage. Laut Gerüchten in Danzig, die zweifellos von den Stadtbeamten in Umlauf gebracht wurden, um die Auswanderung zu stoppen, sollten die Mennoniten in Russland zu Leibeigenen gemacht werden. Weil es nicht gelungen war, das versprochene Land zu sichern, und die Tatsache, daß das Gebiet von Chortitza Potemkin gehörte, ließ diese Ängste von neuem aufflammen, und

---

[156] Ein wichtiger Faktor mag die unterschiedliche Herkunft der friesischen Siedler gewesen sein, von denen einige aus friesischen Gruppen kamen, die noch bis 1770 wegen der Streitfrage der Heirat mit Flamingern separate Gemeinden gebildet hatten, siehe "Markushof" und "Thiensdorf und Preußisch Rosengarth" in *ME*, 490-91, 4, 710-11; Heinrich Janzen (1752-1824).

[157] Siehe Kommentare von Hildebrand, *Erste Auswanderung*, 38.

[158] Das heutige Dnjepropetrowsk; 1784 hatte die Stadt nur etwas über 2000 Einwohner.

[159] Bartlett, *Human capital*, 103, 125ff.

[160] Informationen über diese Beamten und ihre Beziehungen zu den Mennoniten siehe in Rempel, *Mennonite commonwealth*, 34, 56-57.

Höppner wurde als "Menschenhändler" verschrien. Einige Mennoniten weigerten sich, dort endgültig anzusiedeln, in der Hoffnung, daß ihnen zur gegebenen Zeit doch noch erlaubt werden würde, nach Berislaw zu ziehen. Diejenigen, die ansiedelten, erhielten die versprochenen Anleihen, Bauholzlieferungen und andere Hilfe nur langsam; das Material lag qualitätsmäßig oft unter der üblichen Norm und wurde, wie die eigenen Besitztümer der Mennoniten, oft auf dem Weg zur Kolonie gestohlen. Die Deputierten wurden zur Zielscheibe der Anklagen gegen die russische Verwaltung,[161] und ihre ständige Verbindung mit den Beamten steigerte nur den Verdacht der Menschen. Die Deputierten wurden auch aus anderen Gründen beneidet. Als Belohnung für ihre früheren Dienste hatten die Russen ihnen besondere Privilegien und Gratifikationen einschließlich der zwei Getreidemühlen versprochen, wie sie im ursprünglichen Abkommen vorgesehen waren, sowie Heuland, das Recht einen Laden und eine Bäckerei zu führen, Bier und Essig zu brauen und Befreiung von der Rückzahlung der Reise- und Ansiedlungszuschüsse. Trappe hatte diese besonderen Belohnungen vor der Auswanderung angekündigt, und obwohl die Verlegung nach Chortitza den Wert einiger dieser Privilegien verringert hatte und viele davon nie wirklich gewährt wurden, suchten die Deputierten sich doch gute Grundstücke für ihre Häuser aus und erhielten einige Vergünstigungen gegenüber den übrigen Siedlern. Dies alles bestärkte die Gefühle der Unzufriedenheit gegenüber den Deputierten. Die Tatsache, daß die Russen sie als Autoritätspersonen behandelten, obwohl keiner von ihnen ein Amt in den Gemeinden bekleidete, machte ihre Schwierigkeiten um so komplizierter.

Höppner wurde noch mehr als Bartsch zum Brennpunkt der Streitigkeiten. Mit Scharfsinn, Tüchtigkeit und harter Arbeit baute er die Kolonie auf, während er gleichzeitig auch sein eigenes Haus und seinen Bauernhof einrichtete. Er half bei der Ansiedlung der neuen Immigranten zwischen 1793 und 1796 und bei der Verteilung von Nutzholz an die Kolonisten. Höppner war einer derjenigen gewesen, denen Vergehen zur Last gelegt und die von den preußischen Gemeindeleitern 1794 freigesprochen worden waren. Doch jetzt hatte er wieder Zusammenstöße mit den Gemeindeleitern und weigerte sich, ihre Zuständigkeit für alle Kolonieangelegenheiten anzuerkennen. Sobald die Leiter der größeren flämischen Gemeinde ihre internen Probleme geregelt hatten, erweiterten und festigten sie ihre Herrschaft über die Kolonie. 1797 wurden die beiden Deputierten in den Bann getan; Bartsch tat Abbitte und wurde wieder in die Gemeinde aufgenommen, Höppner gab jedoch nicht nach. Es wurden noch schwerwiegendere Anklagen gegen ihn und seinen Bruder Peter erhoben, in die auch die russischen Obrigkeiten verwickelt waren. Die Brüder Höppner wurden wegen widerrecht-

---

[161] Die Affaire Höppner/Bartsch hinterließ in Chortitza eine langandauernde Bitterkeit, insbesondere unter den Nachkommen von Höppner (Siehe nachstehendes Kapitel 14). Außer den Berichten von Hildebrand (*Erste Auswanderung*) und Epp (*Chortitzer Mennoniten*) haben die neueren Forschungsarbeiten von Rempel viel neues Material hinzugebracht; siehe sein " From Danzig to Russia", 21-23, 26-27, "Important historical facts," 42-46.

licher Aneignung von Nutzholz vor Gericht gestellt, sie kamen ins Gefängnis, wurden mit einer Geldstrafe belegt und gezwungen, die erhaltenen besonderen Anleihen zurückzuzahlen. Ein großer Teil von Höppners Vermögen mußte verkauft werden, um diese Kosten zu decken, und obwohl er schließlich unter einer Amnestie, die bei der Thronbesteigung von Alexander I. verkündet wurde, aus dem Gefängnis kam, verhinderten die Obrigkeiten von Chortitza anfänglich seine Rückkehr zur Kolonie, und ihm wurde auch die Wiederaufnahme in die größere flämische Gemeinde verweigert. Er kam schließlich zurück, und die Friesischen erlaubten ihm, ihrer Gemeinde beizutreten. Er starb auf der Insel Chortitza im Jahr 1826.

Der Triumph der geistlichen Führer, die Gewalt über die Kolonie gewonnen zu haben, war nur von kurzer Dauer. Obwohl der Predigerrat (Lehrdienst) im Jahr 1796 durch die Wahl tüchtiger Leiter, einschließlich der Söhne Peter und Heinrich des Ältesten Peter Epp, gestärkt worden war, wurde die Bewältigung der Kolonie- und Gemeindeangelegenheiten in Zusammenarbeit mit den russischen Beamten immer komplizierter, so daß sie ihre Fähigkeiten überstieg. Nach zweijährigen Verhandlungen in St. Petersburg gelang es jedoch dem Ältesten David Epp und dem Prediger Gerhard Willms 1800, das Privilegium zu sichern, das bei den Verhandlungen im Jahr 1787 versprochen worden war.[162] Doch in der Zwischenzeit wurden in der Regierungsstruktur Neurusslands beträchtliche Änderungen vorgenommen und schließlich auch in der Verwaltung ausländischer Kolonisten.

Als Potemkin 1791 starb, wurde ein weiterer Günstling Katharinas, Platon Zubow, sein Nachfolger, der daran ging, seine eigene vizekönigliche Domäne aufzubauen.[163] Nach Katharinas Tod und Zubows Fall im Jahr 1796 führte der neue Zar Paul eine Reihe von Reformen ein. Neurussland wurde eine selbständige Provinz (*gubernija*), und im Jahre 1802 nach Pauls Tod und der Thronbesteigung seines Sohnes Alexander I. wurde Neurussland in drei Provinzen aufgeteilt: Nikolajew (später in Cherson umbenannt), Jekaterinoslaw (in der Chortitza lag) und Taurien (in der die Molotschnaja lag). Bessarabien, das erst 1812 erworben worden war, wurde später in den Status einer Provinz dieser Region erhoben. Auch verschiedene andere Änderungen fanden in diesem, zu Neurussland gehörenden Gebiet statt. Diese Provinznamen mit ihren örtlichen Unterteilungen (*ujesdy*) blieben die offiziellen Bezeichnungen der Orte, in denen die Mennoniten bis zu den letzten Tagen des zaristischen Russlands lebten.

---

[162] *PSZ* XXVI, No. 19.546 (vollen Text siehe im Anhang I). Bezüglich Verhandlungen siehe Rempel, "Bemerkungen zu unserer mennonitischen Geschichtsliteratur," *Bte*, (19. Juli 1966), 11. Es wurden ein paar zusätzliche Rechte zu den im Jahr 1787 versprochenen hinzugefügt; siehe Rempel, *Mennonite commonwealth*, 45. Eine Abhandlung über das Schicksal des ursprünglichen Textes, den die späteren Mennoniten fast wie ein heiliges Dokument zu behandeln pflegten, siehe Dietrich Epp in A. Berg, *Dietrich Heinrich Epp. Aus seinem Leben, Wirken und selbstaufgezeichneten Erinnerungen* (Saskatoon, Sask., 1973), 77-80.

[163] Bartlett, *Human capital*, 134-38.

Weitere Änderungen, die während der kurzen Regierungszeit von Paul stattfanden, hatten ihre Auswirkungen auf die Mennoniten. Zu diesen gehörten Veränderungen in der Verwaltung der Kolonien und in der internen Regierungsform. 1797 wurde eine Behörde (Expedizija) für Volkswirtschaft, Ausländerschutz und Agrarwirtschaft gegründet, die Landwirtschaft und Industrie fördern und auch die Kolonien verwalten sollte.[164] Eine Untersuchung der Lage aller ausländischen Kolonien wurde in die Wege geleitet, die in Neurussland von Samuel Contenius durchgeführt wurde,[165] der sich später als ein fähiger Verwalter ausländischer Kolonisten und als ein Freund der Mennoniten erwies. Contenius deckte weitverbreitete Unordnung und Korruption auf allen Ebenen der russischen Verwaltung auf. 1800 gründete die Behörde ein Fürsorge-Komitee für die ausländischen Siedler Neurusslands mit Hauptsitz in der Stadt Jekterinoslaw. Contenius wurde zum Staatsrat dieses Amtes ernannt.[166] Obwohl die Korruption unter den Beamten andauerte, erwies sich die neue Verwaltung als gut organisiert und nach den damaligen russischen Maßstäben als verhältnismäßig leistungsfähig.[167] Der gesamte mündliche und schriftliche Nachrichtenverkehr zwischen den Kolonisten und dem Amt wurde in dem " Dialekt" der Kolonisten geführt, was für die Mennoniten Hochdeutsch bedeutete.[168] Diese Vorschrift zusammen mit einer klareren Definition der Sonderstellung der Kolonisten und ihres Zugangs zu besonderen Rechten und finanzieller Unterstützung verstärkte ihre Absonderung von ihren russischen Nachbarn und sicherte den Fortbestand ihrer privilegierten Stellung in der russischen Gesellschaft für die kommenden Jahre.[169]

Die zweite größere Reform während der Regierungszeit von Paul betraf die interne Verwaltung der Kolonien. Das Manifest von 1763 hatte den Immigranten eine Selbstverwaltung ohne Einmischungen von außen versprochen. Die Russen entdeckten jedoch schon bald, daß man solche Dinge nicht ganz dem Gutdünken jeder Kolonie überlassen konnte. Eine effiziente Zentralverwaltung brauchte ein effizientes Management innerhalb der Kolonien, das sich vorzugsweise auf ein einheitliches System gründen sollte. Die Struktur der Selbstverwaltung, die den Kolonien von den Russen auferlegt wurde, gründete sich auf Ämter, die 1797 für Reichsbauern eingeführt worden waren. Die Titel, die den örtlichen Beamten in den deutschsprachigen Kolonien gegeben wurden, erweckten bei einigen

---

[164] Bartlett, *Human capital*, 180-82.
[165] Contenius (1748/49 oder 1750-1830) siehe A.M. Fadeyev, *Vospominanija 1790-1867gg* .(Odessa, 1897), D.H.Epp, "Samuel Contenius: ein unvergeßlicher Wohltäter der Kolonien Süd-Russlands," *UB*, 3 (1927), 107-09 und M-R, "Staatsrat Kontenius," *HBR*, (1958), 147-54, die sich beide stark auf Fadeyev stützen.
[166] Bartlett, *Human capital*, 205-07, Rempel, *Mennonite commonwealth*, 53-54.
[167] Bezüglich fortdauernde Korruption siehe Bartlett, *Human capital*, 206.
[168] Die Tatsache, daß die Kolonisten Hochdeutsch nicht gut beherrschten, ist deutlich aus den Briefen jener Zeit ersichtlich; diese Entscheidung hatte jedoch wichtige Auswirkungen auf die Mennoniten in bezug auf den Sprachgebrauch und die Bildung.
[169] Siehe Bartletts Stellungnahme, *Human capital*, 213.

*Gemeinschaft und Gemeinde* 89

späteren Siedlern den Eindruck, daß entweder die Kolonisten das System der Selbstverwaltung selbst entwickelt hatten oder daß es aus ihren Heimatländern übernommen worden war.[170] Das stimmte ganz und gar nicht.

Jede Kolonie bildete eine separate Verwaltungseinheit, und jedes Dorf hatte seine eigene Versammlung, die aus den erwachsenen männlichen Hofbesitzern bestand.[171] Diese Versammlung fungierte als Exekutive und wählte einen Dorfschulzen (Plattdeutsch: Schult), zwei Beisitzer (Plattdeutsch: Biesetta), die für zweijährige Amtsperioden ernannt wurden, sowie einen Schreiber, der die Protokolle führte. Deputierte, die von je zehn Bauern gewählt wurden und deshalb Zehntmänner genannt wurden, fungierten als Ordnungsmänner (Schutzmänner) des Dorfes. Die Dorfversammlung regelte die örtlichen Angelegenheiten, überwachte die Wahlen für die Dorf- und Gebietsämter, sorgte für öffentliche Ordnung, verteilte überschüssiges Land, um dort die wachsende Dorfbevölkerung anzusiedeln, und überwachte die Verwendung des Landes und den Anbau von Feldfrüchten. Sie war dafür verantwortlich, daß die Feuervorschriften befolgt, und daß Brücken, Wege und öffentliche Gebäude durch gemeinschaftliche Arbeitsgruppen instandgehalten wurden. Sie stellte auch Reisepässe aus und handelte die Verträge mit den Lehrern der Dorfschule aus. Die meisten dieser Arbeiten wurden an den Dorfschulzen und seine Gehilfen delegiert, aber obwohl der Schulze weitreichende Vollmachten besaß, konnten diese von den Dorfbewohnern auf den Dorfversammlungen überprüft werden. Die meisten Entscheidungen, die die Gemeinschaft betrafen, wurden also auf Ortsebene getroffen, was den Eindruck erweckte, daß die Gemeinschaft ihre Angelegenheiten selbst regelte.

Der Dorfschulze oder sein Vertreter nahmen an den Gebietsversammlungen teil. Ein Koloniegebiet bestand gewöhnlich aus einer Anzahl von Gemeinschaften, die sich um das Gebietsamt gruppierten, das einen gewählten Vorsitzenden (bzw. Oberschulzen, Plattdeutsch: Ävaschult), seine Beisitzern und ein gelöhntes Sekretariat besaß. Der Gebietsschreiber wurde von der Regierung ernannt, und mit der Zeit hatte der Sekretär eine oft wichtige Position in den Gemeinschaftsangelegenheiten. Die gewählten Beamten wurden von den Landbesitzern für begrenzte Amtszeiten gewählt. Der Oberschulze vertrat sein Gebiet auf den Sitzungen mit den russischen Beamten und war verantwortlich für die Angelegenheiten in seinem Gebiet, für die Gemeinschaftsgelder und für die Weiterleitung der Regierungsverordnungen an die örtlichen Beamten zwecks deren Durchführung. Er war auch verantwortlich für die polizeiliche Überwachung seines Gebietes und konnte über Übeltäter Geldstrafen, Strafarbeit für die Gemeinschaft, Inhaftierung und sogar eine körperliche Züchtigung

---

[170] Obwohl die Mennoniten in Preußen Zivilämter bekleidet hatten mit ähnlichen Titeln, wie sie in Russland gebraucht wurden, (Penner, "Das Verhältnis der westpreußischen Mennoniten"), kann hier nicht behauptet werden, daß diese Zivilämter von den Mennoniten nach Russland übertragen wurden; bezüglich Verfügungen von 1797 siehe Vernadsky, Hrg., *A source book for Russian history*, 2, 474-75.

[171] Bezüglich Einzelheiten siehe Rempel, *Mennonite commonwealth*, 57-60, Ehrt, *Das Mennonitentum*, 36-38.

verhängen, obwohl letztere nur mit der Amtsgewalt der Russen durchgeführt werden durfte. Der Oberschulze war verantwortlich für die Dorfschulzen in seinem Gebiet, und die Regierungsinspektoren, gewöhnlich Russen, sorgten dafür, daß das Gebietsamt ordentlich geführt und instandgehalten wurde.

Die Dorfschulzen und der Oberschulze richteten sich nach den Bestimmungen, die von den Russen in der Kolonialordnung erlassen wurden, ein Statut mit Regeln und Vorschriften, das ihre Vollmachten, Pflichten und Einflußbereiche festlegte.[172] Diese wurden im Laufe der Jahre mit der wachsenden Bürokratie und Ausdehnung der russischen Politik erweitert und ausgearbeitet. Das Fürsorge-Komitee erließ nach 1818 endlose Verordnungen, und die regionalen Dienststellen und Gebietsämter waren vollgestopft mit Mappen und einem Haufen Papierkram.

Welche unmittelbaren Folgen die Einführung der Zivilverwaltung in Chortitza hatte, ist unbekannt. Gemeindearbeiter und auch Laien unter den Mennoniten mögen die Systeme der Zivilverwaltung in Preußen gekannt haben, obwohl es nur selten vorkam, daß Mennoniten direkt an solchen Verwaltungskörpern beteiligt waren. In Rußland gab es anscheinend Dorfschulzen oder gleichwertige Beamte in Chortitza noch bevor 1801 die Verordnungen in Kraft traten und das Gebietsamt im Jahr 1802 eröffnet wurde. Der erste Oberschulze Peter Siemens überwachte die Gründung der neuen Dörfer von Nieder-Chortitza und Burwalde im Jahr 1803, ein Zeichen dafür, daß die Gebietsangelegenheiten voll unter seiner Leitung standen.[173] In einigen Dingen waren die geistlichen Führer anscheinend gerne bereit, der zivilen Obrigkeit ein gewisses Maß an Selbständigkeit einzuräumen. Andere Bereiche waren jedoch noch immer konfliktgeladen, besonders dort, wo bestimmte Fragen sich überschnitten. Eine dieser Fragen war die Verantwortung für das moralische Verhalten der Kolonisten und die Verhängung von Strafen, um der Autorität Geltung zu verschaffen. Oberschulzen und Dorfschulzen waren für solche Angelegenheiten zuständig, aber das war auch die Gemeindeleitung. Die einzige Strafe, die über einen Menschen verhängt werden durfte, war der Bann, die staatlichen Obrigkeiten hatten jedoch eine ganze Reihe anderer Strafen, von denen die umstrittendste die körperliche Züchtigung war.[174] Die Anwendung der letzteren verursachte wahrscheinlich die größten Schwierigkeiten, es gab jedoch eine Menge anderer Bereiche potentieller Konflikte zwischen denen, die glaubten, daß sie den Willen Gottes auf Erden

---

[172] Die Liste dieser Kolonialordnungen von 1875 ist in T. Hummel, *100 Jahre Erbhofrecht der deutschen Kolonien in Russland* (Berlin, 1936), 157-222, abgedruckt worden.

[173] Siehe Kommentare von Friesen, *Mennonite brotherhood,* 847 und Dokumente in Epp, *Chortitzer Mennoniten,* 76-77.

[174] Die Mennoniten waren nicht allein in ihrer Beanstandung der körperlichen Züchtigung, da zahlreiche Klagen anderer ausländischer Kolonisten in der Literatur der Nachwelt überliefert worden sind; siehe z.B. E. Drushinina, "Zur Geschichte der deutschen Kolonien in Neurussland: eine handschriftliche Zeitung aus dem Jahre 1818," in W. Steinitz, Hrg., *Ost und West in der Geschichte des Denkens und der kulturellen Beziehungen. Festschrift für Eduard Winter* (Berlin, 1966).

Gemeinschaft und Gemeinde 91

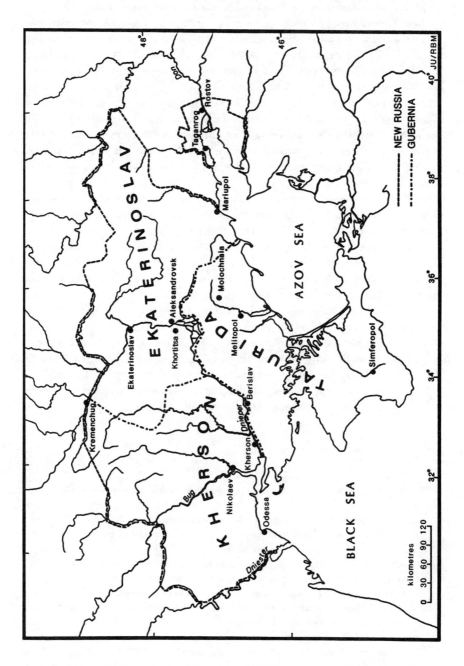

Neurussland, 1802

ausübten, und denen, die die Gesetze des Staates auszuführen hatten.

Die Molotschnaja wurde unter der Leitung einer mennonitischen Zivilverwaltung besiedelt, die anscheinend in Chortitza ernannt oder gewählt wurde, bevor die neuen Siedler auf das Koloniegelände zogen. Der Leiter war der erste Oberschulze Claas Wiens, ein tüchtiger Verwalter und später ein erfolgreicher Gutsbesitzer und Unternehmer.[175] Er regelte das Anlegen der Dörfer, denen er zum größten Teil Namen von mennonitischen Dörfern in Preußen gab. Er verteilte das Baumaterial und das Geld, das die Russen für Vieh und Ausrüstungen zur Verfügung stellten (siehe Dörfer in Tabelle 2 ). In kurzer Zeit wurden eine gewisse Ordnung und Wohlstand geschaffen, wie aus den Berichten der ersten Besucher hervorgeht.[176] Innerhalb der Gemeinschaft entstanden jedoch Differenzen unter den Siedlern.

Im Gegensatz zu Chortitza wurde die Kolonie Molotschnaja vor der Gemeinde gegründet. Als die Molotschnaja-Siedler beschlossen, eine einzige Gemeinde zu gründen, war diese der Form nach eine überwiegend flämische Gemeinde. Wie in Chortitza erwies sich auch hier die Gründung einer neuen Gemeinschaft mit Menschen verschiedener Herkunft als sehr schwierig. Dies war ein Problem für beide, sowohl die Zivilverwaltung, die eine neue Kolonie gründete, als auch für die geistlichen Führer, die eine neue Gemeinde errichteten. In dem Durcheinander der Ansiedlung in einer unzivilisierten und gelegentlich feindlichen Umwelt setzte die Zivilverwaltung ihren Willen für das allgemeinen Wohl durch, indem sie nicht auf die Vorstellungen einzelner einging. Es ist deshalb nicht verwunderlich, daß gewisse Kolonisten sich über die Behandlung beklagten, die sie seitens dieser Beamten erfuhren und verlangten, daß wirkliche Autorität in den Händen der Gemeinschaft und ihrer in einer Gemeinde gewählten Führungskräfte liegen sollte.

---

[175] Wiens (1767/68-?); siehe Unruh, *Die niederländisch-niederdeutschen Hintergründe*, 317-346.

[176] Siehe anonymen Bericht eines deutschen Kaufmanns aus dem Jahr 1806, "Reise eines Kaufmanns aus dem Astrachanischen nach Taganrok, Odessa und die neugegründeten Kolonien an der Molotschna im Jahre 1806," *Magazin der Neuesten Reisebeschreibungen in Unterhaltenden Auszügen*, 7 (1810), 1-30, 97-116, ins Holländische übersetzt in D. Ysenbeek, *Bijdragen tot de Gedchiedenis der Doopsgezinden en derzelver Volkplantingen in het zuidelijke Gedeelte van Rusland* (Hoorn, 1848), 16-24 und auszugsweise in Reiswitz und Wadzeck, *Beiträge zur Kenntnis*, 348 und Friesen, *Mennonite brotherhood*, 186-87; 1808 von einem Gehilfen des General-Gouverneurs von Neurussland, L.V.L.Rochechouart, *Memoirs of the Count de Rochechouart, 1788-1822 in France, Southern Russia, in the Napoleonic wars and as Commandant of Paris* (London, 1920), 80 und die russische Korrespondenz von *Sewernaja Potschta*, 25 (26. Jan. 1820) in Rempel, *Mennonite colonies*, 123-24.

TABELLE 2: DIE GRÜNDUNG DER MOLOTSCHNAJA DÖRFER 1804-1811
(Isaak, Molotschnaer Mennoniten, 12)

**GEGRÜNDET 1804**

| | |
|---|---|
| Halbstadt | Muntau |
| Schönau | Fischau |
| Lindenau | Lichtenau |
| Blumstein | Münsterberg |
| Altonau | |

**GEGRÜNDET 1805**

| | |
|---|---|
| Ladekopp | Schönsee (umgesiedelt 1812) |
| Petershagen | Tiegenhagen |
| Ohrloff | Tiege |
| Blumenort | Rosenort |

**GEGRÜNDET 1806 - 1811**

| | |
|---|---|
| Fürstenau (1806) | Rückenau (1811) |

Während sie im Jahr 1804 in Chortitza überwinterten, hatten die Molotschnaja-Kolonisten drei Prediger für ihre neue Gemeinde gewählt. Sie wurden nicht von einem Ältesten aus Chortitza, sondern von Klaas Reimer, einem Prediger aus Preußen ordiniert, der sich später in der Molotschnaja ansiedelte. Reimer[177] war 1801 ordiniert worden und war mit der Tochter von Peter Epp, dem mächtigen Ältesten der Danziger Gemeinde, verheiratet. Epp war 1789 gestorben, seine Söhne waren jedoch nach Chortitza ausgewandert, wo beide Prediger waren. Reimer war vor kurzem mit dem Bruder von Peter Epp nach Russland ausgewandert, dem bejahrten und sehr geachteten Prediger Cornelius Epp, der 1805 in der Molotschnaja starb.[178] In der neuen Molotschnaja-Gemeinde war Reimer somit der älteste Prediger nach Cornelius Epp und aufs engste mit einer Familie verbunden, die eine Tradition in geistlicher Führerschaft besaß. Als jedoch 1805 fünf neue Prediger und ein Ältester für die neue Gemeinde gewählt wurden, wurde Reimer nicht als Ältester gewählt: statt dessen wählte die Gemeinschaft einen der Prediger, die Reimer in

---

[177] Bezüglich Reimer (1770-1837) siehe *Familienregister der Nachkommen von Klaas und Helena Reimer mit Biographien der ersten drei Generationen* (Winnipeg, 1958) und Reimers eigenen Bericht, der gekürzt in Friesen, *Mennonite brotherhood,* 127-33 und in längerer Form in Plett, *Golden years,* veröffentlicht wurde. Siehe auch Al Reimer, "Klaas Reimer: rebel conservative, radical traditionalist," *JMS,* 3 (1985), 108-17.

[178] Cornelius Epp (1728-1805) siehe Plett, *Golden years,* 149-50.

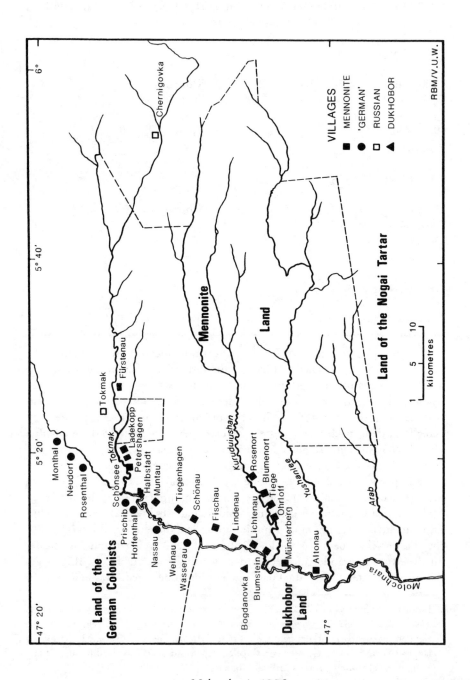

*Molotschnaja 1806*

Chortitza ordiniert hatte, Jakob Enns.[179]

Ein Streit zwischen dem Oberschulzen Wiens und einem der Prediger war in der Molotschnaja bereits im Winter 1804-05 entstanden, und der Älteste von Chortitza, Johann Wiebe in Begleitung von einigen Predigern aus der neuen Gemeinde, war gezwungen zu vermitteln. Obwohl der Streit beigelegt wurde, tauchten schon bald neue Probleme bezüglich der Machtbefugnisse in der Kolonie zwischen dem Gebietsamt und der Gemeinde auf. Reimer behauptete später, die Sache sei durch die langandauernden Differenzen zwischen Ältesten Enns und Oberschulzen Wiens noch verschlimmert worden, aber was immer die Ursache gewesen sein mag, Wiens wurde um das Jahr 1806 in den Bann getan. Nicht alle Gemeindeglieder, einschließlich einiger Prediger, waren mit dem Bann einverstanden, und die Streitigkeiten zwischen Ältesten Enns und einigen seiner Gemeinderatsmitglieder dauerte noch einige Zeit an.[180] Der Nachfolger von Wiens als Oberschulze war Johann Klassen, ein weiterer tüchtiger Verwalter und Unternehmer, der ebenfalls Schwierigkeiten mit dem Ältesten und einigen Predigern hatte.

Die Streitigkeiten innerhalb der Gemeinde und zwischen bestimmten Predigern und dem Ältesten waren auf eine ganze Reihe von Ursachen ideologischer und persönlicher Art zurückzuführen. Vor der Auswanderung aus Preußen hatte es Meinungsverschiedenheiten zwischen den Leitern der flämischen Gemeinden über eine Anzahl von Fragen, wie Auslegung der Gemeindezucht, Anwendung des Banns und Verhältnis zum Staat, einschließlich der Verbindungen zwischen den friesischen und flämischen Gemeinden gegeben. In Danzig gab es in den flämischen Gemeinden Spaltungen zwischen den fortschrittlicheren Stadtbewohnern und den ländlichen Gemeindegliedern, die in der Delta-Gegend lebten und die sich für die Beibehaltung der alten Gemeinderegeln einsetzten. Klaas Reimer kam aus der ländlichen Gegend und hatte bereits den Druck dieser Unterschiede zu spüren bekommen.[181] Ähnliche Probleme gab es auch an anderen Stellen in Preußen. Die Saat der Uneinigkeit wurde zweifellos nach Russland mitgenom-

---

[179] Enns (1763-1818) wurde in Neuenhuben, gleich anliegend an Danzig geboren und siedelte in Tiegenhagen in der Molotschnaja an. Negative Ansichten über seinen Charakter erscheinen in Reimers Bericht in Plett, *Golden years*, in Friesen, *Mennonite brotherhood*, 92, und in A. Braun, "Kleine Chronik der Mennoniten an der Molotschna seit ihrer Ansiedlung bis in mein 80. Jahr," *MJ,* (1907), 67. Aber trotz seines schwierigen Charakters war er offensichtlich auch tüchtig, denn er baute eine mächtige Gemeinde auf. Die Wahl der Kandidaten und deren Ordination siehe in dem damaligen Brief von Jakob Wiebe an die Danziger Gemeinde in *Bte,* (4. Mai 1938), 5. [Adolf Ens ("The pioneer Gemeinde". In *Leaders of the Mennonite Kleine Gemeinde in Russia, 1812 to 1874.* (Steinbach 1993), 38. Hier ist nachgewiesen daß Enns ein Schneider von Siemensdorferfeld war. Sein Geburtsdatum ist unbekannt. Ens weist auch nach daß Reimer nicht die Prediger ordinierte, wie hier angedeutet. J. Urry 2003].

[180] Siehe Reimer in Plett, *Golden years,* 167-68.

[181] Ib., 150-52

men, wo einige Siedler darauf hofften, eine "reine" Gemeinde gründen, alte mennonitischen Werte aufrechterhalten und durch eine strenge Gemeindezucht und die Anwendung des Banns durchsetzen zu können. Es ist möglich, daß viele der älteren Emigranten ländlicher Herkunft solche konservativen Ansichten stark unterstützten, während die jüngeren Kolonisten städtischer Herkunft liberaler waren. Die Unterlagen sind jedoch fragwürdig. Es gab ohne Zweifel sehr breitgefächerte Ansichten in bezug auf Ideologie und die Praxis der neuen Gemeinde, so daß die Frage der Autorität zwischen den Gemeindeleitern und der Zivilverwaltung nur eine der vielen Herausforderungen war, mit denen sich die Prediger in den ersten Jahren auseinandersetzen mußten. Die praktischen Schwierigkeiten waren die gleichen, gegen die die geistlichen Führer der Mennoniten bereits viele Jahre gekämpft hatten: Gewalt unter den Gemeindegliedern, Ehebruch und Unzucht, Hoffahrt im Lebensstil, in der Kleidung, den Häusern und Einrichtungen; Tanzen; Kartenspiel und Rauchen.[182] In der neuen Kolonie mit Siedlern verschiedener Herkunft und mit verschiednen Ansichten wurden die Anschuldigungen und Uneinigkeiten in solchen Fragen noch stärker. Die geistlichen Führer befanden sich jedoch in einem Dilemma in bezug auf die Ausübung ihrer Autorität über ihre Gemeindeglieder. Sie konnten über eine Person den Bann verhängen, konnten sie jedoch nicht aus der Kolonie verweisen. Nur die Zivilbehörden konnten dies mit Genehmigung der russischen Regierung tun, und die von ihnen für eine solche Aktion anerkannten Gründe waren begrenzt. Eine reine Gemeinde war eine Sache, war jedoch nicht dasselbe wie eine friedliche Kolonie.

Einige Glieder des Predigerrates waren sehr strikt in Fragen der Gemeindezucht, der Anwendung des Banns und der Autorität der Gemeinde. Klaas Reimer wurde zur Zielscheibe der Opposition für den liberaleren und kompromißbereiteren Ältesten Enns, der nach anfänglichen Streitigkeiten mit dem Gebietsamt zu dieser Einstellung gelangt war und dessen Autorität in bestimmten Angelegenheiten anerkannt hatte. Bei bestimmten Vergehen zog er zivilrechtliche Strafen der Anwendung von Gemeindezucht vor. Enns zeigte in seinem Verhalten einen Sinn für Realität. Es mußte eine Koloniegemeinschaft und auch eine Gemeinde gegründet werden. Reimer war gegen jegliche Art von Kompromissen. Er war sehr belesen in den Büchern der mennonitischen Tradition und der Bibel und sprach sich sehr klar für bestehende mennonitische Grundsätze aus. Es mag auch tiefergehende Differenen zwischen den zwei Männern gegeben haben. Reimer war der älteste ordinierte Prediger, und wenn er selbst auch niemals die Ansicht geäußert hat, daß man lieber ihn als Ältesten hätte wählen sollen, so dachten das doch zweifellos einige seiner Anhänger in der Kolonie.

---

[182] Siehe Ermahnungen und Beanstandungen der preußischen Ältesten, wie Gerhard Wiebe in Friesen, *Mennonite brotherhood*, 61 und Peter Epp in Plett, *Golden Years*, 146. Das Rauchen, das bereits in Preußen verpönt war, mag in der neuen Ansiedlung zugenommen haben, da Tabak von den benachbarten Nogaier Tataren leicht zu bekommen war; tatarische Lehnwörter im Plattdeutschen im Zusammenhang mit dem Tabak weisen auf solche Verbindungen hin, Quiring, *Die Mundart*, 113.

Eine Reihe von Unstimmigkeiten führte zu einer Entfremdung zwischen Reimer und Enns und anderen Gemeindegliedern. Eine Frage betraf "Beiträge" der Mennoniten für die Regierung zur Unterstützung ihrer Kriege gegen Napoleon. Im Jahr 1807 wurden Chortitza und Molotschnaja gebeten, freiwillige Beträge als Beihilfe für die Kriegseinsätze zu zahlen. Chortitza hatte Beiträge gezahlt, in der Molotschnaja wurde jedoch von Reimer auf Grund der mennonitischen Wehrlosigkeit dagegen Einspruch erhoben. Er meinte, die bereits gezahlten Beiträge seien heimlich eingesammelt worden. Weitere Beiträge wurden angefordert und geleistet, als Napoleon im Jahr 1812 in Russland einfiel.[183] Zu dieser Zeit waren Reimers Beziehungen zu Enns schon so schlecht geworden, daß er angefangen hatte, separate Gottesdienste in dem Dorf Münsterberg abzuhalten. Enns, den man nicht um Erlaubnis gefragt hatte, setzte sich mit der Zivilverwaltung in Verbindung und drohte Reimer mit der Verbannung aus der Kolonie.[184] Reimer wurde von andereren Predigern, insbesondere von einem jungen Prediger mit Namen Kornelius Janzen unterstützt.[185] Ein Versuch, um anscheinend Enns als Ältesten abzusetzen, schlug fehl, und so trennten sich Reimer, Janzen und eine kleine Gruppe von Sympathisanten von der größeren Gemeinde und verhängten somit in einem gewissen Sinn den Bann über den Rest der Gemeinde. Sie mieden sie, bis ihre Gleider und deren Leiter sich bereit erklärten, sich zu ändern.

Laut Reimers Aussage versuchte Enns erneut, ihn und seine Anhänger bei der Regierung in Mißkredit zu bringen, der frühere Oberschulze Wiens verteidigte sie jedoch. Daraufhin wurden die Gemeindeleiter von Chortitza eingeschaltet. Der Älteste Wiebe von den Flamingern zeigte Verständnis, war jedoch nicht bereit, einen Ältesten allein für diese Gruppe zu ordinieren. Der friesische Älteste Heinrich Janzen half der neuen Gruppe mit Taufen, Abendmahl und der Aufsicht bei der Wahl eines Ältesten. Er weigerte sich jedoch, die eigentliche Ordination durchzuführen. 1816 ordinierte deshalb Cornelius Janzen Reimer als Ältesten trotz der dringenden Bitten aus Preußen, die Meinungsverschiedenheiten mit der anderen Gemeinde zu regeln. Die flämische Gemeinde der Molotschnaja weigerte sich daraufhin, die Rechtmäßigkeit der Taufe der neuen Gruppe anzuerkennen, und Reimers Anhänger erhielten den etwas abwertenden Namen "Kleine Gemeinde", wobei mit "klein" nicht nur die kleine Mitgliederzahl der Gemeinde, sondern auch ihre etwas engstirnige Lebensauffassung gemeint war.[186]

Einzelheiten in bezug auf Reimers Anhänger kann man den ersten

---

[183] Plett, *Golden years*, 165; betreffs Beiträge von Chortitza im Jahr 1807 siehe Friesen, *Mennonitische Brüderschaft*, 828-29. David Rempel teilte mir mit, daß die bei Raditschev angesiedelten Hutterer ähnliche Beiträge leisteten.

[184] Plett, *Golden years*,169-71; wie ich bereits an anderer Stelle erwähnte ("All that glisters," 229) ist die einzige Quelle, die uns in bezug auf die Trennung von Reimer und seiner Anhänger von der größeren Gemeinde vorliegt, Reimers Autobiographie, die lange nach dieser Zeit geschrieben wurde und offensichtlich parteiisch ist.

[185] Janzen (1780-18?) verließ später Reimers Gruppe, Plett, *Golden years*, 154, 184.

[186] Ib., 172-73

Volkszählungsberichten entnehmen, es scheint jedoch, daß diese mehr durch eine Reihe von Grundsätzen und Fragen miteinander verbunden waren als durch irgendwelche gemeinsamen sozialen oder regionalen Lebensumstände.[187] Es handelte sich um junge und alte Leute aus verschiedenen Dörfern in der Molotschnaja, die anscheinend alle aus unterschiedlichen Gebieten in Preußen kamen, obwohl sie wahrscheinlich mehr ländlicher als städtischer Herkunft waren. Was sich jedoch klarer erkennen lässt, ist, daß eine kleine Anzahl miteinander verwandter oder durch Heirat verbundener Familien in dieser neuen Gemeinde zu dominieren begannen, insbesondere die Nachkommen von Abraham Friesen (oder von Riesen), der sich nach seiner Auswanderung aus der ländlichen Siedlung Kalteherberg in der Nähe von Danzig in Ohrloff angesiedelt hatte. Obwohl Friesen ein wohlhabender Mann war, ging es diesem tief gläubigen und engagierten Mann um die Gründung einer reinen Gemeinde in Russland.[188] 1807 hatte Reimer Friesens Tochter Helena geheiratet, aber obwohl der Patriarch Friesen zur Zeit, als die Hauptspaltung stattfand, bereits tot war, wurden seine Söhne doch bedeutende Gestalten in dieser neuen Gemeinde.

Die *Kleine Gemeinde* betrachtete sich nicht als eine abgespaltene Gruppe, sondern als die treue Bewahrerin der mennonitischen Tradition. Sie behaupteten, daß sie die rechtmäßige Gemeinde waren, obwohl weiterhin zweifelhaft blieb, ob ihr Gründungsältester rechtmäßig ordiniert worden war. Sie waren die Gemeinschaft, die eine strikte Gemeindezucht übte.[189] Sie anerkannten und verwirklichten die feststehenden Wahrheiten des Glaubens, wie sie in der Bibel und in den traditionellen Büchern offenbart worden waren, an denen sie liebevoll festhielten. Reimer blieb auch weiterhin standfest gegenüber dem, was er als ein Abweichen von feststehenden Wahrheiten betrachtete. Er widersetzte sich allen Neuerungen im sozialen, wirtschaftlichen und religiösen Leben. Innerhalb seiner eigenen Gemeinde mußte er sich jedoch mit einer Anzahl von Herausforderungen auseinandersetzen. Es kam zu Ausbrüchen von Extremismus: bei einigen Brüdern handelte es sich um emotionale Kundgebungen religiöser Erfahrung und bei anderen um Zeichen von Hochmut und Stolz. Die Gemeindezucht wurde gelegentlich als eine Art Strafe

---

[187] Zusammengefaßt in Ib., 152-56 aus Unruh, *Die niederländisch-niederdeutschen Hintergründe*. Wie Plett erwähnt, muß noch mehr Arbeit auf diesem Gebiet getan werden. [Siehe dazu auch A. Ens, "Prussian roots of the Kleine Gemeinde". In *Leaders of the Mennonite Kleine Gemeinde in Russia, 1812 to 1874*. Steinbach 1993 41-82. J. Urry 2003].

[188] Ich bin Carl Bangs dankbar dafür, dass er mich über die Bedeutung von Abraham Friesen (1756-1810) aufgeklärt hat.

[189] Außer den Beispielen für die Ideen der *Kleinen Gemeinde,* wie sie ausführlich in Plett, *Golden years,* zitiert werden, siehe auch die kurze Geschichte und das Glaubensbekenntnis *Eine einfache Erklärung über einige Glaubenssätze der sogenannten Kleinen Gemeinde* (Danzig, 1845). Friesens Versuche in *Mennonite brotherhood,* das Schisma als einen Vorläufer der späteren mennonitischen Erweckungsbewegungen zu interpretieren, sollten nicht beachtet werden.

angewandt und nicht als ein Mittel für die Wiederherstellung einer liebevollen Gemeinde[190] Es gab Auseinandersetzungen zwischen den Leitern, Uneinigkeiten zwischen den Gliedern und Übertritte zurück zur größeren Gemeinde. Es gab jedoch auch Außenstehende, die dieser Gemeinde beitreten wollten, einschließlich der neuen Immigranten, die die *Kleine Gemeinde* für die letzte Zuflucht wahren Glaubens hielten.[191] Obwohl Reimer eine neue Gemeinde gründete, konnte seine Gemeinschaft sich doch rein äußerlich nicht von den anderen Mennoniten trennen. Ihre Glieder waren gezwungen, verstreut unter den andern Mennoniten zu leben, von denen viele der *Kleinen Gemeinde* feindlich gesinnt waren. Die Leiter der flämischen Gemeinde verfolgten auch weiterhin die neue Gruppe, wobei sie des öfteren die Zivilbehörden einzuschalten versuchten. Die meisten Anhänger der Kleinen Gemeinde dagegen, lehnten es ab, sich an zivilen Angelegenheiten zu beteiligen.

*700-jährige Eiche in Chortitza*

Aber obwohl sie die Zivilverwaltung der Koloniegemeinschaft in vielen Hinsichten beanstandeten, bestritten sie niemals offen deren Existenzberechtigung oder Autorität. Die Kleine Gemeinde suchte nicht und erhielt auch nicht die offizielle Anerkennung seitens des Fürsorge-Komitees, und damit waren ihre Leiter von vielen Privilegien und den Gremien der offiziellen Entscheidungsträger ausgeschlossen. Die russischen Behörden achteten jedoch nicht viel auf mennonitische Anschuldigungen, die gegen Glieder der *Kleinen Gemeinde* vorgebracht wurden. Solange sie fleißig

[190] Einzelheiten dieser Ereignisse siehe in Plett, *Golden years,* 183-87, 189-91
[191] Ib., 158-59 bezüglich der Liste einiger dieser neuen Mitglieder; ihre Bedeutung wird nachstehend erörtert, Kapitel 7.

und friedlich waren, mischten sie sich nicht ein.

In Russland wurden viele alten Formen des mennonitischen Lebens erfolgreich wiederhergestellt - nicht nur was die weltlichen Aspekte des alltäglichen Lebens betraf, sondern auch soziale Formen und Gemeindestrukturen. Die Mennoniten brachten aber auch die Saat alter Streitigkeiten mit, und diese sproß in der neuen Umgebung wieder auf. Der Prozeß der Versöhnung zwischen Gemeinschaften und Gemeinden, die von den Leitern in Preußen vor der Auswanderung so stark befürwortet worden war, erlitt in Russland einen schweren Rückschlag, wo alte Trennungen neu geschaffen und in gewissem Sinn verstärkt wurden. Andererseits wurden aber auch neue Ideen und Institutionen eingeführt. Bei der Ansiedlung in Neurussland wurde die Auferlegung fremder Verwaltungsstrukturen durch russische Beamte, die für ein richtiges Funktionieren der Kolonien sorgen mußten, als Teil eines größeren Plans für die Entwicklung Südrusslands betrachtet. Die Mennoniten mußten sich nun auf diese neuen Herausforderungen und auf ein neues Land in einer neuen Umgebung einstellen, die andere wirtschaftliche Möglichkeiten bot als diejenigen, die ihnen von Preußen her bekannt waren.

*Federzeichnungen von Johann Janzen aus einem mennonitischen Kalender von 1913*

# 4. Ein Land der Möglichkeiten

Neurussland war eine ganz andere Umwelt als die preußische Heimat der Mennoniten. Die ersten Siedler sahen sich einer Gegend ausgesetzt, der ihnen auf den ersten Blick wie eine trostlose Wildnis erschien. Für den Reisenden hatte die offene Steppe hinter den Waldgebieten Mittelrusslands nur wenig natürliche Kennzeichen, die das Land vom Himmel unterschieden und wenig Zeichen menschlicher Besiedlung.[192] Im Frühjahr bedeckten wilde, duftende Blumen den Boden, und im Sommer waren die flachen Ebenen von einer üppigen Vegetation bedeckt. Wilde, mehr als mannshohe Gräser glichen einem weiten, wogenden Meer, wenn der Wind darüber ging. Aber bei näherer Untersuchung stellten die Kolonisten bald leichte Unterschiede im Gelände und in der Vegetation fest - kleine Buschinseln in Niederungen und hier und da Anzeichen früherer Bewohner dieser Gegend. In Chortitza waren viele Schluchten bewaldet, und die Strom- und Flußbetten waren mit Schlamm und Sand bedeckt, die sich für den Gartenbau eigneten. Es gab auch Zeichen dafür, daß Bäume und Obstgärten angepflanzt wurden und daß das Land von Kosaken und von Potemkins Bauern bebaut worden war. Die Molotschnaja-Kolonisten siedelten in einem offeneren und flachen Land an.[193] Eine Reihe seichter Bäche durchzog das Land, von denen die größeren nach Westen in die Molotschnaja (Milchfluß) flossen, so genannt, weil seine trüben Fluten bei Hochwasser wie Milch aussahen. Dieser Fluß, der die westliche Grenze der Kolonie markierte, floß nach Süden in das Asowsche Meer. Die Gegend wurde von den Nogaier-Tataren genutzt, die Wanderhirten waren. Sie bauten in der Nähe der Wasserläufe Getreide an und verließen diese Pflanzungen dann bis zur Erntezeit, was auch mit ihrer Wanderung zu den Winterweiden in der Nähe der Küste übereinstimmte. Die Nogaier pflegten das hohe Gras abzubrennen, um den Boden fruchtbarer zu machen und frische Weide für ihr Vieh zu schaffen. Oft war

---

[192] Siehe die interessante Beschreibung eines österreichischen Kaufmanns J.P.B. Weber, der 1787 nach Cherson reiste, *Die Russen oder Versuch einer Reisebeschreibung nach Russland und durch das Russische Reich in Europa* (Hrg. Hans Halm) (Innsbruck, 1960), 147.

[193] Eine Beschreibung dieses Gebietes vor der mennonitischen Ansiedlung siehe in dem Bericht von P.S. Pallas, *Travels through the southern provinces of the Russian empire in the years 1793 and 1794* (London, 1802), 530-31.

der gesamte Steppenhorizont in Flammen gehüllt, und schwere, schwarze Wolen verdunkelten den Himmel.

Die üppige Steppenvegetation deutete auf gutes Ackerland, und die Mennoniten waren von dem, was sie diesbezüglich feststellten, nicht enttäuscht:[194] Im nördlichen Teil der Steppe im allgemeinen humusreiche Schwarzerde (Tschernosem), die weiter nach Süden in Braunerde überging, die nicht so reich an Humus, aber leicht zu bearbeiten war. Die Böden waren tief, leicht und fruchtbar, zum größten Teil frei von Steinen und Wurzeln, die andernfalls das Pflügen und Eggen behindert hätten. Aber obwohl diese Böden ertragreich sein konnten, hing ihre tätsächliche Fruchtbarkeit von den unberechenbaren Klimaverhältnissen ab. In Chortitza gab es Zeiten, an denen der Dnjepr und seine Nebenflüsse Schlamm und Kies auf die Felder schwemmten oder die fruchtbaren Böden wegwuschen.[195] In der Molotschnaja war das Klima trockener als in Chortitza. Die Wasserläufe versiegten im Sommer, und dort wo der Molotschnaja-Fluß sich dem Meer näherte, gab es Sumpfebenen, die sich unter der heißen Sommersonne in harte Salzkrusten verwandelten. Mit der Zeit lernten die Mennoniten die Wahrheit des ukrainischen Sprichwortes kennen: "Es ist nicht der Boden, der Früchte trägt, sondern das Jahr."[196]

Das Klima konnte wirklich sowohl unberechenbar als auch hart sein.[197] Der Einfluß der eurasischen Kontinentalmasse machte sich in Russland stärker bemerkbar als in Preußen. Anfangs Juni fing der heiße, trockene Sommer an und dauerte bis Oktober; der Herbst war nur kurz, und im November setzte bereits der Winter ein. Dieser dauerte bis März. Dann kam ein kurzer, aber strahlender Frühling, mit dem dann wieder das Landwirtschaftsjahr begann. Lange warme Sommertage unter einem kobaltblauen Himmel konnten ganz plötzlich durch heftige Gewitter unterbrochen werden, die besonders zur Erntezeit die Getreidefelder bedrohten. Die sengende Sonne konnte in Verbindung mit den trockenen südöstlichen Sommerwinden (suchowej) zu einer schweren Dürre führen, die die Pflanzen ausdrocknete und Staubstürme über die Gegend fegte. Die Niederschläge waren gering - durchschnittlich nur etwas über 400 mm pro Jahr in beiden Kolonien - mit schwereren Regenfällen im Frühjahr und im Frühsommer (April-Juli). Im Winter konnte es viel

---

[194] Es gibt ausgezeichnete Berichte über das Land, die Böden, die Vegetation, die Fauna und das Klima Südrusslands in *The Ukraine: a concise encyclopaedia* (Toronto, 1963-71) und M.P. Bazhan (Hauptherausgeber), *Soviet Ukraine* (Kiew, 1969). Ein ausführlicher Bericht über das Gebiet im neunzehnten Jahrhundert steht in J.G. Kohl, *Reisen in SüdRussland* (Dresden und Leipzig, 1841).

[195] Siehe Abhandlungen aus dem neunzehnten Jahrhundert von Heese, "Kurzgefasste geschichtliche Übersicht," 19-20; das Dorf Einlage wurde schließlich im Jahr 1845 nach mehrmaliger Überschwemmung umgesiedelt, J.G. Rempel "Das erste Einlage unter Wasser." *Bte, 41* (1948), 5.

[196] Zitiert in Rempel, *Mennonite commonwealth,* 61.

[197] Einfluß des Klimas auf den Getreideanbau siehe in A.I. Voeikov, "The climate" in *The industries of Russia: agriculture and fisheries* (St. Petersburg, 1893).

Schnee geben, der neugefallene Schnee wurde jedoch oft von einem starken Wind weggeblasen, der plötzlich bitter kalt werden konnte. Die rauhen Schneestürme in Verbindung mit den niedrigen Temperaturen forderten zuweilen einen schweren Tribut an Vieh und an Menschenleben bei unbedachten Reisenden.[198] Außer dem Klima mußten die Kolonisten noch mit weiteren Dingen fertig werden, die eine erfolgreiche Ansiedlung behinderten: Erdbeben, gefährliche Tiere, schädliches Unkraut, Insekten, Tierseuchen und ansteckende Krankheiten. In den ersten Jahren überfielen Wölfe das Vieh, bedrohlicher waren jedoch die Murmeltiere oder Zieselratten, die die Pflanzenwurzeln anfielen und die Felder zerstörten. Durch die Jagd wurde der Bestand der Wölfe schnell verringert, und eine anhaltende Bekämpfung der Zieselratten, die sich über viele Jahre hinzog, verringerte ihre Anzahl auf kontrollierbare Ausmaße. Weniger leicht war es, der regelmäßig wiederkehrenden Heuschreckenplage Herr zu werden, die jegliche Vegetation auf ihrem Weg vernichtete. Zu einem späteren Zeitpunkt des Jahrhunderts kamen Käferplagen auf, die die Getreidefelder verwüsteten. Aber nicht die gesamte örtliche Fauna war schädlich. Obwohl es nur wenig Wild gab, ergänzte Kleinwild die Kost der Kolonisten. In der Gegend von Chortitza fing man Fische im Dnjepr, in örtlichen Teichen oder in den Stauseen. Tiere wie Hasen und verschiedene Vögel wurden gejagt. Singvögel, die in den Büschen lebten, und Störche, die auf den Dächern der Häuser nisteten, wurden jedoch von den meisten Kolonisten geschützt. Krankheiten bedrohten sowohl die Menchen als auch die Haustiere. Händlerkaravannen, die die Steppe durchzogen, insbesondere die Salzfuhrleute mit ihren Ochsen, verbreiteten Tierkrankheiten unter dem Vieh der Kolonisten. In der Molotschnaja wurden zwei breite Wege quer durch die Kolonie als sogenannter Tschumak-Weg reserviert (ukrainisch für Karren oder Viehtreiber), von dem die Fuhrleute und deren Tiere nicht abweichen durften. Es gab auch häufig Krankheiten unter den Kolonisten, obwohl die meisten gesunder waren als die benachbarten Bauern, in deren Dörfern die Kindersterblichkeit außerordentlich hoch war und die Lebenerwartung nur kurz. Die Kinder starben an Diphtherie, Keuchhusten und Masern; die Erwachsenen an Typhus, Pocken und verschiedenen Fiebererkrankungen.[199] Die am meisten gefürchtete Krankheit war jedoch die

---

[198] Außer dem nachstehend erwähnten Winter von 1812-13 gab es 1824-25 schwere Winterstürme, die einen großen Verlust an Vieh verursachten und denen Heuschreckenplagen im Jahr 1825 folgten. 1833 gab es zudem eine weitverbreitete Dürre und Mißernten; siehe Isaak *Molotschnaer Mennoniten*, 13-14, 19-20; David H. Epp, "Historische Übersicht über den Zustand der Mennonitengemeinden an der Molotschna vom Jahre 1836," *UB*, 3 (1928), 139-43, zum Teil von John B. Toews übersetzt; "'The good old days': A Russian Mennonite document from 1835," *ML*, 23 (1968), 31-34.

[199] John B. Toews, "Childbirth, disease, and death among the Mennonites in nineteenth-century Russia," *MQR*, 60 (1986), 450-68.

[200] Näheres über den schweren Ausbruch von Cholera in den 1820er und 30er Jahren, der auch Westeuropa und Amerika betraf, siehe in R.E. McGrew, *The first Russian cholera epidemic, 1823-1832* (Madison, 1965).

Cholera,[200] eine endemische Krankheit des asiatischen Russlands, die regelmäßig über Neurussland hinwegfegte und die sich auf dem Land über die Handelswege verbreitete oder durch die Küstenhäfen eingeschleppt wurde.

Die ersten Kolonisten von Chortitza mußten sich in den ersten Ansiedlungsjahren mit mehr als nur einem gerüttelten und geschüttelten Maß an Elend auseinandersetzen. In den 1790er Jahren gab es harte Winter, Dürren, Heuschreckenplagen und Ausbrüche von Tierseuchen.[201] Zuweilen brauchten sie die Beihilfe der Regierung zur Ergänzung ihrer Nahrungsmittel, und die Schuld der Mennoniten dem Staat gegenüber wurde immer größer.[202] Diese Umstände in Verbindung mit der Tatsache, daß das versprochene Baumaterial und Geldanleihen nicht eintrafen, korrupte Beamte und kleinliche interne Gezänke waren einer erfolgreichen Ansiedlung nicht förderlich. Eine Gruppe weigerte sich, überhaupt endgültig anzusiedeln und lebte in provisorischen Erdhütten bis zu den letzten 1790er Jahren, in der Hoffnung, daß die Obrigkeiten schließlich doch noch ihre Ansiedlung auf dem ursprünglichen Berislaw-Land genehmigen würde.[203] Die schlechten Verhältnisse der Siedler sind ausführlich in dem Untersuchungsbericht von Contenius bezüglich der Kolonien in den Jahren 1798-1800 beschrieben.[204] Er wies jedoch darauf hin, daß viele Ursachen für die Situation der Mennoniten auf Umstände zurückzuführen waren, die sie selbst nicht ändern konnten, und daß sie im allgemeinen in wirtschaftlicher Hinsicht "fleißig und arbeitsam waren."[205] Auf den Bericht von Contenius fand eine Reorganisation der Kolonieverwaltung statt, und die Lage wurde viel besser. Die Regierung hatte aber indessen schon Pläne für die wirtschaftliche Entwicklung aller ausländischen Kolonien in Neurussland entworfen.

Das im Jahr 1797 gegründete Amt für Volkswirtschaft wurde mit der administrativen und wirtschaftlichen Reform der Kolonisten beauftragt.[206] Dadurch sollte nicht nur die Landwirtschaft, sondern auch "Kunstgewerbe und Handwerk, die industrielle Verarbeitung, Fabriken und Werke und im allgemeinen alles gefördert werden, was für den Staat im In- und Auslandshandel von wirklichem Vorteil war."[207] Für eine Anzahl von Bereichen wurde eine eventuelle Förderung zugesagt, aber drei Wirtschaftssparten - Forstwirtschaft, Weinanbau und die Zucht von feinwolligen Schafen - wurden zwecks besonderer Beachtung ausgesondert. Untersuchungen über das Potential solcher Industrien wurden in die Wege geleitet, Berichte wur-

---

[201] Rempel, "Important historical facts," 46; über die Not der ersten Ansiedlungsjahre siehe auch Heese, "Kurzgefaßte geschichtliche Übersicht," 10.
[202] Bezüglich Einzelheiten der Schuld einschließlich der unangemessenen Zahlungen seitens der Mennoniten siehe Rempel, "Important historical facts," 41.
[203] Ib., 42
[204] Der Bericht steht in PSZ XXVI, 19, 372 (6. April 1800).
[205] Zitiert aus dem Bericht in Rempel, *Mennonite colonies*, 115; siehe auch Rempel *Mennonite commonwealth*, 43-44.
[206] Die nachstehende Darstellung gründet sich hauptsächlich auf die ausführlichere Abhandlung in Bartlett, *Human capital*, 180-88, 216-29.
[207] PSZ, XXIV, 508-9, no. 17.866 zitiert in Bartlett, Ib., 180.

den erstellt und fähige Beamte für die Überwachung der Entwicklungen ernannt. Ausländische Unternehmer wurden ermutigt, ihre Kenntnisse und Fähigkeiten in Russland einzusetzen, wofür ihnen Anleihen unter günstigen Bedingungen versprochen und Ländereien bewilligt wurden. Die Einwanderung neuer Kolonisten mit Erfahrung in der Landwirtschaft oder in besonderen Industriezweigen wurde ebenfalls gefördert. Die bereits ansässigen Kolonisten wurden über neue Techniken, Feldfrüchte und Tiere unterrichtet. Anfänglich geschah dies auf einer freiwilligen Basis, doch schon bald wurden amtliche Verordnungen erlassen und von den Ortsbeamten durchgesetzt.

Die Mennoniten erhielten sowohl Beratung als auch Unterstützung von der Regierung. Zur letzteren gehörten Anleihen für die Flachsproduktion und die Leinweberei sowie Beihilfe für die Bierbrauerei.[208]Contenius, der besonders an der Anpflanzung von Bäumen interessiert war, legte einen Versuchsgarten in der Nähe der Stadt Jekaterinoslaw an, von wo aus er die Kolonisten mit Saatgut und Setzlingen belieferte. 1801 wurde eine gemeinschaftliche Baumschule in dem Dorf Rosental der Kolonie Chortitza gegründet, und damit begann in den Mennonitenkolonien eine langjährige Tradition in der Unterstützung der Aufforstung.[209] Bäume wurden angepflanzt, weil sie Schatten und Schutz boten und den Kolonisten Brennholz als Ergänzung zu dem mit Tiermist gemischten trockenen Gras lieferten, mit dem sie ihre Öfen heizten. Der Obstanbau war ebenfalls sehr verbreitet, und einige Mennoniten legten große Obstgärten an. Die Regierung förderte anfänglich und verordnete später die Anpflanzung von Maulbeerbäumen auf jedem Hof. Diese Bäume, mit deren Blättern die Seidenraupen gefüttert wurden, sind schließlich zu einem dauerhaften Wahrzeichen der mennonitischen Dörfer geworden. Die Mennoniten stellten den Seidenfaden aus dem Kokon der Seidenraupe her, und junge Mädchen verbrachten viele Stunden mit dem Verspinnen des feinen Fadens zu Garn.[210]

Bevor die Mennoniten sich zum Ende des Jahrhunderts in der Krim ansiedelten, wurde dem Weinbau wenig Beachtung geschenkt, obwohl Wein in Chortitza und später auch in der Molotschnaja angebaut wurde.[211] Die Aufzucht von Schafen um ihrer feinen Wolle willen war jedoch in den vier Jahrzehnten nach der Ansiedlung

---

[208] Rempel, "Important historical facts," 46.

[209] Heese, "Kurzgefasste geschichtliche Übersicht," 22-23. Um 1825 gab es 10 Pflanzungen in Chortitza und in diesem Jahr wurden 36.000 Bäume gepflanzt, H. Rempel, *Deutsche Bauernleistung am Schwarzen Meer. Bevölkerung und Wirtschaft 1825* (Leipzig, 1942), 4-5, 7-9; siehe auch Rempel, *Mennonite commonwealth*, 66-68.

[210] Nach J. Siemens, "Über den Seidenbau im chortitzer Mennoniten-Bezirke," *Ubl,* 8 (Juli 1853), 50, die Produktion wurde von Johann Bartsch unter der Anweisung von Contenius aufgenommen. Siehe auch Rempel, *Mennonite colonies*.166-69 und den Bericht über die Seidenindustrie mit Kommentaren über die Mennoniten in G. Blau, "Russland: Seidenbau,"*Russische Revue,* 26 (1886), 518-21 und Zahlen für die russische Produktion in *Krasny Archiv,* 106 (1941), 79-119.

[211] Mennonitische Ansiedlung in der Krim siehe in H. Goertz, *Die mennonitischen Siedlungen in der Krim* (Winnipeg, 1957).

das Hauptanliegen der Kolonisten in der Landwirtschaft. Das Land und das Klima in Neurussland waren ideal für die Schafe; die Nogaier hatten große Herden in der Molotschnaja-Gegend, obwohl die einheimischen Rassen für die Produktion von feiner Wolle nicht geeignet waren.[212] In ihren Bemühungen, die russische Stoffindustrie zu fördern und die Stoffimporte aus dem Ausland zu reduzieren, war die Regierung darauf bedacht, die einheimischen Schafrassen durch die Einführung neuer Tierbestände zu verbessern. Eine Reihe europäischer Staaten und einzelner Landbesitzer machten im achtzehnten Jahrhundert Versuche mit der Aufzucht von Schafen mit feinen Wollfellen. Die beliebteste Rasse war die spanische Merino, entweder als reinrassiges Tier oder als Kreuzung mit englischen, sächsischen oder schlesischen Schafen. Das Amt für Volkswirtschaft beschaffte Tiere verschiedener Herkunft und bestärkte Ausländer darin, gute Widder oder sogar ganze Herden in Begleitung von erfahrenen Schafhirten und anderen Fachleuten nach Neurussland zu bringen.[213]

Die Mennoniten hatten aus Preußen eine kleine Anzahl von Schafen mitgebracht, die in den ersten Jahren wahrscheinlich mit einheimischen Tieren gekreuzt wurden. Im Jahr 1803 belieferte Contenius die Kolonisten von Chortitza mit dreißig Merinos, und 1808 wurden weitere feinwollige Schafe unter den Ansiedlern von Chortitza und der Molotschnaja von General-Gouverneur Richelieu verteilt.[214] 1808 waren jedoch in den Kolonien Schafe noch lange nicht so verbreitet wie Pferde und Rinder. Während es auf jedem Hof Rinder gab und fast jeder zwei oder mehr Pferde besaß, gab es Schafe nur auf einzelnen Höfen, die sich zudem auf bestimmte Dörfer zu konzentrieren pflegten. Im Jahr 1808 z.B. besaßen die Kolonisten der Molotschnaja nur 814 Schafe im Vergleich zu 1750 Pferden und 3364 Stück Rindvieh; 274 dieser Schafe (34 Prozent des Gesamtbestandes) konzentrierten sich auf das südlichste Dorf Altonau, und 157 davon gehörten Claas Wiens, dem ersten Oberschulzen.[215] In der gleichen Zeit lassen die Zahlen von vier Dörfern in Chortitza auf etwas größere Schafherden schließen, aber auch hier war die Verteilung ungleichmäßig. Einige Familien spezialisierten sich anscheinend auf die Schafzucht, während andere überhaupt keine Schafe besaßen.[216] Dies war jedoch nur der Anfang der Schafzucht. Die Anzahl der Schafe wurde erst nach 1820 wirklich groß, als die Wollproduktion zum größten Exportzeugnis der Kolonien geworden war. Nach 1808 nahm die Größe der Schafherden ständig zu, trotz gelegentlicher Rückschläge, wie der harte Winter von 1812-13, dem große Viehbestände in Neurussland zum Opfer fielen. Zwischen 1810 und 1824 stieg die Anzahl der Schafe, die den Kolonisten im Bezirk Mariupol gehörte, der damals

---

[212] Die Arten der einheimischen Schafe sind in N. Gersewanow, "Die Schafrassen im Taurischen Gouvernement" behandelt und illustriert worden, *MKG* (1850), 291-96.
[213] Bartlett, *Human capital*, 225-29
[214] Rempel, *Mennonite colonies*, 124-28.
[215] Die Zahlen wurden berechnet nach Unruh, *Die niederländisch-niederdeutschen Hintergründe,* 304-30.
[216] Einzelheiten in ibid, 257-77.

die Molotschnaer Mennoniten einschloß, um 58 Prozent auf weit über 250.000 Schafe.[217] Gegen Ende der 1830er Jahre besaß jeder mennonitische Hof zwischen 125 und 150 Schafe.[218]

Obwohl in den ersten Jahren auch die Initiative von Einzelpersonen von der Regierung gefördert wurde, ging die Hauptunterstützung doch an Gemeinschaftsprojekte. Gemeinschaftliche Schafherden wurden sowohl in Chortitza als auch in der Molotschnaja eingeführt. Diese wurden von der Kolonieverwaltung überwacht, die erfahrene Schäfermeister anstellte und frische Zuchttiere von der Regierung oder Privatleuten kaufte.[219] Rinder und Pferde wurden von der Dorfgemeinschaft geweidet, die einen Jungen anwarb, der für die Tiere sorgte. Die einzelnen Höfe blieben jedoch die Grundeinheit der Unternehmerwirtschaft in den Kolonien. Obwohl es sicher eine Zusammenarbeit zwischen den Höfen auf Grund von verwandtschaftlichen Banden und Heirat gab, und obwohl sich mit der Zeit ein Geist dörflicher Solidarität und gegenseitiger Hilfe entwickelte, blieb jeder Hof doch ein separates Wirtschaftsunternehmen. In den ersten Jahren lag das Schwergewicht mehr auf der eigenen häuslichen Produktion und dem eigenen Verbrauch. Jeder Hof brauchte ein Minimum an Ausrüstung und Vieh: einen Wagen und Pferde, Schweine, Rinder, oft eine Egge und einen Pflug. Nur der letztere ist anscheinend in den ersten Jahren Teilbesitz von verschiedenen Höfen gewesen.[220] Es gab nur wenig andere Maschinen für die Erleichterung der Bodenbearbeitung, und so war die Bauernarbeit äußerst arbeitsintensiv, insbesondere beim Heuen und bei der Ernte, wo auch Frauen und Kinder viele Stunden auf den Feldern arbeiteten.[221] In den ersten Ansiedlungsjahren wurde jedoch nur ein kleiner Teil der fünfundsechzig *dessjatini* für den Anbau von Weizen, Gerste und Roggen genutzt, das übrige Land, das näher zum Dorf lag, ließ man zum Weiden und zum Heumachen.[222] Die Hausgärten produzierten Obst und Gemüse für den häuslichen Bedarf und Schweine wurden für die Herstellung der unumgänglichen Schinken und Würste gehalten, ohne die eine mennonitische Mahlzeit unvollständig gewesen wäre.

Die Anzahl der Rinder in den Kolonien in den ersten Jahren ist ein Zeichen für die Beliebtheit der Milchwirtschaft. In Chortitza z.B. gab es 1797 elf Stück Rindvieh pro

---

[217] Siehe Drushinina, *Jushnaja Ukraina,* Tabelle 4, 209.
[218] Rempel, *Mennonite colonies,* 125, 127.
[219] Einzelheiten über die Herde von Chortitza in Heese, "Kurzgefaßte geschichtliche Übersicht," 23.
[220] Die Volkszählung von 1808 für die Molotschnaja registrierte die landwirtschaftliche Ausrüstung, die jedem Haushalt gehörte, und führte für viele Höfe einen halben Pflug an (siehe Fußnote 215); in Chortitza war die Lage 1819 genauso, Reiswitz und Wadzeck, *Beiträge zur Kenntnis,* 382, wo 345 Pflüge von 560 Höfen geteilt wurden.
[221] Bezüglich des Einsatzes von Familienarbeitskräften und der harten Arbeitsbedingungen vor der Mechanisierung vieler landwirtschaftlicher Tätigkeiten siehe Friesen, *Mennonite brotherhood,* 176, 178; Goertz, *Molotschnauer Ansiedlung,* 50.
[222] Rempel, *Mennonite colonies,* 137.

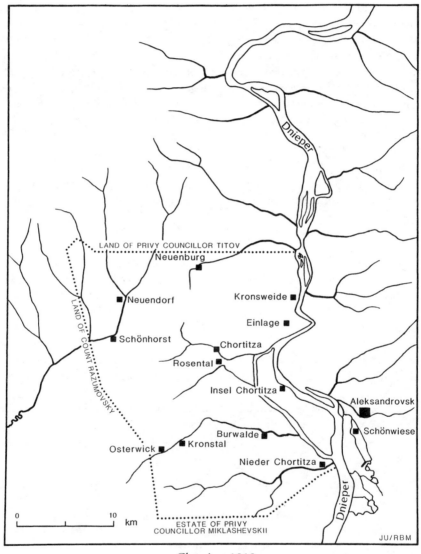

Chortitza 1812

Hof, und in der Molotschnaja im Jahr 1808 mehr als neun.[223] Das war offensichtlich eine größere Anzahl als man für die Erzeugung von ausreichend Fleisch, Milch, Butter und Käse für den eigenen Haushalt brauchte. Viele Mennoniten waren natürlich in Preußen Milchbauern gewesen, die ihre Erzeugnisse in den örtlichen Städten verkauften, und es ist klar, daß sie eine gleichartige Agrar-Marktwirtschaft in Russland einzuführen gedachten.[224] Einige Kolonisten hatten ostfriesische Rinder mitgebracht, die sich jedoch für die einheimischen Krankheiten als anfällig erwiesen. Mit der Zeit wurde ihre Widerstandskraft gegen die Krankheiten durch Kreuzung mit einheimischen Rassen verbessert, und schließlich wurde eine kräftige Rasse, das Molotschnaja (rote holländische oder deutsche) Rind erzielt, das weit über die Grenzen der Kolonien bekannt war.[225] Das größte Problem für die ersten Ansiedler war außer den Viehkrankheiten der Mangel an Märkten für ihre Milcherzeugnisse. Etwas von der überschüssigen Produktion konnte an die benachbarten Kolonisten und Landbesitzer verkauft werden, während ein kleiner Teil zusammen mit anderen Erzeugnissen durch mennonitische Unternehmer in weiter entfernte Handelszentren vermarktet wurde. Ein großer Teil muß jedoch vor Ort von Kolonisten verbraucht worden sein, die sich mehr auf andere Wirtschaftssparten konzentrierten als auf die Milchwirtschaft.

Das Ziel der meisten Immigranten war es, einen eigenen Bauernhof aufzubauen, auch wenn viele von ihnen in Preußen nicht Bauern gewesen waren, sondern kleine halbselbständige Handwerker. Aus einer Volkszählung unter den Molotschnaja-Siedlern im Jahr 1808 geht hervor, daß 61 Prozent der Familienhäupter ihren vorherigen Beruf als "Bauer" angaben, 22 Prozent waren im Bekleidungsgewerbe tätig (14,5 als Leinweber, 7,5 Prozent als Schneider), und 10 Prozent waren Holzarbeiter (Tischler, Schreiner usw.). Es gab auch eine kleine Anzahl von Bauunternehmern, Schmieden, Schumachern und einen Uhrmacher.[226] Die meisten Haushalte besassen ein Spinnrad zur Herstellung von Woll- und Leinengarn, und viele webten einfachen Stoff, um ihre eigenen schlichten Kleider daraus zu fertigen.[227] Auf an-

---

[223] Zahlen von 1797, die von David G. Rempel aus russischem Archivmaterial geliefert wurden; betreffs Zahlen für 1808 siehe Fußnote 215.

[224] Siehe auch den Bericht des Dorfschulzen von Schönsee aus dem Jahr 1848 über die anfängliche Dorfwirtschaft in M. Woltner, Hrg., *Die Gemeindeberichte von 1848 der deutschen Siedlungen am Schwarzen Meer* (Leipzig, 1941), 110.

[225] P.J. Neufeld, *Materially po istorii 'Krasnoi Nemki' na reke Molotschnoi w XIX weke* (Molotschansk, 1927); Rempel, *Mennonite colonies,* 129-34; "Die rote deutsche Kuh," *HBR,* (1955), 67-68.

[226] Zahlen berechnet nach Unruh, siehe Fußnote 215.

[227] Siehe Kommentare in Reiswitz und Wadzeck, *Beiträge zur Kenntnis,* über Chortitza im Jahr 1819 und die anderer Besucher in den ersten Ansiedlungsjahren. Es sollte hier darauf hingewiesen werden, daß diese Arbeit zusammen mit der Vorbereitung der Nahrungsmittel für den Winter die Arbeit von Frauen war, aber diese wird, obwohl es sich um eine umfangreiche Tätigkeit handelt, selten in den offiziellen Statistiken erwähnt. Bezüglich des Umfangs der Frauenbeteiligung an der Heimarbeit der mennonitischen Gruppen siehe Julia Erikson und Gary Klein, "Women's roles and family production among the Old Order Amish", *Rural Sociology,* 46 (1981), 282-96.

deren Gebieten muß es jedoch eine große Nachfrage nach guten Handwerkern gegeben haben, besonders während der Pionierzeit, als viel gebaut wurde. Eine Anzahl von Haushalten verband die Landwirtschaft mit einem Gewerbe, während andere sich fast vollzeitig auf ihre Heimarbeit spezialisierten. Langfristig wurden jedoch bestimmte Dienstleistungsbetriebe zu einem wesentlichen Merkmal in der Wirtschaft der Kolonien und Einzelpersonen, die sich oft auf die in Preußen erworbenen Fachkenntnisse gründeten und deren Besitzer sich als Brauer, Müller und Schmiede etablierten. Andere spezialisierten sich darin, die Kolonisten mit Waren zu beliefern, die am Ort nicht erhältlich waren oder nicht erzeugt werden konnten, insbesondere Holzhändler und kleine Ladenbesitzer. Irgendwann zwischen 1815 und 1817 gründete der frühere Oberschulze Johann Klassen von Rosenort, der bereits eine Brauerei und eine Essigbrennerei besaß, eine Stoffabrik und -färberei in Halbstadt in der Molotschnaja, indem er die am Ort erzeugte feine Wolle, die aus Preußen mitgebrachten Webkenntnisse und die Arbeitskraft von Leibeigenen nutzte, die vom benachbarten Landadel angeworben wurden. Ein Besucher der Siedlung im Jahr 1819 berichtete, daß Klassen bereits sechsundvierzig Arbeiter mit fünf Webstühlen für Breitleinen beschäftigte. Ein Weber konnte acht *arschin* Stoff täglich herstellen.[228]

Die Bemühungen der Regierung, die wirtschaftliche Entwicklung der Kolonien und die eigenen Anstrengungen der Kolonisten auf diesem Gebiet zu fördern, müssen unter Berücksichtigung der größeren wirtschaftlichen Entwicklung von Neurussland betrachtet werden.[229] Im Jahr 1800 war dieses nur spärlich besiedelte Gebiet mit seinen großen wirtschaftlichen Entwicklungsmöglichkeiten eine der sich am schnellsten entwickelnden Regionen des Reiches. Die Regierung förderte nicht nur die Ansiedlung ausländischer Kolonisten, sondern auch die der Reichsbauern; das Land, das Katharina und deren Nachfolger dem Adel gegeben hatten, wurde mit Leibeigenen und anderen Siedlern bevölkert. Die Viehbestände in dieser Gegend vermehrten sich stark, da große Flächen zum ersten Mal landwirtschaftlich genutzt wurden. Verschiedene Industrien wurden aufgebaut. Mit der Entwicklung der Wirtschaft nahm auch der Handel zu, und Neurussland wurde zu einem bedeutenden Exporteur von Waren in andere Teile des Reiches und ins Ausland.

Ein Zeichen für den steigenden Wohlstand war das Wachstum der städtischen Ballungszentren in Neurussland und insbesondere der Küstenhäfen, von denen Odessa der bedeutendste war. Odessa, in den 1780er Jahren noch ein kleines Dorf, war um 1814 schon eine Stadt mit über 35.000 Einwohnern, die sich zum Verwaltungszentrum von Neurussland entwickelt hatte. Nachdem Odessa 1819 zum Freihafen erklärt worden war, wurde es zum zweitgrößten Handelshafen von

---

[228] William Allen, "Some accounts of the colonies of Mennonists in South Russia," *The Friend* (Philadelphia), 3 (1830), 195; Isaak, *Molotschnaer Mennoniten,* 12, gibt 1817 als das Gründungsjahr der Fabrik an.

[229] Ausführlich beschrieben in Drushinina, *Yushnaja Ukraina.*

Russland nach Petersburg.²³⁰ Obwohl die Mennoniten nach Odessa gingen, um dort zu handeln, waren die näher zu den Kolonien liegenden Marktzentren beliebter. Die Häfen von Taganrog und Nikolajew waren von der Molotschnaja aus leicht zu erreichen, wie auch der von Cherson, der von den Siedlern aus Chortitza besucht wurde. Mennonitische Wolle wurde auch in Jekaterinoslaw, Charkow und sogar in Poltava verkauft, während einige mennonitische Siedler sogar die Märkte in Simferopol in der Krim erreichten.²³¹ Oft waren es junge und unternehmungslustige Kolonisten, die sich auf ein solches Wagnis einließen, indem sie mennonitische Erzeugnisse wie Wolle, Käse, Schinken, gute Pferde und Rinder aufkauften und mit einem großen Gewinn vermarkteten. Die Risiken waren jedoch hoch. Das Transportwesen in Neurussland war noch sehr primitiv. Bei trockenem Wetter waren die staubigen, unbefestigten Straßen voller Schlaglöcher, die sich nach einem Regen schnell in Morast verwandelten. Es gab nur wenige Brücken über die zahlreichen Wasserläufe und Flüsse, Kosaken- und Tatarenbanden, und entlaufene Leibeigene überfielen, beraubten und erschlugen gelegentlich unvorsichtige Reisende.²³² Viele dieser jungen mennonitischen Unternehmer nutzten den mit dem Handel erzielten Gewinn, um Bauernhöfe in den Kolonien aufzubauen, wo sie sich niederließen und wohlhabende Landwirte wurden. Andere wieder nutzten ihre Erfahrung außerhalb der Kolonien und investierten ihr Kapital in eine Vielzahl von Unternehmen, indem sie große Schafherden, Versuchsfarmen, Fabriken und Geschäftshäuser aufbauten.

Die ersten mennonitischen Siedler hatten zum größten Teil die Absicht, ihre Glaubensgemeinschaften neu zu begründen und ein einfaches Bauernleben wiederherzustellen. Den meisten genügte es, daß ihre Häuser aufgebaut waren und ihre Arbeit gedieh. Sie mußten genug produzieren, um ihre wachsenden Familien zu unterhalten und zu gewährleisten, daß auch ihre Nachkommen genug Land und Mittel besaßen, um die Tradition ihrer Vorfahren fortsetzen zu können. Die russische Regierung war ebenfalls an einer erfolgreichen Ansiedlung der Kolonien interessiert, aber es ging ihr auch darum, daß die Kolonien auf eine Art gediehen, die auch für das Land von Nutzen war. Dies bedeutete, daß ertragreiche Feldfrüchte, Vieh und Industrien eingeführt wurden, um das ganze Gebiet zu entwickeln und den Staat zu bereichern. Die Mennoniten wurden als ideale Kolonisten betrachtet;

---

[230] Bezüglich Odessa siehe V.J. Puryear, "Odessa: its rise and international importance, 1815-50," *Pacific Historical Review*, 3 (1934), 192-215, P.Herlithy, "Odessa: staple trade and urbanization in New Russia," *JGO*, 21 (1973), 184-95, L. Siegelbaum, "The Odessa grain trade: a case study of urban growth and development in Tsarist Russia," *Journal of European Economic History*, 9 (1980), 113-52.

[231] Bezüglich des mennonitischen Handels außerhalb der Kolonien siehe auch die aus der ersten Zeit stammenden Berichte von Reiswitz und Wadzeck, *Beiträge zur Kenntnis*, 362-63, 369.

[232] 1811 wurden vier Mennoniten von Nogaiern beraubt und ermordet, und 1825 erlitten weitere vier ein ähnliches Schicksal, als Juden das Geld stahlen, das sie für den Verkauf des gemeinschaftlichen Wollertrags erhalten hatten. Siehe Isaak, *Molotschnaer Mennoniten*, 12, 13; Woltner, *Die Gemeindeberichte*, 100, 126.

bereits 1806 hatte Richelieu in einem Bericht erwähnt: "Die Mennoniten sind bewundernswert, die Bulgaren unvergleichlich und die Deutschen unerträglich."[233] Nach einigen Problemen und Schwierigkeiten in den ersten Ansiedlungsjahren schienen die Kolonien ein wirtschaftlicher Erfolg zu sein. Die landwirtschaftliche Produktion erzeugte einen Überschuß für den Verkauf, und die meisten Kolonien zeigten Zeichen einer wirtschaftlichen Diversifizierung in Übereinstimmung mit den früheren Erfahrungen der Mennoniten in Preußen und mit der Politik der russischen Regierung für dieses Gebiet. Neurussland erwies sich als das Land der Möglichkeiten. Aber obwohl die meisten Kolonisten mit den bestehenden Verhältnissen ganz zufrieden waren, gab es doch solche, die einen noch größeren Wandel wünschten - nicht nur für die Mennoniten als Gemeinschaft, sondern auch, um ihr persönliches Vermögen zu mehren.

---

[233] Zitiert in Bartlett, *Human capital*, 211.

# 5. Fremde und Brüder

Im neunzehnten Jahrhundert mag Neurussland dünnbesiedelt gewesen sein, die Mennoniten lebten jedoch nicht isoliert in einer unbewohnten Wildnis. Diese Gegend wurde schon seit Jahrtausenden besiedelt; weit über die Steppe verstreut gab es vorgeschichtliche Grabstätten, und gelegentlich entdeckte ein Bauer auf seinen Feldern Geräte aus uralten Zeiten. Die Gründung der Kolonien beinhaltete auch die Verdrängung von Leuten, die das Land oder die örtlichen Naturressourcen für ihren eigenen Lebensunterhalt genutzt hatten. Jahrhundertelang war die südliche Steppe die Heimat unabhängiger Bevölkerungsgruppen gewesen - Tataren und Kosaken - während die Häfen an den Küsten des Schwarzen und des Asowschen Meeres von einer kosmopolitischen Bevölkerung bewohnt wurden: Russen, Türken, Griechen, Italienern und Armeniern, den Erben einer Handelstradition, die seit den Zeiten der Antike Asien, den Mittleren Osten und das Mittelmeer miteinander verband. Die Mennoniten waren auch nicht die einzigen neuen Siedler. Eine große Anzahl von Russen und Ausländern siedelte sich in dieser Zeit in Neurussland an. Viele Juden zogen aus engumgrenzten Siedlungen nach Osten, und Scharen von Zigeunern kamen häufig in die Dörfer auf der Suche nach Arbeit.[233]

Chortitza war verhältnismäßig unbewohnt, als die Mennoniten dort im Jahr 1789 ankamen, denn die Regierung hatte die meisten Kosaken aus dieser Gegend ausgesiedelt, die für sie Heimat gewesen war.[234] Kleine Kosakengruppen durchstreiften jedoch die Steppe, und viele der ortsansässigen kleinrussischen Bauern, die vorher unter der Kosaken-Herrschaft standen, waren nun Reichsbauern oder private Leibeigene. Die Mennoniten von Chortitza gerieten schon bald in einen Streit mit den Bewohnern eines Bauerndorfes wegen der Holznutzungsrechte, und Klagen bezüglich des Diebstahls von Waren und Feldfrüchten zogen sich über viele Jahre hin.[235] Ähnliche

---

[233] Zitiert in Bartlett, *Human capital*, 211.
[234] Bezüglich der Kosaken siehe vorstehendes Kapitel 2, Fußnote 128 und Philip Longworth, *The Cossacks* (London, 1969).
[235] Rempel, "Important historical facts," 41. Reichsbauern standen unter der Verfügungsgewalt der Regierung und nicht privater Eigentümer. Sie bildeten die Mehrheit der Bauern in den Provinzen von Neurussland zu dieser Zeit, und ihre Zahl wuchs rasch während des neunzehnten Jahrhunderts. Siehe Jerome Blum, *Lord and peasant in Russia from the ninth to the nineteenth century* (Princeton, 1961), 475-503.

Schwierigkeiten hatten auch die Siedler der Molotschnaja mit ihren benachbarten Bauern. Die Bewohner des Dorfes Tokmak nördlich der Kolonie benutzten die Weide und das Heuland und holten Wasser aus einem Gebiet, das nun für die Kolonisten reserviert worden war.[236] Im Laufe des neunzehnten Jahrhunderts wurden Tokmak und andere benachbarte kleinrussische Dörfer immer größer, und viele ihrer Bewohner kamen, um für die wohlhabenderen Kolonisten zu arbeiten, wo sie entweder als Arbeiter in der Landwirtschaft oder Industrie oder als Mägde und Dienstboten tätig waren.

Obwohl die kleinrussischen Bauern die Mehrheit der einheimischen Bevölkerung bildeten, hatten sich auch andere russische Gruppen in Neurussland angesiedelt. Verschiedenen schismatischen Gruppen wurde erlaubt, in Neurussland zu leben, weil dies zum Teil mit den Regierungsplänen zur Bevölkerung dieses Gebietes übereinstimmte.[237] Mit der Zeit errichteten altgläubige Händler Läden in einigen Kolonien. Dies geschah jedoch erst zu einem späteren Zeitpunkt des 19. Jahrhunderts.[238] In der Nähe der Molotschnaer Mennoniten hatten sich jedoch zwei andere schismatische Gruppen angesiedelt. Die Duchoborzen waren 1802 nahe an dem Fluß Molotschnaja angesidelt worden und wurden von Zar Alexander I. unterstützt, bis er zum Ende seiner Regierungszeit gegen sie vorging. Wie die Mennoniten traten die Duchoborzen in ihrem Glauben für den Pazifismus ein, aber damit endete auch schon die Vergleichbarkeit dieser zwei Gruppen. Von den Mennoniten wird berichtet, daß sie wohl den Pazifismus der Duchoborzen befürworteten, sie jedoch in anderen Hinsichten für scheinheilig hielten. 1841 wurden die neun Dörfer der Duchoborzen geschlossen und ihre Bewohner zwangsmäßig in den Kaukasus umgesiedelt, von wo viele gegen Ende des Jahrhunderts nach Kanada auswanderten.[239] Eine andere in der Nähe angesiedelte Gruppe waren die Molokaner aus der Provinz Tambow, angeblich eine Seitenlinie der Duchoborzen. Sie waren jedoch nicht so extrem wie die Duchoborzen und befolgten genau die Lehren der Bibel. Sie lehnten alle Rituale einschließlich der Taufe ab und waren ebenfalls Pazifisten. Die Mennoniten unterhielten während des ganzen neunzehnten Jahrhunderts Beziehungen zu diesen Gruppen und hielten sie für aufrecht und ehrlich.[240]

---

[236] Bezüglich der Nutzung des Landes und späterer Streitigkeiten siehe Woltner, *Die Gemeindeberichte,* 110, 111 und besonders 124.

[237] Bartlett, *Human capital,* 125-26.

[238] Die Altgläubigen wie viele der Schismatiker entstanden als Reaktion auf die Veränderungen in der Orthodoxen Kirche im siebzehnten Jahrhundert. Siehe G. Douglas Nicoll, "Old Believers", *MERSH,* 25 (1981), , 228-37; bezüglich ihres wirtschaftlichen Erfolges im neunzehnten Jahrhundert siehe William I. Blackwell, *The beginnings of Russian industrialization, 1800-1860* (Princeton, 1968), Kapitel 9.

[239] G. Woodcock und I. Avakumovic, *The Doukhobors* (London, 1968); bezüglich mennonitischer Ansichten siehe Robert Pinkerton, *Russia, or miscellaneous observations on the past and present state of that country and its inhabitants* (London, 1833), 168.

[240] Anton S. Beliajeff, "Molokane", *MERSH,* 23 (1981), 22-24 und Einzelheiten, die von den Mennoniten dem Quäker William Allen in den 1820er Jahren geliefert wurden, in *Life of William Allen with selections from his correspondence* (London, 1846), 79; auch die Kommentare von Heinrich Dirks, "Aus den Aufzeichnungen eines Alten," *Warte Jahrbuch für die mennonitische Gemeinschaft in Canada* 2 (Winnipeg, 1944), 83.

Das von der Regierung in der Molotschnaja reservierte Land war früher von den Nogaier Tataren genutzt worden, obwohl die meisten von ihnen erst seit den 1790er Jahren in diesem Gebiet lebten. Ganze Horden von Tataren hatten diese Steppenregion, zumeist nördlich des Schwarzen Meeres, seit Jahrhunderten bewohnt, aber in den 1790er Jahren waren einige von ihnen von ihrem Oberherrn, dem Krim-Khan abgefallen und hatten sich mit den Russen verbündet. Die Russen mißtrauten ihnen jedoch, und viele wurden an den Kuban und in den Kaukasus geschickt. In den 1790er Jahren wurde einigen erlaubt zurückzukehren, und eine Gruppe Nogaier in der Molotschnaja-Gegend angesiedelt.[241] Die Auswahl des Landes für die Mennoniten führte zu weiteren Aussiedlungen von Nogaiern, und das mennonitische Dorf Lindenau wurde an der Stelle einer Nogaier-Siedlung angelegt.[242] Die meisten Nogaier lebten nicht in festen Siedlungen, sondern zogen es vor, in ihren Filzzelten zu leben, die sie regelmäßig abbrachen und wiederaufbauten, wenn sie mit ihren Herden zu neuen Weiden zogen. Die Beziehungen zwischen den Nogaiern und den neuen Kolonisten waren oft gespannt, weil sie Streitigkeiten wegen ihres Viehs und dem Zugang zu Weide und Wasser hatten. Später, als mehr Land beackert wurde, gab es Schwierigkeiten mit den Tieren der Nogaier, die die mennonitischen Felder zerstörten. Die Mennoniten lernten jedoch sehr viel von den Nogaiern, von denen viele als Dienstboten, Kuh- und Schafshirten angestellt wurden. Die Tataren unterrichteten die Mennoniten über einheimische Pflanzen, Wetterbedingungen und Viehzucht - insbesondere die Pferdezucht, die eine Spezialität der Tataren war. Die Nogaier wurden auch weit und breit um ihrer Kenntnisse in der Volksmedizin willen konsultiert. Die Regierung, der sehr daran zu tun war, daß die Nogaier ansässig wurden und die Landwirtschaft aufnahmen, ermutigten die Mennoniten, ihnen dabei zu helfen. Diese Bemühungen wurden von den Tataren nicht immer sehr geschätzt. Sie beklagten sich darüber, denn wie sie sagten, hatten sie kein Verlangen danach, die Kolonisten nachzuahmen. Ihre eigenen Traditionen seien ihnen lieber.[243] In den 1850er und 60er Jahren nach dem Krimkrieg wanderten die meisten Nogaier nach der Türkei aus[244], und ihr Land wurde von Russen und bulgarischen Kolonisten besiedelt.

Bulgaren, Serben, Moldwiner und Armenier waren nur einige der vielen ausländischen Gruppen, die in Neurussland ansiedelten. Hinzu kamen viele Gemeinschaften aus dem westlichen Europa wie Schweden, Schweizer und eine

---

[241] Fisher, *The Russian annexation,* 144-45; Allan Fisher, *The Crimean Tatars* (Stanford, 1978), 24-25, 53, 144-45; Bartlett, *Human capital,* 124-25, 139-40.

[242] Woltner, *Die Gemeindeberichte,* 99.

[243] Einzelheiten über das Leben der Nogaier und ihre Beziehungen zu ihren Nachbarn einschließlich der Mennoniten siehe in Daniel Schlatter, *Bruchstücke aus einigen Reisen nach dem südlichen Russland in den Jahren 1822-1828* (St. Gallen, 1830).

[244] M. Pinson, "Russian policy and the emigration of the Crimean Tatars to the Ottoman empire, 1854-1862", *Güney-Dogu Avrupa arastirmalari dergisi,* 1 (1972), 37-56; 2-3 (1973-74), 101-14. Die Auswirkungen dieser Auswanderung auf die Mennoniten werden in den Kapiteln 8 und 10 behandelt.

große Anzahl von Menschen, die später im neunzehnten Jahrhundert als "deutsche" Ansiedler bezeichnet wurden.[245] Diese Ansiedler waren jedoch aus sehr unterschiedlichen "deutsch" sprechenden Ländern Westeuropas gekommen und waren oft Bürger der zahlreichen kleinen unabhängigen deutschen Staaten, die noch im neunzehnten Jahrhundert bestanden. Von den russischen Beamten wurden sie oft mehr als Mecklenburger, Württemberger, Preußen usw. als eine einheitliche Gruppe von "Deutschen" betrachtet - die Bezeichnung "Deutsch-Russen" wurde erst zu einem späteren Zeitpunkt im neunzehnten Jahrhundert gebräuchlich, als viele Kolonisten, einschließlich einiger Mennoniten diese Bezeichnung annahmen.[246] Bis dahin und auch später wurden die Mennoniten von den Beamten stets als eine separate Gruppe betrachtet und als "mennonitische Kolonisten" bezeichnet.[247] Die "deutschen" Kolonisten unterschieden sich durch weit mehr als nur durch ihre ursprünglichen Heimatländer. Sie kamen aus sehr unterschiedlichen sozialen Schichten und gehörten verschiedenen religiösen Gruppen an. Viele waren arme Bauern, einige waren tüchtige ländliche Handwerksleute, andere wieder stammten aus städtischen Gebieten und waren Kunsthandwerker, Handelsleute oder Bettler. Es gab Katholiken und Protestanten, meistens Lutheraner, und einige wenige waren Glieder freier Glaubensgemeinschaften. Die meisten wurden in separaten Gemeinschaften angesiedelt, die als Koloniebezirke organisiert waren und ihre eigenen religiösen Führungskräfte hatten, die sich später zu offiziellen Kirchensynoden zusammenschlossen. Es gab große Kolonien in der Nähe von Odessa, in einiger Enfernung von den Mennoniten. Das mennonitische Dorf Kronsgarten, ein Teil von Chortitza, unterhielt Verbindungen zu den benachbarten lutherischen Kolonien, von denen einige auch aus der Gegend von Danzig kamen. In der Molotschnaja-Gegend am rechten Ufer der Molotschnaja wurde nach 1805 eine Reihe von Dörfern mit "deutschen" Kolonisten gegründet. Trotz dieser großen Nähe scheinen die Mennonniten jedoch mit anderen Nachbarn engere Beziehungen gehabt zu haben als mit diesen deutschsprachigen Gruppen.

Eine Gruppe "deutscher" Kolonisten, schwäbische Separatisten, die sich in den 1820er Jahren südlich der Molotschnaja-Mennoniten ansiedelten, sollten jedoch zu einem späteren Zeitpunkt in diesem Jahrhundert einen tiefen Einfluß auf die Molotschnaja-Mennoniten ausüben. Diese Schwaben kamen aus dem ländlichen Württemberg, einem Land, das während der Französischen Revolution, in den Napoleonischen Kriegen und den politischen und wirtschaftlichen Unruhen nach dem Frieden von 1815 schwer gelitten hatte. Eine hohe Inflation, Tierkrankheiten und Mißernten zwangen die Bauern dazu, das Land zu verlassen. Viele wanderten nach Amerika und Russland aus. Auch religiöse Zwistigkeiten trieben viele Menschen zur Auswanderung. Im Laufe des achtzehnten Jahrhunderts hatte sich

---

[245] T. Bagaley, "Kolonisazija Novorossijskogo Kraja i pervyje šagi jego po puti kultury", *Kievskaja Starina*, 25-26 (1889), 27-55, 438-85, 110-48, Stumpp, *The emigration from Germany.*

[246] Diese wechselhafte Selbstbezeichnung wird nachstehend behandelt, Kapitel 13.

[247] Rempel, *Mennonite commonwealth,* 37.

der volkstümliche Pietismus unter der ländlichen Bauernschaft verbreitet, der eine religiöse Erweckung unter der zumeist lutheritschen Bevölkerung zur Folge hatte. 1791 führte die Regierung ein neues Gesangbuch und 1809 eine neue Liturgie in den Gottesdiensten ein, und viele Gemeinschaften, die sich durch diese Neuerung beunruhigt fühlten, zogen sich in separate pietistische Konventikel zurück. Gleichzeitig entstand eine ganze Reihe radikaler christlicher Gemeinschaften, die von den etablierten Obrigkeiten verfolgt wurden und nach Amerika und Russland auswanderten.[248] Lehren vom Tausendjährigen Reich, die sich auf Voraussagen des geachteten Theologen Johann Albrecht Bengel sowie auf die volkstümlicheren Schriften des Pietisten und Mystikers Johann Heinrich Jung Stilling gründeten, fanden eine weite Verbreitung. Bengel hatte in seinen Schriften zu Beginn des achtzehnten Jahrhunderts gesagt, daß die Welt 1836 untergehen würde, und viele legten die jüngsten Ereignisse in Europa als Zeichen des Weltuntergangs aus. Jung Stilling verhieß, daß es einen Zufluchtsort gab, und viele glaubten, daß dieser im Osten läge, in Palästina, in Zentral-Asien oder in Russland.[249] Nach der Niederlage Napoleons wurde der russische Zar Alexander I. von vielen als der Mann betrachtet, der Europa vor dem französischen Antichristen gerettet hatte. Die religiösen Lehren des Zaren, seine enge Verbindung mit den Pietisten und religiösen Mystikern wie auch seine Unterstützung einer Heiligen Allianz Christlicher Regenten trug weiter dazu bei, daß man in ihm den Herrscher der letzten Tage sah. Viele Schwaben baten darum, nach Russland reisen zu dürfen, um im Kaukasus anzusiedeln und dort, in der Nähe des Zufluchtsortes, auf das Tausendjährige Reich zu warten.

Eine solche Gruppe von Separatisten gründete im Jahr 1818 eine christliche Gemeinschaft in Kornthal, Württemberg, unter der Leitung von Gottlieb Wilhelm Hoffmann. Einige ihrer Glieder wanderten im darauffolgenden Jahr nach Russland aus mit der Absicht, im Kaukasus anzusiedeln, wo sich bereits andere Gruppen befanden. Die russische Regierung verweigerte ihnen die Erlaubnis, in ein damaliges Grenzgebiet zu ziehen und beschloß, sie statt dessen in der Nähe des Asowschen Meeres unterzubringen. Da sie sich dort in der Nähe der Mennoniten befanden, wurden sie bei den Kolonisten einquartiert, und die Mennoniten halfen 1822 bei der Auswahl und der Anlage der drei ersten Dörfer Neuhoffnung, Neuhoffnungsthal und Rosenfeld, zu denen später noch ein viertes (Neu-Stuttgart) hinzukam.[250] Bei den Mennoniten war es damals bereits üblich geworden, neuen Siedlern zu helfen, da eine große Anzahl von Mennoniten zu ihren Brüdern aus

---

[248] Georg Leibbrandt, *Die Auswanderung aus Schwaben nach Russland, 1816-1823: ein schwäbisches Zeit- und Charakterbild* (Stuttgart, 1928); M. Walker, *Germany and the emigration, 1816-1885* (Cambridge, Mass., 1964); und bezüglich des religiösen Wandels in Württemberg, H. Hermelink, *Geschichte der evangelischen Kirche in Württemberg von der Reformation bis zur Gegenwart* (Stuttgart, 1949); und H. Lehmann, *Pietismus und weltliche Ordnung in Württemberg vom 17. Bis 20. Jahrhundert* (Stuttgart, 1969).

[249] M. Geiger, *Aufklärung und Erweckung: Beiträge zur Erforschung Johann Jung Stillings und der Erweckungstheologie* (Zürich, 1963).

[250] Leibbrandt, *Die Auswanderung,* 168-76, J. Prinz, *Die Kolonien der Brüdergemeinde. Ein Beitrag zur Geschichte der deutschen Kolonien Südrusslands* (Moskau, 1898).

Preußen hinzugekommen war.

Zwischen 1807 und 1817 wanderten nur einundzwanzig mennonitische Familien nach Neurussland aus. Zwischen 1818 und 1820 kamen jedoch zweihundertvierzig Familien mit tausend bis zweitausend Menschen in der Molotschnaja an, um dort auf Land anzusiedeln, das für die mennonitische Kolonisation reserviert worden war.[251] Es kamen auch viele einzelne Familien. Flaminger Mennoniten aus Danzig und West-Preußen zogen zu ihren Freunden und Verwandten, die sich schon lange zuvor in Russland angesiedelt hatten. Ein paar Familien siedelten von Chortitza in die Molotschnaja um. Zahlreiche Immigranten schlossen sich jedoch als Gruppen unter geistlichen Führern zusammen, die dann als Gemeinschaften oder Gemeinden auswanderten. Viele von ihnen waren friesische Mennoniten aus Stuhm, Marienburg und Gegenden von Marienwerder in Preußen, unter der Leitung des Ältesten Franz Görz oder Prediger Heinrich Balzer.[252] 1819 kam eine Partie der Groningen Alt-Flaminger aus Wintersdorf unter der Leitung ihres Ältesten Peter Wedel an[253], der 1822 eine kleine Gruppe, wahrscheinlich friesischer Mennoniten unter dem Prediger Peter Franz von Marienwerder folgte.[254]

Bis zum Aufbau ihrer eigenen Dörfer wurden die neuen Immigranten bei den bereits ansässigen Kolonisten untergebracht (siehe Tabelle 3 bezüglich der von ihnen gegründeten, neuen Dörfer). Beide Gruppen müssen zahlreiche Unterschiede in ihrer Lebensweise festgestellt haben, und zwar nicht nur auf Grund ihrer Gemeindezugehörigkeit, sondern auch wegen ihrer verschiedenen Lebenserfahrungen. Die ansässigen Kolonisten hatten sich den örtlichen Gegebenheiten angepaßt, während die Neuankömmlinge in einem Preußen aufgewachsen waren, in dem sich vieles verändert hatte, seidem die erste Gruppe von Molotschnaja-Siedlern nach Russland ausgewandert war. In Preußen hatte nach dem Ende der Napoleonischen Kriege ein großer Wandel stattgefunden. Die Emanzipation der Bauernschaft hatte 1807 eingesetzt, es gab eine neue wirtschaftliche Entwicklung, und der Einfluß der Regierung hatte zugenommen. Neue Schulformen waren eingeführt worden. Der Versöhnungsprozeß zwischen den flämischen und den friesischen Gemeinden, der Ende des achtzehnten Jahrhunderts eingeleitet wurde, hatte Fortschritte gemacht, und 1808

---

[251] Unruh, *Die niederländisch-niederdeutschen Hintergründe*, 224.

[252] Siehe zahlreiche Vermerke in Woltner, *Die Gemeindeberichte*, 134, 139, 142 usw. Unruh, *Die niederländisch-niederdeutschen Hintergründe*, 360-69; bezüglich Görz (1779-1834) siehe dessen Tagebuch-Eintragungen in "Ein paar Blätter aus der Geschichte der Rudnerweide Gemeinde," *MJ*, 10 (1913), 29-34.

[253] Wedel (1792-1871). Siehe auch J.A. Duerksen, "Przechowka and Alexanderwohl", *ML*, 10 (1955), 76-82 und Eintragung über das von ihnen gegründete Dorf Alexanderwohl, in Woltner, *Die Gemeindeberichte*, 131.

[254] Woltner, *Die Gemeindeberichte*, 147, Unruh, *Die niederländisch-niederdeutschen Hintergründe*, 370, Adalbert Goertz, "Mennonitische Russlandwanderer 1820-1841 aus dem Reg.Bez. Marienwerder," *Altpreußische Geschlechterkunde*, 27 (1979), 70-72.

vereinigten sich die flämischen und die friesischen Gemeinden von Danzig. Das Interesse an den Ideen und Aktivitäten christlicher Gruppen außerhalb der mennonitischen Tradition hatte zugenommen, wobei pietistische Einflüsse in bestimmten Gegenden offensichtlicher waren als in anderen.[255] In der Molotschnaja galten jedoch auch weiterhin die alten Traditionen. Es gab nur ein einzige Gemeinde, die sowohl in ihrer Lehre als auch in der Praxis flämisch war. Der Älteste Jacob Enns war im Amt geblieben, bis seine schlechte Gesundheit ihn 1817 zwang, die Hilfe von Prediger Jacob Fast aus Halbstadt anzunehmen. Als Enns im folgenden Jahr starb, wurde Fast sein Nachfolger und mußte sich sofort mit der Herausforderung auseinandersetzen, die sich durch die Ankunft der neuen Immigranten mit ihren eigenen Gemeinden ergab.[256]

Fast und der friesische Älteste, Franz Görz vereinbarten, daß ihre Gemeinschaften nach Möglichkeit zusammenarbeiten sollten, da es nur überholte Gewohnheiten waren, die ihre Gemeinden trennten. Wenn die alten und die neuen Kolonisten in derselben Kolonie leben sollten, so würden sie lernen müssen, in Frieden und Harmonie miteinander auszukommen, und es sei die Pflicht ihrer geistlichen Führer, diese Einheit im sozialen, wirtschaftlichen und geistlichen Bereich zu fördern. Viele aus der Gemeinde von Franz, einschließlich einiger Prediger, waren jedoch anderer Meinung. Alte Vorurteile waren unter den flämischen Kolonisten tief verwurzelt, und sie trauten den friesischen und ihren neuen Lebens- und Denkweisen nicht. Es ist wahrscheinlich bedeutsam, daß die neuen friesischen Dörfer im äußersten Südosten der Kolonie angelegt wurden, so daß es eine gewisse Entfernung zwischen ihnen und den achtzehn bereits bestehenden flämischen Dörfern gab. Die neuen flämischen Dörfer mit Immigranten und Menschen aus bereits bestehenden Siedlungen wurden näher bei den ersten Dörfern angelegt.

Die Politik der Zusammenarbeit war noch nicht weit gediehen, als der Älteste Fast im Jahr 1820 starb. Ein anderer Prediger aus Halbstadt, Bernhard Fast, wurde als Ältester gewählt, der die Arbeit seines Vorgängers gerne fortsetzen wollte. Er erlaubte Görz, ihn zu ordinieren.[257] Für viele ältere Glieder der flämischen Gemeinde war dies ein unwillkommener Bruch mit der Tradition. Die Ältesten der flämischen Gemeinden wurden gewöhnlich von dem Hauptältesten des Gebietes ordiniert, was normalerweise bedeutet hätte, daß man einen flämischen Ältesten aus Chortitza hergebracht hätte. Innerhalb einer kurzen Zeit gab es jedoch noch weitere beunruhigende Vorfälle, die viele an ihrem neuen Leiter zweifeln ließ.

In der Zeit von 1816 bis 1822 besuchte eine Anzahl ausländischer Evangelischer

---

[255] Ernst Crous, "Vom Pietismus bei den altpreußischen Mennoniten im Rahmen ihrer Gesamtgeschichte 1772-1945," *MGbl.* 6 (1954), 7-29.

[256] Isaak, *Molotschnaer Mennoniten*, 93.

[257] Bernhard Fast (1785-1860); bezüglich der Ordination siehe Isaak, *Molotschnaer Mennoniten*, 93.

120    Mennoniten in Russland, 1789 - 1889

- Quäker, Missionare und Vertreter der russischen Bibelgesellschaft - die mennonitischen Kolonien.[258] Zu dieser Zeit arbeiteten viele Evangelische mit der Zustimmung der Regierung ganz frei und offen in Russland. Das war eine weitere Auswirkung des Interesses des Zaren Alexander an geistlichen Dingen, und er unterstützte persönlich viele Evangelische. 1817 hatte der Zar ein neues Ministerium für Religiöse Angelegenheiten und Öffentliches Schulwesen unter seinem Freund Prinz Alexander Golizyn gegründet. Golizyn, der ab 1803 die Leitung der Heiligen Orthodoxen Synode übernahm, hatte zu Alexanders geistlicher Erweckung beigetragen, und 1813 hatte er geholfen, die Russische Bibelgesellschaft nach dem Vorbild der Britischen und Ausländischen Bibelgesellschaft zu gründen.[259] Im Jahr 1821 besuchten Vertreter der Bibel-Gesellschaft die Molotschnaja und überredeten die Ältesten Fast, Görz und Wedel, eine Zweigstelle zu gründen und Bibeln in und außerhalb der Kolonie zu verteilen. Da sie darin zweifellos eine Gelegenheit sahen, ihre geistliche Zusammenarbeit zu fördern und sich an einer Aktivität zu beteiligen, die von dem Zaren befürwortet wurde, gründeten sie im Dezember 1821 die Molotschnaja-Filiale.[260]

Die Gründung einer religiösen Organisation, die nicht von den Gemeindegliedern kontrolliert wurde und mit anderen Christen unter der Schirmherrschaft der Regierung zusammenarbeitete, störte viele flämische Mennoniten. Die

TABELLE 3: DIE GRÜNDUNG DER MOLOTSCHNAJA-DÖRFER 1819-1824
(Isaak, *Molotschnaer Mennoniten, 13)*

| | |
|---|---|
| Margenau (1819) | Lichtfelde (1819) |
| Neukirch (1819) | Alexanderwohl (1820) |
| Schardau (1820) | Pordenau (1820) |
| Mariental (1820) | Rudnerweide (1820) |
| Großweide (1820) | Franztal (1820) |
| Pastwa (1820) | Fürstenwerder (1821) |
| Alexanderwohl (1821) | Gnadenheim (1821) |
| Tiegerweide (1822) | Liebenau (1823) |
| Elisabethtal (1823) | Wernersdorf (1824) |
| Friedensdorf (1824) | Prangenau (1824) |

---

[258] Einen ausführlichen Bericht über diese Besuche und deren nachträgliche Auswirkungen auf die Kolonisten siehe in James Urry, "'Servants from far': Mennonites and pan-evangelical impulse in early nineteenth-century Russia," *MQR*, 61 (1987), 213-27.

[259] J.C. Zacek, "The Russian Bible Society and the Russian Orthodox Church", *Church History,* 35 (1966), 311-37.

[260] Isaak, *Molotschnaer Mennoniten,* 93.

Organisation dieser Filiale war auch neu und unbekannt, und einige argumentierten, daß die Titel der Beamten - Präsident, Direktor und Sekretär - militärischen Rängen ähnlich und somit mit der mennonitischen Tradition unvereinbar seien.[261] Zur Oppositon von Fast gehörten nun auch vier seiner eigenen Prediger unter der Leitung von Jacob Warkentin aus Altonau. Aber die drei Ältesten, die sich durch ihren Kontakt mit weitreichenderen religiösen Entwicklungen im Kaiserreich ermutigt fühlten, beteiligten sich nun an den neuen Aktivitäten. 1822 erlaubte Fast einem christlichen Missionar unter den Juden, Johann Moritz, auf einer Gebetsstunde in Ohrloff zu sprechen und nachträglich zusammen mit anderen Gemeindegliedern das Abgendmahl zu nehmen. Einen Fremden zu dieser heiligen Feier zuzulassen, verstieß gegen alle Tradition. Fast merkte, daß er seine Befugnisse überschritten hatte, und bat die Gemeinde um Verzeihung, aber die Opposition gegen seine Führerschaft nahm zu.[262] Seine Verbindungen zu den Friesischen, dem Missionar Moritz und der Bibel-Gesellschaft wurden alle als Gründe der Unzufriedenheit angeführt. Und es tauchten noch weitere Fragen auf, da sich die Auseinandersetzungen bis in das Jahr 1823 hinzogen. Versuche, die von den Leitern der preußischen und der Chortitza-Gemeinden unternommen wurden, um zwischen den Parteien zu vermitteln, schlugen fehl, und 1824 ordinierte der Älteste Jakob Dyck aus Chortitza Warkentin als den Leiter einer separaten Gemeinde.[263] Fast blieb mit weniger als einem Viertel der Mitglieder in seiner ursprünglichen Gemeinde. Die meisten Flaminger beschlossen, sich Warkentin anzuschließen.

Die Uneinigkeit zwischen Fast und Warkentin war eine Art Schisma, das auf Differenzen zurückzuführen war, wie sie schon oft in mennonitischen Gemeinden in Erscheinung getreten waren. Warkentin und seine Anhänger beriefen sich auf das, was sie als feststehende mennonitische Prinzipien betrachteten: eine geschlossene, von der "Welt" abgesonderte Gemeinde, die Aufrechterhaltung bestehender Praktiken und die Fortdauer der Tradition. Mit dieser Einstellung waren Warkentin und seine Nachfolger der *Kleinen Gemeinde* in ihrem früheren Schisma ähnlich, und es ist nicht verwunderlich, daß ihr Leiter Klaas Reimer auch die neuen Ältesten ablehnte, weil er ihre Auslegung der Lehren nicht richtig fand, die er als festgelegt und unveränderlich betrachtete. Er war auch gegen jede Verbindung mit der Bibelgesellschaft.[264] Fast und seinen Anhängern war die Tradition und Kontinuität wohl wichtig, sie waren jedoch offener für Neuerungen, die ihres Erachtens ihren Glauben bereicherten, sie schätzten die Verbindungen mit anderen Christen, wenn

---

[261] Friesen, *Mennonite Brotherhood*, 13; siehe auch Klaas Reimer in Plett, *Golden years*, 177-78.

[262] Isaak, *Molotschnauer Mennoniten*, 103; Friesen, *Mennonite Brotherhood*, 113-14; Urry, "'Servants from far'", 222-23.

[263] Isaak, *Molotschnauer Mennoniten*, 94.

[264] Friesen, *Mennonite brotherhood*, 130-31. Der Leiter der *Kleinen Gemeinde* beanstandete das Interesse der neuen Emigranten an nichtmennonitischer christlicher Literatur, insbesonderen Texten, die das Tausendjährige Reich behandelten. Siehe Plett, *Golden years*, 175-77.

diese den Willen Gottes zu fördern schienen, und sie waren auch für fortschrittliche Ideen, wenn diese das Leben der Gemeinschaft verbesserten. Diese Differenzen zwischen den zwei Parteien kamen sehr klar in einem Streit zum Ausdruck, der sich durch den Gebrauch des Petershagener Versammlungshauses zwei Jahre nach der Trennung der Gemeinden ergab.[265] Warkentin bestand darauf, daß seine Gruppe das Recht hätte, das Versammlungshaus zu benutzen, nicht nur weil seine Gemeinde die größere war, sondern auch die rechtmäßige Nachfolgerin der Gemeinde, die das Versammlungshaus gebaut hatte. Er und seine Anhänger wären den Hauptgrundsätzen der rein flämischen Gemeinde treu geblieben.[266] Sie hätten sich niemals von den früheren Traditionen entfernt, während die Gruppe von Fast von der Tradition abgewichen und somit die wirklich schismatische Gruppe sei. Fast, der von seinen Predigern und denen der friesischen Gemeinde unterstützt wurde, plädierte für eine breitere Interpretation der wichtigsten mennonitischen Grundsätze und Traditionen. Sie meinten, alle Mennoniten sollten in Frieden und Harmonie zusammenleben, und es sei ihre christliche Pflicht, einander zu lieben und mit anderen Gläubigen zusammenzuarbeiten.[267]

Strittig waren nur die verschiedenen Ansichten über das, was es bedeutete, ein Mennonit zu sein. Warkentin und seine Nachfolger definierten ihre Ansicht in der alten, engstirnigen Weise in dem Sinn, daß ein Mennonit ein getauftes Glied einer legitimen, reinen, von der "Welt" und von Mennoniten anderer Glaubensrichtungen getrennten Gemeinde sei. Fast wollte alle Mennoniten vereinen und Verbindungen mit anderen Christen suchen. Er anerkannte auch eine größere mennonitische Gemeinschaft, zu der nicht nur die Brüder in Russland und Preußen gehörten, sondern auch Gemeinschaften in anderen Teilen Europas und in Amerika, über die sie Berichte erhalten hatten. Im Gegensatz zu Warkentin glaubte er nicht, daß Kontakte mit Außenstehenden, einschließlich anderer Christen, am Ende zum Verlust der mennonitischen Identität führen könnten. Fast war sich aber wahrscheinlich nicht bewußt, daß sich in Russland bereits eine andere mennonitische Identität zu bilden begann, bei der der Glaube nur eines der Unterscheidungsmerkmale war. Die Mennoniten identifizierten sich bereits mit ihrem Dorf, mit ihrem Bezirk und ihrer Kolonie sowie mit ihrer eigenen Gemeinde. Sie waren sich auch bewußt, daß sie Bürger einer größeren mennonitischen Gemeinschaft in Russland waren.[268] Das war auch durchaus nicht verwunderlich in Anbetracht der multiethnischen Umgebung, in der sie lebten. Ihre Nachbarn anerkannten sie als eine andersartige Kolonistengruppe,

---

[265] Eine umfangreiche Korrespondenz über diese Angelegenheit siehe in Isaak, *Molotschnaer Mennoniten,* 98-122; im Jahr 1831 baute Warkentins Gruppe schließlich ein separates Versammlungshaus in dem Dorf.

[266] "Rein-Flämische Gemeinde", wie die Gemeinde von ihren Anhängern genannt wurde. Siehe auch Warkentins Gebrauch des Ausdrucks "Grundsätze der Mennoniten" in seinen Briefen, in Isaak, *Molotschnaer Mennoniten,* 103 usw.

[267] In Isaak, *Molotschnaer Mennoniten,* 110-12.

[268] Das Bewußtsein, ein russischer Bürger zu sein, entwickelte sich jedoch erst viel später. Siehe Kapitel 13.

und was vielleicht noch wichtiger war, die Regierung tat es auch. Die Regierung verstärkte dieses Bewußtsein des Andersseins, indem sie die Mennoniten durch ihre ganz besondere Aufmerksamkeit aussonderte. Für sie waren die Mennoniten nicht nur anders, sondern auch vielen ihrer Nachbarn überlegen.

Seit den ersten Ansiedlungsjahren hatten Regierungsbeamte bereits mit Genugtuung festgestellt, daß die Mennoniten im Vergleich zu vielen anderen Kolonisten ein hohes Maß an sozialer Ordnung und wirtschaftlichem Wohlstand zeigten, die sie auszeichneten. Die aufsehenerregenden Leistungen gewisser mennonitischer Unternehmer wurden ebenfalls mit Wohlwollen zur Kenntnis genommen. Ein Zeichen für die Anerkennung der Mennoniten seitens der Regierung war die Tatsache, daß sie eine weitere Einwanderung von Mennoniten zu einer Zeit förderte, als die Einwanderung allmählich immer mehr eingeschränkt und nach 1819 anscheinend ganz eingestellt wurde.[269] Welche Achtung sie den Mennoniten entgegenbrachte, läßt sich daraus erkennen, daß sie neue Siedler in mennonitischen Dörfern unterbrachte, von ihnen das Siedlungsland für andere Kolonisten aussuchen ließ und aus der Tatsache, daß die besondere Ansiedlungskommission, die für die Ansiedlung neuer Molotschnaja-Immigranten gegründet wurde, fast ausschließlich aus Mennoniten bestand.[270]

Diese wachsende Anerkennung und Einschaltung der Mennoniten seitens der Regierung ging Hand in Hand mit der Reorganisation und Rationalisierung der für Kolonisationsangelegenheiten zuständigen Verwaltungsbehörden. 1803 wurden die Kolonisten dem neugegründeten Innenministerium unterstellt, und 1818 wurde ein neues Fürsorge-Komitee organisiert, das die ausländischen Kolonisten in Neurussland verwalten sollte. In diesem Jahr trat Contenius von seinem Amt als Staatsrat zurück. Sein Nachfolger wurde General Inzov,[271] Contenius blieb jedoch bis zu seinem Tod im Jahr 1830 außerordentliches Mitglied des Fürsorge-Komitees. Obwohl in dieser Zeit ein Wandel stattfand, gab es in den Kolonien auch einen starken Sinn für Kontinuität in der Verwaltung und eine immer stärker werdende Beteiligung der Regierung an den Gemeinschafts-Angelegenheiten. Diese bestand zumeist darin, daß die Kolonisten zum Anbau neuer Feldfrüchte, zu neuen Bodenbearbeitungsmethoden und verschiedenen sozialen Verbesserungen angeregt wurden.

Die mennonitischen Einstellungen zum Beamtentum waren sehr unterschiedlich. Von früheren Zeiten her empfanden die meisten eine große Ehrfurcht vor der Zarenfamilie - Herrscher wurden als die rechtmäßige, von Gott eingesetzte Obrigkeit betrachtet, der man gehorchen mußte, solange deren Verordnungen nicht den mennonitischen Grundsätzen widersprachen. Die Religiosität des

---

[269] Bartlett, "Foreign colonies," 212-13; wie die Mennoniten von diesen Änderungen betroffen waren und wie ihnen besondere Privilegien nach 1818 gewährt wurden, siehe Bondar, *Sekta Mennonitov,* 34-37.

[270] Siehe Woltner, *Die Gemeindeberichte,* 142, 144.

[271] Ivan N. Insov (1768-1845), siehe P. Conrad Keller, *The German colonies in south Russia 1804 to 1904* (Saskatoon, Sask., 1968, Orig. Odessa, 1905), I. 48-50.

Zaren Alexander war den Kolonisten wohlbekannt. Etwa um das Jahr 1816 ging Prediger David Epp aus Chortitza so weit zu erklären, daß er den Kaiser für den verheißenen Herrscher der letzten Tage hielt, und daß Rußland der von Gott bestimmte Zufluchtsort war. Es gab Ideen, die denen der schwäbischen Separatisten ganz verdächtig nahe kamen, die jedoch zu jener Zeit auch unter vielen anderen evangelischen Gruppen weit verbreitet waren.[272] Während seines Besuches in der Molotschnaja im Jahr 1818 und kurz vor seinem Tod im Jahr 1825 wurde der Zar mit großer Begeisterung empfangen.[273] Das durchweg wohlwollende Verhalten der Beamten den Kolonisten gegenüber und die offensichtliche Erfüllung vieler ursprünglichen Versprechungen wurde allgemein als Folge einer direkten Fürsorge des Zaren betrachtet und nicht als Folge gesetzlicher Vorschriften. Diese Unterstützung der rechtmäßigen Obrigkeit erstreckte sich auch oft auf andere hochstehende Beamte. Niedrigeren Bürokraten und deren Anweisungen begegnete man jedoch oft mit Mißtrauen.

Einige geistliche Führer und gebildete, fortschrittliche Einzelpersonen mit einem Verständnis für die größere Welt, erkannten jedoch die Bedeutung vieler offizieller Verordnungen und unterstützten die Regierungspolitik. Ältere Mennoniten waren vorsichtiger. Zwei Fragen, von denen die eine direkt und die andere indirekt mit der Regierungspolitik in Verbindung stand, wurden in den Streit zwischen Warkentin und Fast hineingezogen. Bei der ersten ging es um den Versuch der Regierung, den Julianischen Kalender einzuführen. Seit den ersten Ansiedlungstagen hatten die Mennoniten den im westlichen Europa üblichen Gregorianischen Kalender benutzt. Die Regierung wollte das Nachrichtenwesen mit den Kolonisten mit dem in Rußland verwendeten System in Einklang bringen. Diese rein bürokratische Maßnahme hielten manche für einen Versuch, sie zur Anpassung an den religiösen Kalender der Orthodoxen Kirche zu zwingen, denn die Neuordnung der Daten beinhaltete auch eine Verschiebung der mennonitischen Kirchenfeste.[274] Die indirektere Frage betraf die Gründung einer sogenannten Zentralschule (Sekundarschule) in der Molotschnaja.

Die Gründung einer solchen Schule war zum ersten Mal im Jahr 1818 vorgeschlagen worden, ein Christlicher Schulverein wurde jedoch erst 1820 mit dem Ziel gegründet, eine Schule in der Nähe von Ohrloff zu bauen und einen ausgebildeten Schullehrer anzustellen.[275] Die Idee, eine solche Schule zu bauen und vielleicht auch die Gründung des Vereins waren wahrscheinlich auf eine Anregung seitens der Regierung zurückzuführen. Nach der Einsetzung des neuen Ministeriums von

---

[272] Dietrich H. Epp in *Bte,* (4. Dezember 1940), 6.
[273] Friesen, *Mennonite brotherhood,* 173-75; Geschichten über diese Besuche, die Kontakte des Zaren mit bestimmten Familien und seine Geschenke gehörten schon fast zu den volkstümlichen Überlieferungen der Kolonisten.
[274] Isaak, *Molotschnaer Mennoniten,* 98.
[275] David H. Epp, *Johann Cornies. Züge aus seinem Leben und Wirken* (Steinbach, Man., 1946, Orig. Berdjansk, 1909), 76, Peter Braun, "The educational system of the Mennonite colonies in south Russia", *MQR,* 3 (1929), 172.

Golizyn im Jahr 1817 machte die Regierung Pläne, im ganzen Kaiserreich Schulen aufzubauen, die sich auf christliche Prinzipien gründeten.[276] In der Molotschnaja wurde der Schulverein von führenden Gemeindearbeitern und fortschrittlichen Privatpersonen unterstützt, die ausreichende Mittel für den Bau der Schule und die Entsendung eines Lehrers aus Preußen zusammentrugen. Dieser Lehrer, Tobias Voth, ein Mennonit aus der abgeschiedenen Groningen Alt-Flämischen Gemeinde in Brandenburg hatte seine Ausbildung nach dem neuen preußischen Ausbildungssystem erhalten und in mennonitischen Schulen in Preußen unterrichtet.[277] Die Schule in Ohrloff mit ihrem "ausländischen" Lehrer wurde 1822 eröffnet, gerade als der Streit in der Gemeinde von Fast begann, und die Schulfrage wurde sehr bald in den Konflikt einbezogen.

Obwohl die meisten Dörfer eine Volksschule hatten, waren diese der Gemeindeleitung untergeordnet und nicht einem halb-autonomen Schulverein. Es wurden Grundkenntnisse wie Lesen, Schreiben und Rechnen unterrichtet, und viele Mennoniten hielten einen Unterricht auf Zentralschulebene für unnötig. Kinder sollten lernen, sich zu unterordnen und zu gehorchen und nicht ihre Köpfe mit "weltlichem" Wissen füllen, das sie doch nur dazu veranlassen würde, anerkannte Wahrheiten in Frage zu stellen und an bestehenden Praktiken zu zweifeln.[278] Die Idee einer christlichen Schule war für viele auch beunruhigend. Der religiöse Unterricht war das Vorrecht des Gemeindelehrers/Predigers und nicht des Schulmeisters, und ein solcher Unterricht wurde am besten durch Predigten in den Versammlungshäusern getauften Erwachsenen und nicht Kindern in einem Schulhaus erteilt. Voth tat wenig, um ihre Bedenken zu zerstreuen. Er war in einer pietistischen Umgebung aufgewachsen, die damals den meisten älteren Kolonisten vollkommen fremd war. Er organisierte auch Gebets- und Missionsversammlungen, die sowohl von Kindern als auch Erwachsenen besucht wurden.[279] Es war offensichtlich, daß er sich an die fortschrittlichen geistlichen Führer anlehnte, die an die Ökumene glaubten, Prinzipien, die von Warkentin und seiner Gruppe abgelehnt wurden.

Die Allianz zwischen den fortschrittlichen religiösen Führern und bestimmten Laiengliedern aus der Gemeinde verband diese somit mit den Plänen der Regierung in bezug auf die Entwicklung der Kolonien und weitreichendere Reformbewegungen in Russland und in Westeuropa. Während diese Fortschrittsgesinnten eine Öffnung der mennonitischen Gesellschaft, eine Änderung und eine Zukunft herbeisehnten, die anders war als die Vergangenheit, schauten Warkentin und seine Nachfolger rückwärts auf das, was sie als die wahren Grundlagen des Glaubens

---

[276] Bezüglich dieser und eventueller anderer Einflüsse siehe Urry, "'Servants from far'", 223-24.

[277] Voth (1791?); siehe seine Autobiographie in Friesen, *Mennonite Brotherhood*, 689-93.

[278] Siehe James Urry, " 'The snares of reason': changing Mennonite attitudes to 'knowledge' in nineteenth-century Russia", *Comparative Studies in Society and History*, 25 (1983), 306-22; siehe auch Kapitel 9.

[279] Friesen, *Mennonite brotherhood*, 140, 694.

*126*    Mennoniten in Russland, 1789 - 1889

und der Gesellschaft betrachteten: eine geschlossene Glaubensgemeinschaft, die Neuerungen und einen unnötigen Kontakt mit Außenstehenden ablehnte. Aber obwohl Fast und seine Anhänger in der Minderheit waren, sollten andere Kräfte den Prozeß des Wandels schon bald viel weiter und schneller vorantreiben, als dies die meisten am Anfang der 1820er Jahre voraussehen konnten.

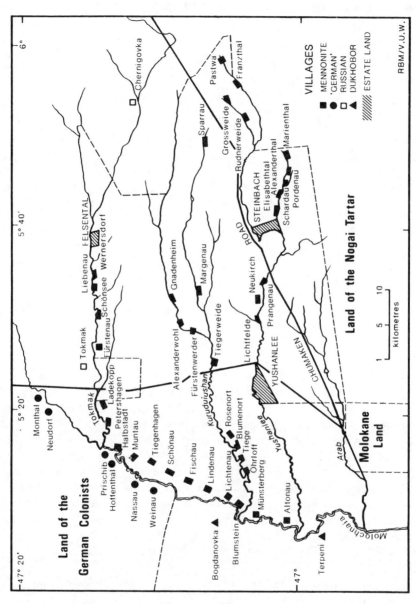

*Molotschnaja 1830*

# 6. Der Prophet des Fortschritts

Der konservative Geist, der weitgehend das gesellschaftliche und religiöse Leben durchdrang, erstreckte sich jedoch nicht auf die wirtschaftlichen Aktivitäten. Obwohl die meisten Mennoniten beim Erproben neuer Feldfrüchte, Geräte oder Anbaumethoden vorsichtig waren, wurden diese doch durchweg übernommen, sobald sich solche Neuerungen als leistungsfähig und rentabel erwiesen hatten. Durch die marktorientierte Wirtschaft, die ihre Vorfahren in Preußen entwickelt hatten, waren die Mennoniten sich der Vorteile wirtschaftlicher Neuerungen bewußt. Die meisten Mennoniten wußten von den neuen Entwicklungen in der europäischen Landwirtschaft, die ab Mitte des achtzehnten Jahrhunderts unter der Landbevölkerung eine weite Verbreitung gefunden hatten.[280] Der Besitz und das Lesen religiöser, nicht aus der mennonitischer Tradition stammender Texte war bei den Mennoniten meistens nur begrenzt möglich, während das Studium praktischer Abhandlungen über Gemüsebau oder Industrie im allgemeinen geduldet wurde. Glieder der *Kleinen Gemeinde* zum Beispiel waren wohl sehr strikt, was die Abgeschlossenheit ihrer Gemeinde gegenüber fremden Einflüssen betraf, andererseits aber zumeist ausgezeichnete Bauern, die harte Arbeit mit der Anwendung neuer landwirtschaftlicher Technologien verbanden.[281] Die *Kleine Gemeinde* und viele andere Kolonisten sahen in der Annahme neuer Techniken und Feldfrüchte ein Mittel zur Aufrechterhaltung sozialer und wirtschaftlicher Formen und nicht ihrer Veränderung. Einige wenige Mennoniten jedoch, die ein tieferes Verständnis für das Potential wirtschaftlicher Neuerungen besaßen, waren sich bewußt, daß diese auch einen gesellschaftlichen Wandel herbeiführen konnten.

Die Vergesellschaftung der polnisch-preußischen Mennoniten im achtzehnten Jahrhundert war alles andere als einheitlich gewesen. Während einige in kleinen, abgeschiedenen, von alten Vorurteilen durchdrungenen ländlichen Gemeinden lebten, waren andere in wohlhabenden, fortschrittlichen Familien aufgewachsen, die das Leben in einer größeren Welt in Städten mit blühemdem Handel und Industrie kannten. Obwohl in Russland die Ansiedlung in geschlossenen Kolonien dazu beitrug, eine neue, sozial einheitlichere Generation hervorzubringen als in Preußen, gab es in der ers-

---

[280] Jerome Blum, *The end of the old order in rural Europe* (Princeton, 1978), Kapitel 12 und 13.

[281] Bezüglich des landwirtschaftlichen Erfolgs der *Kleinen Gemeinde* siehe Friesen, *Mennonite brotherhood*, 135.

ten Kolonistengeneration eine Reihe von Männern, die noch in Preußen geboren und in manchen Fällen auch dort aufgewachsen waren, und die ein anderes Leben jenseits der vertrauten Welt der Kolonien suchten. Viele dieser abenteuerlichen Mennoniten wurden Handelsleute oder Unternehmer und häuften Reichtümer an, die sie lieber in Privatprojekte als in den Aufbau der Gemeinschaft investierten.[282] Eine Ausnahme war ein junger Mann, Johann Cornies, der sein ganzes Vermögen und seine Kenntnisse für das Wohl der Gemeinschaft einsetzte, und somit den wirtschaftlichen und sozialen Wandel der Kolonien in den drei Jahrzehnten nach 1820 einleitete.[283]

Cornies wurde 1789 in Preußen geboren, wanderte 1804 mit seinen Eltern nach Russland aus und siedelte 1806 in dem Dorf Ohrloff in der Molotschnaja an. Sein Vater Johann hatte eine für einen Mennoniten ungewöhnliche Vergangenheit. Er war Seemann gewesen und hatte ferne und exotische Länder bereist.[284] Johann Senior war als Bauer und als Geschäftsmann weder in Preußen noch in Russland sehr erfolgreich. In Ohrloff wurde er jedoch durch seine Kräuterkuren bekannt und hatte nicht nur unter den Mennoniten Patienten, sondern auch unter den Russen und den Nogaiern. Johann und seine jüngeren Brüder schlugen alle abenteuerliche Laufbahnen ein und verkehrten genauso viel mit Nogaiern und Russen wie mit Mennoniten. Nachdem er für einen Müller in Ohrloff gearbeitet hatte, reiste Johann als Kaufmann weit in Neurussland umher, bevor er 1811 heiratete und seinen eigenen Bauernhof in Ohrloff erwarb. Er begann mit der Schafzucht zu experimentieren, und als seine Herden immer größer wurden, pachtete er für ein paar Kopeken per dessjatina große Landflächen, die von der Regierung für zukünftige mennonitische Ansiedlungen reserviert worden waren. Etwas von diesem Land verpachtete er weiter an Armenier, Griechen und andere, während er seine Schafe an Russen und Nogaier für einen Anteil am Verkaufserlös für Wolle und Tiere verpachtete.[285] Andere Mennoniten pachteten auch Grundstücke von dem Reserveland, aber Cornies war der bei weitem größte Pächter. Da seine Schafzucht gedieh, wuchs sein Vermögen, und er begann auch mit der Aufzucht von anderem Vieh, einschließlich Pferden und Rindern zu experimentieren.

Cornies' Erfolg als Landwirt und Geschäftsmann erregte schon sehr bald die Aufmerksamkeit der Regierungsbeamten und besonders von Contenius. 1817 bat die Regierung Cornies, die Leitung der Siedlungs-Kommission zu übernehmen, die für die Landverteilung und die Ansiedlung neuer mennonitischer

---

[282] Diese Männer werden in dem nachstehenden Kapitel 8 behandelt.

[283] Betreffs Einzelheiten über Cornies' Leben siehe Epp, *Johann Cornies; RBS,* 8,266-67 und seinen Nachruf, übersetzt von Harvey L. Dyck, "Agronomist Gavel's biography of Johann Cornies (1789-1848), Supplement to the Unterhaltungsblatt (Oktober 1848)", *JMS,* 2 (1984), 29-41, ursprünglich in *Ubl.* und in russischer Übersetzung in *ZMG,* 29 (1848), 220-31.

[284] Den ersten objektiven Hinweis auf die frühere Laufbahn seines Vaters findet man in A.F.L. Viesse de Marmot, *Voyage....en Hongrie, en Transilvanie, dans la Russe Méridionale, en Crimée et sur les bords de la mer d'Azoff....*(Paris, 1837/8), 1, 354.

[285] Bezüglich seiner ausgedehnten Landverpachtungen und –weiterverpachtungen siehe Vermerke in Woltner, *Die Gemeindeberichte,* 138, 142, 153 usw.

*Johann Cornies aus David H. Epp, Johann Cornies (Berdjansk, 1909)*

Immigranten zuständig war. 1820 wählte er das Land für die württembergischen Separatisten aus. Er gehörte auch zu dem fortschrittlichen Teil der Gemeinde unter der Leitung von Bernhard Fast und war aktiv an der Gründung der Ohrloffer Schule beteiligt. Es war jedoch sein Erfolg in der Landwirtschaft, an dem die Obrigkeiten besonders interessiert waren. 1824 wurde Cornies von dem General-Gouverneur von Neurussland, Graf Woronzow,[286] einem starker Verfechter landwirtschaftlicher Neuerungen, gebeten, Daten über die Schafherden in Neurussland einzuholen und darüber zu berichten. Als Zar Alexander I. Cornies 1825 in seinem Haus besuchte, war dieser bereits in und außerhalb der Kolonien eine bekannte Persönlichkeit.

Viele Kaufleute, die Reichtümer angesammelt hatten, sowie Schafzüchter, die durch ihre Herde reich geworden waren, investierten ihr Geld in Privatgüter und zogen aus den Kolonien aus. Cornies lebte und arbeitete jedoch auch weiterhin in der Kolonie Molotschnaja, und die Obrigkeiten fanden schon bald neue Arbeit für ihn. Obwohl im Jahr 1825 die Schafherden in der Molotschnaja größer waren als die in Chortitza (133.000 Kopf im Vergleich zu fast 23.000 Kopf), gab es in der Molotschnaja doch weniger Schafe pro Familie als in Chortitza (27 zu 31). Die Anzahl der reinrassigen Merinoschafe war in der Molotschnaja ebenfalls viel kleiner als in Chortitza (604 zu 2.233). Alle Merinoschafe in Chortitza gehörten zur Gemeinschaftsherde, während zur Gemeinschaftsherde der Molotschnaja nur 259 solcher Tiere gehörten.[287] Um diese Lage zu verbessern, organisierte Contenius 1824 einen "Verein zur Verbesserung der Schafzucht" und ernannte sechs führende Züchter einschließlich Cornies, die über Verbesserungen beraten sollten.[288] Im gleichen Jahr erhielt Cornies den Auftrag, Merino-Widder zu kaufen, um die gemeinschaftliche Schafherde zu verbessern. Er kaufte Tiere aus der Kaiserlichen Herde und aus Sachsen, wo er persönlich die Auswahl überwachte. Unter seiner Leitung nahm die Gemeinschaftsherde an Größe und Qualität zu. 1825 hatte sie nur etwas über 1500 Kopf, 1835 bereits 4000 Kopf, und 1838 fast 6000 Kopf, die Wolle im Wert von fast 20.000 Papierrubel produzierten.[289] In dieser Zeit wurden ähnliche Erfolge in den Privatherden erzielt.

Contenius war nicht nur an der Schafzucht interessiert, sondern auch an einer ganzen Reihe anderer landwirtschaftlicher Bereiche. In seinem Versuchsgarten in Jekaterinoslaw wurden Bäume und andere Gewächse gepflanzt, von denen er glaubte, daß sie für die Kolonisten von Nutzen sein könnten. Da er in Jekaterinoslaw ansässig war, unterhielt Contenius engere Beziehungen mit Chortitza als mit den Kolonisten der Molotschnaja. Er ermutigte sie schon sehr früh, ihre eigenen gemeinschaftlichen Plantagen anzulegen, bis es schließlich im Jahr 1825 zehn solcher Gärten in Chortitza gab. 1825 hatten die Molotschnaer Siedler noch keine ähnlichen Gemeinschaftspflanzungen, obwohl eine Reihe von Privatpersonen mit

---

[286] M.S. Woronzow (1782-1853)
[287] Zahlen berechnet nach Rempel, *Deutsche Bauernleistung*, 6-7.
[288] Opisanie mennonitskich kolonij w Rossii", *ZMG*, 4 (1842), 24.
[289] Zahlen für das Jahr 1825: Rempel, *Deutsche Bauernleistung*, 6-7, 1825 und 1938, "Opisanie mennonitskich", 17.

der Anpflanzung von Bäumen, insbesondere von Obstgärten experimentierte.[290] Es gab jedoch keine zentrale Regelung für solche Aktivitäten in einer Kolonie, in der der Bedarf an Bäumen sehr viel größer war als in Chortitza. Zar Alexander war erfreut über den Fortschritt, der von gewissen Mennoniten der Kolonie in der Aufforstung erzielt worden war, er ordnete jedoch persönlich an, daß noch mehr Bäume gepflanzt werden sollten.

Die Versuche von Contenius, die Landwirtschaft in den ihm unterstellten Kolonien zu verbessern, fand die Unterstützung seiner Vorgesetzten im Innenministerium und des General-Gouverneurs Woronzow, der auch sehr stark an der Gründung des Landwirtschaftsvereins für Südrussland im Jahr 1828 in Odessa beteiligt war. Eine Reihe ähnlicher Vereine war in Russland zu Beginn des neunzehnten Jahrhunderts gegründet worden, der bedeutendste davon in Moskau im Jahr 1818.[291] Die Entstehung dieser Landwirtschaftlichen Vereine und der Erfolg des Schafzucht-Vereins ermutigte das Fürsorge-Komitee, im Jahr 1930 eine umfassendere landwirtschaftliche Organiation in der Molotschnaja zu gründen. Gemäß seinem Titel sollte er sich für eine wirksame Förderung der Aufforstung, des Gartenbaus, die Seidenraupenzucht und des Weinbaus einsetzen (Verein zur fördersamen Verbreitung des Gehölz-, Garten-, Seiden- und Weinbaues), obwohl er im allgemeinen unter dem weniger schwerfälligen Namen (Landwirtschaftlicher Verein)[292] bekannt war.

Das Fürsorge-Komitee ernannte Cornies zum lebenslänglichen Vorsitzenden des Vereins, dem ein Komitee von drei Personen zur Seite stehen sollte, die man für eine bestimmte Zeit aus den führenden Landwirten der Kolonie wählen würde. Zusammen mit seinen Komitee-Mitgliedern inspizierte Cornies die landwirtschaftlichen Aktivitäten in der Kolonie und empfahl den Bauern neue Feldfrüchte, Techniken und Methoden für die Verbesserung der Viehzucht. Der Landwirtschaftliche Verein war direkt dem Fürsorge-Komitee unterstellt,[293] dem er regelmäßig Berichte vorlegen mußte und von dem er seine Aufträge und Anweisungen erhielt. 1830 gründete Cornies zudem eine Versuchsstation auf 500 *dessjatini* Land, das er von der Regierung in Juschanlee, südlich von Ohrloff gepachtet hatte. Hier baute er eine Musterfarm mit einem Komplex landwirtschaftlicher Gebäude, hauptsächlich zur Förderung der Viehzucht, auf und entwickelte

---

[290] 1825 Einzelheiten aus Rempel, *Deutsche Bauernleistung,* 4-5. Um das Jahr 1820 bepflanze David Reimer aus Kronsgarten eine große Fläche mit Bäumen, insbesondere Obstbäumen, auf Land, das später das Felsental-Gut an der nordöstlichen Grenze der Molotschnaja wurde; siehe Friesen, *Mennonite brotherhood,* 995 n 74.

[291] Einzelheiten siehe in *MKG,* (1849), 18-12, 421, auch Blum, *Lord and peasant,* 405-6, Blum, *The end of the old order,* 289-90.

[292] Der Verein ist zweifellos von Contenius vor seinem Tod im Jahr 1830 organisiert worden; siehe Isaak, *Molotschnauer Mennoniten,* 17.

[293] Siehe spätere Gründungen solcher Vereine nach dem mennonitischen Beispiel in Klaus, *Unsere Kolonien,* Anhang, abgedruckt in *Warte Jahrbuch für die Mennonitische Gemeinschaft in Canada,* 2 (1944), 65-74.

große Landflächen zu Plantagen und Gärten, um die Anpflanzung von Bäumen und anderen Feldfrüchten zu fördern. 1836 schenkte Zar Nikolaus das Land von Juschanlee Cornies und seinen Nachkommen als Privatgut in Anerkennung seiner Arbeit für das Allgemeinwohl.[294]

Der Landwirtschaftliche Verein war in der Förderung der ihm unterstellten landwirtschaftlichen Bereiche sehr erfolgreich. 1832 wurde ein ähnlicher Verein in Chortitza gegründet, und diese Idee verbreitete sich später auch unter anderen ausländischen Kolonisten. Die Bildung solcher Vereine wurde schließlich im Jahr 1850 für alle Kolonisten obligatorisch. In den ersten Arbeitsjahren des Molotschnaer Vereins wurde Aufforstungsprojekten große Beachtung geschenkt. An der Aufforstung staatlicher Ländereien war die Regierung ganz besonders interessiert, die 1826 zu diesem Zweck eine Wissenschaftliche Kommission und 1832[295] einen Forstwirtschaftlichen Verein gegründet hatte. Bis 1825 war eine beeindruckende Anzahl von 217.684 Bäumen in der Molotschnaja gepflanzt worden, unter der Leitung des Vereins wurde diese Zahl jedoch bis zum Jahr 1843 um das Zehnfache erhöht und erreichte 1847 eine Anzahl von 4.484.799 Bäumen, und 1854 waren es schließlich fast sechs Millionen Bäume.[296] Das Aufforstungs-Programm, das unter Cornies Aufsicht verstärkt wurde, veränderte das Aussehen der Kolonien. Die offene Steppen wich großen Flächen grüner Baumpflanzungen, Forstreserven, Obstgärten und mit Baumalleen bepflanzten Dorfstraßen. Unter den zahlreichen Baumarten, die als Nutzholz, Schutz oder einfach nur aus ästhetischen Gründen angepflanzt wurden, gab es Eichen, Birken, Buchen, Ahorn, Ulmen, Linden, Akazien und Pappeln.[297] Zu den Obstbäumen gehörten Äpfel, Birnen, Pflaumen, Kirschen und Aprikosen. Die in den Baumschulen gezüchteten Setzlinge wurden außerhalb der Kolonie verkauft, und das Obst, insbesondere Äpfel, wurden exportiert.

Den spektakulärsten Zuwachs in der Baumanpflanzung erzielte man jedoch mit den Maulbeerbäumen, die zur Förderung der Seidenindustrie angepflanzt wurden. 1839 gab es weniger als 170.000 Maulbeerbäume in der Molotschnaja, 1846 wa-

---

[294] Siehe Bericht von David Cornies und Johann Töws, "Beschreibung des Vorwerkes Juschanlee", *Ubl.*, 7 (Mai, 1852), 33-36 abgedruckt im *Bte,* 40 (7. Okt. 1953), 3-4, jedoch ohne den Plan im Original.

[295] Walter McKenzie Pintner , *Russian economic policy under Nicholas I* (Ithaca, 1967), 112.

[296] 1825 Rempel, *Deutsche Bauernleistung,* 7, 8-9; 1843, A.F. von Haxthausen, *Studien über die inneren Zustände, das Volksleben und insbesondere die ländischen Einrichtungen Russlands* (Hannover, 1847) 2, 172; 1847-1854, Rempel, *Mennonnite colonies,* 170. Die Zahlen von 1847 stehen auch in Johann Cornies, "Kurze Übersicht der im molotschnaer Mennoniten Bezirke zum 1. Januar 1848 in Bestand......", *Ubl.,* 3 (März 1848), Beilage 1. Spätere Statisken im *Ubl.* besagen, daß die Zahlen für einige Jahre fielen, da starke Fröste die Pflanzungen zerstörten.

[297] Johann Cornies "Von der Gehölzsaat überhaupt und Saat der in Südrussland gedeihenden Laubhölzer insbesondere", *Ubl.,* 3 (Nov. 1848), 82-88.

ren es bereits 1.413.390, und 1851 war ihre Anzahl auf 2.843.189 gestiegen.[298] Die Seidenproduktion stieg dementsprechend von etwas unter einem *pud* im Jahr 1839 auf 50 *pud* im Jahr 1846 und 200 *pud* im Jahr 1851.[299] 1851 betrug der Exportwert von Seidengarn über 30.000 Silberrubel im Vergleich zum Wollertrag von nur 42.000 Rubel.[300] In dieser Zeit steigerten die Kolonisten von Chortitza ebenfalls ihre Anpflanzung von Maulbeerbäumen und die Seidenproduktion, jedoch nie in dem Maß wie die Molotschnaja.[301]

Der Weinbau erwies sich in kommerzieller Hinsicht in keiner Kolonie als erfolgreich, aber andere Feldfrüchte, wie z.B. Tabak, waren besonders in der Molotschnaja ein Erfolg.[302] Eine weitere neue Feldfrucht war die Kartoffel, deren Anbau von der Regierung stark gefördert wurde, um so die Gefahr einer Hungersnot durch eine geringere Abhängigkeit vom Getreide zu reduzieren, bei dem es leicht Mißernten geben konnte.[303] Flachs wurde ebenfalls in beiden Kolonien angebaut und für die Tuchweberei verarbeitet.

Obwohl das Weideland der Kolonie durch den Bau von Dämmen und die Bewässerung von Trockengebieten verbessert wurde, wurden die wirklichen Fortschritte in dieser Zeit in der Getreideproduktion erzielt.[304] Mehr Land wurde bebaut und das Vierfelderwirtschaftssystem eingeführt, nach dem die Felder

---

[298] 1839, "Opisanie mennonitskich...", 1846, Johann Cornies, "Kurze Übersicht der im molotschnaer Mennoniten Bezirke zum 1. Januar 1847 in Bestand...", *Ubl.*, 2 (April 1847), 2-3; 1851 Philip Wiebe, "Kurze Übersicht des landwirtschaftlichen Zustandes im molotschnaer Mennoniten Bezirke i.J. 1851", *Ubl.*, 7 (Juni 1852), Beilage 1.

[299] Betreffs vollständiger Zahlen der Seidenproduktion in der Molotschnaja zwischen 1836 und 1851 siehe Philip Wiebe, "Ackerbauwirtschaft bei den Mennoniten im südlichen Russland", *Ubl.*, 7, (Juni, 1852), 55, abgedruckt in *Archiv für Wissenschaftliche Kunde von Russland*, 12 (1853), 435.

[300] Wiebe, "Kurze Übersicht...1851", 7-8. Siehe auch Klaus, *Unsere Kolonien*, 244. Dies war eine Ausnahmejahr in bezug auf Preise.

[301] Produktionszahlen siehe in Siemens, "Über den Seidenbau."

[302] An der Anpflanzung von Tabak war besonders der General-Gouverneuer Woronzow interssiert. Artikel zur Förderung seines Anbaus wurden regelmäßig im *Ubl.* veröffentlicht, einschließlich einiger Artikel von Cornies.

[303] Epp, *Johann Cornies*, 40, 52-53. Blum, *Lord and peasant*, 334-36, Blum, *The end of the old order*, 274-75 und das Dekret von 1842 über die Erweiterung des Kartoffelanbaus in Vernadsky, *A source book for Russian history*, 2, 551-52; ausführliche Ertragszahlen siehe in Pintner, *Russian economic policy*, 177.

[304] Rempel, *Mennonite colonies*, 157. Bezüglich Anbaumethoden siehe Philip Wiebe "Zur Steuer der Wahrheit", *Ubl.*, 5 (August, 1850), 58-59, Philip Wiebe, "Behandlung der Schwarzbrache wie sie bei einer Vierfelderwirtschaft im molotschnaer Mennonitenbezirke zu bearbeiten angenommen worden ist", *Ubl.*, 5 (September, 1850), 65-66. Siehe auch ausführliche Beschreibung der Arbeit eines 'reformierten' Bauern in der Molotschnaja in Wiebes Artikel "Beschreibung einer deutschen Kolonisten-Landwirtschaft in Südrussland, namentlich bei den Mennoniten an der Molotschnaja, und wie sie auf Erfahrung gestützt betrieben werden muß", *MKG* (1851), 309-19.

jedes Jahr abwechselnd mit Gerste, dann Weizen, dann Roggen oder Hafer besät wurden, und schließlich brachliegen mußten. Aber das Brachland war auch nicht nutzlos. Die Erde wurde tief durchgepflügt und so der Luft und der Feuchtigkeit ausgesetzt. Dies war die Technik der Schwarzbrache, die in Russland als *tschornyj par* bekannt war. Pferdemist wurde auch auf die Felder gestreut, obwohl ein großer Teil des anderen Dungs noch immer mehr als Brennstoff als für Düngungszwecke verwendet wurde. Nach der Mißernte und der Hungersnot in Neurussland im Jahr 1833 wurde die Vierfelderwirtschaft mit der Schwarzbrache 1836 für alle Landwirte der Molotschnaja obligatorisch gemacht. Zusammen mit anderen Verbesserungen in den Geräten, besonders den Pflügen, nahmen die Erträge des Frühjahrs- und Winterweizens dramatisch zu.[305] Um das Jahr 1840 betrugen die Durchschnittserträge in der Molotschnaja das Achtfache des ausgesäten Saatguts im Vergleich zu Erträgen von 1:6 bei den benachbarten ausländischen Kolonisten und von nur 1:4 bei den kleinrussischen Bauern.[306] Ausführliche Zahlen eines Molotschnaer Landwirts besagen, daß in der Zeit von 1829 bis 1838 sein Durchschnittsertrag von Weizen fast 1:10 ausmachte und bei Anwendung der neuen Techniken von 1839 bis 1848 fast 1:14, und 1846 gelang es ihm sogar, einen Ertrag von 1:18 zu erzielen.[307] Andere Getreidearten zeigen ähnliche Ertragssteigerungen. In den 1840er Jahren wurden größere Getreidemengen, insbesondere Weizensorten, angebaut als in den früheren Jahren. Sie waren zum größten Teil für den Export bestimmt. 1841 wurde Weizen im Wert von 82.992 Rubel exportiert und 1852 im Wert von 286.593 Rubel.[308] Die Erträge und damit auch die Einnahmen blieben jedoch aufgrund der schwankenden Klimabedingungen wechselhaft. 1848 wurden z.B. nur 14.613 *tschetwert* Weizen zu 92.576 Rubel ver-

---

[305] Bezüglich der mennonitischen Verbesserungen an landwirtschaftlichen Geräten siehe "Opisanie Mennonitskich", 11-12 und Rempel, *Mennonite colonies,* 138. Das *Ubl.* enthält Berichte und Beschreibungen verschiedener Neuerungen bei den Mennoniten und anderen Kolonisten in den 1840er und 50er Jahren.

[306] Opisanie Mennonitskich", 10, aus einem anderen Bericht des Ministeriums von 1840 geht hervor, daß der beste Getreidertrag der staatseigenen Bauern 1:7 betrug,, während der Durchschnitt nur bei 1:3,21 lag, zitiert in W.Bruce Lincoln, *In the vanguard of reform: Russia's enlightened bureaucrats* 1825-1861 (De Kalb, 1982), 125.

[307] Rempel, *The Mennonite colonies,* 158-60, der Philip Wiebe (Filip Vibe) zitiert, "O chernom pare w stepnych Chosaistwach", *Trudy Imperatorskogo Woljnogo Ekonomitscheskogo Obschestwa* (1851), 78-86. Diese Zahlen und andere Ertragsvergleiche in Chortitza und der Molotschnaja wurden bereits weiter oben als "Genaue Berechnung aus dem Wirtschaftsbuche eines Wirts in der Molotschner Kolonie Münsterberg, des Mennoniten Jakob Neumann, über seine Aussaaten und Ernten aller Getreidearten auf einem und demselben Acker 1806-1846", *Ubl.,* 1 (November, 1846), 57-58, erwähnt, und als Tabelle zum Artikel von Philip Wiebe (Fußnote 25 oben) "Verzeichnis der Aussaat und Ernte in den Jahren 1809-1846. Die Weizenernte eines Molotschnaer und Chortitzer Mennonitenwirts", *Ubl.,*5 (August, 1850), 60

[308] Rempel, *Mennonite commonwealth,* 63.

kauft im Vergleich zu 58.346 *tschetwert* für 261.163 Rubel im vorherigen Jahr.[309] Ein besseres Bild über die Entwicklung der Weizenproduktion kann man sich aus der besäten Fläche machen, die von 12.040 *dessjatini* im Jahr 1846 auf 12.345 im Jahr 1848 und 15.769 im Jahr 1851 stieg.[310]

Zu Steigerungen der Getreideproduktion und der Getreideexporte kam es zur der Zeit, als die Nachfrage nach russischer Wolle aus dem Ausland stagnierte und dann zu sinken begann. Bis 1840 waren die Herden weiter gewachsen, um die Nachfrage nach Wolle zu decken; in der Molotschnaja stiegen sie von über 33.000 Kopf im Jahr 1825 auf 100.000 Kopf im Jahr 1836, um dann 1838 den Höchststand von 180.000 Kopf zu erreichen. Um 1844 war die Anzahl der Schafe auf 100.000 Kopf gesunken und 1855 auf 71.000 Kopf.[311] Als die billige australische Wolle die europäischen Märkte Anfang der 1840er Jahre erreichte, sank die Nachfrage nach russischer Wolle, aber Ende der 1830er Jahre begannen die Getreideexporte aus Neurussland, insbesondere nach Britannien, zu steigen.[312] Als Großbritannien seine Korngesetze 1846 aufhob, und andere europäische Länder ihre Tarife herabsetzten, stieg die Nachfrage nach Weizen ständig an, und die Kolonisten pflanzten mehr Getreide.[313] Die Bedeutung Südrusslands als Exportgebiet landwirtschaftlicher Erzeugnisse wurde von der Regierung erkannt, die die Hafenanlagen an den Küsten des Schwarzen und des Asowschen Meeres erweiterte und verbesserte.[314] 1827 wurde die Anlage eines neuen Hafens in Berdjansk, einem kleinen Fischerdorf 70 *werst* von der Kolonie Molotschnaja, angeordnet. Er wurde 1836 amtlich als Hafen registriert und zog die mennonitischen Kaufleute an. Er wurde zu einem bedeutenden Zentrum für den Export mennonitischer Erzeugnisse.[315] Welche Bedeutung diese Verlagerung von Wolle auf Weizen für die Kolonisten hatte, ist deutlich daraus zu ersehen, wie sich der Wert dieser Güter für die Mennoniten veränderte. 1839 betrugen die Wollexporte aus der Molotschnaja 131.250 Rubel und

---

[309] Für 1848 siehe Philip Wiebe, "Kurze Übersicht der im molotschnaer Mennonitenbezirke zum 1. Januar 1849 im Bestand.....", *Ubl.*, 4 (Mai, 1849), Beilage 3, für 1847, siehe Cornies, "Kurze Übersicht....1848", 4

[310] Für 1846 und 1851 siehe Hinweise in vorstehender Fußnote 19, und für 1848 vorstehende Fußnote 30.

[311] 1825 Rempel, *Deutsche Bauernleistung*, 6-7, 12-13; 1836 und 1855. Rempel, *Mennonite colonies*, 126 (wo andere Zahlen angegeben sind); 1838 "Opisanie Mennonitskich", 13; 1844 Haxthausen, *Studien über die internen Zustände*, 2, 189.

[312] Rempel, *Mennonite colonies*, 127, Susan Fairlie, "Shipping in the Anglo-Russian grain trade, to 1870, Part I", *Maritime History,* 1 (1971), 161.

[313] V.J. Puryear, *England, Russia and the Straits question 1844-56.* (Berkeley, CA, 1931), 86-88, 98-99, Failie, "Shipping in the Anglo-Russian grain trade", 159-60.

[314] J. De Hagemeister, *Report on the commerce of the ports of Russia, Moldavia and Wallachia made to the Russian government in 1835*....(London, 1836).

[315] E. Amburger, "Zur Entstehung und Entwicklung russischer Seehäfen", in K. Zernack, Hrg., *Beiträge zur Stadt- und Regional-Geschichte Ost- und Nordeuropas* (Wiesbaden, 1971), 196; betreffs mennonitischer Kaufleute siehe nachstehendes Kapitel 8.

die Getreideexporte 150.000 Rubel; 1846 wurden die gleichen Güter mit 54.566 bzw. 202.822 bewertet und 1852 mit 44.519 und 286.593 Rubel.[316]

Anfänglich ging es dem Landwirtschaftlichen Verein nur um spezifisch landwirtschaftliche Verbesserungen. Die Mitglieder des Vereins hatten wohl die Unterstützung der Zivilbehörden, besaßen jedoch keine wirkliche Macht, um ihre Anweisungen durchzusetzen. Sie konnten nur Prämien überreichen und einzelne Personen für Auszeichnungen seitens der Regierung empfehlen. Die von ihnen in Umlauf gebrachten Anweisungen wurden in der allgemein üblichen Sprache erteilt und von freundlichen Moralpredigten begleitet, mit denen sie den Landwirten die neuen Methoden empfahlen, damit diese sich mehr dafür einsetzten.[317] Die Regierung sorgte jedoch für die Durchsetzung der Verbesserungen. Für Pflanzungen wurden besondere Landflächen in der Nähe ausgewählter Dörfer reserviert und mit Nutzhölzern bepflanzt, mit denen diese Siedlungen in den kommenden Jahren beliefert werden sollten. Jeder Landwirt war verpflichtet, auf diesem Landstück eine halbe *dessjatina* zu bepflanzen. Die Obstgärten mußten auf den Hofstellen gepflanzt werden.[318] Das Vierfelder-Wirtschaftssytem wurde ebenfalls obligatorisch gemacht. Beratung und Förderung wurden damit allmählich zu einer Art Zwangspolitik, je fester der Verein die Kolonie in seinem Griff hatte und seine Macht erweiterte. 1836 wurde der Titel des Vereins verkürzt, so wie es seiner wachsenden Rolle in der Kolonie entsprach; er war nun für die Förderung der gesamten Landwirtschaft und Industrie in der Kolonie zuständig (*Verein zur Erhöhung der Landwirtschaft und Gewerbe*), eigentlich für die gesamte wirtschaftliche Grundlage der Gemeinschaft[319] Es blieb nur noch ein kurzer Schritt, bevor alle für die Zukunft wichtigen Angelegenheiten der Kolonie unter die Kontrolle des Vereins fielen. Innerhalb einer kurzen Zeit wurden von Cornies und dem Verein noch größere Veränderungen in der Kolonie eingeleitet.

Anfang der 1830er Jahre wandte Nikolaus I. seine Aufmerksamkeit den Problemen der russischen Bauernschaft zu. 1836 ernannte er Graf P.D. Kisselew zum Leiter einer neuen Abteilung seiner Kanzlei, die Pläne für die Verbesserung der Lage der Reichsbauern entwerfen sollte. 1837 wurde ein neues Ministerium für Reichsdomänen unter der Leitung von Kisselew zur Förderung dieser Arbeit gegründet[320], und alle staatlichen Ländereien,

---

[316] 1839 "Opisanie Mennonitskich", 25-26; 1852, Rempel, *Mennonite colonies,* 127; 1846 Cornies "Kurze Übersicht...1847", 5. Zu beachten sind die früheren Anmerkungen in bezug auf jährliche Schwankungen aufgrund von Klimaveränderungen.

[317] Siehe das Schriftstück aus dem Archiv des Vereins in Ohrloff, das als "Aus vergilbten Blättern von Anno 1835", veröffentlicht wurde, *Botsch,* 7 (33, 1912), 4-5.

[318] Einzelheiten siehe in "Opisanie Mennonitskich", 21-22.

[319] Isaak, *Molotschnaer Mennoniten,* 17.

[320] Die bedeutendsten Abhandlungen über Kisselew und seine Arbeit unter den Reichsbauern sind: A.P. Zablotskij-Desiatowskij, *Graf P.D. Kisselew i ego vremia* (St. Petersburg, 1882), N.M.Drushinin, *Gossudarstwennye krestjane i reforma P.D. Kisselewa* (Moskau, 1946, 1958), siehe auch Olga Crisp, "The state peasants under Nicholas I" in ihren *Studies in the Russian economy before 1914* (London, 1976), 73-95. Bezüglich Kisselew (1788-1872), siehe *RBS,* 8, 702-17, W. Bruce Lincoln, *"*Count P.D. Kisselev, a reformer in Imperial Russia*",* Australian Journal of Politics and History, 16 (1970), 177-88, Lincoln, *In the Vanguard of reform,* 30-34, Henry H. Herschbiel, "Kisselev, Paul Dimitrievitsch", *MERSH,* 17 (1980), 41-44.

alle Reichsbauern und ausländischen Kolonisten wurden seinem Zuständigkeitsbereich unterstellt. Das Gesetz, durch das das Ministerium gegründet wurde, besagte klar, daß zu seinen Aufgaben die Verbesserung der Landwirtschaft, einschließlich Viehzucht, Gartenbau, Weinbau, Seidenbau und Forstwirtschaft gehörte; zudem der Aufbau von Musterfarmen und Fabriken und die Verbreitung neuer Ideen und Methoden durch die Herausgabe von Zeitschriften.[321] Kisselew begeisterte eine Reihe junger, engagierter Bürokraten für das neue Ministerium. Es waren weise Beamte, die eifrig dabei waren, die Verwaltungsverfahren zu verbessern und den Fortschritt zum Wohl des Reiches zu fördern. In diesem Ministerium war die Abteilung für Landwirtschaft, die schließlich Z.P. Zablotskij-Desiatowskij unterstellt wurde, ganz besonders an der Sammlung verläßlicher statistischer Daten, der Entwicklung neuer landwirtschaftlicher Methoden und der sozialen Reform unter den Reichsbauern interessiert.[322]

Fortschrittliche Bürokraten im Innenministerium in St. Petersburg waren bereits 1836 auf die Mennoniten aufmerksam geworden. Als Teil eines Programms zur Sammlung von Informationen über die Lage der Reichsbauern in den Provinzen entsandte das Ministerium Zablotskij-Desiatowski, Nikolai Miliutin und den bekannten Statistiker und Akademiker P.I. Keppen (Köppen) zur Untersuchung der staatlichen Ländereien in Taurien.[323] Die Untersuchung dauerte fast ein Jahr, und Keppen war beeindruckt von dem, was in der Molotschnaja erreicht worden war. Er wurde ein guter Freund von Cornies, der ihn jahrelang mit wissenschaftlichen und statistischen Informationen belieferte, die Keppen in Fachzeitschriften veröffentlichte.[324] Kurz nach seiner Gründung wurde Cornies zum Korrespondenten-Mitglied des bedeutenden Akademischen Komitees des Ministeriums für Reichsdomänen ernannt, in dem Keppen Mitglied war und das stark an der Planung von Reformen in Zusammenarbeit mit der Landwirtschafts-Abteilung des Ministeriums beteiligt war.[325]

Die in den mennonitischen Kolonien erzielten Fortschritte wurden von den Beamten des neuen Ministeriums sehr hochgeschätzt, und ausführliche Berichte

---

[321] Siehe Vernadsky, *A source book for Russian History*, 2, 545, Abschnitt 4.

[322] Lincoln, *In the vanguard of reform*, 43-51, 116-25.

[323] David G. Rempel, "Geschichte und Geschichten", *Bte*, 46 (1967), 10-11; Lincoln, *In the vanguard of reform*, 48; Miliutin (1818-1872) sollte in der späteren Reformarbeit eine wichtige Rolle spielen, einschließlich der Befreiung der Leibeigenen, siehe W. Bruce Lincoln, *Nikolai Muliutin, an enlightened Russian bureaucrat* (Newtonville, Mass., 1977), bezügl. Keppen siehe *RBS*, 8, 616-19 und T. Neubauer, "Peter Ivanowitsch Köppen (1793-1864)", *JGO*, 13 (1965), 175-82.

[324] Siehe z.B Keppens Artikel mit Material von Cornies über die Ausgrabung von Tumuli, "Kurze Übersicht der in den Jahren 1842-44 an der Nordseite des Asowschen Meeres geöffneten Tumuli", *Bulletin de la classe des Sciences Historico-Philologiques de l'Académie Impériale de St. Petersburg* (1843), 193-203, und in bezug auf die Ortslage "Über einige Landes-Verhältnisse der Gegend zwischen dem Untern Djepr und dem Asow'schen Meere", *Beiträge zur Kenntnis des Russischen Reichs*, 11 (1845), 1-85.

[325] Lincoln, *In the vanguard of reform*, 122.

über den guten Zustand der Kolonien wurden in der Zeitschrift des Ministeriums veröffentlicht.[326] Verschiedene Experten wurden in die Kolonie Molotschnaja entsandt, um die in der Forstwirtschaft, im Gartenbau und in der Industrie erzielten Fortschritte zu untersuchen.[327] Bedeutende ausländische Gelehrte, die sich mit der Erforschung der sozialen und wirtschaftliche Lage im Zarenreich befaßten, wurden aus einleuchtenden Gründen in die Molotschnaja geführt, und schrieben begeisterte Berichte über deren Wohlstand.[328] Mitglieder der Zarenfamilie, die oft zu ihren Palästen in der Krim reisten, besuchten die Kolonie, um ihre Errungenschaften zu bewundern. Unter diesen Besuchern befanden sich auch der Thronerbe Alexander (1837), sein Bruder, der Großherzog Konstantin (1845) und deren Tante, die Schwägerin des Zaren, die Großherzogin Elena Pawlowna (1841).[329]

Die Mennoniten und insbesondere die Siedler der Molotschnaja wurden zunehmend anderen ausländischen Kolonisten und den Reichsbauern als nacheifernswertes Beispiel vorgehalten. Sie wurden schon bald als Musterlandwirte betrachtet, die in einer sozial und wirtschaftlich wohlgeordneten Welt lebten.[330] Aber sie sollten nicht nur Vorbilder, sondern auch Ausbilder sein. Cornies hatte schon seit langem versucht, die Lebensbedingungen benachbarter Gruppe, wie der Nogaier und verschiedener russischer Gemeinschaften zu verbessern. 1839 begann er Gruppen junger Nogaier und Russen, Männer und Frauen, über neue landwirtschaftliche Anbaumethoden und Aspekte der Haushalterschaft zu un-

---

[326] Bezüglich einer Liste solcher offizieller Berichte über die Mennoniten und andere Kolonisten siehe Vermerke in Long, *German Russians: a bibliography,* 100-05.

[327] Bezüglich der Experten, der vielen weisen Verwaltungsbeamten, die später hohe Posten in verschiedenen Ministerien bekleideten, siehe Rempel, "Geschichte und Geschichten", 46, 11.

[328] Xavier Hommaire de Hell, *Les steppes de la mer Caspienne, le Caucase, la Crimée et la Russie meridionale* (Paris, 1843) übersetzt als *Travels in the steppes of the Caspian Sea, the Crimea, the Caucasus etc.* (London, 1854); 1843, Haxthausen, *Studien über die Zustände,* teilweise übersetzt als *The Russian Empire: its people, institutions and resources* (London, 1856) und (wurde in einer anderen Auswahl und Übersetzung) als *Studies in the interior of Russia* (Chicago, 1972); 1855 Alexander Petzholdt, *Reise im westlichen und südlichen europäischen Russland im Jahre 1855* (Leipzig, 1864), wovon Auszüge bezüglich der Mennoniten separat erschienen sind, *Besuch bei unseren Vätern. Auszüge aus Alexander Petzholdts "Reise im europäischen Russland im Jahre 1855"* (Norman, Okl., 1963). Bezüglich der Bedeutung des Berichtes von Haxthausen und späteren Meinungsstreits in Russland siehe S. Frederick Starrs Einführung in die Übersetzung von 1972; Petzholdt hatte an der Universität Dorpat in Russlands Ostseeprovinzen gelehrt, und sein Bericht über die Mennoniten war entschieden eine einzige Lobeshymne und wurde in Russland noch schärfer kritisiert als das Werk von Haxthausen.

[329] Siehe Isaak, *Molotschnaer Mennoniten,* 23 und Hinweise, die 1848 liebevoll von Dorfvorstehern aufgeschrieben wurden, in Woltner, *Die Gemeindeberichte,* 93, 100, 115 usw. Bezüglich der Bedeutung von Elena Pawlowna siehe nachstehende Fußnote 62.

[330] In den amtlichen Berichten und Statistiken über ausländische Kolonisten wurden die Kolonisten der Molotschnaja gewöhnlich an erster Stelle aufgeführt, gefolgt von den Kolonisten von Groß-Liebenthal, die sich in der Nähe von Odessa angesiedelt hatten.

terrichten.[331] Seine Arbeit setzte ein, noch bevor das Ministerium seine eigenen landwirtschaftlichen Musterbetriebe aufgebaut hatte, auf denen die Reichsbauern ab 1840 Belehrung und Schulung erhielten.[332] 1842 siedelte das Ministerium die Hutterer von Raditschew in eine Gegend in der Nähe der Molotschnaja um und übergab Cornies die Verantwortung für ihre Ansiedlung und die Entwicklung ihrer Gemeinschaft.[333] 1840 schlug Keppen Kisselew vor, daß man alle Reichsbauern unter die Leitung von Männern wie Cornies stellen sollte, da man dadurch eine weitreichende Verbesserung ihrer Lebensbedingungen erreichen könnte. Kisselew war damit einverstanden, aber er fragte: "Und wo sollen wir all die Cornies hernehmen, die das tun?"[334]

Tatsächlich wurden jedoch in zunehmendem Maß fortschrittliche Mennoniten ausgewählt, um andere zu unterrichten. 1841 inspizierte Kisselew staatliche Ländereien in Südrussland. Während er über die mennonitischen Kolonien erfreut war, gefiel ihm der Zustand einiger Bessarabiendeutschen Siedlungen lange nicht so gut.[335] Kisselew gab ihnen Anweisungen, Organisationen zu gründen, wie sie die Mennoniten hatten, um die Landwirtschaft zu verbessern, und hielt ihnen im allgemeinen die Mennoniten als ein nacheifernswertes Vorbild vor. Er warnte die "deutschen" Kolonisten, daß er ihre Oberschulzen und Dorfschulzen durch Mennoniten ersetzen würde, wenn sie seine Anweisungen nicht befolgten.[336] 1846 wurden mennonitische Aufseher als Leiter der landwirtschaftlichen jüdischen Kolonien ernannt, die 1806 gegründet worden waren und die nun auch zum Zuständigkeitsbereich des Ministeriums für Reichsdomänen gehörten.[337] Tatsächlich gründete sich eine Anzahl der Pläne für die soziale und wirt-

---

[331] Epp, *Johann Cornies*, 81-83.

[332] Pintner, *Russian economic policy*, 174-76; Lincoln, *In the vanguard of reform*, 126-27.

[333] Die Hutterer hatten sich 1770 auf Ländereien des Grafen P.A. Rumjanzew angesiedelt, waren dann jedoch auf Staatsland bei Raditschew in der Provinz Tschernigow gezogen, wo sie als ausländische Kolonisten behandelt wurden und ihr Gemeinschaftsleben aufgaben. Siehe A.J.F. Zieglschmid, Hrg., *Das kleine Geschichtsbuch der Hutterischen Brüder* (Philadelphia, 1947), Hostetler, *Hutterite society*. Bezüglich Cornies' Arbeit unter ihnen siehe Epp, *Johann Cornies* 96-99, und David G. Rempel, "Historian challenges Sawatzky's review", *Mennonite Mirror* (Juni, 1975), 18-19. Die Hutterer sind zuweilen in die Statistiken der Molotschnaja eingeschlossen.

[334] Zitiert in Rempel: "Geschichte und Geschichten", 46, 11.

[335] Bezüglich Kisselews Anerkennung der Mennoniten siehe Briefe in Isaak, *Molotschnaer Mennoniten*, 22-23, Friesen, *Mennonite brotherhood*, 200.

[336] In Keller, *German colonies*, 1, 60-62.

[337] Die Beteiligung der Mennoniten in diesen Siedlungen dauerte bis zum Ende des Jahrhunderts an. Siehe "Judenplan", *ME* 3.125, und den Bericht des Mennoniten J. Toews "Jüdische Ansiedlungen", *OZ*, 186-189 (21. Aug/2.Sep.-26. Aug./7. Sept. 1880). Siehe auch H. Rosenthal, "Agricultural colonies in Russia", *Jewish Encyclopedia*, 1 (1901), 252-56.

schaftliche Reform der Reichsbauern, die vom Ministerium in den 1840er und 50er Jahren entworfen wurden, direkt oder indirekt auf die in den mennonitischen Kolonien bestehenden Organisationen und Methoden.[338]

Obwohl Cornies und sein Verein nun die aktive Unterstützung der Beamten des Ministeriums in St. Petersburg erhielten, waren die örtlichen Behörden, die sich mit den Kolonialangelegenheiten befaßten, nicht mit Verwaltungsbeamten gleichen Kalibers ausgestattet wie die in der Hauptstadt. Insow hatte die Arbeit von Cornies unterstützt, aber 1840 war er bereits ein alter Mann, der mehr an religiöser Literatur und Mystik interessiert war als an Ideen, bei denen es um die Förderung der Landwirtschaft und soziale Reformen ging.[339] Bei der Dienststelle in Jekaterinoslaw war Fadeew jedoch ein leidenschaftlicher Unterstützer der Reform. Er förderte den landwirtschaftlichen Fortschritt und entwarf Pläne, um das Niveau der Sekundarschulbildung in den Kolonien zu heben.[340] Nach seiner Inspektionstour im Jahr 1841 beschloß Kisselew, einen Beauftragten zur Unterstützung von Insow zu ernennen. Die Großherzogin Elena Pawlowna, die Cornies 1841 in Ohrloff besucht hatte, empfahl Evgenij von Hahn (Gan) für diesen Posten.[341] Hahn erwies sich als genauso rücksichtslos wie tüchtig. Er bereiste die Kolonien, inspizierte alles vom Gebietsamt bis zur Küche und den Vorratskammern der Privathäuser. Korrupte Beamte und solche, die seine Anordnungen nicht ausführten, wurden sofort ihres Amtes enthoben und durch tüchtige Verwaltungsbeamte ersetzt.[342] Unter seiner Leitung wurde in Odessa eine landwirtschaftliche Zeitschrift für die Kolonisten herausgegeben, das *Unterhaltungsblatt für deutsche Ansiedler im südlichen Rußland*. Wie die Zeitschrift des Ministeriums veröffentlichte das neue Blatt statistische Berichte, machte Werbung für Verbesserungen und

---

[338] Cornies schickte beispielsweise 1841 ausführliche Pläne über das mennonitische System der Kolonieverwaltung, verschiedene Institutionen, Landeigentum und Erbschaft zur Begutachtung an die Abteilung des Ministeriums, die sich mit der Landreform der Bauern befaßte, siehe TsGAIL, f. 398, op.9, d.2765, Teil 1, 67-91. Siehe auch Rempel, "Geschichte und Geschichten", 46, 11 und bezüglich einer Übersicht der Regierungspläne und was dadurch erreicht wurde, Crisp, "The state peasants", 90.

[339] Keller, *German colonies,* 1, 50.

[340] Fadeews Reformpläne werden nachstehend in Kapitel 9 erörtert.

[341] Epp, Johann Cornies, 32, "Hahn, Eduard von", *ME*, 2.628, Zitat aus den Unterlagen des Landwirtschaftlichen Vereins; die Großherzogin war sehr an der Förderung der Landwirtschaft und der Bauernreform interessiert, und ihr Salon wurde zu einem bedeutenden Zentrum für die Besprechung der Reform in den 1840er und 1850er Jahren, Lincoln, *In the vanguard of reform,* 148-62; bezüglich Hahn (1807-74) siehe *RBS*, 4, 220-22.

[342] Bezüglich seines tüchtigen und rücksichtslosen Charakters siehe Keller, *German colonies*, 1, 51-52; bezüglich seiner "Anordnungen" siehe S. Kludt, "Wie seinerzeit Staatsrath v. Hahn die Landwirtschaft der Kolonien zu verbessern suchte", *OZ*, 148-149 (2/14-3/15. Juli 1888), 2,2.

förderte das Gespräch über Themen der Landwirtschaft und Industrie. Die Mennoniten spielten auf seinen Seiten eine führende Rolle. Cornies und andere Mennoniten beteiligten sich mit zahlreichen Artikeln an diesem Blatt.[343]

Kisselew glaubte, daß Bauern mit einer besseren Bildung Neuerungen bereitwilliger annehmen würden, und deshalb schlossen seine Plänen neben der Förderung der Landwirtschaft auch Schulreformen ein.[344] 1843 erließ Hahn eine Verordnung für die bessarabischen Kolonisten, laut welcher sie das Niveau ihrer Schulen, insbesondere im Unterricht der hochdeutschen und der russischen Sprache verbessern sollten.[345] Diese Kenntnisse waren ausschlaggebend, wenn die Anordungen der Verwaltungsbeamten richtig verstanden und die Regierungspolitik durchgeführt werden sollte. Im gleichen Jahr wurde wurde die Überwachung der Schulen aus den Händen der Kirchengemeinden auf den Landwirtschaftlichen Verein übertragen.[346] 1845 starb Insow, Hahn wurde sein Nachfolger als Vorsitzender des Fürsorge-Komitees, und es wurden weitere Verordnungen erlassen, die die Schulpflicht einführten.[347] Inzwischen beherrschten Cornies und der Verein einen großen Teil des Lebens in der Molotschnaja, und seine Anweisungen bezogen sich nicht nur auf Landwirtschaft, Industrie und das Schulwesen, sondern auch auf die Struktur der Dörfer, den Bau von Häusern, das Färben der Giebel und Zäune und den Standort der Außenaborte und der Heuschober.[348] Jede Anweisung sollte der Förderung des Fortschritts dienen. 1847, nach einer weiteren Inspektion des Gebietes, befahl Kisselew, daß Cornies auch die Leitung des Landwirtschaftlichen Vereins von Chortitza übernehmen sollte, um die wirtschaftliche und soziale Ordnung so zu reformieren, wie er es in der Molotschnaja getan hatte.[349] Cornies Macht und Einfluß hatten nun ihren Zenith erreicht. Er leitete mit großer Tüchtigkeit die mennonitischen Kolonien in Neurussland, er war aktiv in anderen Kolonien und benachbarten Dörfern, und sein Name war in weiten Regierungskreisen von Odessa und St. Petersburg bekannt. Aber obwohl er von vielen Fortschrittlern außerhalb der

---

[343] Siehe Ankündigung der Veröffentlichung dieser Zeitschrift *MKG,* 1848, 171-73. Der erste Schriftleiter war der Kolonist Johann Heinrich Sonderegger, und die Zeitschrift wurde von zahlreichen Mennoniten abonniert, und Hahn machte deren Abonnement seitens der Regierungsbehörden und ihre Verteilung unter den Schulen obligatorisch. *Ubl.,* 2 (April, 1847), 1.

[344] Siehe Kommentare in den Zeitschriften des Ministeriums von 1842, zitiert in Pintner, *Russian economic policy,* 172, 173.

[345] In Keller, *German colonies,* I, 84-85.

[346] Epp, *Johann Cornies,* 57; der Satz *"und zur Erhöhung des Schulwesens"* wurde dem Titel des Vereins hinzugefügt, Friesen, *Mennonite brotherhood,* 791.

[347] [E] v. Hahn, "Regeln für den Besuch der Dorfschulen und Kinderlehre", *OZ,* 257 (17/19 Nov., 1882), 3, Keller, *German colonies,* 1, 87-88, wo diese Regeln mit 1841 falsch datiert sind.

[348] Isaak, *Molotschnaer Mennoniten,* 17-18

[349] Epp, *Johann Cornies,* 86-87.

Kolonien bewundert wurde, war sein Ansehen in bestimmten Teilen der mennonitischen Gemeinschaft nicht so gut.

# 7. Die Verfechter der Tradition

Heinrich Balzer, ein Prediger der friesischen Gemeinde von Rudnerweide in der Molotschnaja, der aufgrund seiner Bildung und seiner liberalen Haltung hohes Ansehen genoß, verließ 1833 seine Gemeinde und trat der *Kleinen Gemeinde* bei.[350] Er schickte eine Reihe von Flugschriften und Gedichten an den eigenen Ältesten Franz Görz und an die verbündeten Ältesten der Ohrloffer flämischen und Groningen alt-flämischen Gemeinde, Bernhard Fast und Peter Wedel, denen er die Gründe seines Austritts darlegte und sie vor der gefährlichen Richtung warnte, die das Mennonitentum in Russland genommen hatte.[351] Er sah sich zum Handeln gezwungen, weil in den Kolonien ein Buch erschienen war, das von einem süddeutschen Mennoniten Abraham Hunzinger geschrieben wurde und das eine Reihe von Reformen für die mennonitische Lebensweise vorschlug. Er trat dafür ein, daß die Mennoniten die meisten ihrer alten Gewohnheiten aufgeben sollten, insbesonere altmodische Sitten und Gebräuche, die eine Heirat mit Außenstehenden verboten, die Anwendung des Banns, die Nichtbeteiligung an zivilen Verwaltungsämtern und ihre Ablehnung des Militärdienstes. Statt dessen sollten sie sich in die "Welt" begeben, das moderne Bildungswesen annehmen und einen entlohnten geistlichen Lehrdienst einführen.[352] Hunzinger gründete seine Vorschläge auf vernünftige Argumente, und sein Eintreten für eine fortschrittliche Reform fand eine verständnisvolle Zuhörerschaft in den russischen Kolonien und sogar unter den Predigern einiger Gemeinden. Balzer reagierte jedoch darauf mit einer Neuüberprüfung seiner Stellung, er bestätigte von neuem den Grundsatz,

---

[350] Balzer war wahrscheinlich der Sohn von Heinrich Balzer, dem Prediger der Rudnerweide Gemeinde, der in den Jahren 1818-1820 nach Russland ausgewandert war.

[351] *Der Balzer Brief! Oder eine Geschichte und Gedicht wie und warum Lehr. Heinrich Balzer ist ausgegangen* (Plum Coulee, Man., 1903), übersetzt und neu veröffentlicht mit anderen Beispielen aus Balzers Schriften in Plett, *Golden years*, 214-47.

[352] Abraham Hunzinger, *Das Religions-, Kirchen- und Schulwesen der Mennoniten oder Taufgesinnten; wahr und unparteiisch dargestellt und mit besonderen Betrachtungen über einige Dogmen, mit Verbesserungs-Vorschlägen versehen* (Speyer, 1830), siehe auch 'Hunzinger, Abraham', *ME*, 2,845. Das Büchlein wird von den Russen in "Opisanie Mennonitskich" (als glaubwürdige Quelle mennonitischen Brauchtums und Glaubens zitiert!), 34, wo der Autor jedoch irrtümlicherweise als Heinriger angegeben wird.

daß Mennoniten sich nicht der "Welt" gleichstellen sollten, und betonte die Wichtigkeit der Kontinuität, der Tradition und der Erhaltung und Beibehaltung bestehender Bräuche.[353]

Die moralischen Maßstäbe der Mennoniten zerfielen, und Balzer mahnte: "Stolz, Prahlerei, Eitelkeit, die Gier nach Geld und das Verlangen nach Reichtum, Geiz, Trunksucht, ein luxuriöses, lasterhaftes Leben, Verstellung, obszöne Lieder, das Glücksspiel und vor allem das elende Tabakrauchen - all das sei in einem solchen Maß zu leidenschaftlichen Gewohnheiten der Mennoniten geworden, daß sie in deren Ablehnung nicht einmal mehr einen lobenswerten Vorteil gegenüber den bedauernswerten Nogaiern erkannten, für die es keine größere Glückseligkeit in dieser Welt oder im Jenseits gab, als die Befriedigung ihrer Lüste."[354] Neben der Auflistung dieser Unterlassungssünden versuchte Balzer auch das klarzulegen, was er für die Hauptprobleme der Mennoniten in Russland hielt. Durch ein direktes Eingehen auf die rationellen Grundlagen von Hunzingers Argumenten stellte Balzer einen Unterschied zwischen der Vernunft und dem Verstand aus der Sicht des Glaubens fest. Er meinte, die ganze Menschheit hätte von Gott ein physisches Leben erhalten, ein Leben, das aus einer Seele, den Sinnen und einem geistlichen bzw. geistigen Bewußsein bestünde. Das letztere Bewußsein verschaffe dem Menschen Zugang zum Wissen, das er zum Guten oder Bösen einsetzen könne. Ein Wissen, durch das man die Ziele Gottes für die Menschheit und die wahre Bedeutung der Erlösung durch Christus besser verstand, gab denen, die seinem Willen gehorchten, die Hoffnung auf die Errettung durch den Glauben. Ein Wissen, das durch die Anwendung der Vernunft für die Erlangung "weltlicher" Ziele eingesetzt wurde, sei jedoch übel, weil es viele Menschen von dem Weg des wahren Glaubens abbrachte. Balzer wies darauf hin, daß die Mennoniten die Vernunft in ihrem Leben auf zwei Gebieten in einer besorgniserregenden Weise anwandten; ihr wachsendes Interesse an einer höheren Bildung, die über die Fähigkeiten hinausging, die man zur "Ausübung einer guten Haushalterschaft" brauchte, und "das Streben nach größerem Reichtum oder einer hochrangigen Stellung in der Welt."[355] Diese beiden Dinge stünden in einer Wechselbeziehung zueinander, da Menschen "verblendet durch die Vernunft und durch den Reichtum an guten Dingen dieser Welt, in große Aufgaben verstrickt würden und somit Pflichten und Verantwortungen übernehmen müßten, die ein weltliches Lernen unvermeidlich machten."[356]

Balzer glaubte, daß diese Irrtümer dadurch korrigiert werden könnten, daß die Mennoniten zum "niedrigsten Stand" zurückkehrten und wieder einfache Landwirte würden, um nur die notwendigsten Bedürfnisse wie "Nahrung und Kleidung" zu befriedigen, und nur die Fähigkeiten und die Art von Wissen erwarben, die notwendig

---

[353] Siehe meine Kommentare in "All that glisters", 237-38.
[354] Heinrich Balzer, "Faith and reason: the principles of Mennonitism reconsidered in a treatise of 1833", (übersetzt und herausgegeben von Robert Friedmann), *MQR,* 22 (1948), 75-93 abgedruckt in Plett, *Golden years,* 237-47.
[355] Balzer, "Faith and reason", 90.
[356] Ib., 91.

waren, um ein einfaches Leben zu führen.[357]

Balzers Kritik und sein Aufruf zur Rückkehr zur früheren Lebensweise sind die klassischen Kennzeichen eines mennonitischen Verfechters der Tradition. Seine Stellungnahme kann jedoch auch als eine Kritik des damaligen mennonitischen Lebens verstanden werden: eine Verurteilung fortschrittlicher Wege und der Begeisterung für Neuerungen auf allen Gebieten des Lebens, einschließlich der Religion. Das Interesse an einem wirtschaftlichen Fortschritt und der zunehmende Reichtum führten zu größerem Materialismus und sozialer Ungleichheit. Fortschrittliche Taktiken förderten die Veränderung durch die Anwendung der Vernunft und widersetzten sich der alten Lebensweise und den bestehenden Traditionen. Es waren die Fortschrittlichen, die eine höhere Bildung befürworteten - wie z.B. die Ohrloffer Schule und andere Pläne für die Erweiterung der Sekundarschulbildung, wie sie damals von Fadeew beabsichtigt wurde - und die somit die Ausbreitung der Vernunft im Gemeinschaftsleben förderten.

Aber warum beschloß Balzer, sich einer kleinen, unbedeutenden und zu dieser Zeit offiziell noch nicht anerkannten Gruppe, wie der *Kleinen Gemeinde* anzuschließen? Er hätte der großen flämischen Gemeinde unter der Leitung von Jakob Warkentin beitreten können, die auch gegen die Erweiterung der Bildung und die Zusammenarbeit mit anderen religiösen Gruppen war und die auch behauptete, daß sie die bestehenden mennonitischen Grundsätze aufrechterhielt. Balzer war jedoch mehr an den Grundprinzipien des Glaubens interessiert als an den Hauptpunkten des praktischen Auslebens; nach seiner Auffassung konnte sich die Praxis nur auf den Glauben gründen, und dies war ganz eindeutig die von der *Kleinen Gemeinde* bevorzugte Stellung. Obwohl Warkentins große flämische Gemeinde auch von der Fortdauer des Glaubens überzeugt war, betonte sie doch mehr die Praxis als das Streben nach intellektueller Reinheit. Sie glaubten, daß sie allein die traditionellen Gemeindeinstitutionen und Obrigkeitsformen bewahrt hatten. Die meisten Glieder in Warkentins Gemeinde waren einfache Landwirte und keine eigentlichen Theologen, und sie betonten mehr die Aufrechterhaltung und Weitergabe legitimer Praktiken. Als solche ging es ihnen mehr um die Autorität als um Ideen, und es war für sie wichtiger, wer die Neuerungen einführte und überwachte, als welche geistigen Auswirkungen die Neuerungen an sich hatten. Eine Zusammenarbeit mit anderen Gemeinden wurde als eine Schwächung der Selbständigkeit und der internen Autorität ihrer eigenen Gemeinde betrachtet: Die Filiale der Bibelgesellschaft hatte ein separates Komitee, das mit Außenstehenden Verbindung hatte, und die Ohrloffer Schule wurde von einem unabhängigen Verein geleitet. Die Opposition der meisten Landwirte gegen den Landwirtschaftlichen Verein war auf ähnliche Gründe zurückzuführen. Sie ärgerten sich mehr über die Art, wie dieser Verein organisiert und wie dessen Mitglieder gewählt worden waren, als über seine Ziele. Der Verein war den Mennoniten von der Regierung aufgezwungen worden, seine Mitglieder wurden von kleinen Beamten und nicht von den Kolonisten gewählt, und gewöhnliche

---

[357] Ib., 89.

Leute hatten in bezug auf seine Führung wenig zu melden. Mit der Zeit lernten die Kolonisten die Methoden zu fürchten und zu hassen, mit denen die Mitglieder des Vereins ihre Pläne durchführten. Und schließlich konzentrierte sich ihr Widerstand hauptsächlich auf die Person seines Präsidenten - Johann Cornies.

In den meisten mennonitischen Gemeinschaften gab es ein stark egalitäres Ethos, gemischt mit dem Bewußsein einer Gemeinschaftssolidarität in den Gemeinden, Dörfern und Kolonien. Jeder einzelne Haushalt bildete die kleinste soziale Einheit, die von der patriarchalischen Autorität des Familienhauptes regiert wurde. Das Bestehen einer Autorität außerhalb der Hausgemeinschaft war für viele ärgerlich; sogar die geistlichen Führer, obwohl geachtet, mußten letzten Endes als Diener der Gemeinde den gewöhnlichen Gliedern auf den leisesten Wink gehorchen und besaßen keine eigene, absolute Macht. Die Autorität, die die geistlichen Führer besaßen, kam von Gott, jedoch nur durch den Willen der versammelten Gemeinde, die sie durch eine freie Abstimmung gewählt hatte. Aber auch dann mußten sie sich die Achtung der Gemeinde erst verdienen, und das war ein langwieriger Prozeß. Cornies dagegen hatte kein geistliches Amt und deshalb nicht einmal einen geistlichen Anspruch auf Autorität. Und schließlich gefiel es den Bauern gar nicht, wenn man ihnen vorsagte, wie sie ihre Bauernwirtschaften führen sollten und schon gar nicht ihr eigenes Haus. Die Vorschriften des Vereins in bezug auf die Aufforstung waren besonders lästig, da sie ihnen von Cornies nach 1845 mit massiver Wirkung aufgezwungen wurden. Viele Bauern widersetzten sich mit vorauszusehender verbissener Halsstarrigkeit der Arbeit von Cornies und seines Gehilfen, Ohm Enns, die zusammen als "Forst-Teufel" bezeichnet wurden.[358] Bei einer Gelegenheit wurden die von Cornies gelieferten Setzlinge umgekehrt mit den Wurzeln nach oben und den Zweigen nach unten in den Boden eingepflanzt.[359] Auf soviel himmelschreiende Widerspenstigkeit konnte Cornies oft sehr heftig reagieren. Er hatte ein hitziges Temperament und scheute sich nicht davor, Widerspenstige tätlich anzugreifen. Cornies eigene Unduldsamkeit und anscheinende Nichtachtung mennonitischer Traditionen waren jedoch der Halsstarrigkeit vieler Mennoniten vollauf gewachsen. Von ihm wird behauptet, daß er gesagt haben soll: "Es ist Zeit, daß die Mennoniten mit ihrer altmodischen Lebensweise Schluß machen."[360] Das Alte sollte dem Neuen weichen, und der Zweck heiligte die Mittel. Sogar der fortschrittliche Prediger David Epp aus Chortitza vermerkte nach einem Besuch in

---

[358] Epp, *Johann Cornies*, 49; "Ohm" galt als Ausdruck der Hochachtung für diejenigen, die eine Autorität waren oder ein gewisses Alter erreicht hatten. Enns war wahrscheinlich Peter Enns aus Ohrloff (b. 1778).

[359] Ib., 45, Friesen, *Mennonite Brotherhood,* 197. Diese Halsstarrigkeit beschränkte sich jedoch nicht nur auf die Mennoniten; siehe die Reaktion anderer Kolonisten, über die G.M in "Eine Episode aus der Wirksamkeit Joh. Kornies", *OZ*, 158 (14/27. Juli 1900), 3, berichtet.

[360] Dieser Satz, wörtlich: "Es ist Zeit, daß die Mennoniten die Pelzhosen – [ein archaisches Kleidungsstück aus Schafsfell] - ablegen " – erschien zum ersten Mal in *OZ*, 126 (6/18. Juni, 1884), 2 und wurde auch von Braun in "Kleine Chronik", 72-73 zitiert.

der Molotschnaja im Jahr 1838 in seinem Tagebuch, daß "das Benehmen von Joh. Cornies mehr despotisch als christlich sei.[361] Und es kam mit der Zeit soweit, daß sich alle außer seinen begeistertsten Anhängern von Cornies abwandten.

Das Interesse der Regierung an einer wirtschaftlichen und sozialen Reform verstärkte sich nach 1830, die Bedeutung des Gebietsamtes in Koloniesangelegenheiten nahm zu. Da der Oberschulze durch die Stimmenmehrheit der Landwirte gewählt wurde, ist es nicht verwunderlich, daß nach der Gründung von Warkentins großer flämischer Gemeinde im Jahr 1824 der Oberschulze, der nach der Teilung der flämischen Gemeinde gewählt wurde, Warkentins eigener Schwager Johann Klassen aus Tiegerweide war, der von 1827 bis 1833 als Oberschulze diente.[362] Sein Nachfolger war ein viel jüngeres Mitglied aus Warkentins Gemeinde, ein Johann Regier aus Schönsee, der sogar nach Aussagen seiner Gegner, ein tüchtiger Verwaltungsbeamter war. In Zusammenarbeit mit dem von der Regierung ernannten Gebietssekretär unterstützte er nach besten Kräften den Landwirtschaftlichen Verein bei der Erweiterung seiner Aktivitäten. Regier hatte jedoch ein scheußliche Schwäche: er trank übermäßig. Als seine Trunksucht-Probleme zunahmen, wurde er vor die Gemeinde gerufen, um über sein Verhalten Buße zu tun.[363] Die Reue hatte jedoch keine größere Nüchternheit zur Folge, und Warkentin, der es offensichtlich mit einem Dilemma zu tun bekam, falls Regier von seiner Gemeinde in den Bann getan wurde und dennoch Oberschulze blieb, bat die anderen Ältesten, ihm bei einer Klage beim Landwirtschaftlichen Verein beizustehen, die zur Entlassung von Regier führen könnte. Die anderen Ältesten, die Warkentins Beweggründen sicherlich nicht trauten, lehnten es ab, ihn bei einem solchen Schritt zu unterstützen. Sie wiesen darauf hin, daß die Angelegenheiten des Gebietsamtes in Ordnung waren, und daß Regiers Trunksucht ihn nicht an der Erfüllung seiner Amtspflichten hinderte.[364] Cornies unterstützte auch weiterhin den Oberschulzen.

1838 kam Regiers zweiter Amtstermin zum Abschluß. Warkentin beklagte sich beim Leiter des Fürsorge-Komitees über Regiers Verhalten. Sein Einspruch blieb jedoch wirkungslos, und Regier wurde für eine dritte Amtszeit gewählt.[365] Dies war die Zeit, als Cornies Macht, begünstigt durch die Entwicklungen im Ministerium für Reichsdomänen, weiter zunahm, und Regier unterstützte ihn bedingungslos durch das Gebietsamt. Als die Zeit der Wahlen im Jahr 1841 wieder näher rück-

---

[361] Zitiert in Harvey L. Dyck, "Russian servitor and Mennonite hero: light and shadow in images of Johann Cornies", *JMS,* 2 (1984), 14.
[362] Braun, "Kleine Chronik", 70.
[363] Friesen, *Mennonite brotherhood,* 727; siehe auch (Heinrich Wiens), *Ein Abschied und Bericht wie es in der Molotschnerkolonie in d. früh. Jahren zugegangen ist, und wie die Vorgesetzten den ehr. Ältesten Hweinrich Wiens von Gnadenheim aus dem Lande verwiesen haben* (Plum Coulee, Man., 1903), 1 (Der Bericht von Wiens wurde teilweise neu gedruckt als "Aus den Tagen des großen Cornies", *Mennonitische Warte,* 9 (1935), 347-50; 10, 367-71).
[364] Wiens, *Ein Abschied,* 2.
[365] Ib., 3., Der Vorsitzende wird hier fälschlich als General von Hann bezeichnet.

*Die Verfechter der Tradition* 149

te, beschloß Warkentin seine Taktik zu ändern und seinen eigenen Kandidaten, Peter Toews aus Tiege, für den Posten des Oberschulzen aufzustellen.[366] Toews war fast sechzig Jahre alt, also viel älter als die vorherigen Oberschulzen bei ihrer ersten Ernennung, aber sein Alter sicherte ihm wahrscheinlich die Unterstützung der meisten Familienhäupter, von denen nun viele den Aktivitäten der "jungen" Reformer mißtrauten.[367] Toews wurde anscheinend gewählt, aber weder Cornies noch der Gebietssekretär, David Braun, anerkannten das Resultat, und beide hegten den Verdacht, daß es bei den Wahlen Unregelmäßigkeiten gegeben hatte. Toews sollte sein Amt am 1. Januar 1842 antreten, Regier arbeitete jedoch mit Unterstützung von Cornies und des Gebietssekretärs weiter als Oberschulze.[368]

Warkentin beschloß, sich direkt an das Fürsorge-Komitee zu wenden. Im Februar reiste Warkentin nach Odessa in Begleitung seines Schwagers und früheren Oberschulzen Johann Klassen, wo er die Probleme der Kolonieverwaltung mit Insow, dem neuernannten Gehilfen Hahns, besprach. Hahn teilte Warkentin mit, daß eine neue Wahl durchgeführt werden würde, und, obwohl er persönlich glaubte, daß Toews für den Posten zu alt sei, werde das Fürsorge-Komitee jede Entscheidung unterstützen, die sich durch eine freie Wahl seitens der Landbesitzer in der Kolonie ergeben würde.[369] Sichtlich beruhigt kehrten Warkentin und Klassen zur Kolonie zurück; bevor jedoch eine neue Wahl durchgeführt werden konnte, starb Regier. Toews wurde nochmals mit tatsächlich wenig Opposition gewählt und erhielt anscheinend vierhundert Stimmen mehr als bei der vorigen Wahl.[370] Seine 800 Stimmen machten einen großen Teil der gesamten Stimmenzahl in der Kolonie aus, die damals nicht viel höher als bei 1000 liegen konnte. Es wäre jedoch falsch, in diesem Ergebnis ein Zeichen für die vollständige Unterstützung von Toews oder eine Oppositionsmaßnahme gegen Cornies zu sehen. Nach Regiers plötzlichem Tod gab es wahrscheinlich wenig andere Kandidaten, die bekannt genug waren, um sich für dieses Amt aufstellen zu lassen. Cornies und der Gebietssekretär behaupteten auch tatsächlich, daß die Entscheidung zu hastig getroffen worden sei. Sie war ohne entsprechende Erwägung eventueller anderer Kandidaten und gegen den Willen der Regierung gefällt worden.[371]

---

[366] Peter Toews war der Sohn von Cornelius Toews aus Tiege (siehe Unruh, *Die niederländisch-niederdeutschen Hintergründe*, 325, Fam.8) er wurde wahrscheinlich im Jahr 1785 geboren und könnte 1842 ein Alter von 57 Jahren erreicht haben.

[367] Dort, wo die Geburtsdaten für die ersten neun Oberschulzen berechnet werden konnten, betrug das Durchschnittsalter bei der Ernennung 34 Jahre; Regier war anscheinend erst 28 bei seiner ersten Ernennung, während die älteste vorherige Ernennungen bei 40 lag. Die Alter wurden nach Unruh, *Die niederländisch-niederdeutschen Hintergründe* berechnet.

[368] Wiens, *Ein Abschied*, 4-5.

[369] Ib., 6; Isaak, *Molotschnaer Mennoniten*, 112-13, stellt kurz fest, daß Warkentin Hahn gegenüber falsche Beschuldingen vorbrachte.

[370] Wiens, *Ein Abschied*, 6; betreffs Unterstützung von Toews siehe auch Abraham Friesen (Ältester der *Kleinen Gemeinde*) in Plett, *Golden years*, 285.

[371] Wiens, *Ein Abschied*, 7.

*150* Mennoniten in Russland, 1789 - 1889

Die Gegner von Cornies sahen in dem Sieg von Toews einen Triumph ihrer Ansichten. Viele glaubte, daß das Fürsorge-Komitee nach Warkentins Reise nach Odessa bereit war, eine Rückkehr zu den etablierten Verwaltungsformen in der Kolonie zu unterstützen. Wilde Gerüchte waren im Umlauf, wonach Warkentin von der Regierung zugesichert worden sei, daß Cornies entlassen und sogar nach Sibirien ins Exil geschickt werden sollte, der Landwirtschaftliche Verein würde geschlossen und das Gebietsamt der Gemeinde unterstellt werden.[372] Ihre Hoffnungen auf eine Wiederherstellung der alten Lebensweise wurden jedoch sehr unsanft zerstört. Hahn merkte auf einer seiner Reisen durch die Kolonien sehr bald, daß die Pläne von Cornies und mit ihnen die Regierungspolitik ohne das Gebietsamt und ohne den Oberschulzen bedroht waren. Hahn ließ Warkentin zum Gebietsamt kommen und sagte ihm, daß er ab sofort von seinem Amt als Ältester entlassen sei,[373] da er sich in amtliche Angelegenheiten gemischt und falsche Anschuldigungen gegen die Obrigkeiten vorgebracht hätte. Hahn merkte, daß sich die Opposition gegen Cornies auf die große Gemeinde konzentrierte und beschloß deshalb, die Gemeinde in zwei separate Gruppen zu teilen, die beide ihren eigenen Ältesten haben sollten. Die Teilung sollte nach regionalen Gesichtspunkten erfolgen: eine neue Gemeinde Lichtenau-Petershagen sollte in den westlichen Dörfern in Funktion sein, Margenau-Schönsee im Norden und in der Mitte und Pordenau im Süden und Osten.

Hahns Vorgehen war eine völlige Überraschung für die Kolonisten - für die Glieder von Warkentins Gemeinde wie auch für die anderen Ältesten und Glieder ihrer Gemeinden.[374] Obwohl sich die Regierung in anderen Kolonien eingeschaltet hatte, um Streitigkeiten zwischen Kolonisten, geistlichen Führern und dem Gebietsamt zu schlichten, war dies in einer mennonitischen Kolonie noch nie vorgekommen.[375] Es war ein direkter Eingriff in die Autonomie einzelner Gemeinden mit ihren festen Obrigkeitsregeln und gleichzeitig eine Bedrohung für die geistlichen Angelegenheiten in den Kolonien. Die meisten Mennoniten glaubten, daß das Privilegium sie gegen solche willkürlichen Handlung schützte, weil es ihr Recht auf Glaubensfreiheit und Selbstbestimmung garantierte. Die Prediger der großen flämischen Gemeinde mußten sich mit einmal umgehend mit einer großen Krise auseinandersetzen. Die Arbeit der Gemeinde mußte weitergehen, es gab

---

[372] Braun, "Kleine Chronik", 70 behauptet, daß Warkentin tatsächlich die Verbannung von Cornies verlangt hätte und Epp, *Johann Cornies*, 32 der sich offensichtlich auf Braun gründet, wiederholt die Anschuldigung. Ich glaube, daß der Bericht von Wiens einleuchtender ist. Der Älteste der *Kleinen Gemeinde*, Abraham Friesen, beschuldigte Warkentins Unterstützer, daß sie die Schließung des Gebietsamtes und des Vereins wünschten; siehe Plett, *Golden years*, 285.

[373] Wiens, *Ein Abschied*, 7-8; Isaak, *Molotschnaer Mennoniten*, 113.

[374] Eine Vorstellung davon, welchen Ärger die Entlassung von Warkentin hervorrief, ist aus Abraham Friesens Antwort auf einen Brief von seinem Schwager, einem Prediger in Warkentins Gemeinde, zu ersehen, in Plett, *Golden years*, 285-86.

[375] Zahlreiche Beispiele für solch ein Eingreifen findet man bei Keller, *German colonies*.

*Die Verfechter der Tradition* 151

Kandidaten, die auf ihre Taufe warteten, die nur von einem Ältesten vorgenommen werden konnte. Die Erlaubnis, einen flämischen Ältesten aus Chortitza einzuschalten, wurde abgelehnt. Deshalb wurde ein älterer Prediger, Heinrich Wiens aus Gnadenheim, als Ältester der Gemeinde von Margenau ordiniert.[376] Da sie die Dienste der Ältesten aus Chortitza nicht bekommen konnten, wurde Wiens von dem Ältesten Peter Schmidt ordiniert, und er ordinierte dann seinerseits Dirk Warkentin als Leiter der Gemeinde von Lichtenau-Petershagen und Heinrich Toews als Leiter der Pordenau-Gruppe.

Peter Schmidt, der Wiens ordinierte, war Ältester einer Gemeinde, die von einer neuen Immigrantengruppe gebildet worden war, die 1836 aus Wolhynien, einer Provinz im russischen Teil Polens, in die Molotschnaja kam.[377] In der Molotschnaja gründeten sie das Dorf Waldheim im Osten der Kolonie in der Nähe des russischen Dorfes Tschernigowka.[378] Wie die früheren Siedler, die Alexanderwohl gegründet hatten, gehörte die Gruppe von Waldheim zu den Anhängern der Groningen alt-flämischen Glaubensrichtung. Vor ihnen war 1935 noch eine andere Gruppe der gleichen Gemeindezugehörigkeit angekommen. Die Groningen alt-flämische Gemeinde kam nicht aus Polen, sondern aus dem preußischen Brandenburg, und sie gründeten ihre eigene Gemeinde, die sich auf das Dorf Gnadenfeld konzentrierte.[379] Die Molotschnaja hatte nun drei selbständige Gemeinden der Groningen Alt-Flämischen, obwohl sie geschichtlich gesehen alle mit der gleichen Gemeinde in West-Preußen verbunden und viele ihrer Glieder miteinander entfernt verwandt waren. Jede Gemeinschaft behielt jedoch in Russland ihre Unabhängigkeit, da ihre unterschiedlichen Erfahrungen seit dem achtzehnten Jahrhundert in Preußen und Polen sie voneinander wie auch von anderen Gruppen in der Kolonie trennten. Die Ankunft dieser neuen Gemeinschaften in den 1830er Jahren war Teil einer größeren Siedlerbewegung nach Russland, da die Regierung beschlossen hatte, das noch unbesiedelte Land in der Molotschnaja zu bevölkern.

Cornies war aufs engste mit diesen Plänen verbunden, da er daran interessiert war, tüchtige Siedler, vor allem Handwerker und fortschrittliche Gruppen zu gewinnen, die seine Reformpolitik unterstützen würden. Die Gnadenfelder Gruppe war für diese Rolle ganz besonders geeignet. In Preußen, isoliert von anderen mennonitischen Gruppen, hatten sie die ganze Kraft der preußischen Regierungsreformen erlebt, insbesondere auf dem Gebiet der Schulbildung. Tatsächlich war ihr Ältester

---

[376] Wiens, *Ein Abschied*, 8-9.
[377] Beide, preußische und "schweizer" (d.h. süddeutsche und Schweizer) Mennoniten siedelten ab Ende des achtzehnten Jahrhunderts in dieser Gegend auf Privatland und später auf staatlichen Ländereien an. Ursprünglich lag dieses Gebiet im östlichen Polen und wurde dann nach 1793 eine Provinz von Westrussland; siehe Ernst Crous, "Mennoniten in Wolhynien und den benachbarten Gouvernements Kiew und Tschernigow", *MGbl*, 8 (1956), 2-10; "Volhynia", *ME*, 4, 844-47, "Wolhynien", *Mlex.*, 4, 555-61.
[378] Woltner, *Die Gemeindeberichte*, 158-59.
[379] Siehe "Aus der Gnadenfelder Gemeindechronik: die Kolonie und Gemeinde Gnadenfeld", *MJ*, (1907), 33-46, (1909), 106-16; Woltner, *Die Gemeindeberichte*, 155-58.

Wilhelm Lange ein lutherischer Schulmeister, der nach seiner Anstellung in der Brandenburger Gemeinschaft zusammen mit einigen seiner Brüder, dem mennonitischen Glauben beigetreten war.[380] Während Gnadenfeld fortschrittlich war, war Waldheim mehr konservativ. 1844 wurde ihr Ältester Peter Schmidt von Hahn seines Amtes enthoben, weil er Außenstehende - ohne Erlaubnis der Obrigkeiten[381] - taufte, insbesondere Menschen, die aus der Gnadenfelder Gemeinde durch den Bann ausgeschlossen worden waren, sowie einen lutherischen Jugendlichen.

Peter Toews wurde niemals Oberschulze. Hahn ernannte anscheinend seinen eigenen (und Cornies') Kandidaten, Abraham Toews, einen früheren Dorfschulzen und Gebietssekretär für diesen Posten.[382] Das Gebietsamt war nun eng in Cornies weitreichende Reformpläne verwickelt. Nach Warkentins Entlassung wurde die Verantwortung für die Schulen dem Landwirtschaftlichen Verein übertragen. Cornies reorganisierte und standardisierte das Schulwesen, stellte ausführliche Anweisungen für die Lehrer aus und führte neue Texte ein. Bereits vorhandene Schulgebäude wurden verbessert, neue Gebäude errichtet, alte Lehrer wurden entlassen und junge Männer angestellt, von denen viele die Zentralschule (Sekundarschule) in Ohrloff oder die Kommerzschule in Halbstadt besucht hatten. Während die Dorfschulen früher unter der Aufsicht der Dorfobrigkeiten standen und die Lehrer von den Dorfbewohnern gewählt wurden, stand nun das gesamte Schulwesen unter der Leitung des Vereins.

Cornies' Interesse am Bildungswesen hatte sich in der Zeit entwickelt, als er am Aufbau der Ohrloffer Schule beteiligt war. Ende der 1820er Jahre lag anscheinend die Leitung dieser Schule bereits vollständig in seinen Händen. 1829 entließ er Tobias Voth von seinem Lehrerposten und ersetzte ihn durch Heinrich Heese, einen Lutheraner, der in Chortitza den mennonitischen Glauben angenommen hatte, wo er eine Zeitlang als Gebietssekretär diente.[383] Da er im Hochdeutschen sehr gut qualifiziert war und selbst Russisch unterrichtet hatte, war Heese ein treu ergebener Diener von Cornies nicht nur als Schullehrer, sondern auch als Sekretär

---

[380] Wilhelm Lange (1774-1840); bezüglich der Bedeutung von Gnadenfeld im Schulwesen und geistlichen Angelegenheiten siehe nachstehendes Kapitel 9.

[381] Isaak, *Molotschnaer Mennoniten,* 113. In den Kolonien war ein System eingeführt worden, nach welchem Bescheinigungen ausgestellt wurden, um einen ordnungsgemäßen Übergang von Gliedern aus einer Gemeinde in die andere zu sichern, obwohl das gegen den Grundsatz der Unabhängigkeit der einzelnen Gemeinden verstieß. Cornies sah in dem, was Schmidt getan hatte, eine Bedrohung für die Stabilität des Kolonielebens; siehe sein Rundschreiben an die Gemeindeleiter und die Stellungnahme der *Kleinen Gemeinde* zu diesem Vorfall in Plett, *Golden years,* 295-97.

[382] Abraham Toews (1793-1848). Siehe Nachruf in *Ubl.,* 4 (April, 1849), 26.

[383] Bezüglich Voths Entlassung siehe seinen eigenen Bericht in Friesen, *Mennonite brotherhood,* 694-95, bezüglich Heese siehe (1787-1868) siehe David H. Epp, *Heinrich Heese und seine Zeit* (Steinbach, Man., 1952) und seine eigene Autobiography, auf die sich Epps Bericht teilweise gründet, der von Cornelius Krahn in *ML,* 24 (1969), 66-72 übersetzt wurde.

des Landwirtschaftlichen Vereins. Als Cornies seinen Tätigkeitsbereich erweiterte und Heese älter wurde, entwickelte sich das Übermaß an Arbeit für Heese zu einer richtigen Belastung. Als er sich 1842 darüber bei Cornies beklagte, wurde er von beiden Posten fristlos entlassen.[384] Um die Zeit, als Voth entlassen wurde, hatte die Ohrloffer Schule bereits viel von ihren Glaubensgrundsätzen eingebüßt, die sie noch bei ihrer Gründung besaß, und viele waren zweifellos darüber beunruhigt, daß Cornies' Schulreformen einen auffallend weltlichen Ton hatten.

Zu diesem weltlichen Ton im Bildungswesen gab es Parallelen auch auf anderen Gebieten des Kolonielebens. Die gesellschaftliche Ordnung wurde hauptsächlich von den Gemeinden durch die Anwendung von Ermahnungen und des Banns gewährleistet. Obwohl die amtlichen Verordnungen der Kolonie dem Gebietsamt die Auferlegung einer Reihe von Strafen erlaubte, einschließlich Zwangsarbeit und Geldstrafen, wurden viele Vergehen von der geistlichen Führung geregelt und nicht von den Zivilbehörden. Die körperliche Strafe wurde anscheinend selten, wenn überhaupt, angewandt.[385] Obwohl der Landwirtschaftliche Verein keine Vollmacht besaß, seine Ziele durchzusetzen, ist es klar, daß Cornies die dem Gebietsamt übertragene Macht nutzte, um diejenigen zu bestrafen, die seine Befehle nicht ausführten. Es wird sogar behauptet, daß er Gemeinden zwang, bestimmte Personen in den Bann zu tun, die sich ihm widersetzten.[386] Mit der Entlassung von Warkentin und der zunehmenden Unterstützung, die er seitens der Regierung erhielt, schien Cornies immer mehr Gebrauch von dem Bürgerlichen Strafgesetzbuch zu machen, um Zuwiderhandelnde zu bestrafen, und in einigen Fällen wurde sogar eine körperliche Züchtigung angewandt.

Im Juni 1846 wurden in dem Dorf Blumenort während eines Streits zwischen einem mennonitischen Bauer und seinem Arbeiter, anscheinend ein jugendlicher Hutterer, Schläge mit dem Spaten ausgetauscht.[387] Der Dorfschulze befahl, den Jugendlichen mit Birkenruten zu züchtigen. Unter denen, die ihn mit den Birkenruten züchtigen sollten, befanden sich auch Glieder der flämischen Gemeinde, die früher zur großen flämischen Gemeinde gehört hatten. Die Anwendung körperlicher

---

[384] Friesen, *Mennonite brotherhood*, 707, Epp, *Heinrich Heese*, 25.

[385] Zwei Berichte aus den 1830er Jahren, die solche Strafen erwähnen, sagen nichts über die körperliche Züchtigung; siehe David H. Epp, "Historische Übersicht über den Zustand der Mennoniten-Gemeinden an der Molotschna (im Jahr 1836)", *OZ*, 98 (30.April/13. Mai, 1904), 3, "Kolonie van Mennoniten in Nieuw-Russland", *Leeuwarder Courant*, (8. August, 1839), "Opisanie Mennonitskich", 33-34 erwähnt die körperliche Züchtigung, weist jedoch darauf hin, daß die Mennoniten gesetzestreu waren – ein Punkt, der durch das ganze neunzehnte Jahrhundert hindurch betont wurde; zur Anzahl der Verstöße in einer Zeit von siebenunddreißig Jahren siehe in Jonas Stadling und Will Reason, *In the land of Tolstoi: experiences of famine and misrule in Russia* (London, 1897), 157.

[386] Friesen, *Mennonite brotherhood*, 197-98, aber siehe auch 998, Fußnote 109.

[387] Isaak, *Molotschnaer Mennoniten*, 114; Wiens, *Ein Abschied*, 11 bezieht sich auf einen russischen Bediensteten/Arbeiter; [Unterlagen im Braun Archiv bestätigen daß der Jugendliche ein Hutterer war. J. Urry 2003].

Gewalt widersprach den mennonitischen Grundprinzipien der Wehrlosigkeit, und die daran beteiligten Männer wurden vor die Gemeinde geladen und in den Bann getan. Obwohl es sich um Glieder der Gemeinde Lichtenau-Petershagen handelte, wurde der Fall dem Ältesten Wiens, als dem Oberhaupt der miteinander verbundenen Gemeinden übergeben, deren Glieder sich mit der ihnen aufgezwungenen Teilung noch nicht ganz abgefunden hatten.

Kurz nach der Verhängung des Banns brachte Hahn, der die Kolonie besuchte, die Sache bezüglich der Bestrafung der Männer in einer Privatunterhaltung mit dem Oberschulzen zur Sprache.[388] Obwohl von amtlicher Seite keine Anklage gegen das Vorgehen der Gemeindeleitung erhoben worden war, kündigte Hahn an, daß er die Sache untersuchen wolle. Er ließ alle Beiligten zum Gebietsamt kommen und befragte die im Bann befindlichen Männer. Zu seiner Verwunderung unterstützten sie die Handlung ihres Gemeindeleiters. Als Hahn dann begann, Wiens zu befragen, kam es zu einer Konfrontation. Wiens beanstandete Hahns Einmischung in die Angelegenheit, da keine Anklage erhoben worden sei und die Gemeinden nach den bestehenden mennonitischen Grundsätzen gehandelt hatten. Hahn sah in diesem Vorfall jedoch eine Bedrohung der Regierungsautorität und fühlte sich dadurch beunruhigt. Nach seiner Meinung standen die Anordnungen des Staates und die Gesetze über den religiösen Skrupeln und Regeln. Alle Bürger mußten die Gesetze des Landes befolgen. Wiens hielt sich jedoch an die bestehende mennonitische Beweisführung, wonach in Glaubenssachen das Gewissen den Vorrang über Gesetze und weltliche Fürsten hatte. Er berief sich weiter darauf, daß das Privilegium, das den Mennoniten von der Regierung gewährt wurde, Glaubensfreiheit und Selbstverwaltung garantiere. Hahn ärgerte sich über die Stellungnahme von Wiens und schickte ein Rundschreiben an die Kolonisten, in dem er fragte, ob sie Wiens unterstützten und das Privilegium auch so auslegten. Er machte seine eigene Stellung sehr klar: die Autorität des Staates ging über alles. Wenn die Kolonisten das Privilegium auch so wie Wiens verstanden, würde er die Obrigkeiten bitten, seinen Posten einem anderen zu geben.[389]

Beunruhigt durch diese Wendung der Ereignisse, versammelten sich die mennonitischen Ältesten, um über die Angelegenheit zu beraten und machten Wiens Vorhaltungen, weil er mit dem als halsstarrig bekannten Hahn diskutiert hatte. Sie waren besonders besorgt um das Privilegium, das in den Streit hineingezogen worden war, denn sie glaubten, daß die Fortdauer ihrer Selbständigkeit von dieser "Urkunde" abhing, die Wiens in Gefahr gebracht hatte. Wiens war jedoch weder für Gegenbeschuldigungen noch für Versöhnung. Er forderte seine Mitbrüder und leitenden Amtsinhaber auf, ihren Grundsätzen treu zu bleiben. Aber die ande-

---

[388] Der nachstehende Bericht gründet sich auf Wiens, *Ein Abschied* und die Schriftstücke in Isaak, *Molotschnaer Mennonhiten*, 114-21, insbesondere den Bericht des Oberschulzen Abraham Toews (117-211).

[389] Siehe Hahns Direktive an die Ältesten der Molotschnaja, Isaak, *Molotschnaer Mennoniten*, 114-16.

*Die Verfechter der Tradition* 155

ren Ältesten, eingeschüchtert durch die Ereignisse der letzten Jahre, distanzierten sich von Wiens und von seinem Verhalten Hahn gegenüber, wie auch von seiner Interpretation des Glaubens.³⁹⁰ Hahn, der sich nun seiner Sache sicher war, ordnete an, daß Wiens im September seines Amtes enthoben werden sollte. Glieder aus der Gemeinde von Wiens beschlossen, sich direkt an St. Petersburg zu wenden und um die Wiedereinsetzung von Wiens in sein Amt und die Abschaffung der körperlichen Züchtigung in der Kolonie zu bitten. Eine Delegation einschließlich Peter Toews, der niemals Oberschulze geworden war, sowie fünf andere Mitglieder wurden gewählt, und Gelder wurden für die Bezahlung der Unkosten gesammelt.³⁹¹ Die Kolonie kochte einmal wieder über vor Gerüchten; die Leute hofften wieder darauf, daß die alte Lebensweise zurückkehren und Cornies, den man für den bösen Geist hinter Hahns Taten hielt, entlassen werden würde. Aber bevor die Delegation abreisen konnte, handelte Hahn. Im April 1847 erließ er einen Befehl im Namen des Ministers für Reichsdomänen, der Wiens nicht nur aus der Kolonie, sondern jenseits der Reichsgrenzen verbannte. Jeder, der sich dieser Direktive widersetzte oder Wiens eine Zufluchtsstätte gewährte, sollte die schwersten Konsequenzen erleiden.³⁹² Wiens gab auf, und obwohl er sie nicht persönlich halten konnte, schrieb er doch eine Abschiedspredigt an seine Gemeinde. Er sagte seinen Brüdern, daß es ihre Pflicht sei, den Glauben ihrer Väter zu bewahren und an der traditionellen Lebensweise festzuhalten. Er ermahnte sie, daß kein noch so großes Leiden ihnen ihre Glaubensgrundsätze rauben solle.³⁹³

Als Warkentin entlassen wurde, waren viele Älteste wohl beunruhigt über die Art seiner Entlassung, aber doch nicht völlig überrascht über sein Schicksal. Warkentin hatte sich in die Politik eingemischt und hatte verloren.³⁹⁴ Die Entlassung und Verbannung von Wiens waren eine ganz andere Sache. Er hatte nur die menno-

---

³⁹⁰ Der Älteste der *Kleinen Gemeinde* weigerte sich, diese Angelegenheit zusammen mit den anderen Gemeinden zu entscheiden (Plett, *Golden years*, 315), obwohl es hier um eine Reihe von Grundsätzen ging, die sie selbst lange Zeit so standhaft verteidigt hatten. Die *Kleine Gemeinde* hatte das Gebietsamt und Cornies unterstützt und erhielt 1843 die offizielle Anerkennung als mennonitische Gemeinde in der Kolonie, ibid, 290.

³⁹¹ Wiens, *Ein Abschied*, 15-17; Isaak, *Molotschnaer Mennoniten*, 119-20.

³⁹² Vollständiger Text in Isaak, *Molotschnaer Mennoniten*, 116-17.

³⁹³ Wiens, *Ein Abschied*, 22-41; teilweise übersetzt in Friesen, *Mennonite brotherhood*, 143-52; siehe auch die Widerlegung von Wiens und die Antwort des Ältesten der *Kleinen Gemeinde*, Abraham Friesen, in Plett, *Golden years*, 308-13. Erst nach Cornies Tod und Hahns Beförderung kehrte Wiens nach Rußland zurück, obwohl er nie mehr ein geistliches Amt bekleidete.

³⁹⁴ Der offensichtlich politische Charakter von Warkentins Entlassung geht aus einer Tagebucheintragung des Predigers David Epp aus Chortitza vom 26. Mai 1842 hervor, in der er berichtet, daß der Älteste von Chortitza ein Gesuch vom Ohrloffer Ältesten Bernhard Fast erhalten habe, laut welchem er nicht in der Warkentin Affaire vermitteln solle. Epps Tagebuch befindet sich in MHC, Winnipeg. [Jetzt veröffentlicht unter dem Titel *The diaries of David Epp 1837-1843* (übers. und ed. von John B. Toews). Vancouver 2000]

nitischen Grundsätze verteidigt und für seine Standhaftigkeit gelitten. Staat und Gemeinde mußten getrennt bleiben; die Wehrlosigkeit mußte verteidigt werden. Die Ältesten hatten in der Aufrechterhaltung dieser Grundsätze und in der Unterstützung eines Bruder in der Stunde der Not versagt. Noch schlimmer: sie hatten das verleugnet, was ihnen als richtig bekannt war. Einige von ihnen bereuten später ihre Entscheidung.[395] Für die Glieder seiner Gemeinde wurde Wiens zu einem Märtyrer, und seine Beschreibung der Ereignisse wurde zu einer klassischen Geschichte darüber, wie Mennoniten um ihres Glaubens willen gelitten haben, der von späteren Generationen hoch in Ehren gehalten wurde.

Nachdem seine Widersacher zumindest in der Molotschnaja vertrieben worden waren, bekam Cornies die absolute Macht. In späteren Jahren erinnerten sich die Mennoniten an die Zeit nach Warkentins Fall als die, in der Cornies "regierte".[396] Die Macht der großen flämischen Gemeinde war gebrochen, die Ältesten eingeschüchtert und das Gebietsamt der Amtsgewalt des Landwirtschaftlichen Vereins unterstellt. Die wirtschaftlichen Aktivitäten wurden verstärkt und vom Verein geregelt und die Schulbildung der nächsten Generation stark kontrolliert. Welch frenetische Aktität Cornies entfaltete, nachdem er die volle Macht erlangt hatte, und wie sich diese auf die wirtschaftliche Entwicklung der Kolonie auswirkte, ist aus den Zahlen ersichtlich, die 1849 veröffentlicht wurden, und die den Kontrast zwischen der Situation im Jahr 1845 und der von 1848 aufzeigten.[397] Die Zahl der angepflanzten Bäume war um 40 Prozent angestiegen, die Maulbeerbäume allein um 52 Prozent, die Anzahl der Menschen, die in der Seidenindustrie beschäftigt waren, stieg um 57 Prozent, und die Seidenproduktion hatte um 72 Prozent zugenommen. Ein ähnlicher Anstieg wurde in der Erzeugung von Baumaterial verzeichnet, ein Zeichen dafür, daß Cornies bestrebt war, die Gebäude in der Kolonie zu verbessern. Cornies war sich seiner Macht sicher und außerordentlich aktiv dabei, die Molotschnaja zu reformieren. Seine Macht und Arbeit erstreckte sich jedoch gleichzeitig weit über die Grenzen seiner Heimatkolonie hinaus.

In Chortitza beobachteten die Kolonisten die Vorgänge in der Molotschnaja mit wachsender Besorgnis. 1843 vertraute Prediger David Epp seinem Tagebuch an, daß trotz des materiellen Fortschritts in der Molotschnaja die Befehle der Regierung mehr beachtet wurden als die Gebote des Glaubens.[398] Cornies betrachtete Chortitza als eine rückständige Gemeinschaft mit altmodischen Bräuchen und einem konservativen Denken. Ausländische Experten fuhren entweder an der Kolonie vorbei oder machten dort nur kurze Besuche, weil sie sich auf das verließen,

---

[395] Wiens, *Ein Abschied*, 14.

[396] "Die Zeit, in welcher Cornies regierte" zitiert in der Einführung zu "Wie Johann Cornies, das Schulwesen in den mennonitischen Schulen in der Molotschnaja zu heben suchte", *Christliches Jahrbuch* (Kassel, 1903), 56.

[397] Wiebe, "Kurze Übersicht"...."1849",. 1-2; Wiebe hatte zweifellos die Absicht, durch seinen Vergleich Cornies Beitrag für die Kolonie nach dessen Tod im Jahr 1848 hervorzuheben.

[398] Zitiert in Dyck, "Russian servitor", 15; [*The Diaries of David Epp*, 198].

was ihnen voreingenommene Molotschnaer Kolonisten über deren Rückständigkeit und Ordnungslosigkeit erzählten.[399] Tatsächlich hatte Chortitza auch viele fortschrittliche Ideen und Praktiken übernommen, aber anscheinend ohne den sozialen Zwist, den es in der Molotschnaja gab. Eine Reihe führender Persönlichkeiten in der Kolonie, einschließlich geistlicher Führer wie David Epp, waren an wirtschaftlichen Neuerungen und an einer Reform des Schulwesens interessiert.[400] Aber als Cornies auch die Kontrolle über Chortitza im Jahr 1846 übertragen wurde, gab es eine plötzliche Veränderung für die Kolonie. Cornies hatte die Absicht, die gleichen Reformen einzuführen, wie er sie in der Molotschnaja eingeleitet hatte, und er machte es sehr klar, daß er keinen Widerstand dulden würde. Einzelne Personen wurden ihres Amtes enthoben, einschließlich des armen Heese, der nach seiner Entlassung wieder zurückgekehrt war, um an der Zentralschule (Sekundarschule) in Chortitza zu unterrichten.[401] Neue Leute wurden ernannt, einschließlich junger Männer, wie David Epps Sohn Heinrich, der "gezwungen" wurde, einen Posten als Sekretär beim Landwirtschaftlichen Verein in Chortitza anzunehmen.[402] Verordnungen wurden erlassen, Schulen sollten reorganisiert, Bäume gepflanzt, Häuser umgebaut und ganze Dörfer versetzt werden. Die Kolonisten von Chortitza reagierten auf Cornies Anweisungen mit der gleichen Halsstarrigkeit wie ihre Brüder in der Molotschnaja, indem sie seine Pläne zum Scheitern brachten und sich weigerten, seine Befehle auszuführen. Es schien, daß die Dinge in Chortitza den gleichen schlimmen Lauf nehmen würden wie in der Molotschnaja.

Cornies Zuständigkeit für Chortitza und sein Triumph über Wiens sollten jedoch nicht einmal ganz zwei Jahre dauern. Er starb im März 1848. Anscheinend war seine Gesundheit schon seit einiger Zeit nicht mehr gut gewesen, und der Tod seiner geliebten Frau Agnes, die ein Jahr früher starb, beschleunigte sein Ende. In amtlichen Kreisen wurde sein Tod als ein Rückschlag für die Reform betrachtet. Sein Leben und seine Arbeit wurden offiziell gewürdigt: Ein langer Nachruf in der Zeitung der Kolonisten wurde nachträglich ins Russische übersetzt und in der Zeitschrift des Ministeriums abgedruckt. In bestimmten Teilen der Kolonie wurde sein Abscheiden jedoch mit kaum verhohlener Begeisterung begrüßt. Für einige war sein Tod eine gerechte Vergeltung für seine Sünden, denn, es gingen Gerüchte um, laut welchen er in einer wahnsinnigen Raserei gestorben sein sollte, ein Gerede mit faustischem Beiklang.[403] Cornies

---

[399] Hommaire de Hell, *Travels in the steppes,* 73-74, Haxthausen, *Studien über die inneren Zustände,* 2, 185; 191.

[400] Zum Beispiel in der "Studiengruppe" von Chortitza, die religiöse, schulische und wissenschaftliche Fragen diskutierte, siehe David H. Epp, *Sketches from the pioneer years of the industry in the Mennonite settlements of South Russia* (Übers. Jacob P. Penner) (Leamington, Ont., 1972), 21-25.

[401] Epp, *Heinrich Heese,* 29-30.

[402] Friesen, *Mennonite brotherhood,* 754; bezügl. Heinrich Epp (1827-1896) siehe *Heinrich Epp, Kirchenältester der Mennonitengemeinde zu Chortitza* (Leipzig, 1897), und nachstehende Kapitel 13 und 14.

[403] Epp, *Johann Cornies,* 33.

wurde für eine Zeitlang in Russland und später unter den Auswanderern nach Amerika zu einem Teil der mündlichen mennonitischen Überlieferung, in der man sich seiner als einer üblen Person erinnerte.[404] Später haben jedoch mennonitische Reformatoren in Russland seinen Namen rehabilitiert und und sein Andenken geehrt. Für sie war Cornies ein Visionär, der größte Reformator des mennonitischen Wirtschafts- und Schulsystems, auf die sich der Wohlstand ihrer Gemeinschaften gründete.[405]

Es besteht kein Zweifel darüber, daß Cornies seine Reform-Programme mit den besten Absichten angefangen hat. Wenn die Mennoniten in einer modernen Welt überleben und gedeihen wollten, mußten sie sich ändern. Er glaubte, daß die Mennoniten eine für sie bestimmte Aufgabe erfüllen mußten, nicht als Glaubensvolk sondern als Muster-Landwirte, als Vorbilder für Arbeitsamkeit und Fortschritt. Obwohl er als Mennonit geboren und aufgezogen wurde, waren für Cornies die Interessen der Regierung wichtiger geworden als religiöse Skrupel. Er war ein Diener des Staates und nicht ein Hirte der mennonitischen Bruderschaft. In dieser Hinsicht ist Cornies etwas Ungewöhnliches in der mennonitischen Geschichte. In der russischen Geschichte war er jedoch ganz und gar nicht einzigartig. Vielen zeitgenössischen, tüchtigen und hochmotivierten Verwaltungsbeamten war ihre Untertannenpflicht dem Saat gegenüber wichtiger als ihr persönlicher Aufstieg, die Bedürfnisse ihrer Familien oder die Interessen ihrer eigenen Gesellschaftsschicht. Cornies' Laufbahn hat auch in anderer Hinsicht Ähnlichkeit mit der dieser weisen Beamten. Viele von ihnen begannen ihre Karriere mit hohen Idealen. Sie glaubten, daß die Menschen Reformen bedingungslos annehmen würden, wenn diese ihnen ein besseres Leben versprachen. Als aber unter den Kleinbauern und den Gutsbesitzern der Widerstand gegen ihre Pläne zunahm, fragten und berieten sie sich nicht länger mit ihnen, sondern setzten ihren Willen eigenmächtig durch, weil sie von der Richtigkeit ihrer Sache überzeugt waren.[406] So war es auch bei Cornies. Heese sagte über Cornies: "Mit dem Ansehen bei der Regierung und der Mehrung seines Reichtums wuchs auch die Härte seines Herzens."[407]

---

[404] Braun, "Kleine Chronik", 71-72, Görz, *Molotschnaer Ansiedlung*, 34-35; ein Kolonist, der in den 1820er Jahren in einer benachbarten "deutschen" Kolonie geboren wurde, schrieb in den 1890er Jahren mit Anerkennung über das was Cornies geleistet hatte, nannte ihn jedoch einen "Tyrannen" und "Unterdrücker" und dankte Gott dafür, daß seine Kolonie nie unter die Herrschaft des Reformators geraten sei. Er schrieb auch von dem starken " Korniesischen Zwang"; siehe Karl Hoffmann, "Wolga-deutsche und südrussische Kolonisten; eine Betrachtung", *OZ*, 62 (1899), 2. Ich habe von älteren Mennoniten in Kanada ähnliche Berichte gehört.

[405] Dyck, "Russian servitor", 17-25.

[406] Siehe Kommentare in Lincoln, *Nikolai Muliutin*, 107.

[407] Zitiert in Friesen, *Geschichte der Alt-Evangelischen Mennonitischen Bruderschaft*, 583.

*Die Verfechter der Tradition*

# Unterhaltungsblatt
## für
## deutsche Ansiedler im südlichen Rußland.

Neunter Jahrgang.  1854. Januar.

Inhalt: An das Unterhaltungsblatt zum Neujahr 1854. – Übersicht der Aussaat und Ernte an Weizen u. Kartoffeln i. J. 1852. – Bemerkungen. – Ackerbau. –  – Gartenbau. – Übersicht der Einnahmen i. J. 1852 für Getreide rc. – Erziehung u. Unterricht. – Ländl. Gewerbe. – Hauswirtschaft. – Ländl. Heilkunde.

*Die deutschsprachige Zeitung der Kolonisten, die in Odessa herausgegeben wurde.*

# 8. Handel und Gemeinschaft

Nach Ansicht von Cornies und anderer Beamter beim Ministerium für Reichsdomänen war eine überwiegend ländliche mennonitische Gesellschaft ideal für die künftige Entwicklung der Kolonien. Mit der landwirtschaftlichen Marktwirtschaft als fester Existenzgrundlage sollten die mennonitischen Siedlungen in die sich schnell entwickelnde ländliche Wirtschaft von Südrussland integriert werden. Die Gemeinschaft sollte jedoch nicht vollständig in der größeren russischen Gesellschaft aufgehen. Die Mennoniten wurden dazu ermutigt, ihre eigene Identität zu wahren, nicht so sehr als eigenständige religiöse und ethnische Gemeinschaften, sondern vielmehr als privilegierte Gruppe von Musterlandwirten (*Musterwirten*), die anderen in Südrussland angesiedelten Gruppen Anleitung und Förderung in der Durchführung von Wirtschaftsreformen bieten sollte. Viele Mennoniten übernahmen bereitwillig diese neue Rolle, und spätere Generationen rechtfertigten beides - ihre Absonderung von der größeren Gesellschaft wie auch die Tatsache, daß ihr Lebensstandard höher war als der ihrer Nachbarn - aufgrund dieser besonderen Rolle, die ihnen von der Regierung übertragen worden war. Die Betätigung in der Landwirtschaft, die in der mennonitischen Tradition verankert war und von der Regierungspolitik unterstützt wurde, verschaffte den Mennoniten eine Stellung in der russischen Gesellschaft, einer Gesellschaft, die fast durch das ganze neunzehnte Jahrhundert hindurch noch zum allergrößten Teil ländlich geprägt war. Die Kolonien wurden zu einem Mikrokosmos, ein Abglanz der aufblühenden Wirtschaft Südrusslands - einer Welt, in der tüchtige Landwirte mit Unterstützung willfähriger Arbeitskräfte und versorgt durch Handwerker und Kaufleute, der ganzen Region zu Wachstum und Gedeihen verhalfen.

Während die mennonitische Landwirtschaft sich den örtlichen Gegebenheiten und Wirtschaftstrends gut angepaßt hatte, indem sie sich von der gemischten Landwirtschaft auf Weidewirtschaft und schließlich auf die intensive Kornproduktion verlagerte, dauerten die überlieferten Wirtschaftsformen noch lange nach Einführung der landwirtschaftlichen Marktwirtschaft an. Bei diesen überlebenden Formen ging es vor allem um eine Kombination von Gartenbau und Handwerk, Haushalt und Gewerbe. Wie viele andere ländliche Gemeinschaften in Europa im achtzehnten Jahrhundert, hatten auch die polnisch-preußischen Mennoniten die Handwerks- und Heimindustrie aufgenommen, als die Produktion sich aus den städtischen auf ländliche Gebiete verlagerte und Ackerland knapp wurde, so daß Landleute gezwungen waren, Handwerker zu werden, um noch etwas hinzuzuverdienen.[408] In Rußland hatten sich diese Praktiken von den ersten Ansiedlungsjahren an durchgesetzt, und eine Reihe der tüchtigeren Handwerker hatte auch eigene Betriebe aufgebaut und belieferte die Kolonisten und Auswärtige mit ihren Waren und Dienstleistungen. Während einer langen Zeit ergänzten private Haushalte ihre Einnahmen durch die arbeitsintensive Aufbereitung von Rohmaterial für Handel und Industrie oder durch die Herstellung von Handwerkserzeugnissen. Um 1837 lebte nur die Hälfte der geschulten Handwerker in der Molotschnaja ausschließlich von ihrem Gewerbe, der Rest verband Handwerk mit Landwirtschaft.[409] In jeder Kolonie gab es geschickte Handwerker - Tischler, Schreiner, Schneider, Schuster und Schmiede - die die Ortsgemeinde bedienten, während einige Müller und Brauer ganz große Betriebe aufbauten und sowohl die Gemeindschaft als auch auswärtige Kundschaft belieferten[410]. Die Fortsetzung der polnisch-preußischen ländlichen Industrie zeigte sich jedoch am deutlichsten an der beharrlichen Fortdauer der Textilindustrie. Fast in jedem Haus wurde Wolle und Flachs zum Garnspinnen vorbereitet, und in vielen wurde Tuch für den Eigenbrauch gewebt. In der Molotschnaja wurden in der Stoffabrik, die in der Nähe von Halbstadt aufgebaut worden war, und in den örtlichen Färbereien Stoffwaren für den internen Bedarf und für den Export hergestellt. Was die Größe betrifft, so glich diese Industrie jedoch mehr den kleinen städtischen Werkstätten, die die Mennoniten noch von Preußen her kannten, als den Fabrikanlagen, die in vielen Teilen Europas im späteren neunzehnten Jahrhundert aufgebaut wurden.

Mit dem wachsenden Wohlstand der Kolonien nach 1830 und dem steigenden Lebensstandard der fortschrittlichen Landwirte gab es auch eine ständige Nachfrage nach den Erzeugnissen geschickter und erfahrener Handwerker. Der Wandel in der landwirtschaftlichen Produktion und den Methoden steigerte die Nachfrage nach landwirtschaftlichen Geräten - Pflügen, Eggen und neuen Maschinen wie Häcksler

---

[408] Siehe Peter Kriedte, Hans Medick und Jürgen Schlumbohn, *Industrialization before industrialization: rural industry in the genesis of capitalism* (Cambridge, 1981).

[409] Zahlen aus dem Bericht von Miliutin/Keppen über die Kolonie Molotschnaja in TsGIAL, f. 583, op.29, d.609.

[410] Eine Anzahl von Quellen enthält Einzelheiten über diese Handwerksbetriebe mit Statistiken einschließlich der oben zitierten Archivquelle für 1837 für die Molotschnaja, 1839 "Opisanie Mennonitskich", 25, 1842 (und für Chortitza 1843) Haxthausen, *Studien über die inneren Zustände* 2, 189, 176, 1854 Petzholdt, *Reise im westlichen*, 185. Die letzteren Zahlen sollten mit denen für alle ausländischen Kolonisten in Neurussland in "Zustand der Kolonisten im Jahre 1855" *Ubl.*, 12 (April 1857), 31 verglichen werden, neuaufgelegt in W. Hamm, *Südöstliche Steppen und Städte: nach eigener Anschauung geschildert* (Frankfurt am Main, 1862), 235-36.

und einfachen, von Pferden gezogenen Dreschmaschinen und Mähmaschinen.[411] Die Vorschriften des Landwirtschaftlichen Vereins für Häuser und Wirtschaftsgebäude führten zum Bau von neuen Backsteinhäusern in dem "vorgeschriebenen Stil" und zur Verbesserung anderer Gebäude. Dafür brauchte man die Dienste von Baumeistern, Tischlern, Schreinern und auch neuer Handwerker, wie z.B. der Polierer.[412] Die Produktion von Ziegeln und Dachpfannen, für die zumeist örtlich verfügbares Rohmaterial benutzt wurde, stieg ganz enorm an. 1839 wurden nur 500.000 gebrannte Ziegel in der Molotschnaja hergestellt. 1845 dagegen produzierten dreizehn Fabriken bereits über 1.800.000 Ziegel; 1848 produzierten dreiundzwanzig Fabriken über vier Millionen und 1854 über sieben Millionen Ziegel. Die Dachpfannen-Produktion stieg von zwei Fabriken, die 1845 insgesamt 134.500 Dachpfannen herstellten, auf sieben Fabriken, die 1851 über 270.000 Dachpfannen lieferten; 1846 gab es nur 87 Häuser, die Dächer mit Dachpfannen hatten, 1851 waren es bereits über 316.[413]

Cornies war eifrig darum bemüht, die industrielle Grundlage der Molotschnaja zu heben. Eines seiner Ziele dabei war, einträgliche Arbeitsplätze für die wachsende Bevölkerung zu schaffen, da nicht alle Landwirte werden konnten. Deshalb förderte

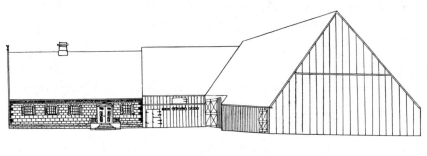

*Ein von Landwirtschaftlichen Verein anerkanntes mennonitisches Haus im "neuen Stil" in der Molotschnaja, das aus Backsteinen gebaut und mit Dachpfannen gedeckt war (ca. 1850). Aus Wiebe, "Einrichtung des Hofraums".*

---

[411] Die Herstellung landwirtschaftlicher Maschinen in der Molotschnaja im Jahr 1848 wurde mit über 52.700 Rubel bewertet (Wiebe, "Kurze Übersicht...1849", 2) doch dann sank sie auf nur etwas über 34.600 Rubel im Jahr 1851 (Wiebe, "Kurze Übersicht....1852", 6); in Chortitza wurde die Produktion 1854 mit fast 20.000 Rubel bewertet, *Ubl*, 10 (Juli, 1855), 57.

[412] Siehe Bericht über solche "anerkannten" Häuser mit Plan und Abbildungen in Philip Wiebe, "Einrichtung des Hofraumes, der Gärten, des Wohnhauses und der Wirtschaftsgebäude eines Kolonisten an der Molotschnaja im Taurischen Gouvernement", *MKG* (1852), 52-55.

[413] Die Zahlen für die Ziegel-, Dachpfannen-Produktion und die gesamte Entwicklung des Bauwesens sind folgenden Quellen entnommen: 1839 "Opissanie Mennonitskich", 24; 1845 und 1848 Wiebe, "Kurze Übersicht... 1849", 2; 1846 Cornies, "Kurze Übersicht...1847", 4; 1851 Wiebe, "Kurze Übersicht...1852", 6, 7; 1854 Petzholdt, *Reise im westlichen*, 185 ft.

er den Anbau von Feldfrüchten, die eine zusätzliche Bearbeitung brauchten, wie z.B. Tabak und Flachs, und förderte auch die Seidenindustrie. Mit der Tabakverarbeitung waren Hunderte von Menschen beschäftigt, während in den 1840er und 1850er Jahren über zweitausend jährlich als Flachsspinner und Leinweber arbeiteten. 1838 beschäftigten sich nur 10 Personen mit Seidenspinnen, bis 1846 war ihre Zahl jedoch auf 478 und 1851 auf 1.188 angestiegen.[414] Aber Cornies wollte die Agrarwirtschaft auch mit einem Kern geschickter Handwerker versorgen, die imstande waren, Maschinen zu bauen und die Bedürfnisse der Landwirte zu befriedigen. 1936 beschloß Cornies deshalb nach einer Unterredung mit Keppen, eine besondere Handwerker-Siedlung zu gründen, und ab 1839 wurde Kontakt mit geschickten Handwerkern aus den mennonitischen Siedlungen in Preußen aufgenommen, die dann auswanderten, um sich in Russland anzusiedeln.[415] Die neue Siedlung Neu-Halbstadt, die in der Nähe des Verwaltungszentrums von Halbstadt lag, wurde 1841 durch ein Regierungs-Dekret amtlich registriert, aber erst nach beträchtlichem Widerstand seitens der Landwirte von Halbstadt gebaut, die Land für dieses neue Dorf abtreten mußten.[416]

Obwohl die einfachen Gewerbearten, wie Weben, Schneidern, Holz- und Schmiedearbeiten den Landwirten bei der Entwicklung der Agrar-Marktwirtschaft zugute kamen, wurden viele mennonitische Erzeugnisse auch außerhalb der Kolonien verkauft. Die Herstellung von landwirtschaftlichen Geräten und Wagen überstieg schon sehr bald die interne Nachfrage, besonders Wagen waren unter den wohlhabenden russischen Bauern, anderen Kolonisten, Gutsbesitzern und Kaufleuten begehrt. In der zweiten Hälfte der 1820er Jahre und anfangs der 1850er Jahre machte der Wert der Wagen 70 bis 86 Prozent der gesamten Maschinenproduktion in der Molotschnaja aus. 30 bis 40 Prozent der hergestellten Wagen wurden außerhalb der Kolonie verkauft, gut über die Hälfte an russische Bauern. Ähnliche Entwicklungen fanden auch in Chortitza statt.[417] Die traditionellen Handfertigkeiten wie Holzarbeit

---

[414] Einzelheiten in bezug auf die Anzahl der mit der Tabak- und Flachsverarbeitung Beschäftigten sind in den vorerwähnten statistischen Berichten enthalten; bezüglich der Seidenproduktion siehe Wiebe, "Ackerbauwirtschaft", 55.

[415] Bezüglich der Besprechungen mit Keppen siehe Klaus, *Unsere Kolonien,* 253, Epp, *Johann Cornies,* 54. Unruh, *Die niederländisch-niederdeutschen Hintergründe,* 378-84 nennt viele der eingewanderten Handwerksleute. Einen Bericht über die Auswanderung eines Handwerkers im Jahr 1839 und dessen Empfang in der Molotschnaja siehe in Walter Adrian, "A thrilling story from an old diary", *ML,* 3 (1948), 23, 24, 26-28, 39, 44.

[416] Bezüglich des Dekrets siehe *PSZ* (2) XVI, 14.703 und bezüglich der Schwierigkeiten bei der Gründung der Siedlung Klaus, *Unsere Kolonien,* 254-55; siehe auch Woltner, *Die Gemeindeberichte,* 92-93.

[417] Die Zahlen für die Wagenproduktion stehen in den obenerwähnten statistischen Berichten (Fußnote 411). Einzelheiten über den Verkauf an auswärtige Kunden im Jahr 1851 siehe in Wiebe, "Kurze Übersicht..." 1852, 6-7; 1852 *Ubl.,* 9 (Feb. 1854), 10 Petzholdt, *Reise im westlichen,* 185-86 beschreibt die Molotschnaer Industrie und bezügl. Chortitza siehe David H. Epp, "The emergence of German industry in the south Russian colonies", (übersetzt und herausgegeben von John B. Toews), *MQR,* 55 (1981), 293, 295, 297 und passim.

und Metallbearbeitung durch Schmiede wurden bei der Wagenherstellung wie auch bei der Herstellung anderer landwirtschaftlicher Geräte und Maschinen kombiniert. Seit den 1830er Jahren wurden russische und ausländische Dresch- und später auch Mähmaschinen nach Südrussland importiert. Unter den Mennoniten gab es ein wachsendes Interesse an diesen neuen Maschinen, über die viele Kolonisten Ende der 1850er Jahre in den Spalten des Unterhaltungsblattes berichteten und Bewertungen schrieben.[418] Mennonitische Handwerker begannen die Maschinen zu untersuchen und zu kopieren. Dabei vereinfachten und paßten sie den Mechanismus den örtlichen Gegenbenheiten an. Obwohl die Molotschnaja mehr Handwerker hatte und mehr Maschinen herstellte als Chortitza, wurde die eigentliche Grundlage für die industrielle Produktion landwirtschaftlicher Maschinen in der Altkolonie gelegt. Der Pionier dieser neuen Industrie war Peter Lepp, der die Produktion mit der Herstellung von Uhren und kleinen, gußeisernen Schmuckstücken aufnahm, dann jedoch in den 1850er Jahren seine Aufmerksamkeit der Herstellung von landwirtschaftlichen Maschinen zuwandte. Er kopierte importierte Maschinen und stellte so in den 1860er Jahren bereits eine ganze Reihe von Dresch- und Mähmaschinen her. Andere Männer in Chortitza folgten seinem Beispiel, und später wurden auch in der Molotschnaja ähnliche Werkstätten aufgebaut.[419]

Nach 1830 gewann die Rolle der Kaufleute ebenfalls eine immer größere Bedeutung, da sie die Bedürfnisse der Agrar-Marktwirtschaft sowie die Nachfrage der Kolonisten befriedigen mußten. Lange Zeit haftete den Mennoniten, die etwas mit Handel zu tun hatten, ein gewisses gesellschaftliches Stigma an. Die 'richtige' Beschäftigung für einen Mennoniten war die Landwirtschaft. Sie glaubten, daß Handel mit Wucher und Gaunerei verbunden war.[420] Kaufleute wurden gewöhnlich von den geistlichen Ämtern in den Gemeinden ausgeschlossen, obwohl viele von ihnen schon im polnischen Preußen und in Westpreußen wohlhabende und angesehene Persönlichkeiten in der Ortsgemeinde gewesen waren. In Russland hatten viele führende Persönlichkeiten in der Verwaltung auch Verbindungen mit dem Handel - Claas Wiens, der erste Oberschulze, Johann Klassen, Besitzer einer Tuchspinnerei und Oberschulze und natürlich Cornies selbst. In Preußen gab es bei der Auswanderung nach Russland wenig führende Kaufmannsfamilien. Aber die wirtschaftlichen Verhältnisse in Deutschland änderten sich, und die Aussicht auf wirtschaftlichen Wohlstand in Südrussland ermutigte ab 1820 viele Kaufleute zur Auswanderung. Unter diesen befanden sich Mitglieder der führenden Kaufmanns-Dynastien in Preußen, u.a. die van Riesens, die Sudermanns und die Harders. Es handelte es sich oft um wohlhabende, kulturell hochstehende

---

[418] Das Blatt veröffentlichte ausländische Berichte und machte Werbung für britische, deutsche und amerikanische Maschinen; bezüglich einer der ersten mennonitischen Stellungnahmen siehe P. Wiebe, "Beschreibung zur Getreide-Mähmaschine", *Ubl.*, 10 (Juni, 1855), 47-48.

[419] Betreffs Lepp (1817-1871) siehe Epp, *Sketches from the pioneer years,* und bezüglich späterer Entwicklungen in Chortitza und in der Molotschnaja, das nachstehende Kapitel 12.

[420] Siehe Kommentare von Friesen, *Mennonite brotherhood,* 882.

*Handel und Gemeinschaft* 165

Familien, die untereinander verheiratet waren und ausschließlich Hochdeutsch sprachen.[421] Einige Mitglieder dieser Familien siedelten in den Kolonien an und nahmen Kontakte mit Handelszentren in Russland und im Ausland auf, während andere in die neue Hafenstadt Berdjansk zogen. Hier handelten sie mit mennonitischem Getreide und belieferten die Kolonisten mit importierten Waren, um deren Nachfrage ihrem wachsenden Reichtum entsprechend zufriedenzustellen.[422]

Ab 1830 setzte eine Änderung der Gesellschaftsstruktur in den Kolonien ein. 1839 waren über 80 Prozent der Bevölkerung in der Molotschnaja direkt oder indirekt an der landwirtschaftlichen Produktion beteiligt; 1846 waren nur noch 75 Prozent darin beschäftigt, während 15 Prozent der Bevölkerung sich auf die Handwerksberufe konzentrierte. Obwohl die Landwirtschaft auch weiterhin die Hauptbeschäftigung blieb, sank doch der Anteil der Bevölkerung, der direkt in der Landwirtschaft tätig war, auf 73 Prozent im Jahr 1851 und 67 Prozent im Jahr 1855. Von 1851 bis 1855 stieg der Prozentsatz der Handwerker in der Bevölkerung von 16 Prozent auf 19 Prozent, während der Anteil der Kaufleute konstant bei 2 Prozent blieb. In Chortitza waren 1846 nur 60 Prozent Landwirte und 20 Prozent Handwerker. Zur neuen Gruppe, die sich in beiden Kolonien zu entwickeln begann, gehörten, was die Beschäftigung betrifft, diejenigen, die weder eine Bauernwirtschaft besaßen noch Handwerker waren, und deshalb gezwungen waren, für andere Mennoniten zu arbeiten. In der Molotschnaja wuchs diese Gruppe von 8 Prozent der Bevölkerung im Jahr 1846 auf 10 Prozent im Jahr 1851 und 13 Prozent im Jahr 1855; in Chortitza machte diese Gruppe 1846 bereits 20 Prozent der Bevölkerung aus.[423] Diese Unterschiede in der Beschäftigung waren ein Hinweis auf die größeren sozialen Differenzen, die in beiden Kolonien entstanden, Unterschiede in den Vermögensverhältnissen, im Zugang zu Gelegenheiten und Mitteln und dem Besitz politischer Macht. Obwohl die Mennoniten in bezug auf den Glauben alle Brüder und scheinbar gleich waren, bewirkten doch die Realität des Wirtschaftslebens und die neuen Gesellschaftsschichten, daß um das Jahr 1850 die Ungleichheit auffälliger wurde, und die

---

[421] Siehe F. Harder, "Die Familie Abr. Sudermann: Kaufmann und Branntweinbrenner in Elbing vor dem Königsberger Thor, gest. 2.2.1800", *Mitteilung des Sippenverbandes der Danziger Mennoniten Familien Epp-Kauenhowen-Zimmermann,* 5 (1939), 18-23 "Zum 10. Todestag des Dichters Hermann Sudermann", *Mitteilungen des Sippenverbandes...,* 5 (1939), 24-25; G.E. Reimer und G.R. Gaeddert, *Exiled by the Czar: Cornelius Jansen and the great Mennonite migration* (Newton, Kansas, 1956).

[422] Betreffs der bedeutenden Berdjansker Gemeinschaft siehe Reimer und Gaeddert, *Exiled by the Czar,* Peter Jansen, *Memoirs of Peter Jansen: the record of a busy life: an autobiography* (Beatrice, Nebr., 1921), K. Mezynski, "Z wedrowek Mennonitow pomorskich Gmina w Berdjansku nad Morzem Asowskum", *Rocznik Gdanski,* 22 (1969), 235-60.

[423] Diese Zahlen bezüglich der Veränderungen in der Beschäftigung sind folgenden Quellen entnommen: Molotschnaja, 1839 "Opisanie Mennonitskich", 10,25; 1846 Hahn im Vorwort zu Cornies "Kurze Übersicht...1847", 2; 1851 Klaus, *Unsere Kolonien,* 241-43, (gegründet auf Wiebe, *"Kurze Übersicht...1852",* 1); 1855 "Über den Zustand der Molotschnaer Colonie im Jahre 1855", *Bte,* 10 (8. März, 1939), 6; Chortitza, 1846, E. v.Hahn, "Der chortitzer Mennonitenbezirk", *Ubl.,* 2. (Juni, 1847), 1.

bedrohte den Zusammenhalt sowohl der Gemeinschaft als auch der Gemeinde.

Um 1850 war eine Anzahl einzelner Mennoniten bereits so reich, wie es sich die ersten Siedler nie hätten träumen lassen. Die meisten derjenigen, die Kapital in der Blütezeit der Schafzucht angesammelt hatten, investierten ihren Gewinn in Land. Anfänglich war dieses Land zu außerordentlich niedrigen Preisen gekauft worden, oft für nur ein paar Rubel pro *dessjatina*. Dies Land war hauptsächlich dazu verwendet worden, ausgedehnte Weideflächen zu beschaffen, die man für die großen Schafherden dieser Unternehmer brauchte. Als der Getreideanbau jedoch profitabler wurde und einige dieser Ländereien bebaut wurden, stieg ihr Wert. Um das Jahr 1841 gehörten 48.635 *dessjatini* Land außerhalb der Kolonien nur acht Mennoniten; Cornies besaß fast 6.000 *dessjatini* dieses Landes, der größte Landbesitzer war jedoch Wilhelm Martens, der 33.691 *dessjatini* besaß. Von Martens sagte man später, daß er vor seinem Tod um das Jahr 1845 fast 100.000 *dessjatini* besaß oder gepachtet hatte.[424] In der nächsten Generation festigten diese Gutsbesitzer ihren Grundbesitz, während andere wohlhabende Mennoniten, einschließlich Kaufleute und Industrielle auch Land kauften, bis sich um 1865 über 122.000 *dessjatini* Land im Privatbesitz befanden.[425] Diese Familien bildeten den Kern der neuen Elite, den Stand des mennonitischen Landadels, dessen Mitglieder unter sich heirateten und einen eigenen Lebensstil entwickelten.[426]

In den Kolonien gab es auch einen sehr deutlichen Zusammenhang zwischen gesellschaftlicher Stellung und Reichtum, Beruf und Landbesitz. Die Eigentümer der bestehenden Bauernhöfe hatten nicht nur einen teuren Grundbesitz mit einem rasch ansteigenden Wert, er sicherte ihnen durch die Landwirtschaft auch ein verläßliches Einkommen. Ein durchschnittliches Einkommen der Landwirte betrug in der Molotschnaja in den 1820er Jahren wahrscheinlich das Doppelte von dem, was die Handwerker verdienten, und konnte bis zu zehnmal so hoch sein wie das der Landarbeiter.[427] Die Einnahmen der Dörfer und der Einzelpersonen, einschließlich der Landwirte konnten jedoch sehr verschieden sein. Der Reichtum eines Dorfes hing von der Fruchtbarkeit seines Landes und der Arbeitskraft seiner Bewohner ab. Die

---

[424] Klaus, *Naschi Kolonii*, Anhang, Tabelle VII.

[425] Klaus, *Unsere Kolonien*, 234

[426] Bezüglich der Gutsbesitzer siehe Bericht von Jakob C. Toews, "Das mennonitische Gutsbesitzertum in Russland", *Bte.*, 26 (30. Juni, 1954), 3-4 bis 45 (24. November, 1954), 4; H.H. Klassen, "Mennonitische Gutsbesitzer in der Ukraine", *Bte*, 35 (5. September, 1972), 11-12; und den provisorischen Bericht in James Urry "Through the eye of a needle: wealth and the Mennonite experience in Imperial Russia", *JMS*, 3 (1985), 7-35.

[427] Es gibt sehr grobe Schätzungen, die sich auf verschiedene Quellen berufen. In vielen amtlichen Statistiken wird das durchschnittliche Einkommen der Kolonisten berechnet, meistens für die Bevölkerung in arbeitsfähigem Alter (d.h. für Personen beiderlei Geschlechts von 16 bis 60 Jahren). Aus diesen geht hervor, daß das Einkommen in der Molotschnaja durchschnittlich höher lag als in Chortitza, obwohl es je nach den Wetterverhältnissen auch krasse Schwankungen geben konnte. 1847 wurde die Produktion in der Molotschnaja z.B mit 53 Rubel und 60 Kopeken pro Kopf berechnet, im nächsten Jahr nach einer Mißernte jedoch nur mit 18 Rubel und 65 Kopeken, Cornies "Kurze Übersicht...1847", 3, Wiebe, "Kurze Übersicht....1849", 3.

Geschicklichkeit des einzelnen, ob Landwirt, Handwerker oder Arbeiter war jedoch nur ein Faktor unter vielen, die einen Einfluß auf das Einkommen hatten.[428] Alles hing davon ab, wie gut die Ernte war. Die meisten Kolonisten mußten große Familien ernähren, und selbst der stolzeste Besitzer einer Bauernwirtschaft hatte oft Schulden, gewöhnlich bei anderen Familienmitgliedern, denen ein Teil des Grundbesitzes ihrer Eltern gehörte. Einige Kolonisten spezialisierten sich in anderen Produktionssparten, um ihre Einnahmen zu steigern. Ein Landwirt konnte z.B. einen besonderen Obstgarten haben, Butter und Käse für den Markt herstellen oder teilzeitig ein bestimmtes Handwerk ausüben.[429] Viele Männer nutzten auch die Arbeit ihrer Töchter und Frauen in der Seidenproduktion, die sehr einträglich sein konnte.[430] In den Einnahmen der Handwerker gab es ebenfalls große Schwankungen. Aus Zahlen für die Molotschnaja für 1837 geht hervor, daß Schneider, Schuster und Weber weniger als ein durchschnittliches Handwerkereinkommen verdienten, wobei die letzteren kaum genug zum Leben hatten. Berichte aus dieser und späterer Zeit besagen, daß ganze Familien bis spät in die Nacht arbeiteten, Holzpantinen machten oder Flachs und Seide bearbeiteten, um noch etwas hinzuzuverdienen.[431] Anderen Handwerkern, wie z.B. den Wagenbauern, ging es besser. 1837 verdienten Wagenmacher durchschnittlich mehr als viermal so viel wie die Handwerker, was sehr deutlich die kommerzielle Bedeutung ihres Handwerks zeigt.[432]

Die größte Last, die die meisten Familien zu tragen hatten, war der Unterhalt ihres erweiterten Haushalts, zu dem auch die alten Eltern und unverheiratete Geschwister gehörten wie auch die zahlreiche Familie des Familienoberhauptes. Die hohe Geburtenrate bedeutete nicht nur, daß es mehr Münder zu füttern und mehr Körper zu bekleiden gab, sondern daß man auch einen größeren Überschuß erwirtschaften mußte, um die Kinder zu versorgen, die darauf hofften, als Erwachsene einen eigenen Bauernhof zu kaufen oder eine passende Arbeitsstelle zu finden. Während des ganzen neunzehnten Jahrhunderts überstiegen die Geburten die Sterbefälle in einem Verhältnis von zwei zu eins, während gleichzeitig die Einwanderung, insbesondere in die Molotschnaja anhielt, wodurch die Bevölkerungszahl weiter anstieg. Von 1826 bis 1846 hatte sich die Bevölkerung der Molotschnaja mehr als verdoppelt, sie stieg von 6.538 auf 14.750. 1854 hatte sie eine Einwohnerzahl von 17.834 und 1866 eine Einwohnerzahl von 24.768 erreicht. Die Bevölkerung von Chortitza stieg von 4.134 im Jahr 1826 auf 7.100

---

[428] 1851 betrug das durchschnittliche Einkommen der Siedler des Dorfes Hierschau in der Molotschnaja 72 Rubel und 80 Kopeken im Vergleich zu dem Koloniedurchschnitt von nur 34 Rubel und 35 Kopeken, Wiebe, "Kurze Übersicht...1852", 7.

[429] In den amtlichen Berichten wurden oft die Namen erfolgreicher Produzenten genannt, und das *Ubl.* veröffentlichte die Verleihung von Medaillen oder Geldpreisen an Personen, die in der Landwirtschaft oder im Handwerk besondere Leistungen erzielt hatten.

[430] Siehe Petzholdt, *Reise im westlichen,* 167-68.

[431] Siehe J.J.B. "Justina Neufeld", *Bundesbote Kalender* (Berne, Ind., 1906), 35.

[432] Die Zahlen für 1837 zeigen, daß das durchschnittliche Einkommen der Handwerker 250 Rubel pro Jahr betrug, die Weber verdienten durchnittlich 71 Rubel und die Wagenmacher 1.178 Rubel, nach Berechnungen aus *TsGIAL* f.583, op.29. d.609.

im Jahr 1846, 7.699 im Jahr 1854 und hatte 1866 eine Einwohnerzahl von über 10.000 erreicht.[433]

Die amtliche Politik, deren Ziel es war, das leere Land aufzufüllen und eine Handwerkersiedlung zu gründen, förderte den Zustrom neuer Siedler in die Molotschnaja. Aber schon bald wurde klar, daß bei einem weiteren Anstieg der Bevölkerung nicht mehr soviel Land da sein würde, daß jeder seine eigene Bauernwirtschaft in der Kolonie haben konnte. Obwohl in der Molotschnaja immer noch neue Dörfer aufgebaut werden konnten, dachte Cornies bereits in den 1840er Jahren daran, den Grundbesitz von 65 *dessjatini* zu verkleinern, um die wachsende Anzahl der Landlosen unterzubringen. In dieser Hinsicht wurde jedoch wenig erreicht, und solange Cornies das Regiment führte, wurden nur wenige neue Dörfer gegründet (siehe Tabelle 4).[434] Cornies hatte tatsächlich auch nicht die geringste Absicht, jedem den Besitz einer Bauernwirtschaft zu erlauben. Nur die ein ausreichendes Kapital zur Gründung eines leistungsfähigen Betriebs besäßen[435] und bei denen man sicher sein konnte, daß sie sich wie "Musterlandwirte" verhalten würden, sollten Land bekommen. Bei Cornies' Zukunftsvision ging es um die Entwicklung einer Elitegesellschaft, obwohl er natürlich hoffte, daß die Landlosen ein Gewerbe aufnehmen würden, das ihnen die Aufrechterhaltung eines angemessenen Lebensstandards ermöglichen würde. Aber obwohl er arbeitsintensive Industrien zu entwickeln versuchte, vor allem die Seidenspinnerei, konnten sich solche Industrien nicht in der neuen kommerziellen Umwelt behaupten. Ende 1850er Jahre bekam die russische Seidenindustrie eine immer stärker werdende Konkurrenz durch die asiatischen Importe und durch seidene Fertigwaren, die maschinell in Frankreich und Italien hergestellt wurden. Mit der Heimindustrie ging es rasch bergab.[436] Andere Handwerkssparten ereilte ein ähnliches Schicksal. Als der Handel immer mehr zunahm, erwiesen sich die von den Bauern im zentralen Russland oder von den Fabriken in Moskau hergestellten Handwerkserzeugnisse wie auch die importierten Waren der westeuropäischen Industriezentren als billiger als viele vor Ort hergestellten Artikel. Die mennonitischen Händler trugen viel dazu bei, die Einträglichkeit der mennonitischen Handwerkserzeugnisse zu redu-

---

[433] Bevölkerungszahlen: Molotschnaja, 1826, Schlatter, *Bruchstücke aus einigen Reisen*, 483-84 mit kleinen Berichtigungen; 1846 Hahn im Vorwort zu Cornies, "Kurze Übersicht...1847", 2; 1854, *Ubl.*, 10 (Juli, 1855), 59; 1866, I. Robson and T. Harvey, *Narrative of the visit of Isaac Robson and Thomas Harvey to the south of Russia* (London, 1868), 36; Chortitza, 1826 (wie oben); 1846 Woltner, *Die Gemeindeberichte*, 25 ff. 1; 1854 (wie oben); 1866 geschätzt nach Zahlen zu einem früheren Zeitpunkt des Jahrzehnts. Siehe auch Anhang II betreffs weiterer Zahlen.

[434] Klaus, *Unsere Kolonien*, 255-56. Hierschau wurde von Cornies als Musterdorf angelegt; siehe Helmut T. Huebert, *Hierschau: an example of Russian-Mennonite life* (Winnipeg, 1986), 37-53.

[435] Siehe Aussage von Kisselew darüber, wie die Mennonniten den Zugang zum Land auf diejenigen beschränkten, bei denen man sicher sein konnte, daß sie gute Landwirte sein würden in Keller, *German colonies*, I, 61 Punkt 3.

[436] Rempel, *Mennonite colonies*, 169.

zieren, da sie die vorerwähnten Waren in ihren Läden verkauften.

Die von Cornies angestrebte Agrarökonomie, mit einer durch arbeitsintensive Heimindustrie gestützten Agrar-Marktwirtschaft, gehörten einem Wirtschaftssystem an, das in Europa bereits in raschem Schwinden begriffen war. Die Heimindustrie konnte nicht mit Waren konkurrieren, die in neuen Fabriken hergestellt wurden, bei denen das Schwergewicht auf einer kapitalintensiven und nicht einer arbeitsintensiven Produktion lag. Die Zukunft der mennonitischen Industrie lag ebenfalls in dieser Richtung; Cornies war sich dieser Entwicklungen während seiner ganzen Lebenszeit nicht bewußt. Die für den Markt bestimmte Agrarproduktion hing auch von Erzeugnissen ab, die in diesem neuen industriellen Milieu hergestellt wurden, und Ende der 1850er Jahre war es klar, daß die Landwirtschaft gute Zukunftsaussichten hatte, viele alte Handwerksbranchen jedoch zum Untergang bestimmt waren. Angesichts dieser Lage wurde es vielen Mennoniten, einschließlich vieler tüchtiger Handwerker bewußt, daß sie die Zukunft ihrer Familien nur durch Grundbesitz sichern konnten. Deshalb gaben sie ihr Handwerk auf und bewarben sich zusammen mit den Landlosen um Land.[437]

In der Molotschnaja hatte die Regierung große Landflächen für künftige Ansiedlungen vorgesehen, in Chortitza war die Verfügbarkeit von freiem Land jedoch außerordentlich begrenzt. Die letzten neuen Dörfer waren 1824 gegründet worden, und anfangs der 1830er Jahre stieg die Anzahl der Landlosen.

TABELLE 4: DIE GRÜNDUNG DER MOLOTSCHNAER DÖRFER, 1832-1863
(Isaak, *Molotschnaer Mennoniten*, 18, 26)

| | |
|---|---|
| Konteniusfeld (1832) | Gnadenfeld (1835) |
| Waldheim (1836) | Landskron (1839) |
| Hierschau (1848) | Nikolaidorf (1851) |
| Paulsheim (1852) | Kleefeld (1854) |
| Alexanderkron (1857) | Mariawohl (1857) |
| Friedensruh (1857) | Steinfeld (1857) |
| Gnadental (1862) | Hamberg (1863) |
| Klippenfeld (1863) | |

1833 bot die Regierung den Kolonisten über 9000 dessjatini Land im Bezirk von Mariupol an, in der Nähe einiger Siedlungen deutscher Kolonisten auf Land, das ursprünglich für eine jüdische landwirtschaftliche Kolonie reserviert worden war. Hier wurden von 1836 bis 1852 fünf neue Dörfer gebaut. Diese Kolonie wurde unter dem Namen Mariupol-Mennonitenkolonie bekannt, obwohl viele Mennoniten sie einfach nach dem Namen der Hauptsiedlung Bergthal nannten. Diese erste Tochter-Kolonie von Chortitza erleichterte das Problem der Landlosen in der Altkolonie nur für eine kurze Zeit; viele in Chortitza hatten noch immer

---

[437] Friesen, *Mennonite brotherhood*, 874-75.

170     Mennoniten in Russland, 1789 - 1889

kein Land, und selbst im Gebiet von Mariupol hatte jedes Dorf innerhalb einer Generation seine eigenen landlosen Einwohner.[438]

Das Jahr 1848 war sehr bedeutungsvoll sowohl für die mennonitischen Kolonisten als auch für die Menschen in Russland. Im März dieses Jahres starb Cornies, und innerhalb von acht Monaten starb auch sein Freund und Unterstützer in der Molotschnaja, Oberschulze Toews.[439] Im September hatte die Kolonie jedoch einen neuen Oberschulzen, David Friesen, der von vielen unterstützt wurde und der sich der Herrschaft von Cornies widersetzt hatte.[440] Innerhalb eines Jahres wurde Hahn nach Petersburg zurückberufen, und sein Nachfolger als Vorsitzender des Fürsorgekomitees wurde Baron von Rosen.[441] Die alte Ordnung in den Kolonien hatte sich grundlegend geändert. In vielen anderen europäischen Zentren brach 1848 die Revolution aus. Beunruhigt durch diese Entwicklungen mobilisierte Nikolaus I. seine Armee, und die Mennoniten schickten der Regierung als Zeichen ihrer Unterstützung 130 Pferde.[442] Obwohl es in Russland keine größeren Aufstände gegen die Regierung gab, schickte Nikolaus Truppen nach Ungarn zur Unterstützung des österreichischen Kaisers. In seinem eigenen Land veranlaßten die Ereignisse von 1848 Nikolaus dazu, seine Politik der Unterdrückung gegen diejenigen zu verschärfen, die er für eine Bedrohung seiner Herrschaft hielt. Die Polizei trat verstärkt in Aktion, die Zensur wurde verschärft und viele Reformpläne, einschließlich derjenigen des Ministeriums für Reichsdomänen, wurden beschnitten oder aufgegeben.[443] Innerhalb und außerhalb der Kolonien setzte ein Geist der Reaktion ein.

In der Molotschnaja wurde die Politik von Cornies nicht mit einem Schlag umgestellt. Die Regierung ernannte Cornies' Schwiegersohn Philip Wiebe zum Vorsitzenden des Landwirtschaftlichen Vereins.[444] Wiebe hatte viele Jahre als Cornies Sekretär gearbeitet, er kannte seine Pläne gut und war zweifellos von seinem Schwiegervater als zukünftiger Vorsitzender bestimmt worden. Obwohl Wiebe auch weiterhin die Reformen unterstützte, den Aufbau der Seideindustrie

---

[438] Bezüglich der Mariupol-Siedlung siehe William Schroeder, *The Bergthal colony* (Winnipeg, 1974; 2. Ausgabe, 1986); betreffs der benachbarten Gruppen, Josef Malinowsky, *Die Planerkolonien am Asowschen Meere* (Stuttgart, 1928).

[439] *Ubl.,* 4 (April 1849), 26.

[440] Isaak, *Molotschnaer Mennoniten,* 26, David A. Friesen (1807-1893). Abraham Toews starb im November, und deshalb mag Friesen noch vor seinem Tod gewählt worden sein.

[441] Baron Fedor Fed. von Rosen (1808-1854), Vorsitzender des Fürsorge-Komitees 1849-1853).

[442] W. Bruce Lincoln, *Nicholas I: Emperor and autocrat of all the Russians* (London,1978), Kapitel 8: bezüglich mennonitischer Reaktionen, Isaak, *Molotschnaer Mennoniten,* 23-25; Friesen, *Mennonite brotherhood,* 200, der offizielle Dank für die Pferde wurde auch im *Ubl.* 3 (Nov. 1848), 81-82; 4 (Feb. 1849), 9-10 erwähnt.

[443] Lincoln, *Nicholas I,* Kapitel 9; bezüglich der Polizei siehe P.S. Squire, *The Third Department: the establishment and practices of the political police in the Russia of Nicholas I* (Cambridge, 1968).

[444] Philip Wiebe (1816-1870) hatte Cornies' einzige Tochter Agnes (1819) geheiratet. Cornies einziger Sohn Johann (1812-) lebte meistens auf seinem Gut außerhalb der Kolonien.

förderte und weitere Schulreformen organisierte, fehlte ihm doch Cornies' Durchsetzungskraft.[445] Ein Forstexperte konnte bei seinem Besuch im Jahr 1850 Ohrloff immer noch als das Hauptdorf der Kolonie beschreiben und feststellen, daß der Verein und Wiebe die "interne Regierung" der Kolonie vertraten;[446] eine Änderung in der Machtstruktur und Amtsgewalt der Kolonie hatte jedoch bereits eingesetzt. Da Wiebe an schlechter Gesundheit litt, gab er kurz darauf seinen Posten als Vorsitzender des Vereins auf und zog sich auf das Gut Juschanlee zurück, das Cornies' Tochter geerbt hatte. Er wurde jedoch auch weiterhin als eine wichtige Persönlichkeit in Gemeinschaftsangelegenheiten betrachtet.[447] Cornies' Bruder David wurde für kurze Zeit Wiebes Nachfolger als Vorsitzender; als er jedoch im Jahr 1853 starb, wurde sein Posten von einem wohlhabenden Gutsbesitzer, Peter Schmidt übernommen.[448] Unter Schmidts Leitung ging es mit dem Landwirtschaftlichen Verein bergab. Er wurde nie wieder zu einer bedeutenden Institution. Die Führung der Kolonieangelegenheiten verlagerte sich auf das Gebietsamt und die Person des Oberschulzen David Friesen. Die Macht des Oberschulzen und seines Amtes wurde gerade durch die Einschränkungen vergrößert, die Cornies der Amtsgewalt der Gemeindeleiter auferlegt und durch die Spaltungen, die er in ihren Reihen verursacht hatte. In Chortitza fand nach Cornies Tod ein ähnlicher Machtkampf zwischen dem Vorsitzenden des Landwirtschaftlichen Vereins, Johann Siemens, und dem Oberschulzen Jakob Bartsch statt. Dadurch entstand eine gewisse Zerrissenheit in der Gemeinschaft. Am Ende triumphierte Bartsch, verlor jedoch kurz darauf seine Stellung.[449]

Die sich verändernde politische Lage innerhalb und außerhalb der Kolonien Anfang der 1850er Jahre wurde 1853 durch den Ausbruch des Krim-Krieges zwischen Russland und den verbündeten Staaten der Türkei, Frankreich und Großbritannien, unterbrochen.[450] Im September 1854 landeten die Truppen der Allierten in der Krim,

---

[445] Betreffs Wiebes Schulreformen siehe Friesen, *Mennonite brotherhood*, 796-97 und das nachstehende Kapitel 9.

[446] A. Bode, "Notizen gesammelt auf einer Forstreise durch einen Theil des Europäischen Russlands", *Beiträge zur Kenntnis des Russischen Reiches,* 19 (1854), 293.

[447] Wiebe blieb Mitglied der Kaiserlichen Gelehrtenkreise und beriet auch weiterhin die Regierung, intervenierte jedoch nur gelegentlich in örtlichen Angelegenheiten. Siehe J. Toews, "Eine Erinnerung an Philipp Wiebe", *OZ,* 274 (15/27. Dez. 1879), 2, wo Toews Wiebes "Bemerkungen über den Zustand der deutschen Kolonien, speciell im taurischen Gouvernement, im J. 1869" in dieser und nachfolgenden Ausgaben von neuem veröffentlichte, *OZ,* 275-78 (16/28. Dez./1.Jan. 1879-1880).

[448] Bezüglich David Cornies (1794-1853) siehe Petzholdt, *Reise im westlichen,* 198 ft.; Peter Schmidt war der Besitzer des Steinbach-Gutes, das wie Juschanlee in der Kolonie Molotschnaja lag; Schmidt hatte das Gut von seinem Vater geerbt, der ebenfalls Peter hieß, ein Schwiegersohn von Claas Wiens, dem ersten Oberschulzen und Unternehmer.

[449] Siehe Kommentare von Heinrich Heese in *ML.,* 24 (1969). Siemens blieb Leiter des Landwirtschaftsvereins bis zu seinem Tod im Jahr 1855, *Ubl.,* 11 (April, 1856), 26.

[450] John Shelton Curtiss, *Russia's Crimean War* (Durham, N.C., 1979).

wo sie den Flottenstützpunkt Sevastopol zu besetzen versuchten. Und nun befanden sich die kriegerischen Auseinandersetzungen plötzlich ganz in der Nähe der mennonitischen Kolonien. Die Kolonisten hatten den Regierungsbehörden bereits Geld und anderes Versorgungsmaterial gespendet, doch nun war jeder Landwirt verpflichtet, auch Wagen und Pferde für den Transport lebenswichtiger Lieferungen an die Front zur Verfügung zu stellen. Tausende von Fahrten wurden von beiden Kolonien aus unternommen, und große Mengen an Heu und anderen Versorgungsgütern wurden der russischen Armee von den Kolonisten geliefert. Später holten sie verwundete Soldaten von der Front, von denen einige in den mennonitischen Dörfern betreut wurden. Junge Männer, von denen viele Kinder landloser und ärmerer Siedler waren, wurden von den Besitzern der Bauernwirtschaften dazu angestellt, ihre Wagen zur Krim zu fahren. Die Leiden der Truppen und die Schrecken des Krieges schockierten und beunruhigten viele Mennoniten, und die an den Fahrten beteiligten Jugendlichen nahmen schlechte Manieren an, die von den älteren Leuten in der Kolonie verurteilt wurden. Die sichere Welt vieler Gemeinschaften wurde sehr unsanft erschüttert. Truppen marschierten durch die Dörfer, und die Häuser der Kolonisten wurden zu einem Heim für verwundete Bauern-Soldaten und Flüchtlinge, die vor den Angriffen der feindlichen Flotte an der Küste des Asowschen Meeres flohen. Durch die verwundeten Soldaten wurden Krankheiten auf die Kolonisten übertragen, insbesondere Typhus, und eine Reihe von Mennoniten starb an solchen Ansteckungen. 1856 kehrte der Friede in dieses Gebiet zurück, aber der Krieg hatte eine nachhaltige Auswirkung auf die mennonitischen Gemeinschaften.[451]

Der Krieg zerstörte nicht nur das gesellschaftliche Leben, sondern auch die Wirtschaft. Da sie ihre landwirtschaftlichen Erzeugnisse während des Krieges nicht exportieren konnten, verkauften die Mennoniten den größten Teil ihrer Produktion an die Regierung, die Nahrungsmittel für die Soldaten und deren Pferde brauchte. Da sowohl Getreide als auch Heu knapp wurden, stiegen die Preise rasch an, und die meisten Mennoniten machten gute Gewinne. Viele nutzten auch die Situation, um die Truppen mit Butter, Käse und Schinken zu beliefern.[452] Die mennonitischen Wagen waren sehr gefragt und wurden berühmt durch ihre Bequemlichkeit und Zuverlässigkeit. Dadurch nahmen ihre Beliebtheit und ihr Verkauf im südli-

---

[451] Betreffs verschiedener Berichte über die Beteiligung der Mennoniten am Krieg siehe Friesen, *Mennonite brotherhood,* 576-83, (Heinrich Dirks ), "Die Podwodzeit", *MJ,* (1911), 34-45, "Die deutschen Kolonisten im Krimkriege", *Christlicher Familienkalender,* (1918), 156-58. *Ubl.,* enthält zahlreiche Berichte über mennonitische Hilfe in den kriegerischen Auseinandersetzungen in den Jahren 1854 und 1855. Siehe auch James Urry und Lawrence Klippenstein, "Mennonites and the Crimean War, 1854-1856" *JMS,* 7 (1989), 9-32.

[452] Curtiss, *Russia's Crimean War,* 338 bezüglich der hohen Preise; bezüglich des mennonitischen Handels (Dirks), "Die Podwodzeit", 35-38. Petzholdt, *Reise im westlichen,* 183, berichtet, daß 1854 eine Lieferung von 4.000 Wagen Heu und 1855 56.604 *tschetwert* Weizen und 35.000 *tschetwert* Heu in 9.627 Fahrten an die Front geliefert wurden.

chen Russland selbst lange nach Beendigung des Krieges immer mehr zu.[453] Die Kolonisten wurden für die Benutzung ihrer Wagen und Pferde entschädigt, und die Fahrer erhielten Löhne; 1855 wurden allein in der Molotschnaja 170.000 (Silber?)-Rubel an Gehältern ausgezahlt.[454] Vielen Landwirten und Handwerkern brachte deshalb die kurze Zeit der Feindseligkeiten keinen Nachteil. Viele profitierten sogar enorm durch das Leiden anderer. Nach dem Krieg ging es mit dem Getreidehandel sehr schnell wieder aufwärts, und in ein paar Jahren überstiegen die Exporte bereits wieder die der Vorkriegszeit.[455]

Auf anderen Gebieten wirkten sich die wirtschaftlichen Folgen des Krieges jedoch für viele Kolonisten nachteilig aus. Der Krieg erwies sich als sehr teuer für die Regierung, und die Staatsschuld stieg beängstigend an. Die vor dem Krieg von dem Finanzminister Graf E.F. Kankrin durchgeführten Wirtschaftsreformen, insbesondere die Stabilisierung des Wechselkurses zwischen dem Papier- und dem Silberrubel, die in den 1840er Jahren erreicht worden war, wurde nun vollständig durch das Geld vernichtet, das die Regierung druckte, um den Krieg zu bezahlen.[456] Die Inflation der Preise für Nahrungsmittel, von der viele mennonitische Landwirte profitiert hatten, ruinierte viele Bauern und russische Gutsbesitzer im Süden. Viele dieser Leute hatten mennonitische Handwerkserzeugnisse gekauft, und nun waren diese Sachen plötzlich nicht mehr gefragt. Die kleinen mennonitischen Handwerker und die Landlosen hatten auch nicht in dem gleichen Maß von dem Krieg profitiert wie die Landwirte, und bei der hohen Inflationsrate mußten sie nun mehr für Rohmaterial, Waren und Nahrungsmittel bezahlen. Diese Kolonisten erlebten ein Absinken ihres Lebensstandards, und wenn sie früher gehofft hatten, genug für den Kauf einer Bauernwirtschaft sparen zu können, so rückte diese Hoffnung nun in unerreichbare Ferne. Innerhalb der Kolonien stiegen die Landpreise schnell an. Die Inflation und die Einträglichkeit der Landwirtschaft trieben sie in die Höhe. In den "deutschen" Kolonien in der Nähe der Molotschnaja stieg der Preis für eine Bauernwirtschaft von sechzig *dessjatini* von 130-160 Silberrubel in den 1840er Jahren auf 300 Silberrubel Anfang der 1850er Jahre, 2.000 Silberrubel Ende der 1850er Jahre und 3.000 Silberrubel in den 1860er Jahren.[457] In den 1860er Jahren wurde in der Molotschnaja ein bereits bestehender Bauernhof von fünfundsechzig *dessjatini* zum Preis von 6.000-7.000 Silberrubel verkauft, eine neuere Bauernwirtschaft

---

[453] Epp, "The emergence of German industry", 297.

[454] Philip Wiebe, "Über den Zustand der Molotschnakolonie im Jahr 1855", *MBL*,3 (1856), 51-52.

[455] Fairlie, "Shipping in the Anglo-Russian grain trade", 162, Tabelle 3; Walter McK. Pintner, "Inflation in Russia during the Crimean War period", *American Slavic and East European Review*, 18 (1959), 84.

[456] Ib., 85.

[457] J. Stach, "Die evangelische-Lutherische Gemeinde Kaisertal", *HBR*, 13 (1957), 22. Die Zahlen für die 1840er und die ersten 1850er Jahre sind nach dem allgemeinen Wechselkurs von Papier- in Silberrubel umgerechnet worden; die Tatsache, daß die Werte sich von Papier- auf Silberrubel verlagerten, zeigt, daß man das Vertrauen zu den Assignaten verloren hatte.

für 4.000-5.000 Rubel und ein Bauernhof in der Mariuopol-Siedlung für 3.000-3.500 Rubel.[458] Da ein landloser Arbeiter nur etwa 100 Rubel im Jahr verdiente und ein Handwerker etwa 500 Rubel, waren die Landpreise für sie unerschwinglich.

Nach dem Krieg wurde viel von dem verbliebenen Reserveland in der Molotschnaja unter der Leitung des Oberschulzen Friesen verteilt.[459] Im Jahr 1854 wurden vier neue Dörfer gegründet und drei weitere anfangs der 1860er Jahre (siehe Tabelle 4). Aus den Bevölkerungszahlen der einzelnen Siedlungen ist klar zu ersehen, daß viele dieser neuen Dörfer von Siedlern aus den bereits bestehenden westlichen Gemeinschaften der Kolonie angelegt wurden.[460] In vielen dieser Dörfer lebte eine große Anzahl von Landlosen, aber das war auch in den Siedlungen im Süden und Osten der Kolonien der Fall, die in den 1820er Jahren gegründet worden waren. Es gibt keinen Grund, eine Günstlingswirtschaft bei der Auswahl der Siedler zu vermuten, und die Tatsache daß so viele Siedler aus dem Westen Land erhielten, kann dadurch erklärt werden, daß diese reicher waren. Um eine Bauernwirtschaft zu gründen, mußte ein Kolonist nachweisen, daß er genug Kapital besaß, um ein Haus zu bauen, die Wirtschaft auszustatten und die landwirtschaftliche Arbeit aufzunehmen. Um den Erfolg der neuen Siedler zu sichern, hatte Cornies strikte Regeln eingeführt. Die Landwirte in den bereits bestehenden westlichen Dörfern hatten oft mehr Kapital als die in den neu angesiedelten Gebieten und konnten deshalb ihre Kinder unterstützen, die Bauernwirtschaften brauchten. Zudem sahen viele erfolgreiche Handwerker ein, daß mit der Landwirtschaft größere Gewinne erzielt werden konnten als mit einem Handwerk, und kauften deshalb Land für sich und ihre Kinder.[461] Die ärmeren Landlosen erhielten bei solchen Verteilungen sehr selten einen Bauernhof. Ende der 1850er Jahre tauchten neue Probleme auf, die den Druck in bezug auf den Landbedarf in den Kolonien noch verstärkten.

Vor dem Krieg pachteten viele Mennoniten in der Molotschnaja, einschließlich der Landlosen in den Kolonien, große Landflächen, die angrenzend an die Kolonien, aber jenseits ihrer Grenzen lagen. Ein Teil dieses Landes, das ursprünglich als Weideland gepachtet wurde, war unter den Pflug gekommen. Durch die Nachkriegs-Inflation stiegen die Pachtgebühren ganz enorm, was aber die Pächter noch mehr beunruhigte, war, daß sie den Zugang zu diesem Land verloren. Viel von dem gepachteten Land gehörte früher den Nogaier-Tataren. Nach Kriegsende beschlossen jedoch die meisten Nogaier, zu ihren Brüdern, den Krim-Tataren zu

---

[458] Klaus, *Unsere Kolonien,* 258 ft. 269.

[459] Siehe die amtliche Mitteilung und Veröffentlichung der Pläne, in denen dargelegt wird, wie das Land aufgeteilt werden sollte, "Kolonie- und Ackereintheilung der Mennoniten an der Molotschna", *Ubl.,*7 (1852).

[460] Ein Vergleich der Zahlen für 1855 (die die Anzahl der Landbesitzer und der Landlosen) einschließen in J. Martens, "Statistische Mittheilungen über die Mennoniten-Gemeinden in südlichen Russland", *MBI.,* 4 (1857), 30-34 und für 1860 in Friedrich Matthäi, *Die deutschen Ansiedlungen in Russland, ihre Geschichte und ihre volkswirtschaftliche Bedeutung für die Vergangenheit und Zukunft* (Leipzig, 1866), 92-95.

[461] Friesen, *Mennonite brotherhood,* 874-75.

*Handel und Gemeinschaft* 175

ziehen und in das Ottomanische Reich (Türkei) auszuwandern. Zwischen 1859 und 1860 verließen 46.000-50.000 Nogaier Taurien, und die meisten ihrer Ländereien, bei denen es sich zum größten Teil um Staatsland handelte, wurden mit russischen und bulgarischen Kolonisten besiedelt. Alle Mennoniten waren durch die Auswanderung der Nogaier betroffen. Die Landwirte der Kolonie verloren nur die Dienste der nogaischen Arbeiter und Fuhrleute, die ihr Getreide nach Berdjansk transportierten, die Handwerker verloren jedoch einen Markt für ihre Waren und die Landlosen ihren Zugang zu Ackerland und damit die Möglichkeit, den Lebensunterhalt für ihre Familien zu sichern.[462]

Um 1860 befanden sich die mennonitischen Kolonien in einer Krise. Während der 1850er Jahre begannen sich die Folgen einer zwei Jahrzehnte langen sozialen und wirtschaftlichen Reform bemerkbar zu machen. Der Handel hatte vielen Wohlstand und Sicherheit gebracht, während andere durch ihn in Not gerieten. Die soziale Ungleichheit wurde deutlicher, der Landbesitz wurde zu einem ausschlaggebenden Faktor, ohne den die Menschen keine Zukunft für ihre Familien sichern konnten. Die bestehenden Autoritätsstrukturen in den Gemeinden waren erschüttert worden, die politische Macht hatte sich auf die weltlichen Institutionen verlagert, und ein allgemeiner Geist der Reaktion setzte ein. Er bedrohte den Gemeinschaftssinn. Diesen reaktionären Kräften ging es mehr um die Erhaltung der Macht und des Privilegiums als um die Aufrechterhaltung bestehender Glaubensgrundsätze. Aber in den Kolonien entstanden bereits neue Eliten. Ihr Blick war nicht rückwärts auf eine idealisierte Vergangenheit gerichtet, sondern auf eine neue Zukunft für die Kolonisten. Diese neuen Eliten hatten eine ganz andere Vorstellung von einer Person als ihre Vorväter und eine ganz andere Sicht hinsichtlich der Rolle der Gemeinschaft für die Entwicklung des Glaubens.

---

[462] Pinson, "Russian policy and the emigration of the Crimean Tatars", 47, 50 bezüglich der Auswirkung auf die Kolonien siehe Klaus, *Unsere Kolonien*, 267, 330; Prinz, *Die Kolonien der Brüdergemeinde*, 127; Rempel, *Mennonite colonies*, 185.

# 9. Erziehung und Frömmigkeit

Die Mennoniten hatten seit der Entstehung ihrer Glaubensgemeinschaft immer einen großen Wert auf Bildung gelegt. Alle Mitglieder der Gemeinschaft sollten lesen können, damit sie die Bibel studieren und die anerkannten Andachtstexte lesen konnten. Sie mußten auch schreiben können, denn wenn sie zum Predigtamt berufen wurden, mußten sie die Predigten abschreiben können, die liebevoll von Generation zu Generation zur Auferbauung der Gemeinde weitergegeben wurden. Tatsächlich konnten die Mennoniten schriftliches Material nur stotternd lesen. Die zum Predigtamt gewählt wurden, kamen gewöhnlich aus Familien mit einer Bildungstradition, und diese Männer führten meistens auch die Verhandlungen mit auswärtigen Obrigkeiten. Und das war ein weiterer Grund dafür, warum für Bildung in den Gemeinschaften gesorgt wurde. Wie ein gewisses Maß an Bildung von den ersten Täufern erreicht wurde, ist unklar, und wie diese Fähigkeiten an die späteren Generationen weitergegeben wurden, ist ebenfalls ungewiß. Die häusliche Umwelt spielte zweifellos eine große Rolle, aber auch die religiösen Versammlungen, denn die Erziehung der jungen Leute war eine Aufgabe der Familie wie auch der Gemeinde. Man weiß nicht, wann zum ersten Mal separate "Schulen" auftauchten. Solche Institutionen, in denen die Kinder einen elementaren Unterricht im Lesen, Schreiben und Rechnen erhielten, gab es jedoch in vielen polnisch-preußischen Mennoniten-Gemeinschaften bereits Ende des achtzehnten Jahrhunderts.

Schulkenntnisse hatten in den mennonitischen Gemeinschaften einen begrenzten Anwendungsbereich.[463] Man erwartete nicht, daß die Kinder lesen lernten, um mehr über die Welt zu wissen; die jungen Leute sollten das Lesen auf die Bibel und die anerkannten traditionellen Texte beschränken. Sie wurden nicht dazu ermutigt, nach Ideen zu forschen oder Quellenmaterial zu lesen außer dem, was bereits bekannt und anerkannt war; die Kinder sollten Informationen passiv aufnehmen, sie sollten sie annehmen und deren Glaubwürdigkeit nicht in Frage stellen. Man erwartete von ihnen, daß sie fleißig waren, sie wurden jedoch nicht ermutigt, mit andern zu wetteifern, denn dadurch würden sie sich in ihren Fähigkeiten und ihrem

---

[463] Bezüglich der Einstellung der Mennoniten zur Bildung und gesellschaftlichen Verhaltensweisen siehe Reaktion einer verwandten Gruppe, der Amischen, laut Beschreibung in J.A. Hostetler und G.E. Huntington, *Children in Amish society: socialization and community education* (New York, 1971).

Wissen von den Nachbarn unterscheiden, und dies wurde als Zeichen von Stolz angesehen, der das Leben in einer vermeintlich egalitären Gemeinschaft stören würde. In dieser im wesentlichen konkurrenzlosen Umgebung wurden die Kinder nicht nach Klassen eingestuft; nur Faulheit wurde verurteilt. Die intelligenten Schüler wurden gehemmt, während die geistig Minderbegabten ermutigt wurden. Man erwartete deshalb von den Kindern, daß sie alle in gleichem Maß einen bestimmten Bildungsstand in einem strikt begrenzten Wissensbereich erlangten, aber nicht überschritten. Sobald sie die erforderlichen Fähigkeiten erworben hatten, war ihre Schulzeit abgeschlossen, und sie wurden entlassen, um die für eine produktive Arbeit so wichtigen Fähigkeiten zu Hause, in der Werkstatt oder auf dem Bauernhof zu erlernen.[464] In einer Gemeinschaft, in der alle Bauern sein sollten, bestand keine Notwendigkeit, eine Elite heranzubilden. Tatsächlich wurden gesellschaftliche Unterschiede selten geduldet, unabhängig davon, ob sie auf Reichtum, Beruf oder Bildung zurückzuführen waren. Wichtiges Wissen in bezug auf den Glauben war etwas, was man nicht in der Kindheit erwerben sollte, sondern erst nach der Taufe, wenn die Mitglieder von dem Prediger/Lehrer in den Gottesdiensten belehrt wurden. Außer dem Inhalt des in Preußen erstellten Katechismus, der gewöhnlich vor der Taufe unterrichtet wurde, bekamen die Kinder nicht viel über eine direkte religiöse Erfahrung zu hören, bevor sie für die Taufe vorbereitet wurden.[465] Das in der Gemeinschaft vorherrschende Kommunikationsmittel war nicht das geschriebene, sondern das gesprochene Wort. Obwohl die Ältesten und Prediger die Gemeinderegister führten, Predigten abschrieben und Briefe austauschten, entwickelte sich vor dem neunzehnten Jahrhundert eigentlich keine literarische Überlieferung. Die fest gefügte Welt blieb zutiefst an das gesprochene Wort gebunden, eine Tatsache, die sich in der starken Tradition des Geschichtenerzählens und anderer volkstümlicher Ansprachen in Plattdeutsch zeigt, die eigentlich noch keine Schriftsprache war. Sie hatte ihre charakteristischen Rhythmen und Nuancen, die nur denjenigen bekannt waren, die sie als Muttersprache gelernt hatten.

In der Schule wurden die Kinder mehr beaufsichtigt, gelenkt und bestraft als unterwiesen oder gelehrt. Sie lernten mit ihren Altersgenossen, indem sie mit einfachen Fibeln anfingen und dann zur Bibel und anderen Büchern übergingen, einzelne Abschnitte auswendig lernten und Grundkenntnisse im Zusammenzählen und Abziehen erwarben. Bei diesen Kindern wurde eine gute Schrift oft höher bewertet als der Inhalt des Geschriebenen. Die Aufgabe des Aufsehers bestand nicht darin, persönliche Talente zu fördern oder zu entwickeln. Er war an erster Stelle dazu da, die Kinder zu beaufsichtigen und für Ordnung zu sorgen, während seine Zöglinge die nötigen Kenntnisse im Lesen, Schreiben und einfachem Rechnen erwarben. Oft war es so, daß seine eigenen Kenntnisse die des ältesten Schülers kaum

---

[464] Siehe Urry, "The snares of reason", als Erörterung der sich verändernden mennonitischen Einstellung zu den verschiedenen Wissensformen.

[465] Über die Einführung und Bedeutung des Katechismus siehe Friedmann, "The devotional literature of the Mennonites in Danzig and East Prussia", 165.

übertrafen, denn viele Aufseher waren Handwerker. Weil sie nicht auf dem Feld zu arbeiten brauchten, konnten sie die Kinder beaufsichtigen und gleichzeitig in ihrem Haus oder in ihrer Werkstatt ihrem Tagewerk nachgehen. Das Klassenzimmer war gewöhnlich eine Erweiterung des Hauses, und Unterrichten war nicht ein besonderer Beruf, sondern eine Teilzeitbeschäftigung, mit der die weniger erfolgreichen Mitglieder der Gesellschaft etwas hinzuverdienen konnten. Die Aufseher waren deshalb Männer niedrigen Standes in der Gemeinschaft. Den Eltern und der Gemeinde ging es darum, daß Ordnung gehalten, die nötigen Kenntnisse erworben wurden und daß der Aufseher seine Stellung nicht mißbrauchte. Das war ihnen wichtiger als das, was da gelernt wurde.

Zu der Zeit, als die Mennoniten nach Russland auswanderten, fing man jedoch in Preußen bereits an, anders über Erziehung und Schulbildung zu denken. Im Laufe des achtzehnten Jahrhunderts waren in Westeuropa neue Ideen über den Unterricht von Kindern aufgekommen, von denen auch die Beamten der Hohenzollern in Preußen beeinflußt wurden. Während der Regierungszeit von Friedrich II. gab es in amtlichen Kreisen beträchtliche Diskussionen darüber , ob es ein Vorteil oder Nachteil wäre, eine gewisse begrenzte Bildung auch dem Landvolk zugänglich zu machen.[466] Als Preußen die polnischen Länder 1772 annektierte und die Provinz Westpreußen schuf, wurden Gelder für die Erweiterung des Schulwesens in dem neuerworbenen Territorium und für die Ausbildung von deutschsprachigen Lehrern bereitgestellt[467]. Aber erst Anfang des neunzehnten Jahrhunderts wurde im Zusammenhang mit anderen größeren Staatsreformen in Preußen auch ein einheitliches Volks- und Sekundarschulwesen eingeführt. Dank der Anwendung vieler Ideen führender Erziehungswissenschaftler jener Zeit wurde das preußische Schulwesen ein Vorbild für das staatliche Erziehungswesen in vielen Teilen Westeuropas. Die preußischen Mennoniten wurden wie alle Staatsbürger zutiefst von diesen Reformen beeinflußt, und auch die Mennoniten in Russland bekamen ihre Auswirkungen zu spüren. Die Kommunikation zwischen den preußischen und russischen Mennoniten dauerte das ganze neunzehnte Jahrhundert an. Von noch größerer Bedeutung war jedoch die ständige Auswanderung einzelner Personen und ganzer Gemeinschaften, die vom neuen Schulwesen beeinflußt waren und neue Ideen und Praktiken in bezug auf das Bildungswesen in die Kolonien brachten. Einige Auswanderer waren selbst qualifizierte Lehrer, die später die Struktur und den Inhalt des mennonitischen Schulwesens in

---

[466] Karl A. Scheunes, "Enlightment, reform, reaction: the schooling revolution in Prussia", *Central European History,* 12 (1979), 315-42; Anthony J. LaVopa, *Prussian school teachers; profession and office 1763-1848* (Chapel Hill, 1980).

[467] Scheunes, "Enlightment, reform, reaction:", 319. Siehe auch Thomas Alexander, *The Prussian elementary schools* (New York, 1919), 17 und Paul Schwartz, "Die Schulen der Provinz West-Preussen unter dem Oberschulkollegium 1787-1806", *Zeitschrift für Geschichte der Erziehung und des Unterrichts,* 16 (1926), 51-123 bezüglich eines allgemeinen Wandels im Schulwesen dieser Region.

Russland stark beeinflußt haben.[468]

Die Tatsache, daß die ersten Kolonisten das Schulwesen weder in ihr erstes Abkommen mit der Regierung noch in ihr Privilegium eingeschlossen hatten, ist wahrscheinlich ein Zeichen dafür, wie wenig sie sich um diese Frage gekümmert hatten. Aber die Auswirkung der Veränderungen, die damals in Preußen stattfanden, läßt sich vielleicht an den Aktivitäten der ersten Molotschnaja-Siedler erkennen. 1808 gaben sie Verordnungen für die Überwachung des Schulwesens auf Volksschulebene heraus. Der Inhalt dieser Verordnungen war unklar, es ging dabei aber wahrscheinlich um den Bau von Schulen und die Anstellung von Lehrern.[469] Obwohl aus dem Vorhandensein solcher Verordnungen die zentralisiertere, für die Gründung der Molotschnaja-Dörfer charakteristische Verwaltungform und wahrscheinlich auch russische Interessen zu ersehen sind, müssen die Kolonisten diese Arbeit befürwortet haben, weil sie schon von Preußen her darauf eingestellt waren. Russische Beamte, wie Contenius, unterstützten Verbesserungen des Schulwesens als Teil ihrer allgemeinen Politik der Sozialfürsorge, und zumindest zu Beginn der Regierungszeit von Zar Alexander wurden solche Aktivitäten offiziell unterstützt.[470] Die Ankunft neuer Siedler, insbesondere der große Zustrom zur Molotschnaja gleich nach 1818, gab Anstoß zu neuen Reformen. Obwohl alle Molotschnaja-Dörfer eine Schule besaßen, war der Unterricht zu jener Zeit noch nur sehr einfach, und die meisten Aufseher hatten wenig oder überhaupt keine Ausbildung. Die Tatsache, daß in gewissen Kreisen Interesse an der Schulbildung bestand, läßt sich daraus ersehen, daß einige Dörfer nichtmennonitische, gewöhnlich lutherische, Lehrer anstellten, die eine gewisse Qualifikation dafür besaßen und die zweifellos auf der Suche nach einer Lehrer-Anstellung nach Russland gekommen waren.[471] Eines der Ziele der Gruppe, die die Ohrloffer Zentralschule gründete, war, diese Abhängigkeit von auswärtigen Personen durch die Ausbildung junger mennonitischer Lehrer zu beenden. Gleichzeitig erkannten einige

---

[468] Es gibt eine umfangreiche, sekundäre Literatur über die Geschichte des Schulwesens in den russisch-mennonitischen Kolonien, bei der es leider zum großen Teil an einer kritischen Interpretation fehlt; siehe insbesondere Leonhard Froese, *Das pädagogische Kultursystem der mennonitischen Siedlungsgruppe in Russland* (Dissertation, Universität Göttingen, 1949); M.S. Harder, *The origin, philosophy and development of education among the Mennonites* (Nicht veröffentlichte Ph.D.-Dissertation, Universität Süd-Kalifornien, 1949).

[469] Erwähnt von Peter Braun in seinem Artikel "Education among the Mennonites in Russia", *ME*, 2, 154.

[470] Contenius hinterließlich ein großes persönliches Vermächtnis für das Schulwesen der Kolonisten; siehe Keller, *German colonies*, I, 45; bezüglich der russischen Politik siehe Franklin A. Walker, "Popular response to public education in the reign of Tsar Alexander I (1801-1825)", *History of Education Quarterly*, 24 (1984), 527-43.

[471] Braun "Education among the Mennonites", 153; man sollte dabei nicht vergessen, daß einige dieser Lehrer, wie Heese, den mennonitischen Glauben annahmen.

Mennoniten die Vorteile einer höheren Bildung für ihre Kinder, und einige fortschrittlich gesinnte Mennoniten hatten bereits Privatlehrer angestellt. Eine ähnliche Einstellung herrschte auch in einer kleinen Elite in Chortitza vor, wo Privatschulen gegründet worden waren, von denen eine den Schweizer Schulmeister David Hausknecht angestellt hatte, dem die Werke führender europäischer Pädagogen vertraut waren.[472] Aber die Anzahl der Mennoniten, die eine höhere Bildung ihrer Kinder unterstützten oder die bereit waren, mehr für die Bildung ihrer Kinder auszugeben, war immer noch klein. Die meisten Kolonisten glaubten nach wie vor, daß eine elementare Grundausbildung für einen durchschnittlichen Landwirt vollkommen genügte.

Um das Jahr 1830 war die Volksschulbildung in beiden Kolonien gut organisiert. In der Molotschnaja machte sich auch schon die Auswirkung der in Ohrloff ausgebildeten Lehrer bemerkbar. Kinder von acht bis fünfzehn Jahren besuchten gewöhnlich ihre Dorfschule von Oktober bis April; im Frühjahr und Sommer brauchte man sie bei der Arbeit auf den Bauernhöfen.[473] Aus den Statistiken jener Zeit geht hervor, daß das Schulwesen, insbesondere in der Molotschnaja, gut organisiert war.[474] Über 80 Prozent der Kinder im schulpflichtigen Alter nahmen am Unterricht teil, eine Zahl, die einen Vergleich mit den Zahlen für die damaligen preußischen Schulen übertrifft. Ein Vergleich des Verhältnisses Lehrer/Schüler übertrifft ebenfalls das von Preußen: in den Jahren 1831 und 1837 betrug dieses Verhältnis in der Molotschnaja 1:42 und 1:46 im Vergleich zur Situation in Preußen Anfang der 1840er Jahre von 1:75.[475] Die Statistiken weisen auch keine geschlechtsspezifischen Unterschiede in den Klassen auf, da die Anzahl der Jungen und Mädchen gleich war.

In der Molotschnaja lag das Durchschnittsalter der Lehrer etwas über dreißig, der jüngste war neunzehn und der älteste dreiundsechzig. Die Tatsache, daß die Lehrer verhältnismäßig jung waren, ist wahrscheinlich auf den Einfluß der Ohrloffer Absolventen zurückzuführen. Aus den Statistiken geht aber auch hervor, daß von den vierzig im Jahr 1831 angestellten Lehrern 1835 nur noch vierzehn in demselben Dorf waren und im Jahr 1837 nur noch sechs.[476] Obwohl viele junge Lehrer es wahrscheinlich vorzogen, ihre Mobilität zu bewahren und

---

[472] Hausknecht unterrichtete an einer Privatschule in Einlage und war ein Anhänger von Pestalozzis Lehren; Johann Friesen in *MR*, 13 (1. Dez. 1881), 2; Friesen, *Mennonite brotherhood*, 777-78; Epp, *Sketches from the pioneer years*, 23-25. Hausknecht trat dem mennonitischen Glauben bei, behielt jedoch sein Interesse am Pietismus.

[473] Epp, "Historische Übersicht", 98, 2-3; "Opisanie Mennonitskich", 28.

[474] Die mennonitischen Statistiken in diesem Bereich sind aus den umfangreichen Zahlen in den amtlichen Listen aus *TsGAIL*, f.383, op.29, d.621(1831), d.624(1835), d.626(1837) errechnet worden.

[475] Die preußischen Zahlen werden zitiert in Thomas Nipperdey, *Deutsche Geschichte 1800-1866: Bürgerwelt und starker Staat* (München, 1983), 463-465.

[476] Dies ist nur eine annähernde Schätzung, die sich auf die Altersangaben der Lehrer in den amtlichen Listen gründet (siehe Fußnote 474).

*Erziehung und Frömmigkeit* 181

andere vielleicht das Unterrichten aufgegeben haben, so sind diese Zahlen doch ein Hinweis auf die prekäre Situation einer Schulmeisteranstellung. Die Gehälter waren sehr verschieden, aber oft niedrig. Der Durchschnitt lag 1831 bei achtzig Rubel und 1837 bei hundertzwölf Rubel im Jahr. Es war üblich, daß diese Gehälter durch freie Kost und Quartier, Unterhaltszuschüsse, ein Stück Land und Zugang zur Viehweide ergänzt wurden.[477] Aber auch diese Zuschüsse reichten oft nicht für den Lebensunterhalt eines verheirateten Mannes, und die versprochenen Lieferungen, insbesondere Heizmaterial, ließen oft auf sich warten.[478] Das Gehalt und die übrigen Vergütungen wurden durch einen Vertrag zwischen dem Lehrer und den Dorfbewohnern ausgehandelt. Die Lehrer mußten auch von der vorherrschenden Gemeinde im Dorf anerkannt werden, waren aber doch oft auf Gnade oder Ungnade den Dorfbewohnern ausgeliefert; eine schlechte Behandlung und Entlassung waren nichts Ungewöhnliches. Andererseits gibt es auch Beweise dafür, daß in einigen Dörfern tüchtige Lehrer sehr geschätzt und als ein Gewinn für die Gemeinschaft betrachtet wurden.

Obwohl die Statistiken auf ein gut funktionierendes Volksschulwesen in den Kolonien schließen lassen, ist es doch schwierig, etwas über die Qualität dieser Schulbildung zu sagen, und ob diese einen einheitlichen Standard hatte. Die späteren Mennoniten glaubten, daß sie überall gleichermaßen schlecht war. Bilder von dunklen, überfüllten Räumen, die von tyrannischen Lehrern beherrscht wurden, wo eingeschüchterte und stumpfsinnige Kinder mit einfallslosen Informationen vollgestopft wurden, sind wahrscheinlich auf volkstümliche Erzählungen oder auf die Karikatur einer Dorfschule zurückzuführen, die Cornies in den 1840er Jahren in Umlauf brachte, um seine Reformen zu rechtfertigen.[479] Das Lehrplan mag sehr begrenzt und auf Lesen und Schreiben, mit Schwergewicht auf Schönschreiben, Rechnen und Zeichnen, beschränkt ge-

---

[477] Einzelheiten über die verschiedenen zusatzlichen Vergütungen figurieren in den amtlichen Listen; ein Vertrag von 1825 befindet sich in der Schellenberg-Sammlung, MHC, Winnipeg.

[478] Voth in Friesen, *Mennonite brotherhood* 695-96; siehe auch die Memoiren von Goerz, die in den 1860er Jahren geschrieben wurden, zitiert in John B. Toews, "Cultural and intellectual aspects of the Mennonite experience in Russia", *MQR,* 53 (1979), 146-47. In einem Bericht aus dem Jahr 1836 wird vermerkt, daß die Gemeinschaft 24.523 Rubel für die Löhne der Hirten ausgab, für Lehrergehälter aber nur 12.955 Rubel zahlte, Epp, "Historische Übersicht", 98, 3.

[479] Die 1846 herausgegebenen Berichte von Cornies verglichen eine armselige Schule mit einer gut geführten Schule und wurden von späteren Kolonisten vielfach neu aufgelegt, OZ., 215-216 (30. September/12. Oktober. 1/13 Oktober 1883), 2, 2, "Wie Johann Cornies das Schulwesen...", Isaak, *Molotschnaer Mennoniten,* 277-80, Friesen, *Mennonite brotherhood,* 775-77, 792-94. Diese Berichte beziehen sich wahrscheinlich gar nicht auf mennonitische Schulen, sondern wurden von einer Beschreibung damaliger deutscher Schulen kopiert.

wesen sein, laut einem Bericht über die Dorfschule in Bergthal in the 1850er Jahren war der Schulunterricht jedoch besser, als er in späteren Beschreibungen dargestellt wird.[480] Die Qualität des Unterrichts hing also zum großen Teil von den Fähigkeiten des Lehrers und von der Einstellung der Gemeinschaft zur Schulbildung ab. Obwohl der Schulunterricht oft minderwertig und die Haltung der Gemeinschaft negativ war, steht doch fest, daß es in Chortitza und in der Molotschnaja hervorragende Lehrer und in gewissen Kreisen eine positive Haltung gegenüber dem Bildungswesen gab.[481] Einige Lehrer bemühten sich nach Kräften, ihre Kenntnisse und Fähigkeit zu verbessern, indem sie Bücher und Zeitschriften verschrieben, Lehrmaterial mit der Hand kopierten und sich mit anderen Lehrern trafen, um Fragen von allgemeinem Interesse zu diskutieren. Und in beiden Gemeinschaften gab es engagierte Personen, von denen einige Prediger oder andere einflußreiche Leute waren, die diese Lehrer ermutigten und die dafür sorgten, daß ihre eigenen Kinder mehr als nur eine Volksschulbildung erhielten.

In den 1830er Jahren wanderte eine ganze Reihe ausgebildeter mennonitischer Lehrer von Preußen nach Russland aus. Wie viele Handwerker wurden sie auch durch Berichte über die Gelegenheiten für tüchtige Leute in Neurussland angelockt. In Preußen war die Bildungsreform in den mennonitischen Gemeinschaften weitergegangen. 1826 oder 1827 gründeten die mennonitischen Gemeinden von Danzig und Heubuden eine "christliche" Schule in Rodlofferhuben für die Lehrerausbildung.[482] Sie stellten einen qualifizierten preußischen Lehrer Friedrich Wilhelm Lange an, und einige seiner Schüler wanderten später, nachdem sie das Lehrerexamen bestanden hatten, nach Russland aus. Unter diesen befanden sich auch 1832 Heinrich Franz und 1836 Isaak Fast, die beide zu bedeutenden Gestalten in der Entwicklung des mennonitischen

---

[480] Jakob A. Klassen, *Autodidakt: Erinnerungen aus meinem Leben* (Hrg.) Peter Klassen (Unveröffentlichter maschinengeschriebener Text in MHC, Winnipeg), 5-10, bezüglich einer negativeren Bewertung des Unterrichts in den Schulen dieser Kolonie siehe russischen Bericht aus den 1860er Jahren, zitiert in Schroeder, *Bergthal colony*, (2. Ausgabe), 46-50 und die Erinnerungen eines älteren Mennoniten in "Zur Erinnerung für die nach Amerika auswanderungslustigen Mennoniten", *OZ*, 117 (31. Mai/12. Juni 1879), 2.

[481] Es gibt zahlreiche Berichte über die negative Haltung der Gemeinschaft und deren Einmischung in Schulangelegenheiten; siehe Isaak Peter Fast, *Züge aus meinem Leben*, (Winnipeg, 1932), 10 bezüglich eines Berichts aus den 1840er Jahren (Fast beschreibt auch ausführlich einen Privatunterricht in der Molotschnaja), und von Heinrich Richert in den 1850er Jahren, C.H. Wedel, "Heinrich Richert: eine kurze Skizze seines Lebens und Wirkens", *Bundesbote Kalender* (Berne, Ind., 1897), 28-35.

[482] Bezüglich der Bedeutung dieser Schule für das religiöse und kulturelle Leben der preußischen Mennoniten siehe Crous, "Vom Pietismus bei den altpreußischen Mennoniten", 17-20; die Schule mußte auf Druck der Lutheraner vor Ort 1836 geschlossen werden, wurde jedoch an einer anderen Stelle bei Bröskerfelde weitergeführt.

Schulwesens in Russland wurden.[483] Friedrich Lange war der Neffe von Wilhelm Lange, der der Älteste der Groningen Alt-Flämischen Gemeinde in Brandenburg war und ein Lutheraner, der sich 1790 den Mennoniten angeschlossen hatte und die Entwicklung des Schulwesens förderte. Tobias Voth, der erste Lehrer, der in der Ohrloffer Zentralschule (Sekundarschule) angestellt wurde, kam aus dieser Gemeinschaft. Als Wilhelm Lange 1834 seine Gemeinde zur Ansiedlung in Russland führte, stellte ihre Dorfschule in Gnadenfeld einen Schüler von Friedrich Lange mit Namen Heinrich Franz an, der vorher in ihrer Gemeinschaft in Preußen unterrichtet hatte. Obwohl sie dem Namen nach eine Dorfschule war, bildete die Gnadenfelder Zentralschule Schüler auf Sekundarschulstufe aus,[484] und mehrere ihrer Schüler wurden einflußreiche Lehrer in anderen mennonitischen Dörfern. 1837 wanderte Friedrich Lange selbst nach Russland aus, trat der Gnadenfelder Gemeinde bei und half in einer Privatschule, die 1838 auf Peter Schmidts Gut in Steinbach in der Molotschnaja gegründet wurde. Diese Schule bot höhere Bildung für Kinder reicher, fortschrittlicher Mennoniten und wurde zu einem Zentrum, an dem reforminteressierte Lehrer, einschließlich vieler früherer Schüler von Lange, sich trafen, um pädagogische Fragen zu erörtern.[485]

Fortschrittlich gesinnte Mennoniten waren jedoch nicht die einzigen, die an einer Verbesserung des Bildungsstands der Kolonisten in den 1830er Jahren interessiert waren. 1830 hatte Fadeew den Beamten des Innenministeriums gegenüber betont, wie wichtig eine höhere Bildung für ausländische Kolonisten sei, um statistische Daten sammeln zu können und das Lesen von Literatur für die wirtschaftliche Entwicklung zu fördern.[486] Aber Fadeew und andere Beamte des Fürsorge-Komitees waren auch daran interessiert, jungen Leute eine Ausbildung in Verwaltungsangelegenheiten zu ermöglichen, damit diese in der Verwaltung der Kolonien mitarbeiten konnten. Dafür waren eine bessere Beherrschung des Hochdeutschen wie auch Russischkenntnisse erforderlich, und beides wurde in den meisten Dorfschulen nicht unterrichtet. In den meisten mennonitischen Schulen wurde der Unterricht in Plattdeutsch erteilt,

---

[483] Heinrich Franz (1819-1889) war ein führender Erzieher in der Molotschnaja und Chortitza, obwohl er ein sehr umstrittener Mensch war: siehe Friesen, *Mennonite brotherhood*, 709-12; Lehrer Heinrich Franz", *Bundesbote Kalender* (Berne, Ind., 1893), 33-34; bezügl. Isaak Fast (1815-1895) siehe seine Autobiographie *Züge aus meinem Leben*.

[484] Heinrich Dirks, "Aus der Gnadenfelder Gemeindechronik: die Geschichte der Schule", *MJ*, 9 (1911-12), 28-30.

[485] Isaak, *Molotschnaer Mennoniten*, 276; Friesen, *Mennonite brotherhood*, 728; Fast, *Züge aus meinem Leben*, 9; John F. Harms, *Eine Lebensreise vom Anfang bis zum baldigen Ende* (Hillsboro, Kansas, 1943), 7-9. Bezüglich Schmidt siehe voriges Kapitel 8, Fußnote 448.

[486] T₅GIAL f.383, op.29, d.964 und 966 (1830-1833). Fadeew schlug die Ausbildung besser qualifizierter Lehrer vor, eine Sache, die ihn schon seit 1820 beschäftigt hatte. Siehe Norman E. Saul, "A Russian description of the foreign settlements in south Russia in 1820", *Working paper of the American Historical Society of Germans from Russia*, 17 (1975), 9.

und ein Russischunterricht war praktisch unbekannt.[487] Heese, den Cornies 1829 als Nachfolger von Voth in der Ohrloffer Schule ernannt hatte, konnte Russisch unterrichten, und wenigstens ein Dorfschulmeister Jakob Bräul, der in den 1830er Jahren in dem zum größten Teil friesischen Dorf Rudnerweide unterrichtete, erhielt durch Fadeew eine Sonderstellung, weil er auch Russisch unterrichtete.[488] 1835 gründete Fadeew eine neue Zentralschule in Halbstadt, Molotschnaja, in Verbindung mit dem Gebietsamt, um mehr Lehrer und insbesondere Büroarbeiter auszubilden. Der Russischunterricht wurde anfänglich durch einen russischen Lehrer und später von Mennoniten erteilt.[489] Dieses offizielle Interesse an einer Hebung der Schulbildung erhielt durch die Einsetzung des Ministeriums für Reichsdomänen noch mehr Unterstützung. Kisselew war sich bewußt, daß man eine bessere Schulbildung brauchte, wenn seine Reformen durchgesetzt und die Einführung neuer Feldfrüchte und neuer Anbaumethoden gefördert werden sollten. Umfangreiche Pläne wurden für die Gründung von Schulen und technischen Ausbildungszentren unter den Reichsbauern entworfen, und ausführliche Instruktionen für die Verbesserung der Schulen wurden durch das Fürsorge-Komitee an die ausländischen Kolonisten geschickt.[490]. Bei Cornies' Machtübernahme in bezug auf die Bildungsinstitutionen muß dieser Hintergrund der allmählichen internen Entwicklung und des amtlichen Interesses an Reformen in Betracht gezogen werden.

Obwohl er selbst zum größten Teil ein Autodidakt war, hatte Cornies bereits seit langem Interesse an einer Bildungsreform. In den 1840er Jahren wurde ihm klar, daß der starre Konservatismus vieler Mennoniten nur dadurch überwunden werden konnte, daß man die nächste Kolonistengeneration für Änderungen ansprechbarer machte, als es ihre Väter und Großväter waren. Sobald er das Volksschulwesen unter seiner Kontrolle hatte, ging Cornies mit seiner gewohnten Härte daran, eine umfassende Reform durchzusetzen. Die Schulverwaltung wurde unter der Schirmherrschaft des Landwirtschaftlichen

---

[487] Bezüglich des Gebrauchs des Plattdeutschen in den Schulen siehe Epp, *Chortitzer Mennoniten*, 81.

[488] Friesen, *Mennonite brotherhood*, 780. Bräul war der Sohn eines Lehrers in Chortitza, und sein eigener Sohn wurde auch ein bekannter Lehrer. Seine gute Arbeit in Rudnerweide bewahrte ihn nicht vor Armut in seinem Alter: siehe Goertz in Toews: "Cultural and intellectual aspects", 147.

[489] Friesen, *Mennonite brotherhood*, 727. Eine ähnliche Schule wurde 1842 in Chortitza gegründet, die sich später zu einem größeren Bildungszentrum entwickelte.

[490] Bezüglich der Reichsbauern siehe Pintner, *Russian economic policy,* 174-75; Blackwell, *Beginnings of Russian industrialization,* 341-43; bezügl. der Kolonisten siehe Hahns Anordnungen in OZ, 257 (17/29. Nov.,1882), Keller, *German colonies,* 87-88, und den Bericht in O.G. Matt, *Die deutschen Schulen Bessarabiens* (Dissertation, Universität Tübingen , 1933), 59-60.

Vereins zentralisiert, der die Abschlüsse der Lehrerverträge überwachte.[491] Durch diese Behörde wurden bestimmte Lehrer entlassen, andere wurden "aufgefordert", neue Posten zu übernehmen, und alle Schulmeister erhielten ausführliche Instruktionen über die richtigen Bildungsziele.[492] Die Molotschnaja wurde in sechs Schulbezirke aufgeteilt, der Lehrplan wurde vereinheitlicht und erweitert, und die Schulgebäude wurden verbessert.[493] Spätere Generationen sahen im Geist und in den Einzelheiten dieser Reformen einen weiteren Beweis für Cornies' Genialität, seine Aktivitäten wurden jedoch von Leuten in den Kolonien und von Regierungsbeamten unterstützt, und die spezifischen Einzelheiten seiner Instruktionen gründeten sich auf eine umfangreiche Bildungsliteratur, die damals in Preußen und in anderen deutschen Staaten veröffentlicht wurde. Auch sollte der Einfluß erfahrener und ausgebildeter Lehrer wie Friedrich Lange, Heinrich Franz und sogar Heese[494] nicht übersehen werden. Zudem waren Cornies Reformen, obwohl sie bei seinem Tod bereits weit fortgeschritten waren, noch lange nicht vollständig. Philip Wiebe, der sich besonders für die Bildungsreform interessierte, setzte die Arbeit seines Schwiegervaters fort. Während seiner Amtszeit als Vorsitzender des Landwirtschaftlichen Vereins nahm der Aufwand im Bereich des Schulwesens zu. Er führte Lehrerkonferenzen und regelmäßige Inspektionen der Schulen und ihrer Lehrer ein.[495] In den 1850er Jahren funktionierte in der Molotschnaja bereits ein sehr geregeltes Schulsystem unter der zentralen Verwaltung des in der Molotschnaja tätigen Vereins, obwohl noch immer viele in der Gemeinschaft dagegen waren.[496]

Dies zentralisierte pädagogische System stand in scharfem Gegensatz zu dem älteren Schulmeistersystem. Bei dem letzteren erwartete man nicht, daß Kinder, die bereits in die Gesellschaft einer geschlossenen Gemeinschaft integriert waren, anders waren als ihre Mitschüler, und alle wurden ermutigt, nur den Leistungsstand zu erreichen, der für den Fortbestand der Tradition erforderlich war. In dem neuen System bestand das Ziel darin, durch Wettbewerb eine Elite heranzubilden; persönliche Leistung wurde anerkannt und belohnt,

---

[491] Die Verträge sicherten guten Lehrern die Fortdauer ihrer Anstellung und Schutz gegen die Vorurteile der Gemeinschaft. Siehe Kommentare von Goertz in Toews, "Cultural and intellectual aspects", 147.

[492] Die 88 Unterrichtsziele sind in Isaak, *Molotschnaer Mennoniten,* abgedruckt, 280-89.

[493] Siehe Isaak, *Molotschnaer Mennoniten,* 290, Friesen, *Mennonite brotherhood,* 796.

[494] Oder Daniel Schlatter, der Basler Missionar unter den Nogaiern; David Epp, *Johann Cornies,* 73, bezieht sich auf Cornies' Diskussion mit einem Außenseiter über Erziehungsfragen während der 1830er Jahre, der Schlatter gewesen sein könnte.

[495] Wiebe, "Kurze Übersicht...1850", 38, Wiebe, "Kurze Übersicht...1852", 8; siehe auch Friesen, *Mennonite brotherhood,* 796-97.

[496] Siche ausführlichen Bericht über die Arbeit des Vereins mit Vorschlägen für weitere Reformen, wie sie von 'Ein Schulfreund' dargelegt wurden: "Etwas über die Schulen der Mennoniten an der Molotschna", *OZ,* 90 (7.Aug.1864), 706-07.

und die Kinder wurden ermutigt, sich über bestehende Lebensgewohnheiten hinwegzusetzen, um zur Umwandlung der Kolonien beizutragen. In den alten Dorfschulen erwartete man weiter nichts, als daß die Kinder die bekannten und offenbarten Wahrheiten annahmen. In den neuen Zentralschule und in zunehmendem Maß auch in den Volksschulen ermutigte man die Kinder, anerkannte Wahrheiten zu hinterfragen und sich auf eine Zukunft vorzubereiten, die anders sein würde als die Gegenwart und im Gegensatz zur Vergangenheit stehen könnte[497] Von den Lehrern des neuen Systems wurde erwartet, daß sie die amtlichen Richtlinien einhielten und dabei den Schülern neue Ideen vermittelten. Es ist deshalb nicht verwunderlich, wenn die Prediger der bestehenden konservativen Gemeinden in den Lehrern Leute sahen, denen es an Demut fehlte, und in den Bildungsreformen die Öffnung der Gemeinschaften für die Eitelkeiten der Welt.[498]

Es dauerte jedoch lange, bis es zur vollen Auswirkung der Bildungsreformen kam. Nur eine kleine Anzahl der Mennoniten schaffte es bis zur Sekundarschulbildung, und von diesen wurden nicht alle Dorfschullehrer. Im Jahr 1838 besuchten von der gesamten schulpflichtigen Bevölkerung von 1.992 in der Molotschnaja nur 85 die drei voll anerkannten Sekundarlehranstalten in Ohrloff, Halbstadt und Steinbach.[499] Obwohl einige weitere Schüler wahrscheinlich Privatunterricht erhielten, ist nicht anzunehmen, daß mehr als 10 Prozent der gesamten Molotschnaja-Bevölkerung von über 16.000 im Jahr 1850 eine Sekundarschulbildung erhielten, aber ihre Anzahl nahm zweifellos zu.[500] Nach 1830 stieg die Anzahl der gebildeten Mennoniten durch die Ankunft neuer Immigranten, die als Einzelpersonen oder in Gruppen ankamen, und diese gebildeten Leute wollten, daß ihre Kinder auch eine Sekundarschulbildung erhielten.

Mennoniten mit einer Sekundarschulbildung kamen gewöhnlich aus verschiedenen Gruppen. Was sie verband war ihre Befürwortung der höheren Bildung. Darunter befanden sich die Kinder der wohlhabenden, fortschrittlich gesinnten Siedler, von denen einige Prediger waren, erfolgreiche Landwirte der Kolonie und Gutsbesitzer. Ein großer Prozentsatz waren jedoch Kinder von Unternehmern, Kaufleuten und tüchtigen Handwerkern, die Produktionsbetriebe aufgebaut hatten. Die Kinder von Lehrern pflegten auch die Laufbahn der Eltern einzuschlagen. Die meisten dieser Eltern konnten es sich leisten, ihrer Nachkommenschaft

---

[497] Urry, "The snares of reason", 317.
[498] Siehe die Stellungnahme des Ältesten der Bergthal-Gemeinde zu den jungen Kolonisten, die nach ihrer Lehrerausbildung in Chortitza zur Gemeinschaft zurückkehrten, über die in Schroeder, *Bergthal colony*, 26 (2. Ausgabe, 51) berichtet wird.
[499] Opisanie Mennonitskich", 28-29, im Jahr 1836 betrug ihre Zahl nur 50, Epp, "Historische Übersicht", 98, 3.
[500] Eine sehr grobe Schätzung, die sich auf einige wenige verfügbare Zahlen gründet; ich vermute, daß der Prozentsatz bei Menschen im Alter von 50 und darüber in Wirklichkeit viel niedriger lag, bei denen unter 30 jedoch höher.

*Erziehung und Frömmigkeit* 187

eine höhere Bildung zu verschaffen. In ihrer Unterstützung der Schulen zeigte sich oft eine Weltanschauung, die sich von der des durchschnittlichen Kolonisten unterschied. Sie glaubten, daß ihre Kinder eine Bildung für eine erfolgreiche Karriere brauchten, eine Karriere, die man oft nicht in der Landwirtschaft sah. Die Kinder mußten also die Fähigkeiten und Kenntnisse erwerben, die es ihnen erlauben würden, beruflich mobil und imstande zu sein, auf eine sich rasch verändernde Welt zu reagieren.

Aber es gab auch Schüler, die aus einem ganz anderen gesellschaftlichen Milieu stammten als die Kinder fortschrittlicher Eltern. Waisen oder die Kinder aus armen Familien - oft landlosen Leuten oder kleinen Handwerkern - die in den Dorfschulen eine geistige Begabung zeigten, wurden für eine Weiterbildung ausgesondert. Seit den 1820er Jahren konnten solche Kinder die Ohrloffer Schule auf Kosten der fortschrittlichen Gemeinden besuchen, wahrscheinlich um sie als Schrift- und Protokollführer für die Gemeinden auszubilden.[501] Später wurden Kinder ähnlicher Herkunft vom Gebietsamt mit Gemeinschaftsgeldern unterstützt. Sie wurden als Lehrer ausgebildet oder sie wurden vertraglich für sechs Jahre als Büroschreiber verpflichtet. Cornies und Wiebe waren solchen Kindern aus benachteiligten Familien wohlgesonnen und ließen sie oft als Verwalter für den landwirtschaftlichen Verein ausbilden. Hier wurde Kindern aus ärmlichen Verhältnissen, denen es an Land und dem Zugang zu anderen Mitteln fehlte, eine Gelegenheit geboten, persönlich voranzukommen und ihre gesellschaftliche Stellung zu verbessern, wobei ihre Loyalität für die Sache des Fortschritts nicht durch starke Familienbande mit der konservativen Gemeinschaft der Landwirte behindert wurde.

Obwohl einige der reicheren Schüler Landwirte wurden, wählten viele eine andere Laufbahn, und so war ihre Welterfahrung oft ganz anders als die des durchschnittlichen Bauer-Kolonisten. Selbst Schüler aus ärmlichen Verhältnissen wurden, nachdem sie eine Zeitlang in Schulen oder im Gebietsamt gedient hatten, selbständige, manchmal sehr erfolgreiche Geschäftsleute. Die Sekundarschulbildung verschaffte also den Kindern aus reichen wie armen Verhältnissen eine Gelegenheit, den beengenden gesellschaftlichen und wirtschaftlichen Traditionen des Kolonielebens zu entrinnen.[502] Diejenigen, die Lehrer blieben, trugen nicht nur dazu bei, das Bildungsniveau in den Kolonien zu heben, sondern auch dem Lehrerberuf gesellschaftliches Ansehen in der Gemeinschaft zu verschaffen. Tatsächlich war das Lehren neben dem des Landwirts der erste Beruf, den man im achtzehnten Jahrhundert in der Kolonie

---

[501] Wiebe, "Kurze Übersicht...1852", 8, Epp, "Historische Übersicht", 98, 3, Friesen, *Mennonite brotherhood*, 724, 727.

[502] Dies geht klar aus den Einzelheiten über die Laufbahnen einiger Lehrer hervor, wie sie in Friesen, *Mennonite brotherhood*, beschrieben werden, wie z.B. die des bekannten Lehrers Peter Neufeld (1823-1909) auf Seite 727-28, 730-31; siehe auch Harms, *Eine Lebensreise*, 9-10 bezügl. Neufeld.

gelten ließ. Wie Cornies es erhofft hatte, wurden die Lehrer den jungen Leuten Vorbilder für Leistung und Fortschritt. Die Lehrer förderten diese Vorstellung, und viele Mennoniten dachten später gerne an den bildenden Einfluß zurück, den die Lehrer auf ihr Leben gehabt hatten. Eine gewisse Solidarität entstand unter den Lehrern durch formelle und informelle Treffen und zum Teil auch dadurch, daß sie den meisten Kolonisten intellektuell überlegen waren. Sie taten sich oft mit anderen zusammen und bildeten so die Grundlage von dem, was viel später die neue Intelligentsia in den Kolonien werden sollte.

An einer intellektuellen Entfaltung interessierte Gruppen von Mennoniten hatten sich bereits seit Anfang der 1820er Jahre getroffen. Angeregt durch die Ankunft der neuen Immigranten aus Preußen und die Kontakte mit den Evangelischen wurden die ersten Studiengruppen von Tobias Voth in Ohrloff organisiert.[503] Zahlenmäßig waren sie nur klein, und die meisten Mitglieder der Studiengruppen kamen aus der flämischen Gemeinde von Ohrloff oder der friesischen Gemeinde aus Rudnerweide. Büchersammlungen wurden in der Ohrloffer Schule und später im Landwirtschaftlichen Verein eingeführt, um den Horizont der Mitglieder zu erweitern.[504] Diese Literatur, die zum größten Teil nicht aus der mennonitischen Tradition stammte, bildete die Grundlage für Studium und Diskussion. Unter Voth wurde das Studium religiöser Literatur gefördert, und die Mitglieder arbeiteten in kleinen Konventikeln, Gebets- und Missionskreisen zusammen. Die Begeisterung für diese Aktivitäten nahm später ab, Voths religiöse Fragestellungen und sein Interesse an geistlicher Literatur wurden nach seiner Entlassung im Jahr 1829 von seinen Schülern fortgesetzt. Einer dieser Schüler war Jakob Martens von Tiegenhagen, später ein Prediger der Ohrloffer Gemeinde, der ab den 1830er Jahren und später religiöse Literatur sammelte und verteilte.[505] Martens unterhielt Kontakte mit interessierten Menschen in Chortitza, und diese bildeten auch eine Studiengruppe um den Chortitzer Prediger David Epp, den Sohn des gleichnamigen Ältesten. Epp besaß eine umfangreiche Sammlung von Büchern und Traktaten. Andere Kolonisten, einschließlich Schullehrer und gelernte Handwerker, die später zu den Begründern der Industrie in der Kolonie gehörten, trafen sich, um über Fragen von gemeinsamem Interesse zu sprechen.[506]

Die Bedeutung dieser ausländischen Literatur sollte nicht unterschätzt werden, da sie den Mennoniten ein Fenster zu einer weiteren Welt öffnete, sowohl der geistlichen als auch der weltlichen. Die ersten Kolonisten besaßen nur wenige Bücher außer der Bibel, vielleicht einige althergebrachte Erbauungstexte, Gesangbücher und ein paar praktische Kalender über Landwirtschaft. Bei

---

[503] Friesen, *Mennonite brotherhood*, 140, 694.

[504] Epp, *Johann Cornies*, 80. Die Sammlung des Vereins bestand aus einigen 2.000 Bänden.

[505] Martens (1806-1870 – Prediger ab 1848), siehe Friesen, *Mennonite brotherhood*, 96, 699-700.

[506] *Heinrich Epp, Kirchenältester*, 5, Epp, *Sketches from the pioneer years*, 22-23.

diesen handelte es sich oft um sorgsam gehütete, in Holländisch geschriebene Erbstücke, die viele noch lesen konnten. Hochdeutschkenntnisse waren immer noch begrenzt,[507] und die aus dem Holländischen im Deutsche übersetzten Bücher und Predigten waren oft in einem veralteten Hochdeutsch geschrieben.[508] Der Zugang zu neuer deutscher Literatur, insbesondere der religiösen Literatur mit vielen neuen, oft aus dem Pietismus stammenden religiösen Konzepten, war durch die Hebung des Bildungswesens gefördert worden.[509] Die Bedürfnisse der russischen Verwaltung und die Arbeit der preußischen Schulmeister hatten das Hochdeutsche auf ein höheres Niveau gebracht und die Mennoniten mit Ideen konfrontiert, die ihrer eigenen Tradition fremd waren. Im Laufe der ersten Jahre des neunzehnten Jahrhunderts nahm die Herstellung und Verbreitung von gedrucktem Material in Westeuropa schnell zu, was durch die Entwicklung der Drucktechnologie und die Verbesserung des Transportwesens noch mehr beschleunigt wurde. Religiöse Literatur in Form von billigen Traktaten, Büchern, Berichten über Missions- und Wohltätigkeits-Gesellschaften, und später auch konfessionelle Zeitschriften und Zeitungen waren frei im Umlauf. In Preußen wurde solche Literatur viel in mennonitischen Kreisen gelesen, und Mitte des neuenzehnten Jahrhunderts begannen die preußischen Mennoniten, ihr eigenes Material herauszugeben.[510] Diese ausländische Literatur zirkulierte unter den ausländischen Kolonisten in Russland, und Männer wie der schottische Evangelist und Kolporteur John Melville,[511] die ab den 1830er Jahren weitreichende Kontakte mit den Mennoniten unterhielten, förderten deren Verbreitung. Die Mennoniten verschrieben auch Zeitschriften aus dem Ausland und kauften praktische und religiöse Bücher von Buchhändlern in den Ostseehäfen Reval und Riga oder durch Vertreter in Odessa.[512]

Die Anzahl der Menschen, die an Studiengruppen teilnahmen und am Lesen

---

[507] Rempel, *Mennonite commonwealth*, 4.

[508] Siehe die amüsanten Kommentare eines deutschen Autors und Bühnenschriftstellers, Hermann Sudermann, selbst mennonitischer Abstammung, über die Verwendung des Hochdeutschen in den Predigten eines seiner mennonitischen Verwandten in Preußen in den 1870er Jahren, in *The book of my youth* (London, 1923), 82-83; bezüglich der Fortdauer des schlechten Deutsch in Russland, siehe Friesen, *Mennonite brotherhood*, 628.

[509] Der Einfluß des Pietismus auf die deutsche Sprache ist ein kompliziertes Thema, das hier nicht ausführlich behandelt werden kann, aber siehe A. Langen, *Der Wortschatz des deutschen Pietismus* (Tübingen, 1968).

[510] Am bedeutendsten war die regelmäßig ab 1854 erscheinende Zeitschrift *Mennonitische Blätter*. Bezüglich der Ablehnung dieser Zeitschrift seitens der *Kleinen Gemeinde* und deren Stellung zu religiösen Fragen siehe Plett, *Storm and triumph*, 147-48.

[511] James Urry, "John Melville and the Mennonites: a British evangelist in south Russia, 1837 ca. 1875", *MQR*, 54 (1980), 305-22.

[512] Siehe z.B. den umfangreicen Katalog des Buchhändlers J. Deubner aus Odessa, der im *Ubl.* 14 (Aug. 1859), Beilage 8, veröffentlicht wurde.

ausländischer Literatur interessiert waren, blieb jedoch in beiden Kolonien klein. Die Leiter und Mitglieder der großen konservativen flämischen Gemeinde in der Molotschnaja lehnten solche Betätigungen ab. Sogar 1859 wurde noch ein Prediger dieser Gemeinde, Aron Rempel aus Schönsee, in den Bann getan, zum Rücktritt und zum Beitritt der Ohrloffer Gemeinde gezwungen, weil er unter anderen Vergehen eine ausländische Missionszeitschrift abonnierten hatte.[513] Selbst in den fortschrittlichen Gemeinden waren die Aktivitäten der Intellektuellen begrenzt. Die Zusammenkünfte waren privat, und das Material wurde unter Freunden ausgetauscht. Die daran teilnahmen, taten das aus eigenem freien Willen und zur eigenen Erbauung. Obwohl die pietistische Literatur und die religiösen Konzepte ältere Fragen ansprachen und in den von bestimmten Familien hochgeschätzten Büchern und Gesangbüchern enthalten waren, gab es auch viele neue Ideen und Begriffe. In der Öffentlichkeit zeigte sich jedoch wenig von diesen Interessen, und die an den Studiengruppen teilnahmen, warben nicht für ihre Aktivitäten. Am allerwenigsten versuchte man, sie anderen Mitgliedern ihrer Gemeinden aufzuzwingen. Anscheinend versuchten nicht einmal die daran beteiligten Prediger, Neuerungen in den Gottesdiensten einzuführen. Im Laufe der 1840er Jahre zeigten sich jedoch neue, mehr öffentliche und aggressivere Formen des evangelischen Pietismus in den Kolonien, insbesondere in der Molotschnaja.

Die Ankunft der Groningen Alt-Flämischen Gemeinde und deren Ansiedlung in Gnadenfeld im Jahre 1834 brachte wie ein Trojanisches Pferd einen neuen Sinn für geistliche Ziele ins Herz der Molotschnaja. In Preußen hatte nach 1790 die Aufnahme von lutherischen Außenseitern in diese Gemeinde und ihre Isolierung von anderen mennonitischen Gemeinschaften dazu geführt, daß sich diese Gemeinschaft für fremde Einflüsse öffnete. Seit den ersten Jahren des neunzehnten Jahrhunderts hatte es eine bedeutende Zusammenarbeit mit mährischen Missionaren aus Herrnhut gegeben, und schon bald nahm die Gemeinde aktiv an Liebesmahlen, an Gebet- und Bibelstunden und der Arbeit evangelischer Missionswerke teil.[514] Unter mährischem Einfluß kam es zu neuen Praktiken, einschließlich der Kindereinsegnung. Die Taufe fand in einem viel früheren Alter statt, als dies in den meisten mennonitischen Gemeinden üblich war.[515] Obwohl die neue Gemeinde von Cornies und den Leitern der fortschrittlichen Gemeinden freundlich aufgenommen wurde, hielten andere Kolonisten sie für zu weltlich und zu stolz und zweifelten an ihrem Mennonitentum, indem sie von ihnen als "Lutheraner" oder "Mähren" sprachen und ihrem Ärger über deren

---

[513] Rempel (b1806, Prediger 1832?), siehe Görz, *Molotschnaer Ansiedlung*, 69.

[514] Es gibt Einzelheiten über diese Kontakte in den Archiven der Brüder-Unität, Herrnhut; siehe auch "Aus der Gnadenfelder Gemeindechronik", 39; Friesens Kommentare (*Mennonite brotherhood*, 100-01) daß die Mennoniten zur Zusammenarbeit mit den Mähren gezwungen wurden, weil die Regierung gegen ihre Versammlungen war, ist durch primäre Quellen nicht belegt.

[515] Friesen, *Mennonite brotherhood*, 101.

Glaubensbekundungen dadurch Luft machten, daß sie sie als "Pietisten" oder "Schwärmer"[516] bezeichneten. Ihr Dialekt, ihre Kleidung und ihre Vorliebe für Hochdeutsch im Alltagsverkehr (an sich eine Folge der preußischen Schulbildung) im Gegensatz zum Plattdeutschen, das in den meisten Kolonien gesprochen wurde, unterschied sie von den anderen Siedlern.[517] Nach ihrer Gründung wurde die Gemeinschaft ein Zentrum für soziale, kulturelle und religiöse Reformen und zog Siedler aus den Nachbardörfern an, von denen einige sogar der neuen Gemeinde beitraten. Dies führte dazu, daß die Gemeinde einen weiteren abwertenden Namen - "Mucker" [518] - erhielt.

Nach 1840 wurde Gnadenfeld anstelle von Ohrloff zur führenden fortschrittlichen Gemeinde[519], und viele Friesische, die im Osten der Molotschnaja lebten, nahmen an den Aktivitäten der Gemeinschaft teil. Diese Aktivitäten erstreckten sich auf die ganze Gemeinde und waren deshalb öffentlicher als die älteren Konventikel der fortschrittlichen Intellektuellen. Die Ausdrucksformen religiöser Anbetung und die Neuerungen in der Paxis wurden jedoch von der älteren Generation mit Argwohn betrachtet. Als der Älteste Wilhelm Lange 1841 starb, wurde sein Neffe Friedrich Wilhelm Lange sein Nachfolger, ein preußischer Schullehrer, der in Rodlofferhuben in Preußen unterrichtet hatte. Obwohl er an pietistischen Kreisen der Mennoniten in Preußen aktiv teilgenommen hatte, war er doch erst vor kurzem durch die Taufe in die Gnadenfelder Gemeinde aufgenommen worden (im Jahr 1837). Er war jedoch schon bald Prediger geworden und außerordentlich aktiv in der Förderung religiöser Aktivitäten und der Hebung des Schulwesens.[520] Als Ältester setzte er diese Arbeit fort und verstärkte sie, indem er nicht nur andere Mennoniten, sondern auch Menschen aus den Nachbarkolonien daran beteiligte.

Die pan-evangelische Bewegung, die die Mennoniten in Russland anfangs der 1820er Jahre erreichte, brachte auch eine Reihe in Basel ausgebildeter lutherischer Pastoren in die "deutschen" Kolonien Neurusslands. Die geistlichen Interessen dieser Pastoren standen oft in einem krassen Gegensatz zu denen der orthodoxeren lutherischen Geistlichkeit in den Ostseeprovinzen des Zarenreiches.[521]

---

[516] Friesen, *Mennonite brotherhood,* 10; ironischerweise war der Ausdruck *Schwärmer* als Bezeichnung für religiöse Extremisten lange Zeit von den Lutheranern für die Täufer angewandt worden.

[517] Braun, "Kleine Chronik" 72, "Gnadenfeld von 1835 bis 1885 in bezug auf die soziale und ökonomische Entwicklung", *MJ* (1910), 26 und die 1848 geschriebene intellektuell anspruchsvolle Stellungnahme zur Gemeinschaft in Woltner, *Die Gemeindeberichte,* 155-58.

[518] "Mucker" ein Ausdruck, der lange Zeit für Gemeinden angewandt wurde, die Außenseiter aufnahmen, einschließlich solcher, die von anderen Gemeinden mit dem Bann belegt worden waren.

[519] Friesen, *Mennonite brotherhood,* 104

[520] Ib., 101-02.

[521] H. Petri, "Der Agendenstreit in evangelichen Gemeinden Südrusslands", *Kirchen im Osten,* 10 (1967), 85-99.

Der einflußreichste der Basler Pastoren war Johann Bonekemper, der in einer der Kolonien in Bessarabien diente. Er bereicherte das Gemeindeleben mit Gebetsversammlungen und den normalen pietistischen Konventikeln. In den 1830er und 1840er Jahren, nach den religiösen Bewegungen in Westeuropa, kam es in seiner Gemeinde zu einem Ausbruch von Erweckungen.[522] Diese Aktivitäten erreichten auch die lutherischen Siedlungen in der Nähe der Molotschnaja; der größte Antrieb für solche Erweckungen kam jedoch von einem württembergischen Prediger, Eduard Wüst.[523]

Wüst hatte an der Universität Tübingen studiert, und trotz einer vergeudeten Jugend entschied er sich, Pastor in einer lutherichen Kirche zu werden. Er fühlte sich vom evangelischen Pietismus angezogen und zum Teil auch durch die damals in Württemberg verbreiteten methodistischen Einflüsse angeregt. Er entwickelte einen freien Predigtstil, durch den er schon bald mit der kirchlichen Obrigkeit in Konflikt geriet, die seine Ordination verweigerte und ihn zeitweilig seiner Amtspflichten enthob.[524] Eine Folge davon war, daß Wüst 1845 ein Angebot annahm, nach Russland zu reisen, um dort als Pastor bei den schwäbischen Separatisten zu dienen, deren Kolonien südlich der Molotschnaja lagen. Bengels Prophezeiungen des Tausendjährigen Reiches für das Jahr 1836 waren nicht in Erfüllung gegangen, wodurch ein Krisenzustand nicht nur für die Gemeinden in Russland, sondern auch für verschiedene Gruppen in Württemberg entstanden war. Kornthal in Württemberg, die Muttergemeinde der russischen Gemeinschaft unter der Leitung von Wilhelm Hoffmann und später seines Sohnes Christoph, hatte sich immer mehr auf neue geistliche und soziale Aktivitäten in der damals wirtschaftlich und politisch unruhigen Zeit in Württemberg eingelassen.[525] Es war Wilhelm Hoffmann, der Wüst bat, nach Russland zu gehen, und die Kontakte zwischen Württemberg und Russland sollten für die Mennoniten schwerwiegende Folgen haben.

Wüsts Ankunft in Südrussland verursachte eine beträchtliche Aufregung. Wüst, laut allen Berichten eine kraftvolle und attraktive Persönlichkeit, betonte die Erlösung durch den gekreuzigten Christus, wie Menschen durch einen persönlichen Glauben die Sünde überwinden und durch das Erlebnis der Liebe

---

[522] Bonekemper (1795-1857) wurde später eine Schlüsselrolle in der Entstehung der russischen Baptisten zugeschrieben; siehe H.Römmich, "Der Ursprung des Ukrainischen Stundismus", *HBR* (1967/8), 65-80.

[523] Wo keine anderweitigen Quellen angegeben sind, stammt die Information über Wüst (1818-1859) von Prinz, *Die Kolonien der Brüdergemeinde*, 73-121 und A. Kroeker, *Pfarrer Eduard Wüst, der große Erweckungsprediger in den deutschen Kolonien Südrusslands* (Leipzig, 1903) und zeitgenössischen Quellen.

[524] Bezüglich der ersten Jahre siehe die neuen Entdeckungen von Victor G. Doerksen, "A second Menno? Eduard Wüst and Mennonite Brethren beginnings", *MQR,* 74 (2000), 311-25.

[525] Lehmann, *Pietismus und weltliche Ordnung.*

Gottes Heilsgewißheit erlangen konnten.[526] Von seiner Einführungspredigt an versetzte er seine Gemeinde in Erstaunen, seine freien Predigten, seine Vorliebe für das Singen gefühlvoller Kirchenlieder, religiöse Studiengruppen und insbesondere seine Missionsfeste zogen Menschen von nah und fern an. Lutheraner und Katholiken aus den benachbarten Kolonien nahmen daran teil, und Wüsts Ruf breitete sich bis in Städte wie Charkow und sogar bis nach Moskau und St. Petersburg aus.

Die Mennoniten waren von Anfang an an diesen ökumenischen Aktivitäten beteiligt. Einige Mennoniten waren mit den Separatisten in Kontakt geblieben, seitdem sie ihnen bei der Ansiedlung geholfen hatten. Die Entwicklung des Getreidehandels und die Eröffnung des Hafens von Berdjansk verstärkten diese Kontakte noch mehr, da der Weg aus der Molotschnaja zur Küste durch die schwäbischen Kolonien führte. Mennonitische Kaufleute und Müller aus Berdjansk und wahrscheinlich auch einige Kolonisten waren bei Wüsts erster Predigt zugegen, und der Älteste Friedrich Lange amtierte bei Wüsts Hochzeit im Jahr 1847.[527] Mitglieder der Gnadenfelder Gemeinde nahmen an Wüsts Aktivitäten teil, und er selbst berichtete, daß er das Abendmahl mit der Gemeinde genommen und in dieser Gemeinschaft auch gepredigt und Versammlungen abgehalten hatte.[528] Andere Molotschnaer Mennoniten besuchten seine Versammlungen, und er stand auch mit den geistlichen Führern von Chortitza in Verbindung. Neue religiöse Ideen und Praktiken wurden eingeführt, wie zum Beispiel das Interesse an der Abstinenzler-Bewegung und die Unterstützung der Missionswerke, und religiöse Literatur aus Württemberg, einschließlich Zeitungen fanden eine weite Verbreitung. Eine Reihe von Mennoniten "erlebte" in der hochgepeitschten Stimmung der religiösen Versammlungen und unter den stark gefühlvollen Predigten von Wüst religiöse Bekehrungen und lernte es, ihre persönliche Erlösung in der neuen Sprache des evangelischen Pietismus zum Ausdruck zu bringen.[529]

Die Nachfolger und Anhänger von Wüst unter den Mennoniten bildeten in den 1850er Jahren eine fest miteinander verbundene Gruppe, die als die "Wüst-

---

[526] Viele seiner Predigten wurden in Russland zusammen mit Beschreibungen seines Lebens veröffentlicht, in denen seine Ideen klar zum Ausdruck kamen; siehe Eduard H.O. Wüst, *Antritts-Predigt* (Moskau, 1850), *Die Herzen überwältigende Liebe* (Moskau, 1851) *Drei Weihnachts-Predigten* (Reval, 1851), und *Zehn Passions-Predigten* (Reval, 1852); auch Friesen, *Mennonite brotherhood*, 210-23.

[527] Friesen, *Mennonite brotherhood*, 206-07, 227 und ein Bericht aus jener Zeit über ein Missionsfest in Berdjansk im Jahr 1857, auf welchem ein mennonitischer Prediger predigte, *MBL*, 5 (1858), 18-19.

[528] Siehe Brief an den friesischen Ältesten Jakob Hildebrand (1793-1867), Schönwiese in J.B. Toews, "The early Mennonite brethren: some outside views", *MQR*, 58 (1984), 112-13, der einen Bericht von Kornelius Hildebrandt zitiert (in *Botsch.*, 1913).

[529] Friesen, *Mennonite brotherhood*, 206.

## TABELLE 5: MITGLIEDER DER WÜST-BRÜDER

Abkürzungen: GnGAF (Gnadenfeld Groningen Alt-Flämische); Fr (Friesisch); Fl (Flämisch); Ohl (Ohrloff); WGAF (Waldheim Groningen Alt-Flämische); KV (Keine Veränderung); Tm (Templer); M Br (Mennonitische Brüder); * Zeigt eine Änderung in der Gemeinde an; ca (circa).

| Name | | Wohnsitz | Gemeinde | Geburtsdatum | Einwanderungsdatum | Beruf | Anmerkungen |
|---|---|---|---|---|---|---|---|
| August | Lenzmann | Gnadenfeld | GnGAF | 1823 | 1836 | Bauer/Ältester | KV |
| Benjamin | Lange | Gnadenfeld | GnGAF | ca.1800 | 1836 | Prediger/Lehrer | KV(Söhne bei Tm) |
| Wilhelm | Lange | Gnadenfeld | GnGAF | | 1836 | Prediger/Lehrer | KV(BrudervonBenjamin) |
| Wilhelm | Bartel | Gnadenfeld/Berdjansk | GnGAF | 1820-30? | 1830er | Kaufmann | M Br |
| David | Hausknecht | Gnadenfeld | Fr? | | | Lehrer | Tm |
| Jakob | Buhler | Prangenau/Berdjansk | Fr | ca.1830 | | Kaufmann/Müller | gestorben1855 |
| Bernhard | Buhler | Prangenau/Berdjansk | FrGnGAF | 1834 | | Kaufmann/Müller | M Br |
| Nikolai | Schmidt | Steinbach | Fl*GnGAF | 1815 | | Prediger/Gutsbesitzer | Tm |
| Johann | Schmidt | Steinbach | Fl*GnGAF | | | Gutsbesitzer | Tm |
| Heinrich | Schmidt | Pastwa | GnGAF | | | | KV? |
| Abraham | Matthies | Rudnerweide | Fr | ca.1820 | | Kaufmann | KV |
| Dietrich | Dick | Rudnerweide | Fr | 1809 | | Kaufmann | Tm |
| Jakob | Bekker | Rudnerweide | Fr*GnGAF | 1828 | 1836 | Lehrer | M Br |
| Abraham | Wiebe | Rudnerweide | Fr*GnGAF | 1820 | ca.1820 | Kaufmann | M Br |
| Johann | Claassen | Liebenau | Fr*GnGAF | 1820 | ca.1820 | Kaufmann | M Br |
| Heinrich | Hiebert | Liebenau | Fl(Ohl) | 1810 | | Bauer/Müller | MBr |
| Andreas | Flaming | Schardau | Fr*GnGAF? | 1825 | | Prediger/Bauer? | KV?BruderinMBr |
| Benjamin | Janz | Großweide | Fl*GnGAF | | | | MBr |
| Abraham | Braun | Großweide | Fl | | | Lehrer/Müller | KV |
| Abraham | Cornelsen | Großweide/Elisabethal | Fr | 1826 | | Lehrer/Müller | M Br |
| Peter | Siemens | Konteniusfeld | Fl(Ohl) | 1828 | | Lehrer/Müller | M Br |
| Peter | Dick | Pordenau | Fr | | | Kaufmann | Tm |
| Abraham | Dick | Pordenau | Fr | | | Kaufmann | Tm |
| Leonhard | Sudermann | Berdjansk | Fl | 1821 | 1841 | Kaufmann | KV aber später verb.mit Gn |
| Hermann | Sudermann | Berdjansk | Fl | 1814 | 1839 | Kaufmann | KV |
| Jakob | Reimer | Felsental/Gnadenfeld | Fr*GnGAF | 1817 | | Lehrer | MBr |
| Abraham | Peters | Ladekopp | Fl? | 1826 | 1839? | Lehrer? | MBr |
| Christian | Schmidt | Lutherisch | | 1833 | | Zimmermann | MBr |

Brüder" bekannt waren, obwohl sie alle Glieder ihrer eigenen Gemeinde blieben (siehe Tabelle 5).[530] Die meisten Brüder waren unter vierzig Jahre alt und Glieder der Gnadenfelder oder der friesischen Gemeinden. Die wenigen Flämischen kamen hauptsächlich aus der Berdjansker Gemeinschaft und waren erst nach 1830 nach Russland ausgewandert; viele andere waren neue Immigranten oder als Kinder aus Preußen eingewandert. Was Beruf und Bildung betraf, zeigten die Wüst-Brüder eine auffallende Ähnlichkeit. Die meisten hatten mehr als nur eine Dorfschulbildung, und viele waren Schullehrer oder Glieder einer mobileren Gruppe, wie Kaufleute, Müller oder Gutsbesitzer. Die Vertreter der Koloniebauern fielen durch ihre Abwesenheit auf, die den größten Teil der männlichen Bevölkerung in den Kolonien ausmachten. Mitglieder der Ohrloffer Gemeinde traten nur selten den Brüdern bei. Die wenigen, die mit ihrer Arbeit sympathisierten, waren jedoch ähnlicher Herkunft, eine Anzahl davon Lehrer.[531]

Ein Projekt, das von den Wüst-Brüdern ab 1854 unterstützt wurde, war die Gründung der neuen Zentralschule in Gnadenfeld. Sie sollte sich auf religiöse Prinzipien gründen, ähnlich wie die deutschen Anstalten, die Bildung mit religiösen und philantropischen Idealen verbanden. Mit großzügigen Spenden seitens der wohlhabenderen Brüder und nachdem sie im Jahr 1857 die offizielle Anerkennung erhalten hatte, wurde die Schule 1859 eröffnet.[532] Die Bruderschaftsschule, wie sie genannt wurde, zeigte klar die engen Verbindungen, die sich in den Kolonien unter der gebildeten und fortschrittlichen Elite und den Befürwortern einer religiösen Erneuerung gebildet hatten. Die Pädagogik förderte beides, Fortschritt und Frömmigkeit. Die fortschrittliche Politik von Cornies und verschiedener russischer Beamter hatte die persönliche Initiative und die Wertbewerbs-Wirtschaft in weltlichen Angelegenheiten betont. In der religiösen Atmosphäre der mennonitischen Welt wurde dies auf geistliche Fragen übertragen. Der Individualismus zeigte sich in der persönlichen Suche nach Erlösung, während die wirtschaftliche Entwicklung eine Parallele zu den Hoffnungen auf eine moralische Verbesserung der Gemeinschaft darstellte. Viele Fortschrittliche glaubten, daß eine solche Verbesserung dringend notwendig sei.

1856 erhielt der Landwirtschaftliche Verein auf seine Meinungsumfrage nach dem moralischen Zustand der Kolonie von den Molotschnaer Lehrern weitgehend nega-

---

[530] Die Information stammt aus den vorstehend zitierten Quellen, insbesondere Friesen, *Mennonite brotherhood*, 104-05, Heinrich Sawatzky, *Templer mennonitischer Herkunft* (Winnipeg, 1955).

[531] Friesen, *Mennonite brotherhood*, 105; siehe z.B. die Aktivitäten dieser Gemeinde, wie sie in "Auszug eines Briefes aus der Orloff-Halbstädter Gemeinde in Süd-Russland", *MBL*, 8 (1861), 34 beschrieben werden.

[532] Dirks, "Aus der Gnadenfelder Gemeindechronik", 31, Isaak, *Molotschnaer Mennoniten*, 207-08. Friesen, *Mennonite brotherhood*, 105-107; die Rauhen Häuser von Johannes Wichern, Teil der in Deutschland und in den lutherischen Gemeinschaften der Baltenstaaten tätigen Inneren Mission, waren Institutionen, an denen die Brüder interessiert waren. Wichern stand anfangs der 1850er Jahre in Kontakt mit den preußischen Mennoniten; siehe Ib., 81-84.

tive Antworten.⁵³³ Die Lehrer vertraten jedoch einen Teil der Gemeinschaft, deren religiöses Ethos meistens nicht dem der größeren Gemeinschaft entsprach. Obwohl viele konservative geistliche Führer zweifellos die Besorgnis der Lehrer in bezug auf den moralischen Zustand der Gemeinschaft teilten, sahen sie doch eine Lösung dieses Problems in einer strengeren Gemeindezucht. Für die meisten fortschrittlich gesinnten Mennoniten, die sich mit religiösen Fragen befaßten, war es eine Sache der persönlichen Besserung und einer persönlichen Wiedergeburt durch den Glauben. Die älteren Mennoniten hegten jedoch einen Argwohn gegen diese Einstellung. Die Behauptung, daß ein Mensch durch ein Bekehrungserlebnis die Heilsgewißheit haben konnte, klang nach Ketzerei. Alles was man tun konnte, war, ein diszipliniertes Leben zu führen und auf das Heil zu hoffen, und niemand wußte, ob er errettet war oder nicht, bis er seinem Meister Auge in Auge gegenüberstand.⁵³⁴ Aber in Russland war eine disziplinierte Gemeinschaft schwer zustande zu bringen, da die Gründung einer säkularen Kolonie-Gemeinschaft die Bemühungen zunichte gemacht hatte, eine strikt gemeindeorientierte Gemeinschaft zu schaffen. Und schließlich schienen die einzelnen Mennoniten sich immer mehr in der größeren Welt zu engagieren, statt sich von ihr zu trennen. Die Fortschrittlichen hatten nun gesehen, wie man seinen Glauben, seinen Sinn für Persönlichkeit und Lebenszweck ohne die institutionellen Einschränkungen der bestehenden Gemeinden und ohne die unbekehrten Mitglieder der Gemeinschaft bezeugen konnte.

---

⁵³³ Erwähnt in A. Braun, "Die kirchlichen Spaltungen in den russland-deutschen Mennoniten-Gemeinden", in *Beiträge zur Geschichte der Mennoniten, Festschrift für D. Christian Neff* (Weierhof, 1938), 8-9.

⁵³⁴ Siehe Kommentare der *Kleinen Gemeinde* in Jakob P. Bekker, *Origin of the Mennonite Brethren Church* (Hillsboro, Kansas, 1973), 18.

*Johann Claassen: ein Leiter der Brüder*

# 10. Abfall und Trennung

Nach Cornies' Tod im Jahr 1848 verlor die Ohrloffer Gemeinde in der Kolonie Molotschnaja an Bedeutung. Viele sahen zwischen Cornies' Politik und den Fortschrittsidealen der Ohrloffer Gemeinde einen Zusammenhang. Als der Einfluß des Landwirtschafts-Vereins abnahm und die Macht des Oberschulzen David Friesen zunahm, wurden Mitglieder dieser Gemeinde von politischen Entscheidungen ausgeschlossen. Der Aufstieg von Gnadenfeld zum Zentrum für religiöse Neuerungen verringerte ebenfalls Ohrloffs Anspruch auf die geistliche Führerschaft der fortschrittlichen Kreise in der Kolonie. Gnadenfeld sollte jedoch seinerseits im Jahr von Cornies' Tod eine schwere Krive erleben. Das persönliche Leben von Ältesten Friedrich Lange wurde Gegenstand von Gerüchten und Mutmaßungen. Dies führte zu Unruhen in seiner Gemeinde und zwang ihn, im Jahr 1849 zurückzutreten. Zwei ältere Prediger der Gemeinde, seine Vettern Wilhelm und Benjamin Lange, traten ebenfalls zurück bzw. wurden ihres Amtes enthoben, und damit war die Gemeinde praktisch führungslos.[535] Die Uneinigkeit der Gemeinde verzögerte die Ernennung eines neuen Predigers, und schließlich mußte das Fürsorge-Komitee um Hilfe gebeten werden. 1850 befahl die Regierung den geistlichen Leitern der Molotschnaja, einen Rat auf Kolonieebene zu bilden, der in diesem und in eventuellen späteren Streitfragen vermitteln sollte. Nach einem Jahr erklärten sich alle Gemeinden mit Ausnahme der *Kleinen Gemeinde* damit einverstanden, einen Kirchenkonvent der Ältesten zu gründen.[536]

Die Vereinbarung von 1851, einen Konvent zu bilden, gründete sich zum Teil auf frühere, informelle Bindungen zwischen den Gemeinden. In Preußen war es allgemein üblich, daß die Gemeindeleiter sich trafen, um Angelegenheiten von allgemeinem Interesse zu besprechen, und in Rußland hatte Ohrloff zusammen mit

---

[535] Isaak, *Molotschnaer Mennoniten*, 122, Friesen, *Mennonite brotherhood*, 102-03. Lange wurde wieder Lutheraner und hielt als Lehrer in einer schwedischen Kolonie seine Kontakte mit den Mennoniten aufrecht, Ib., 958.

[536] Isaak, *Molotschnaer Mennoniten*, 122, Friesen, *Mennonite brotherhood*, 354-55, 356-57. Die Behauptung von Klaus, daß das Abkommen von den Gemeindegliedern ferngehalten werden sollte, kann nicht bewiesen werden, *Unsere Kolonien* 265-66. Die Wahl des Ausdrucks "Kirche" ist bezeichnend für die zunehmende Institutionalisierung der religiösen Organisation der Mennoniten.

der friesischen und der Groningen Alt-Flämischen Gemeinde eine "Vereinigte" Gruppe gebildet, die seit Anfang der 1820er zusammengearbeitet hatte. Das Fürsorge-Komitee hatte seit 1826 oder 1827 mit einem Konvent (Rat) der geistlichen Führer in der Molotschnaja Verbindung, und Cornies hatte auch die Ältesten befragt, wenn er größere Entscheidungen traf.[537] Jede Gemeinde behielt jedoch ihre Selbständigkeit. Der neue Konvent konnte nur dann in Gemeindeangelegenheiten einschreiten, wenn die interne Uneinigkeit den Frieden der Kolonie bedrohte, und die in Schwierigkeiten befindliche Gemeinde selbst um Hilfe bat. Der Regierung ging es ihrerseits darum, daß religiöse Angelegenheiten in den mennonitischen Kolonien geregelt wurden, wie dies auch in den anderen Siedlungen geschah, wo eine zentralisierte Hierarchie bestand, die gewöhnlich den lutherischen oder katholischen Obrigkeiten unterstellt war. Die Mennoniten hatten sich inzwischen an eine zentralisierte Verwaltung in Zivilangelegenheiten gewöhnt. Die mit den meisten Lebensaspekten verbundenen bürokratischen Regeln und zweifellos auch die gesetzliche Regelung religiöser Angelegenheiten schienen vielen für die zukünftige Entwicklung der Kolonien sowohl vernünftig als auch zweckmäßig zu sein.

Der neue Kirchenkonvent unter der Leitung des Ohrloffer Ältesten Bernhard Fast auferlegte der Gnadenfelder Gemeinde eine Regelung, die anscheinend einen bleibenden Groll gegen Ohrloff und dessen Leiter hinterließ.[538] Neue Prediger wurden ernannt, und 1854 ordinierte Fast einen von ihnen, August Lenzmann, zum Ältesten.[539] Gnadenfeld gewann allmählich etwas von seinem verlorenen Status als geistliches Zentrum zurück, es blieb jedoch ein gewisses Unbehagen, das Besucher in dieser Zeit spürten, wie zum Beispiel ein englischer Quäker und ein mennonitischer Prediger aus Preußen, Johann Wall.[540]

Ein Unruheherd war eine Reihe von Konflikten zwischen der Ohrloffer Gemeinde, der Zivilverwaltung und den anderen Gemeinden, die mit der Autorität des Kirchenkonvents sprachen. Die ersten Schwierigkeiten begannen 1858 mit einer unbedeutenden Streitfrage bezüglich der illegalen doppelten Verpachtung von Land und der Entschädigung für die auf dem Land gesäten Gerste. Durch den Gerstenstreit, wie er später genannt wurde, ergab sich eine Reihe von Fragen, wie z.B. das Recht einer Gemeinde, ihre eigenen Glieder der Gemeindezucht zu unter-

---

[537] Betreffs des ersten "Konvents" siehe Plett, *Storm and triumph,* 105 und Bondar, *Sekta mennonitov,* 106, und allgemeinen Kommentare von Friesen, *Mennonite brotherhood,* 357-58. Friesen behauptet, daß die Leiter der Molotschnaja und von Chortitza in wirklich großen Fragen gemeinsam vorgegangen seien, Ib., 204.

[538] Nach Friesen, *Mennonite brotherhood,* 102, 103, 262.

[539] Lenzmann (1823-1877) wurde in Preußen geboren; seine Familie war lutherischer Herkunft. Siehe Friesen, *Mennonite brotherhood,* 944.

[540] Johann Wall in Braun, "Kleine Chronik", 73, Friesen *Mennonite brotherhood,* 153-55. Wall wurde später der Leiter einer neuen mennonitischen Auswanderungsgruppe aus Preußen, die sich an der Wolga ansiedelte. Der englische Quäker war John Yeardley; siehe Kommentare in C. Tylor, Hrg., *Memoir and diary of John Yeardley* (London, 1859), 412.

werfen, die Macht der Zivilbehörden und die Zuständigkeit des Kirchenkonvents, in Angelegenheiten anderer Gemeinden zu vermitteln.[541] Das Eingreifen der Zivilverwaltung wurde zweifellos durch den Oberschulzen Friesen in die Wege geleitet, der als Mitglied einer der Gemeinden, die unter Cornies' Herrschaft gelitten hatten, die Ohrloffer Gemeinde demütigen wollte. Da es in diesem Fall um Glieder verschiedener Gemeinden und Streitigkeiten in der Ohrloffer Gemeinde ging, wurde der Kirchenkonvent um Vermittlung gebeten. Aber obwohl die ersten Befunde zu Gunsten von Ohrloff ausfielen, kam es anscheinend unter dem Druck seitens des Oberschulzen zu einer entgegengesetzten Entscheidung. Die Ohrloffer Prediger glaubten, daß der Streitfall eine Angelegenheit ihrer eigenen Gemeinde sei und protestierten gegen die Einmischung von außen und die diktatorische Haltung der Zivilverwaltung und der geistlichen Obrigkeiten, die ihre Selbständigkeit bedrohten. Schließlich, im Jahr 1860 nach einer Vermittlung von Philip Wiebe und Cornies' Sohn Johann zusammen mit höheren Beamten des Fürsorge-Komitees und des Ministeriums für Reichsdomänen, wurde die Sache geregelt. Der Streit führte jedoch dazu, daß eine Reihe Ohrloffer Mitglieder ihre Gemeinde verließen und sich konservativen flämischen Gemeinden anschlossen.

Bevor der Gerste-Streit geregelt wurde, trat Bernhard Fast als Ältester der Ohrloffer Gemeinde zurück, und Johann Harder wurde an seiner Stelle gewählt.[542] Als Folge davon verließen ein älterer Prediger, Johann Dyck, und ein Diakon, Peter Bergmann, die Ohrloffer Gruppe und schlossen sich der flämischen Gemeinde von Lichtenau an, wo sie sich mit denjenigen zusammenschlossen, die schon früher Ohrloff wegen des Gerste-Streits verlassen hatten.[543] Beide, Dyck und Bergmann, kamen aus den nördlichen Siedlungen der Molotschnaja, wo kurz zuvor ein neues Versammlungshaus für die Ohrloffer Gemeinde eröffnet worden war, um deren weit verstreute Mitglieder zu betreuen. Das neue Versammlungshaus in Neu-Halbstadt war 1852 geplant worden, der Bau wurde jedoch durch den Krimkrieg verzögert. Er konnte nur mit der großzügigen finanziellen Unterstützung eines wohlhabenden Mitglieds dieser Gemeinde, dem Brennereibesitzer Johann Neufeld, fertiggestellt werden. Der Gerstenstreit und Dycks Übertritt veranlaßten Neufeld, sich von Ohrloff zurückzuziehen. 1860 weigerte er sich, ausstehende Unkosten für das Versammlungshaus mit der Gemeinde zu regeln und erklärte, daß er jetzt das Versammlungshaus für die Gemeinde von Lichtenau und die Menschen, die

---

[541] Folgendes gründet sich fast ausschließlich auf Dokumenten in Isaak, *Molotschnauer Mennoniten,* 123-55 und kurze Kommentare in Friesen, *Mennonite brotherhood,* 102, 1001, n46. Siehe auch Plett, *Storm and triumph,* 104-09.

[542] Harder (1811-1875), 1855 gewählter Prediger, lebte in Blumstein und gehörte zu einer angesehenen Familie, aus der Führungskräfte der Gemeinschaft hervorgingen und die Verbindungen zur *Kleinen Gemeinde* hatte, Plett, *Golden years,* 154; *Storm and triumph,* 161.

[543] Dyck (1802?) von Ladekop, Prediger seit 1833, war im Jahr 1860 der älteste Prediger der Gemeinde und zusammen mit Bergmann (1823?) ein Mitglied des nördlichen Halbstadtbezirks der Ohrloffer Gemeinde.

Ohrloff verlassen hatten, haben wollte. Ohrloff sah sich erneut in einen Konflikt verstrickt, und es kam wieder zu einer Intervention des Oberschulzen und der anderen Ältesten. Das Fürsorge-Komitee war ebenfalls wieder gezwungen, die Sache regeln zu helfen und Ohrloff wurde erlaubt, das Versammlungshaus zu behalten, nachdem Neufeld entschädigt worden war.[544] Aber die Sache zog sich über zwei Jahre hin, bevor es zu einer Regelung kam, und während dieser Zeit wurden sowohl die Molotschnaja als auch Chortitza durch eine religiöse Zwietracht hin- und hergerissen, bei der es weniger um die Integrität der bestehenden Gemeinden als um das Recht der Kolonisten ging, selbständige religiöse Körperschaften zu bilden, die sich auf neue Interpretationen des Glaubens und der Praxis gründeten.

Obwohl sich der evangelische Pietismus hauptsächlich mit der Zustimmung und der tatkräftigen Beteiligung vieler Leiter fortschrittlicher Gemeinden in der Molotschnaja entwickelt hatte, gab es auch konservative Elemente, die solche Aktivitäten verurteilten. Andererseits kam es durch die starke Betonung der persönlichen Erlösung, wie sie von den Anhängern der neuen Bewegung proklamiert wurde, zuweilen zu religiösen Exzessen. In ihrem neuentdeckten religiösen Status fühlten sich einige ihren Mitkolonisten gegenüber überlegen und verurteilten immer vernehmlicher nicht nur das, was sie für ein unmoralisches Verhalten der Kolonisten hielten, sondern auch jeden, der nicht ihre ganz besondere Auffassung von Frömmigkeit teilte. In ihrer Suche nach neuen religiösen Ausdrucksformen, kamen sie oft auf extreme Ideen und Verhaltensweisen. Dies war ein Problem, das sich nicht nur auf mennonitische Kreise beschränkte; in Deutschland, Skandinavien und Russland mußten lutherische Kirchenbeamten während des neunzehnten Jahrhunderts gegen die weitverbreiteten Begeisterungsausbrüche kämpfen, bei denen die in ihrem Glauben wiedergeborenen Christen vor Freude in einer Art tanzten, sprangen und sangen, die bei den orthodoxen Kirchenmitgliedern Anstoß erregte.[545] Einige Leute behaupteten sogar, daß sie in ihrem neuen Zustand frei von Sünde seien, und diese Behauptungen führten dann zu noch größeren Ausschweifungen.

Anfangs der 1850er Jahre gab es unter den Mitgliedern der friesischen Gemeinde von Chortitza eine geistliche Erweckung.[546] Ihre Anhänger versammelten sich still zum Gebet, sangen geistliche Lieder und studierten religiöse

---

[544] Siehe Dokumente und Diskussion in Isaak, *Molotschnaer Mennoniten,* 156-73 und kurze Erläuterungen in Friesen, *Mennonite brotherhood,* 1001, n46 und Plett, *Storm and triumph,* 109-11.

[545] Die lutherische Zeitschrift in Russland *Mitteilungen und Nachrichten für die evangelische Kirche in Russland* für die Zeit ab 1840 enthält zahlreiche Hinweise und Artikel über solche Gruppen.

[546] Folgendes gründet sich auf Heinrich Epp, *Notizen aus dem Leben und Wirken des verstorbenen Ältesten Abraham Unger, dem Gründer der Brüdergemeinde von Einlage* (Halbstadt, 1907), 3-6, Friesen, *Mennonite brotherhood,* 281-82, Hildebrand in Toews "Early Mennonite Brethren", obwohl Hildebrands Chronologie oft verwirrend ist.

Schriften - alles Aktivitäten, die anfänglich von ihrem Ältesten Jakob Hildebrand begrüßt wurden.[547] 1853 "erlebte" ein junger Mann, Johann Loewen aus der Stadt Chortitza, durch das Lesen der Predigten des deutschen Evangelisten Eduard Hofacker eine religiöse Bekehrung. In Kronsweide bildete sich eine Gruppe um Loewen und Jakob Janzen, einen früheren friesischen Prediger, der wegen unorthodoxer Ansichten aus seinem Amt entlassen worden war. Die Aktivitäten dieser Gruppe, zu denen auch private Gottesdienste gehörten, waren weniger maßvoll, und einige behaupteten, daß sie nicht mehr sündigen könnten, weil sie eine persönliche Heilsgewißheit hatten. Nach Ansicht ihrer Gemeinde waren jedoch einige ihrer Aktivitäten wirklich sündig, und 1855 verbanden sich die geistlichen und zivilen Obrigkeiten, um diese Bewegung zu unterbinden. Jeder neue Versuch einer religiösen Erweckung in Chortitza wurde nun streng unterdrückt, und insbesondere die friesische Gemeinde wurde argwöhnisch in bezug auf religiöse Begeisterung.[548]

Obwohl Wüst die Erweckung von Kronsweide verurteilt hatte, mußte er sich später mit ähnlichen Problemen unter seinen eigenen Anhängern auseinandersetzen. 1858 geschah es auf einem Missionsfest, daß Wüst und alle, die ihn unterstützten von einer Gruppe unter der Führung des Schullehrers Kappe aus der lutherischen Kolonie Mariupol und einem von Wüsts eigenen Gemeindegliedern, Joseph Hottmann, der sein vertrauter Gehilfe war, verworfen wurden. Kappe und Hottmann, die eine strikte Gesetzlichkeit mit überschwenglichen Anbetungsformen verbanden, mit denen sie ihre neuerlebte Gnade als "Gotteskinder" feierten, fanden Unterstützung bei einigen Mennoniten.[549] Zu diesen gehörten Wüstbrüder wie Wilhelm Bartel, ein Kaufmann aus Berdjansk, und Johann Claassen, ein Ladenbesitzer aus Liebenau, die aktiv an der Gründung der Brüderschafts-Schule in Gnadenfeld beteiligt waren.[550] Andere Mennoniten blieben Wüst treu. Als der große Erwecker jedoch krank wurde und 1859 plötzlich starb, gab es in seiner Bewegung eine Spaltung und Aufruhr.

Viele der mennonitischen Anhänger von Wüst hatten sich aus dem Leben in der Kolonie Molotschnaja zurückgezogen und von ihren Gemeinden abgewandt. Einigen schien es, daß ihre Leiter nicht bereit waren, radikale Änderungen im geistlichen Leben zu unterstützen, die für die Entstehung

---

[547] Hildebrand (1793-1867), Ältester 1826-1867
[548] Wüsts Brief an Jakob Hildebrand in Toews, "Early Mennonite Brethren", 112-13.
[549] "Korrespondenz aus Rußland", *Süddeutsche Warte,* 50 (15.Dez.1859), 199; Prinz, *Kolonien der Brüdergemeinde,* 107-10; Friesen, *Mennonite brotherhood,* 223-25.
[550] Claassen (1820-1876) wurde in Preußen geboren und wanderte als Kind nach Rußland aus. Er hatte eine gute Bildung und diente unter Cornies, den er sehr bewunderte. Obwohl er Mitglied der Anti-Wüst Gruppe war, wurde er später ein hervorragender Führer, siehe nachstehende Ausführungen und Friesen, *Mennonite brotherhood,* insbesondere 501-02, 1018, n300, usw.

einer wirklich christlichen Gemeinschaft erforderlich waren. Diejenigen, die sich im Glauben wiedergeboren fühlten, protestierten dagegen, daß sie in den Gemeinden mit Mitgliedern Gemeinschaft haben sollten, die nicht ihre religiösen Auffassungen und Interessen teilten. Auf der Suche nach neuen Möglichkeiten, ihre Solidarität im Glauben zu bekräftigen, verlangten die Gleichgesinnten, daß separate Abendmahlsfeiern regelmäßiger abgehalten werden sollten, und zwar nur für diejenigen, die ihre Erlösung nachweisen konnten. Diese Gruppe wandte sich an den Ältesten Lenzmann von Gnadenfeld mit der Bitte, ihnen mit separatem Abendmahl zu dienen, was er, wie zu erwarten war, ablehnte. 1859 versammelten sich deshalb die Glieder dieser Gemeinschaft privat, und unter der Leitung eines friesischen Schulleiters Abraham Cornelsen von Elisabethal hielten sie ihre eigene Abendmahlsfeier ohne die Zustimmung und ohne die Anwesenheit eines ordinierten Predigers. Als die Nachricht über diese Tat ihre Gemeinden erreichte, wurden die daran beteiligten Friesischen in den Bann getan und diejenigen, die zu Gnadenfeld gehörten, wurden aufgefordert, ihr Verhalten vor ihrer Gemeinde zu erklären.[551]

Die Gnadenfelder Gemeinde hatte sich bereits wegen der Ernennung eines zeitweiligen Lehrers für ihre Brüderschafts-Schule gespalten. Heinrich Franz war aus Chortitza zurückgerufen worden, um diesen Posten zu übernehmen. Er war ein strenger Lehrer, und seine Ernennung wurde von den konservativeren Kreisen der Gemeinschaft unterstützt und von denjenigen abgelehnt, die einen frommen Lehrer haben wollten, der die religiösen Ideale der Schule vertrat. Franz hatte wenig Zeit für solche Ideale. Er war sogar gegen jegliche gefühlsmäßigen Äußerungen persönlicher Frömmigkeit, und seine Ansichten wurden in Gnadenfeld in weiten Kreisen geachtet, wo viele Gemeindeglieder, einschließlich des Ältesten Lenzmann einst seine Schüler gewesen waren.[552] Auf der Versammlung, die im Dezember 1859 stattfand und auf der das Abhalten separater Abendmahlsfeiern diskutiert werden sollte, kam es zu einem Zusammenstoß zwischen Franz und den Wüst-Brüdern Johann Claassen und Jakob Reimer, den ehemaligen Mitgliedern des Vorstandes der Brüderschafts-Schule und Unterstützer der Bewegung, die eine separate Gemeinschaft gründen wollte. Claassen, Reimer und ihre Unterstützer stürmten unter den Schmähungen von Franz und seiner Anhänger aus der Versammlung.[553]

Am 6. Januar 1860 erhielten die Leiter der Molotschnaja-Gemeinden eine anmaßende, von achtzehn Mennoniten unterschriebene Erklärung. Diese verurteilte den "Verfall der ganzen Mennonitischen Bruderschaft" und kün-

---

[551] Friesen, *Mennonite brotherhood*, 228-29, 999, n25.
[552] Ib., 107, 712, 992, n25.
[553] Ib., 229, Bekker, *Origin of the Mennonite Brethren Church,* 39-40. Reimer war der Sohn von David Reimer, dem Besitzer des Guts Felsental in der Molotschnaja, ein Zentrum quietistischer, religiöser Versammlungen; er und Claassen waren Verschwägert.

digte die Bildung einer neuen separaten Gemeinde an.[554] Als Grund für ihr Ausscheiden gaben sie an, daß es in der Kolonie an geistlichem Leben fehle, sowie die sündigen Lebensgewohnheiten der Kolonisten und das Versagen der religiösen Führer, für eine richtige Gemeindezucht zu sorgen. Sie behaupteten, die einzigen wahren Mennoniten seien diejenigen, die auf eine wirkliche Glaubenserfahrung und Erlösung getauft worden seien. Allen, die keine derartige Erlösung erlebt hatten, sollte das Abendmahl und der gesellschaftliche Kontakt mit denjenigen verweigert werden, die den Geist besaßen. Sie allein waren die Auserwählten und in der Lage, eine abgesonderte Gemeinschaft der wahrhaft Gläubigen zu bilden. Sie hatten sich somit über die Zucht der bestehenden Gemeinden gestellt, diese verurteilt und gewissermaßen "gebannt".

So etwas wie diesen Brief hatten die Mennoniten trotz ihrer langen Geschichte von Gemeindezwist und Spaltung bisher noch nicht erlebt. Keiner der Unterzeichneten hatte ein Amt in einer bestehenden Gemeinde, und sie kamen aus verschiedenen Gemeinden. Die meisten waren friesisch oder kamen aus der Gnadenfelder Gemeinde; das einzige Mitglied aus Ohrloff war anscheinend Heinrich Hübert, der in seiner Gemeinde niemals ein Amt bekleidet hatte, obwohl er um seiner Frömmigkeit willen geachtet wurde.[555] Die Ältesten versammelten sich unter der Schirmherrschaft des Kirchenkonvents, um den Brief zu besprechen. Da sie zweifellos baldige religiöse Unruhen befürchteten, wie sie in den Nachbarkolonien auftraten, waren sich die meisten darin einig, daß die üblichen, von den einzelnen Gemeinden verhängten Maßnahmen der Gemeindezucht wenig ausrichten würden. Es wurde deshalb beschlossen, die Sache als potentiellen Unruheherd in der Kolonie der Zivilverwaltung zu übergeben. Nur der Älteste Fast von Ohrloff weigerte sich, den Brief des Konvents an das Gebietsamt zu unterschreiben.

Der Oberschulze wies alle Dorfschulzen an, eine Versammlung der abgefallenen

---

[554] Von jetzt an wurden die Anhänger dieser Bewegung als Brüder bezeichnet. Ihr Abfall von den anderen mennonitischen Gemeinden ist wahrscheinlich der am besten dokumentierte Vorfall in der Geschichte der Russland-Mennoniten. Außer zeitgenössischen Berichten in *MBG* und in den Zeitschriften der Deutschen Baptisten (*Missionsblatt der Gemeinde getaufter Christen* und *Quarterly Reporter of the German Baptist Mission)* gibt es umfangreiche Dokumentarberichte in Friesen, *Mennonite brotherhood* (Abschnitte XI-XXV); Isaak, *Molotschnaer Mennoniten*, 174-207; Epp, *Notizen aus dem Leben;* Bekker, *Origin of the Mennonite Brethren Church* (obwohl diese Quelle mit Vorsicht behandelt werden sollte); und Toews, "Early Mennonite Brethren". Es gibt eine umfangreiche sekundäre Literatur, von der besonders A.H. Unruh, *Die Geschichte der Mennoniten-Brüdergemeinde, 1860-1954* (Winnipeg, 1955) und J.A. Toews, *A history of the Mennonite Brethren Church, pilgrims and pioneers* (Fresno, CA, 1975) zu erwähnen ist. Siehe auch Peter J. Klassen, "The historiography of the birth of the Mennonite Brethren", in Abraham Friesen, Hrg., *P.M. Friesen and his history: understanding Mennonite Brethren beginnings* (Fresno, CA, 1979), 115-31.

[555] Zu Hübert (1810-1895) siehe Friesen, *Mennonite brotherhood,* 537-38, 1020-22, n330-31.

Gruppe zu verhindern, indem er sich auf eine Verfügung der Kolonialverordnung berief, die für die Unterdrückung geheimer politischer Vereinigungen vorgesehen war. Die Brüder hatten Johann Claassen, Abraham Cornelsen und Isaak Koop als ihre Wortführer gewählt. Als sie vor den Regierungs-Inspektor zitiert wurden, unterschrieben sie eine Verpflichtung, laut welcher sie ihre Gemeinden nicht verlassen würden, bevor sie eine amtliche Genehmigung erhielten. Die Leiter der Brüder waren zweifellos von der Einschaltung der Zivilverwaltung überrascht und hofften, daß die offizielle Anerkennung bald eintreffen würde. Aber weder die zivilen noch die geistlichen Obrigkeiten hatten die geringste Absicht, einen Fortbestand dieser Bewegung zu erlauben. Alles, was die Wortführer durch die Unterzeichnung des Briefes erreicht hatten, war daß die Brüder nun führungslos der darauffolgenden Krise ausgesetzt waren.

Als das Gebietsamt in bezug die neue Bewegung eine Meinungsumfrage machte, wiederholten die Ältesten ihre Befürchtungen, daß die Abtrünnigen gesellschaftliche Unruhen verursachen könnten und daß die Sache deshalb von den Zivilbehörden geregelt werden sollte. Der Älteste von Ohrloff weigerte sich erneut, ihre Antwort zu unterschreiben und sagte dem Gebietsamt einfach, daß er eine zivile Bestrafung für nicht angemessen hielt. Die Ohrloffer Gemeinde organisierte eine Versammlung mit den Brüdern, deren Anzahl inzwischen auf dreiunddreißig angestiegen war, um mehr über ihre Forderungen zu erfahren. Man darf nicht vergessen, daß Ohrloff sich zu dieser Zeit wegen des Gerstestreits noch immer in einem Konflikt mit dem Kirchenkonvent und dem Gebietsamt befand, und später kam noch das Problem mit dem Versammlungshaus hinzu. Es gab handfeste politische Gründe für die Ohrloffer Gemeinde, die Ansichten des Konvents abzulehnen und die Intervention des Gebietsamtes einzuschränken. Andererseits gehörten nur wenige Glieder der Ohrloffer Gemeinde zu den Abtrünnigen, und viele ihrer Glieder sympathisierten mit denjenigen, die zur Reform in der Kolonie aufriefen. Die Gemeinde hatte auch eine Reihe kürzlich gewählter junger Prediger, die in religiösen und sozialen Angelegenheiten aktiv waren.[556]

Unterdessen wurden einzelne Brüder und deren Familien in ihren Heimatgemeinden verfolgt. Die Gemeinden, insbesondere die friesische Gruppe von Rudnerweide, belegte die an der Bewegung beteiligten Mitglieder mit einem strikten Bann, der sie von Freunden und Familie isolierte und in einigen Fällen zu einem finanziellen Ruin von Kaufleuten führte, deren Geschäfte boykottiert wurden.[557] Einige Brüder wurden von übereifrigen Dorfschulzen

---

[556] Neben Jakob Martens, dem Büchersammler und Bibelverteiler, gehörten zum Lehrdienst Franz Isaak (1817-1899), der sich in Rechtssachen ausgezeichnet auskannte und Verwaltungssachen bearbeitete, sowie Bernhard Harder (1832-1884), ein Lehrer, der 1860 als Prediger gewählt, und später durch seine Frömmigkeit und Dichtkunst bekannt wurde (siehe nachstehende Ausführungen). Im Laufe der 1860er Jahre wurde über die Hälfte der Geistlichkeit durch jüngere und gebildetere Leiter ersetzt.

[557] Zum Beispiel Isaak Matthias von Rudnerweide, Friesen, *Mennonite brotherhood*, 244, 348.

verhaftet. Claassen, der in Kürze seine eigene Verhaftung befürchtete, schlich sich heimlich aus der Kolonie und reiste nach St. Petersburg, um Hilfe zu suchen. Als Kaufmann hatte er ein Reisevisum und und war während der Verhandlungen bezüglich der Bruderschafts-Schule in der Hauptstadt gewesen. Er kehrte im Mai zurück, und die Brüder beschlossen, trotz fortdauernder Opposition und fehlender offizieller Anerkennung ihre eigenen Prediger zu wählen. Die drei ursprünglichen Wortführer wurden von der Wahl und der Abstimmung ausgeschlossen, und so wurden Heinrich Hübert und ein junger Friesischer, Jakob Bekker, als Prediger gewählt.[558] Die Brüder informierten die Gemeindeleiter über die Wahl und machten somit klar, daß sie mit der Bildung einer neuen Gemeinde fortfahren wollten.

Mit ihren eigenen "rechtmäßigen" Predigern konnten die Brüder nun separate Abendmahlsfeiern halten. Sie fingen aber auch an, in der Bibel und in anderen religiösen Werken zu suchen, wie sie ihrer exklusiven Gemeinschaft auch auf andere Art Ausdruck verleihen konnten. Wenn das Abendmahl nur für die Auserwählten da war, mußten sie ihre Andersartigkeit natürlich vor allem durch die Taufe bekunden. In ihrer ursprünglichen Sezessionserklärung hatten sie erwähnt, daß die Taufe nur als Siegel des Glaubens vollzogen werden sollte. Nun begannen sie nach der "richtigen" Form der Taufe zu forschen und fragten sich, ob die Brüder wiedergetauft werden sollten.[559] Angeregt durch religiöse Literatur aus dem Ausland und in dem Gefühl, sich auf die Bibel als Autorität stützen zu können, regelten Jakob Bekker und Heinrich Bartel die Sache durch eine direkte Handlung. Sie tauften einander im September 1860 durch Untertauchen in einem Bach. Diese unorthodoxe Form der Taufe war das Siegel für die von den Brüdern beanspruchte besondere Identität sowohl in bezug auf die geistliche als auch die sakramentale Andersartigkeit, und in den nächsten sechs Monaten ließen sich die meisten Mitglieder der Gemeinschaft durch Untertauchen wiedertaufen.

Obwohl sie eine besondere, exklusive Gemeinschaft waren, blieben die Brüder der Erweckungsarbeit treu. Sie hatten die mennonitische Gemeinschaft zwar verurteilt, glaubten aber doch, daß diese durch die Erlösung ihrer einzelnen Glieder gerettet werden konnte. Ende 1859 hatten Jakob Bekkers Bruder Benjamin und Heinrich Bartel einen dänischen Kolporteuer und Anhänger von Wüst, Otto Forchhammer, auf einer Evangelisationsreise zu ausländischen, an der Wolga angesiedelten Kolonisten begleitet. Ihr Glaubenseifer war so groß, daß ein lutherischer Pastor eine Widerlegung ihrer Ideen veröffentlichte, und offizielle Klagen über ihre Aktivitäten wurden an die Obrigkeiten

---

[558] Bekker (1828-1908) war als Kind mit seinen Eltern aus Wolhynien in die Molotschnaja eingewandert und schloß sich den Wüst-Brüdern an. Siehe seinen Nachruf von A.J. Bekker in *Zionsbote,* 24 (29. April, 1908), 7 und Bekker, *Origin of the Mennonite Brethren Church,* ix-xi.

[559] Bezüglich der Beeinflussung und der Suche nach den richtigen Formen siehe Friesen, *Mennonite brotherhood,* 284-91 und Bekker, *Origin of Mennonite Brethren,* 70-73.

der Molotschnaja geschickt.[560] Die Brüder waren schon bald an ähnlichen Aktivitäten in der Molotschnaja und in den benachbarten Gebieten beteiligt. Die Nachrichten über die Brüder und ihre Aktivitäten erreichten auch Chortitza. Dort waren nach der Katastrophe von Kronsweide kleine Kreise religiöser Eiferer in Einlage entstanden, die religiöse Schriften lasen und diskutierten. Leiter der Gruppe war ein wohlhabender Wagenbauer, Abraham Unger[561], dessen Interesse durch Berichte über die Arbeit der Deutschen Baptisten in Westeuropa geweckt wurde. Dieser hatte an ihren Leiter, Gerhard Oncken, geschrieben und um weitere Einzelheiten über die Lehre der Baptisten und insbesondere in bezug auf die Taufe gebeten. Als er erfuhr, daß die Gruppe in der Molotschnaja ihre Glieder durch Untertauchen wiedertaufte, besuchten Unger und zwei seiner Freunde die Kolonie im Juni 1861. Durch frühere Erlebnisse in Chortitza war Unger bereits argwöhnisch geworden und nun zutiefst beunruhigt von dem, was er in der Molotschnaja vorfand, besonders die Anbetungsformen, die sich dort entwickelt hatten.[562]

Die Brüder hatten nicht nur eine neue Taufform eingeführt, sondern auch Bräuche, wie z.B. den Schwesternkuß und das Predigen in Plattdeutsch. Auf den Versammlungen schrien die Mitglieder vor Freude, sangen und tanzten zu Musikinstrumenten und improvisierten ungewöhnliche Verhaltensweisen. Es war fast, als ob die Brüder das ausschweifende Benehmen, das sie so rundweg in den weltlichen Bereichen des Kolonielebens verdammt hatten, nun selbst übernommen hätten, um ihrer eigenen Freude über die geistliche Erweckung Ausdruck zu verleihen.[563] Aber vielen in der Kolonie schien es nun, daß ihre schlimmsten Befürchtungen berechtigt waren; sie waren eine Sektierer-Gruppe von "Springern" oder "Hüpfern". Die Ohrloffer Gemeinde beschloß, die Berichte über das ungebührliche Betragen auf den Versammlungen der Brüder selbst zu überprüfen. Prediger und Gemeindeglieder, die diese Versammlungen besuchten, erklärten,

---

[560] Benjamin Bekker (1833-1920). Siehe seinen Bericht "Meine Erfahrungen in Russland", *Der Wahrheitsfreund*, 2 (3. Mai, 1916), 3 und Bekker, *Origin of the Mennonite Brethren Church*, 35-38, Friesen, *Mennonite brotherhood*, 380. Friesen berichtet, daß die Ältesten der Molotschnaja die lutherische Widerlegung in der Kolonie verbreiteten, 1010, n164. Siehe auch Bondar, *Sekta mennonitow*, 140. Forchhammer (gest.1898) war später an der religiösen Paskow-Erweckung unter den russischen Adligen beteiligt.

[561] Unger (1820-1880). Siehe seinen Nachruf in *OZ*, 127 (8/20 Juni 1880), 2. Die deutsche Baptistenbewegung breitete sich nach 1834 rasch von Hamburg nach Osten aus, und in den 1850er Jahren waren ihre Missionare in Ostpreußen und Polen tätig, wo sich auch Mennoniten bekehrten. H. Luckey, *Johann Gerhard Oncken und die Anfänge des deutschen Baptismus* (Kassel, 1934) und Berichte in zeitgenössischen baptistischen Zeitschriften.

[562] Siehe Ungers Brief an Oncken in *Missionsblatt der Gemeinde getaufter Christen*, 19 (1861); 131-32 und an Jakob Reimer, Friesen, *Mennonite brotherhood*, 267-68.

[563] Friesen, *Mennonite brotherhood*, 262-72. In Wirklichkeit gründeten sie Äußerungen der Freude auf Bibelstellen, insbesondere Jeremia 31. Siehe auch Harry Loewen, "Echoes of drumbeats: the movement of exhuberance among the Mennonite Brethren", *JMS*, 3 (1985), 118-27.

daß sie die Gottesdienste trotz gelegentlicher überschwenglicher Gefühlsausbrüche annehmbar fanden. Aber in Wirklichkeit war lange nicht alles gut. Die weitverbreiteten öffentlichen Freudenausbrüche waren von Wilhelm Bartel gefördert worden, der sich den Brüdern angeschlossen hatte, aber auch Verbindungen mit den Dissidenten außerhalb der mennonitischen Kolonie aufrechthielt, die bereits früher von Wüst abgefallen waren.[564] Eine Reihe junger, leicht zu beeindruckender Brüder fühlte sich durch die Idee der freien Gnade angezogen, die in diesen Dissidenten-Gruppen verbreitet war, laut welcher die wirklich Bekehrten nach erfahrener Erlösung keine sündigen Taten mehr begehen konnten. Wilhelms Bruder, Heinrich Bartel, der mit Benjamin Bekker ein aktiver Evangelist an der Wolga gewesen war und der auch der erste war, der mit Jakob Bekker wiedergetauft wurde, fiel in Sünde mit seiner Schwester, Helene Regehr, und wurde von denselben Brüdern verurteilt, die ihn dazu ermutigt hatten, an die Unmöglichkeit der Sünde zu glauben.[565] Bartel wurde in den Bann getan. Andere, einschließlich einiger der ursprünglichen Unterzeichner der Lossagungserklärung, verließen die Bewegung, zutiefst beunruhigt durch die Vorfälle und die neuen Taufformen.

Diese Ereignisse fanden im Winter 1861-62 statt, als Claassen nicht in der Kolonie war. Er hatte die Kolonie im Herbst 1861 nochmals verlassen, um seine Verhandlungen in St. Petersburg wiederaufzunehmen. In der Hauptstadt erhielt er mit Hilfe teilnehmender evangelischer Kirchenleute und Mitgliedern des Adels und der Regierungsbeamten, einschließlich Hahn, Zugang zu bedeutenden und einflußreichen Verwaltungsbeamten, und im Mai 1862 gelang es ihm, ein Bittgesuch an den Zar zu richten.[566] Zu seinen Zielen gehörte eine offizielle Anerkennung, die Beendigung der Verfolgung und die Bewilligung von Land, damit die Brüder sich abgesondert von den anderen Mennoniten ansiedeln konnten. Seine Kontakte schützten ihn gegen den Oberschulzen der Molotschnaja, der Claassen damit drohte, daß sein Pass nicht verlängert und er sogar verhaftet werden würde. Schließlich überzeugte Claassen die Beamten des Ministeriums für Reichsdomänen, daß die Brüder Hilfe brauchten, und verschaffte sich Zugang zu den Provinz-Beamten im Kaukasus, mit der Absicht, Siedlungen am Kuban anzulegen. Nach einer langen Abwesenheit kehrte Claassen im Juni 1862 in die Molotschnaja zurück.

Die Ordnung in der Brüderbewegung wurde durch Claassen mit Unterstützung von Jakob Reimer wiederhergestellt. Die offizielle Opposition dauerte jedoch an, da die Zivilverwaltung und die meisten Gemeinden sich noch immer weigerten, die Brüder und ihre Prediger sowie ihr Recht, zu taufen oder Leute zu trauen, anzuerkennen. Im Oktober 1862 unternahm das Gebietsamt einen verzweifelten Schritt und drohte den Brüdern, daß sie aus dem Register der Kolonisten gestrichen werden würden, wenn sie nicht zu ihren jeweiligen Gemeinden zurückkehr-

---

[564] Bartel verließ später die Brüder, um sich den Templern anzuschließen (über die nachstehend berichtet wird), Friesen, *Mennonite brotherhood*, 263, 275, 512, 1004 n79.
[565] Ib., 271-72, 287-88, 1003, n59; Bartel war zu der Zeit ein Diakon der Brüder.
[566] Einzelheiten in Ib., 250-51, 345-50, 359-71.

ten. Tatsächlich hatte das Gebietsamt gar nicht die Macht, so etwas zu veranlassen, aber die Brüder waren sehr beunruhigt. Die Ohrloffer Gemeinde stellte jedoch, nachdem sie die Frage bezüglich des Versammlungshauses endlich geklärt hatte, eine eindeutige amtliche Erklärung aus, laut welcher sie bereit war, die Brüder als rechtmäßige mennonitische Gemeinde anzuerkennen.[567] Die Bemühungen des Gebietsamtes und die unter dem Schirm des Kirchenkonvents vereinten Ältesten hatten also nichts ausgerichtet. Der von Ohrloff unternommene Schritt öffnete später den Weg für die offizielle Anerkennung seitens der Regierung.

Als Abraham Unger im Juni 1861 aus der Molotschnaja nach Chortitza zurückkehrte, war er unsicher, wie er weiter vorgehen sollte. Er schrieb wieder an die Deutschen Baptisten und bat um ihre Hilfe und um Missionare, die die Bewegung leiten sollten. Während des Winters 1861-62 gewährte Unger jedoch einem getauften Bruder mit Namen Gerhard Wieler Zuflucht in seinem Haus, der aus der Molotschnaja ausgewiesen worden war. Gerhard und sein Bruder Johann waren Söhne eines Lehrers in Chortitza.[568] Sie waren als vielversprechende Studenten ausgewählt und in Odessa in der russischen Sprache für Regierungsdienste geschult worden. Gerhard kannte somit die offiziellen Verfahren. Gerhard war jedoch nicht in den Dienst getreten, sondern hatte statt dessen einige Jahre an einer Dorfschule in Johann Claassens Siedlung Liebenau unterrichtet. Hier hatte er sich zu dem neuen Glauben bekehrt und war von Wilhelm Bartel in der Nähe von Berdjansk getauft worden. Als er gezwungen wurde, seinen Lehrerposten aufzugeben, mußte Wieler als Bürger der Kolonie Chortitza in die Alt-Kolonie zurückkehren, wo Unger ihm half. Wieler überzeugte Unger, daß er sein Bittgesuch an die Baptisten annullieren und statt dessen seine Kontakte mit den Molotschnaer Brüdern wiederaufnehmen sollte. Im März 1862 wurden Unger und ein ihm nahestehender Glaubensgefährte, Heinrich Neufeld,[569] von Wieler in der Molotschnaja getauft. Nach ihrer Rückkehr nach Chortitza wurde eine Anzahl von Sympathisanten, einschließlich vieler aus der Kronsweider Gemeinschaft an aufeinanderfolgenden Wochenenden getauft. Die Reaktion der Obrigkeiten in Chortitza war viel schärfer als die in der Molotschnaja. Es kam zu Verhaftungen, und ein Mitglied wurde schwer geschlagen und von einem Dorfschulzen ins Gefängnis geworfen. Die Führer der Bewegung wurden gefangengenommen und nach Jekaterinoslaw gebracht, wo sie in einem gewöhnlichen Gefängnis eingekerkert wurden. Wieler

---

[567] Isaak, *Molotschnaer Mennoniten*, 191-92, Friesen, *Mennonite brotherhood*, 254-55.
[568] Gerhard Wieler (1833-1911) verließ später die Brüder und wanderte nach Amerika aus. Siehe *Das Erntefeld* 12, 23 (1911), 266 und Hildebrand in Toews, "Early Mennonite Brethren" (101-09) bezüglich seiner Kindheit; sein Bruder Johann (1839-1889) war eine bedeutende Gestalt bei der Entstehung der russischen Baptistenbewegung. Siehe "Prediger Johann Wieler", *Christlicher Familienkalender*, 1908, 1-2 und Lawrence Klippenstein, "Johann Wieler (1839-1889) among Russian evangelicals", *JMS*, 5 (1887), 44-60.
[569] Neufeld (1819?) war der Sohn einen wohlhabenden Seidenstoff-Fabrikanten in Einlage und ein beliebter Führer, der aber schließlich die Brüder verließ, siehe Hildebrandt in Toews "Early Mennonite Brethren", 93-94 und nachstehend.

entging jedoch der Gefangennahme und reiste nach Petersburg, wo er Claassen bei seiner Arbeit half.[570]

Nicht alle Mitglieder der Molotschnaer Gemeinden, deren Älteste sich den Brüdern durch die Intervention der zivilen Verwaltungsbehörden widersetzt hatten, waren mit dem Vorgehen ihrer Leiter einverstanden. In Rudnerweide und besonders in Gnadenfeld gab es viele, einschließlich einflußreicher Mitglieder der Gemeinden, die die Anwendung schwerer Strafen gegen die Dissidenten beanstandeten und die beunruhigt waren durch die wachsende Gesetzlichkeit in den Erklärungen des Kirchenkonvents, die die Unabhängigkeit der Gemeinden wie auch das Recht der Mitglieder, ihre eigenen Angelegenheiten zu entscheiden, zu bedrohen schien.[571] Lenzmann war gezwungen, die Mitglieder seiner Gemeinde mit einer gewissen Nachsicht zu behandeln, da seine Position in der eigenen Gemeinschaft ganz und gar nicht sicher war.

Die ursprüngliche Absicht der Unterstützer der Bruderschafts-Schule war es, einen jungen, frommen Mennoniten als Lehrer für diese Institution auszubilden. Die Wahl fiel auf Johann Lange, Sohn des früheren Predigers Benjamin Lange.[572] Ein anderer Prediger der Gemeinde, ein wohlhabender Grundbesitzer mit Namen Nikolai Schmidt,[573] besuchte eine Anzahl geistlicher Ausbildungsstätten in Detuschland, bevor er sich für die schwäbische Schule in Kirschenhardhoff in Württemberg als die geeignete Stelle für die Ausbildung von Lange entschied. Die Schule wurde von den Paulus-Brüdern geleitet, die in einem engen Kontakt mit der Gemeinschaft in Kornthal standen, die Wüst nach Russland entsandt hatte. Die Brüder veröffentlichten auch eine radikale Zeitung *Das Glockenspiel*, die evangelische Ideen verfocht. In Kornthal war Wilhelm Hoffmann 1847 gestorben, und sein Nachfolger wurde sein Sohn Christoph. Christoph Hoffmann, der sich an den neuen Reform-Bewegungen beteiligt hatte, wurde nach den Revolutionen von 1848 in das Frankfurter Parlament gewählt, er kehrte jedoch dem Parlament den Rücken, um seine eigenen Ideen zu verwirklichen, d.h. die Schaffung sozial-religiöser Gemeinschaften, die die Welt erlösen sollten.[574] Diese neuen Lehren wurden in seiner Zeitung *Süddeutsche Warthe* veröffentlicht, die von Wüst unterstützt wurde und unter den Kolonisten in Südrussland, einschließlich der Mennoniten, weitverbreitet war und viel gelesen wurde.[575]

---

[570] Bezüglich dieser Vorfälle siehe Epp, *Notizen aus dem Leben*, 8-12, Friesen, *Mennonite brotherhood*, 312-24.

[571] Siehe Erläuterungen von Friesen, *Mennonite brotherhood*, 1011, n182.

[572] Lange (1838-1902). Siehe Sawatzky, *Templer mennonitischer Herkunft*, 51-52.

[573] Schmidt (1815-1874) war einer der ersten Prediger, der 1851 in dem neuen Gnadenfelder Lehrdienst ordiniert wurde. Als überzeugter Unterstützer von Wüst hatte er viele junge Leute ermutigt, die sich später den Brüdern anschlossen.

[574] Bezüglich dieser Entwicklungen siehe Christian Palmer, *Die Gemeinschaft und Sekten Württembergs* (Tübingen, 1877), 119-27; Lehmann, *Pietismus und weltliche Ordnung*, 240-42.

[575] Siehe Berichte in der *Warte* und Victor G. Doerksen, "Eduard Wüst and Jerusalem", *MQR*, 56 (1982), 169-78.

Lange verbrachte die Jahre von 1858 bis 1861 in Württemberg, während Hoffmann eifrig dabei war, seine Ideen in die Tat umzusetzen. Er plante die Bildung neuer Gemeinschaften von Gläubigen - Versammlungen des Gottesvolkes -, die geistliche Tempel der Erwählten sein sollten. Diese Gemeinschaften sollten in der heiligen Stadt Jerusalem ihren Sitz haben. 1861 gab Hoffmann seiner Bewegung den neuen Namen *Deutsche Tempel*, die seine Ideen verbreiten und die Gründung von Siedlungen in Palästina planen sollte.[576] Lange wurde in dieser neuen Bewegung aktiv und machte sich ihre Ideale zu eigen. Zum Abschluß seiner Zeit in Württemberg veröffentlichte Lange in der *Süddeutschen Warthe*, eine Kritik über mennonitischen Glauben und Leben wo er eine radikale Reformation für die Mennoniten vorschlug.[577] Er kehrte 1861 in die Molotschnaja zurück und auf dem Heimweg sprach er in einer Kolonie schwäbischer Separatisten in Cherson, deren Pastor ein Anhänger von Hoffmann war.[578] Das Fürsorge-Komitee, das wegen der Unruhen in dieser Gemeinschaft besorgt war, wo viele gegen ihren Pastor und dessen Unterstützung der Hoffmannschen Ansichten waren, gab eine allgemeine Verwarnung bezüglich der neuen Lehren an alle Kolonisten in Neurussland heraus.[579] Lange wurde für das, was er getan hatte, in Cherson zur Rechenschaft gezogen, erhielt jedoch Unterstützung von seiner Schulbehörde, den Gemeindeleitern und seiner eigenen Gemeinschaft und wurde deshalb von den gegen ihn erhobenen Anklagen freigesprochen.[580] In der Zeit, als Lange nicht in der Kolonie war, waren die Brüder in Erscheinung getreten, und die Gnadenfelder Gemeinschaft hatte sich wegen der Ziele der Bruderschafts-Schule gespalten. Obwohl Lange der Nachfolger von Heinrich Franz als Lehrer wurde, unterstützten viele Gemeindeglieder Franz, da sie sein strenges Regime einem frommen Unterricht vorzogen, und sie halfen ihm, eine private Konkurrenzschule in Gnadenfeld zu eröffnen.

Die meisten Mennoniten verstanden damals wahrscheinlich nur wenig von Hoffmanns Ideen und Zielen. Die russischen Beamten wurden jedoch gegenüber der neuen Bewegung und ihrem eventuellen Einfluß immer mißtrauischer. In Württemberg hatte Hoffmann mit der etablierten Kirche gebrochen, war beim Frankfurter Parlament gewesen, zählte frühere soziale Revolutionäre zu seinen Verbündeten und war nun in oft erbitterte Verhandlungen mit Regierungsbeamten verwickelt, bei denen es um seine

---

[576] Bezüglich der Templer siehe Paul Sauer, *Uns rief das Heilige Land: die Tempelgesellschaft im Wandel der Zeit* (Stuttgart, 1985), und bezüglich der Siedlungen in Palästina siehe Alex Carmel, *Die Siedlungen der württembergischen Templer in Palästina 1868-1918* (Stuttgart, 1973).

[577] *Süddeutsche Warte,* 14 (1861), 54-55, 17 (1861), 65-67. Siehe auch Victor G. Doerksen, "Mennonite Templars in Russia", *JMS,* 3 (1985), 133.

[578] Bezüglich der Gemeinschaft und deren Pastor Friedrich Schock, siehe Erläuterungen in Hans Petri "Schwäbische Chiliasten in Südrussland", *Kirche im Osten,* 5 (1962), 95-96, Doerksen, "Eduard Wüst", 175-76.

[579] Friesen, *Mennonite brotherhood,* 312.

[580] Der größte Teil der nachstehenden Ausführungen gründet sich auf Dokumente in Isaak, *Molotschnaer Mennoniten,* 207-66.

*Abfall und Trennung* 211

Pläne zur Bildung neuer Gemeinschaften in Palästina ging. Hoffmann war somit für die Russen verdächtig. Ende 1862 wurde einer seiner Agenten, der unter den Kolonisten in der Krim gearbeitet hatte, wegen Staatsgefährdung aus Russland ausgewiesen, und das Fürsorge-Komitee eröffnete wieder seine früheren Nachforschungen nach eventuellen Unterstützern der neuen Bewegung unter den Kolonisten.[581] Lange mußte gezielte Fragen beantworten, die ihm von einem Regierungsinspektor gestellt wurden. Einige Fragen betrafen auch seine Urheberschaft des kritischen Artikels in der Württemberger Zeitung, in dem er von der Notwendigkeit gesprochen hatte, "eine neue Weltordnung" zu gründen. Lange betonte die religiösen Ziele der Hoffmannschen Lehre und sagte, die neue Weltordnung sei geistlicher Art. Er wurde von den Leitern der Schulbehörde einschließlich Nikolai Schmidt unterstützt. Der Gnadenfelder Älteste Lenzmann, der anscheinend durch das Vorgehen der Regierung und vielleicht auch durch Langes eigene Aktivitäten für die Verbreitung seiner religiösen Ideen[582] beunruhigt war, teilte dem Inspektor mit, daß er Lange nicht unterstützen konnte und ihn für einen möglichen Unruhestifter in der Kolonie hielt. Obwohl er von einem Prediger unterstützt wurde, hatte es Lenzmann anscheinend unterlassen, mit den anderen Gemeindeleitern oder den Gnadenfelder Mitgliedern über seine Erklärung an den Inspektor zu sprechen. Alle früheren Spannungen in der Gnadenfelder Gemeinschaft bezüglich der Schule und der Bildung der Brüder-Gemeinschaft wurden nun auf die Spitze getrieben.

Der Regierungs-Inspektor, Alexander Keller, war ein Lutheraner, der wenig Verständnis für die Struktur der mennonitischen Gemeinden hatte. Nach Lenzmanns Erklärung stellte er eine Anweisung an alle mennonitischen Gemeinden aus, laut welcher alle privaten, religiösen Versammlungen verboten wurden, da nur ordinierte Prediger die Befugnis hatten, einen Gottesdienst zu leiten; Laien sei es verboten, in geistlichen Angelegenheiten ohne die Erlaubnis des "Kirchenrates" tätig zu sein. Keller führte amtliche Vorschriften als Bekräftigung seiner Anordnung an, aber leider galten diese für die lutherischen Kolonisten und nicht für die Mennoniten. Während seine Anordnung von den Mennoniten, die mehr Disziplin in Gemeindesachen wünschten, befürwortet wurde, waren andere durch die Auswirkungen zutiefst beunruhigt.[583] Die willkürlichen Erklärungen

---

[581] Dieser Umstand wird von Isaak nicht erwähnt, siehe jedoch "Ein Abschnitt aus der Gnadenfelder Gemeindechronik", *MJ*, (1908), 55 und Friedrich Lange, *Geschichte des Tempels* (Jerusalem, 1899), 238. Die Russen wurden gegenüber neuen sozialen Bewegungen immer argwöhnischer, und beim polnischen Aufstand im Jahr 1863 kam es zu verstärktem Polizeieinsatz und einer allgemeinen Fremdenfeindlichkeit.

[582] Lange hatte private Erbauungsversammlungen und Studiengruppen für Kinder eingeführt, wodurch sich viele in der Gemeinschaft beunruhigt fühlten. Siehe "Ein Abschnitt", 54. Seine Meinung über den Stand der mennonitischen Bildung war sehr kritisch. Siehe seinen Brief an den Schriftleiter der *Odessaer Zeitung*, 25 (28. Feb.1864), 194-95 und die Antwort eines mennonitischen Lehrers (Franz?), *OZ*, 38 (30.März, 1864), 290-91.

[583] Isaak, *Molotschnaer Mennoniten,* 214-15, Friesen, *Mennonite brotherhood,* 400. Friesen berichtet daß Keller die Mennoniten dem Lutherischen Konsistorium unterordnen wollte, ib., 1011, n167.

des Molotschnaer Kirchenkonvents, Ohrloffs Streitfragen und die Behandlung der Brüder hatten bereits zu wichtigen Fragen hinsichtlich der Selbständigkeit der Gemeinden, der Unterordnung der Gemeindeleiter unter die größere Mitgliedschaft und der mennonitischen, von der Zivilverwaltung unabhängigen Glaubensfreiheit geführt. In Gnadenfeld hatte sich die Gemeinde geteilt. Unter den erbittertsten gegenseitigen Beschuldigungen trennten sich Nikolai Schmidt und eine Gruppe seiner Anhänger im April 1863 von der Gemeinde.[584] Er nahm viele der wohlhabendsten und fortschrittlichsten Mitglieder Gemeinschaft mit. Da er ein ordinierter Prediger war, wurde seine Trennung schließlich von den Ältesten des Kirchenkonvents als rechtmäßig anerkannt.

Die Bruderschafts-Schule wurde geschlossen, und Lange schmachtete weiter in der Gefangenschaft. Er wurde erst nach dringenden Bittgesuchen an die Zentralregierung seitens seiner Familie und Anhänger freigelassen. Die Behörden entschieden schließlich, daß Hoffmanns Bewegung keine revolutionäre Gruppe sei, die die Sicherheit des Zarenreiches bedrohte, und Hoffmanns Schriften wurden weiterhin verbreitet und von den Mennoniten gelesen, einschließlich vieler Brüder.[585] Die meisten Mitglieder von Schmidts neuer Gemeinde zogen auf Land, das am Kuban gekauft und/oder gepachtet wurde, wo sie sich immer mehr mit der Templer-Bewegung identifizierten.[586] Obwohl die meisten in Russland blieben und Konvertiten aus den Brüdern und anderen mennonitischen Gruppen gewannen, wanderten einige nach Palästina aus. In Russland wurden die Templer von der Regierung als eine selbständige mennonitische Gemeinde anerkannt, obwohl die meisten Mennoniten sie für eine Randgruppe ihrer Gemeinschaft hielten.

Während der schwierigen Zeit in der Gnadenfelder Gemeinschaft blieben die Brüder, die nun zumindest von der Ohrloffer Gemeinde anerkannt worden waren, verhältnismäßig ruhig. Während der Jahre 1863 und 1864 war Claassen die meiste Zeit in langwierige Verhandlungen mit den Beamten bezüglich der Ansiedlung am Kuban beschäftigt und von der Molotschnaja abwesend. Die Gebietsämter in Chortitza und in der Molotschnaja waren zweifellos froh, die Dissidenten loszuwerden, und gewährten den Brüdern Pässe für den Umzug an den Kuban. Aber das harte Pionierleben im Kaukasus sagte nicht allen Brüdern zu, und viele aus Chortitza und aus der Molotschnaja, einschließlich Jakob Reimer, kehr-

---

[584] Friesen berichtet, daß diese Spaltung mehr Schwierigkeiten in Gnadenfeld verursachte als der Abfall der Brüder. (Ib., 107), und das wird anscheinend auch in dem Gnadenfelder Bericht über ihre Gemeinde bestätigt, "Ein Abschnitt", 53-56.

[585] Die Templer wurden 1868 offiziell in Russland anerkannt."Die Colonie der russischen Jerusalemsfreunde", *Süddeutsche Warte,* 18 (1869), 69-70; betreffs des Interesses der Brüder an Hoffmanns Schriften siehe Friesen, *Mennonite brotherhood,* 224-25; 999, n21.

[586] P.H., "Die kaukasischen deutschen Colonien Tempelhof und Orbelianowka von 1867 bis 1885", OZ, 115 (25. Mai/6. Juni, 1885), 1-3, Sawatzky, *Templer Mennonitischer Herkunft.* Sie waren entweder als Templer-Gemeinde oder als Jerusalemsfreunde bekannt.

ten schon bald in ihre Kolonien zurück. In den Reihen der Brüder gab es bald Spannungen nicht nur in bezug auf die Auswanderung, sondern auch bezüglich der Definition einer getrennten und abgesonderten Gruppe von Gläubigen ohne die normalen Einschränkungen der mennonitischen Gemeindeformen. Die Taufen wurden wahrscheinlich in einer wahllosen Form fortgesetzt. Viele junge, arme Leute zog es wahrscheinlich zu den Brüdern, weniger aus dem Verlangen nach Erlösung als durch die Verheißung von Land am Kuban.[587] In Chortitza führte der Evangelisationseifer zur Taufe von Nicht-Mennoniten, einschließlich Kleinrussen und anderer ausländischer Kolonisten. Durch diese Aktivitäten wurde die Regierung auf sie aufmerksam, und da eine Evangelisation unter den orthodoxen russischen Untertanen illegal war, konnten sie verhaftet werden.[588]

Nach ihrer Entlassung aus dem Gefängnis in Jekaterinoslaw wurden die Leiter der Chortitzer Brüder sich uneinig über die Lehre. Unger trat als Prediger zurück, und Heinrich Neufeld geriet unter den Einfluß von Gerhard Wieler, der nun die Bewegung beherrschte. Wieler begann nun eine engstirnige Definition des Glaubens und der Nachfolge durchzusetzen. Es sollten nicht nur die Glieder der etablierten Gemeinden gemieden werden, sondern auch die ehemaligen Brüder. Ab Mitte 1864 begannen Wieler und seine Anhänger Aspekte der Lehre und der religiösen Praktiken neu zu definieren.[589] Diejenigen, die nicht zu den Auserwählten gehörten, sollten gemieden werden. Die Schwestern sollten in Demut ihre Häupter verhüllen, und alle Bilder und Erbauungsbücher, einschließlich vieler, die früher bei den Brüdern sehr geschätzt waren, wurden verbrannt. Allein die Bibel war maßgebliche Autorität. Danach kündigten Wieler und Neufeld an, sie seien Apostel und hätte uneingeschränkte Macht über die Mitglieder. Ohne Rückfragen konnten sie taufen und in den Bann tun, wen sie wollten. Im Winter 1864-65 reinigten sie die Brüder. Sie taten viele der ursprünglicher Mitglieder dieser Bewegung in den Bann, einschließlich vieler der früheren einflußreichen Führer, die durch die Härte von Wielers Verurteilungen schockiert und verwirrt waren. Gleichzeitig kam es wieder auf den Versammlungen zu überschwenglichen Gefühlsausbrüchen.

In der Molotschnaja gab es ähnliche Unruhen, die mit den Geschehnissen in Chortitza nicht ganz ohne Verbindung waren. Wieder kam es zu wilden Szenen auf den Versammlungen, aber dieses Mal wurden die Brüder, die das Singen und Tanzen beanstandeten, ausgeschlossen. Der Leiter der neuen Bewegung war

---

[587] Zwischen 1860 und 1861 wurden in der Molotschnaja 107 Menschen getauft, und bis 1864 waren bereits 260 getauft, 1862 wurden in Chortitza 116 getauft und von 1862 bis 1866 waren es 202 (Zahlen aus Friesen, *Mennonite brotherhood,* 489, 500).

[588] Die Rolle der Chortitzer Brüder und anderer Einzelpersonen, wie Johann Wieler, bei der Entwicklung der russischen Baptisten-Bewegung ist noch immer unklar; siehe jedoch Bondar *Sekta mennonitow,* 147-66 und Waldemar Gutsche, *Westliche Quellen des russischen Stundismus* (Kassel, 1956); Michael Klimenko, *Anfänge des Baptismus in Südrussland (Ukraine) nach offiziellen Dokumenten,* Thesis, Friedrich Alexander-Universität (Erlangen, 1957), 61-64, Klippenstein, "Johann Wieler".

[589] Siehe Friesen, *Mennonite brotherhood,* 274-76, 416-36.

Benjamin Bekker, der Bruder des Predigers Jakob Bekker und nun Schwiegersohn von Heinrich Neufeld. Er war einer derjenigen, die an den früheren Ausschreitungen von 1862 beteiligt waren. Nach einer anfänglichen Auseinandersetzung mit Wieler übernahm Wieler viele seiner Ideen, beanspruchte apostolische Autorität und tat willkürlich alle in den Bann, die sich ihm widersetzten. Unter den Gebannten befand sich auch Jakob Reimer, der nach dem mißlungenen Siedlungsversuch am Kuban wieder zurückgekehrt war. Die zwei Prediger der Brüder, Jakob Bekker und Heinrich Hübert, ordneten sich stillschweigend oder eingeschüchtert der neuen apostolischen Ordnung unter.[590] In beiden Kolonien führte die Brüder-Bewegung wieder zu einem Zustand der Verwirrung, und die ausgeschlossenen Glieder, nachdem sie sich schließlich wieder aufgerafft hatten, baten Claassen dringend, vom Kuban zurückzukehren und die Ordnung wiederherzustellen.

Claassen kehrte im Mai 1865 zurück, und Nüchternheit und Vernunft kehrten wieder in die Reihen der Brüder zurück. Mit Hilfe einer Anzahl vor kurzem bekehrter Mitglieder, einschließlich einer Gruppe früherer gebildeter Mitglieder der Ohrloffer Gemeinde, die im vorigen Jahr eine Erweckung erlebt hatten, wurden die Brüder reformiert.[591] Nach einer Reihe von Versammlungen wurde im Juni eine Richtlinien-Erklärung aufgestellt, die die Gemeinde reorganisierte, bestimmte Gottesdienstformen verbot und die Autoritätsstruktur neu definierte.[592] Zu einem früheren Zeitpunkt in diesem Jahr hatten die Behörden Hübert verhaftet, nachdem ein übereifriger junger Bruder ein kleinrussisches Dienstmädchen getauft hatte. Hübert blieb bis November in Gewahrsam. Jakob Bekker mag durch die Aktivitäten seines Bruder kompromittiert worden sein. Es wurden deshalb neue Prediger ernannt, einschließlich eines ehemaligen Wüst-Anhängers, Christian Schmidt, der aber nicht Mennonit war, und eines früheren Bekehrten aus Ohrloff, Jakob Janz.[593] Claassen half auch bei der Reform der Chortitzer Brüder. In beiden Kolonien gab es jedoch solche, die sich weigerten, die Entscheidungen der Juni-Versammlung anzuerkennen. Der Aufbau einer klareren Gemeindeorganisation mit mehr formell definierten Autoritätsstrukturen schien vielen dem Ideal der

---

[590] Benjamin Bekker, der in seinem Alter über diese Zeit schrieb, gibt einen ganz falschen Bericht über die Geschehnisse ("Meine Erfahrungen", 8), und sein Bruder vermeidet in seinem Bericht diesen Punkt ebenfalls. Bezüglich einer zeitgenössischen Meinung der Brüder siehe T.W., "Eine Sekte", *OZ*, 6 (15-17. März, 1864), 42, 50-51 und Antwort *OZ*, 33, (18.März, 1864), 254-55.

[591] Leider ist über diese Erweckung wenig bekannt, obwohl es sich offensichtlich um ein wichtiges Ereignis in der Kolonie handelte; anscheinend war eine Gruppe junger Männer daran beteiligt. Siehe kurze Erläuterungen in Friesen, *Mennonite brotherhood*, 424-45, 545, 546.

[592] Siehe ib., 276, 436-41.

[593] Schmidt (1833-1905) war ein Lutheraner, der jedoch später von der Regierung den Status eines Mennoniten erhielt und der ein bedeutender Führer der Brüder war; Janz (1834?) mit einem weiteren Ohrloffer Bekehrten, Daniel Fast (1826-1901) wurde später einer der führenden Ältesten der Brüder.

geistlichen Freiheit und des persönlichen Glaubens zu widersprechen. Andere wollten die fröhlichen Feiern weiter fortsetzen. In der Molotschnaja gab es eine Gruppe von etwa zwanzig Personen, die sich um Hermann Peters von Gnadenheim scharten. Sie weigerten sich, mit den reformierten Brüdern zusammenzuarbeiten und gründeten schließlich eine eigene Gemeinde. Eine Zeitlang verwendeten sie weiterhin Musikinstrumente in den Gottesdiensten und hatten auch andere, ungewöhnliche Praktiken.[594]

Claassen kehrte an den Kuban zurück, aber viele Brüder zogen es vor, in den alten Kolonien zu bleiben.[595] In Chortitza bildeten die Brüder unter Ungers Leitung eine fest verbundene Gemeinschaft von Gläubigen. Er stellte enge Verbindungen mit den deutschen Baptisten her, und dies stärkte die Gemeindestruktur.[596] In der Molotschnaja waren die Brüder verstreut und lockerer organisiert. Erst 1874 kauften sie ein Gebäude in Rückenau, das dann als zentraler Versammlungsort diente.[597] Da die Brüder sich nun auf die Untertauchtaufe festgelegt hatten, weigerten sie sich schließlich, mit Mennoniten, die nicht so getauft waren, das Abendmahl zu nehmen, und damit schwand jede Hoffnung, daß sie sich je wieder den etablierten Gemeinden anschließen würden. Obwohl sie eines der bestehenden mennonitischen Glaubensbekenntnisse übernahmen, das ihnen zu ihrer offiziellen Anerkennung verhalf,[598] galten sie bei den übrigen Mennoniten als etwas Fremdartiges - als religiöse Schwärmer, deren Frömmigkeit viel zu sehr öffentlich zur Schau gestellt wurde und nach Stolz roch. Obwohl sie sich auch weiterhin für die Evangelisation einsetzten, sank die Anzahl der Taufkandidaten nach 1865. Das mag auf die Tatsache zurückzuführen sein, daß die reformierten Brüder mit

---

[594] Peters (1841-1928). Seine Gruppe wurde schließlich als die *Evangelische Mennoniten-Gottesgemeinde,* aber auch als die *Apostolische Brüdergemeinde,* die *Petersgemeinde* und als die *Brotbrecher* bekannt (weil sie sich weigerten, beim Brotbrechen für das Abendmahl ein Messer zu verwenden). Sie siedelten sich in der Krim an, gingen jedoch nach 1900 nach Sibirien, um dort Land urbar zu machen. Siehe Friesen, *Mennonite brotherhood,* 452, und J.J. Hildebrand, *Sibirien und Geschichte der Evangelischen Mennoniten-Gottesgemeinde in Sibirien* (Winnipeg, 1952), 53-58.

[595] Bezüglich der Kuban-Siedlungen siehe *Die Kubaner Ansiedlung* (Winnipeg, 1952), 53-58.

[596] Epp, *Notizen aus dem Leben;* Friesen, *Mennonite brotherhood,* 459-67; J.Pritzkau, *Geschichte der Baptisten in Südrussland* (Odessa, 1914).

[597] Aus diesem Grund wurden sie in der Molotschnaja zuweilen als die Rückenauer Gemeinde bezeichnet.

[598] Es handelte sich um das sogenannte Rudnerweider Bekenntnis, das 1853 in Odessa veröffentlicht wurde (*Konfession oder kurzes und einfältiges Glaubensbekenntnis derer so man nennt die vereinigte Flaminger, Friesische und Hochdeutsche Taufgesinnte Mennonitengemeinde).* Die russischen Behörden wandten eine vernünftige Taktik an; sie sahen ein, daß eine Verfolgung der Brüder und anderer Schismatiker unter den ausländischen Kolonisten diese nur ermutigen würde; siehe Einzelheiten der offiziellen Diskussionen in Bondar, *Sekta mennonitow,* 132-33.

ihren zurückhaltenderen Gottesdiensten weniger Mennoniten ansprachen.[599] Aber es mag auch sein, daß die Brüder, nachdem sie ihre Lektion gelernt hatten, nun bei der Aufnahme neuer Mitglieder vorsichtiger geworden waren. Das umstrittene Aufgeben des Plattdeutschen in den Gottesdiensten zugunsten des Hochdeutschen ist wahrscheinlich ein Zeichen ihrer veränderten Taktik.[600] In einem gewissen Sinn wurden die Brüder, als sie erst ihren Gemeindestatus hatten, auch mehr institutionalisiert, und obwohl sie auch weiterhin darauf bestanden, daß jeder imstande sein sollte, eine persönliche Heilserfahrung nachzuweisen, bevor er getauft wurde, wurden ihre Gemeinden immer gesetzlicher und verlangten von ihren Gliedern, daß sie eine strengen Sittenkodex strikt einhielten.

Die konservativen Gemeindeglieder machten in beiden Kolonien die Mehrheit der Bevölkerung aus. Ihre Stellungnahme zur den religiösen Unruhen anfangs der 1860er Jahre ist schwer zu bewerten. Ihre Leiter unterzeichneten, wahrscheinlich mit Unterstützung der Mehrheit ihrer Mitglieder, die gegen die Brüder gerichteten Erklärungen des Kirchenkonvents. Nur wenige ihrer Gemeindeglieder hatten mit den Dissidenten gemeinsame Sache gemacht. Tatsächlich kamen die meisten Brüder aus den fortschrittlichen Gemeinden. Die Leitung der *Kleinen Gemeinde* wurde gegen ihren Willen in eine der größten religiösen Streitfragen der 1860er Jahre hineingezogen. Ihr Ältester Johann Friesen wurde gezwungen in der Sache des Gerstenfeldes und in der Streitfrage des Versammlungshauses zu vermitteln.[601] In der Sache der Brüder bestanden die Leiter von Ohrloff darauf, daß die Stellungnahme der Leiter der *Kleinen Gemeinde* von den Behörden überprüft werden sollte. Sie wußten, daß die *Kleine Gemeinde* jegliche zivilrechtliche Strafen gegen religiöse Bewegungen ablehnen würde und daß ihre Stellungnahme als einer offiziell anerkannten Gemeinde den Eindruck erwecken könnte, daß die anderen Ältesten, die im Namen des Kirchenkonvents handelten, nicht für die ganze Kolonie sprachen. Friesen lehnte tatsächlich zivilrechtliche Strafen ab, aber seine kurzen Antworten auf offizielle Anfragen bezüglich seiner Stellung zu den Brüdern ließen erkennen, daß er sich aus solchen Streitfragen heraushalten wollte.[602] Im Laufe der 1860er Jahre erlitt die *Kleine Gemeinde* jedoch selbst interne Zwietracht und Spaltung.[603]

---

[599] Um 1872 lag die Gesamtzahl der Mitglieder in der Molotschnaja zwischen 150 und 200, d.h. niedriger als 1865; aus den Taufzahlen ist der Rückgang zu ersehen: 1866 (31), 1867 (19), 1868 (18), 1869 (15), 1870 (14), und erst dann fingen sie an zu steigen; in Chortitza wurden zwischen 1867 und 1871 nur 49 neue Mitglieder getauft. Zahlen aus Friesen, *Mennonite brotherhood*, 468-69, 489, 500.

[600] Ib., 469.

[601] Friesen (1808-1872 Ältester ab 1849); bezüglich seiner Verwicklung in frühere Streitfälle siehe Plett, *Storm and triumph*, 104-12.

[602] Briefe an Friesen, *Mennonite brotherhood*, 238, Bekker, *Origin of the Mennonite Brethren church*, 64-65; Plett, *Storm and triumph*, 119.

[603] Der nachstehende Bericht gründet sich auf Dokumente, die in Plett, *History and events* und in Plett, *Storm and triumph*, stehen.

*Abfall und Trennung* 217

Um 1860 war die *Kleine Gemeinde* noch klein, die Zahl ihrer getauften Glieder lag irgendwo zwischen zweihundert und zweihundertfünfzig. Aber wie alle Molotschnaer Siedler hatten sie Schwierigkeiten, genug Land für ihre wachsende Bevölkerung zu bekommen. Da es in der größeren Freiheit nach dem Ende des Krimkrieges für die Kolonisten mehr Möglichkeiten gab, sich außerhalb der Kolonien anzusiedeln, begann die *Kleine Gemeinde* nach Land außerhalb der Molotschnaja zu suchen. 1863 pachteten sie Land bei Markusland in der Nähe von Chortitza, und einige Gruppen siedelten auch in der Krim an. 1865 wurden über 6.000 *dessjatini* bei Borosenko nordwestlich der Molotschnaja gekauft, und weiteres Land wurde in den nächsten Jahren in der Umgebung hinzugekauft.[604] Die *Kleine Gemeinde* war nun auf verschiedene Gebiete verstreut, und obwohl ortsansässige Prediger gewählt wurden, um den Bedürfnissen der verstreuten Glieder gerecht zu werden, entstand dadurch für die Leitung der Gemeinde eine Belastung, die ihren Sitz noch in der Molotschnaja hatte.

1866 brach ein Streit aus über den Bann eines Mitglieds, Abraham Thiessen[605] aus der *Kleinen Gemeinde*. Der Älteste Friesen befand sich nun in einem Konflikt mit einem seiner Prediger, Heinrich Enns, und als er Enns seines Amtes enthob, bildete dieser Prediger mit Unterstützung etwa eines Drittels der Gemeinde seine eigene Gruppe.[606] Nach dieser Spaltung mußten die verstreuten Mitglieder nun zwischen den zwei Leitern wählen. Eine weitere Komplikation ergab sich durch einige neue Mitglieder, die sich erst vor kurzem der *Kleinen Gemeinde* angeschlossen hatten. Unter diesen befand sich ein konservativer Mennonit, Jakob Wiebe, der sich in der Krim angesiedelt hatte.[607] Wiebe hatte den Ältesten Friesen um Erlaubnis gebeten, in der Krim eine neue Gemeinde zu gründen, die der *Kleinen Gemeinde* angeschlossen werden sollte. 1867 wurde er als Prediger gewählt und 1869 als Ältester. Schließlich wurde Wiebe dazu aufgefordert, die Trennungen, die in der übrigen *Kleinen Gemeinde* entstanden waren, durch Versöhnung zu beseitigen. Die meisten Anhänger des Ältesten Friesen hatten ihn 1868 verlassen, und so begann Wiebe, die getrennten Gruppen wieder miteinander zu versöhnen. Damit hatte er zum größten Teil Erfolg, und zwischen 1869 und 1870 entstanden zwei neue Gemeinden - die Heubodener Gruppe unter Ältesten Abraham Friesen und die Blumenhoff-Gruppe unter Ältesten Peter Toews.[608] Kurz darauf beschloß Wiebe jedoch, eine neue Taufform einzuführen. Wie die Brüder zog er die Untertauchtaufe dem Besprengen oder Begießen vor, und damit entfremdete

---

[604] Ib., 185-200.
[605] Thiessen (1838-1889) war eine bedeutende Gestalt in den Streitfragen der Landlosen, siehe nachstehendes Kapitel 11.
[606] Enns, (1801-1881, Prediger ab 1851, Ältester ab 1866), seines Amtes enthoben im Jahr 1868.
[607] Wiebe (1836-1921, Ältester ab 1869). Siehe Bericht von P.A. Wiebe, *Kurze Biographie des Bruders Jakob A. Wiebe, seine Jugend, seine Bekehrung, und wie die Krimmer Mennoniten Brüdergemeinde gegründet wurde* (Hillsboro, Kansas, 1924).
[608] Friesen (1831-1917) Enkel des zweiten Ältesten (1782-1849), Toews (1841-1922).

er sich von der übrigen *Kleinen Gemeinde*, die diese Neuerung ablehnte. Die *Kleine Gemeinde* und andere konservative Mennoniten, die streng auf die Beibehaltung ihres Glaubens bedacht waren, konnten sich somit nicht ganz aus den religiösen Unruhen der 1860er Jahre heraushalten, und Wiebes Gruppe, die niemals irgendwelche formellen Verbindungen mit den Brüdern aufnahm, zeigt klar, wie die neuen religiösen Ideen und Praktiken in den Gemeinschaften verbreitet waren und Mennoniten der allerverschiedensten Herkunft zutiefst beeinflußten.[609]

Die religiösen Unruhen der 1860er Jahre hatte also eine Auswirkung auf alle Mennoniten in Russland. Diese Geschehnisse waren jedoch nur teilweise auf die Infiltration neuer Ideen und Praktiken zurückzuführen. Die Empfänglichkeit der Mennoniten für solche Einflüsse hing zum großen Teil von dem sozialen und intellektuellen Wandel ab, der in den vierzig vorangegangenen Jahren stattgefunden hatte. Obwohl sich die fortschrittlichen Interessen und neuen Ideen anfänglich auf kleine Gruppen in besonderen Gemeinden beschränkten, waren sie in den 1850er Jahren bereits weiter verbreitet und offener zutage getreten. Sie wurden durch die Bildungsreform und neue Ansichten gefördert, die durch die religiöse ausländische Literatur verbreitet wurden und durch Anhänger des evangelischen Pietismus zur vollen Entfaltung gelangten, die populäre religiöse Interessen vertraten. In den 1850er Jahren stellten jedoch sogar fortschrittliche Gemeinden wie Rudnerweide und Gnadenfeld fest, daß sie die wachsenden Ansprüche einer Minderheit religiöser Eiferer in ihrer Mitte nicht mehr erfüllen und gleichzeitig die fest begründeten Ideale der Mehrheit ihrer Mitglieder befriedigen konnten. In Anbetracht der Struktur der Gemeindeorganisation und der Institutionalisierung des Kolonielebens führte der Abfall der Brüder und ihr Anspruch auf moralische Überlegenheit zwangsläufig zu einer schweren Gegenreaktion sogar unter denen, die mit vielen ihrer Anliegen sympathisierten.

Trotz späterer gegenteiliger Behauptungen ging es den Brüdern jedoch weniger um größere sozial-religiöse Fragen als um die Erlösung der einzelnen Seelen. Solche sozial-religiöse Fragen waren für die Aktivitäten vieler fortschrittlichen Gemeinden und unter den Wüst-Brüdern von zentraler Bedeutung. Mit der Gegenreaktion, die dem Abfall der Brüder folgte, nahm jedoch die Unterstützung für diese Arbeit ab. Eine ganze Reihe der aktivsten Reformer stellte fest, daß sie im Rahmen des bestehenden Gemeinde-Systems nicht arbeiten konnten. Viele, die sich der Gruppe anschlossen, die später die Templer-Bewegung wurde, gehörten zu den Fortschrittlichsten in ihren Gemeinschaften. In ihrer neuen Bewegung unterstützten sie auch weiter die sozial-religiöse Reform, insbesondere auf dem Gebiet

---

[609] Es war eine Ironie des Schicksals, daß der Älteste der Waldheimer Gemeinde, Benjamin Wedel, der am Widerstand der Ältesten des Kirchenkonvents gegen die Brüder beteiligt war, selbst im Jahr 1870 seines Amtes enthoben wurde, weil er die Untertauchtaufe befürwortete; siehe John B. Toews, "A Russian Mennonite: the diary of Dietrich Gaeddert (1860-1876)", *ML*, 33 (1978), 13; ein anderer der Ältesten, Benjamin Ratzlaff von den Friesischen starb als Bruder in Amerika, siehe Thomas B. Mierau, "Elder Benjamin Ratzlaff: his life, times and descendants", *ML*, 40 (1985), 18.

*Abfall und Trennung* 219

der Bildung.

Eine Gruppe, die gestärkt und erneuert aus den Unruhen der 1860er Jahre hervorging, war die Ohrloffer Gemeinde.[610] In der Molotschnaja wurde sie wieder auf vielen Gebieten des sozialen, politischen und religiösen Lebens in der Kolonie führend, eine Stellung, die sie fast bis zum Ende des Jahrhunderts behielt. Der Wiederaufstieg von Ohrloff fand auf einer breiten Grundlage statt, denn in dieser Gemeinde gab es Mitglieder, die Fähigkeiten für die Förderung sowohl von Zivil- als auch Glaubenssachen besaßen. Im religiösen Bereich reagierte sie auf eine ganze Reihe religiöser Bedürfnisse, angefangen bei der Befriedigung persönlicher und emotioneller Pietät, die sich in den Lehren von Prediger Bernhard Harder kristallisierte, bis zu den Fragen der sozialen Gerechtigkeit und Reformen, mit denen sich Prediger Franz Isaak in seiner Arbeit befaßte. Im sozialen und politischen Bereich half eine neue Generation von Lehrern und Verwaltern, die Gemeinschaft durch eine schwierige Zeit zu führen, in der die interne soziale Zwietracht parallel zu einem größeren externen Wandel stattfand, der den Fortbestand des mennonitischen Lebens in Russland zu bedrohen schien. Der religiöse Zwist der 1860er Jahre war somit beides: sowohl der Höhepunkt der bereits zu früheren Zeitpunkten der mennonitischen Geschichte entfesselten Kräfte, als auch eine Vorbereitung für die Prüfungen, die noch kommen sollten.

---

[610] Die Ohrloffer Gemeinde öffnete einen neuen Gemeindebezirk, Neukirch, um ihrer wachsenden Gliederzahl gerecht zu werden, von denen mehrere aus der *Kleinen Gemeinde* kamen, die sie verlassen hatten; Friesen, *Mennonite brotherhood,* 109. Zwischen 1858 und 1865 stieg die Zahl der Prediger in der Gemeinde von 8 auf 11.

# 11. Reform und Reaktion

Der religiöse Zwist der 1860er Jahre wurde in den Mennonitenkolonien durch die soziale Zwietracht überschattet, die länger dauerte und mehr Bitterkeit verursachte als die mit dem religiösen Konflikt verbundenen Spaltungen. Die Hauptursache all dieser sozialen Probleme konzentrierte sich auf den Grundbesitz, und die sich daraus ergebenden Konflikte bedrohten den Fortbestand der mennonitischen Welt in Russland. Grundbesitz oder zumindest der Zugang zu Land, das war der Kern des mennonitischen Lebens. Die ethischen Werte der religiösen Gemeinschaft fanden ihre Symbolik in der Landwirtschaft, und der wirtschaftliche Wohlstand gründete sich zum größten Teil auf die landwirtschaftliche Produktion. Der Besitz einer Bauernwirtschaft sicherte während einer langen Zeit gesellschaftliches Ansehen und die Möglichkeit, politische Geschehnisse sowohl auf Dorfs- als auch auf Gebietsebene zu beeinflussen.

Um 1860 waren jedoch über 60 Prozent der Mennoniten in der Molotschnaja und 50 Prozent der Mennoniten in Chortitza ohne Land.[611] Eine Anzahl davon waren Anwohner auf Grundstücken von einer halben *dessjatina*, die für Handwerker und deren Familien reserviert worden waren. Viele davon waren jedoch Mieter der kleinen Häuser, die ursprünglich für Ehepaare im Ruhestand vorgesehen waren und in denen nun in zunehmendem Maß große, arme Familien zusammengepfercht lebten.[612] Diese armen Familien schlugen sich kümmerlich am Rande der von wohlhabenden Bauern und tüchtigen Handwerkern bewohnten Dörfer durch. Viele dieser Anwohner hatten schon lange ihr Gewerbe aufgegeben, um Grundstücke innerhalb der Kolonien, oder, wenn sie Pässe bekommen konnten, außerhalb der Kolonien zu pachten. Einige der armen Pächter betrieben auch Landwirtschaft, obwohl die meisten gezwungen waren, sich als ungelernte Arbeiter bei den mennonitischen Bauern zu verdingen. Diejenigen, die es schafften, außerhalb der Kolonien zu leben und zu arbeiten, blieben zwecks Besteuerung und

---

[611] Laut Zahlen für 1856 und 1867 in Martens, "Statistische Mitteilungen" und Klaus, *Unsere Kolonien*, 231, Isaak, *Molotschnaer Mennoniten*, 32, enthält die Zahlen für die Molotschnaja von 1865.

[612] Eine Erörterung der verschiedenen Kategorien von Landlosen und ihrer Lage siehe in (Jacob) Dörksen, "Wirth und Anwohner im Molotschner Mennoniten-Bezirk", *OZ*, 53 (13. Mai, 1863), 422.

anderen Verwaltungsangelegenheiten weiter in ihrer Heimatkolonie registriert. Im Jahre 1865 lebten 490 Familien, die in der Kolonie Molotschnaja registriert waren, d.h. mehr als 10 Prozent der Bevölkerung, außerhalb der Kolonie. Einige lebten in den Städten als Geschäftsleute oder gelernte Handwerker, die Mehrheit auf Privat- oder auf Staatsland bis zur Krim hin als Pächter oder als Hofpächter, die einen Teil der Pacht mit der Ernte entrichteten. Die Zahl der außerhalb der Kolonie lebenden Kolonisten von Chortitza betrug 15 Prozent, und 1864 wurden von den Kolonisten bereits 25.000 Rubel für Landpacht außerhalb der Siedlungen ausgegeben.[613] Aber nach dem Krimkrieg wurde es für die armen Mennoniten immer schwieriger, ihren Lebensunterhalt zu verdienen und Land zu pachten. Die Inflation trieb die Pachtkosten in die Höhe, und es gab innerhalb und außerhalb der Kolonien immer weniger Pachtland. Die Verwaltung, insbesondere das Gebietsamt in der Molotschnaja beschränkte die Ausstellung von Pässen immer mehr und zwang somit die Landlosen, als Arbeiter für die Bauern in der Kolonie zu arbeiten.

Chortitza hatte schon lange keine großen Reservelandflächen, die sie unter die wachsende Bevölkerung verteilen konnte. In der Molotschnaja waren in den 1850er Jahren neue Dörfer gegründet worden, wobei das Land wie üblich in Grundstücke von 65 *dessjatini* aufgeteilt wurde, wodurch sich die Fläche des Reservelandes verringert hatte. Es war ganz klar, daß wenn man so weitermachte, die verbliebenen 16.000 *dessjatini* Reserveland bald aufgebraucht sein würden, und das Überschußland, das 1860 etwas über 7.000 *dessjatini* ausmachte, würde bei weitem nicht ausreichen, um weitere Grundstücke für den Bevölkerungszuwachs in den bestehenden Dörfern zu decken.[614] Um 1860 waren in der Molotschnaja über 2.000 Familien ohne Land, und es bestand wenig Aussicht, daß sie oder ihre Nachkommen jemals Land für eine Bauernwirtschaft erhalten würden. Die Lage in der Molotschnaja war jedoch lange nicht so kritisch wie in den Siedlungen vieler anderer ausländischer Kolonisten in Neurussland, und der Regierung war dieses Problem nicht unbekannt. Ende der 1850er Jahre bot die Regierung den Mennoniten Land in dem fernen Amur-Gebiet in Sibirien an. Obwohl Delegierte entsandt wurden, um das Gebiet zu besichtigen, wurde das Angebot abgelehnt, einmal wegen der Entfernung und weil die Mennoniten immer noch hofften, daß sie einen Teil des freigewordenen Nogaierlandes bekommen würden, das näher zu ihren bestehenden Kolonien lag.[615] Als dieses Land jedoch von

---

[613] Die Zahlen der außerhalb der Kolonien lebenden Mennoniten stammen aus Klaus, *Unsere Kolonien,* 234; die Kosten für Landpacht stammen aus J.J., "Ein Vorschlag zum Ankauf von Ländereien zur Ansiedlung der Freiwirthe", *OZ,* 42 (16.April, 1865) 167.

[614] Zahlen aus Isaak, *Molotschnaer Mennoniten,* 32

[615] Die Regierung annektierte das Amurgebiet im Jahr 1858 und begann sofort mit Ansiedlungsplänen. Siehe A. Malozemoff, *Russian far eastern policy 1881-1904 with special emphasis on the causes of the Russo-Japanese War* (Berkeley, 1958), 1-3, 6, 9; bezüglich der Reise der mennonitischen Delegierten siehe Briefe von Bernhard Warkentin an seine Frau in "Eine Reise nach Sibirien im Jahre 1859", *Botsch.,* 5 (16/19. Juli – 6/19. August 1910). Die Brüder dachten auch daran, dort anzusiedeln, Friesen, *Mennonite brotherhood,* 248, 1020, n330.

Russen und Bulgaren besiedelt wurde, waren die Landlosen gezwungen, nach neuen Möglichkeiten zu suchen, für sich und ihre Nachkommen Land zu beschaffen.

In der Molotschnaja war das Reserveland der Kolonie nicht brach liegengeblieben. Vieles davon wurde an die Landlosen verpachtet, jedoch nicht direkt vom Gebietsamt, und nur wenig Pachtgeld fand seinen Weg zurück zu den Kassen der Kolonie. In der Zeit der großen Schafzucht zu Beginn der Jahrhunderts wurde der größte Teil des Reservelandes als Weideland für nur ein paar Kopeken pro *dessjatina* verpachtet. Ein gewisser Teil dieses Landes wurde später in Dorfparzellen aufgeteilt. Um die 1860er Jahre wurden jedoch 4.000 *dessjatini* des übrigen Reservelandes an Peter Schmidt verpachtet, den Besitzer des Steinbachgutes, 3.500 *dessjatini* an den Besitzer des Juschanlee-Gutes, 260 *dessjatini* an das Felsental-Gut und über 3.000 *dessjatini* an Klassen, den Besitzer der Stoffabrik in Halbstadt. Um 1860 brauchten nur noch wenige dieser privaten Grundbesitzer das Land für die Zwecke, für die es ursprünglich verpachtet worden war, und ein großer Teil davon war schon seit Jahrzehnten nicht mehr als Weideland genutzt worden. Statt dessen wurde das Land an andere, hauptsächlich die Landlosen, zum finanziellen Vorteil für die bereits wohlhabenden Grundbesitzer weiterverpachtet. Klassen, z.B. hatte schon seit langem festgestellt, daß es billiger war, die Wolle von auswärtigen Lieferanten zu kaufen, als diese auf dem gepachteten Land zu produzieren. Und so verpachtete er in den 1860er Jahren das Land, für das er nur wenige Kopeken Pacht zahlte, für 2 bis 3 Rubel pro *dessjatina* weiter. Schmidt machte ebenfalls einen Gewinn von zweihundert bis dreihundert Prozent, indem er sein Land weiterverpachtete.[616]

In ihren Dorfgemeinschaften mußten die Landlosen sich mit weiteren Schwierigkeiten auseinandersetzen. Überschußland oder Ackerland mit schlechtem oder ausgelaugtem Boden wurden zu hohen Preisen an die Landlosen verpachtet. Sie erhielten auch nur einen sehr begrenzten Zugang zum Weideland. Wie die Bauern sagten, bestand die Weide zum großen Teil aus ihren Anteilen. Die Landlosen durften deshalb nur ein oder zwei Stück Vieh darauf weiden, im Gegensatz zu den fünfzehn oder zwanzig (oder in einigen Fällen sogar über dreißig) Stück Vieh der Bauern, und sie mußten sogar noch für dieses begrenzte Recht eine Gebühr zahlen. Zudem war die Gemeinschaftssteuer in der Gemeinschaft nicht richtig verteilt. Die Steuer, die pro Person erhoben wurde, blieb auch weiter die Hauptsteuereinnahme und war für Arme und Reiche gleich, während die Vermögenssteuer weiterhin minimal bleib.[617] Von den Mitgliedern der Landlosen-Gemeinschaft erwartete man den gleichen Beitrag (und zuweilen einen noch höheren Beitrag) für den Unterhalt der Wege, Brücken und anderer Dienste, für die

---

[616] Einzelheiten über die Weiterverpachtung und die dadurch erzielten massiven Gewinne siehe in zeitgenössischen Berichten in Ein Mennonit, "Der Brodmangel unter den Anwohnern der Molotschner Mennoniten-Kolonien und wie demselben abzuhelfen ist", *OZ*, 101 (4. Sept. 1863), 811 und Einzelheiten in Klaus, *Unsere Kolonien*, 273-74, Isaak, *Molotschnaer Mennoniten*, 31, n2, 32, 43.

[617] Bezüglich der Kosten siehe Ein Mennonit, "Der Brodmangel", 811.

sie Arbeitszeit, Pferde und Ausrüstungen zur Verfügung stellen mußten, die für sie fast unerschwinglich waren. Sie mußten auch Getreide für die Kornspeicher des Dorfes liefern, wo es für Zeiten der Mißernten aufbewahrt wurde. Trotz all dieser Beiträge für den allgemeinen Wohlstand der Gemeinschaft hatten die Landlosen kein wesentliches Mitspracherecht in der Dorf- oder Gebietsverwaltung, da sie ohne den Besitz einer Bauernwirtschaft von den Abstimmungen ausgeschlossen waren. Sie durften keine Beamten für die Verwaltungsposten wählen, und sie hatten kein Stimmrecht, wenn Entscheidungen über die Gemeinschaft getroffen wurden.[618]

Das fehlende Stimmrecht trug dazu bei, daß die Rechtsstellung der Landlosen sich immer mehr verschlechterte, denn sie waren gegen die festverankerten Interessen der Grundbesitzer machtlos. Menschen, die eine mächtige und einflußreiche Stellung auf Dorf- oder Kolonieebene besaßen, unterstützten die Landlosen bei keinem Versuch, ihre Lage zu verbessern, und in vielen Fällen blockierten sie sogar die Bemühungen um eine Reform. Als die Ackerflächen immer größer wurden, waren die Grundbesitzer immer mehr darauf bedacht, viele und billige Arbeitskräfte in der Nähe zu haben. Sie wollten ihren Grundbesitz immer mehr erweitern und ihre Beiträge für den Unterhalt der Gemeinschaft auf einem Minimum halten. Die Dorf- und Gebietsbeamten waren von der Unterstützung der mennonitischen Grundbesitzer abhängig und deshalb begünstigten sie natürlich auch deren Interessen. In den 1860er Jahren wurden jedoch das korrupte Vorgehen und das parteiische Verhalten des Oberschulzen Friesen und des Leiters des Landwirtschaftlichen Vereins, Peter Schmidt, für die meisten aufrichtig gesinnten Mennoniten ganz offensichtlich. Mit jedem Mennonit, der als Unruhestifter betrachtet wurde, konnte man sehr leicht durch Geldstrafen, Strafarbeiten und sogar Gefängnisstrafe fertig werden. Obwohl die Zivilbehörden nur ihre eigenen Interessen und die ihrer Unterstützer im Auge hatten, unterließen es viele geistliche Führer, solche Taten zu verurteilen und die Landlosen zu unterstützen. Die meisten von ihnen waren selbst Grundbesitzer und von den Interessen der wohlhabenden und mächtigen Grundbesitzer abhängig, die Mitglieder ihrer Gemeinden waren. Vor Gott mochten alle Mennoniten gleich sein, aber auf Erden war es offensichtlich einigen erlaubt, gleicher zu sein als anderen. Wenn die Landlosen Reformen erreichen wollten, mußten sie sich selbst organisieren, denn es war klar, daß sie weder auf eine Unterstützung der Zivilbehörden noch seitens der geistlichen Führerschaft hoffen durften.[619]

Ein Molotschnaer Mennonit meinte, die sozialen Vorurteile der Großbauern gegenüber den Kleinbauern, die bereits ein charakteristisches Kennzeichen der sozialen Verhältnisse der Mennoniten in Preußen waren, seien nach Russland übertragen

---

[618] Bezüglich dieser Probleme, die es nicht nur bei den Mennoniten sondern auch bei anderen ausländischen Kolonisten gab, siehe Klaus, *Unsere Kolonien,* 268-69, 275.

[619] Bezüglich der Verfolgung der Landlosen und fehlender Unterstützung der Gemeinden siehe Klaus, *Unsere Kolonien,* 268, 272.

worden.⁶²⁰ In Russland gehörten jedoch zur Kategorie der "Landlosen" eine breitgefächerte Gruppe von Menschen unterschiedlichster Herkunft und mit sehr unterschiedlichen Fähigkeiten. Viele, die in der Molotschnaja als Landlose eingestuft wurden, waren Nachkommen einer armen, mennonitischen Randbevölkerung in Preußen und Russland, die keinen Anteil am wirtschaftlichen Wohlstand hatten, den die Kolonie seit den 1830er Jahren erlebt hatte. Sie hatten oft auch nur eine geringe Bildung. Einige Landlose stammten aus ziemlich wohlhabenden Familien, eine Reihe von ihnen waren Kinder alteingesessener Bauern, die wegen ihrer großen Familien nicht alle ihre Erben versorgen konnten. Andere waren neue Immigranten, einschließlich einiger tüchtiger Handwerksleute, die von Cornies' Politik angelockt wurden, die jetzt jedoch größere Gelegenheiten in der Landwirtschaft sahen als im Kleingewerbe. Viele dieser Menschen hatten eine gute Bildung in Preußen oder in Cornies' reformierten Schulen erhalten und waren sicher gebildeter als viele der älteren, aber mächtigeren Landbesitzer. Es war offensichtlich, daß die Landlosen sehr wohl imstande waren, Führer aus ihren eigenen Reihen zu wählen, die ihre Sache vor den Regierungsbeamten geltend machen, amtliche Dokumente aufstellen und es mit den etablierten Behörden in der Kolonie aufnehmen konnten.

1863 kam es für die Landlosen der Molotschnaja zu einer Krise. In den vergangenen Jahren hatte es Mißernten gegeben. Die Landlosen hatten eine hohe Pacht für das Land gezahlt und nun wenig Nahrungsmittel oder Geld für den Kauf der lebensnotwendigen Verpflegung übrig. Viele Kornspeicher in den Dörfern, die nach früheren Mißernen eingerichtet wurden, waren leer, da 1861 Getreide aus diesen Speichern geliefert wurde, um bulgarischen Kolonisten bei der Ansiedlung auf dem freigewordenen Land der Nogaier zu helfen.⁶²¹ Jedenfalls wurde die Unterstützung nach der Mißernte in der Molotschnaja nicht richtig gehandhabt, und für viele arme Landlose wurde die Situation kritisch.⁶²² Es war klar, daß eine langfristige Lösung für das Problem der Landlosen gefunden werden mußte. Im Frühjahr 1863 fing die *Odessauer Zeitung* an, Briefe zu veröffentlichen, in denen die Notlage der Landlosen in der Molotschnaja ausführlich beschrieben und dringend um eine Intervention der Regierung zwecks Durchführung einer Reform gebeten wurde.⁶²³

Ende 1863 unterschrieben einhundertfünfzig Landlose ein Bittgesuch an das Fürsorge-Komitee, in dem um eine Erweiterung des Stimmrechts, die Verteilung des übrigen Reserve- und Überschußlandes unter die Landlosen und eine unparteii-

---

⁶²⁰ Ein Mennonit, "Die gegenseitigen Verhaltnisse der landbesitzenden und der landlosen molotschner Mennoniten", *OZ*, 4 (10.) Jan., 1864), 26.
⁶²¹ Ein Mennonit, "Der Brodmangel", 811.
⁶²² Ein Molotschner Mennonit, "Der Brodmangel im Molotschner Mennoniten Bezirk", *OZ*, 90 (9.Aug., 1863), 723, Ein Mennonit, "Der Brodmangel".
⁶²³ Die Freiwirthe in den deutschen Kolonien Südrusslands", *OZ*, 46 (26. April, 1863), 369-70. Dörksen, "Wirth und Anwohner", Ein Molotschner Mennonit, "Der Kolonien Anwohner Bestes ist das allgemeine Wohl", *OZ*, 69 (21. Juni, 1863), 550-51.

sche Untersuchung ihrer Beschwerden gebeten wurde.[624] Es wurde eine Abordnung nach Odessa entsandt, die dort für ihr Anliegen plädieren sollte. Diese Abordnung bestand aus dem in Rechtssachen bewanderten Ohrloffer Prediger Franz Isaak, Jakob Dörksen, einem Rudnerweider Kaufmann mit Sitz in Berdjansk, der bereits früher über die Landlosen an Zeitungen in Odessa geschrieben hatte, und Johann Fast, einem Lehrer mit Erfahrung in Verwaltungssachen.[625] Das Fürsorge-Komitee wies das Molotschnaer Gebietsamt an, auf die Klagen der Landlosen einzugehen, privat sagte der Oberschulze Friesen jedoch den Vertretern der Landlosen, was ihn anginge, so würden sie nie auch nur eine halbe *dessjatina* Land bekommen.[626] Schließlich wurde den Landlosen doch ein Angebot gemacht, nach welchem sie halbe Bauernwirtschaften (zweiunddreißigeinhalb *dessjatini*) erhalten würden, zusammen mit einem vagen Versprechen, daß man eine Kopfsteuer erheben würde, um Gelder für eine zukünftige Ansiedlung weiterer Landloser mit Hofstellen auf gekauftem Land in Neurussland zu sammeln. Die für die Steuer vorgeschlagene Summe war offensichtlich nicht ausreichend, da nicht alle Landlosen damit ihren Anteil von einer halben Wirtschaft erhalten würden. Die Landlosen lehnten deshalb das Angebot ab und bildeten selbst eine Kommission, die ihre Sache vorantreiben sollte. Die Grundbesitzer reagierten darauf mit der Bildung einer Gegenkommission. Die Landlosen stellten einen neuen Plan auf, nach welchem das noch übrige Land in Viertelwirtschaften von 12 *dessjatini* aufgeteilt werden sollte. Zudem wurden darin das Stimmrecht für die Landlosen, eine Steuerreform und langfristige Pläne für die Ansiedlung des zukünftigen Bevölkerungszuwachses vorgeschlagen.[627]

Die Anliegen der Landlosen gingen ganz offensichtlich über die Forderungen der Landverteilung hinaus. Daß die ursprünglichen Antragsteller weiterreichende politische Beweggründe hatten, ist aus ihrer Forderung einer unparteiischen Untersuchung der Kolonieangelegenheiten zu ersehen. Nicht nur der Mißbrauch des Gemeinschaftslandes sollte untersucht werden, sondern auch die bisherige Führung der Verwaltung. Viele Wortführer der Landlosen kamen aus der

---

[624] Die größte Quelle von Einzelhtien über diese anfängliche Zeit des Kampfes der Landlosen zur Sicherung ihrer Rechte ist Isaak, *Molotschnaer Mennoniten*, 27-80, wo viel amtliche Korrespondenz wiedergegeben wird. Siehe auch Klaus, *Unsere Kolonien*, 248-50, 267-84, 302-36 und Johann von Keussler, "Das Grundbesitzrecht in den deutschen Kolonien Südrusslands", *Russische Revue*, 23 (1883), 399-409. Eine Zusammenfassung der Ereignisse siehe in Rempel, *Mennonite colonies*, 179-201, Rempel, *Mennonite commonwealth*, 70-73.

[625] Johann Fast und Isaak waren wahrscheinlich verschwägert; Fast (gest.1872) war als Sekretär-Fast und als Petersburg-Fast bekannt wegen der langen Zeit, die er wegen der Angelegenheiten der Landlosen in der Hauptstadt verbrachte und weil er das Durcheinander im Molotschnaer Gebietsamt in Ordnung brachte. Siehe Friesen, *Mennonite brotherhood*, 10092, n54.

[626] Isaak, *Molotschnaer Mennoniten*, 31, n1.

[627] Text in *OZ*, 43 (19.Apr.1865), 171-72, Isaak, *Molotschnaer Mennoniten*, 35-40.

Ohrloffer Gemeinde, die damals Streitigkeiten mit dem Gebietsamt und dem Kirchenkonvent bezüglich politischer und religiöser Angelegenheiten hatte. Das mächtigste Laienmitglied der Ohrloffer Gemeinde, Philip Wiebe, schrieb direkt an den Minister für Reichsdomänen und an Hahn in St. Petersburg, um die Landlosen zu unterstützen.[628] Inzwischen war das Ministerium an Klagen und Bittgesuche seitens der Molotschnaer Mennoniten gewöhnt und wußte sehr wohl, daß der Oberschulze die Sache der Brüder unterdrückt hatte. Im August 1865 kam eine amtliche Untersuchungskommission unter der Leitung des Staatsrates Islawin in der Molotschnaja an.[629] Ihr Auftrag bestand darin, die Sache der Landlosen zu untersuchen und die Angelegenheiten des Gebietsamtes zu prüfen, wo es offensichtlich gewisse Unregelmäßigkeiten in den Abrechnungen der Kolonie gab.

Auf Islawins Ankunft folgte eine Flut von Bittgesuchen von verschiedenen Interessengruppen und Unterstützungserklärungen für beide, die Landlosen und die Grundbesitzer. Die letzteren hatten bereits darauf hingewiesen, daß eine Landverteilung unter den faulen Landlosen der Untergang der Kolonie sein würde, und gingen nun noch massiver vor. Sie behaupteten, die Landlosen seien untüchtig. Es waren oft diejenigen, die wirtschaftliche Fehlschläge erlitten, obwohl ihre Anzahl sich durch den Einschluß tüchtiger Handwerker erhöht hatte, deren Einkommen oft das der Bauern überstieg. Einige Grundbesitzer suchten sogar Zuflucht in verzweifelten Maßnahmen. Sie beschworen das Gespenst der Aufstände in Ungarn von 1848 herauf, die mit Hilfe russischer Truppen unterdrückt worden waren, und sie behaupteten, die Landlosen seien ähnlich gefährliche Reaktionäre, die den Frieden und die Stabilität der Kolonie bedrohten. Die Gemeindeleiter gaben eine unverbindliche Erklärung heraus, in der sie die Vorzüge der Einigkeit priesen und ihre Sache mit biblischen Schriftstellen belegten. Nur der Ohrloffer Prediger bekundete in einer separaten Erklärung seine eindeutige Unterstützung der Landlosen. Die größte Unterstützung kam jedoch von einer Gruppe von Kaufleuten, die ein größeres Verständnis für die wirtschaftliche Realität der Kolonie zeigten als die Grundbesitzer. Sie wiesen darauf hin, daß die Landlosen bereits ein bedeutender Faktor in der Wirtschaft der Kolonie seien, und jegliche Ansiedlung zu ihren Gunsten könnte nur das weitere Gedeihen der Gemeinschaft fördern.[630] Die unrentable Verwendung des Kolonielandes beeinträchtigte den Handel. Die großen Pachtsummen, die für Land außerhalb der Kolonie gezahlt wurden, bedeuteten einen Kapitalverlust für die Kolonie, während es den Händlern und Geschäftsleuten an Krediten fehlte.[631]

---

[628] Ib., 33-35; bezüglich der Wichtigkeit von Wiebes Intervention siehe Erläuterung von Isaak, (82-83).

[629] Waldimir Islawin (1818-1895) war von 1856 bis 1858 Vorsitzender des Fürsorge-Komitees und kannte die Mennoniten gut.

[630] Briefe der Unterstützung und der Opposition in Isaak, *Molotschnaer Mennoniten*, 44-65.

[631] J(akob) D(örksen), "Über das Kreditwesen im Molotschnaer Mennoniten-Bezirk", *OZ*, 49 (3.Mai, 1863); 394; Dörksen war einer der Führer der Landlosen.

Islawin war beeindruckt von den Vorschlägen der Landlosen und den Argumenten, die von ihren Unterstützern vorgebracht wurde. Den Landeigentümern gelang es ihrerseits nicht, irgendwelche realistischen Gegenvorschläge zu machen, und ihre Unterstützung des Oberschulzen war ihrer Sache tatsächlich nicht sehr förderlich. Die Untersuchungskommission deckte größere Unregelmäßigkeiten in der Kolonie-Verwaltung und Beweise für Korruption auf regionaler Verwaltungsebene bis zum Fürsorge-Komitee auf. Der Ortsinspektor und der Vorsitzende des Fürsorge-Komitees wurden ausgewechselt und der Oberschulze Friesen seines Amtes enthoben.[632] Ohrloff wurde gerechtfertigt, und ein Mitglied dieser Gemeinde, Franz Dyck von Blumenort, wurde zum Oberschulzen ernannt. Das Gebietsamt befand sich in solcher Unordnung, daß man einige Zeit brauchte, um die Sache in Ordnung zu bringen. Erst nach 1865 gewann Ohrloff wieder zu einem großen Teil die Führung in den Zivil- und Glaubenssachen in der Molotschnaja.[633]

Islawins Bericht fiel zugunsten der Landlosen aus, und im Februar 1866 wurde durch ein Dekret des Zaren das Stimmrecht auf die Landlosen erweitert, und das Gebietsamt erhielt die Anweisung, das Reserveland unter den Landlosen zu verteilen.[634] Eine neue Landkommission wurde gegründet, die aus Vertretern des Gebietsamtes, der Landlosen und der Grundbesitzer bestand und die die endgültige Verteilung organisieren sollte. Es dauerte einige Zeit, bis es zu einer Einigung kam, da die Vertreter der verschiedenen Interessengruppen immer wieder Gegenvorschläge unterbreiteten, die eine endgültige Entscheidung verzögerten. Schließlich sah sich die Regierung erneut zu einer Intervention gezwungen. Sie befahl der Kommission, endgültige Vorschläge vorzulegen, was dann Ende 1869 geschah. Volle Bauernwirtschaften von fünfundsechzig *dessjatini* konnten aufgeteilt werden. Das übrige Land sollte unter den Landlosen als kleinere Wirtschaften von sechzehn *dessjatini* verteilt werden, da neues Land durch die Verkleinerung

---

[632] Isaak, *Molotschnaer Mennoniten*, 66. Eine Quelle behauptet, daß Friesen 133.000 Rubel aus der Gemeinschaftskasse entwendet hatte: Abraham Thiessen, *Die Agrarwirren bei den Mennoniten in Südrussland* (Berlin, 1887). 1. Gemeinschaftsgelder waren sicherlich schlecht verwaltet, in Banken von Odessa investiert worden, statt für die Zwecke verwendet zu werden, für die sie bestimmt waren, und die Kolonieverwaltung vom Gebietsamt bis zur Arbeit der Dorfschulzen war bei weitem nicht zufriedenstellend, wobei der Kolonialgesetz entweder ignoriert oder mißbraucht wurde. Siehe Brief von "Ein alter 73 jähriger Vollwirth", *OZ*, 148 (24. Dez., 1869), 590 und den anonymen Brief "Zur Frage und Lage der Landlosen", *OZ*, 26 (5. März, 1870), 1.

[633] Dyck diente von 1865 bis 1867, dem für kurze Zeit Abraham Driedger von Halbstadt und dann wieder ein Ohrloffer Mitglied, Kornelius Toews aus Tiege (1868-1873) folgte, der die Brüder bei Schwierigkeiten wegen der Taufe im Jahr 1868 unterstützte. Siehe Friesen, *Mennonite brotherhood*, 469-73.

[634] Isaak, *Molotschnaer Mennoniten*, 66-70. Dieses Dekret hatte eine Auswirkung, die weit über die Molotschnaja hinausging, da es anderen ausländischen Kolonisten den Weg zu einer Neubewertung der Gemeinschaftsländereien und zu langfristigen Regelungen öffnete, um ihren Landlosen zu helfen. Siehe S. Kludt, "Die Verpachtgüter und Landlosenkassen im allgemeinen", *OZ*, 182-83 (12/25 – 13/26. Aug. 1900), 2-3, 3.

des für den Schumakenweg reservierten Landes gewonnen wurde. Dieser alte Salzweg durch die Kolonien wurde nicht mehr benutzt. Eine Landfläche wurde als Pachtland zurückbehalten. Es konnte verpachtet werden, und die Einnahmen wurden dazu genutzt, Landkäufe außerhalb der Kolonien zu finanzieren, wo der künftige Bevölkerungszuwachs angesiedelt werden sollte. Es wurde eine kleine Kopfsteuer zusammen mit einer Vermögenssteuer eingeführt, um diesen Fonds zu vergrößern.[635] Die Regierung akzeptierte den Bericht der Kommission; damit war der Landkonflikt in der Kolonie jedoch nicht beendet.

Ein Kolonist, Abraham Thiessen, wurde von den Grundbesitzern und hohen Beamten des Fürsorge-Komitees beschuldigt, heimlich die Landlosen zu betrügen. Bevor der Bericht der Landkommission nach St. Petersburg geschickt wurde, behauptete Thiessen, dieser sei in dem Sinne verfälscht worden, daß kleine Wirtschaften von sechzehn auf zwölf *dessjatini* reduziert und einige Landlose von der Ansiedlung ausgeschlossen worden seien. Das sei, wie Thiessen weiter behauptete, durch massive Bestechung erreicht worden, und das Geld dafür hätten wohlhabende mennonitische Grundbesitzer aufgebracht.[636] Thiessen war ein Kaufmann ohne einen Bauernhof und deshalb als "landlos" klassifiziert. Zudem kam er aus der *Kleinen Gemeinde*, obwohl seine Aktivitäten in den 1860er Jahren seine Gemeinde dazu veranlaßt hatten, ihn in den Bann zu tun. Der Konflikt, der sich daraus ergab, trug dazu bei, daß die *Kleine Gemeinde* sich in dieser Zeit teilte[637]. Thiessen war zweifellos ein Unruhestifter, der gerne seine Brüder beschuldigte und keine Bedenken hatte, Rechtshilfe gegen angebliches Unrecht bei den Gerichtshöfen statt in seiner Gemeinde zu suchen.[638] Die Glaubwürdigkeit seiner Anschuldigungen bezüglich der Landlosen ist jedoch schwer nachzuweisen.

Die russischen Beamten waren leicht zu beeinflussen, und einige Mennoniten hatten Erfahrung in der weitverbreiteten Gewohnheit, die Beamten zu bestechen, um Vorteile auf allen Verwaltungsebenen zu erzielen. Die Grundbesitzer hatten bereits gezeigt, daß sie bereit waren, skrupellos vorzugehen, um ihre Ziele zu erreichen und ihre Interessen zu schützen. Deshalb sind die Anschuldigungen von Thiessen einleuchtend. Aber trotz umfassender Untersuchungen wurden keine

---

[635] Der Bericht mit Einzelheiten über die Landverteilung von Dorf zu Dorf steht in Isaak, *Molotschnaer Mennoniten*, 70-76.

[636] Thiessens Anschuldigungen stehen in seinen zwei Berichten, *Ein Rätsel, oder die Frage: weshalb war ich vom Jahr 1874 bis 1876 in Verbannung?* (Zürich, 1876) und *Die Agrarwirren*. Siehe auch Cornelius Krahn, "Abraham Thiessen: a Mennonite revolutionary?" *ML*, 24 (1969), 73-77, ein Bericht, der sich teilweise auf Zeitungsausschnitte und amtliche Dokumente gründet, die von David G. Rempel in sowjetischen Archiven entdeckt wurden. Siehe auch Plett, *Storm and triumph*, 131-38.

[637] Plett, *History and events*, 68, *Golden years*, 348-9, *Storm and triumph*, 158-60, 324; siehe auch Friesen, *Mennonite brotherhood*, 591, 1027, n17.

[638] Siehe Thiessens Anschuldigungen bezüglich einer Reihe von laufenden Fragen in der Molotschnaja Anfang der 1870er Jahre in seinem *Ein Brief nur für die Mennoniten im berdjanschen Kreise* (Odessa, 1872).

Anklagen gegen die Regierungsbeamten oder die mennonitischen Grundbesitzer erhoben. 1874 wurde Thiessen nach Zentral-Russland verbannt, angeblich weil er die Sache der mennonitischen Auswanderung unterstützte. Zwei Jahre später floh er nach Westeuropa, wo er einen Bericht über den angeblichen Landbetrug veröffentlichte und dann in die Vereinigten Staaten auswanderte. 1886 kehrte er nach Russland zurück. Seine Versuche, den Fall wieder aufzunehmen, schlugen fehl, und nach seinem Besuch in der Molotschnaja wurde er des Landes verwiesen.[639]

Durch die Streitigkeiten in den 1860er Jahren entstand eine tiefe Verbitterung, die nicht so leicht aus der Welt zu schaffen war. Ein Korrespondent beschrieb die Landkämpfe als einen "Bürgerkrieg" zwischen "Plebejern" und "Patriziern" und nannte rückblickend die Cornies-Ära eine "glänzende Zeit", ein "goldenes Zeitalter" des Wohlstandes und und des Wirtschaftswachstums, in dem noch Einheits- und Gemeinschaftssinn vorherrschten.[640] Die Mennoniten hatten offensichtlich ein kurzes Gedächtnis. Die Ereignisse der 1860er Jahre änderten die sozialen Verhältnisse in der Kolonie grundlegend. Aber es sollte noch schlimmer kommen.

Viele fühlten sich durch das Abkommen von 1869 nicht zufriedengestellt; weder die Grundbesitzer noch die Landlosen glaubten, daß sie zu ihrem Recht gekommen seien. Die Daten, aus denen die Anzahl derjenigen zu ersehen ist, die Land erhielten, sind widersprechend. Aus allen geht jedoch hervor, daß einige Landlose nichts erhielten.[641] Eine Minderheit wären schlechte Bauern geworden, und einigen von ihnen wurde aus guten Gründen Land verweigert.[642] Es war auch klar, daß eine Anzahl von Kaufleuten und Handwerkern Land aufgrund ihrer Rechtsstellung als "Landlose" erhalten hatten und im Rahmen ihrer unternehmerischen Tätigkeiten mit Land spekulierten. Die Landbesitzer ihrerseits schlossen sich heimlich zusammen, um soviel Vorteile wie möglich aus der neuen Situation zu schlagen. Als das Land verteilt wurde, versuchten sie die besten Grundstücke für sich zu sichern und zwangen die Kleinbauern, das schlechte Land anzunehmen, das zudem noch oft in einiger Entfernung von den Dörfern lag.[643] Die Vollwirte (Großbauern) widersetzten sich auch weiterhin vielen Punkten der Ansiedlung. Sie protestierten gegen die Art der Aufteilung, gegen das Stimmrecht der Kleinbauern und die neuen Pachtgelder und Steuern, die sie nun zahlen mußten, um der Kolonie beim Aufkauf neuer Ländereien zu helfen. Sie argumentierten, daß die Landlosen auch

---

[639] Thiessen in Briefen im *St. Petersburger Herald* und *Odessaer Zeitung* 1886; bezüglich seiner Verhaftung und Ausweisung siehe "Brief aus Russland" in *MR*, 8 (2. Feb. 1887), 1.

[640] "Zur Frage und Lage der Landlosen", *OZ*, 25 (4. März, 1870), 2, 26 (5. März, 1870), 1-2.

[641] Vergleiche Isaak, *Molotschnaer Mennoniten,* 77, Klaus, *Unsere Kolonien,* 192, Thiessen, *Die Agrarwirren,* 1, Bondar, *Sekta mennonitow,* 44, 52.

[642] Familien, die eine Vorgeschichte von schweren Schulden oder Land gehabt hatten und es durch Konkurs verloren hatten, usw.

[643] S. Kludt, "Senatsentscheidungen in der Grundbesitzfrage der deutschen Landgemeinden in Südrussland", *OZ*, 254 (8/20. Okt. 1886), 2.

mit Gehältern genug verdienen konnten, wenn sie nur genügsam lebten, richtig sparten und Land privat kauften. Aber die kritische Frage, die auch weiterhin die Beziehungen zwischen den Großbauern, den Kleinbauern und den verbliebenen Landlosen verdarb, war der Zugang zum Weideland.[644]

Der von sechzehn auf zwölf *dessjatini* herabgesetzte Grundbesitz der Kleinhöfe schloß das Weideland mit ein. Obwohl bei den ursprünglichen Dorfplänen Wiesenflächen reserviert worden waren, bestand das Weideland doch hauptsächlich aus Anteilen der Grundstücke von fünfundsechzig *dessjatini* der ursprünglichen Bauern, die aus Bequemlichkeitsgründen ihr Vieh gemeinsam weideten. Laut dem Abkommen von 1869 erhielten die Kleinbauern Zugang zum Weideland, die Großbauern erhielten jedoch als Entschädigung einen Teil der Salzstraße, wodurch die Größe der Kleinbauernbetriebe reduziert wurde. Die Großbauern protestierten trotzdem weiterhin gegen die Kleinbauern und die Landlosen, die ihr Vieh auf dem Dorfland weideten. Der Besitz einer Milchkuh war für die Ernährung der armen Familien von lebenswichtiger Bedeutung, die Großbauern belasteten jedoch die Kleinbauern dadurch, daß sie das Weideland für kommerzielle Zwecke nutzten, indem sie soviel Vieh wie möglich weideten.[645] Für die Kleinbauern wollten sie den Zugang auf wenige Tiere beschränken und Gebühren für das Weiderecht kassieren. Das Ministerium für Reichsdomänen entschied jedoch im Jahr 1873 zugunsten der Kleinbauern, daß das Weideland Gemeinschaftseigentum war, zu dem alle Zugangsrechte hatten. Die Großbauern appellierten nun direkt an den Minister und erreichten nach vierjährigen Verhandlungen eine Aufhebung dieser Entscheidung. Diese neue Lage bestand jedoch nur bis 1885, da Ende 1884 der Senat wieder eine Entscheidung zugunsten der Kleinbauern und Landlosen traf.[646]

Die von den Großbauern angewandten Strategien zur Sicherung ihres Rechts auf das Weideland, waren oft hinterhältig. Sie bombardierten die Regierung mit Bittgesuchen, erhoben falsche Anklagen gegen ihre Widersacher und bestachen die Beamten.[647] In einigen Dörfern wurden die Kleinbauern und die Landlosen eingeschüchtert. Dorfschulzen und ihre Gehilfen mißachteten die Bestimmungen des Kolonialgesetzes und erzwangen Gebühren, die für die Weide gezahlt werden mußten. Wenn die Zahlungen überfällig wurden, verhafteten sie die Schuldner

---

[644] Die Tiefe des Bruchs nach der Ansiedlung von 1869 geht aus den zahlreichen Briefen von Mennoniten bezüglich der Landfrage in der *Odessaer Zeitung* während des Jahres 1869 und bis in das Jahr 1870 hervor, von denen einige vorstehend und nachstehend zitiert werden.

[645] Ein Kolonist, "Erwiderung auf den Aufsatz in der Od.Ztg. Nr.48", *OZ*, 58 (22.Mai, 1869), 224 und Antwort als "an den Herrn Verfasser des Aufsatzes in Nr. 58 der Odessaer Zeitung", *OZ*, 68 (18. Juni, 1869), 264.

[646] Einzelheiten in Kludt, "Senatsentscheidungen", 2; siehe auch Keussler, "Das Grundbesitzrecht", 419-22.

[647] Dazu gehörten auch Mennoniten, die als Vertreter anderer Gemeinschaftsorganisationen entsandt wurden, um mit der Regierung zu verhandeln, sehr zum Ärger des Ministers für Reichsdomänen. Siehe Friesen, *Mennonite brotherhood*, 1025-26, n10.

und kerkerten sie ein.⁶⁴⁸ Die Kleinbauern und Landlosen widersetzten sich oft dieser Willkür mit Hilfe von sympathisierenden Bauern. Es gab öffentliche Demonstrationen der Landlosen und bei einer Gelegenheit ein Gefecht mit Dreschflegeln und Heugabeln zwischen den Parteien.⁶⁴⁹ Während der ganzen 1870er und 1880er Jahre waren alle Teile der Gemeinschaft in den Landkonflikt verwickelt. Die Gemeinden waren uneinig, und die Brüder verboten schließlich ihren Gliedern jegliche Beteiligung, nachdem bei einigen von ihnen wegen skrupellosen Benehmens die Gemeindezucht angewandt worden war.⁶⁵⁰

In Chortitza gab es ebenfalls Probleme wegen des Landes, aber niemals in dem Ausmaß wie in der Molotschnaja. In Chortitza war der Unterschied der Gesellschaftsklassen nicht so krass wie in der Molotschnaja, und die Gemeinschaft war einheitlicher. Die Entscheidung der Regierung von 1866 bezüglich der Verwendung des Gemeindelandes⁶⁵¹ in der Molotschnaja öffnete auch für Chortitza den Weg für eine Neuverteilung ihres Landes. Trotzdem protestierten viele Landlose von Chortitza gegen die Politik der Kolonie gegenüber ihren Landlosen.⁶⁵² Aber es wurde wenigsten etwas getan. 1868 kaufte die Kolonie über 7.000 *dessjatini* Land für ihre Landlosen im Gebiet von Nikolaipol der Provinz Jekaterinoslaw, während fast ein ganzes weiteres Jahrzehnt verging, ehe die Molotschnaja eine ähnliche Fürsorge für ihre Landlosen traf.⁶⁵³

Die vollständige Geschichte der Landkämpfe muß noch erst geschrieben werden. Vieles davon ist von späteren mennonitischen Historikern vertuscht worden. Für Menschen, die behaupten, daß sie sich nach biblischen Grundsätzen richten, ist die Episode des Landkonflikts eine traurige Geschichte. Gier, Unduldsamkeit und Falschheit waren etwas ganz Alltägliches. Die Ideale der Gemeinschaft, der gemeinsamen Verantwortung und der Gemeindesolidarität schienen an kurzfristigem persönlichen Gewinn und dem Besitz weltlicher Güter zu scheitern. Die Landkämpfe zeigen das häßliche und widerliche Gesicht des wirtschaftlichen und sozialen Wandels, der seit Beginn der Ansiedlung in Russland stattgefunden hatte. Als das selbstgenügsame Wirtschaftssystem von bescheidenem Ausmaß zur kommerziellen, den Markgesetzen unterworfenen Produktion wurde, hatte dies

---

[648] Thiessen, *Die Agrarwirren*, 10-11.

[649] Ib., 24 zitiert einen Bericht über eine Demonstration, der in der in Berlin erscheinenden Zeitschrift der revolutionären russischen Volksgruppe Narodnaja Wolja (Der Wille des Volkes) veröffentlicht wurde; betreffs des Gefechts siehe Friesen, *Mennonite brotherhood*, 855.

[650] Ib., 490-91, 1015, n258, 1017, n280.

[651] "Über die Vertheilung von Gemeindeland an die Landlosen der Chortitzer Mennoniten-Kolonien", *OZ*, 263-64 (3/15-4/16. Dez. 1881), 2-3, 1-2.

[652] Siehe Hans Belten, "Einige Worte über die Verhältnisse der chortitzer Tochterkolonien zu ihrer Mutterkolonie", *OZ*, 269, 271-72 (1/13-5/17. Dez. 1884); Ein Landloser, "Zur Landlosenfrage", *OZ*, 50 (2/14. März 1885), 1-2.

[653] "Zur Kolonial-Angelegenheit", *OZ*, 127 (10. Nov. 1868), 505; siehe auch die Erörterung der Tochterkolonien im nachstehenden Kapitel 12.

grundlegende Veränderungen in der Struktur und Ideologie der mennonitischen Agrargesellschaft zur Folge. Das Wirkungsfeld der Moral wurde begrenzt und individualisiert. Der Begriff der Person förderte den persönlichen Einsatz im Beruf; das Schulsystem belohnte aufgrund des Wettbewerbsprozesses den persönlichen Fortschritt und die Eigenleistung; die religiöse Ethik förderte die Suche nach persönlicher Erlösung. Andererseits blieb jedoch der Gemeinschaftssinn erhalten; verwandtschaftliche Bande, Heirat und langjährige Freundschaften und ein Sinn für gute Nachbarschaft verbanden die Menschen. Nach 1850 verbreiteten sich neue Bezeichnungen für die mennonitische Identität in Russland und sogar im Ausland. In einem gewissen Sinn zwangen die Landkämpfe zumindest die Kolonisten, ihre Verantwortung für die Fürsorge ihrer Brüder neu zu organisieren und die Zukunft ihrer Nachkommen in einer mennonitischen Welt zu sichern. Der versöhnliche Zug in diesem Kampf war die Einführung von Einrichtungen, durch die Gelder für die Finanzierung von Tochterkolonien aufgebracht wurden, die sich zumindest anfänglich als erfolgreich erwiesen und für die meisten Mennoniten die Fortdauer des Systems der geschlossenen Ansiedlung sicherten, das sie in Russland entwickelt hatten.

Der Kampf um das Land in den Mennonitenkolonien wurde durch Ereignisse, die außerhalb der Kolonien stattfanden, kompliziert und schließlich überschattet. Alle Aspekte des Grundbesitzes wurden von der Regierung in den 1860er und 1870er Jahren als Teil eines größeren Reform-Programms überprüft und reformiert, das nach der Niederlage im Krimkrieg eingeleitet worden war. Das Beachtenswerteste an diesen Reformen war die Freilassung der Leibeigenen im Jahr 1861, es folgten jedoch weitere Reformen in den 1860er und 1870er Jahren. In den ländlichen Gebieten folgte der Freilassung der Leibeigenen eine neue Definition der Rechtsstellung der Reichsbauern im Jahr 1866 und der ausländischen Kolonisten im Jahr 1871.[654] In bezug auf den Landbesitz annullierten die Bestimmungen von 1871 die amtliche Kategorie "Kolonist", die durch die Bezeichnung "Siedler mit Eigentumsrechten" ersetzt wurde. Wie aus dieser Änderung hervorgeht, wurden die Kolonisten Eigentümer ihrer Ländereien. Jede Familie erhielt eine Eigentumsurkunde (Landtitel), und von nun an war es jeder Ortsgemeinde erlaubt, die dort üblichen Erbschaftsregeln anzuwenden. Die Verantwortung der Gemeinschaft blieb jedoch bestehen, da jede Siedlung die Bedürfnisse ihrer Bewohner befriedigen mußte, einschließlich der Beschaffung neuer Landflächen. Das vorhandene Land konnte ohne die allgemeine Zustimmung der Gemeinschaft nicht an Außenstehende verkauft werden. Das Kolonialsystem blieb also der Form nach erhalten, wenn auch nicht dem Namen nach. Eine Bestimmung des Gesetzes

---

[654] Bezüglich dieser Reformen und der Landpolitik siehe A. Gerschenkron, "Agrarian policies and industrialization: Russia 1861-1917", in H.J. Habakkuk und M. Postan, Hrg., *The Cambridge economic history of Europe*, Volume 6, part 2 (Cambridge, 1966), 706-63 insbesondere 756-63 bezüglich der Reichsbauern; die Gesetzgebung von 1871 brachte die Kolonisten mit den Bauern-Reformen in Einklang, obwohl sie in bezug auf den Grundbesitz großzügiger war.

von 1871 erweiterte zudem das Stimmrecht auf alle Kolonisten, so daß sie alle ihre Stimme abgeben und wählen konnten und somit ein Mitbestimmungsrecht in den Ortsangelegenheiten hatten, obwohl die Grundbesitzer bestimmte Privilegien und eine Kontrolle über die Entscheidungen in größeren landwirtschaftlichen Angelegenheiten behielten.[655]

Die Mennoniten hatten, wie alle ausländischen Kolonisten, die Möglichkeit, die Regierungspläne zu überprüfen, bevor diese wirklich ausgeführt wurden.[656] Aber auch nach ihrem Erscheinen im Jahr 1871 erwiesen sich die neuen Gesetze über die Rechtsstellung der Kolonisten und ihres Landes als eine Ursache beträchtlicher Meinungsverschiedenheiten, die eine gründliche Überprüfung erforderlich machten. Es gab Probleme bezüglich der Erbschaftsbestimmungen und der Verwendung des Landes, alles Fragen, die schon bald in den weitergehenden Streit[657] zwischen den am Landkonflikt beteiligten Parteien verwickelt wurden. Es sollte viele Jahre dauern, alle Probleme zu sichten.[658]

Der Wandel im Status der Leibeigenen, der Reichsbauern und der Kolonisten war nur Teil des damaligen viel größeren Reformprogramms der Regierung. Dazu gehörte im Jahr 1864 die Schaffung lokaler Selbstverwaltungsstellen in den meisten ländlichen Provinzen (die *semstwa*), der dann 1865 eine größere Justizreform folgte, durch die die Pressezensur gelockert, die Ansiedlungseinschränkungen für Juden aufgehoben und 1870 die Einführung neuer Kommunalvorschriften stattfand.[659] Auf dem Gebiet der Bildung gab es zunächst liberale Ideen an Stelle der restriktiven Richtlinien, die in den letzten Jahren der Regierung von Zar Nikolaus erlassen worden waren. Es gab Debatten darüber, welche Rolle das Bildungswesen in der Postemanzipationszeit spielen sollte, und anfangs der 1860er Jahre förderte

---

[655] *PSZ* (2) XLVI no 49705; siehe die Beschreibung in Rempel, *Mennonite colonies,* 203-07, *Mennonite commonwealth,* 78-79.

[656] J. Toews, "Gesetz und Recht", *OZ*, 149 (23. Dez. 1864), 1162-63, Joh. Heinrich Sonderegger, "Über die Rechtsverhältnisse in den deutschen Kolonien", *OZ*, 87 (20. Juli, 1866), 339-40.

[657] S. Kludt, "Der Grundbesitz in den südrussischen deutschen Kolonien auf Kronsland und die neuen Grundbriefe", *OZ*, 12-25 (28-31.Okt. 1873), 1, 1-2. Kludt war ein Nicht-Mennonit, der in Regierungsdiensten stand und in Rechtssachen bewandert war, insbesondere in Fragen des Grundbesitzes. Er wurde entsandt, um die Probleme in den Kolonien zu untersuchen; bezüglich Chortitza siehe sein "Noch einmal die Grundbriefe der deutschen Ansiedlungen in Südrussland", *OZ*, 137-38 (28-30.Nov. 1873), und Molotschnaja "Die Besitzrechte der verschiedenen Klassen deutscher Ansiedler an dem Lande ihres Dorfes", *OZ*, 21-25 (22.Feb.-3.März 1874). Er veröffentlichte auch umfassende Artikel und ein Buch über die Bestimmungen.

[658] Siehe Kommentare von Kludt, "Berichte und Gesuche, welche an die Staatsregierung in Angelegenheiten der deutschen Landgemeinden in Südrussland gerichtet wurden", in Rudolf H. Meyer, *Heinstätten und andere Wirtschaftsgesetze der Vereinigten Staaten....*(Berlin, 1883), 110-11, Keussler, "Das Grundbesitzrecht".

[659] Siehe Ausschnitte aus der offiziellen Gesetzgebung in Vernadsky, *Source book for Russian history* 3, 613-16, 620-22, usw.

das Kultusministerium Reformen auf Ortsebene. Bald nach der Ernennung des reaktionären Kultusministers, Graf Dimitrij Tolstoi, im Jahr 1866 wurden viele dieser Pläne wieder ruckgängig gemacht, die Verwaltung wurde zentralisiert, und die Volksbildung wurde wieder beschränkt.[660] Für die mennonitischen Schulen war in dieser Zeit auch weiterhin das Ministerium für Reichsdomänen zuständig, das Ministerium war aber auch sehr an Schulreformen interessiert, um durch diese weitere Änderungen in den Kolonien einzuleiten. Die Kolonisten wurden ermutigt, Studenten in höhere Lehranstalten zu schicken, wo sie sich weiterbilden sollten. Es wurden neue Lehrer ernannt, und der Unterricht der russischen Sprache wurde gefördert.[661]

Aber erst Ende der 1860er Jahre begannen die großen Reformen sich direkt auf die Kolonisten auszuwirken. Die Schulreformen hatten bereits viele konservative Mennoniten beunruhigt, insbesondere die Auswirkungen des obligatorischen Unterrichts in der russischen Sprache, die ein Programm der Russifizierung einzuleiten schienen. In der mennonitischen Kolonie Mariupol wurden die Dorfschulen von einem begeisterten Schulreformer, Baron Korf, besucht, der zu jener Zeit bei der örtlichen Erziehungsbehörde tätig war. Sein Angebot von neuen Textbüchern für die Kinder wurde jedoch von dem Ältesten Gerhard Wiebe strikt abgelehnt.[662] Die Kolonisten von Mariupol protestierten auch gegen die Wahl von Friedensrichtern als Folge der Justizreform, und die *Kleine Gemeinde* bat darum, vom Dienst als Geschworene bei den neueingerichteten Gerichtshöfen befreit zu werden.[663] Anderswo begrüßten die Mennoniten jedoch diese neuen Initiativen - einige wurden z.B. als Friedensrichter ernannt.

Die Gesetzgebung von 1871, durch welche die Rechtsstellung der ausländischen Kolonisten endgültig geändert wurde, machte es jedoch den meisten Mennoniten klar, daß sie aus dem größeren Reformprogramm nicht ausgeschlossen und keine besondere Rechtsstellung in der neuen Gesellschaft erhalten würden. Es wurden nicht nur das System des Grundbesitzes geändert und das Stimmrecht erweitert, die neuen Bestimmungen kündigten auch Änderungen im Verwaltungswesen an. Das Fürsorge-Komitee sollte abgeschafft werden, und ab 1877 sollten die Angelegenheiten der früheren ausländischen Kolonisten direkt von den regionalen Ämtern des Ministeriums für Reichsdomänen geführt werden. Auf Ortsebene erhielten die Gebietsämter den russischen Namen (*wolost*), und ihre Beamten erhielten entsprechende russische Titel. Alle amtliche Korrespondenz mußte in

---

[660] Allen Sinel, *The classroom and the chancellery: state educational reform in Russia under Count Dmitry Tolstoi* (Cambridge, Mass., 1973), 20-33 und passim.

[661] Die genauen Pläne und deren positive Auswirkungen werden in Kapitel 13 erörtert.

[662] Gerhard Wiebe, *Causes and history of the emigration of the Mennonites from Russia to America* (Winnipeg, 1981, Orig. 1900), 21.22, betreffs der pädagogischen Arbeit des Baron Korf (1834-1883) siehe Nicholas Hans, *The Russian tradition in education* (London, 1963), 146-48.

[663] Wiebe, *Causes and history;* 23, Plett, *Storm and triumph,* 268-69, Plett, *History and events,* 57.

Zukunft in russischer Sprache geführt werden. In der Molotschnaja wurde die Kolonie in zwei *wolosti* aufgeteilt, die eine hatten ihren Sitz in Halbstadt und die andere in Gnadenfeld.[664] Diese Änderungen erschienen vielen Mennoniten als Teil einer anhaltenen Kampagne gegen ihre besondere Rechtsstellung, um sie auf das Niveau russischer Bauern herabzusetzen, und nicht einfach nur als ein Mittel, um sie als gleichberechtigte Bürger des Zarenreichs einzugliedern.[665] Die Mennoniten glaubten, daß sie nun assimiliert werden sollten, und wilde Gerüchte behaupteten, daß sie sogar gezwungen werden sollten, den orthodoxen Glauben anzunehmen. Tatsächlich blieben jedoch viele ihrer früheren Privilegien gegenüber den Russen bestehen. Aber im Jahr 1870 erreichten Nachrichten über eine weitere Reform die Kolonien, die sie noch Schlimmeres befürchten ließ und alle früheren Reformen in den Schatten stellte.

Russlands große Reformen begannen in den 1860er Jahren als Folge der Niederlage, die das Land im Krimkrieg erlitten hatte. Es war deshalb kein Wunder, daß in den 1860er Jahren auch Änderungen in der Organisation des Militärs eingeleitet wurden; die größte Reform kam jedoch erst in den 1870er Jahren. 1870 gab die Regierung öffentlich ihre Absicht bekannt, Kommissionen zu gründen, die radikale Änderungen beim Militär ausarbeiten sollten, einschließlich der Einführung einer allgemeinen Wehrpflicht.[666] Diese Nachrichten erreichten schon bald die Mennoniten, die die Absichten der Regierung als einen Versuch auslegten, ihnen ihr geheiligtes Privilegium zu nehmen, das ihnen für alle Zeiten die Befreiung vom Militärdienst zugesichert hatte.[667] Am Anfang des Jahres 1871 trafen sich die Leiter aller Kolonien, um die Gefahr zu besprechen und eine Deputation zu organisieren, die nach St. Petersburg reisen sollte, um dort für ihre Sache der vollständigen Befreiung von jeglicher Wehrpflicht zu plädieren. In der Hauptstadt gelang es ihnen, mit den meisten zuständigen Beamten zu sprechen, aber da die Kommission ihre Beratungen gerade erst aufgenommen hatte, konnte wenig versprochen werden, außer der Erklärung, daß die

---

[664] Bezüglich dieser Änderungen siehe Rempel, *Mennonite commonwealth*, 78-79.

[665] Protestäußerungen gegen diese Verwaltungsreformen siehe in Abraham Thiessen, *Die Lage der deutschen Kolonisten in Russland* (Leipzig, 1876), 11, M.B. Fast "Vater Peter Fasts Lebensgeschichte", *Der Wahrheitsfreund*, 3 (7. Feb. 1917), 13, Plett, *Storm and triumph*, 269-72, Plett, *History and events*, 57, 58.

[666] Bezüglich der Pläne und politischer Maßnahmen für Militärreformen siehe Petr A. Zaionchkowskij, *Wojennye reformy 1860-1870 godow w Rossii* (Moskau, 1968) insbesondere Kapitel 6; Robert Baumann, *The debates over universal military service in Russia 1870-1874*, Unveröffentlichte Ph.D Dissertation Universität Yale, 1982; und John L.H. Keep, *Soldiers of the Tsar army and society in Russia 1462-1874* (Oxford, 1985), Kapitel 15.

[667] Als Bcispiel dafür, wie die Mennoniten darauf reagierten, als sie zum ersten Mal von den beabsichtigten neuen Gesetzen hörten, und die darauf folgenden Verhandlungen siehe die Tagebucheintragungen, die von John B. Toews in "Nonresistence and migration in the 1870 s: two personal views", *ML.*, 41 (1986), 10-15 zitiert werden.

Mennoniten wahrscheinlich zum Militärdienst eingezogen werden würden, daß man sie aber nicht dazu zwingen würde, eine Waffe zu tragen. Die Mennoniten erwarteten jedoch eine vollständige Befreiung. Sie fürchteten, daß auch eine waffenlose Beteiligung unter der Befehlsgewalt des Militärs nicht nur ihr Prinzip der Wehrlosigkeit beeinträchtigen, sondern ihre jungen Männer üblen Einflüssen aussetzen würde, die sich dort jenseits der Kontrolle der Gemeinschaft oder Gemeinden befänden.[668]

Obwohl die Pläne der Wehrpflicht alle Mennoniten bedrohten und die gemeinsame Sache sie anfänglich alle miteinander verband, erwies sich ein Bündnis der Mennoniten verschiedener Herkunft und mit verschiedenen Standpunkten als zerbrechlich und kurzlebig. Denn zu diesem gehörten auch Mitglieder von Gruppen, die noch vor kurzem oder bis in die Gegenwart in einen verbitterten Streit über Fragen des Glaubens oder der Landverteilung verstrickt waren.[669] Es stellte sich schon bald heraus, daß einige Mennoniten bereit waren, weiter zu verhandeln, um zu einem gewissen Kompromiß zu gelangen, während andere hartnäckig hofften, ihre alten Privilegien würden anerkannt und erneuert werden. Zu diesen Verhandlungen kam noch ein weiterer Faktor hinzu, als von bestimmten Mennoniten die Möglichkeit einer Auswanderung nach Nordamerika zur Sprache gebracht wurde. Der Anstoß dafür kam ursprünglich von Mitgliedern der mennonitischen Gemeinschaft in Berdjansk, von der die meisten Kaufleute oder neue Immigranten aus Preußen waren. In Preußen waren die Mennoniten Zeugen noch größerer wirtschaftlicher und sozialer Veränderungen gewesen als ihre Brüder in Russland in der ersten Hälfte des neunzehnten Jahrhunderts. Ein charakteristischer Zug dieses Wandels war eine wachsende Anpassung an die Forderungen des preußischen Staates in vielen Fragen, einschließlich Schulwesen, Beteiligung an der Verwaltung und schließlich Militärdienst. Mit der wachsenden militärischen Macht Preußens mußten die Mennoniten zusehen, wie ihre Rechte Stück für Stück beschnitten wurden, bis ihnen schließlich die Befreiung vom Wehrdiest 1867 entzogen wurde.[670] Die meisten preußischen Mennoniten akzeptierten diese Änderungen, andere jedoch widersetzten sich und wanderten in Länder aus, von denen sie sich eine Befreiung vom Militärdienst versprachen. In den 1850er Jahren wurde einer großen Gruppe eine Ansiedlung in Russland, an

---

[668] Epp, *Chortitzer Mennoniten*, 101-06, Dokumente in *Frdst.*, 5, 7, 9 (19) Jan., 2.Feb., 1911), Isaak, *Molotschnaer Mennoniten*, 296-303, Friesen, *Mennonite brotherhood*, 586-88. All diese Schriften enthalten Berichte über die negative Reaktion des Ministers für Reichsdomänen auf den Umstand, daß bestimmte Delegationsmitglieder nicht russisch sprechen konnten, und seine Stellungnahme beunruhigte offensichtlich die Mennoniten.

[669] Siehe Kommentar von Friesen (*Mennonite brotherhood*, 1025, n10) bezüglich der Uneinigkeit, die zwischen den Delegierten entstand, weil sie sich an ihre jeweiligen, in den Landstreit verstrickten Parteien gebunden fühlten.

[670] Siehe die ausgezeichnete Stellungnahme zu diesen Ereignissen in Peter Brock, *Pacifism in Europe to 1914* (Princeton, 1972) 421-30; siehe auch Friesen, "The relationship of Prussian Mennonites", 68-71.

der Wolga genehmigt, jedoch mit einer sehr begrenzten Garantie für die Befreiung vom Wehrdienst.[671] Als 1870 eine weitere Gruppe die russische Regierung um eine Ansiedlungserlaubnis bat, wurde ihr Bittgesuch kategorisch abgelehnt. Nun mußten die russischen Mennoniten sich mit ähnlichen Problemen auseinandersetzen, wie ihre preußischen Brüder sie erlebt hatten.[672]

Die Idee der Auswanderung in ein neues Land, in dem die Befreiung vom Militärdienst sichergestellt werden konnte, wurde am stärksten von dem Berdjansker Kaufmann Kornelius Jansen unterstützt.[673] Jansen stammte aus konservativen Familienverhältnissen in Preußen und hatte in Russland verwandtschaftliche Beziehungen zu Mitgliedern der *Kleinen Gemeinde*. Nach seinem Umzug nach Berdjansk im Jahr 1850 wurde er ein wohlhabender Kaufmann und begann, fortschrittliche Ideen zu unterstützen. In Berdjansk war er Konsul für die deutschen Staaten Mecklenburg und Preußen und entwickelte weitreichende Kontakte mit anderen religiösen Gruppen im In- und Ausland. Er abonnierte mennonitische Zeitschriften aus Amerika und wußte, daß einige preußische Mennoniten in die Vereinigten Staaten ausgewandert waren. Zwischen 1871 und Anfang 1872 nahm Jansen Kontakte mit amerikanischen Mennoniten, mit befreundeten englischen Quäkern, die Russland Ende der 1860er Jahre besucht hatten, und mit örtlichen Konsulatsvertretern der Vereinigten Staaten und der britischen Regierung auf. Er interessierte sich für die Möglichkeit einer mennonitischen Ansiedlung in den Vereinigten Staaten oder Kanada. Als die Reaktionen darauf positiv schienen, veröffentlichte Jansen auf eigene Rechnung Auszüge dieser Korrespondenz in Danzig und verteilte sie in Form einer kleinen Broschüre in den Kolonien. Es war eine Nachrichtenquelle, die eifrig gelesen und in weiten Kreisen diskutiert wurde.[674]

Die mennonitischen Führer beriefen jedoch weiter Versammlungen ein, um Delegierte zu wählen, die sich für ihre Sache bei den russischen Beamten einsetzen sollten. Zwischen 1871 und 1873 sprachen wenigstens fünf weitere Delegationen bei verschiedenen hochrangigen Beamten vor.[675] Aber innerhalb der Gemeinschaft mehr-

---

[671] Cornies hatte eine weitere preußische Einwanderung bereits 1841 geplant und erhielt sogar die amtliche Genehmigung für die Ansiedlung, obwohl das Abkommen durch die Revolutionen von 1848 in West-Europa verzögert und erst 1851 abge-schlossen wurde. Siehe Bondar *Sekta mennonitow*, 41-45, Rempel, "Mennonite emigration to New Russia", 126-27.

[672] Zwei preußische Delegierte hatten die Molotschnaja und Berdjansk 1870 besucht, und die russischen Mennoniten waren somit darauf vorbereitet, sich mit der kommenden Herausforderung auseinanderzusetzen, Reimer und Gaedert, *Exiled by the Czar,* 41.

[673] Betreffs Jansen und seiner Rolle in der Auswanderungsbewegung siehe Bericht in Ib., insbesondere Kapitel 1 und 2.

[674] *Sammlung von Notizen über Amerika* (Danzig, 1872); bezüglich der Reaktionen siehe Wiebe, *Causes and history,* 25.

[675] Eine Abhandlung über diese Delegationen siehe in Epp, *Chortitzer Mennoniten,* 106-14; Dokumente in *Frdst.* 5, 7, 9 (19. Jan.-2. Feb. 1911); Isaak, *Molotschnaer Mennoniten,* 308-20; Abraham Görz, *Ein Beitrag zur Geschichte des Forsteidienstes der Mennoniten in Russland* (Gross-Tokmak, 1907), 6-20; siehe auch Jacob Sudermann, "The origin of Mennonite state service in Russia, 1870-1880", *MQR,* 27 (1943), 30-34.

ten sich die Zeichen der Uneinigkeit. Das Auswanderungsfieber packte die Kolonisten, als die neuen Verwaltungsreformen durchgeführt wurden. Änderungen im Schulwesen und die Einführung der russischen Sprache in der Verwaltung verstärkten die bereits bestehenden Ängste hinsichtlich der Zukunft des Mennonitentums in Russland. Die Gerüchteküche kochte, und die Gruppen wetteiferten miteinander. Einige priesen die Verheißung eines neuen Landes und der Glaubensfreiheit in Nordamerika; andere erinnerten die Menschen an das vergangene gute Leben in Russland und eine Zukunft des Wohlstandes, der Sicherheit und des Gedeihens unter dem Zar und dessen Nachkommen. Im Jahr 1873, als Delegierte nach St. Petersburg entsandt wurden, wählten die Befürworter der Auswanderung andere Delegierte, die nach den Vereinigten Staaten und Kanada reisen sollten, um Land zu besichtigen und mit Beamten zu sprechen.[676] Obwohl alle Mennoniten, die ihre Steuern bezahlt und keine Schulden hatten, auswandern durften, war eine aktive Förderung der Auswanderung verboten. Jansen und andere Mennoniten wurden wegen ihrer Aktivitäten als ausländische Staatsangehörige des Landes verwiesen, wahrscheinlich weil sie von ihren mennonitischen Mitbürgern angezeigt worden waren.

Seit Beginn ihrer Verhandlungen hatte die russische Regierung versichert, daß man die Mennoniten nicht dazu zwingen würde, Waffen zu tragen und sie nicht zwangsweise in die Armee einziehen würde. Die Mennoniten erkannten nicht, daß dies bereits ein bedeutendes Zugeständnis seitens der Regierung war, denn das Ziel des neuen Gesetzes war, in dieser Frage nur wenig Konzessionen zu machen. Eine Einberufung sollte für alle Bürger, unabhängig von ihrer sozialen Stellung oder alten Privilegien, gelten. Es war ihre heilige Pflicht, dem Staat zu dienen. Dieser Standpunkt erwies sich als sehr umstritten, besonders unter den Adligen, die nicht damit einverstanden waren, daß ihre Söhne in eine Bauernarmee eingezogen werden sollten. Während des ganzen Jahres 1873, als die mennonitische Gemeinschaft sich in der Frage des Wehrdienstes und der Auswanderung uneinig war, bahnte sich ein viel größerer Streit in den Komitees und Kommissionen an, die ins Leben gerufen wurden, um die Reform zu überprüfen. Alteingesessene und mächtige Interessengruppen versuchten, die Gesetzgebung zu begenzen und Befreiungen für bestimmte Gruppen des Adels auszuwirken.[677] Letzten Endes blieben sie erfolglos, und das neue Gesetz, das im Januar 1874 verkündigte wurde, machte fast alle russische Staatsangehörige wehrpflichtig.[678]

---

[676] Es gibt eine Reihe von Berichten über die Reisen dieser Delegierten in den USA und Kanada einschließlich zeitgenössischer Tagebücher und spätere Erinnerungen der Beteiligten. Siehe z.B. den Bericht von Leonhard Sudermann, einem mennonitischen Prediger von Berdjansk, *From Russia to America: in search of freedom* (Steinbach, Man., 1974).

[677] Miller, *Dmitri Miliutin,* 198, 208; Keep, *Soldiers of the Tsar,* 376-77. Bezüglich der Aufnahme der mennonitischen Bittgesuche seitens der Kommission und der Unterstützung seitens hoher Beamter, die wußten, was sie für Russland geleistet hatten, siehe Baumann, *The debates over universal military service,* 203-06.

[678] Den vollen Text siehe in *The new law regulating military service in Russia* (London, nd (1875?) und Ausschnitte aus Vernadsky, *A source book for Russian history*, 3, 625.

Die Mennoniten erhielten jedoch besondere Rechte. Artikel 157 befreite die Mennoniten vom Tragen einer Waffe. Sie sollten kampflose Dienste in "Hospitälern leisten oder in den Werkstätten der Armee oder der Marine und ähnlichen Stellen arbeiten" Die Frage, ob dies unter der Aufsicht des Militärs geschehen sollte oder nicht, blieb offen.

Die Delegierten waren aus Nordamerika mit guten Nachrichten in die Kolonien zurückgekehrt, und viele Mennoniten, ja ganze Gemeinschaften trafen Vorbereitungen für die Auswanderung. Eine Zeitlang schien es, als ob ein großer Prozentsatz der Bevölkerung abwandern würde, aber im April 1874 entsandte die von dem Umfang der Auswanderungsbewegung alarmierte Regierung einen Helden des Krimkrieges, General Todleben, der die Bedingungen des neuen Gesetzes erklären und den Mennoniten von der Auswanderung abraten sollte.[679] Als Abgesandter des Zaren wurde Todleben in den Kolonien festlich begrüßt, und er bemühte sich sehr darum, soviele Mennoniten wie möglich zu treffen und ihre Beschwerden und verschiedenen Standpunkte anzuhören. Er war auch bereit, Gegenvorschläge anzunehmen, obwohl er klarstellte, daß die Mennoniten dem Staat in irgendeiner Weise würden dienen müssen, und daß es seine Aufgabe war, festzustellen, wo und wie die Mennoniten bereit waren, ihren Verpflichtungen nachzukommen. Da es nun klar war, daß irgendeine Art von Dienst unvermeidlich sei, bestand die größte Sorge der Mennoniten darin, sicherzustellen, daß dieser nicht unter militärischer Kontrolle stattfand. Sie wollten, daß die mennonitischen Wehrpflichtigen zusammen an einer Stelle dienen sollten, die nicht zu weit von den Siedlungen entfernt und von Außenstehenden getrennt war und für die sie selbst zuständig sein wollten. Zu den von Todleben vorgeschlagenen und von den Mennoniten angenommenen Dienstformen gehörte die Arbeit als Sanitäter in Krankenhäusern, die Arbeit in Fabriken oder Werkstätten und schließlich als Arbeiter in den staatlichen Waldungen. Todleben berichtete dem Zar diese Ideen, und im Mai 1875 wurde der Artikel 157 geändert.[680] Den Mennoniten wurde erlaubt, Zivildienste unter ihrer eigenen Kontrolle zu leisten. Die Mennoniten sagten, daß sie von den zur Auswahl stehenden Möglichkeiten die Arbeit in den staatlichen Wäldern vorzogen, vielleicht das Pflanzen von Bäumen in Südrussland als Teil eines Aufforstungsprogramms. Die endgültigen Einzelheiten sollten später ausgehandelt werden, da die ersten Rekruten erst 1880 eingezogen werden sollten. In der Zwischenzeit durften alle auswandern, die auswandern wollten.

Der amtliche Bericht von Todleben nannte eine Reihe von Auswanderungsgründen unter den Mennoniten, mit denen er gesprochen hatte.[681] Es gab solche, die keinen Kompromiß akzeptierten. Ermutigt durch ausländische Agenten, hatten sie

---

[679] Bezüglich der Mission von Todleben und der Reaktion der Mennoniten siehe Epp, *Chortitzer Mennoniten* 115-121; Isaak, *Molotschnaer Mennoniten,* 320-27; Görz, *Ein Beitrag,* 21-25; Friesen, *Mennonite brotherhood,* 594-96; von russischer Seite siehe N.K. Shilder, *Graf Eduard Iwanowitsch Todleben. Ego schisn i dejatelnost'* (St. Petersburg, 1886) 2, 707-10.

[680] Text in Görz, *Ein Beitrag,* 26-27, Friesen, *Mennonite brotherhood,* 596-97.

bereits ihr Hab und Gut verkauft und trafen Vorbereitungen für die Abreise, noch bevor Todleben eintraf. Eine größere Gruppe nannte religiöse Gründe, die sie zur Auswanderung bewegten, sie hatten jedoch ihren Besitz noch nicht verkauft. Diese Gruppe glaubte, daß ihre Glaubensfreiheit in Amerika sicherer sein würde als in Russland. Todleben erkannte aber auch, daß einige den Wunsch hatten, sich von den religiösen Ideen ihrer mennonitischen Glaubensgenossen zu trennen. Todleben merkte auch bei einer kleinen Gruppe das Verlangen nach finanziellem Gewinn, einschließlich der Möglichkeit, in Nordamerika billiges Land zu bekommen.

Der Besuch von Todleben und der versprochene Kompromiß mit der Regierung veranlaßten viele Mennoniten dazu, ihre Auswanderungsabsichten neu zu überdenken. Andere jedoch ließen sich nicht überzeugen. Zwischen 1873 und 1884 verließen 12.000 bis 15.000 Mennoniten Russland, um nach den Vereinigten Staaten und Kanada auszuwandern.[682] Zu den Auswanderern gehörten fast die gesamte Bevölkerung der mennonitischen Kolonie Mariupol und andere konservative Gruppen aus Chortitza, die ganze *Kleine Gemeinde* zusammen mit Wiebes Krimmer Brüdern, die meisten der Groningen Alt-Flämischen Gemeinde von Alexanderwohl in der Molotschnaja und alle Hutterer. Wo es sich um die Auswanderung solcher Gruppen handelte, war der Beschluß auszuwandern gewöhnlich ein Gruppenbeschluß, und es ist klar, daß in diesen Fällen die Hauptbefürworter der Auswanderung die Gemeindeleiter waren. Unter diesen gab es eine Reihe prominenter Führer, wie den Ältesten der flämischen Gemeinde von Pordenau in der Molotschnaja, Isaac Peters, der von der Regierung verbannt wurde, weil er gegen die Obrigkeiten predigte. Peters behauptete, daß ein Ersatzdienst auch eine Art Militärdienst sei und den mennonitischen Grundsatz der Wehrlosigkeit kompromittiere.[683] Die Leiter der *Kleinen Gemeinde* erhoben ähnliche Einsprüche wie die Leiter von Alexanderwohl.[684] Aber die Argumente anderer konservativer

---

[681] Dieser Bericht wurde zuerst von A.A. Welitsyn veröffentlicht, *Njemzy Rossii: otscherki istoritscheskago raswitija i nastojaschtschago poloschenija njemezkich kolonij na juge i wostoke Rossii* (St. Petersburg, 1893), 163-171 und übersetzt von David G. Rempel als "Bericht des Generals Todleben an den Minister des Innern über das Resultat seiner Reise zu den Mennoniten Südrusslands 1874", *Bte,* 11 (14. März 1934), 5 (28. März, 1934), 5.

[682] Die Zahlen wurden aus einer Reihe von Quellen berechnet. Siehe auch die Schätzungen in Frank H. Epp, *Mennonites in Canada, 1786-1920: the history of a separate people* (Toronto, 1874), 200; Mennoniten aus dem russischen Wolhynien wanderten ebenfalls nach USA aus.

[683] Isaac Peters, "Die Auswanderung der Mennoniten aus Russland", *ZH,* 1. (Mai, 1875), 1, Peters, "An account of the cause and purpose that led to the emigration of the Mennonites from Russia to America", *HT,* 44 (7-21. Nov. 1907). Peters (1826-1911) war ein Lehrer und sehr bewandert in den mennonitischen Lehren, Friesen, *Mennonite brotherhood,* 72, 305, 591.

[684] Bezüglich der *Kleinen Gemeinde* siehe Briefe und Bittgesuche in Plett, *Storm and triumph,* bezüglich der Gemeinde von Alexanderwohl, Dietrich Gaeddert, "Aus einer Gemeindechronik einer Mennonitengemeinde, die im Sommer 1874 von Russland nach Amerika auswanderte", *ZH,* 6 (21. Dez. 1880), 186-87.

Führer und die Meinungen vieler Mitglieder ihrer Gemeinden waren weniger klar. Einige hatten offensichtlich wenig Verständnis für die russische Politik und sträubten sich hartnäckig gegen einen Kompromiß. Gleichzeitig waren andere von dem Wunsch beseelt, sich sowohl von anderen Mennoniten als auch von der russischen Politik zu distanzieren. Während der 1860er Jahre hatten die Schulreformen und Neuerungen in den Gottesdiensten viele Mitglieder der konservativen Gemeinden beunruhigt. Die neuen Formen des religiösen Gesangs beispielsweise, die sich auf ein musikalisches Notensystem gründeten, und von preußischen Lehrern eingeführt wurden, verursachten in den 1860er Jahren größere Unruhen und wurden von einigen Auswanderergruppen als besorgniserregende Ursache genannt.[685]

Es waren jedoch nicht alle Auswanderer konservativ, und nicht alle konservativen hatten rein religiöse Beweggründe. Bei vielen, die sich für die Auswanderung entschieden, spielten zum Teil auch wirtschaftliche Faktoren eine Rolle. Einige hofften den armseligen wirtschaftlichen Verhältnissen in Russland zu entfliehen; trotz aller Landstreitigkeiten waren viele genauso verarmt geblieben wie zuvor.[686] Die Leiter der konservativen Gemeinden machten sich Sorgen, weil es an Land für ihre Mitglieder fehlte, zumindest was die Menge und die Standorte betraf, wo sie weiterhin von der "Welt" getrennt und doch als Gemeinde vereint leben konnten. Amerika schien neue Möglichkeiten zu bieten, die bestehenden wirtschaftlichen und gesellschaftlichen Formen beizubehalten und zu stärken. Anderen bot Amerika jedoch neue Gelegenheiten, reich zu werden. Berichte von preußischen Mennoniten, die sich in Nordamerika angesiedelt hatten, sprachen von großen wirtschaftlichen Entwicklungsmöglichkeiten.[687] Todlebens Bewertung der Situation ließ die gemischten Beweggründe vieler Mennoniten erkennen: es gab unter den Auswanderern Fortschrittliche, fortschrittliche Konservative und Stockkonservative.

So komplex wie die Auswanderungsgründe waren auch die Beweggründe der Gruppen, die sich entschlossen dazubleiben. Viele konservativ gesinnte Gruppen glaubten, daß Russland sicherer sei als Nordamerika mit seiner unberechenbaren Demokratie und grausamen, durch die Wildnis streifenden Indianern.[688] Eine Anzahl

---

[685] John B. Toews, "The diary of Jacob Epp 1860-1880", *Journal of the American Society of Germans from Russia*, 5 (1982), 41-42; John B. Toews, "Harmony amid disharmony: a diary portrait of Mennonite singing during the 1860s", *ML.*, 40 (1985), 4-7; Plett, *Storm and triumph*, 160, 166 und bezüglich seiner Beteiligung an der Auswanderung (Peter Friesen), "Eine Begebenheit aus Russland und Kanada Manitoba", in Johann Wiebe, *Die Auswanderung von Russland nach Kanada – 1875 – in Form einer Predigt* (Cuauhtemoc, Mexko, 1972), 62-65. Ich bin Adolf Ens dankbar für die Feststellung des Autors der letzteren Quelle.

[686] Bezüglich des Landstreits als Auswanderungsfaktor siehe "Warum wandern unsere Kolonisten speziell die Mennoniten aus?" *OZ*, 100 (8/20.Mai, 1879), 2.

[687] Siehe Fast, "Vater Peter Fasts Lebensgeschichte", (21.Feb. 1917), 13.

[688] Außer den unheimlichen, weitverbreiteten und frei erfundenen literarischen Werken wie Coopers *Der letzte der Mohikaner*, die den Mennoniten bekannt waren, brachte auch die russische Presse Berichte über die Grausamkeit der Indianer, um von der Auswanderung abzubringen. Siehe E.R., "Offener Brief an die deutschen Kolonisten Südrusslands", *OZ*, (22.März 1874), 1-2.

von Mennoniten, die in Russland blieben, glaubten, daß nur in diesem Land ihre Sicherheit und ihr Glaube erhalten bleiben und weiter gedeihen konnten. Sie warfen den Auswanderern Ignoranz und Kurzsichtigkeit vor, daß sie falsche Hoffnungen in bezug auf ihre Zukunft in Amerika hegten und habsüchtig waren, weil sie billiges Land und einen schnellen Profit suchten.[689] Spätere Autoren haben einige Unterstützer der Auswanderung beschuldigt, daß sie Sympathien für Deutschland und Feindseligkeit gegen Russland hegten. Aber solche Anschuldigungen gehörten einer späteren Zeit und einer anderen politischen Situation an. Die Auswanderer fingen zudem an, ihren Schritt zu rationalisieren und in der Auswanderung immer mehr einen von Gott inspirierten Exodus zu sehen; unter der Führung Gottes hatten sie ein korruptes, despotisches Regime verlassen und sich für die Freiheit demokratischer Länder entschieden und somit alles für die Sache des Gewissens geopfert.[690]

Aus einer umfassenderen Perspektive gesehen war die mennonitische Auswanderung in den 1870er Jahren zum Teil eine Reaktion auf größere Änderungen, die sowohl innerhalb als auch außerhalb der in Russland gegründeten mennonitischen Gemeinschaften stattgefunden hatten. Obwohl die neuen Regierungsreformen, insbesondere diejenigen, die die Rechtsstellung der Kolonisten betrafen, wie ein Katalysator gewirkt und viele dazu gezwungen hatten, ihre Stellung in Russland neu zu überdenken, trugen doch langfristige Spannungen innerhalb der mennonitischen Gemeinschaften zweifellos dazu bei, daß sich viele für die Auswanderung entschieden. Dies traf ganz besonders auf konservative, traditionsorientierte Gruppen zu. Viele hatten schwerwiegende und langandauernde Bedenken in bezug auf die Richtung, die das Mennonitentum in Russland einschlagen würde. Diese Zweifel entstanden nicht nur durch die Bereitschaft vieler, politische Richtlinien des Staates zu akzeptieren, sondern auch durch die Gier, mit der viele den eigenen wirtschaftlichen Vorteil auf Kosten ihrer Mitbrüder suchten, die Begeisterung für neuartiges Wissen und höhere Bildung und das Verlangen nach neuen religiösen Bräuchen. Die jüngsten Ereignisse steigerten nur noch diese Zweifel und Bedenken. Die politische Korruption, die religiöse Uneinigkeit und

---

[689] Abraham Görz, "Ein kurzer Überblick über die Stellung der Mennoniten Südrusslands zum Wehrgesetz in Russland und zur Auswanderung nach Amerika", *ZH*, 1 (Juli 1875), 1-2. Siehe auch Dokumente in Friesen, *Mennonite brotherhood*, 605-08, Leonhard Gross, Hrg., "The coming of the Russian Mennonites to America: an analysis of Johann Epp, Mennonite minister in Russia", *MQR*, 48 (1974), 460-75 und Bericht in Cornelius Krahn, "Views of the 1870s migrations by contemporaries", *MQR*, 48 (1974), 447-58.

[690] Dies ist in zunehmendem Maß die Linie gewesen, die die sekundäre, in diesem Jahrhundert veröffentlichte Literatur eingeschlagen hat. Die Literatur über die Auswanderung und Ansiedlung in Amerika ist umfangreich, sie reicht von Dokumenten-Sammlungen in den Archiven in Kanada und den Vereinigten Staaten (die hauptsäch-lich im *MQR* veröffentlicht wurden) bis zu mehr allgemeinen Berichten. Siehe C. Henry Smith, *The coming of the Russian Mennonites* (Berne, Ind., 1927); C. Krahn, Hrg., *From the steppes to the prairies* (Newton, Kansas, 1949); E.K. Francis, *In search of utopia: the Mennonites of Manitoba* (Altona, Man., 1955); Epp, *Mennonites in Canada*, Chapters 8 and 9.

Spaltung, der häßliche Streit um Land - sie alle wurden als ein böses Omen für die Zukunft betrachtet. Die Auswanderung versprach sehr viel. Da galt es wieder einmal, neues Land zu besiedeln und neue wirtschaftliche Möglichkeiten zu nutzen. Über allem stand jedoch der Wunsch nach einem Neuanfang, weit weg von der Einmischung des Staates, von anderen Gruppen und von anderen Mennoniten, deren Lebensweise man ablehnte. Die mennonitische Reaktion auf Reformen endete schließlich in einer massiven Trennung der Wege. Aber sowohl die, die in Russland blieben, als auch diejenigen, die auswanderten, mußten sich mit neuen Herausforderungen und neuen Zielen in einer sich rasch verändernden Welt auseinandersetzen.

*Werbung für landwirtschaftliche Maschinen, die von Lepp & Wallmann hergestellt wurden. (Odessaer Zeitung 1 (1. Januar 1873), 4)*

# 12. Neue Ziele

Nach 1860 suchte eine große Anzahl Mennoniten eine Zukunft an neuen Orten in und außerhalb Südrusslands. Als die Auswanderung vieler Kolonisten nach Amerika in den 1870er Jahren begann, erlebten die Mennoniten nicht zum ersten Mal, daß ihre Mitbrüder und -schwestern aus den bestehenden Siedlungszentren wegzogen. Seit dem Ende des Krimkrieges hatten die Mennoniten in wachsender Zahl angefangen, sich außerhalb der Kolonien anzusiedeln, wo sie ihre Fachkenntnisse als Bauern, Handwerker und Müller vermarkteten. Sie pachteten oder kauften Land und suchten Wohlstand, Verdienstmöglichkeiten und Anstellung. Die Zeit der Reformen in den 1860er und 1870er Jahren verstärkte diesen Trend. Es war nun viel leichter, Pässe zu bekommen als früher, und die Änderungen in der offiziellen Rechtsstellung der verschiedenen gesellschaftlichen Gruppen, der Reichsbauern und ausländischen Kolonisten wie auch der Leibeigenen und Juden, ermöglichte allen gesellschaftlichen Schichten - den Mennoniten wie auch den Nichtmennoniten - eine viel größere Bewegungsfreiheit.[691] Gleichzeitig gab es innerhalb und außerhalb der Kolonien neue Gelegenheiten, zu Wohlstand und Sicherheit zu gelangen und neue Berufslaufbahnen einzuschlagen. Es bestand auch die Möglichkeit, sich an der aufblühenden Wirtschaft Russlands der Post-Emanzipationszeit zu beteiligen.

Wie andere etablierte Gemeindegruppen suchte auch die *Kleine Gemeinde* in den 1860er Jahren Land außerhalb der Kolonien. Die *Kleine Gemeinde* kaufte und pachtete Land in der Provinz Jekaterinoslaw und in der Krim, wo sie geschlossene Siedlungen unter der Führung ihrer Gemeindeleiter gründete.[692] Gruppen aus Chortitza legten ähnliche Siedlungen an. Eine Gruppe z.B. pachtete Land von den Großherzögen Michael Nikolaiewitsch und Nikolai Nikolaiewitsch, auf dem sie eine Reihe von Dörfern gründeten, die viele Jahre lang blühten, bis die Pacht erhöht wurde und viele gezwungen waren auszuwandern.[693] In diesem Fall war das Land mit langfristigen Pachtverträgen gepachtet worden, aber in anderen Fällen waren es nur

---

[691] Bezüglich der zunehmenden Wanderungen im allgemeinen siehe Barbara A. Anderson, *Internal migration during modernization in late nineteenth century Russia* (Princeton, 1980).
[692] Einzelheiten in Plett, *Storm and triumph,* Kapitel 11.
[693] Epp, *Chortitzer Mennoniten,* 96-97; E.N. "Die Fürstenländer Gemeinde", *Bte.* (26.Jan. 1926), 3.

kurzfristige Pachtverträge. Die Mennoniten pachteten Land, um genug Kapital für den Kauf von eigenem Land oder einem eigenen Betrieb anzusammeln, die zuweilen in der Kolonie oder auch außerhalb der bestehenden Siedlungszentren lagen. Eine sehr beliebte Art des Landerwerbs war, daß eine Gruppe wohlhabender Mennoniten ihre Mittel zusammenlegte, um Land zu kaufen, das sie dann unter sich aufteilten. Solche Gruppen, die oft aus verwandten Familien bestanden, gründeten dann einzelne Höfe und manchmal sogar ganze Dörfer. Diese wurden gewöhnlich nach dem Muster der Kolonie angelegt mit der Ausnahme, daß sie größere Ausmaße hatten und die Gruppe als Privateigentümer von vielen gemeinschaftlichen Zwängen frei war, die das Leben der Kolonisten beengten.

Zu solchen Privatunternehmen gehörte auch die von Mennoniten aus Schönfeld in der Molotschnaja gegründete Siedlungsgruppe in der Provinz Jekaterinoslaw. Das gekaufte Land hatte zu dem Gut eines russischen Edelmanns, Dmitrij Brazol, gehört, den während seiner Dienstzeit als Offizier im Krimkrieg der Wohlstand der mennonitischen Kolonien und der Fleiß ihrer Einwohner beeindruckt hatten. Andere Mitglieder des Adels, die an dem Krieg beteiligt waren, hatten ebenfalls den Fleiß der Mennoniten kennengelernt und versuchten nun, sie auf ihre Güter zu locken, damit sie dort bei der wirtschaftlichen Entwicklung ihrer Ländereien halfen. Einige Gutsbesitzer stellten jedoch fest, daß es bei den veränderten wirtschaftlichen Verhältnissen nach dem Krieg und der Freilassung ihrer Leibeigenen einfacher war, ihr Land zu verkaufen, als es mit neuen Siedlern zu verwalten.[694] Brazol beschloß, sein Land zu verkaufen, und 1868 kaufte eine Gruppe mennonitischer Unternehmer 5.324 *dessjatini* Land. In späteren Jahren wurde noch mehr Land erworben, und es wurde eine geschlossene mennonitische Gemeinschaft gegründet, die ihre eigenen Angelegenheiten verwaltete.[695] Ein weiteres, außerordentlich beliebtes Siedlungsgebiet war die Krim, wo nach 1860 Einzelpersonen und Gruppen nach der Auswanderung vieler Tataren in die Türkei die Grundstücke billig kaufen konnten.[696] Die Kolonisten von Chortitza gründeten ebenfalls eine Reihe von Siedlungen in der Provinz Jekaterinoslaw.[697]

Einzelpersonen suchten ihre Zukunft und ihr Glück auch außerhalb der Kolonien. Ein Handwerker oder ein Müller konnte sich und seine Familie an einen Gutsbesitzer verdingen, gewöhnlich mit der Hoffnung, genug Geld zu verdienen, um später Land, eine Mühle oder sein eigenes Geschäft zu kaufen.[698] Land wurde auch direkt von

---

[694] Rempel, *Mennonite commonwealth,* 75.
[695] Siehe Gerhard Toews, *Schönfeld: Werde- und Opfergang einer deutschen Siedlung in der Ukraine* (Winnipeg, 1939).
[696] Görz, *Die mennonitischen Siedlungen der Krim;* die Ansiedlung dauerte bis in die 1880er Jahre an, 52 Familien aus Blumenort in der Molotschnaja z.B. kauften im Jahr 1882 5.200 dessjatinen zu 36 Rubel pro *dessjatina, MR,* 6 (15.März, 1882), 2.
[697] Einzelheiten siehe in Rempel, *Mennonite colonies,* 234.
[698] Siehe den Bericht von Mitgliedern der Familie Neufeld während der Zeit von 1850 bis 1880, wie er von Abram H. Neufeld, Hrg. und Übers. in groben Zügen dargestellt wird, *Herman und Katharina: their story. The autobiography of Elder Herman A. and Katharina Neufeld in Russia* (Winnipeg, 1984).

Einzelpersonen gekauft. 1867 kaufte ein Bernhard Fast aus der Molotschnaja 250 *dessjatini* Land zu einem Preis von 29 Rubel pro *dessjatina* im Bezirk Pawlograd in der Provinz Jekaterinoslaw. Zwei Jahre später fügte er weitere 200 *dessjatini* hinzu, die er zu 30 Rubel pro *dessjatina* kaufte. Das Glück wollte es so, daß in den 1870er Jahren eine Nebenlinie der Losowaja-Sewastopol Eisenbahn in der Nähe seines Grundbesitzes gebaut wurde. Dadurch stieg der Wert seines Besitzes um mehr als das Doppelte. In den 1880er Jahren war Fast bereits ein wohlhabender Gutsbesitzer mit Getreidefeldern von mehr als 140 *dessjatini*, einer Rinderherde und einer großen Schafherde.[699] Fast war nur einer von vielen, und obwohl seine 400 *dessjatini* wenig waren im Vergleich zu den Besitztümern vieler reicher mennonitischer Gutsbesitzer, hatte er doch drei oder viermal so viel Land wie ein Einwohner von Schönfeld und sechsmal so viel wie ein Großbauer in den Kolonien.

Die Mehrheit der Mennoniten lebte jedoch auch weiterhin in den Kolonien. Eine wachsende Anzahl von ihnen war aber nicht mehr im Besitz einer Vollwirtschaft, sondern einer Kleinwirtschaft, d.h. kleiner landwirtschaftlicher Betriebe, oder sie hatten überhaupt kein Land. Der Preis für Land und Höfe stieg nach dem Krimkrieg rasch an und war ein Grund der sozialen Zwietracht, die wegen des Landes in den 1860er Jahren entstand. Während der Auswanderungszeit anfangs der 1870er Jahre fielen die Preise nur leicht, da nun mehr Land zur Verfügung stand. Die Auswanderer waren gezwungen, ihr Land und ihre Bauernhöfe billig zu verkaufen; eine Vollwirtschaft, die vor der Auswanderung mit 6.000 bis 7.000 Rubel bewertet wurde, konnte man in der Zeit der starken Auswanderung oft nur für 3.000 Rubel verkaufen.[700] Bis zum Ende der 1870er Jahre hatten die Preise in der Molotschnaja wieder ihren Stand vor der Auswanderung erreicht, und während des nächsten Jahrzehnts verdoppelte sich der Landpreis. Ende der 1880er Jahre wurde eine Vollwirtschaft für 8.000 bis 12.000 Rubel verkauft, eine Viertel- bzw. Kleinwirtschaft für 2.000 bis 3.000 Rubel. Der Wert des Pachtlandes stieg ebenfalls, er verdoppelte sich von 5-10 Rubel pro *dessjatina* im Jahr 1880 auf 17-20 Rubel im Jahr 1888.[701] In Chortitza fanden ähnliche Preissteigerung statt. Eine Vollwirtschaft, die 1871 nur 5.200 Rubel kostete, wurde 1885 für 8.000 Rubel verkauft.[702] Das Kaufen und Verkaufen von Grundbesitz und Betrieben kam nun häu-

---

[699] Einzelheiten aus einem Brief von Fast in *MR*, 5 (4.Feb. 1885), 2.

[700] Friesen, *Mennonite brotherhood*, 493, C.C. Regier, "Childhood reminiscences of a Russian Mennonite immigrant mother, 1859-80", *MQR*, 15 (1941), 89; ähnliche Berichte über Landpreise aus der Molotschnaja und außerhalb derselben von Auswanderern der *Kleinen Gemeinde* siehe in Plett, *Storm and triumph*, 326-27, 328, usw. Siehe auch D.P. Semenov, "Rural economy" in *The industries of Russia 3: agriculture and fisheries* (St. Petersburg, 1893), 242-43 bezüglich genauer Zahlen der steigenden Landpreise in Neurussland zwischen 1860 und 1889. Die Landpreise in der Provinz Taurien stiegen in dieser Zeit um das Fünffache.

[701] Diese Preise wurden aufgrund zahlreicher Beispiele in Briefen an *MR* zwischen 1880 und 1890 berechnet; die Preise schwankten von Dorf zu Dorf beträchtlich und hingen auch von dem Zustand der jeweiligen Besitztümer ab.

[702] Epp, "The emergence of German industry", 340.

figer vor, da die Menschen ihre Wirtschaftslage zu verbessern und sich eine höhere gesellschaftliche Stellung durch den Erwerb größerer und besserer Besitztümer verschaffen wollten. Andere wieder verkauften ihren Besitz, um als Pioniere in neue Regionen zu ziehen, wo das Land billiger war oder wo die Verdienstaussichten besser waren. 1888 verkauften z.B. fünf Molotschnaer Bauern ihren Besitz und kauften 1.000 *dessjatini* Land bei Lisowa, in der Nähe des Hafens Taganrog für 84.000 Rubel. Andere Mennoniten pachteten eine ebenso große Fläche im gleichen Bezirk zu 4,5 Rubel pro *dessjatina* jährlich für 12 Jahre.[703] Für diejenigen, die es sich nicht leisten konnten, Land privat zu kaufen oder zu pachten, blieb nur die Möglichkeit, Land in einer der neuen Tochterkolonien zu beantragen.

Bis anfangs der 1890er Jahre konnten die Mutterkolonien immer noch Land in Neurussland kaufen. Nach dieser Zeit schnellten die Preise hoch, und Siedlungsgebiete mußten in entfernteren Gegenden gesucht werden. Bis 1890 gründete Chortitza drei kleine und zwei mittelgroße Kolonien, alle in der Provinz Jakterinoslaw. Die Molotschnaja gründete zwei große Tochterkolonien - Sagradowka in der Provinz Cherson und Memrik in der Provinz Jekaterinoslaw (Einzelheite siehe in Tabelle 6).

Die Tochterkolonie, Sagradowka, mit der man 1872 begann, zeigt einige der ersten Schwierigkeiten, mit denen die Kolonisten sich bei der Gründung von Tochterkolonien auseinandersetzen mußten. Das Land wurde mit Geldern der Kolonie Molotschnaja gekauft, und man erwartete von den neuen Siedlern, daß sie die Kosten für das Land und andere, beim Kauf desselben entstandene Ausgaben der Mutterkolonie zurückerstatten würden. Es waren jedoch keine Vorkehrungen dafür getroffen worden, daß die neuen Siedler in Zukunft die Verantwortung für ihren eigenen Bevölkerungszuwachs übernehmen würden. Es war kein Pachtland reserviert worden, um einen Koloniefonds zu schaffen, aus dem man den Landkauf für eine neue Kolonie unterstützen konnte, sobald Sagradowka ihre eigenen Landlosen haben würde. Nach einer genauen Vermessung der neuen Kolonie wurde jedoch eine kleine Fläche Überschußland entdeckt, die verpachtet wurde. Die Molotschnaer Kolonisten mußten jedoch die Verantwortung für die Ansiedlung des größten Teils der künftigen Landlosen von Sagradowka übernehmen, eine Verpflichtung, die für einige Zeit ein Zankapfel zwischen den Kolonien blieb.[704]

Später wurden die Kolonien sorgfältiger geplant. Für Memrik,[705] die zweite größere Molotschnaer Tochterkolonie, wurde das Land erst nach einer sorgfältigen Prüfung der in Frage kommenden Ansiedlungsgebiete ausgewählt. Das

---

[703] Bericht in *MR* (27.Feb. 1889), 1; eine weitere Gruppe kaufte Land in der Provinz Charkow für etwa den gleichen Preis. Siehe *MR,* 15 (10.Apr.1889), 1.

[704] Bezüglich Sagradowka siehe Gerhard Lohrenz, *Sagradowka: die geschichte einer mennonitischen Ansiedlung im Süden Russlands* (Rosthern, 1947); bezüglich des Streits siehe z.B. "Etwas über Landkauf", *OZ,* 197 (7/19.Sept. 1883), 2-3.

[705] Siehe David H.Epp, *Die Memriker Ansiedlung. Zum 25-jährigen Bestehen derselben im Herbst 1910* (Berdjansk, 1910), H. Görz, *Memrik: eine mennonitische Kolonie in Russland* (Rosthern, 1954), und Rempel, *Mennonite colonies,* 223-28.

## TABELLE 6: NEU RUSSISCHE TOCHTERKOLONIEN 1868-1889

Quellen: Rempel, *Mennonite Commonwealth*, 76 (mit geringfügigen Änderungen unter Verwendung von Epp, *Chortitzer Mennoniten*, Isaak, *Molotschnaer Mennoniten*.) Zahlen für Nikolaipol, Neu-Chortitza und Ignatievo zeigen Abweichungen in der Grösse und in den Kosten; siehe z.B "Die Landankäufe der Chortitzer Wolostgemeinde", *OZ*, 278 (14/27 Dez. 1904, 2). Jek=Jekaterinoslaw.

### CHORTITZER TOCHTERKOLONIEN

| Gründungs-jahr | Name der Siedlung | Provinz | Anzahl der Dörfer | Gesamtfläche in dess. | Preis pro dess. | Gesamtpreis in Rubel | Fläche pro Wirtschaft | Anzahl der Familien | Von wem gekauft |
|---|---|---|---|---|---|---|---|---|---|
| 1868 | Nikolaipol | Jek. | 4 | 7.153 | 35,55 | 253.649 | 50 | 146 | HerzoginKostkul |
| 1871 | Morosowo | Jek. | 1 | 1.500 | 47 | 70.500 | 50 | 30 | GrafMorosow |
| 1871 | NeuChortitza. | Jek | 2 | 3.691 | 33 | 121.803 | 50 | 74 | HerzoginRepnin |
| 1873 | Schljachtin. | Jek | 2 | 4.187 | 40 | 167.480 | 50 | 80 | Kap.Schljachtin |
| 1889 | Ignatjewo | Jek. | 7 | 14.159 | 65 | 920.335 | 60/40 | 244 | HerzoginIgnatjewa |

### MOLOTSCHNAER TOCHTERKOLONIEN

| Gründungs-jahr | Name der Siedlung | Provinz | Anzahl der Dörfer | Gesamtfläche in dess. | Preis pro dess. | Gesamtpreis in Rubel | Fläche pro Wirtschaft | Anzahl der Familien | Von wem gekauft |
|---|---|---|---|---|---|---|---|---|---|
| 1872 | Sagradowka | Cherson | 17 | 21.276 | 23,50 | 500.003 | 65/32 | 484 | GrafKoschubej |
| 1885 | Memrik | Jek. | 10 | 11.999 | 52,50 | 630.000 | 60 | 303 | Karpow und Kotjarewski |

ausgewählte Land lag im Bezirk Bachmut der Provinz Jekaterinoslaw, und viele Mennoniten hielten damals den Preis von 50 Rubel pro *dessjatina* für frevelhaft teuer. Auf lange Sicht erwies er sich jedoch als eine ausgezeichnete Investition, besonders weil Membrik nahe an einem sich rasch entwickelnden Bergbau- und Industriegebiet der Provinz lag. Das Land bestand aus zwei benachbarten Gütern, die nach einer sorgfältigen Vermessung in zehn Dorfgebiete aufgeteilt wurden nach einem Muster, das dem der Molotschnaja ähnlich war. Drei Dörfer wurden für Vollwirte (Großbauern) mit Grundstücken von je 60 *dessjatini* bestimmt, die übrigen sieben Dörfer wurden in halbe Wirtschaften von je 30 *dessjatini* aufgeteilt. Landlose Mennoniten aus der Molotschnaja von gutem Ruf durften als erste ihre Grundstücke auswählen, dann folgten die Kleinbauern, die in der Mutterkolonie nicht genug Land hatten. Schließlich durften auch fest etablierte Bauern, die ihr Anwesen verbessern wollten oder die genug Kapital hatten, Land in der neuen Siedlung kaufen.[706] Alle neuen Siedler waren der Mutterkolonie gegenüber fünfzehn Jahre lang verschuldet. Aber während die früheren landlosen Siedler und Kleinbauern großzügige Abzahlungsbedingungen erhielten, mußten die Vollwirte die Hälfte des Kaufpreises im voraus bezahlen. 1888 ließen die Obrigkeiten der Molotschnaja die noch ausstehenden Schulden der Vollwirte von der Charkower Landesbank hypothekarisch belasten, weil sie meinten, daß die Bauern ihren Verpflichtungen nicht ordnungsgemäß nachkamen. Die Bauern arbeiteten daraufhin sehr hart, um ihre Schulden zu tilgen, und die Kolonie gedieh. Wie viele neue Kolonien erlebte Memrik in den ersten Ansiedlungsjahren eine schwere Zeit, bis die Bauernhöfe richtig aufgebaut waren. In Memrik bestand das größte Problem darin, brauchbares Wasser zu finden. Riesige Summen wurden für das Bohren von Brunnen ausgegeben.

Während die Tochterkolonien der Molotschnaja gewöhnlich dem Beispiel der Mutterkolonie folgten und volle Wirtschaften von 60 bis 65 *dessjatini* und kleinere Grundstücke für halbe Wirtschaften hatten, teilte Chortitza in den neuen Kolonien alles Land in Grundstücke von 50 bis 60 *dessjatini* auf. Die Molotschnaja neigte somit mehr als Chortitza dazu, die soziale Struktur der Mutterkolonie zu reproduzieren, d.h. die gesamte Gesellschaftsstruktur mit ihren sozialen Ungleichheiten. Beide, Chortitza wie auch die Molotschnaja, versuchten jedoch, Pachtland in den Tochterkolonien anzulegen. Sie hofften, daß diese Kolonien nach Abzahlung der Schulden selbständige Siedlungen sein würden, die selbst für ihren künftigen Bevölkerungszuwachs durch den Aufkauf von Land für ihre eigenen Landlosen sorgen konnten. Die Tochterkolonien waren somit Klone ihrer Mutterkolonien in bezug auf ihre Anlage, kulturelle Einrichtungen und sogar ihre Gesellschaftsstruktur. Andererseits entwickelten sie jedoch ihre eigenen unterschiedlichen Merkmale. Oft waren die Tochterkolonien aufgrund der ersten schweren Ansiedlungsjahre wirtschaftlich und kulturell rückständig im Vergleich zu den Mutterkolonien, die sich

---

[706] Im Jahr 1885 z.B. verkaufte ein Bauer in Fürstenau seine Vollwirtschaft für 6.450 Rubel und kaufte sich eine andere in Memrik für 3.425 Rubel, *MR,* 11 (17. März 1886), 2.

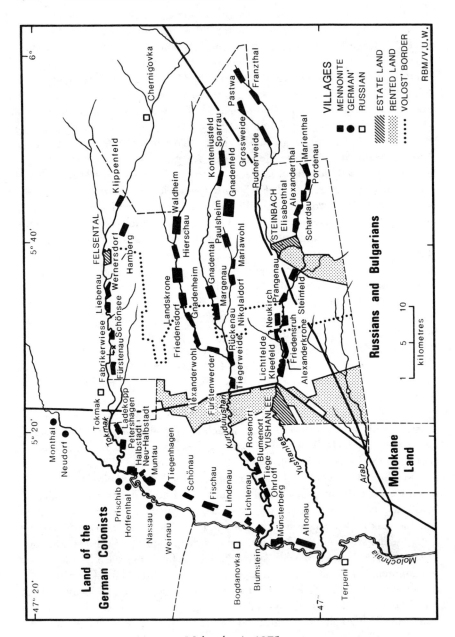

*Molotschnaja 1875*

ungehindert weiterentwickeln konnten, da sie kein neues Land urbar zu machen brauchten. Die neuen Kolonien paßten sich auch mehr ihrer örtlichen natürlichen und kulturellen Umwelt an, obwohl diese Anpassung in den Siedlungen, die später außerhalb von Neurussland gegründet wurden, noch stärker war.

Diese Abwanderung aus den bestehenden Kolonien und die Gründung neuer Siedlungen auf privatem oder von der Kolonie gekauftem Land geschah hauptsächlich aus wirtschaftlichen und nicht aus religiösen Gründen. Die Brüder hatten Land am Kuban, in einiger Entfernung von den neurussischen Siedlungen bekommen, und die Templer hatten sich in der Nähe auf Land angesiedelt, das sie gekauft und gepachtet hatten. In den 1880er Jahren setzte jedoch eine neue mennonitische Wanderung ein, die hauptsächlich auf religiöse Motive zurückzuführen war. Eine kleine Gruppe, zu der hauptsächlich Leute aus den mennonitischen Siedlungen an der Wolga aber auch einige Familien aus der Molotschnaja gehörten, zog auf einer bizarren Suche nach einem Zufluchtsort in Mittelasien aus, weil sie glaubten, daß das Ende der Welt nahe sei.[707]

Ideen über das Tausendjährige Reich hatten das Denken der preußischen und russischen Mennoniten zu Beginn des neunzehnten Jahrhunderts durchdrungen, oft im Zusammenhang mit dem panevangelischen Impuls und anderen ausländischen Ideen und insbesondere durch den Einfluß bestimmter pietistischer Literatur. Jung Stillings Buch *Heimweh* war unter "deutschen" und russischen Mennoniten beliebt und wurde ins Russische übersetzt und so auch von russischen Schismatikern gelesen, einschließlich der Molokaner.[708] Eine lange Zeit beschränkte sich das Interesse an Prophezeiungen über das Ende der Welt auf kleine Gruppen oder Einzelpersonen, und Bücher über solche Themen wurden privat oder in besonderen Kreisen gelesen. Gruppen wie die *Kleine Gemeinde* lehnten solche Literatur und jegliche Spekulationen über die letzten Tage strikt ab.[709] Erst nach dem Erscheinen des evangelischen Pietismus nach 1850 zeigte sich das Interesse an ausländischer Literatur über diese Themen auch mehr in der Öffentlichkeit. Die Brüder und die Templer diskutierten solche

---

[707] Es gibt eine ganz beträchtliche Menge an Literatur über diese Bewegung, einschließlich zahlreicher zeitgenössiger Berichte und Briefe in mennonitischen Zeitungen sowie eine Reihe von Tagebüchern. Die Hauptquellen sind Franz Bartsch, *Unser Auszug nach Mittelasien* (Steinbach, 1948) und Fred Richard Belk, *The great trek of the Russian Mennonites to Central Asia 1884* (Scottdale, Pa., 1976), obwohl die letztere Quelle mit Vorsicht benutzt werden sollte. Siehe auch Waldemar Janzen, "The great Trek: episode or paradigm? *MQR*, 51 (1977), 127-39 und A.J. Dueck, "Claas Epp and the Great Trek reconsidered", *JMS*, 3 (1985), 138-47.

[708] Victor G. Doerksen, "From Jung Stilling to Rudy Wiebe: Christian Fiction and the Mennonite imagination", in Harry Loewen, Hrg., *Mennonite Images* (Winnipeg, 1980), 198-205; bezüglich des Interesses der Molokaner siehe Haxthausen, *Studies in the interior of Russia*, 152-54.

[709] Plett, *Golden years*, 176, 185

Fragen ganz offen, und das taten auch Mitglieder anderer Gemeinden. Prediger Bernhard Harder von Ohrloff predigte über das Thema, obwohl man mit seinen Ansichten nicht immer einverstanden war.[710] Zum Ende der 1860er Jahre und Ende der 1870er Jahre waren Ideen über das Tausendjährige Reich in den Kolonien bereits weit verbreitet, und ausländische Traktate und Zeitungen über das Thema wurden von vielen Mennoniten mit unterschiedlichen Glaubensrichtungen gelesen. Besonders beliebt waren die Schriften eines bayerischen Pastors Samuel Clöter, der wie Jung Stilling meinte, daß die Europäer in den letzten Tagen lebten, daß es für die wahren Gläubigen jedoch einen Zufluchtsort im "Osten" gäbe. Clöter plante selbst den Aufbau von Zufluchtssiedlungen im asiatischen Russland in den 1870er Jahren, und seine Traktate und Zeitungen waren unter den deutschsprechenden ausländischen Kolonisten in Russland im Umlauf.[711]

Die durch die großen Reformen entstandene Krise, insbesondere die Gefahr der Wehrpflicht verstärkte das Interesse am Tausenjährigen Reich. Als einer der Gründe, warum sie nicht auswanderten, wurde in den 1870er Jahren von Kolonisten in der Molotschnaja und mennonitischen Gemeinschaften an der Wolga angegeben, daß Russland näher zum Osten lag und somit der verheißene Zufluchtsort war, während Amerika, das im "Westen" lag, zum Untergang verurteilt sei.[712] 1873 wurde in der Molotschnaja unter der Leitung des Lehrers Abraham Peters eine neue Gemeinde gegründet. Ihre Mitglieder kamen anscheinend aus Ohrloff und anderen Gemeinden wie auch von den neuangesiedelten Einwanderern aus Wolhynien in Westrussland. Sie glaubten an das unmittelbar bevorstehende Ende der Welt.[713] An der Wolga hatte es solche Gesinnungen schon seit vielen Jahren gegeben, zumindest seitdem in diesem Gebiet Siedlungen von Mennoniten aus Preußen in den 1850er Jahren angelegt worden waren, und diese wurden anscheinend sogar schon vor der Auswanderung bekundet. 1873 veröffentlichte ein Wolga-Kolonist, Martin Klaassen, eine Geschichte der Mennoniten, die die Vergangenheit so aus-

---

[710] Bezüglich Harder, sein Leben und Werk, siehe G. Harder, "Mitteilungen aus dem Lebensgange des Verfassers", in B. Harder, *Geistliche Lieder und Gelegenheitsgedichte* (Hamburg, 1888; V. Fast, "The theology of Bernhard Harder", *MQR,* 37 (1963), 34-52. Über die Reaktion auf seine Predigten siehe Fast, *Mitteilungen von etlichen der Großen,* 9, Über die Predigten des berühmten mennonitischen Missionars Heinrich Dirks (1842-1915) über das Tausendjährige Reich Ende der 1860er Jahre siehe Toews "A Russian Mennonite", 12-13 aus dem Tagebuch von Dietrich Gaeddert.

[711] Als Beispiel für Clöters Schriften siehe seine *Auflösung der geheimen Zahl 666 in der Offenbarung St. Johannes* (Augsburg, 1860) und *Katechismus über die Offenbarung st. Johannis* (Basel, 1865). Bezüglich seiner Ansiedlungspläne siehe G. Bieri, "Die Gemeinde Gnadenberg im Nordkaukasus", in *Kirchen und das religiöse Leben der Russlanddeutschen, HBR* (1969-72), 432-60.

[712] In Gross, Hrg., "The coming of the Russian Mennonites", 470-471, 475.

[713] Friesen, *Mennonite brotherhood,* 570-71.

legte, als führte sie zu einem abschließenden Höhepunkt.⁷¹⁴ Ein anderer Siedler von der Wolga und Sohn eines führenden Kolonisten, Claas Epp, veröffentlichte eine Auslegung des Buches Daniel, die sich stark auf die Werke von Jung Stilling und andere weitverbreitete Berichte über das Ende der Welt stützte. Epp sagte voraus, daß das Tausendjährige Reich in den 1880er Jahren anbrechen würde.⁷¹⁵

Viele Mennoniten hofften auch nach Verkündigung der Gesetze bezüglich des Militärdienstes, daß die Regierung nachgeben und den Mennoniten die volle Befreiung gewähren würde, bevor die ersten Rekruten für den Ersatzdienst eingezogen wurden. Andere wieder, als sie merkten, daß die Gesetze den Siedlern in Grenzgebieten des Zarenreiches für eine bestimmte Zeit die Befreiung von dieser Gesetzgebung gewährte, erkundigten sich nach den Möglichkeiten einer internen Migration in diese besonderen Gebiete. Diese lagen zumeist in Mittelasien, einem Gebiet, das erst vor kurzem von den Russen erobert worden war und das sich noch immer unter einer besonderen Militärregierung befand.⁷¹⁶ Anhänger der Ideen des Tausenjährigen Reiches fühlten sich besonders von diesen "östlichen" Regionen mit ihrer Verheißung der Befreiung vom Militärdienst als auch der heiligen Zufluchtsstätte angezogen. Ab 1880 begann ein Treck aus den Molotschnaja- und den Wolgakolonien zum russischen Turkestan. Einige der Wolgagruppen hielten sich an einen strikten, von Claas Epp aufgestellten Zeitplan des Tausendjährigen Reiches, und schließlich führte er eine kleine Gruppe gläubiger Anhänger in einer seltsamen Odyssee jenseits der russischen Grenzen zu den halbautonomen moslimischen Stadt-Staaten in Mittelasien. Sie fanden schließlich Zuflucht in Chiva unter dem Schutz des Stadtregenten. Epps Voraussage, daß die Welt 1889 untergehen würde, erwies sich als etwas verfrüht, und als seine späteren revidierten Voraussagen ebenfalls fehlschlugen, verließen ihn alle außer einer kleinen Gruppe fanatischer Anhänger. Die Mehrheit der Auswanderer nach Mittelasien blieb jedoch innerhalb des russischen Hoheitsgebietes. Viele gründeten Siedlungen im Gebiet von Taschkent, obwohl einige Familien, einschließlich solcher, die Epp verlassen hatten, später nach Amerika auswanderten. Die in der Nähe von Taschkent blieben, gediehen, und mit der Zeit verschwand ihr Interesse am Tausendjährigen Reich. Religiöse Fragen hatten jedoch nach wie vor eine große Bedeutung. Einige schlossen sich den Brüdern an, während andere sich an der Verteilung von Bibeln und an der Evangelisationsarbeit unter den nicht-orthodoxen Gruppen in Mittelasien und in Westsibirien beteiligten, und vollbrachten somit eine Pionierarbeit in einem Gebiet, das Anfang des zwanzigsten Jahrhunderts große Ansiedlungen von landsuchenden

---

⁷¹⁴ Martin Klaassen, *Geschichte der wehrlosen taufgesinnten Gemeinden von den Zeiten der Apostel bis auf die Gegenwart* (Danzig, 1873); Walter Klaassen, "A belated review: Martin Klaassen's Geschichte der wehrlosen taufgesinnten Gemeinden published in 1873", *MQR*, 49 (1975), 43-52.

⁷¹⁵ Claas Epp, *Die entsiegelte Weissagung des Propheten Daniel und die Deutung der Offenbarung Jesu Christi* (Neusalz, 1878).

⁷¹⁶ Bezüglich der Eroberung von Mittelasien, seine Regierung und die besonderen Bestimmungen für Siedler siehe Richard A. Pierce, *Russian Central Asia 1867-1917; a study in colonial rule* (Berkeley, 1960).

Mennoniten aus Neurussland aufnehmen sollte.[717]

Das Hauptinteresse der Mennoniten konzentrierte sich nach 1860 auf weltlichere Dinge als das eventuelle Weltende. Für die meisten bestand das unmittelbare Interesse darin, ihren Lebensunterhalt zu verdienen, die wirtschaftliche Lage ihrer Familie zu verbessern und für ihre Kinder eine Zukunft zu sichern. Und diese Ziele versuchte man nicht in den fernen Grenzgebieten von Mittelasien zu erreichen, sondern hauptsächlich im Kernland der mennonitischen Siedlungen in Neurussland.

Der Krimkrieg und die darauffolgende Zeit der Reformen hatte die Wirtschaft in Neurussland zerrüttet. Diese Ereignisse beschleunigten aber letzten Endes die Eingliederung dieses Gebietes in die breitere russische Wirtschaft. Schon bald wurde Neurussland zu einem der sich am schnellsten entwickelnden Wirtschaftsgebiete des russichen Reiches. Die meisten Historiker halten die Zeit nach den großen Reformen, insbesondere die Befreiung der Leibeigenen im Jahr 1861 für die Wasserscheide in der russischen Geschichte, einschließlich seiner Wirtschaft sgeschichte.[718] Ab 1861 befand sich Russland ganz eindeutig auf dem Weg zur Industrialisierung, einem Prozeß, der sich in den 1880er Jahren beschleunigte. In dieser Zeit nahm die Bevölkerung in Neurussland rasch zu, zwischen den Jahren 1851 und 1881 stieg sie um mehr als das Doppelte von 2.400.000 auf 4.880.000 Einwohner. Dieser Bevölkerungszuwachs beschränkte sich nicht auf die ländlichen Gebiete. Die Landwirtschaft wurde in zunehmendem Maß zur Marktwirtschaft, und es entstanden bedeutende Industriezentren, insbesondere in der Provinz Jekaternoslaw, wo große Eisen- und Kohlenvorkommen entdeckt und ausgebeutet wurden. Alte Stadtgebiete wuchsen räumlich und bevölkerungsmäßig, und neue städtische Ballungszentren entstanden oft im Zusammenhang mit der Erweiterung des Eisenbahnnetzes, nachdem die erste Eisenbahnstrecke in Südrussland im Jahr 1863 gelegt worden war.[719] Die Einwohnerzahl der Stadt Jekaterinoslaw stieg von etwa 20.000 im Jahr 1863 auf 112.800 im Jahr 1897.

Die landwirtschaftliche Produktion, insbesondere Getreide, spielte in der wirtschaftlichen Entwicklung Russlands in der zweiten Hälfte des neunzehnten Jahrhunderts eine bedeutende Rolle. 1861 entfielen 40 Prozent der Exporte des Zarenreiches dem Wert nach auf Getreideerzeugnisse; um 1878 überstiegen sie

---

[717] Bezüglich der Evangelisations- und Bibelarbeit siehe Franz Bartsch, "Einiges über Westsibirien", *Frdst.*, (19/12-21/26. Mai 1907); Johann Bartsch, "Reminiscences of a Bible Colporteur", *HT,* 40 (Aug.-Nov. 1927).

[718] Blackwell, *The beginnings of Russian industrialization,* Crisp, *Studies in the Russian economy,* M.E. Falkus, *The industrialization of Russia, 1700-1914* (London, 1974), Peter Gatrell, *The Tsarist economy 1850-1917* (London, 1986), P. Lyshchenko, *A history of the national economy of Russia* (New York, 1949).

[719] A.M. Solowjowa, "The railway system in the mining area of southern Russia in the late nineteenth and early twentieth centuries", *Journal of Transport History,* 5 (1984), 66-81; Roger L. Thiede, "Industry and urbanization in New Russia from 1860 to 1910", in Michael F. Hamm, Hrg. , *The city in Russian history* (Lexington, 1976), 125-38.

bereits 60 Prozent. Nach 1878 verlor Getreide in bezug auf den Gesamtwert der Exporte prozentmäßig an Bedeutung. Aber es machte in den 1880er Jahren immer noch mehr als 50% der Exportwerte aus, und die Gesamtmenge der Greideexporte, insbesondere von Weizen, nahm weiterhin zu. Zwischen 1866 und 1890 stieg das Gewicht der Weizenexporte um mehr als 200 Prozent.[720] Neurussland, das 1860 noch ungenügend Getreide für den eigenen Bedarf produzierte, wurde in den 1880er und 1890er Jahren zu einem der größten Getreideexporteure. Weizen war die Hauptgetreideart, die in Neurussland für den Export angebaut wurde. Die bebaute Landfläche in Neurussland erweiterte sich rasch: in der Provinz Jekaterinoslaw um 65 Prozent zwischen 1860 und 1881 und in der Provinz Taurien um 117 Prozent im gleichen Zeitraum.[721] Auf einem großen Teil der Felder wurde Weizen angebaut, der dann durch die Häfen am Schwarzen und Asowschen Meer hauptsächlich zu den Märkten in Süd- und Westeuropa exportiert wurden. Die schweren Ochsenwagen, die einst die Waren zu den Marktzentren gebracht hatten, waren nun durch Eisenbahnwaggons ersetzt worden, die auch Weizen und Mehl zu russischen und mitteleuropäischen Märkten brachten. Bis zum Ende der 1870er Jahre blieben die Preise für Getreideerzeugnisse hoch, danach fielen sie jedoch schnell mit dem weltweiten Absinken der Getreidepreise, was für die europäischen Agrarökonomien ein schwerer Rückschlag war. Aber die Nachfrage nach hochwertigem südrussischem Weizen blieb weiterhin groß. Die Preise hielten sich, und das Produktionsniveau wurde mindestens bis zum Ende der 1880er Jahre aufrechtgehalten.[722]

Die Mennoniten in Neurussland reagierten auf die steigende Nachfrage nach Weizen positiv und erweiterten ihre Anbauflächen. In Chortitza und in der Molotschnaja wurden 1861 nur fünfundzwanzig von fünfundsechzig *dessjatini* bebaut, um 1881 wurden jedoch in Chortitza bereits einundvierzig *dessjatini* und in der Molotschnaja fünfundvierzig *dessjatini* bebaut.[723] Die wichtigste, für die Vermarktung angebaute Getreideart war Weizen, die von 1879 bis 1889 durchschnittlich die Hälfte der besäten Flächen in den zwei Kolonien ausmachte. Die anderen Hauptgetreidearten waren Gerste, Roggen und Hafer.[724] Bis zum Ende

---

[720] Exportdaten aus Roger Portal, "The industrialization of Russia", in H. J. Habakkuk und M. Postan, Hrg., *The Cambridge economic history of Europe* (Cambridge, 1965), 6 (2), 815; Lyshchenko, *History of the national economy*, 519-20. Siehe auch P.A. Schostok, *"Grain trade", in* The industries of Russia 3: Agriculture and fisheries *(St. Petersburg, 1893), 112-13* und M.E. Falkus, *"Russia and the international wheat trade, 1861-1914", Economica,* 33 (1966), 416-29.

[721] Gatrell, *Tsarist economy,* 131, Colin White, "The impact of Russian railway construction on the market for grain in the 1860s and 1870s", in L. Symons und C.White, Hrg., *Russian transport: an historical and geographical survey* (London, 1975), 19.

[722] Lyashtchenko, *History of the national economy, 468-70;* Gershenkron, *"Agrarian policies and industrialization",* 776; Gatrell, *Tsarist economy,* 132-33.

[723] Rempel, *Mennonite colonies,* 243; Rempel, *Mennonite commonwealth,* 64.

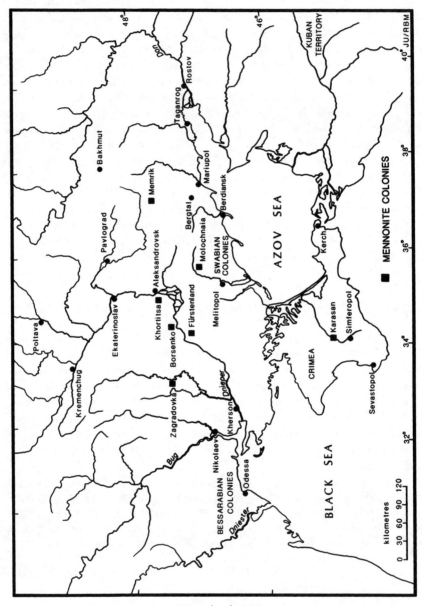

*Neurussland 1880*

der 1880er Jahre herrschte der Frühjahrsweizen vor, aber allmählich wurde immer mehr die widerstandsfähige, als *Krymka* bekannte Wintersorte gesät, weil sie hohe Preise sicherte. Die Erträge blieben jedoch unberechenbar, sie hingen wie alle Feldfrüchte von den unbeständigen Wetterbedingungen ab. 1874 wurde zum Beispiel eine Ernte von *75 pud* pro *dessjatina* erzielt, im nächsten Jahr jedoch nur 12; in dem trockneren Molotschnaja-Gebiet waren die Ernten in schlechten Jahren sogar noch niedriger als in Chortitza.[725] Trotz dieser Ungewißheiten war für die Bauern der Getreideverkauf die Haupteinnahmequelle. 1880 verdiente ein Bauer in Chortitza mit dem Verkauf von Getreide 1.236 Rubel (62 Prozent durch Weizen), und 1886 ezielte ein Molotschnaer Bauer 1.047 Rubel (90 Prozent durch Weizen).[726]

Getreide war jedoch nicht das einzige landwirtschaftliche Erzeugnis, das für die Vermarktung angebaut wurde. Eine Anzahl mennonitischer Bauern spezialisierte sich auf die Erzeugung besonderer Verkaufsartikel, wie z.B. Obst aus sorgfältig angelegten Gärten, und die Bauern von Chortitza pflanzten Kartoffeln an, die in der Stadt Jekaterinoslaw verkauft wurden. Die Anzahl der Schafe ging weiter zurück und 1880 gab es in Chortitza nur noch 8.423 und in der Molotschnaja nur noch 33.103 Schafe. Die Aufzucht von Rassepferden und Milchvieh dauerte jedoch an, und die Erträge aus dem Verkauf von Butter waren für viele Bauern eine bedeutende Einnahmequelle.[727]

Die Erweiterung des Anbaugebietes ging Hand in Hand mit einer Intensivierung der Anbaumethoden. Die mennonitischen Bauern waren nun das Jahr hindurch beschäftigt, und da der Arbeitsaufwand immer mehr zunahm, wurde billige Arbeitskraft von ausschlaggebender Bedeutung. Ein Grund für die anhaltenden Streitigkeiten zwischen den Grundbesitzern und den Landlosen in den Kolonien war der Wunsch der Bauern, eine große Anzahl gelernter und abhangiger Arbeitskräfte zu behalten. In den 1860er und 1870er Jahren wurden weitere Arbeiter aus mennonitischen Siedlungen in Preußen und Wolhynien importiert.[728] Die größte Quelle zusätzlicher Arbeitskräfte waren jedoch die kleinrussischen Nachbardörfer. Die Menschen aus diesen Dörfern waren schon seit lan-

---

[724] Nach Zahlen für den Getreideanbau in den Kolonien, die in der *Odessaer Zeitung* zwischen diesen Jahren veröffentlicht wurden; Rempel, *Mennonite colonies,* 245, 259-60, liefert ausführliche Zahlen von einzelnen Bauern in Chortitza und in der Molotschnaja, die sich auf V.E. Postnikows Werk aus den 1880er Jahren gründen.

[725] Ausführliche Zahlen für Chortitza von 1853 bis 1910 stehen in Epp, "The emergence of German industry"; die Erträge per *dessjatina* nach Mengen können für die Molotschnaja aus den Zahlen von 1880 in *OZ* errechnet werden. Siehe auch Rempel, *Mennonite colonies,* 265-68.

[726] Rempel, *Mennonite colonies,* 246; in den Wolga-Kolonien war die wichtigste, für den Markt bestimmte Getreideart nicht Weizen, sondern Roggen.

[727] Bezüglich Viehzucht und Milcherzeugnisse siehe Rempel ib.; 269-74

[728] Bezüglich der Arbeiter aus Volhynien siehe Jacob B. Janz, "Mennonite life in Volhynia, 1800-1874)", *Journal of the American Historical Society of Germans from Russia,* 1 (1978), 12; die Arbeiter kamen oft mit der Hoffnung, Land in der Molotschnaja oder anderswo in Russland kaufen zu können.

gem in den arbeitsreichen Ernte- und Dreschzeiten beschäftigt worden. In den 1880er Jahren wurden diese Arbeiter noch immer in großer Anzahl gebraucht. Die Arbeiter erhielten in der Dreschzeit einen Lohn pro Tag oder pro gemähte Fläche. Man strebte jedoch in zunehmendem Maße danach, einen Arbeiter oder mehrere Arbeiter für längere Zeit anzustellen, entweder für den Winter zu einem niedrigen Lohn oder für das gesamte Landwirtschaftsjahr von Mai bis Oktober, zu einem höheren Lohn, da es in dieser Zeit mehr Arbeit zu tun gab.[729] Die Arbeiter waren oft jung und unverheiratet (Jugendliche). Alleinstehende Mädchen wurden auch im Haushalt angestellt, um mit der Hausarbeit zu helfen oder als Kindermädchen für mennonitische Kinder.

Die Erweiterung der Anbaufläche und die Kosten für auswärtige Arbeitskräfte bewegten die Mennoniten dazu, die zur Verfügung stehenden Maschinen einzuführen. Neue Arten von Pflügen, die von Mennoniten oder anderen ausländischen Kolonisten erfunden oder verbessert worden waren, wurden in weiten Kreisen verwendet. Der mehrteilige *Bukker* war besonders beliebt, und in den 1880er Jahren wurde die Maschine auch für die Aussaat von Getreidesamen umgebaut. Die Verwendung von Mäh- und Erntemaschinen - von denen einige importiert und andere vor Ort hergestellt wurden - nahm nach 1870 rasch zu. Der Mähbinder, genannt *lobogrelka* (wörtlich: Stirnwärmer, wegen der Anstrengung beim Entfernen der geschnittenen Garben) erwies sich als ganz besonders beliebt.[730] Allmählich nahm die Verwendung von Handsensen und der Einsatz zahlreicher Arbeitskräfte immer mehr ab. 1889 berichtete ein Korrespondent aus Tiegerweide in der Molotschnaja, daß vier Kinder mit vier Pferden und zwei Mähmaschinen zehn *dessjatini* pro Tag mähen konnten. Ein geschulter Erwachsener konnte mit einer Sense nur zwei *dessjatini* schaffen.[731] Es ist deshalb nicht verwunderlich, daß um 1886 jeder zweite Hof in der Molotschnaja eine Mähmaschine besaß.[732] Es wurden auch andere Maschinen zur Erleichterung der landwirtschaftlichen Arbeit eingeführt, einschließlich mechanischer Häcksler und von Pferden betriebene mechanische Dreschmaschinen, die allmählich die von Pferden gezogenen Steinwalzen ersetzten, die ihrerseits zu Beginn des Jahrhunderts die Hand-Dreschflegel verdrängt hatten. Kauf und Unterhalt all dieser Maschinen bedeuteten für die Besitzer große Kapitalauslagen, ein gewißes Maß an Fachkenntnis für deren Betrieb und gewöhnlich auch mehr Pferde als Zugkraft.[733]

Außerhalb der Kolonien und auf gepachtetem oder auf Privatland verliefen die Steigerung der Produktion und die Einführung neuer Maschinen in der gleichen Weise wie in den Kolonien. Bei den größeren Gutsbesitzern dauerte der

---

[729] Zahlen aus einem Brief an *MR* aus dieser Zeit geben einige Hinweise in bezug auf die Lohnsätze; 1,40 bis 1,60 Rubel pro *dessjatina* für das Abernten; 50 Kopeken bis zu einem Rubel pro Tag beim Dreschen.
[730] Rempel, *Mennonite colonies,* 247-55 enthält Einzelheiten über solche Maschinen.
[731] *MR,* 32 (7. Aug. 1889), 1.
[732] Rempel, *Mennonite colonies,* Einzelheiten siehe auf S. 255
[733] Ib., 255-57.

Neue Ziele 259

*Diese Getreidemühle diente vielen Menschen in der Umgebung von Chortitza*

Übergang von der Weidewirtschaft zum Ackerbau oft länger, da Arbeitskräfte für die Bearbeitung großer Landflächen in Südrussland schwer zu bekommen waren. Aber die Verwendung von Maschinen, die oft von Ochsen statt von Pferden betrieben wurden und die Freiwerdung des Arbeitsmarktes durch die Änderung der Regierungsbestimmungen zwang die Kleinbauern dazu, Arbeit außerhalb ihrer Gemeinschaften zu suchen, so daß es schon bald immer mehr bebauten Großgrundbesitz gab. Dies steigerte das Vermögen der Gutsbesitzer.

Viele der von Mennoniten verwendeten Maschinen wurden vor Ort hergestellt. Mennonititsche Werkstätten, die in den 1840er Jahren mit dem Bau von Wagen begonnen hatten (eine Industrie, die bis zu den 1860er Jahren blühte), fingen nun auch an, eine ganze Reihe landwirtschaftlicher Maschinen herzustellen. 1867 produzierte Peter Lepp nur zwölf Mähmaschinen und 115 von Pferden betriebene Dreschmaschinen. Um 1881 war die Produktion bereits auf 405 Mähmaschinen und 223 Dreschmaschinen angestiegen; 1888 wurden 1.200 Mähmaschinen hergestellt, zum größten Teil die lobogrelka. In die 1880er Jahren wurde das Unternehmen von Lepp jedoch in die Maschinenbaugesellschaft "Lepp und Wallmann" umgewandelt. 1881 beschäftigte die Fabrik dieser Gesellschaft von Lepp und Wallmann in Chortitza 200 Arbeiter, sie besaß 15 Dampfmaschinen für den Antrieb der Drehbänke und anderer Maschinen der Fabrik, und der Wert der Produktion und der Reparaturen stieg von 64.000 Rubel im Jahr 1870 auf 321.575 Rubel im Jahr 1881. Um die wachsende Nachfrage nach Maschinen zu decken, eröffnete die Firma 1888 eine zweite Fabrik in Schönwiese, die zweihundertfünfzig Mann beschäftigte.[734] Andere Unternehmen schafften ebenfalls den Übergang von örtlichen Werkstätten zu kleinen Fabriken, und ihre Besitzer entwickelten sich in den 1870er und 1880er Jahren von geschickten Handwerkern zu Industriellen. Viele dieser Firmen wurden von Peter Lepps früheren Lehrlingen gegründet, und um die 1880er Jahre konkurrierten in diesem Geschäftsbereich bereits Firmen wie A. Koop, K. Hildebrand, J. Friesen, J. Koslowski und J. Rempel mit Lepp und Wallmann.[735] In Chortitza stellten diese Firmen über 2.600 Mähmaschinen, 300 Dreschmaschinen, 1.000 Pflüge her und beschäftigten fast 500 Menschen.[736] Die Zeit der Industrie mit allem was dazugehört: dampfbetriebene Maschinen, der Lärm und die Umweltverschmutzung eines Fabrikbetriebs waren in die friedliche Stille des ländlichen Chortitza eingedrungen.[737] Obwohl Chortitza den größten Aufschwung der industriellen Entwicklung nach 1870 erlebte, wurden auch in der Molotschnaja Fabriken aufgebaut, insbesondere in den Dörfern Halbstadt und Waldheim, aber auch in anderen Siedlungen, Tochterkolonien, Berdjansk und später auch in anderen Städten, in denen Mennoniten Unternehmen gründeten.

Die Altkolonie war jedoch ideal gelegen, um von der rasch zunehmenden Industrialisierung in den Gebieten von Neurussland nach 1870 zu profitieren. Eine staatliche Eisengießerei hatte es in Lugansk in der Provinz Jekaterinoslaw bereits seit 1800 gegeben, aber durch die Gewinnung von Kohle im Donezbecken und Eisenerz im Gebiet von Kriwoj Rog in der Provinz Charkow kam es zu einer raschen Entwicklung der Schwerindustrie. Diese wurde ihrerseits durch den Bedarf an Schienen für das sich erweiternde Eisenbahnnetz in den 1870er und 1880er Jahren gefördert.[738] Die Eisenbahn ermöglichte auch die billige Beförderung von Kohle und Eisen zu den Zentren der Leichtindustrie. Entlang der Eisenbahnschienen schossen Machinenbauwerke auf, besonders an den wichtigen Knotenpunkten. Chortitza besaß bereits gute Transportbedingungen über den Fluß Dnjepr. 1884 wurde zudem die Jekaterinoslawskaja Eisenbahn, die die größten Eisen- und Kohlenbergwerke verband, bis Alexandrowsk erweitert. Das

---

[734] Bezüglich der Zahlen von 1867 siehe David H.Epp, "Peter Heinrich Lepp", *UB*, 3 (1927), 71; 1870 und 1881 "Handwerker und Fabriken in den Kolonien Südrusslands", *OZ*, 118 (30.Mai 11/Juni 1882), 2; 1888 Epp, *Chortitzer Mennoniten*, 89. Siehe auch ausführliche Zahlen in *OZ*, 182 (14/26/Aug. 18/31. Aug. 1894).

[735] Bezüglich der Einzelheiten über Abraham J. Koop und Kornelius Hildebrandt siehe z.B. Epp, "The emergence of German industry", 308-10.

[736] Epp, *Chortitzer Mennoniten*, 89.

[737] Siehe Briefe in *MR*, 13 (1.Juli 1882), 2, *OZ*,160 (17/29. Juli 1884), 2 bezüglich zeitgenössischer Berichte über diesen Wandel.

[738] Lyshchenko, *History of the national economy*, 500-03, 538, Portal, "The industrialization of Russia", Solowjowa, "The railway system".

war ganz in der Nähe der Kolonie und des Dorfes Schönwiese, wo neue Fabriken von Mennoniten aufgebaut wurden. Das sich erweiternde Schienennetz förderte somit die industrielle Entwicklung noch stärker, die Molotschnaja blieb jedoch von diesen Entwicklungen länger ausgeschlossen als Chortitza.[739]

Der Bau von Eisenbahnen förderte auch die Erweiterung anderer kommerzieller Betriebe, insbesondere der mennonitischen Mehlmühlen. Die Mennoniten hatten seit den ersten Tagen der Ansiedlung in Russland sowohl innerhalb als auch außerhalb ihrer Kolonien Mühlen gebaut, besessen und betrieben. Heinrich Thiessen z.B. hatte sich 1805 in der Stadt Jekaterinoslaw angesiedelt, eine Mühle gebaut und war wohlhabend geworden. Windmühlen und später Wassermühlen und Tretmühlen wurden weit und breit bereits vor 1850 gebaut. Nach dem Krimkrieg, als der Bedarf an Mehl stieg, gab es im Jahr 1856 in der Molotschnaja bereits 46 Tretmühlen, 1866 waren es bereits 106.[740] Dampfmaschinen wurden als Antriebskraft für die stark vergrößerte Mahlleistung verwendet. Einer der ersten Müller, der die Dampfkraft nutzte, war Johann Thiessen aus Jektaernoslaw im Jahr 1861. Andere Mennoniten folgten rasch seinem Beispiel. Hermann Niebuhr, dessen Familie seit dem Ende des achtzehnten Jahrhunderts Mühlen in Chortitza besessen hatte, wurde der erfolgreichste Nutzer der neuen Technologie. Niebuhr kaufte seine Dampfmaschinen direkt von den Herstellern in England und reiste auch weit in Europa und Nordamerika umher, um die letzten Neuerungen auf dem Gebiet der Mühlentechnologie kennenzulernen. Er führte in Südrussland die Verwendung von Zylindern anstelle der Mahlsteine zum Kornmahlen ein.[741] Ende der 1870er und anfangs der 1880er Jahre wurde Dampfkraft zum Mahlen bereits allgemein verwendet, obwohl auch Wind- und Tretmühlen weiter in Betrieb blieben. Der Mühlenbetrieb wurde von vielen Mennoniten als eine Möglichkeit betrachtet, schnell reich zu werden, aber vielen fehlte das Kapital, um zahlungsfähig zu bleiben, wenn die Getreidepreise fielen, und eine Reihe von ihnen ging bankrott.[742] Die großen Mühlenbesitzer häuften jedoch weiterhin große Reichtümer an und bauten neue Mühlen an bedeutenden Eisenbahnknotenpunkten, um die Vorteile des sich erweiternden Transportnetzes zu nutzen.

Da Handel und Industrie blühten und die Agrarproduktion zunahm, stieg auch das Einkommen der Mennoniten in den Kolonien. Mennonitische Geschäftsleute kauften Getreide auf und beförderten es zu den Mühlen oder zu den Exporthäfen. Andere Kaufleute wurden zu Warenlieferanten, und einige eröffneten Läden und Warenhäuser in den Kolonien. Mit dem steigenden Lebensstandard gab es auch neue Geschmacksrichtungen und eine neue, breitgefächerte Nachfrage nach Gebrauchsgütern. In den Dörfern wurden die Häuser vergrößert und neu möb-

---

[739] Die Molotschnaja entwickelte jedoch auch andere Industrien, wie z.B. Stärkefabriken, Brauereien wie auch Fabriken für landwirtschaftliche Maschinen.
[740] Rempel, *Mennonite colonies*, 286
[741] Siehe Epp, "The emergence of German industry", 310-50 bezüglich Einzelheiten über das Mahlen mit besonderem Bezug auf die Niebuhrs.
[742] Rempel, *Mennonite commonwealth*, 64-65.

liert. Modische Kleider aus importierten Baumwollstoffen verdrängten die einfache Kleidung aus grobem Tuch, die während einer so langen Zeit allgemein verwendet worden waren. Kutschen traten an Stelle des Bauernwagens, besonders bei gesellschaftlichen Anlässen. Aber mit einer ganzen Reihe alter, mennonitischer Handwerksbetriebe ging es immer weiter bergab, je mehr Waren außerhalb der Kolonien gekauft wurden. Viele importiere Waren kamen aus den Werkstätten russischer Kleinbauern, aber einige Artikel wurden auch im Ausland gekauft, je mehr die Mennoniten mit den westeuropäischen Konsumgesellschaften in Kontakt kamen. Sie lasen über diese neue Waren in den ausländischen Zeitschriften und anderer Literatur. Die Artikel waren verführerisch illustiert und wurden mit einer großartigen Werbung angepriesen. Diestleistungsbetriebe wie Schuster- und Schneiderwerkstätten blieben bestehen, obwohl es sich bei den betreffenden Handwerkern immer weniger um Mennoniten handelte. Tatsächlich waren viele von ihnen Juden, die nach den Reformen der 1860er Jahre nun in den Kolonien leben und arbeiten durften.[743]

Die Verbreitung der Mennoniten jenseits der Kolonien, der Niedergang der alten, ländlichen Handwerksarbeit und die Entwicklung neuer Industrien und Beschäftigungen in der russischen postreformatorischen Umwelt, verstärkten den Trend zur größeren gesellschaftlichen Vielfalt in den mennonitischen Gemeinschaften. Die Großgrundbesitzer, die zu Beginn des Jahrhunderts große Landflächen erworben hatten, verstärkten ihren Besitz, modernisierten ihre landwirtschaftlichen Bearbeitungsmethoden und fingen an, reiche Erträge zu ernten. Obwohl die Anzahl der privaten Großgrundbesitzer nach 1860 deutlich zunahm, wurden nur wenige so wohlhabend wie diese älteren, bereits etablierten Gutsbesitzer. Bauern auf ihrem eigenen Land, wie z.B. in Schönfeld, mögen auch geglaubt haben, daß sie reiche Gutsbesitzer waren. Tatsächlich waren sie jedoch nur etwas besser gestellt als erfolgreiche Bauern in den Kolonien, auf die sie gerne herabsahen. Was jedoch Reichtum und gesellschaftliches Ansehen der Gutsbesitzer betrifft, waren ihnen die führenden Industriellen und Mühlenbesitzer schon bald ebenbürtig, die ebenfalls große Ländereien erwarben und den Lebensstil des Landadels annahmen. Ihre Kinder heirateten nicht nur oft in andere Familien von Industriellen hinein, sondern auch in die anderer wohlhabender Großgrundbesitzer, so daß mächtige Geschlechter einer Gutsbesitzer-Elite entstanden. Ihr Wohlstand zeigte sich in ihrem Lebensstil, der so ganz anders war als der ihrer Vorfahren und der anderen Kolonisten, von denen viele Familienbande zur neuen Aristokratie nachweisen konnten.[744] Die Reichen waren nach der letzten Mode gekleidet, sie fuhren in groß-

---

[743] Die jüdischen Handwerker wurden von den "deutschen" Kolonisten beschuldigt, daß sie den Siedlern die Arbeitsstellen wegnahmen. Der Antisemitismus zeigte sich auch darin, daß man die jüdischen Händler undurchsichtiger Geschäfte beschuldigte. Bezüglich einer mennonitischen Stellungnahme aus Chortitza siehe "Die Judenfrage in den Kolonien", OZ, 35 13/25 Feb. 1881), 2-3. Es bestehen keine Zweifel, daß viele Mennoniten antisemitisch eingestellt waren, aber es war auch eine Zeit des wachsenden Antisemitismus in allen Lebensbereichen in Rußland.

artigen Kutschen, die von schönen, zusammenpassenden Pferden gezogen wurden, und lebten in großen Häusern, die von zahlreichen Bediensteten und Arbeitern gepflegt wurden. Sie reisten weit in Russland und Europa umher, wobei geschäftliche Interessen oft mit Vergnügen verbunden wurden.[745] Trotz dieses zunehmenden sozialen Abstands von der Mehrheit der anderen Kolonisten unterhielten die Reichen und Wohlhabenden auch weiterhin enge Verbindungen zu den Kolonien. Sie gehörten zu den Kolonie-Gemeinden und besuchten die Gottesdienste. Sie hatte noch immer zahlreiche Verwandte und Freunde in den Kolonien, und ihre eigenen Kinder, die wohl Privatunterricht auf ihren Gütern erhielten, wurden doch zwecks höherer Bildung in die Sekundarschule der Kolonie geschickt. Die Wohlhabenden spendeten auch beträchtliche Summen für den Unterhalt dieser Schulen wie auch für eine Reihe anderer kultureller Einrichtungen in den Kolonien. Es entstand eine Tradition großzügiger Philanthropie, dank welcher die Ausbildungskosten für Lehrer und Missionare im Ausland von diesen reichen Wohltätern bezahlt wurden.[746]

Innerhalb der Kolonien zeigten sich ebenfalls immer deutlicher die gesellschaftlichen Unterschiede, je größer die Vermögensunterschiede wurden, obwohl das persönliche Ansehen eines Menschen oder seiner Familie für den gesellschaftlichen Status immer stark in Betracht gezogen wurde. Der Landbesitz blieb ein bedeutender Faktor für den gesellschaftlichen Status einer Person in der Gemeinschaft. Die Vollwirte (Großbauern) hatten das entscheidende Wort in örtlichen Angelegenheiten. Sie beherrschten die Dorfversammlungen und andere örtliche Gemeinschafts-Organisationen. Die Unterschiede zwischen einem Vollwort, einem Halb- oder Viertelwirt bzw. Kleinbauern wurden immer deutlicher. Hinter den Bauern mit Landbesitz kamen die Anwohner, die ihre zum Haus gehörenden Grundstücke hatten. Auf der untersten Stufe der Gesellschaft standen die Landlosen, die ihre Häuser mieteten und die trotz der Landreformen sich als Arbeiter oder kleine Handwerker immer noch am Rande der Gesellschaft befanden. Diese Unterschiede in der Gesellschaftsstruktur zeigten sich ganz deutlich in der Anlage der Dörfer. In der Mitte des Dorfes standen die schönen Häuser mit den wohlgepflegten Höfen der Vollwirte, umgeben von starken Backsteinmauern und vollausgewachsenen Baumbeständen. Zum Ende der Dorfstraße hin lagen die Häuser derjenigen, die zu den unteren Klassen gehörten. Die Häuser waren oft kleiner, und die weniger gut gepflegten Gebäude waren nach dem Standard der "Mittelschicht"-Bauern überfüllt. Viele dieser armen Mennoniten konnten jedoch nur wenige Generationen zurückliegende verwandtschaftliche Beziehungen zu den wohlhabenden Landwirten und sogar zu wohlhabenden Fabrik- und Gutsbesitzern

---

[744] Urry, "Through the eye of a needle", 14-18, 21-24.
[745] Siehe z.B. die Reisen von den Niebuhrs in Epp, "The emergence of German industry", 334, 338, 343-44.
[746] Siehe Kapitel 13 bezüglich Einzelheiten über diese Lehrer und deren Rolle im Gemeinschaftsleben.

nachweisen.

Das wichtigste Ziel der meisten Kolonisten bestand noch immer darin, die Grundbedürfnisse zu befriedigen, eine Zukunft für ihre Kinder zu sichern (einen Bauernhof für die Söhne, eine gute Heirat für die Töchter) und ihre eigene wirtschaftliche und gesellschaftliche Lage zu verbessern. Der Umzug vieler in die neuen Siedlungen nach 1860 war oft auf diese Beweggründe zurückzuführen. Vielen gelang es, durch ihre Bemühungen ihr Los zu verbessern. Ein landloser Anwohner konnte sich möglicherweise die Pacht einer kleinen Bauernwirtschaft in einer Kolonie oder in einer Tochterkolonie sichern, ein Kleinbauer konnte vielleicht eine Halb- oder sogar eine Vollwirtschaft kaufen, und ein Vollwirt konnte ein besseres Anwesen in einem wohlhabenden Dorf oder Privatland außerhalb der Kolonie pachten oder kaufen und so eine gewisse Unabhängigkeit erlangen. Ein kleiner Handwerker konnte beispielsweise einen Betrieb eröffnen, der so gut gedieh, daß er seine Produktion vergrößern oder Landwirt werden konnte, und ein Müller mit einer Tretmühle konnte möglicherweise einen größeren Betrieb oder sogar eine Dampfmühle erwerben. Aber es gab auch viele, die trotz all ihrer Anstrengungen keinen Erfolg verzeichnen konnten und bei denen es in wirtschaftlich-sozialer Hinsicht ständig bergab ging. Wenn ihre Schulden immer größer wurden, waren sie gezwungen, ihr Land, ihre Häuser und sonstiges Vermögen zu verkaufen. Wenn ihre Betriebe nicht mehr gut liefen, kam es zum Bankrott. Zuweilen halfen ihnen Verwandte, Geschäftspartner oder Freunde aus der Not. Aber die wirtschaftliche Welt, in der sie lebten, war hart. Viele verließen das Dorf und ließen sich auf der Suche nach Arbeit zu den entstehenden mennonitischen Industriezentren treiben. Einige verdingten sich als Arbeiter, während andere einfach die mennontische Gemeinschaft verließen. Eine weitere Alternative war die Auswanderung, und es kam zu einer ständigen, wenn auch geringfügigen Abwanderung von Russland nach Amerika.[747]

Während die meisten Mennoniten ihre Zukunft noch immer im Landbesitz und in der Landwirtschaft sahen, glaubten einige wenige nicht mehr, daß das Landleben und der Ackerbau eine sichere Zukunft boten. Bildung wurde von einigen als das bedeutendste Mittel für einen sozialen Aufstieg und eine Arbeitsstelle außerhalb der traditionellen Beschäftigungen der mennonitischen Welt betrachtet. Eine Anzahl von Kindern wohlhabender Gutsbesitzer und Industrieller erhielten eine höhere Bildung, nicht so sehr um einer berufliche Mobilität und eines beruflichen Fortkommens willen, sondern um durch gute Umgangsformen in der größeren russischen Gesellschaft voranzukommen. Es waren in erster Linie die Kinder wohlhabender, fortschrittlich gesinnter Landwirte, Verwalter, Lehrer und Prediger, die nach 1860 eine höhere Bildung suchten und erhielten. Und ab den 1870er

---

[747] Wie viele Menschen nach 1880 nach Amerika auswanderten, ist unbekannt, aber es kam zu ständigen kleinen Abwanderungen, die zum Teil durch Berichte in den Zeitschriften amerikanischer Mennoniten angelockt wurden. Einige Migranten, denen die neue Welt nicht gefiel, kehrten aus Amerika zurück, um sich wieder in Russland anzusiedeln.

Jahren begannen die Kinder dieser Gruppen, Stellungen und Verantwortung in der Gemeinschaft zu übernehmen und und deren zentrale Verwaltung und Gemeinschaftsinstitutionen zu beherrschen.[748] Obwohl eine Anzahl von ihnen sich Dienste in der Gemeinschaft als Lehrer, Verwalter und Prediger übernahm, nutzten ebenso viele ihre Ausbildung für unternehmerische Aktivitäten. Einige gründeten ihre eigenen Firmen, schlossen Partnerschaften mit anderen und besiegelten ihre neuerworbenen Stellungen durch die Heirat mit führenden reichen Familien von Gutsbesitzern und Industriellen.[749] Aus diesen gebildeten Gruppen entstand eine Intelligenzia, die ab dem Ende des Jahrhunderts einen zunehmenden Einfluß auf die Entwicklung der kulturellen Aktivitäten ausübte und Führungsrollen in den mennonitischen Gemeinschaften übernahm.[750]

Viele Bauern in der Kolonie blieben jedoch, was den Wert einer höheren Bildung betraf weiterhin skeptisch. Eine Grundschulbildung wurde für einen Bauernsohn als vollkommen ausreichend angesehen, der wie sein Vater Landwirt werden wollte. Die Töchter sollten Bauersfrauen werden und brauchten deshalb noch weniger zu lernen. Aber einige Bauern - und ihre Zahl nahm mit dem vorrückenden Jahrhundert ständig zu - erkannten, daß eine höhere Bildung ihren Nachkommen bessere Möglichkeiten verschaffte, ob sie nun den Fußstapfen ihrer Eltern in die Landwirtschaft folgten oder nicht. Der Vater von John Harms, der von einem russischen Arbeiter betrogen wurde, weil er kein Russisch verstand, sorgte dafür, daß sein Sohn eine höhere Bildung erhielt und Russisch lernte. Vorsichtshalber ließ er seinen Sohn aber auch ein Gewerbe bei einem Dorfhandwerker erlernen für den Fall, daß er keine andere Arbeitsstelle finden sollte.[751] Nur wenige Bauern erkannten damals den wahren Wert einer höheren Bildung, obwohl ihre Einstellung zur Bildung und zum Lernen sich im Vergleich zu der ihrer Vorfahren zu Beginn des Jahrhundert deutlich verändert hatte. Lehrer, insbesondere die in den Zentralschulen, waren nun Respektspersonen in der Gemeinschaft. Ihr Ansehen stieg außerordentlich durch ihre ausschlaggebende Rolle in Gemeinschaftsangelegenheiten und die Tatsache, daß viele von ihnen auch Prediger in den Gemeinden waren. Sogar das Prestige der Dorflehrer stieg durch die gehobene gesellschaftliche Stellung der Zentralschullehrer. Ihre Gehälter und Arbeitsbedingungen verbesserten sich nach 1880 ebenfalls ständig.[752]

---

[748] Ihre Rolle bei der Entwicklung mennonitischer Institutionen wird in Kapitel 13 behandelt.
[749] 1880 gab beispielsweise Heinrich H.Franz, Sohn des Pioniererziehers Heinrich Franz, und selbst ein hochgebildeter Lehrer, das Unterrichten auf und erwarb zusammen mit seinem Schwager, dem Grundbesitzer Peter Schroeder eine Eisengießerei. Sie gründeten die Firma Franz & Schroeder, die später zu einem bedeutenden Maschinenbaukonzern in Neu-Halbstadt wurde, *MR,* 7 (5. Sept. 1880), 2, Friesen, *Mennonite brotherhood,* 735.
[750] N.J. Klassen, "Mennonite Intelligentsia in Russia", *ML,* 24 (1969), 51-60.
[751] Harms, *Eine Lebensreise,* 9; Harms wurde später zu einem bedeutenden Bruder in den USA und einem Verleger von Büchern und Zeitschriften, siehe Orlando Harms, *Pioneer publisher: the life and times of J.F. Harms* (Winnipeg, 1984).

Die soziale Stellung in der mennonitischen Welt hing somit in zunehmendem Maß von breitgefächerten Faktoren ab: Grundbesitz, Beruf, Vermögen und Bildung. Die Tage, in denen Kaufleute und Geschäftsmänner von der Gemeinschaft der Grundbesitzer verachtet wurden, waren vorbei. Die Zeit, in der Lehrer als Versager angesehen wurden, die dazu verurteilt waren, als Nebenbeschäftigung Kinder zu beaufsichtigen, war zu Ende. Die Landwirtschaft als Selbstversorgung wurde nicht mehr als ausschließliche und einzig richtige Beschäftigung eines wahren Gläubigen betrachtet. Die räumliche Ausdehnung der mennonitischen Welt ging Hand in Hand mit der Ausdehnung des Gesellschaftssystems und einer Erweiterung der Weltsicht, zunehmend unterschiedlichen Einstellungen und einer wachsenden Toleranz. Eine ungleichartigere Gesellschaft, deren Mitglieder breitgefächerte Ideen und Meinungen vertraten, war nun begründet worden, und dies verschaffte den Mennoniten eine größere Bewegungs- und Gedankenfreiheit und mehr Möglichkeiten in einer sich rasch verändernden Welt. Gleichzeitig wurde der alte Sinn für Einheitlichkeit, der sich in der gemeindeorientierten Gemeinschaft symbolisierte, zunehmend eine Sache der Vergangenheit. Dies bedeutete jedoch nicht, daß damit auch das Bewußtsein, ein Mennonit zu sein und einer besonderen mennonitischen Gemeinschaft anzugehören, verlorenging. Es waren lediglich die Vorzeichen für die Entstehung eines neuen Gemeinschaftssinns und eines neuen Verständnisses mennonitischer Identität als Teil einer größeren und vielfältigeren Welt.

*Mennoniten in Uniform, die auf der Forstei ihrem Land dienten*

---

[752] W(ilhelm) N(eufeld), "Das Unterrichtswesen unter den Mennoniten in Russland", in H.G. Mannhardt, Hrg., *Jahrbuch der Altevangelischen Taufgesinnten oder Mennoniten-Gemeinden* (Danzig, 1888), 136.

# 13. Die Entstehung des mennonitischen Staates im Staate

Die großen Reformen stießen in der Welt der Russland-Mennoniten sowohl auf positive als auch negative Reaktionen. Vieles, was bisher für das mennonitische Lebens typisch war, wurde umorganisiert, und neue Institutionen wurden geschaffen, um die bereits zu Beginn des Jahrhunderts in die Wege geleiteten Richtlinien einer fortschrittlichen Politik wiederaufzunehmen und weiterzuführen. Es ist deshalb nicht verwunderlich, daß viele führende Gestalten dieser "Renaissance" Menschen waren, die in jener früheren Zeit aufgewachsen waren und ihre Ausbildung erhielten. Diese neue Generation war dazu ausersehen, die mennonitische Gemeinschaft umzuformen und ihr eine neue Sicht für Ziel und Zweck ihrer Existenz zu geben. Sie förderten positive Einstellungen gegenüber der größeren Welt, und aufgrund dieser veränderten Haltung entstand in der Postreform-Zeit ein neues Verständnis für Gemeinschaft und mennonitische Identität innerhalb eines sich rasch verändernden russischen Nationalstaates.

1866 berief das Fürsorge-Komitee eine Versammlung der Kolonievertreter in Odessa ein, auf der über eine Reihe von Verwaltungsfragen beraten werden sollte. Dazu gehörte auch, daß die Anzahl der Zentralschulen vergrößert und der Unterricht in der russischen Sprache gefördert werden sollte, um der Durchführung der kommenden Reformen gewachsen zu sein. 1869 besuchte eine Kommission die Kolonisten, um die Reorganisation der Schulen zu fördern. Weitere Instruktionen folgten dann 1871.[753] Neue Zentralschulen wurden eröffnet, und als die ausländischen Kolonisten anfingen, eine allgemeine Umorganisierung der Schulen und der Lehrpläne zu erwägen, kam es in der Presse der Kolonisten zu einer lebhaften Debatte über mögliche Alternativen.[754]

---

[753] Einzelheiten dieser Ereignisse findet man zusammengefaßt in Kludt, "Die zukünftigen Schulen der deutschen Ansiedler", *OZ,* 90 (10. Aug. 1873), 1; Siehe auch Matt, *Die deutschen Schulen,* 61-63 und für die Mennoniten, Friesen, *Mennonite brotherhood,* 741.

[754] Kludt, "Die zukünftigen Schulen", *OZ,* 91 (12. Aug. 1873), 1-2, Peter Diehl, "Über die Centralschulen in den deutschen Kolonien", *OZ,* 30, 37-39 (10. März, 26-31 März 1872 gab auch ein separates Buch heraus, Odessa, 1873) und debattierte in *OZ,* in den Jahren 1872-75.

In der Molotschnaja wurde mit Zustimmung des Fürsorgekomitees die Verantwortung für die Kolonialschulen vom Landwirtschaftliche-Verein auf eine 1869 neugegründete Schulbehörde übertragen.[755] Der erste Vorsitzende war Philip Wiebe, der 1870 starb und dessen Nachfolger Andreas Voth wurde, ein früheres Mitglied der Gnadenfelder Gemeinde, der Dorfschullehrer und später ein sehr angesehener Geschäftsmann war.[756] Die Behörde bestand hauptsächlich aus Lehrern und Predigern, die von verschiedenen Interessengruppen gewählt wurden. Die Beteiligung führender Leute aus der Gemeinde war wichtig, da die Reform und die Handhabung des Bildungswesens mit Unterstützung der gesamten Gemeinschaft und ohne die Konflikte der früheren Jahre erreicht werden sollte. Viele Prediger in der Schulbehörde waren früher oder noch immer Schullehrer, die ihre Ausbildung gewöhnlich in Cornies reformierten Schulen erhalten hatten. Der bedeutendste Vertreter war Abraham Görz, ein Lehrer, der an einer Schulreform interessiert und der seit 1875 Ältester der mächtigen Ohrloffer Gemeinde war. Görz diente der Schulbehörde viele Jahre und war bis zu seinem Tod auch an den meisten anderen größeren Reformen und konstituierenden Organen beteiligt, von denen die Kolonialangelegenheiten bestimmt wurden.[757] Im Jahr 1869 wurde auch in Chortitza eine Schulbehörde gegründet. Zu dieser gehörten Vertreter der Schulen und der Gemeinden. Die führende Gestalt war Heinrich Epp, Sohn von Prediger David Epp. Heinrich Epp war Lehrer an der Zentralschule in Chortitza und nach 1885 Ältester der großen flämischen Gemeinde von Chortitza.[758]

Das dringendste Anliegen der Molotschnaer Schulbehörde nach 1869 waren die Erstellung eines einheitlichen Schulprogramms und die Gründung eines Lehrerseminars. Um dies zu erreichen, brauchte man die Unterstützung der Gemeinschaft und der Gemeindeleiter. Gleichzeitig mußten alle Vorschläge für die russischen Obrigkeiten annehmbar sein. Am meisten waren die mennonitische Führerschaft wie auch die meisten anderen ausländischen Kolonisten darum besorgt, auch weiterhin unabhängig über die Bildung ihrer Kinder bestimmen zu können und die russische Sprache einzuführen, ohne den Deutschunterricht zu schmälern, da man die deutsche Sprache als für die Kontinuität des kulturellen und religiösen Lebens der Gemeinschaft ausschlaggebend hielt. Alle deutschsprachigen Kolonisten sahen sich der gleichen Herausforderung ausgesetzt. Es gab

---

[755] Isaak, *Molotschnaer Mennoniten,* 291-92, Friesen, *Mennonite brotherhood,* 797, 799; andere Kolonisten gründeten zu dieser Zeit ähnliche Behörden.

[756] Bezüglich Voth (1821-1885) siehe Dirks, Aus der Gnadenfelder Gemeindechronik", 29, Friesen, *Mennonite brotherhood,* 798, 802-03.

[757] Bezüglich Görz (1840-1885) siehe Friesen, Ib., 799, 958-59; sein frühes Intereresse an Schulverbesserungen ist aus seinem Brief "Zur Schulfrage" zu ersehen, *OZ,* 110 (2. Okt. 1868), 437-38.

[758] Heinrich Epp war wie Görz an den meisten größeren Verhandlungen mit der Regierung beteiligt; er wurde 1864 als Prediger gewählt und vertrat seine Kolonie in den Verhandlungen mit der Regierung bezüglich eines Ersatzdienstes und sprach fließend russisch, siehe *Heinrich Epp, Kirchenältester,* Friesen, *Mennonite brotherhood,* 751-55.

*Die Entstehung des mennonitischen Staates im Staate* 269

Versammlungen, an denen die Mennoniten teilnahmen, um eine gemeinsame Stellungnahme zu diesem Problem zu finden. Aber da es sich nun zeigte, daß der Deutschunterricht und der Religionsunterricht eng miteinander verbunden waren, beschlossen die Mennoniten, ihre eigenen Programme zu erstellen und ihre eigenen Lehrerseminare zu eröffnen, statt diese mit denen der deutschsprachigen lutherischen und katholischen Kolonisten zu verbinden.[759] Im Bildungswesen sah man nun eine ausschlaggebende Vorbedingung für den Erhalt des mennonitischen Glaubens und der Identität der Mennoniten als abgesondertes Volk, das sich von einen Nachbarn unterschied.

Die Beratungen zwischen der Schulbehörde und dem Gemeinderat waren eine heikle Angelegenheit.[760] Nach einer Reihe von Sitzungen im Jahr 1876 nahm der Kirchenkonvent zusammen mit Vertretern des Gemeinderates von Chortitza die Vorlage eines Gesuchs an das Ministerium für Reichsdomänen an. Zu diesen Plänen gehörten die Gründung eines Lehrerbildungs-Programms in Halbstadt, das Recht der Schulbehörde, qualifizierte Lehrer anzustellen, und das Recht der Mennoniten, den Inhalt der Lehrgängänge auf allen Ebenen zu überwachen. Man erhielt die offizielle Genehmigung, und 1878 wurden die ersten Studenten für das Lehrerbildungs-Programm als Teil der Zentralschule von Halbstadt eingeschrieben. In Chortitza beschlossen die Kolonisten, ihr eigenes Programm in der Stadt Chortitza zu gründen. In beiden Kolonien begann somit eine neue Phase des Bildungswesens.

Um das Bildunsniveau und die Fachkenntnisse unter den Kolonisten zu heben, führte das Fürsorge-Komitee im Jahr 1868 besondere "Alexander-Stipendien" ein, so daß vielversprechende Schüler eine höhere Schulbildung und berufliche Ausbildung erhalten konnten. Obwohl auf die Nutzung dieser neuen Gelegenheit nicht gedrängt wurde, erhielt eine Reihe junger Mennoniten Stipendien, um an Gymnasien (höhere Schulen mit klassischer Bildung bis zur Universität) in Odessa und Jekaterinoslaw und später an Lehranstalten mit Universitätsniveau zu studieren. Einige kehrten als Lehrer und Doktoren in die Kolonien zurück.[761] Die Kolonisten selbst ermutigten ebenfalls begabte Studenten und Lehrer, ihre pädagogische Fähigkeiten zu verbessern. Ab den 1870er Jahren wurde eine Reihe von ihnen oft mit der finanziellen Unterstützung wohlhabender Sponsoren an ausländische Lehranstalten - in Deutschland und in der Schweiz - geschickt, aber auch

---

[759] Friesen, Ib., 748, 749; bezüglich der Pläne, ein gemeinsames Lehrerbildungszentrum mit den Kolonisten in Prischib zu schaffen, siehe S. Kludt, "Die Wolgaansiedler über eine bessere Verfassung ihrer Schulen", *OZ,* 96 (22. Aug. 1875), 3-4.

[760] Der bedeutendste Bericht über die Verhandlungen mit den Hauptdokumenten ist *Die Schulen in den Mennoniten-Kolonien an der Molotschna im südlichen Russland dargestellt von dem Kirchenältesten Abraham Görz und herausgegeben von dem Molotschnaer Kirchenkonvent* (Berdjansk, 1882).

[761] Siehe *OZ,* 1 (4. Jan. 1870), 2; Friesen, *Mennonite brotherhood,* 593, 741; bezüglich Kolonisten, die eine höhere Bildung erhielten, siehe S. Kludt, "Ansiedler auf Universitäten und anderen höheren Lehranstalten", *OZ,* 218 (6/18. Nov. 1885), 2-3.

nach Moskau und später nach St. Petersburg, um ihr Russich zu vervollkommnen.[762] Um die russischen Lehrgänge zu verbessern wurden in den Zentralschulen einheimische russische Lehrer angestellt.[763] Die Halbstädter und Gnadenfelder Schulen (die 1873 zu Zentralschulen wurden) und die Ohrloffer Schule (die als private Lehranstalt umorganisiert, aber als vollständige Zentralschule geführt wurde) in der Molotschnaja und in der Altkolonie die Zentralschule von Chortitza waren ab den 1870er Jahren alle mit tüchtigen, fortschrittlichen Lehrern besetzt, die oft ausgezeichnete, entweder im In- oder Ausland erworbene Qualifikationen besaßen. Diese Lehrer führten eine ganze Reihe von Neuerungen ein, einschließlich neuer Unterrichtsmethoden, neuer Fächer und neuem Lehrmaterial. Erdkunde, Geschichte und Naturwissenschaften wurden anfänglich in Deutsch und später in Russisch unterrichtet, so daß in Halbstadt um 1886 alle Fächer außer Deutsch, Religion und Mathematik in Russisch unterrichtet wurden. Der Einfluß dieser Lehrer und der neuen Lehrgänge hatten eine Rückwirkung auch auf die Dorfschulen.[764] Ab 1878 wurden von den Chortitzer Lehrern Lehrerkonferenzen organisiert. Versuche, die Molotschnaer und Chortitzer Lehrer und die separaten Schulbehörden zu vereinigen und die Zusammenarbeit auch auf anderen Gebieten zu erweitern, waren jedoch weniger erfolgreich.[765] Aber in beiden Kolonien und in anderen mennonitischen Siedlungen wurden nun viele Aspekte der mennonitischen Kultur in den Schulen von Lehrern genauso übermittelt wie von den älteren Gemeindeinstitutionen und deren religiösen Führern.

Die Planung der Schulreformen wurde durch das Chaos unterbrochen, das durch die Ungewißheit der Militärreformen und der Zukunft der Mennoniten in Russland entstand. Viele führende Mennoniten, die mit Gesuchen an die Regierung betreffs einer Befreiung vom Militärdienst oder eines Ersatzdienstes zu tun hatten, beschäftigten sich auch mit den Plänen für die Bildungsreform. Die Gesuche, die bei Todleben im Jahr 1874 eingereicht wurden, schlossen die Bitte der Mennoniten ein, daß man ihnen erlauben möchte, über ihre eigenen Schulen zu bestimmen, und der gleiche Punkt war auch in den Fragen enthalten, die Todleben gegenüber der Abordnung zur Sprache gebracht wurden, die im November 1875 nach St. Petersburg entsandt wurde, um über genaue Einzelheiten der Bildungsreform und

---

[762] Siehe z.B. die Berufslaufbahnen von drei führenden Erziehern: Kornelius Unruh (1849-1910), P.M. Friesen (1849-1914) und J.J. Bräul, die in Friesen, *Mennonite brotherhood*, 717-18, 721, 731 beschrieben werden.

[763] M.A. Moljarow in Halbstadt im Jahr 1869 und Schalawsky (eigentlich ein Pole) in Chortitza im Jahr 1871 Ib., 732-33, 755.

[764] Einzelheiten siehe in Friesen, Ib., 733-45, 751-57; A. Neufeld, *Die Chortitzer Centralschule 1842-1892* (Berdjansk, 1893). Erdkunde war in den 1850er Jahren von Philip Wiebe gefördert worden, und ein Textbuch wurde 1870 von Gustav Rempel erstellt, *Leifaden zum Unterricht in der Geographie für die deutschen Schulen Südrusslands* (Odessa, 1870); Rempel war Lehrer an der Zentralschule in Halbstadt.

[765] "Lehrerkonferenz-Lehrerverein-Lehrerzeitung", *OZ,* 217 (28. Sept./10.Okt.1884), 2-3.

einen Ersatzdienst zu verhandeln.[766] Die Frage der Schulreform war ein wichtiger Grund, warum einige Mennoniten sich zur Auswanderung entschlossen. Die Fragen des Ersatzdienstes und der Bildung waren nicht unabhängig voneiander. Russen mit Zeugnissen höherer Lehranstalten wurde eine verkürzte Dienstzeit gewährt. Die Mennoniten hofften, daß ihre Bildungsprogramme, besonders die der Lehrerbildung eine Grundlage für weitere Befreiungen vom Militärdienst schaffen würden, was aber nicht der Fall war.[767]

Obwohl die Regierung den Mennoniten die Befreiung vom Militärdienst gewährt hatte, mußte die genaue Form des Ersatzdienstes und wie dieser organisiert werden sollte, noch erst entschieden werden. 1875 fehlten bis zur ersten Einberufung noch fünf Jahre, und nur ein paar Unentwegte glaubten immer noch, daß der Zar sich einschalten und die Mennoniten eine vollständige Befreiung vom Militärdienst erhalten würden. Solche Hoffnungen erwiesen sich in Wirklichkeit als illusorisch, und als die Zeit für die Einberufung immer näher rückte, hielt die mennonitische Führerschaft Versammlungen ab, um über Gesuche zu beraten, in denen sie die Regierung um eine ausführliche Information bezüglich der Form des zu leistenden Dienstes bitten wollte. Im November 1878 trat eine Konferenz aller mennonitischen Prediger von ganz Russland zusammen, um über diese Sache zu beraten. Jede Gemeinde richtete ein Gesuch an ihre örtliche Regierung und bat um Klarstellung der Regierungspläne. Ein Gesuch wurde Zar Alexander II. persönlich überreicht.[768] Eine weitere allgemeine Konferenz fand im Juni 1879 statt. Dieses Mal wurde ein Gesuch an Todleben geschickt, der kurz zuvor zum General-Gouverneur von Neurussland ernannt worden war.[769] Todleben riet den Mennoniten, daß sie ihre eigenen Vorschläge aufstellen sollten, und so wurde auf der nächsten Sitzung eine besondere Kommission ernannt, die eine Reihe von Vorschlägen erstellte, die Todleben vorgelegt wurden. Dieser schickte sie dann an das Ministerium für Reichsdomänen weiter.[770] In ihren verschiedenen Gesuchen und Vorschlägen brachten die Mennoniten eine Anzahl von Anliegen zum Ausdruck. Sie wollten sicherstellen, daß der Dienst vollkommen frei von jeglicher militärischer Überwachung oder Militärdisziplin sein würde, und daß die mennonitische Gemeinschaft in hohem Maß die Kontrolle über die Jugendlichen hätte,

---

[766] Görz, *Ein Beitrag*, 28-35, Friesen, *Mennonite brotherhood*, 595-96 bezüglich der Abordnung von 1875 siehe *HT* (März, 1876), 3-4.

[767] Friesen, ib., 604, 747, 1029; obwohl ihre Sekundarschulen und andere Ausbildungsqualifikationen eine gewisse Befreiung verschafften.

[768] *ZH,* 5 (1.Feb. 1879), 21-22, *Der Nebraska Ansiedler,* 10 (März 1879), 1, *HT* (März 1879), 3.

[769] Görz, *Ein Beitrag*, 37-39, Sudermann, "The origin", 39, Heinrich Ediger, Hrg., *Beschlüsse der von der geistlichen und anderen Vertretern der Mennonitengemeinden Russlands abgehaltenen Konferenzen für die Jahre 1879 bis 1913* (Berdjansk, 1914), 4-5 bzgl. des Versammlungsbeschlusses.

[770] Görz, *Ein Beitrag*, 40-43,Sudermann, "The origin", 40. Todleben bestätigte, daß die Mennoniten nur den Forstdienst leisten müßten.

solange diese sich im Dienst befanden. Sie baten darum, daß die Männer in geschlossenen Gruppen unter mennonitischen Aufsehern und unter der geistlichen Autorität mennonitischer Prediger oder deren Vertreter stehen sollten.

Welche Pläne das Ministerium vor der Bitte der Mennoniten um mehr Einzelheiten aufgestellt hatte, ist nicht klar. 1875 war jedoch ein in Forstangelegenheiten erfahrener Beamter, Staatsrat Bark, ernannt worden, um das Problem zu untersuchen.[771] Im Juni 1880 kam Bark in die Molotschnaja. Er legte die Regierungspläne und die Antwort auf die mennonitischen Vorschläge vor und wies darauf hin, daß er ein Abkommen mit den Mennoniten schließen wollte. Es blieb wenig Gelegenheit für Verhandlungen, und die Mennoniten der Molotschnaja erklärten sich bereit, die angebotenen Bedingungen anzunehmen, vorausgesetzt, daß auch die Kolonie Chortitza damit einverstanden wäre.[772] Die Rekruten sollten in geschlossenen Gruppen an einige wenige Orte geschickt werden, und die mennonitische Gemeinschaft sollte die für Unterkunft, Kleidung und Verpflegung der jungen Männer anfallenden Kosten übernehmen. Die Regierung erklärte sich ihrerseits bereit, Land für die Anpflanzung von Feldfrüchten und das Weiden von Vieh zur Verfügung zu stellen, jedem Mann 20 Kopeken pro Tag zu zahlen und Anleihen für den Bau von Baracken zu gewähren. Die Männer würden unter dem Kommando eines Försters vom Ministerium stehen, ihre eigenen Vertreter, besonders Prediger, würden jedoch Zugang und eine gewisse Authorität über die Rekruten haben. Dieses Abkommen wurde von allen Mennoniten akzeptiert und als Zusatz zu dem bereits erlassenen Gesetz bezüglich ihrer Befreiung vom Militärdienst kodifiziert.[773]

Die Einberufung der Rekruten wurde um ein Jahr bis 1881 verschoben. In diesem Jahr haben dann die ersten Gruppen aus der Molotschnaja Grundstücke in Tokmak, der kleinrussischen Siedlung nördlich der Kolonie, abgegrenzt. Bis zum Ende des Jahres waren bereits 123 Mennoniten einberufen worden. Sie kamen in die Forstei-Lager von Anadol und Azow in der Provinz Jekaterinoslaw, und im Laufe der nächsten zwei Jahre waren alle sechs in dem Abkommen von 1880 vereinbarten Lager eröffnet und über 350 junge Mennoniten wurden einberufen.[774] Die Dienstzeit betrug vier Jahre, und obwohl die Arbeit und die Lebensbedingungen nicht schwer waren, so war das Lagerleben doch ganz anders als das Dorfleben. In den

---

[771] Epp, *Chortitzer Mennoniten,* 124.

[772] Epp, ib., 126-26, Görz, *Ein Beitrag,* 43-48, bezüglich zeitgeössischer Berichte über das Abkommen siehe *OZ,* 182 (15/27. Aug. 1880), 1-2, *MR,* 8 (20. Sep.1880), 2, *ZH,* 6 (7.Okt. 1880), 148-49.

[773] Einzelheiten über diese Neufassungen und Zusätze erscheinen in Bondar, *Sekta mennonitow;* 82-93 und in Lawrence Klippenstein, *Mennonite pacifism and state service in Russia: a case study in church state relations, 1789-1936* (Nicht veröffentlichte Ph.D-Dissertation, Universität Minnesota, 1984), 91-95.

[774] Siehe Klippenstein, ib., 95-111 bezüglich Einzelheiten des Aufbaus der Forsteilager und der darin herrschenden Lebensbedingungen ; ib., 151 bezüglich der Anzahl der Rekruten.

ersten Jahren rebellierte eine Anzahl von Rekruten gegen die stumpfsinnige Arbeit und das langweilige Leben in den Baracken. Mit der Zeit entwickelten sich jedoch Lagertraditionen und -sitten, und durch den sogenannten Forsteidienst entstand ein besonderes Bewußtsein gesellschaftlicher Identität. Jugendliche aus verschiedenen Siedlungen und oft auch sehr unterschiedlicher gesellschaftlicher Herkunft wurden hier durcheinandergewürfelt; einige genossen die neuen Zustände, andere verwünschten sie.[775] Obwohl die mennonitischen Jugendlichen dem tatsächlichen Militärdienst entgingen, herrschte im Lagerleben doch eine deutlich militärische Atmosphäre durch die Art der Disziplin, die Uniformen und die Rangordnung. Der russische Förster hatte einen Rang, der dem eines Armee-Hauptmanns gleichkam; der seines Gehilfen dem eines Leutnants. Die Mennoniten hatten Posten, die denen nicht ernannter Offiziere gleichkamen. Ein mennonitischer Geschäftsführer überwachte die finanziellen Angelegenheiten eines Lagers und war den Forst-Bevollmächtigten gegenüber verantwortlich. Diese Bevollmächtigten waren Vertreter verschiedener Kolonien und Siedlungen und wunden von ihren Gemeinschaften gewählt, um die Verwaltung des Dienstes zu überwachen, für die die Mennoniten verantwortlich waren. Sie versammelten sich einmal jährlich, um Angelegenheiten des Dienstes zu regeln, den Kostenvoranschlag zu erstellen und jegliche Verhandlungen mit der Regierung zu führen.[776]

Für die Seelsorge der jungen Männer wurden für jedes Lager ein Prediger und ein Kaplan ernannt, und die Rekruten wurden regelmäßig auch von anderen Predigern und Ältesten besucht. Die Sorge um das geistliche Wohl der Rekruten und die in den Unterkünfen festgestellten Probleme sowie deren Unterhalt waren wichtige Gründe für die Einführung regelmäßigerer Konferenzen der Ältesten und Prediger der verschiedenen Gemeinden. Die mennonitische Reaktion auf die großen Reformen war sehr unkoordiniert geschehen. Einzelpersonen, Gemeinden und Kolonien wie auch verschiedene Interessengruppen hatten separate Versammlungen einberufen, ihre eigenen Sprecher und Vertreter gewählt und Gesuche aufgestellt, die oft den Erklärungen der

---

[775] Einen guten Einblick in das Lagerleben erhält man aus den Schriften von Arnold Dyck, besonders aus dem Schauspiel *Wellkom opp'e Forstei* (North Kildonan, Man., 1950), siehe auch Al Reimer, "'Derche bloom räde': Arnold Dyck and the comic irony of the Forstei", *JMS,* 2 (1984), 60-71.

[776] Es ist nur wenig darüber bekannt, wie diese bedeutende Kommission arbeitet. Obwohl jährliche Berichte erstellt wurden, sind nur sehr wenige davon erhalten geblieben. Einen gewissen Einblick in die Verwaltungsbeschlüsse erhält man aus dem Bericht von Johann Penner, "Beiträge zur Aufklärung über den Beschluß der Abgeordnetenversammlung betreffend Einführung der Vermögenssteuer", *Botsch.*(12. Sept. 1908) 3 (obwohl andere wichtige Teile der Zeitung fehlen, die diesen Bericht enthalten); siehe auch H.B. Janz, "Einige kurze Mitteilungen über den Forstdienst der Mennoniten in Russland", *Bte*, 51 (20. Dez. 1939), 1-2, J. B. Janz, "Zur Geschichte des Ersatzdienstes in Russland", *Bte*. (30. Okt. 1940), 1-2. Eine Zusammenfassung der früheren Beschlüsse im abschließenden Bericht der Bevollmächtigten siehe in 'Otschet o sassedanich Sjesda Ypolnomotschennych ot Mennonitskich Obschtschestw' (np. 1917), 36-39.

anderen widersprachen. Ende der 1870er Jahre war es klar, daß bei größeren Reformen, die die gesamte mennonitische Bruderschaft betrafen, kleine, interne Differenzen am besten außer Acht zu lassen seien, damit sowohl die zivile als auch die geistliche mennonitische Führerschaft den Regierungsbehörden und deren Vertretern gegenüber eine einheitliche Front präsentieren konnte. Während einige Fragen, wie z.B. die Schulbildung auf Ortsebene behandelt werden konnten, sollte über den Forstdienst, der alle Mennoniten betraf, auf zentralisierter Ebene verhandelt werden.

Die Brüder befanden sich unter den ersten, die sich als Reaktion auf die Reformen, insbesondere den drohenden Militärdienst, reorganisierten. Während der 1860er Jahre hatten die verschiedenen Gruppen der Brüder, die als kleine Minderheiten in verschiedenen Siedlungen verstreut lebten, ihre eigenen unterschiedlichen Praktiken und Einstellungen zu vielen Glaubensfragen entwickelt.[777] Die Gemeinschaft am Kuban war vollauf damit beschäftigt, das neue Land urbar zu machen, Einzelpersonen aus der Molotschnaja und Chortitza evangelisierten widergesetzlich unter den russischen Kleinbauern und anderen Gruppen, und die Gemeinde von Chortitza-Einlage war eng mit den deutschen Baptisten verbunden. 1873 fragte ein russischer Beamter, der aus St. Petersburg entsandt wurde, um über den Militärdienst zu verhandeln, welche Beziehungen die Brüder eigentlich mit diesen Baptisten hätten.[778] Im Gegensatz zu den Mennoniten widersetzten sich die meisten Baptisten nicht dem Militärdienst. Als Reaktion darauf stellte die Gruppe aus Einlage ein Glaubensbekenntnis auf, das später veröffentlicht wurde und das, obwohl es sich durchweg auf das Bekenntnis der Hamburger Baptisten gründete, eine kurze Erklärung über die Wehrlosigkeit enthielt. Aber das gedruckte Glaubensbekenntnis enthielt auch einen merkwürdigen Zusatz. Hier führten die Brüder von Einlage die Unterschiede zwischen ihnen und den Baptisten auf, wie Wehrlosigkeit, die Ablehnung des Eidschwurs und die Fußwaschung, versicherten jedoch, daß sie in allen anderen Hinsichten mit den Baptisten übereinstimmten und daß die Baptisten willkommen waren, mit den Brüdern das Abendmahl zu feiern. Sie erklärten weiter, warum sie sich von den anderen mennonitischen Gemeinden getrennt hatten und warum sie viele ihrer Ideen und Praktiken ablehnten.[779] Den Brüdern der Molotschnaja gefielen weder der enge Kontakt der Gruppe von Einlage mit den Baptisten noch deren öffentliche Erklärung bezüglich der Unterschiede gegenüber den anderen Mennoniten, und das alles zu einer Zeit, als die Mennoniten sich in kritischen Verhandlungen mit der Regierung befan-

---

[777] Friesen, *Mennonite brotherhood*, 460-67, 474, 506.
[778] Ib., 478, Epp, *Notizen aus dem Leben*, 29.
[779] Ib., 479; *Glaubens-Bekenntnis und Verfassung der gläubiggetauften und vereinigten Mennoniten-Brüdergemeinde im Südlichen Russland* (Einlage, 1876), 59-64. Das Glaubensbekenntnis wurde in der Schweiz gedruckt und von dem Ältesten von Einlage, Abraham Unger verteilt.
[780] Viele der Brüder aus Einlage waren auch gegen engere Verbindungen mit den Baptisten. Siehe Epp, *Notizen aus dem Leben,* 24-28. 1876 vereinbarte die Konferenz der Brüdergemeinden jedoch das gemeinsame Abendmahl mit den Baptisten auf einer Gast-Grundlage. Friesen, *Mennonite brethren,* 491.

*Die Entstehung des mennonitischen Staates im Staate* 275

den.⁷⁸⁰ Die Brüder der Molotschnaja hatten jedenfalls bereits früher das mennonitische Rudnerweide-Glaubensbekenntnis angenommen.

Viele Mennoniten in den größeren, bestehenden Gemeinden betrachteten die Brüder mit Mißtrauen. Sie hielten sie für schismatische Gruppen, die jegliches Recht verloren hatten, als Glieder des mennonitischen Glaubens betrachtet zu werden. Den Brüdern waren diese Einstellungen bekannt, und in der Reformstimmung und insbesondere der Militärreform waren sie eifrig dabei, ihren Anspruch auf eine mennonitische Identität zu sichern. Dafür war ganz offensichtlich eine gewisse Reorganisation und Vereinigung der verstreuten Brüder-Gruppen erforderlich. Dieser Prozeß hatte bereits 1872 eingesetzt, als Vertreter der verschiedenen Gruppen sich trafen, um über Glaubensfragen zu beraten und zu einer Einigung in bezug auf die Unterscheidungspunkte zu gelangen.⁷⁸¹ Diese Versammlungen wurden zu Jahreskonferenzen und trugen dazu bei, ein neues Einigkeitbewußtsein unter den Brüdern zu fördern. Eine Einigung in bezug auf ein gemeinsames Dogma wurde erzielt, die Aktivitäten wurden zentralisiert und eine bessere Kommunikation zwischen den Gruppen begründet.⁷⁸² Die Chortitzer Gruppe lockerte ihre Verbindung mit den Baptisten. Die offene Evangelisation unter nichtmennonitischen Gruppen, vor allem orthodoxen Staatsbürgern hörte auf. Die Evangelisation innerhalb der mennonitischen Gemeinschaft nahm jedoch zu. Die Brüder wurden trotz ständiger Herausforderungen seitens der Beamten und anderer Mennoniten in bezug auf ihre Identität als Mennoniten anerkannt und in die Befreiung vom Militärdienst eingeschlossen.⁷⁸³ Wenn es aber um die Entscheidung ging, ob sie auswandern sollten oder nicht, waren die Brüder genauso geteilter Meinung wie die anderen Kolonisten, obwohl der Wunsch auszuwandern in der Molotschnaja stärker war als in Chortitza. Eine Anzahl von Brüdern wanderte aus, einschließlich eines bedeutenden Ältesten Abraham Schellenberg, der in die Vereinigten Staaten ging, wo er einen neuen Zweig der Brüder gründete.⁷⁸⁴

In der größeren mennonitischen Gemeinschaft mit ihren unterschiedlichen Gemeinden, die oft durch eine generationenalte Isolierung und deutliche Unterschiede im Glauben und in den Bräuchen voneinander getrennt waren, dauerte der Einigungsprozeß länger als in einer kleinen, vor kurzem gegründeten und elitären Gruppen wie es die Brüder waren. Die Konferenzen, die Ende der 1870er Jahre von den größeren Gemeinden wegen der Bestimmungen für den Ersatzdienst einberufen wurden, waren außerordentliche und nur für diesen Zweck bestimmte Versammlungen, aber sie zeigten sehr klar, wie notwendig neben den für das Gemeinschaftsleben schon selbstverständlich gewordenen Kirchenkonventen der

---

⁷⁸¹ Ib., 475-76

⁷⁸² Ib., 491-93 Obwohl dieser Prozeß eine gewisse Zeit dauerte, wurde schließlich ein stark zentralisierter religiöser Zusammenschluß erreicht; die Brüder blieben jedoch von der Konferenz der größeren etablierten mennonitischen Gemeinden getrennt.

⁷⁸³ Ib., 478-79, 479-81.

⁷⁸⁴ Ib., 495-96, 597; bezüglich Schellenberg (1845-1920) siehe Unruh, *Die Geschichte der Mennoniten-Brüdergemeinde,* 135-37.

einzelnen Kolonien auch regelmäßigere Kontakte zwischen den Gemeinden waren. Folglich wurden ab 1883 Jahressitzungen von Vertretern (gewöhnlich der Ältesten) aller Gemeinden (mit Ausnahme der Brüder und der Templer) abgehalten, um Glaubensfragen und andere Angelegenheiten des Gemeinschaftslebens zu besprechen, die die gesamte Bruderschaft betrafen.[785] Die erste Versammlung in Halbstadt, Molotschnaja, im Januar 1883 stellte ein anspruchsvolles Programm auf, das offensichtlich die Schaffung eines Zusammengehörigkeitsgefühls und einer gemeinsamen Sache unter den verschiedenen Gemeinden zum Ziel hatte. Zu den vereinbarten Vorschlägen gehörten die Gründung eines gemeinsamen theologischen Seminars und die Herausgabe einer Zeitung unter der Kontrolle der Ältesten. Obwohl keines dieser Projekte ausgeführt wurde, im Fall der Zeitung zumindest nicht in den nächsten Jahren, wurden spätere Vorschläge[786], wie die Ernennung eines Reisepredigers, ein gemeinsames Gesangbuch, Unterstützung der Schule für taubstumme Kinder in Tiege/Blumenort, Molotschnaja, und andere Gemeinschaftsprojekte verwirklicht.

Das Waisenamt, eine wichtige soziale, wirtschaftliche und religiöse Institution der Kolonisten, wurde ebenfalls gesetzlich neugeregelt und modernisiert. Die großen Reformen zwangen die Kolonisten, die Richtlinien des Waisenamtes gemäß den neuen gesetzlichen Bestimmungen für die Verwaltung von Kolonialangelegenheiten und den Änderungen in bezug auf Landbesitz und Erbschaft zu revidieren. Dafür waren eingehende Verhandlungen mit Regierungsbeamten sowohl in Neurussland als auch in der Hauptstadt erforderlich. Abordnungen, die nach St. Petersburg entsandt wurden, um über die Schulen und den Forstdienst zu sprechen, sollten sich auch mit den Beamten über die zu reorganisierenden Punkte des Waisenamtes beraten.[787] Schließlich wurden 1885 neue Bestimmungen anerkannt, obwohl Chortitza und die Molotschnaja verschiedene Satzungen herausgaben, die sich in den

---

[785] Die Beschlüsse wurden in Ediger, *Beschlüsse,* veröffentlicht; siehe auch David H. Epp, "Zur Geschichte der Bundeskonferenz der russländischen Mennonitengemeinden", *UB,* 2 1-2, 4, 1926-1927), *ME,* 1, 57-60.

[786] Bezüglich der Pläne für das Seminar siehe auch "Einige Bemerkungen zum Projekte der Gründung einer mennonitischen theologischen Anstalt in Südrussland", *MBL,* 9 (Mai 1888), 52-54; die Pläne für die Gründung einer Zeitung wurden nicht verwirklicht, bis die Konferenz beschloß, nach 1900 den *Botschafter* als ihre Zeitung zu übernehmen, trotz der Versuche, Ende der 1880er Jahre, sich mit dem *Badenschen Gemeindeblatt* in Deutschland zu verbinden (siehe Epp, "Zur Geschichte", 3 (1927), 101). Die Taubstummenschule, die zum fünfundzwanzigjährigen Jubiläum von Zar Alexander II. gegründet und nach seiner Frau benannt worden war, wurde 1885 eröffnet, und war die erste einer ganzen Reihe solcher Wohlfahrtsinstitutionen, die von der Gemeinschaft gegründet und unterhalten wurde. Siehe Abraham Görz, "Kurzgefaßter Bericht über die Marienschule für Taubstumme in Blumenort in Südrussland", in H.G. Mannhardt, Hrg., *Jahrbuch der Altevangelischen Taufgesinnten oder Mennoniten-Gemeinden* (Danzig, 1888), 143-47.

[787] *OZ,* 29 (5/17 Feb. 1885), 2.

Einzelheiten beträchtlich voneinander unterschieden.[788] Die Bestimmungen beider Waisenämter entsprachen nun jedoch den russischen gesetzlichen Vorschriften und sicherten auch weiter nicht nur die Wohlfahrt von Witwen und Waisen, sondern fungierten auch als bedeutende Kreditquellen in den Kolonien. Im Jahr 1888 betrug das Reservekapital des Waisenamtes von Chortitza über 120.000 Rubel, von denen ein Teil zur Unterstützung von Gemeinschaftsinstitutionen, wie z.B. die Zentralschule von Chortitza, verwendet wurde.[789]

Die Reorganisierung der Ortsverwaltung, des Waisenamtes, die Schaffung von Schulbehörden, der Forst-Kommission und der Allgemeinen Konferenz der Gemeinden stellten eine Einigkeit auf einer viel breiteren Grundlage, zumindest unter der einflußreichen Führerschaft dar, als man sie in der ersten Ansiedlungszeit in Russland feststellen konnte. Ende der 1880er Jahre entstand ein neuer Gemeinschaftssinn. Neben den älteren gemeindeorientierten Gemeinschaften und den in Russland geschaffenen Kolonialgemeinschaften zeigte sich nun die Möglichkeit, alle Mennoniten auf einer weit breiteren Grundlage zu vereinen. Ein mennonitischer Staat begann in Erscheinung zu treten, der als religiöse und zivile Gemeinschaft repräsentativ war für alle Mennoniten, die nun eine Gruppe mit ihren eigenen kulturellen und sozialen Unterscheidungsmerkmalen in Russlands multiethnischem Reich bildeten.[790]

Die Tatsache, daß die Religion in dem entstehenden Staat auch weiterhin eine Hauptrolle spielte, war wichtig. Nach 1875 gewannen die religiösen Führer wieder ihre Führungsrolle im Gemeinschaftsleben der Mennoniten in Russland. Aber diese Führung geschah nicht mehr im Namen einzelner, separater, von den anderen Mennoniten getrennter und strikt ortsgebundener Gemeinden, wie sie in der Vergangeheit bestanden hatten. Ortsgemeinden und deren gewählte Prediger blieben auch weiter bestehen und nahmen sogar an Größe zu (siehe Tabelle 7), doch jetzt mehr als regionale Kirchspiele und nicht als geschlossene Gruppen, die sich durch Glauben und Praxis voneinander unterschieden.. Um 1880 war die Ohrloffer Gemeinde klar in solche regionale Kirchspiele aufgeteilt und hatte gewählte Prediger und Diakone, während die anderen großen flamischen Gemeinden in der Molotschnaja regional "angeschlossene" Gemeinden hatte.[791] Die flämisch/friesischen Unterschiede verloren an Bedeutung, und die meisten

---

[788] *"Theilungs-Verordnung der Chortitzer Mennoniten-Gemeinde und deren Tochter-Kolonien* (Odessa, 1886), *Theilungsverordnung der an der Molotschna im Taurischen Gouvernement angesiedelten Mennoniten* (Berdjansk, 1894). Das letztere Dokument, das gemäß den amtlichen Vorschriften in Deutsch und in Russisch veröffentlicht wurde, enthält einen kurzen Bericht über die Entwicklung der Satzungen und Änderungen seit den großen Reformen. Siehe auch Peters, *The Waisenamt,* 6-7.

[789] Epp, *Chortitzer Mennoniten,* 93.

[790] Die Idee eines "Mennonitischen Staat im Staates" wurde zuerst von E.K. Francis angedeutet und von anderen, wie David G. Rempel, übernommen.

[791] Siehe "Die Gemeinden in Russland, russischen Polen und österreichischen Galizien", in H.G. Mannhardt, Hrg. *Jahrbuch,* 68-71.

## TABELLE 7: GRÖSSE DER MENNONITISCHEN GEMEINDEN: CHORTITZA UND MOLOTSCHNAJA

(Fl = Flämisch, Fr = Friesisch, GAFL = Groningen Alt-Flämische, Br = Brüder)

"Die Gemeinden in Russland, russ. Polen und österreich. Galizien", in H.G. Mannhardt, Hrg. *Jahrbuch der Altevangelischen Taufgesinnten oder Mennoniten-Gemeinden* (Danzig, 1888), 65-77.

### CHORTITZA

| | Getaufte Mitglieder | Ordinierte Prediger |
|---|---|---|
| Chortitza(Fl) | 3200 | 13 |
| Kronsweide(Fr) | 750 | 7 |
| Einlage(Br) | 573 | 1(?) |
| Ohrloff(Fl) | 1317 | 16 |
| Margenau(Fl) | 2709 | 13 |
| Lichtenau(Fl) | 2388 | 16 |
| Pordenau(Fr) | 984 | 7 |
| Rudnerweide(Fr) | 1400 | 11 |

### MOLOTSCHNAJA

| | Getaufte Mitglieder | Ordinierte Prediger |
|---|---|---|
| Gnadenfeld(GAFL) | 405 | 6 |
| Alexanderwohl(GAFL) | 355 | 6 |
| Waldheim(GAFL) | 159 | 1 |
| Rückenau(Br) | 729 | 12 |

Mennoniten, oder doch zumindest ihre religiösen Führer, waren sich in den Grundfragen des Glaubens einig. Nur die Brüder übten auch weiterhin einen trennenden Einfluß aus. Dies wurde weniger dadurch fühlbar, daß sie eine separate Gemeinde waren, als vielmehr durch den sektiererischen Einfluß, den sie aktiv innerhalb der mennonitischen Gemeinschaft ausübten - sie weigerten sich, die Taufe anderer Gemeinden anzuerkennen oder sich den Konferenzen anderer Gemeinden anzuschließen.

Die neue Generation der Gemeindeleiter war auch weiterhin zutiefst an der Beibehaltung der mennonitischen Ideale, der mennonitischen Identität und Institutionen interessiert, nahm jedoch gegenüber Änderungen, Neuerungen und dem Staat eine pragmatische Stellung ein. Der Geist des konservativen Traditionalismus verschwand ebenfalls aus den Kreisen der fortschrittlichen Gemeindeleiter, auch wenn sie ihre extrem konservativen Mitglieder ermutigen und überreden mußten. Die Führerschaft war sich auch darin einig, daß die Bildung nicht nur für die Aufrechterhaltung eines kraftvoll pulsierenden mennonitischen Gemeinschaftslebens in Russland erforderlich war, sondern auch eine Antwort auf die halsstarrige Rückständigkeit älterer Glieder, die durch eine neue Generation mit fortschrittlichen Ideen ersetzt werden sollten. Die Moral und die gesellschaftlichen Normen entsprachen nun denen anderer europäischer Bürgergruppen, und innerhalb derselben vermittelten jetzt die Lehrer/Prediger und nicht die Bauern/Prediger früherer Zeiten die Verhaltensmuster für den neuen Bereich kultureller Werte.

Die Entstehung einer starken und an neue Werte gebundenen Führerschaft in den 1880er Jahren, ein mennonitischer Staat im Staate auf breiter Grundlage und die Institutionalisierung des Gemeinschaftslebens halfen den Mennoniten, sich auf die unermeßlichen sozialen und politischen Veränderungen vorzubereiten, mit denen sie sich im letzten Viertel des neunzehnten Jahrhunderts auseinandersetzen mußten. Die Institutionen, die in den verchiedenen Siedlungen und Kolonien lagen oder an denen alle Gruppen beteiligt waren, arbeiteten oft zusammen und hatten eine gemeinsame Führungsschicht, die den Rang repräsentativer Organe besaß. Es gab auch eine zunehmende Mobilität und mehr Kontakte unter den Leitern, da sie nun an gemeinsamen Sitzungen und Konferenzen teilnahmen und miteinander korrespondierten. Sie hatten auch mehr Kontakt mit der größeren Gesellschaft; sie trafen russische Beamte und andere Vertreter ausländischer Kolonien.

Was die alltäglichen Fragen betraf, so war die höchste Dienststelle, die die Angelegenheiten vieler dieser Institutionen und der Kolonie regelte, das Gebietsamt. Nach der Umstrukturierung gemäß den Reformen hatte sich die Zuständigkeit und die Machtbefugnis dieses Amtes nach 1870 außerordentlich erweitert und erhöht. Neue Dienste und Pflichten wurden dem Amt übertragen, einschließlich eines medizinischen Beamten und eines Apothekers. Für den Posten des Gebiets-Vorstehers, der nun den des Oberschulzen ersetzte, wurden noch immer alle drei Jahre Neuwahlen durchgeführt. Die wirkliche Macht lag jedoch in der Stellung des Gebiets-Sekretärs. Er überwachte die Hauptämter und die regionalen Angelegenheiten und gab der Gemeinschafts-Verwaltung ein Kontinuitätsbewußtsein. Sonderbarerweise waren die ersten Sekretäre der beiden Molotschnaer Gebietsämter alle keine Mennoniten, sondern andere ausländische Kolonisten, die in den Tagen des Fürsorge-Komitees eine Schulung in der russischen Sprache und im Verwaltungswesen erhalten hatten.[792] Chortitza hatte außerordentlich tüchtige mennonitische Sekretäre: Johann Epp bis 1888, dem ab 1873 sein Gehilfe Jakob Klassen folgte, der dann als ein starker und einflußreicher Gemeinschaftsleiter in seinem Amt blieb, bis er 1919 von Banditen erschossen wurde.[793]

Nicht allen Mennoniten waren die neuen Institutionen oder die von der neuen Führerschaft unterstützten Neuerungen willkommen. Als zwei separate Gebietsämter in der Molotschnaja eingeführt wurden, eines in Halbstadt und das andere in Gnadenfeld, konnten einige Mennoniten nicht verstehen, warum zwei Verwaltungsämter, oft mit mehr Personal notwendig waren, wo früher doch eines für die ganze Kolonie genügt hatte. Alles was dabei herauskam, war, daß die Steuern erhöht werden mußten, um die neue Verwaltung zu bezahlen.[794] Die Kosten der neuen Dienststelle waren eine Besorgnis für viele, die gegen die steigenden Steuern für die Unterstützung der Schulen und des Forstdienstes protestierten, die 1886 in der Molotschnaja mit 100.000 Rubel berechnet wurden.[795] Im ersten Dienstjahr beliefen sich die Kosten der Forstei auf 126.000 Rubel oder über 1000 Rubel pro Rekrut.[796] Der Aufbau der Baracken und verschiedener anderer Gebäude in den Lagern allein machten in den ersten Jahren 165.000 Rubel aus, von denen nur 24.000 Rubel durch Regierungsanleihen gedeckt wurden.[797] Um diese Summen zu bezahlen, wurde den Kolonisten eine hohe Steuer auferlegte die einen Rubel pro Kopf und 46 Kopeken pro *dessjatina* ausmachte. Diese wurde noch weiter erhöht, bis schließlich ein Vollwirt behauptete, er hätte in einem einzigen Jahr 110 Rubel an Forsteisteuern gezahlt.[798] Aber nicht bei allen Beschwerden ging es um finanzielle Fragen. Die Schulbehörden und ihre Neuerungen wurden ebenfalls angegrif-

---

[792] Friesen, *Mennonite brotherhood*, 732; Der Sekretär von Halbstadt in den 1870er Jahren war ein J. Trebensch und der Gnadenfelder Sekretär in den 1880er Jahren J. Kludt, der mit einem einflußreichen Kolonist aus dem Gebiet von Odessa, S. Kludt, verwandt war.

[793] Epp, *Chortitzer Mennoniten*, 79; Kroeker, *First Mennonite villages*, 119-20.

[794] Siehe diesbezügliche Korrespondenz in *OZ*, 36 (16/28 Feb. 1882), 2, 52 (9/21 März 1882), 2, 68 (28 März/9 April 1882), 2-3.

[795] NN in Alexanderwohl *OZ*, 259 (28 Nov./10 Dez. 1881), 2; Schulkosten in *OZ*, 72 (28 März/9 April 1886), 1-2.

[796] Vollständige Zahlen in Klippenstein, *Mennonite pacifism*, 151; siehe auch "Die Mennoniten und die allgemeine Wehrpflicht", *OZ*, 159 (20 Juli/1 Aug. 1883), 2 bezüglich einzelner Kosten bis 1883.

[797] Epp, *Chortitzer Mennoniten*, 126.

[798] *MR*, 21 (1 April 1881), 1; *MR*, 6 (15 März 1882); siehe auch Klippenstein, *Mennonite pacifism*, 101.

fen, manchmal in öffentlichen Auseinandersetzungen und ein anderes Mal von Einzelpersonen, die Briefe an die Zeitungen schrieben und eine Rückkehr zu den "guten, alten Tagen" anmahnten oder andere kostensparende "Verbesserungen" empfahlen.[799] Viele meinten, daß die Kinder zu viel Zeit in der Schule verbrachten und daß eine so umfassende Bildung für die mennonitische Lebensweise unnötig sei.[800] Andere beschwerten sich darüber, daß die Kinder so lange zur Schule gehen mußten, besonders da die jungen Männer nun auch noch den Forsteidienst leisten sollten. Der zunehmenden Betonung der russischen Sprache, die von der Führerschaft für unentbehrlich gehalten wurde, begegnete man mit Mißtrauen. Und schließlich gab es auch noch Konflikte zwischen den örtlichen Schulkomitees und den größeren Schulbehörden - zum Beispiel zwischen der Gnadenfelder Zentralschule und der Molotschnaer Schulbehörde im Jahr 1880.[801]

Mit der Zeit, als eine neue Generation heranwuchs, für die Änderungen nichts Ungewöhnliches mehr waren, wurde der Widerstand gegen die Reformen schwächer, obwohl ein starkes Vorurteil gegen höhere Bildung und die Zahlung von Gemeinschaftssteuern bestehen blieb. Was aber wichtiger war: die Mennoniten begriffen allmählich, daß starke zentralisierte Institutionen und eine gewandte und erfahrene Führerschaft für den Fortbestand der Mennoniten als abgesondertes Volk sowie die Aufrechterhaltung ihres Wohlstands und ihres Glaubens von ausschlaggebender Bedeutung waren. Nur so konnten sie die neuen Herausforderungen bestehen, die ihre Existenz bedrohten.

Der Reformeifer der russischen Regierung legte sich mit den vorrückenden 1870er Jahren. Todlebens Ernennung zum Generalgouverneur für Neurussland war eine Sicherheitsmaßnahme nach einem Anschlag auf das Leben des Zaren seitens radikaler Elemente der russischen Gesellschaft, die einen Umsturz der bestehenden Ordnung anstrebten. Todleben erwies sich als ein harter und tüchtiger Gouverneur.[802] Für die Radikalen waren die Reformen nicht weit genug gegangen; tatsächlich hatten einige Reformen die Lage einiger Gruppen, wie die der Kleinbauern, noch schlimmer gemacht. Andere Schichten der russischen

---

[799] Bezüglich einer Auseinandersetzung mit der Molotschnaja Schulbehörde siehe *OZ* 176 (8/20 Aug. 1880), 2; bezüglich der Aktivitäten von Johann Enns aus Ohrloff und des Vorschlags von NN in *OZ*, 34 (11/23 Okt. 1884), 2, daß die Sekundarschulen eine "praktische" Ausbildung statt "akademischer" Fächer bieten sollten. Von solchen Beispielen könnten noch viele aufgezählt werden.

[800] Friesen, *Mennonite brotherhood*, 748.

[801] "Schulratsangelegenheiten", *OZ*, 193 (2/14 Sep. 1880), 1-2. Solche Streitigkeiten gab es auch sehr häufig unter den anderen Kolonistengruppen, und die Seiten der *Odessaer Zeitung* sind voll von Beschwerdebriefen, die von verschiedenen Beteiligten in den 1870er und 1880er Jahren geschrieben wurden.

[802] Siehe P.A. Zaionchkovskii: *The Russian autocracy in crisis, 1878-1882* (übers. G.M. Hamburg) (Gulf Breeze, Fla. 1979), 55-56 bezüglich Todleben und die Gegenreaktion, bezüglich radikal-populistischer Gruppen F. Venturi, *Roots of revolution: a history of the populist and socialist movements in nineteenth-century Russia* (London, 1960).

Gesellschaft, wie z.B. die höheren Verwaltungsbeamten und der Adel, glaubten, die Reformen seien zu weit gegangen, und daß einige Konzessionen, die in den 1860er Jahren gewährt wurden, entweder annulliert oder beschnitten werden sollten. Der Zar selbst begann daran zu zweifeln, ob weitere Änderungen ratsam seien, und da die Durchführung der Reformen stockte, zeigte sich immer deutlicher eine Polarisierung der russischen Gesellschaft in zwei Gruppen, von denen die eine auf größere Reformen drängte, während die andere, eine Rückkehr der guten alten Zeit wünschte. Es kam zur Abwendung einiger Schichten der russischen Gesellschaft von der Autokratie und der Regierung, ein Prozeß, der sich mit dem vorrückenden Jahrhundert noch verschärfte.

Die Mennoniten identifizierten sich jetzt mit dem russischen Staat, so wie dieser vom Zar und dessen Regierung repräsentiert wurde. Der Zar hatte ihnen Privilegien und Frieden versprochen, aber da ihr Glauben trotz seines kontinierlichen Schutzes doch ernsthaft durch die Reformen untergraben worden war, neigten viele ungebildeten Mennoniten dazu, seine Minister und nicht den Alleinherrscher für den Verfall ihrer Rechte verantwortlich zu machen. Nach 1870 entwickelte jedoch besonders die Führerschaft ein weltoffeneres Verständnis für den Zar und seine Regierung, den russischen Staat und was es heißt, Bürger eines modernen Nationalstaates zu sein. Die mennonitische Führerschaft lernte es, sich als getreue Untertanen des Zaren und Bürger Russlands zu betrachten. Die Lehrer sollten diese Werte in die Herzen junger Mennoniten einpflanzen; man erwartete von den Schülern, daß sie die russische Sprache gut beherrschen, weil es die Sprache des "Vaterlandes" war.[803] Durch Lehrgänge in Literatur, Geschichte und Erdkunde lernten die Mennoniten ihr Land besser kennen. In der Forstei zu dienen, hieß dem Zar und dem Staat zu dienen; die Mennoniten hatten eine Pflicht zu erfüllen, genauso wie jeder andere Bürger des Reiches.[804] Gefühle der Verpflichtung und der Treue dem Zar gegenüber wurden in Briefen, Gedichten, Gesuchen und anderen Dokumenten dieser Zeit zum Ausdruck gebracht. Obwohl es sich bei manchem einfach nur um Rhetorik für den offiziellen Gebrauch gehandelt haben mag, gibt es auch deutliche Zeichen dafür, daß vieles davon echt war.[805] Als der Krieg zwischen Russland und der Türkei im Balkan (1877-78) begann, reagierten die Mennoniten darauf wieder mit Geldspenden, Transporthilfe und medizinischer Betreuung.[806] Aber der mennonitische Glaube an die russischen Staatsbeamten, an

---

[803] Siehe *Die Schulen in den Mennoniten-Kolonien*, 6-7, Friesen, *Mennonite brotherhood*, 604.

[804] Die Ablehnung der Auswanderung nach Amerika und die Bejhaung des Ersatzdienstes und der Treue dem Zar gegenüber wurde zunehmend als Einsatzbereitschaft für den Zar und als Zeichen von Bürgertreue gesehen; bezüglich der "reifen" Sicht siehe Friesen, *Mennonite brotherhood*, 590-94, wo diejenigen, die für die Auswanderung waren, beschuldigt wurden, mit Deutschland zu sympathisieren.

[805] Bezüglich der Gedichte von Bernhard Harder siehe George K. Epp "Russian patriotism among the nineteenth-century Russian Mennonites", *JMS*, 4 (1986), 125-28.

[806] Friesen, *Mennonite brotherhood*, 538-84; siehe auch Berichte über den Dank des Zaren in *Der Nebraska Ansiedler*, 11 April 1879), 1.

die Regierungsführung und ihren Platz im russischen Staat wurde nach 1881 auf eine harte Probe gestellt.

Im Jahr 1880 fanden in ganz Russland Feierlichkeiten anläßlich des fündundzwanzigsten Jubiläums der Thronbesteigung von Alexander II. statt. Die Mennoniten wie auch andere Kolonisten hielten aus diesem Anlaß besondere Gottesdienste ab.[807] Aber innerhalb eines Jahres war der Zar tot, Opfer einer Terrorristenbombe in St. Petersburg.[808] Sein Nachfolger Alexander III. erwies sich als ein ganz anderer Zar. Innerhalb einer kurzen Zeit wurde eine reaktionäre Politik eingeführt.[809] Viele Verfügungen der früheren Reformen wurden gestrichen oder aufgehoben, und ganze Bevölkerungsteile des Reiches, besonders solche, die keine Russen waren, wurden Einschränkungen und ständigen Belästigungen unterworfen.

Ein weiteres Gebiet, das von der reaktionären Politik betroffen wurde, war das Bildungswesen. Die nach 1860 in die Wege geleiteten Reformen wurden wohl in den 1870er Jahren von dem Kultusminister Dmitrij Tolstoi reduziert, um 1880 hatte man jedoch eine Verbesserung und eine angemessene Bildungsstruktur von der Volksschule bis zum dritten Bildungsniveau (Universitätsniveau) erreicht.[810] Innerhalb einer kurzen Zeit nach der Thronbesteigung von Alexander III. wurde eine Anzahl von Maßnahmen in Kraft gesetzt, die den Zugang zur Bildung begrenzten, die Kontrolle innerhalb des Kultusministeriums zentralisierte und die Lehrpläne der Schulen beschnitten oder reduzierten. Die Autonomie der Universitäten wurde beschnitten, und in einem infamen Rundschreiben vom Juni 1887 wurde der Zugang zur Zentralschulbildung für nichtadelige Gesellschaftsgruppen eingeschränkt.[811]

Bis zu den 1880er Jahren gelang es den Mennoniten, die meisten politischen Änderungen zu umgehen, die das fortschrittliche Bildungsprogramm vernichtet hätten. Die Verantwortung für die Kolonialschule lag noch immer innerhalb des Zuständigkeitsbereichs des Ministeriums für Reichsdomänen, das den örtlichen

---

[807] *OZ* 48 (29 Feb./12 März 1880), 2 für Chortitza und Tr(ebensch), "Die Feier des 25-jährigen Regierungs-Jubiläums Sr. Majestät des Kaisers Alexcander II. am 19. Februar 1880 in Halbstadt und Neu-Halbstadt", *OZ*, 58 (13/25 März 1880), 102 für Molotschnaja.

[808] Bezüglich der Reaktion der Mennoniten auf die Ermordnung siehe *OZ*, 59 (17/29 März 1881), 2; *MR*, 22 (15 April 1881), 1, 23 (1 Mai 1881), 1, 1 (1 Juni 1881), 1, etc. und die Beileidsbekundungen aus "mennonistische Frauen in Russland", eine Schrift, die der Kaiserin zugeschickt wurde, *MR*, 2 (15 Juni 1881), 1.

[809] P.A. Zaionchkovskii, *The Russian autocracy under Alexander III* übers. D.T Jones) (Gulf Breeza, Fla. 1976); Hans Heilbronner, "Counter-reforms of Emperor Alexander III", *MERSH*, (1978), 83-91.

[810] Bezüglich Tolstoi siehe Sinel *The classroom and the chancellery* und bezüglich dieser Zeit im allgemeinen, Patrick, L. Alston, *Education and the state in Tsarist Russia* (Stanford, 1969), Kapitel 2-3.

[811] Ib., Kapitel 4 und Zaionchkovskii, *The Russian autocracy*, Kapitel 7; und das Rundschreiben von 1887 verhinderte den Zugang der Kinder von Handwerkern oder Hausangestellten in den Städten zur Gymnasial- oder Progymnasialbildung.

Schulbehörden die Regelung ihrer eigenen Angelegenheiten mit einem Minimum an Einmischung erlaubte. Aber Ende der 1870er Jahre wurde klar, daß das Kultusministerium die Kontrolle über die Schulen übernehmen würde. Das war ein Ministerium, das für eine "Bildungsförderung" und die Unabhängigkeit örtlicher Schulverwaltungen kein Verständnis hatte. Als die Gnadenfelder Zentralschule 1880 ihren eigenen Lehrerbildungskursus zu eröffnen versuchte, wurde ihr gesagt, daß sie eine Entscheidung des Kultusministeriums abwarten müßte, das die Schulen ab 1881 übernehmen sollte. Die Genehmigung für diesen Kursus wurde niemals erteilt.[812] Als die Verantwortung für die Schulen übertragen werden sollte, fiel dies unglücklicherweise gerade mit der Thronbesteigung von Alexander III. zusammen, und die Zeit der Reaktion sollte dann bis weit in die 1890er Jahre hinein andauern.

Zu dieser Zeit war das Schulwesen der Mennoniten von der Dorfschule aufwärts von einem viel höheren Niveau als in den meisten ländlichen russischen Schulen. Das war der Stand der Dinge trotz der energischen Bemühungen vieler Ortsbehörden auf dem Land, das Bildungsniveau und die Fähigkeit zu lesen und zu schreiben unter den russischen Kleinbauern zu heben. Im Berdjanker *semstwo* hatte der Aufwand für die Bildung der Bauern ständig zugenommen. Wo es 1869 nur 12 Dorfschulen mit 743 Schülern gegeben hatte, waren es um 1880 schon 92 mit 7.000 Schülern. 1880 gab es jedoch in der Kolonie Molotschnaja allein schon 58 Schulen mit 3.000 Schülern, und während die russischen Bauernschulen von den Schülern nur drei oder bestenfalls vier Jahre besucht wurden, betrug die Schulpflicht in den mennonitischen Schulen sieben Jahre.[813] Im Laufe der 1880er Jahre griff das Kultusministerium nicht nur die mennonitischen Schulen, sondern auch die Bauernschulen im Rahmen ihrer Politik an, bei der es darum ging, die Selbständigkeit der Ortsverwaltung zu schmälern.[814] Die Mennoniten brauchten die Volksschulen nur noch drei oder vier Jahre lang besuchen. Die Stunden wurden gekürzt und der Lehrplan eingeschränkt.[815]

Russische Inspektoren, die anfangs die mennonitischen Schulen gelobt hatten, fanden jetzt nur noch etwas an ihnen auszusetzen. Das Recht der Schulbehörden, die örtlichen Angelegenheiten zu verwalten und die Lehrerzeugnisse anzuerkennen, wurde angefochten. Den Mennoniten gelang es, für einige ihrer Rechte eine offizielle Anerkennung zu sichern, dies jedoch erst nachdem sie Abordnungen nach St. Petersburg entsandt hatten.[816] Die Argumente, die sie dabei vorbrachten, war, daß die religiöse Unterweisung auch in den Schulen stattfand, und sie beriefen

---

[812] *OZ*, 37 (14/26 Feb. 1880), 2.
[813] Dieser Vergleich gründet sich auf "Aus den Mennoniten-Kolonien", *OZ,* 281 (16/28 Dez. 1882), 2-3.
[814] Bezüglich der örtlichen russischen Schulen und deren Bemühungen um die Bildung der Bauern siehe Jeffrey Brooks, "The zemstvo and the education of the people", in T. Emmons und W.S. Vucinich, Hrg., *The zemstvo in Russia: an experiment in local self-government* (Cambridge, 1982), 243-78.
[815] Braun, "The educational system", 180-81; Rempel, *Mennonite commonwealth,* 86.
[816] *OZ*, 29 (15/17 Feb. 1885), 2; 48 (28 Feb./12 März 1885), 2.

sich diesbezüglich auf eine Verfügung der alten Kolonial-Verordnungen, laut welcher es wichtig war, daß geistliche Führer den Religionsunterricht in den Schulen überwachten, und die moralische Schulung der jungen Leute beaufsichtigten. Nicht einmal die konservativsten Verwaltungsbeamten konnten etwas gegen eine solche Geisteshaltung einwenden, und so gelang es den Kolonisten, eine gewisse Kontrolle über ihr Schulwesen zu behalten und den Unterricht in Deutsch und Religion fortzusetzen, auch nachdem im Jahr 1891 der Russischunterricht obligatorisch geworden war.[817] Die Mennoniten versuchten, ihre Schulen so zu reorganisieren, daß sie den Forderungen der Regierung entsprachen aber fortschrittliche Pädagogen diskutierten in der Presse heftig über solche Pläne.[818] P.M. Friesen lehnte Vorschläge zur Reduzierung der Schuljahre ab, bezweifelte die Fähigkeit der mennonitischen Geistlichkeit, die Schulen zu überwachen und lobte dagegen die mennonitischen Schulbehörden. Er schlug vor, deren Machtbefugnis zu erweitern und die in diese Wege geleiteten Verbesserungen der Schulen und des Unterricht fortzusetzen.[819] Trotz Friesen´s Kritik an den geistlichen Führern bestehen kaum Zweifel darüber, daß ohne deren Unterstützung der Änderungen in den 1870er Jahren die Mennoniten nur sehr wenig darauf vorbereitet gewesen wären, sich mit den Herausforderungen für die Lehranstalten in den 1880er und 1890er Jahren auseinanderzusetzen und die Kontinuität der Gemeinschaft zu wahren.

Die Opposition des Kultusministeriums gegen die Kolonialschulen war nicht nur auf die Versuche der Regierung zurückzuführen, die Bildung und das Lesen- und Schreibenlernen auf bestimmte Gesellschaftsschichten zu begrenzen. Das Ministerium unterstützte auch an erster Stelle die Versuche, die Sprachen, Sitten und den Glauben nichtrussischer und nichtorthodoxer Einwohner des Reiches zu unterdrücken. Nach dem Ende des Krimkrieges hatte sich der russische Nationalismus verstärkt. Dieser wurde von Intellektuellen geschürt, die verschiedene Formen des Panslawismus förderten, der zum Teil auch von Regierungsbeamten und anderen Leuten unterstützt wurde, die in der Politik eine entscheidene Rolle spielten. Der Nationalismus zeigte sich auch in der zunehmenden Gleichschaltung

---

[817] Friesen, *Mennonite brotherhood*, 641-42, 798-99; der Vorstand der Molotschnaer Schulbehörde unter dem Vorsitz von Peter H. Heese, einem Gutsbesitzer und Industriellen, sowie Johann K. Klatt, früherer Lehrer und Geschäftsmann, behielt die Leitung der Behörde von 1884 bis 1896, bevor er der Einmischung seitens des Ministeriums nachgeben mußte, ib., 804-07.

[818] Es gibt zahlreiche in den 1880er Jahren in der *Odessaer Zeitung* erschienene Briefe und Vorschläge, obwohl aus diesen wegen der Zensur nur eine versteckte Kritik gegen die amtliche Politik ersichtlich ist.

[819] Peter (M.) Friesen, " Zu dem 'Auszug aus dem Projekt über Reorganisation des Unterrichts in den Kolonial-Schulen'," *OZ*, 151-158 (13/25-14/26 Juli 1888), 2; Friesen, "Weiteres zu dem Projekt über die Reorganisation des Unterrichts in den Kolonien", *OZ,* 210 (20 Sept./2 Okt. 1888), 2; 216-17 (27 Sept./9 Okt.-28. Sept.-10 Okt. 1888); 229-13/25 Okt. 1888), 1-2. Die Kritik an der mennonitischen geistlichen Führerschaft war zweifellos durch Friesens Mitgliedschaft bei den Brüdern beeinflußt.

aller Lebensaspekte nach den Reformen und der wachsenden Industrialisierung des Landes. Die Regierung wurde intoleranter gegenüber ethnischen Gruppen, die keine Großrussen waren. Juden, die sie schon lange mit Mißfallen betrachtet hatte, wurden nun zur Zielscheibe amtlicher Restriktionen in bezug auf ihren Wohnort und Bildungsmöglichkeiten. Gleichzeitig wurde eine Kampagne von Vorurteilen und Verfolgung in Gang gesetzt, die schließlich in dem Beginn der Pogrome ihren Höhepunkt fand, die die jüdische Bevölkerung bis in das zwanzigste Jahrhundert hinein terrorisierten. Von den 1880er Jahren an verstärkte sich die Politik der Russifizierung für Nichtrussen, die in den westlichen Provinzen lebten. Polen, Ukrainer und die baltischen Völker einschließlich der deutschsprechenden Gemeinschaften wurden Zeugen der Unterdrückung ihrer Sprachen und Kulturen.[820] Wie andere ausländische Kolonisten bekamen auch die Mennoniten die kalten Winde des Wandels zu spüren.

Alle deutschsprachigen ausländischen Kolonisten sahen sich nun durch solche Einstellungen einer doppelten Herausforderung ausgesetzt. Sie waren nach Sprache und Kultur keine Russen. In den Augen der Russen waren sie zudem mit dem Deutschen Reich verbunden, da sie die deutsche Sprache förderten, um ihr geistliches und gemeinschaftliches Leben aufrechtzuerhalten. Mit der Entstehung eines starken, vereinten Reiches nach 1871 war Deutschland nun an die Stelle Österreichs als größter potentiller Feind an der Westgrenze Russlands getreten. Politische Ereignisse nach dem Russisch-Türkischen Krieg von 1877-78 und die Tatsache, daß Deutschland sowohl eine große militärische und auch wirtschaftliche Macht in Mitteleuropa war, steigerte nur noch das russische Mißtrauen gegen alles, was deutsch war. Der offizielle Argwohn war verbunden mit bösartigen Angriffen gegen Ausländer in der russischen Presse. Zu diesen gehörten schließlich auch Angriffe gegen ausländische Kolonisten deutscher Herkunft als potentielle innere Feinde.[821]

---

[820] Eine Zusammenfassung der jüngsten Untersuchungen bezüglich der Nichtrussen siehe Hans Rogger, *Russia in the age of modernization and revolution 1881-1917* (London, 1983), Kap.9.

[821] Diese Verhaltensweisen, die in den 1870er Jahren begannen und sich in den 1880er Jahren verstärkten, wurden schließlich nach 1890 zu etwas Alltäglichem. Bezüglich einer der ersten mennonitischen Reaktionen auf die Anschuldigungen der Untreue in der russischen Presse siehe A. Neufeld, "Die deutschen Kolonisten in Südrussland", *OZ*, 164-165 (22-24 Juli 1888), 2, 2. Der bösartigste Angriff gegen die Kolonisten war der von A.A. Welitsyn (ein Pseudonym für A.A. Paltow), der eine Folge von Artikeln im *Russkij Westnik* in den Jahren 1889-1890 veröffentlichte (die 1893 als separates Buch erschien, *Njemzy w Rosii*). Er griff besonders die Mennoniten an, die von einem russischen Gutsbesitzer in der Provinz Jekaterinoslaw, P.W. Kamensky in seinem *Wopross ili nedorasumenie? K woprossu ob inostrannych posselenijach na juge Rossii* (Moskau, 1895). Siehe Friesen, *Mennonite brotherhood*, 575-76 und Harvey L. Dyck, Hrg. und Übers., "Russian Mennonitism and the challenge of Russian nationalism, 1889", *MQR*, 56 (1982), 307-41.

Tatsächlich hatten fast alle Kolonisten wenig oder überhaupt keinen politischen Kontakt mit dem deutschen Staat. Obwohl viele mit der Zeit die Erzeugnisse der deutschen Industrie zu schätzen und den Aufstieg Deutschlands zu einer Weltmacht bewundern lernten, blieben fast alle Kolonisten treue Untertanen Russlands. Viele Jahre lang wurden sie von den Obrigkeiten nicht als deutsche Kolonisten, sondern als Mecklenburger, Württemberger, Lutheraner oder Katholiken dieser oder jener Ortschaft betrachtet. Mennoniten aber waren Mennoniten und ganz besondere Leute.[822] Es war nicht nur der Aufstieg des deutschen Staates, durch den auch die Bezeichnung der Kolonisten als "Deutsche" zunahm. Nach den großen Reformen waren die Kolonisten selbst mehr als jemals zuvor gezwungen, ihre Verbindung mit der deutschen Sprache, ihre Sitten und Gebräuche, ihre Institutionen und ihre religiöse Identität klarer zu definieren. Unglücklicherweise geschah dies gerade zu der Zeit, als das Deutsche Reich entstand und sich der russische Nationalismus verstärkte. Obwohl die meisten Kolonisten wie die Mennoniten bereit waren, ihre Treue gegenüber dem russischen Staat zu bekunden und das Erlernen der russischen Sprache zu fördern, wollten sie sich auch in Zukunft von der russischen Kultur und dem orthodoxen Glauben unterscheiden. Um sich in die russische Nation zu integrieren und gleichzeitig ihre ethnische und religiöse Identität zu bewahren, mußten sie die Verwendung des Hochdeutschen über die plattdeutschen Dialekte hinaus fördern, die meistens beim alltäglichen Umgang gesprochen wurden. Alle Kolonisten deutschsprachiger Herkunftsländern hatten es in den 1870er Jahren mit ähnlichen Problemen zu tun, und es ist deshalb nicht verwunderlich, daß sich ein gewisses Maß an Zusammenarbeit zwischen den Kolonisten einschließlich der Mennoniten feststellen läßt. Das Fürsorge-Komitee hatte den Sinn für gemeinsame Ziele gefördert und teilte seine Fachkenntnis mit den Kolonistengruppen. Nach seiner Abschaffung arbeitete es inoffiziell weiter, insbesondere durch die Verschreibung deutschsprachiger Zeitungen, die St. Petersburg oder in Odessa herausgegeben wurden.[823]

Die anfägliche Reaktion der Mennoniten in den 1870er Jahren nach Bekanntwerden der Reformen unter den Verwaltungs- und Schulbehörden der Kolonie war deshalb, mit den anderen Kolonisten beim Aufbau gemeinsamer Institutionen für die Förderung der deutschen Sprache und der Planung der Schulreformen zusammenzuarbeiten. Es stellte sich jedoch bald heraus, daß solche Pläne sehr eng mit dem Religionsunterricht und der religiösen Überwachung verbunden waren, und, wie bereits erwähnt, zogen sich die Mennoniten deshalb zurück, um ihre eigenen Behörden zu gründen. Sie beteiligten sich jedoch auch weiterhin an den Besprechungen gemeinsamer Interessen mit den anderen Kolonisten. Bei einem Gebiet der Zusammenarbeit handelte es sich um deutschen Lesebücher für den Sprachunterricht. Anfänglich verwendeten die Mennoniten Textbücher aus Deutschland als Ergänzung zum traditionellen Gebrauch der Bibel

---

[822] Siehe Rempel, *Mennonite commonwealth*, 36-37.
[823] *St. Petersburger Zeitung*, *St. Petersburger Herald* und insbesondere die *Odessaer Zeitung*.

und des Katechismus, aber sie gaben schon sehr bald ihre eigenen Bücher heraus.[824] Ein solches Lesebuch wurde von dem Ohrloffer Lehrer Kornelius Unruh und dem bekannten Kolonistenlehrer Karl Wilhelm gemeinsam erstellt. Es wurde außer in den mennonitischen auch in anderen Schulen verwendet, obwohl es eine gewisse Opposition seitens der konservativen Mennoniten gab.[825] Aber der Text der biblischen Geschichte, durch den man nun nicht mehr ausschließlich von der Bibel abhängig war, schloß auch eine Übersicht der mennonitischen Kirchengeschichte ein und war eine ausschließlich mennonitische Produktion.[826]

Die Mennoniten unterhielten also Beziehungen mit anderen Kolonisten und waren sowohl in amtlichen Kreisen als auch in der Öffentlichkeit mit den "deutschen" Kolonisten verbunden. Aber als die anderen Kolonisten begannen, die Bezeichnung "Deutsche" anzunehmen, taten viele Mennoniten es genauso. Das taten sie, obwohl sie sich bewußt waren, daß sie einen anderen Glauben hatten und auch aus anderen Teilen in Europa stammten als die anderen "deutschen" Siedler.[827] In Russlands multiethnischem Reich und besonders in Neurussland war es zu jener Zeit durchaus achtbar und korrekt, sich durch die Verbindung des deutschen Teils mit einem anderen Nationalstaat als Deutsch-Russe oder Mennonit zu bezeichnen, trotz der amtlichen Bemühungen, aufgrund der Russifizierungspolitik eine einheitliche Bevölkerung zu schaffen.

Es gab jedoch Gesichtspunkte, nach welchen die Mennoniten in ihren eigenen Augen und in denen anderer eine besondere ethnische Gruppe blieben. Sie lebten in großen, wohlhabenden und geschlossenen Gesellschaftsgruppen, auf bestimmte Gebiete konzentriert und ohne Verbindungen zu auswärtigen, zentralisierten reli-

---

[824] Wilhelm Neufeld, ein Lehrer aus Gnadenfeld, berichtete 1888, daß die Schule August Lübens Lesebuch für den Unterricht verwendete; Lüben war ein deutscher Pädagoge, siehe N(eufeld), "Das Unterrichtswesen unter den Mennoniten", 139.

[825] Kornelius Unruh und Karl Wilhelm, Hrg., *Deutsches Lesebuch für mennonitische und lutherische Elementarschulen in Russland* (Neuhalbstadt, 1895). Bezüglich der allgemeinen Aufnahme siehe *OZ,* 251 (20 Nov. 1895), 1-2; 254 (23 Nov. 1895), 2-3; 255 (24 Nov. 1895), 3-4; 258 (17/29 Nov. 1895), 3, und bezüglich der mennonitischen Stellungnahme Friesen, *Mennonite brotherhood,* 806, n76. Wilhelm hatte kurz in Halbstadt von 1871-2 unterrichtet, ib., 734.

[826] Der Text, der zumindest in Gnadenfeld ersetzt wurde, war Ottobald Bischoffs *Geschichte der christlichen Kirche in Bildern* (Leipzig, 1855) siehe N(eufeld*), "Das Unterrichtswesen unter den Mennoniten", 139.* Der mennonitische Text war ein Gemeinschaftswerk von Lehrern aus der Molotschnaja und Chortitza: W. Neufeld, P. Riediger und K. Unruh, *Leitfaden zur Kirchengeschichte für mennonitische Centralschulen in Russland* (Neuhalbstadt, 1890).

[827] Siehe beispielsweise die mennonitische Stellungnahme zu negativen russischen Presseberichten in "Warum werden wir beneidet?" *OZ,* 291 (29 Dez./10 Jan. 1889-1890), 1-2 , wo der Autor den Ausdruck "wir Deutsch-Russen, besonders wir Mennoniten" verwendet. Der Autor, offensichtlich ein Einwohner von Chortitza, betont auch die holländiche Herkunft der Mennoniten und deren Loyalität Russland gegenüber, im Gegensatz zur deutschen Abstammung, auf die man sich sonst berief.

*Die Entstehung des mennonitischen Staates im Staate* 289

giösen Hierarchien (wie die Lutheraner und Katholiken). Und deshalb waren die Mennoniten eine äußerst sichtbare und anderartigen Gruppe mit ihrem eigenen Recht. Die Mennoniten wurden sich auch immer mehr bewußt, daß sie nicht nur in Russland in einer abgesonderten Welt lebten, weil sie die Mennonitengeschichte kannten und von anderen geschlossenen Gemeinschaften in Europa und in Amerika wußten.[828] Durch die größere Betonung des Hochdeutschen merkten einige deutlicher, daß das von ihnen gesprochene Plattdeutsch irgendwe anders war und gefördert werden sollte. Sie waren auch stolz auf ihr russisches Erbe, und die Übersetzung der wissenschaftlichen Untersuchung von Alexander Klaus über die ausländischen Kolonisten, die im Jahr 1887 von einem Mennoniten Jakob Toews angefertigt wurde, war ein bedeutendes Ereignis. Dieses Buch, das die Kolonisten lobte und die Mennoniten ausführlich behandelte, fand unter den Mennoniten eine weite Verbreitung.[829] Mennoniten entdeckten neue Dimensionen ihrer Identität sowohl innerhalb als auch außerhalb Russlands.

Der entstehende Staat im Staate bot nicht nur den kulturellen Rahmen, in dem die Mennoniten ihre eigene neue Identität schmieden konnten; er besaß auch die Grundlage für eine mennonitische politische Entität. Obwohl die Mennoniten lange die Schaffung politischer Institutionen und ihre Beteiligung an "weltlichen" politischen Aktivitäten vermieden hatten, wurden sie durch die Umstände in Russland dazu gezwungen, solche Institutionen zu gründen und sich an solchen Aktivitäten zu beteiligen. Die Schaffung einer eigenen Verwaltung in den Kolonien hatte den Mennoniten quasi politische Organisationen unter dem Deckmantel der Verwaltungsämter aufgezwungen. Die Herausforderung der großen Reformen zwang die Mennoniten, Institutionen zu gründen, die die Solidarität der Gemeinschaft förderten und im Namen der Bruderschaft mit dem sich immer mehr einmischenden und modernisierenden Staat zu verhandeln. Mennoniten, die nach 1874 aus Russland auswanderten, kehrten der sich entwickelnden politischen Szene in Russland den Rücken, die dablieben, wurden immer mehr hineingezogen. Viele wurden scharfsinnige und gewandte Politiker und Verwaltungsbeamte sowohl innerhalb als auch außerhalb der Kolonien. In den 1880er Jahren begannen die Mennoniten, in den *Semstwo*-Behörden und in den

---

[828] Was es heißt, in solchem erweiterten Sinn ein Mennonit in einer Weltordnung zu sein, wird im nachstehenden Kapitel behandelt.

[829] Klaus, *Unsere Kolonien*. Toews war ein Mennonit aus Chortitza, der lange Zeit im Regierungsdienst in Odessa gestanden hatte und oft Beiträge in Form von Briefen oder Berichten an die *Odessaer Zeitung* schickte. Für das Buch wurde eine umfangreiche Werbung in dieser Zeitung gemacht, die auch eine Liste der mennonitischen Zwischenhändler und der mennonitischen Bestellungen dieses Buches veröffentlichte. Ein Nichtmennonit schlug die Gründung eines Geschichtsvereins vor, Ludwig Eberts, "Aufforderung zur Gründung eines Kolonialen Geschichtsvereins", *OZ,* 10 (14/26 Jan. 1887), 2. Bezüglich einer früheren Aufforderung zur Geschichtsschreibung über die Siedler des Berdjansker Gebietes, in der die zentrale Rolle von Cornies hervorgehoben wurde, siehe Briefe in *OZ,* 139 (21 Juni/3. Juli 1886), 2.

Stadträten außerhalb der Kolonien zu dienen. In einem gewissen Sinn wurde jeder gewöhnliche Mennonit zunehmend politisiert. Sie lasen Berichte über politische Ereignisse im In- und Ausland. Sie reagierten auf die Institutionalisierung und Bürokratisierung des alltäglichen Lebens. Und in dem Maß, in dem ihre Kenntnis und ihre Kontakte mit der größeren Welt wuchsen, erweiterte sich und wuchs auch der Politisierungsprozeß.[830] Die drohende Russifizierung, die Feindschaft bestimmter russischer Gesellschaftsschichten gegen die Kolonisten, die wechselhafte und zwiespältige Politik des Staates - all das führte dazu, daß die Mennoniten sich nicht nur ihrer eigenen Identität bewußt wurden, sondern auch der politischen Natur ihrer weiteren Existenz innerhalb der russischen Gesellschaft. Der entstehende Staat verschaffte deshalb den Mennoniten nicht nur ein wachsendes Bewußtsein ihrer Identität, und die Fähigkeit, auf die wechselhaften sozialen und wirtschaftlichen Verhältnisse in Russland während des letzten Viertels des neunzehnten Jahrhunderts zu reagieren. Er bot auch ein breiteres Forum für die bereits etablierten organisatorischen Dienststellen und die politischen Fähigkeiten, die nun in einer sich rasch verändernden Welt zur Entwicklung kamen, an der alle Mennoniten beteiligt waren. Obwohl die politischen Natur dieses Staat im Staates und der Politisierung des mennonitischen Lebens erst im folgenden Jahrhundert voll in Erscheinung traten, waren diese Dinge im wesentlichen bereits um 1889 fest darin verankert.

*Denkmal, das im Jahr 1889 im Zentrum von Chortitza zum hundertjährigen Jubiläum der mennonitischen Auswanderung errichtet wurde*

---

[830] Eine ähnliche Anpassung geschah auch unter den Auswanderern nach Nordamerika; obwohl sie zu ganz anderen politischen Systemen und sozialpolitischen Kräften Stellung nehmen mußten als diejenigen, die in Russland blieben; siehe James C. Juhnke, *A people of two kingdoms, the political acculturation of the Kansas Mennonites* (Newton, Kansas, 1975).

# 14. 1889: Das Jubiläumsjahr

Als das Jahr 1889 näherrückte, trafen die Mennoniten Vorbereitungen für die Feier des hundertjährigen Jubiläums ihrer ersten Ansiedlung in Russland. Diese Hundertjahrfeier war für sie eine Gelegenheit, ihre Vergangenheit zu prüfen, ihre gegenwärtige Lage zu überdenken und sich von neuem zu ihrem Glauben zu bekennen. Dabei konnten sie auch gleichzeitig wieder ihren Gemeinschaftssinn geltend machen und ihre Gefühle gegenüber dem Land zum Ausdruck bringen, in dem ihre Vorfahren angesiedelt hatten. Somit war 1889 ein gutes Jahr für Rückblick und Besinnung.

Ein Jahr vorher hatte der Lehrer Peter Neufeld aus Chortitza den Bericht von Peter Hildebrandt über die erste Auswanderung der Mennoniten nach Chortitza veröffentlicht. Es war eines der ersten Bücher, die von einem in Russland gegründeten mennonitischen Verlag herausgegeben wurden. Neufeld hatte diesen ein Jahr vorher gegründet.[831] Im Dezember 1888 gab David Epp, Sohn des Ältesten der Chortitzer Gemeinde, und selbst ein Prediger, Lehrer und Glied der ersten mennonitischen Intellektuellen-Generation, seinem Buch über die Geschichte der Chortitzer Ansiedlung den letzten Schliff. Das Buch wurde anfangs 1889 in Odessa veröffentlicht und fand eine weite Verbreitung unter den Kolonisten in Russland und den mennonitischen Auswanderern aus Russland in Kanada und in den Vereinigten Staaten. Epp sagte nichts über den Ursprung des mennonitischen Glaubens, aber ein großer Teil des Buches war den Verhandlungen mit den Russen und der ersten Ansiedlung gewidmet. Kurze Kapitel hoben die Entwicklung der Kolonie, ihrer Institutionen und deren Beitrag für das Land hervor. Epp betonte immer wieder die Loyalität der Mennoniten dem Staat und dem Zar gegenüber.[832] Das Buch fand einen guten Anklang, obwohl Epps Darstellung, wie die ersten Abgeordneten Höppner und Bartsch behandelt wurden, zu einem erbitterten

---

[831] Hildebrand, *Erste Auswanderung*: bezüglich Verlagsunternehmen von Neufeld siehe *Zur Erinnerung an das 25-jährige Bestehen der ersten mennonitischen Druckerei in Russland* (Halbstadt, 1912).

[832] Epp, *Chortitzer Mennoniten;* Für dieses Buch wurde in den mennonitischen Zeitungen von Nordamerika viel Werbung gemacht. Bezüglich einer Stellungnahme zu seinem Wert als historische Quelle siehe Rempel, "An introduction to Russian Mennonite historiography", 435.

292  Mennoniten in Russland, 1789 - 1889

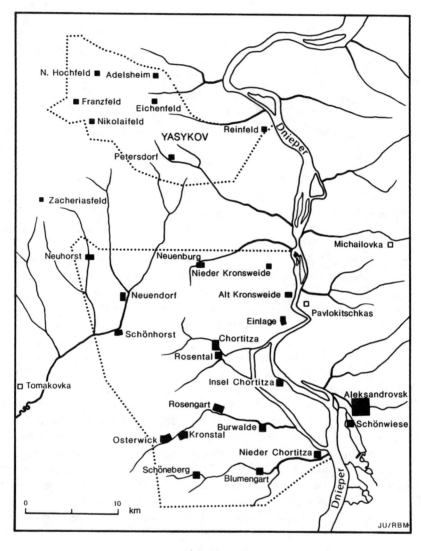

*Chortitza 1889*

Briefaustausch in der *Odessaer Zeitung* führte.[833]

Die Chortitzer Gemeinschaft errichtete auch einen großen Obelisk im Zentrum von Chortitza und kleinere Denkmäler an den Grabstätten der zwei Delegierten, Höppner und Bartsch.[834] Die größte öffentliche Feier des hundertjährigen Jubiläums fand jedoch am 1. Oktober in Chortitza statt. Zwei glänzende Beschreibungen dieses Tages sind erhalten geblieben. Eine davon wurde in einer größeren Zeitschrift der preußischen Mennoniten veröffentlicht und betonte mehr den geistlichen Teil der Feierlichkeiten, während der Bericht in der russisch-deutschen *Odessaer Zeitung* sich mehr auf die russischen säkularen Ansprachen konzentrierte, die nach Beendigung der geistlichen Programme gehalten wurden.[835] Die Herausgabe geschichtlicher Abhandlungen und die Errichtung von Denkmälern waren ein Rückblick, mit den Festlichkeiten am 1.Oktober wurden jedoch die Errungenschaften der Mennoniten gefeiert und ein hoffnungsvoller Ausblick auf eine noch bessere Zukunft getan. Die Stadt Chortitza war mit Fahnen und Spruchbändern geschmückt, die Straßen waren bis spät in den Abend voller Menschen, und Laternen erleuchteten die Dunkelheit. Gäste von nah und fern, Mennoniten und Nichtmennoniten nahmen mit den Kolonisten von Chortitza an ihren Festlichkeiten teil. Den russischen Beamten wurde bei den Feiern ein besonderer Ehrenplatz eingeräumt, und der General-Gouverneur von Neurussland wie auch die anderen Beamten der Regierungsministerien schickten Glückwunschbriefe und -telegramme.

Zwei Gottesdienste wurden abgehalten, wobei der größere nachmittags stattfand. Der Älteste der Hauptgemeinde von Chortitza, Heinrich Epp, predigte über 1. Sam. 7 (12) unter Betonung des Verses "Bis hierher hat uns der Herr geholfen". Es wurden auch Predigten von anderen Predigern aus Chortitza und aus der Molotschnaja gehalten, die alle die gemeinsame Danksagung für Gottes Segnungen und seine Heilsverheißungen hervorhoben. Verse aus den Psalmen schienen genau zur Stimmung dieses Freudenfestes wiederzugeben. Danach richtete Ältester Epp einige Worte in Russisch an die Versammlung, in der er hervorhob, wie die Mennoniten stets den Schutz des Zaren und der Regierung genossen hatten, der es ihnen ermöglichte, nach ihrem Glaubensbekenntnis zu leben und ihre Pflicht als getreue Untertanen des Zaren und des Vaterlandes zu erfüllen. Nach Abschluß der religiösen Feierlichkeiten hielten die Schullehrer Ansprachen in Russisch, in denen

---

[833] "Z", Höppner und ein ehrsamer Lehrdienst", *OZ*, 188 (19/31 Aug. 1889), 203; David (H.) Epp, (Antwortschreiben), *OZ*, 27 (7/19 Okt. 1889), 2; "Z", "Z", gegen D.Epp", *OZ*, 257 (12/24 Nov. 1889), 2-3.

[834] Bezüglich Illustrationen des größten Denkmals siehe Friesen, *Mennonite brotherhood*, 562; Kroeker, *First Mennonite villages in Russia*, 120. Die Denkmäler von Höppner und Bartsch stehen heute in Steinbach, Manitoba, Canada, wohin sie aus der Sowjetunion gebracht wurden.

[835] Das Dankfest in Chortitz (Südrussland) am 1. Oktober 1889", *MBL*, 28 (1889), 136-7; "Hundertjähriges Jubiläum der Chortitzer Mennonitenkolonien", *OZ*, 292 (30 Dez./11 Jan. 1889/1890), 2.

sie ebenfalls die Treue gegenüber dem Zar und dem Land betonten. P. Riediger von der Chortitzer Zentralschule wies darauf hin, daß Ausdrücke wie "Unser Zar" und "unser Vaterland" nicht einfach nur leere, für die Festlichkeiten bestimmte Phrasen waren. Sie kamen aus "tiefstem Herzen und aus der Freude" (der Mennoniten), Glieder der russischen Völkergemeinschaft zu sein. In keinem anderen Land, meinte er, hätten die Mennoniten eine solche Sicherheit und solchen Wohlstand erreicht wie in Russland. Der Dorfschullehrer Peter Penner betonte, wie wichtig es sei, Russisch zu lernen, denn in der Sprache war der Geist des Volkes zu finden, und die Mennoniten sollten den Genius des russischen Volkes besser kennenlernen. Es sei die Pflicht der Mennoniten, "vor Gott, dem Zar und dem russischen Volk .... unsere Kinder in soliden christlichen Idealen und der Liebe zum Zar und zum Vaterland zu unterweisen." Die Werte, die bei den Feierlichkeiten an diesem Oktobertag zum Ausdruck kamen, waren ein Echo auf das, was David Epp in dem abschließenden Kapitel seines Buches betont hatte - der Glaube war das Mittel für den materiellen und moralischen Fortschritt; eine ständige Unterstützung der Lehranstalten sei erforderlich wie auch die Treue gegenüber dem Vaterland.[836]

In welchem Maß entsprachen diese Gefühle den Ansichten der durchschnittlichen mennonitischen Kolonisten im Jahr 1889 und nicht nur der Meinung der kultivierten Elite? Obwohl für viele solche Ideen immer noch als fremdartig und "weltlich" galten, so war allein die Tatsache, daß sie so frei in einer Gemeinschaft und bei einem öffentlichen Anlaß zum Ausdruck kamen, ein klares Zeichen für das Maß der Veränderung, die seit der ersten Ansiedlung der Mennoniten in Russland vor hundert Jahren stattgefunden hatte. Und die kultivierte Elite, die nun sowohl die Kanzel als auch das Klassenzimmer fest in ihrer Hand hatte, konnte diese Werte jetzt frei in Herz und Sinn der nächsten Generation prägen. Aus einer genaueren Prüfung der Berichte über die Festlichkeiten und anderer Abhandlungen über das hundertjährige Jubiläum, die zu dieser Zeit in der Presse erschienen, geht klar hervor, wie sehr sich das mennonitische Leben in Russland seit der ersten Ansiedlungszeit verändert hatte.

Der Älteste Epp wies darauf hin, daß das hundertjährige Jubiläum nicht allein für die Chortizer Mennoniten galt, sondern eine Gedenkfeier für die "gesamte mennonitische Gemeinschaft in Russland" war. Daß er sich dabei auf das größere mennonitische Gemeinwesen in Russland bezog, war klar, und die Tatsache, daß er für alle Mennoniten sprechen konnte und nicht nur als Leiter einer einzigen Gemeinde, ist vielsagend. Obwohl es noch immer selbständige Gemeinden gab, war ihre Rolle im Gemeinschaftsleben lange nicht so umfassend wie vor einem Jahrhundert. Die Molotschnaer Mennoniten schickten Prediger zur Festveranstaltung nicht als Vertreter einzelner Gemeinden, sondern als Sprecher für die Ältesten des Halbstädter und Gnadenfelder Verwaltungsbezirks. Die einst so stolzen Gemeinden waren nun den regionalen Verwaltungsbezirken unterordnet. Daraus ist klar ersichtlich, daß sich die Mennoniten um 1889 mit einer Anzahl von

---

[836] Epp, *Chortitzer Mennoniten,* 127-29

Gemeinschaftgruppen und -institutionen identifizierten: dem örtlichen Kirchspiel in Verbindung mit einer bestimmten Gemeinde, einer Dorfgemeinschaft, einer Gebietsgemeinschaft, einer Kolonie oder Ansiedlung und schließlich mit anderen Gemeinschaften und Gruppen der Russland-Mennoniten. Was es bedeutete, ein Mennonit "zu sein" und zu einer mennonitischen Gemeinschaft zu gehören, das hatte sich seit den ersten Tagen der Ansiedlung dramatisch verändert. Damals hatten die Mennoniten sich an erster Stelle mit der nächsten Verwandtschaft, einer ortsgebundenen, abgesonderten Gemeinde identifiziert, die von anderen Mennoniten und der größeren "Welt" getrennt war.

Um 1889 kannten viele Mennoniten ihr eigene Geschichte besser als die früheren Generationen. Biblische Geschichte und Kirchengeschichte wurden an den Zentralschulen unterrichtet, und die Kenntnis dieser Fächer verbreitete sich auch in den Dorfschulen durch die Lehrer, die eine Zentralschulbildung genossen hatten. Mennonitische Zeitungen, insbesondere die *Mennonitischen Blätter* brachten Artikel über Mennonitengeschichte aus der Zeit der Reformation und später. Eine Anzahl geschichtlicher Monographien über die erste Zeit der Mennonitengeschte, von denen einige von Mennoniten geschrieben wurden, waren nun den Mennoniten in Russland zugänglich.[837] Für die meisten Mennoniten war es jedoch die wachsende Verbindung mit Glaubensbrüdern, zumeist Mennoniten außerhalb Russlands, die ihnen eine erweiterte Sicht für das Mennonitentum und die Zugehörigkeit zu einer größeren Gemeinschaft vermittelten. Neben den seit langem bestehenden Banden mit den preußischen Gruppen (die etwas abgekühlt waren, nachdem die preußischen Gemeinden den Grundsatz der Wehrlosigkeit aufgegeben hatten), befanden die russischen Mennoniten sich auch in Kontakt mit anderen Gruppen deutscher Mennoniten, den holländischen Mennoniten (besonders hinsichtlich der Missionsarbeit in Holländisch Ostindien), und die wahrscheinlich engste Verbindung für viele Mennoniten im Jahr 1889 war die mit den Gruppen in Nordamerika, besonders den kürzlichen Auswanderern aus den russischen Kolonien. Einen umfangreichen Briefwechsel zwischen Freunden und Verwandten in Nordamerika und Russland gab es bereits in den 1880er Jahren, und einige Mennoniten besuchten einander in beiden Ländern. Einige Briefe aus Russland erschienen regelmäßig in den Zeitungen der amerikanischen Mennoniten, insbesondere in der *Mennonitischen Rundschau*. Russische Mennoniten bezogen viele amerikanische Zeitschriften; die *Rundschau* z.B. hatte 1885 fast 400 Abonnenten in Russland, und die Zeitschriften wurden zweifellos auch von vielen anderen gele-

---

[837] David Epp, *Chortitzer Mennoniten*, (iv) erwähnt Anna Brons *Ursprung, Entwicklung und Schicksale der Taufgesinnten oder Mennoniten* (Norden, 1884). Ludwig Kellers Werk *Die Reformation und die älteren Reformparteien* (Leipzig, 1885) und *Ein Apostel der Wiedertäufer* (Leipzig, 1882) waren ebenfalls bekannt. Von den Wolga-Kolonisten erzählte man im Jahr 1889, daß sie Max Schöns *Das Mennonitenthum in Westpreußen, Ein Kirchen- und Kulturgeschichtlicher Beitrag und Belehrung über das Wesen des Mennonitenthums* (Berlin, 1886) wie auch andere Bücher über deutsche Geschichte lasen. Siehe AN, "Die Mennonitenkolonien an der Wolga", *OZ*, 283 (16/28 Dez. 1889), 2.

sen, die sich diese von Freunden und Verwandten ausliehen. Während einer Zeit in den 1880er Jahren wurde eine besondere zweiwöchentliche Ausgabe der *Rundschau* in Amerika eigens für die Leser unter den Russlandmennoniten herausgegeben.[838]

Das einst streng begrenzte, wenn nicht ganz verbotene Lesen nichtmennonitischer Bücher und Zeitschriften war nun etwas ganz Alltägliches geworden. Die Tage waren endgültig vorbei, in denen die Bibel und einige wenige traditionelle Bücher die einzig anerkannte Literatur waren, die Mennoniten lesen durften. Die Schulen und besonders die Zentralschulen hatten Bibliotheken mit "erbaulichem" Lesestoff, obwohl 1887 ein Lehrer davor warnte, die jungen Leute "schreckliche Räubergeschichten, haarsträubende Mordberichte und kitschige Liebesromane" lesen zu lassen.[839] Die Mennoniten konnten beliebte deutsche Bücher durch Buchhändler in Russland kaufen, und eine Reihe Geschichten von deutschen, russischen und anderen Autoren erschienen in Fortsetzungen in der *Odessaer Zeitung*.[840] Aber die Mennoniten zeigten noch immer ihre Vorliebe für religiöse Literatur und kauften viele religiöse Schriften, besonders die Predigtsammlungen deutscher und englischer evangelischer Prediger.[841] Auch hier wurden Mennoniten, die solche Werke besaßen oder lasen, wenig Hindernisse in den Weg gelegt; viele Prediger förderten sogar diesen Brauch. In dem gleichen Geist wurde es jedem freigestellt, an Seminaren und Missionshäusern nichtmennonitischer religiöser Gesellschaften zu studieren. Die Mennoniten anerkannten nun nicht nur andere Mennoniten, sondern auch andere christliche Gruppen als "Christen", obwohl sie Kontakte mit verschiedenen evangelischen Freikirchen den Verbindungen mit etablierten westeuropäischen Landeskirchen vorzogen. Die Mennoniten betrachteten sich nun als Teil einer größeren christlichen Gemeinschaft, die ein Zeugnis in der Welt war und fest gegen die reaktionären Kräfte und die Flut des Unglaubens stand. Wie andere Gruppen setzten sie sich dafür ein, die Seelen der Heiden in fernen Ländern zu retten.[842] Missionsfeste gehörten jetzt zu

---

[838] Die *Rundschau* (von 1879 bis Juni 1880 *Der Nebraska Ansiedler*) wurde schließlich (und ist noch immer) das Sprachrohr der Brüder, obwohl ihre erste amerikanische Zeitung, die auch in Russland Verbreitung fand, der *Zionsbote* (1884-1964) war. Andere beliebte amerikanische Zeitungen waren: *Christlicher Bundesbote* (1882-1947), *Herold der Wahrheit* (1864-1901) und *Zur Heimath* (1875-1881). Bezüglich einer Liste der russisch-mennonitischen Abonnenten der *Rundschau* siehe *MR*, 18 (6 Mai 1885), 2.

[839] Peter Klassen, "Pädagogisches", *OZ*, 209 (18/30 Sept. 1887), 2.

[840] Unter diesen Fortsetzungen befanden sich kurze Erzählungen von Jakob Toews, dem Übersetzer von Klaus' *Naschi Kolonii*, "Die Steppe im Winter", *OZ*, 273-293 (3/15 Dez. 1886 – 30. Dez./11.Jan. 1886/1887).

[841] Besonders beliebt waren die Predigten von Eduard Hofacker und die Übersetzungen der Predigten von Charles Spurgeon.

[842] Es gibt keine umfassenden Studien über die Missionstätigkeiten der Russland-Mennoniten im neunzehnten Jahrhundert. Einige Einzelheiten gibt es in Friesen, *Mennonite brotherhood*, 659-87, siehe auch Gerhard Lohrenz, "The Mennonites in Russia and the Great Commission", in C.J. Dyck, Hrg., *A legacy of faith* (Newton, Kansas, 1962) und Waldemar Janzen, "Foreign mission interest of the Mennonites in Russia before World War I", *MQR*, 42 (1968), 57-67.

den regelmäßigen Veranstaltungen, und die Berichte der russisch-mennonitischen Missionare in Indien und Holländisch Westindien wurden eifrig gelesen. Nicht einmal ein unzufriedenes Gemurmel war in den mennonitischen Gemeinden in bezug auf solche Aktivitäten zu hören.

Die Erweiterung des mennonitischen Glaubenshorizonts und die engere Verbindung mit anderen christlichen Gruppen spiegelte sich in einem Wandel der Gemeindeaktivitäten wider. Es war kein Zufall, daß fast alle Prediger, die anläßlich des hundertjährigen Jubiläums in Chortitza weilten, Lehrer waren oder gewesen waren und Prediger genannt wurden und nicht Lehrer wie in alten Zeiten. Obwohl die Tradition, Bauern in das Predigtamt zu wählen, noch viele Jahre andauerte, nahm die Zahl der gebildeten, theologisch geschulten "Prediger" ständig zu. Die Prediger lasen nicht mehr die Predigten ihrer Vorfahren, die in einer veralteten Sprache geschrieben und liebevoll von Generation zu Generation überliefert worden waren. Sie predigten frei in einem eleganten Hochdeutsch, indem sie die Predigten der westeuropäischen Evangelischen nachahmten, deren Predigten sie gelegentlich auch anstelle ihrer eigenen vorlasen. Obwohl die mennonitische "Geistlichkeit" nun fachlich gebildeter sein mochte, blieben die Prediger doch weiterhin unbezahlte Laien, trotz der schweren Pflichten, die sie in ihren Gemeinden und in den Angelegenheiten der erweiterten Gemeinschaft zu erfüllen hatten.[843]

Der Wandel der Geistlichkeit und im Predigtstil war nicht die einzige Neuerung in bezug auf den Gottesdienst. Der Gesangsunterricht in den Schulen und der Einfluß des Choralbuches von Franz fing an, sich auf die Qualität der Musik in den Gottesdiensten auszuwirken. Obwohl der Gebrauch von Musikinstrumenten in den Andachten noch nicht erlaubt war, begannen nun die Chöre die alten Vorsänger zu ersetzen. Bei den Festlichkeiten des hundertjährigen Jubiläums in Chortitza sang der Männer-Gesangverein bei den zwei geistlichen Veranstaltungen und begeisterte anschließend die Festversammlung durch eine mitreißende Darbietung der russischen Nationalhymne *Slavika*. In einer Gesellschaft, in der die kreativen und bildenden Künste immer noch unterdrückt wurden, war die Musik, sowohl die geistliche als auch die weltliche, zum Schwerpunkt künstlerischer Betätigung geworden, die von der Gemeinschaft weit und breit unterstützt wurde. Es war eine Blütezeit für neue Chöre und das Musikstudium.[844] Obwohl man

---

[843] Es gab einige Beratungen in bezug auf die Bezahlung der Prediger in den 1880er Jahren, es kam jedoch nichts dabei heraus, obwohl die Reisekosten nun erstattet wurden. Siehe "Ein Laie aus den Mennoniten. Die Besoldung der Mennoniten-Prediger", *OZ.*, 97 (29 April/11 Mai 1886), 1; CN, "Zur Besoldungsfrage der Prediger bei den Mennoniten", *OZ.*, 173-174 (1/13 Aug. – 2/14 Aug. 1886); "Die Laien. Für Mennoniten", *OZ.*, 244 (28 Okt./9. Nov. 1886), 2.

[844] Bezüglich der Entwicklung des Chorgesangs siehe Wesley Berg, "The development of choral singing among Mennonites in Russia in 1895", *MQR*, 55 (1981), 131-42. Bezüglich der Entwicklung des Gemeindegesangs siehe Peter Letkemann, *The hymnody and choral music of Mennonites in Russia 1789-1915* (Nicht veröffentlichte Dissertation, Universität Toronto, 1985).

noch immer strikt an der Erwachsenentaufe festhielt, wurden Kinder in zunehmendem Maß am geistlichen Leben der Gemeinschaft beteiligt. Die Lehrer förderten die Verbreitung geistlicher Literatur für Kinder, und 1881 erwog die geistliche Führerschaft die Möglichkeit, Sonntagsschulen einzuführen.[845] Solche Fragen wären auch nur fünfzig Jahre früher unvorstellbar gewesen.

Das mennonitische Universum hatte sich offensichtlich seit den ersten Tagen der Ansiedlung deutlich erweitert. Die Mennoniten wußten mehr über Russland, als sie über ihre eigenen Vorfahren und über Leute und Ereignisse in ihrem eigenen Heimatort oder im Ausland wußten. Die Tage, in denen das Wissen über die weitere Welt an der Dorfgrenze endete, waren vorbei. 1887 wurde eine neue Telegraphenstation in Neu-Halbstadt eröffnet, durch die man einen direkten Kontakt mit der Hauptstadt hatte.[846] Obwohl nur wenige Mennoniten die Gelegenheit oder Lust hatten, außerhalb ihrer Gemeinschaften zu reisen, so hatten doch alle Zugang zur größeren Welt durch das Lesen von Büchern, Zeitschriften und Zeitungen, die damals noch zum größten Teil deutschsprachig waren. Die deutschen Zeitungen in Russland brachten ausführliche Berichte über interne und auswärtige Angelegenheiten. Als Russland in den Jahren von 1877 bis 1878 Krieg gegen die Türkei führte, beherrschten die internationalen Nachrichten so sehr die Seiten der *Odessaer Zeitung*, daß über die Kolonien wenig veröffentlicht wurde. Die Zeitungen boten auch ein Fenster zur weiteren Welt durch Leitartikel über neue Technologien und Neuerungen in der sich rasch entwickelnden westeuropäischen Welt. Durch die Werbung erhielten die Mennoniten einen Einblick in den materiellen Wohlstand der städtischen Welt, und die Zeitungen warben auch für verführerische Volksbelustigungen, Zoos, Theater, Oper und fahrende Zirkusse und Straßen-Shows. Der Zugang zu Romanen und anderer Unterhaltungsliteratur, die in Fortsetzungen in den Zeitungen und Zeitschriften erschienen, erweiterten den Vorstellungshorizont einiger Mennoniten. Die deutschsprachigen Zeitungen wie die *Odessaer* und die *St. Petersburger Zeitung* brachten jedoch in- und ausländische Nachrichten in einem sehr konservativen Rahmen; beide Zeitungen waren wie alle Veröffentlichungen einer Zensur unterworfen. Die Zeitungen lobten die Tugenden des Zaren und die Politik der Regierung, unterstützten die Ansichten der etablierten Eliten in Weuropa und bezweifelten demokratische und republikanische Regierungsformen. Unter diesem Gedankengut gab es nur wenig, womit die Mennoniten zu jener Zeit nicht einverstanden gewesen wären. Seit ihrer Ansiedlung in Russland hatten die Mennoniten stets die Ansicht vertreten, daß es ihre Pflicht war, die Politik eines gerechten Herrschers zu unterstützen, solange diese Unterstützung nicht mit ihren Hauptglaubensgrundsätzen im Widerspruch stand. Der gerechte Herrscher beschützte sie und sicherte das Recht der Mennoniten, in

---

[845] Bezüglich der Sonntagsschulen als "etwas Neues" siehe *MR*, 16 (20. Jan. 1881), 2; viele Lehrer und Lehrerkonferenzen sprachen zu dieser Zeit über den Wert geistlicher Kinderliteratur.
[846] *OZ.*, 185(20./1.Sep. 1887), 2.

Frieden und Wohlstand zu leben und ohne von bösen Mächten gestört zu werden. Ihre Erfahrungen in Russland, zumindest bis zum Ende der 1880er Jahre, waren nicht gerade danach angetan, diese Ansichten zu erschüttern. Tatsächlich hatte das Wohlwollen vorheriger Zaren und Zarinnen wie auch das Verhalten vieler Regierungsstellen die Mennoniten in ihrer Unterstützung der Autokratie bestärkt. Aber Begriffe wie "die Nation" oder "das russische Volk" waren trotz der Redegewandtheit der führenden Sprecher bei den Jubiläumsfeierlichkeiten für die meisten Mennoniten sehr neue Ideen. Es waren Konzepte, die für die meisten erst nach der Ansiedlung in Russland entstanden waren.[847] Während um 1889 die meisten älteren Mennoniten nur eine verschwommene Vorstellung davon hatten, was die Worte "Volk" oder "Vaterland" bedeuteten, waren die meisten Lehrer und die in den Zentralschulen ausgebildeten jüngeren Mennoniten von solchen Ideen durchdrungen und besaßen Allgemeinkenntnisse in russischer Geschichte und Geographie. Ab 1889 wurde den meisten in mennonitischen Schulen ausgebildeten Schülern durch die Bemühungen ihrer Lehrer die russische Sprache, russische Literatur und nationalistische Gefühle vermittelt. Aber für Mitglieder der älteren Generation waren die Auswirkungen der "offiziellen" Russifizierung begrenzt, obwohl sie sich in gewissem Maß der Tatsache bewußt waren, daß die Mennoniten, wie ein Kommentator von Epps *Chortitzer Mennoniten* es ausdrückte, auf "russischem Boden, unter russischer Sonne" zu Wohlstand gekommen waren.[848]

Andererseits gab es aber auch deutliche Anzeichen für die Auswirkungen, die subtilere Einflüsse auf das Leben der Mennoniten gehabt hatten, nachdem sie nun seit einem Jahrhundert in Russland ansässig waren und mit der russischen Umwelt in Verbindung standen. Die Russifizierung mag begrenzt gewesen sein, die Russianisierung vieler Aspekte des täglichen Lebens war jedoch mehr als augenscheinlich. Das zeigte sich nirgends so deutlich wie bei den Eßgewohnheiten. Das frühere mennonitische Essen, das aus Schinken, Wurst und *Zwieback* (kleine Doppelbrötchen) bestand, war nun durch *Borschtsch* (Suppe, die gewöhnlich aus gekochten Schinkenknochen und Kohl und nicht aus roten Beeten gemacht wurde) *Wareniki* (mit Quark gefüllte Maultaschen) und andere leckere Sachen erweitert worden, die von den Kleinrussen übernommen wurden. Bier wurde noch immer gebraut und konsumiert, aber die Männer hatten allmählich auch Geschmack an Wodka gefunden (den sie natürlich aus "medizinischen" Gründen tranken).[849] Auch die Kleidung erfuhr einen Wandel. Ein Mennonit, der in den 1870er Jahren aus Russland ausgewandert war und dann zu Beginn der 1890er zu einem Besuch

---

[847] Die späteren Auswanderer aus Preußen, die nach 1820 in Russland ankamen, waren zweifellos ähnlichen Ideen ausgesetzt gewesen, obwohl es schwer zu beurteilen ist, wie tief sie in das mennonitische Denken eingedrungen waren.

[848] "Die Chortitzer Mennoniten", *OZ.,* 168 (26. Juli/1. Aug. 1889), 2.

[849] Die Abstinenz hatte nach der Ansiedlung in Russland auch in die geistlichen Prinzipien der Mennoniten Eingang gefunden, obwohl solche Ideen noch in den 1880er Jahren nur von einer Minderheit unterstützt wurden. Siehe Ein Mennonit, "Berichtigung", *OZ.,* 231 (12/24 Okt. 1886), 2.

zurückkehrte, erkannte den jungen Sohn eines Verwandten nicht, der ihn in der Molotschnaja abholen sollte, bis der junge Mann ihn in Plattdeutsch ansprach. Der Junge trug ein russisches Bauernhemd.[850] Die Russianisierung hatte offensichtlich seit der Zeit der großen Reformen sehr zugenommen.

Trotz all dieser Entwicklugen blieb das wirkliche Kennenlernen des russischen Lebens für viele Mennoniten außerordentlich begrenzt und beschränkte sich auf Kontakte mit ortsansässigen Bauern, die in den Siedlungen arbeiteten, auf gelegentliche Besuche in den Nachbardörfern oder -Ortschaften und Begegnungen mit kleinen Verwaltungsbeamten. Obwohl der Zar und seine Hofbeamten wahrscheinlich verehrt wurden, hatten diese doch wenig mit dem alltäglichen Leben zu tun. Abstrakte Begriffe wie "Vaterland" und "russische Völker" waren nicht leicht auf die tatsächlichen Erfahrungen der Mennoniten mit den Nachbarvölkern zu übertragen. Die Mennoniten hatten eine etwas gönnerhaft-herablassende Haltung gegenüber der ortsansässigen Bevölkerung und den russischen Beamten entwickelt, mit denen sie zu tun hatten. Sie hielten sie für sozial und wirtschaftlich rückständig. Die Bauern konnten nicht lesen und schreiben, sie waren abergläubisch und einfältig und wurden am besten wie unberechenbare Kinder behandelt; die kleinen Beamten hielt man für korrupt und unfähig. Die Mennoniten waren also immer noch von der Umwelt "getrennt", aber nicht aufgrund religiöser Unterschiede wie bei den ersten Siedlern, sondern mehr aufgrund eines Überlegenheitsgefühls gegenüber der sie umgebenden Bevölkerung. Die Mennoniten waren fortschrittlicher in bezug auf materiellen Besitz, kulturelle Einrichtungen, Wissen und Wohlstand als die meisten ihrer Nachbarn. In vieler Hinsicht fühlten sich die Mennoniten in bezug auf Gesellschaft und Kultur mehr mit den westeuropäischen Völkern und den Siedler-Gemeinschaften in Nordamerika verbunden als mit vielen Gruppen, mit denen sie im russischen Kaiserreich lebten.

Um 1889 merkten die Mennoniten selbst, daß sich ihre Lebensweise in der Zeit, in der sie und ihre Vorfahren in Russland gelebt hatten, deutlich verändert hatte. Die auffälligste Veränderung war an dem sie umgebenden Land zu erkennen, die Urbarmachung der Steppe und der Wert ihrer Besitztümer: ihrer Häuser und Einrichtungen, Bauernhöfe und Maschinen. Man neigte jedoch dazu, diese materiellen Errungenschaften zu idealisieren und diese allein dem mennonitischen Unternehmungsgeist und Gottes Segen für sein erwähltes Volk zuzuschreiben, ohne die ungeheure Rolle der Regierung anzuerkennen, die diese bei der Entwicklung des mennonitischen Wohlstandes gespielt hatten. Zum hundertjährigen Bestehen der mennonitischen Kolonie in Chortitza erschien ein Artikel, der die Lage vor der Ansiedlung mit dem gegenwärtigen Reichtum der Kolonie verglich. Der Artikel behauptete, daß dort, wo es einst nichts als "gelbe, dürre Steppe" gegeben hatte, jetzt Weizenfelder "im sanften Frühlingswind wogten". Eine "schreckliche Wildnis ohne Plan und Ordnung" war durch "schmucke, ordentliche, wohlangelegte, von

---

[850] H.R. Voth, "Kurze Reise – Correspondenzen", *Christlicher Bundesbote*, 11 (21. April 1892), 4.

vollausgewachsenen, dunkelgrünen Bäumen umgebene Dörfer" ersetzt worden.[851] Die hier dargestellte Schäferidylle eines ländlichen Paradieses war früher einmal ein Ödland gewesen, das durch mennonitischen Fleiß geordnet und zivilisiert worden war. Obwohl das Land, auf dem sie angesiedelt hatten, weder so unbebaut noch so unbesiedelt war, wie die Mennoniten gerne glaubten, so konnte doch von niemand bestritten werden, daß diese Landschaft durch die Mennoniten eine große Umwandlung erfahren hatte. Dörfer waren angelegt, Wälder gepflanzt, vergrößert und verbessert, Felder bestellt und Eisenbahnen gebaut worden. Gebildete russische Besucher beschrieben immer wieder gefühlvoll die Verwunderung, die sie empfanden, wenn sie nach einer Reise über die offene Steppe und durch verkommene Bauerndörfer zu einer mennonitischen Kolonie gelangten. In den Kolonien fanden sie eine Oase ländlicher Gemütlichkeit inmitten einer unzivilisierten Wildnis.[852]

Mennoniten, die in Rußland geboren und aufgewachsen waren, identifizierten sich auch sehr stark mit der örtlichen Gegend: dem Dorf, den Gärten und der allgemeinen Umwelt der Orte, in denen sie aufgewachsen waren und die sie lieben gelernt hatten. Sogar Auswanderer nach Amerika erinnerten sich zuweilen sehnsüchtig an ihre Heimatdörfer. Die äußere Struktur der Dörfer und der Kolonien, die zu einer früheren Zeit festgelegt worden war, als die Gemeinschaften noch kleiner und einheitlicher waren, beeinflußte auch weiterhin zutiefst den Ablauf des täglichen Lebens und schuf den Eindruck von Gemeinschaft dort, wo es diese kaum noch gab. In den engen, kompakten Siedlungen waren die Mennoniten zur Zusammenarbeit gezwungen, obwohl viele der älteren Grundsätze von Zusammenarbeit und gegenseitiger Abhängigkeit nicht mehr die moralische Kraft hatten, die sie einst besessen hatten. Doch wie sehr auch die Form, in der die Siedlungen angelegt waren, den früheren Gemeinschaftssinn widerspiegeln mochte, sie hatte niemals den Zweck, geschmackvoll zu sein. Die romantischen Gefühle, die viele Mennoniten für ihre Heimatorte empfanden, standen in einem krassen Gegensatz zur wirtschaftlich orientierten Welt, in der sie um 1889 lebten. Die alte landwirtschaftliche Symbolik wurden durch die Sicht einer industriellen Welt verdrängt, die realistischer die Industriegesellschaft widerspiegelte, zu der die Mennoniten nun gehörten.

Der Chortitzer Korrespondent, der so deutlich den Kontrast zwischen der unzivilisierten Wildnis vor der Ansiedlung und dem von den Mennoniten geschaffenen landwirtschaftlichen Paradies aufgezeigt hatte, erwähnte auch die Entstehung der industriellen Welt. Über den Dörfern, wo einst nur der rotglühende Schornstein der örtlichen Schmiede geleuchtet hatte, reckten sich nun die "rauchspeienden Essen" der Fabriken in den klaren Himmel. Diese Schornsteine seien Zeugen des

---

[851] E., "Das Jahr 1889 und die Chortitzer Mennoniten", *MBL.*, 3 (Feb. 1889); 14; dies ist der einzige Bericht über das hundertjährige Jubiläum, der in nordamerikanischen Zeitungen nachgedruckt wurde, siehe *MR*, 48 (27.Nov. 1889), 1. E. war wahrscheinlich David H. Epp.

[852] Siehe Beispiele russischer Kommentare, die in Rempel, *Mennonite commonwealth,* 67-68 zitiert werden.

*Sonntagnachmittag in einem mennonitischen Dorf in Russland nach 1900*

"unverhofften industriellen Booms", den die Kolonie in den letzten Jahren erlebt hatte.[853]

Die Fabriken waren jedoch nur ein rein äußerliches Zeichen für einen tieferen Wandel der mennonitischen Welt, ein Wandel, der vielen Mennoniten verborgen oder unerkannt blieb, weil sie immer nur in ihren festen ländlichen Siedlungen gelebt hatten. Das Rattern der schweren Maschinen, das Zischen der Dampfmaschinen, die dumpfen Schläge der schweren Hämmer, die aus der Fabrik und den Werkstätten durch die Dörfer und über die sorgfältig bestellten Felder hallten - all das waren Zeichen des Wandels nicht nur des Dorflebens an sich und der Art, wie man seine Arbeit und seine Freizeit gestaltete, sondern auch des innersten Kerns des mennonitischen Wesens. Der Begriff der Person, der Gesellschaftsorganisation, des Gemeinschaftssinns und der Rolle der Mennoniten in der Welt hatten sich alle in dem Jahrhundert seit den ersten Ansiedlungstagen in Russland grundlegend und unwiderruflich geändert. Die mennonitische Gesellschaft und Kultur gehörte nun sehr viel offensichtlicher einer größeren Welt an, als dies jemals in der Vergangenheit der Fall war, und die Mennoniten wußten jetzt auch viel besser als ihre Vorfahren, wie sehr sie mit einer Welt verbunden waren, die ihrerseits auch einer raschen Veränderung unterworfen war. Die mennonitischen Ansichten, ihr Glaube und ihre Werte hatten sich verändert. Sie waren nun Teil einer aufblühenden Industriegesellschaft, sie suchten und förderten den Wandel und die "Besserung" durch die Entwicklung wandlungsorienter Institutionen, vor allem des Bildungswesens. "Kultur" war nun etwas, was in den Schulen übermittelt

---

[853] "Das Jahr 1889", 14

wurde und nicht in den Heimen oder in der Gemeinde. Sie wurde durch Bücher und durch das Lernen übermittelt und nicht durch das gesprochene Wort oder die praktische Erfahrung. Die Mennoniten entwickelten in zunehmendem Maß den Geschmack wohlhabender Bürger, und dieser zeigte sich sehr klar in ihrem Lebensstil und an ihrer äußeren Erscheinung. Prächtige Kleider und kostbarer Schmuck wurden ganz frei und offen von der neuen Elite getragen; beleibte Figuren hatten die schlanken, muskulösen Gestalten der alten Tage verdrängt. Ihre Gesellschaft war nicht mehr gleichartig, sondern verschiedenartig, wobei Reichtum, Bildung und Beruf soziale Unterschiede und ein Gefühl der Ungleichheit schufen. Aber obwohl sie nun durch Gesellschaftsschichten getrennt waren, waren die Mennoniten um 1889 doch auf eine neue Art miteinander verbunden und besaßen ein breiteres, wenn auch lockereres Identitätsbewußtsein als die meisten ihrer Vorfahren. Aus diesem neuen Identitätssinn erwuchs aber auch ein neues Zielbewußtsein, das über eine mennonitische Welt hinaus in eine Zukunft reichte, die hoffnungsvoll und vielversprechend war.

Trotz der Veröffentlichung historischer Abhandlungen, die eine Rückschau über die mennonitische Vergangenheit hielten, feierten die Mennoniten 1889 in Wirklichkeit eine Zukunft und nicht eine Vergangenheit, den Fortschritt und nicht die Tradition, den Wandel und nicht die Kontinuität. Und die Mennoniten feierten mit überschwenglichen Gefühlen, in aller Öffentlichkeit und stilvoll und nicht in aller Stille und Bescheidenheit, wie es einst bei den Mennoniten üblich war. Sie feierten stolz als Mennoniten, als Christen, als treue russische Untertanen und als zivilisierte Europäer - als Mitglieder einer neuen Welt - nicht als ein abgesondertes, weltfremdes Volk, das auf Gottes Gericht wartet. Das Leben hatte sich für die Mennoniten in Russland in der Tat geändert. Sollten sich 1889 Stimmen gegen diesen Zeitgeist erhoben haben, so sind sie nicht aufgezeichnet worden, und solche Klagen sind damals jedenfalls unbeachtet geblieben.

# Schlußworte

In vieler Hinsicht bedeutet Geschichtsschreibung soviel wie eine Geschichte erzählen. Wie bei einem Roman wird der Ausgangspunkt willkürlich gewählt, ein Schauplatz aufgebaut, die Ereignisse arrangiert, die Darsteller vorgestellt und alles zu einer dramatischen Handlung zusammengefügt. Das Problem zeigt sich eigentlich erst beim Schluß. Abschließen heißt, Rückschau halten und die Ereignisse überprüfen, denn man muß versuchen, die völlig ungleichartigen Fäden der Erzählung zusammenzuziehen, um die Geschichte zu "beenden". In der Geschichte gibt es jedoch niemals ein Ende in endgültigem Sinn. Die Welt, die man geschaffen hat, kann nicht plötzlich wieder abgebrochen werden; das Leben der Menschen geht auch jenseits der in der Geschichte gesetzten Zeitgrenzen weiter. Die Ereignisse haben Folgen, die über diejenigen hinausgehen, die man zu erklären versucht hat. Die Geschichte einer menschlichen Gemeinschaft abschließen heißt nicht, eine Erzählung beenden, sondern diese zusammenzufassen, zu bewerten und eine Vorausschau zu halten.

Die Mennoniten sind aus einer verworrenen Täuferbewegung hervorgegangen, die ihren Ursprung in sich selbst hatte und in der unruhvollen Zeit der Reformation in Westeuropa geboren wurde. Verfolgung und die Notwendigkeit, ihre Glaubensgemeinschaften von der "Welt" getrennt zu erhalten, zwangen die Mennoniten auf der Suche nach Frieden und Lebensraum auszuwandern. Die nach Osten gerichtete Verstreuung vieler Mennoniten Ende des achtzehnten Jahrhunderts brachte einige Gemeinschaften bis in die Steppe der Grenzregionen Westeuropas. Die mennonitische Auswanderung war jedoch nur Teil einer nach Osten orientierten größeren Völkerwanderung, da das Steppengebiet in die neuentstehenden Nationalstaaten Osteuropas eingegliedert wurde, von denen Russland im achtzehnten Jahrhundert der größte und mächtigste werden sollte.

Anfangs verschaffte diese Grenzregion den mennonitischen Kolonisten ein Gefühl der Sicherheit; sie waren von anderen Gruppen getrennt und von äußeren Einflüssen abgesondert. Die schweren Jahre der Ansiedlung in der offenen Steppe zwangen die Mennoniten zur Zusammenarbeit und stärkten ihren Gemeinschaftssinn. Auf lange Sicht bot diese neue Umwelt einzelnen Mennoniten ungeheure Gelegenheiten, wirtschaftlich voranzukommen, und als sie diese nutzten, wurde dadurch das von der übrigen Welt getrennte und abgesonderte Leben bedroht, das von vielen in ihrer Gemeinschaft bevorzugt wurde. Gleichzeitig wurde das Steppengebiet rasch in das russische Zarenreich integriert und in die rapide wirtschaftliche Entwicklung einbezogen, die im südlichen Russland als Reaktion auf den Wandel in Westeuropa stattfand. Als im neunzehnten Jahrhundert die westeuropäischen Staaten industrialisiert wurden, machte sich diese Industrialisierung in der ganzen Welt bemerkbar. Unterentwickelte Gebiete Mittel- und Osteuropas wurden sehr bald in den westeuropäischen Wirtschaftsstrudel hineingerissen. Die vorhandenen sozialen, politischen und wirtschaftlichen Strukturen gerieten ins Wanken und wurden geändert. Die landwirtschaftliche Produktion wurde vermarktet, um Westeuropa mit Nahrungsmitteln zu beliefern, das Transport- und Verkehrswesen wurden entwickelt, neue Industrien aufgebaut und städtische Ballungszentren gegründet und erweitert. Die ortsansässige ländliche Gesellschaft wurden aus ihrer althergebrachten Lebensweise aufgeschreckt. Die Staatsregierungen gründeten neue bürokratische Strukturen, um ihre Bevölkerung zu kontrollieren und die wirtschaftliche Entwicklung zu steuern. Die Menschen wurden sich immer mehr ihrer Lage bewußt und waren eifrig darum bemüht, ihr Los zu verbessern. Neue Identitäten wurden geschmiedet, und im Volk entstanden Ansichten, die oft mit den Idealen der etablierten und privilegierten politischen Eliten in Konflikt gerieten.

In dem ungeheuren Drama, das sich im westlichen Europa während des neunzehnten Jahrhunderts entfaltete, spielten die Mennoniten nur eine sehr kleine Rolle. Aber allein die Tatsache, das sie in dem Drama mitspielten und nicht einfach nur daneben standen, war von großer Bedeutung

Einige Mennoniten widersetzten sich den Kräften des Wandels. Sie waren gegen die Kommerzialisierung des Wirtschaftslebens, die zu einem verstärkten Kontakt mit der Welt führte: sie waren argwöhnisch gegenüber den verschiedenen Versuchen der russischen Beamten, die Reform zu fördern: sie lehnten die neuen religiösen Ideen ab, die aus Westeuropa stammten. Durch ihren Widerstand gegen die Änderungen wurden einige mennonitische Gemeinden gestärkt, und es wurden Praktiken eingeführt, durch die die Mitglieder dieser Gemeinschaft von den Kräften des Wandels isoliert wurden. Gleichzeitig rechtfertigten sie ihre Ablehnung des Neuen durch die Entwicklung von Ideologien, die besonders den Wert sozialer und wirtschaftlicher Veränderungen verneinen. Obwohl die betonte Beibehaltung der "traditionellen" Lebensweise angeblich nur eine Fortsetzung der bereits bestehenden Praktiken sein sollte, war dieser bewußt formulierte Konservatismus an sich bereits auf den Druck des Wandels zurückzuführen. Er war eine Folge der Wandlung des mennonitischen Lebens als Reaktion auf die moderne Welt, genauso wie die Annahme der "weltlichen" Lebensweise Folgen dieses Wandels waren.

Die Ideen und Ziele der Mennoniten, die für fortschrittliche Bestrebungen eintraten sind leichter als Reaktionen auf die Modernisierung zu verstehen als die Strategien derjenigen, die sich für die Beibehaltung und Kontinuität der Tradition einsetzten. Die aktive Beteiligung fortschrittlicher Mennoniten an den russischen Reform-Programmen, ihre positive Reaktion auf die Gelegenheiten, die sich ihnen durch die Entwicklung von Handelsmärkten für mennonitische Erzeugnisse boten, und die Gründung neuer Unternehmen sind Zeichen ihrer Anpassung an die wirtschaftliche Entwicklung in Neurussland. Die Auswirkung dieser Anpassung auf die mennonitische Gemeinschaft in größerem Rahmen läßt sich ebenfalls leicht erkennen. Die Einnahmen stiegen, und die sich auf Vermögen, Beruf und Bildung gründenden sozialen Unterschiede wurden augenscheinlicher. Die Bildung sollte beim Prozeß des internen Wandels in den Mennonitenkolonien eine entscheidende Rolle spielen. Aufgrund der neuen Bildungsformen waren die jungen Mennoniten nun imstande, die eigene Gemeinschaft und deren Rolle in der Welt neu zu beurteilen. Sie entdeckten größere Gelegenheiten jenseits der Grenzen ihrer Ortsgemeinschaft und erwarben die notwendigen Fähigkeiten, um den Herausforderungen der neuen gesellschaftlichen und wirtschaftlichen Umwelt gewachsen zu sein.

Die Anpassung der Mennoniten an dieses Grenzmilieu und die zunehmende Modernisierung ihrer Gemeinschaften hatten also sehr unterschiedliche Reaktionen und eine Polarisierung der Menschen, Ideen und Handlungsweisen zur Folge. Diese Unterschiede zeigten sich am klarsten in den Konflikten, die in bezug auf eine ganze Reihe von Fragen im Laufe des neunzehnten Jahrhunderts entstanden.

Es gab Meinungsverschiedenheiten in bezug auf religiöse Begriffe und Praktiken. Für die Konservativen hatte der Glaube seinen Schwerpunkt in den Aktivitäten der Gemeinde und hing von deren Kontinuität und Absonderung von der "Welt" ab. Für viele Fortschrittlichen war der Glaube in zunehmendem Maß eine Sache individueller Hingabe, die sich auf ein persönliches Bekehrungserlebnis gründete. Diese Individualisierung des Glaubens ging Hand in Hand mit dem Sinn für eigene Leistung, der in den reformierten Schulen gefördert wurde und der durch den Erfolg auf den wettbewerbsorientierten Marktplätzen seine Erfüllung fand. Was die religiösen Aktivitäten betrifft, so strebten die gemeindeorientierten Gemeinschaften einen internen Zusammenhalt und eine externe Abgrenzung an, während die Fortschrittlichen die individuelle Veränderung und eine offene Evangelisation zum Ziel hatten.

Weitere Konfliktherde entstanden im gesellschaftlichen Leben. Je mehr die gesellschaftliche Ungleichheit mit der verstärkten Handelstätigkeit stieg, um so mehr wurde der Zugang zu lebenswichtigen Ressourcen, insbesondere Land, zur Streitfrage. Ein Problem war der immer noch bestehende Zusammenhalt auf dem Gebiet des Gemeinschaftslebens, während in der Welt der Erfolg in zunehmendem Maß an der Leistung des Einzelnen gemessen wurde. Der Wunsch, die charakteristische mennonitische Identität zu wahren, trug dazu bei, daß die Landfrage zeitweilig gelöst und ein neues Solidaritätsbewußtsein geschaffen wurden.

Die Glaubenskonflikte, gemeinsame Verantwortung und die Zukunft der mennonitischen Identität erreichten ihren Höhepunkt durch die Krise, die durch die rapide vom Staat veranlaßte Reform zu Beginn der 1860er Jahre entstand. Wenn auch nicht alle Konflikte gelöst wurden, auf lange Sicht triumphierten die Fortschrittlichen. Das neu entwickelte Bewußtsein gemeinsamer Verantwortung und das neue Bewußtsein mennonitischer Identität ermöglichten es den Mennoniten, viele ihrer typisch mennonitischen Institutionen zu erhalten und anzupassen, während sie sich gleichzeitig auf die sich rapide verändernde wirtschaftliche und politische Lage nach der Emanzipation in Russland einstellten. Der Erfolg der Fortschrittlichen wurde zudem durch die umfangreiche Auswanderung vieler Mennoniten nach Nordamerika sehr erhöht. Eine große Anzahl dieser Auswanderer waren konservative Mennoniten, von denen einige als geschlossene Gemeinden bzw. Gemeinschaften auswanderten, und mit ihrem Abgang verschwanden viele religiöse und soziale Konfliktherde aus den Kolonien.

Das Leben der Mennoniten in Russland veränderte sich als Teil des größeren Wandels der europäischen Völker von der landwirtschaftlichen zur industriellen Gesellschaft. Es wäre jedoch falsch anzunehmen, daß dieser Übergang einfach nur in der Ersetzung der einen Lebensweise durch eine andere bestand, oder zu glauben, daß dieser Wandlungsprozeß irgendwie abgeschlossen, d.h. beendet war. Dies ist gerade eines der Probleme, das sich beim Abschluß eines Berichts über einen sozialen Wandel ergibt. Seit ihren täuferischen Ursprüngen hat sich die mennonitische Gesellschaft ständig verändert. Der endlose Prozeß der Produktion und der Fortpflanzung hat niemals dazu geführt, daß der Lebensstil unverändert von einer Generation auf die andere übertragen wurde. Der Übergang zur industriellen Gesellschaft im Laufe des neunzehnten Jahrhunderts führte zu einem Wandel des Produktionsablaufs wie auch in der Fortpflanzung des Lebens und der bewußten Anpassung der Mennoniten an diese verändernden Strategien. Dies anzuerkennen, heißt nicht, die mächtigen, die Kontinuität fördernden Kräfte zu verleugnen, die in den mennonitischen Gemeinschaften wirksam blieben. Die Mennoniten blieben vielen ihrer Hauptglaubensgrundsätze treu. Sie entdeckten und förderten ein neues Bewußtsein ihrer eigenen Geschichte und waren in bezug auf gesellschaftliche Kontakte auch weiterhin sehr stark auf das komplexe Netz verwandtschaftlicher Beziehungen angewiesen, das sich aufgrund der sozialen Solidarität in ihren Gemeinschaften gebildet hatte. Aber die Beibehaltung dieser aus alter Zeit stammenden Kontinuitäten war den Anforderungen der modernen Welt untergeordnet und durfte nicht mit den Strategien der Mobilität und der Anpassungsfähigkeit in Konflikt geraten, die die Mennoniten brauchten, um sich erfolgreich an der modernen Industriegesellschaft zu beteiligen. In einem gewissen Sinn finden diese Anpassungsprozesse in den mennonitischen Gemeinschaften noch immer statt, die von den in den südlichen Steppen Russlands im achtzehnten und neunzehnten Jahrhundert angesiedelten Kolonisten abstammen, ganz gleich wo sie heute leben mögen.

# Anhang I

**Urkunde der Privilegien, die den Mennoniten am 8. September 1800 gewährt wurden:**[854]

Wir durch Gottes hilfreiche Gnade Paul I., Kaiser und Selbstherrscher aller Reußen ... Zur Urkunde unserer *Allergnädigsten* Genehmigung der an *Uns* gelangten Bitte von den im Neurussischen Gouvernement angesessenen Mennoniten, die nach dem Zeugnisse ihrer Aufseher wegen ihrer ausgezeichneten Arbeitsamkeit und ihres geziemenden Lebenswandels den übrigen dort angesiedelten Kolonisten zum Muster dienen können und dadurch *Unsere* besondere Aufmerksamkeit verdienen, haben *Wir* durch diesen, ihnen von *Uns* geschenkten Gnadenbrief nicht nur alle in den vorläufig mit ihnen beschlossenen Bedingungen enthaltenen Rechte und Vorzüge *Allergnädigst* bekräftigen, sondern auch um ihren Fleiß und ihre Sorgfalt zur Landwirtschaft noch mehr aufzumuntern, ihnen noch andere in den nachstehenden Punkten erteilten Vorrechte in Gnaden bewilligen wollen.

*Erstens* bekräftigen *Wir* die ihnen und ihren Nachkommen versprochene Religionsfreiheit, vermöge welcher sie ihre Glaubenslehren und kirchlichen Gebräuche ungehindert befolgen können. Auch bewilligen *Wir* Allergnädigst, daß vom Gericht, wenn es der Fall erheischen sollte, ihr mündlich ausgesprochenes Ja oder Nein an Eides statt angenommen werde.

*Zweitens.* Die einer jeden Familie bestimmten 65 Dess. brauchbaren Landes bestätigen *Wir* ihnen und ihren Nachkommen zum unbestrittenen und immerwährenden Besitze, verbieten aber hiebei, daß Keiner unter ihnen, unter welchem Vorwande es auch sein möge, auch nicht den geringsten Teil davon, ohne ausdrückliche Erlaubnis der über sie angestellten Obrigkeit irgend einem Fremden überlasse, verkaufe oder gerichtlich verschreibe.

*Drittens.* Sowohl allen jetzt schon in Russland ansässigen, als auch den hinführo unter Unserer Botmäßigkeit sich niederzulassen gesonnenen Mennoniten, gestatten *Wir*, nicht nur auf ihrem Gebiete, sondern

---

[854] Deutsche Übersetzung laut Isaak, *Molotschnaer Mennoniten*, 5-7.

auch in den Städten *Unseres* Reichs, Fabriken anzulegen oder andere nützliche Gewerbe zu treiben, wie auch in die Gilden und Zünfte zu treten, ihre Fabrikate ungehindert zu verkaufen, wobei sie die hierüber emanierten Landesgesetze zu befolgen schuldig sind.

*Viertens.* In Gemäßheit ihres Eigentumsrechtes erlauben *Wir* den Mennoniten den Genuß aller Arten von Benutzungen ihres Landes, wie auch zu fischen, Bier und Essig zu brauen, nicht weniger für ihre Bedürfnisse und zum Verkauf im Kleinen auf den ihnen gehörenden Ländereien Branntwein zu brennen.

*Fünftens.* Auf denen, den Mennoniten gehörenden Ländereien verbieten *Wir* nicht nur allen fremden Leuten Krüge und Branntweinschenken zu bauen, sondern auch den Branntweinpächtern ohne Einwilligung der Mennoniten Branntwein zu verkaufen und Schenken zu halten.

*Sechstens.* Wir geben ihnen *Unsere* Allergnädigste Versicherung, daß Niemand, sowohl von denen anjetzt schon angesessenen Mennoniten, als auch von denen in Zukunft zur Niederlassung in *Unserm* Reiche geneigten, noch ihre Kinder und Nachkommen in keiner Zeit in Kriegs- oder Zivildienst ohne eigenen dazu geäußerten Wunsch zu treten gezwungen sind.

*Siebentens.* Wir befreien alle Dörfer und Wohnungen in ihren Niederlassungen von aller Art Einquartierung (ausgenommen wenn etwa Kommandos durchmarschieren sollen, in welchem Falle nach den Verordnungen über Einquartierung verfahren werden soll), desgleichen von Vorspann oder Podwoden und Kronsarbeiten. Dagegen aber sind sie schuldig die Brücken, Ueberfahrten und Wege auf ihrem ganzen Gebiete in gehöriger Ordnung zu halten und nach den allgemeinen Veranstaltungen zur Unterhaltung der Posten das Ihrige beizutragen.

*Achtens.* Wir gestatten *Allergnädigst* allen Mennoniten und ihren Nachkommen die völlige Freiheit, ihr wohlerworbenes Vermögen (worinnen jedoch das ihnen von der Krone gegebene Land nicht mit einbegriffen ist) nach eines jeden Willen so anzuwenden, wie er es für gut befindet. Wenn aber Jemand unter ihnen nach der von ihm geschehenen Abzahlung aller auf ihn haftenden Kronsschulden, Verlangen trüge, sich mit seinem Vermögen aus *Unserm* Reiche wegzubegeben, so ist er schuldig eine dreijährige Abgabe von dem in Russland erworbenen Kapitale zu entrichten, dessen Betrag von ihm und dem Dorfsvorgesetzten nach Pflicht und Gewissen anzugeben ist. Ebenso ist auch zu verfahren mit den Nachlassenschaften der Verstorbenen, deren Erben und Anverwandte sich in fremden Ländern befinden und an die nach dem unter ihnen gebräuchlichen Rechte der Erbschaftsfolge die Erbschaft zu verschicken ist. Anbei verstatten *Wir* auch den Dorfsgemeinden das Recht, nach ihren eigenen hergebrachten Gebräuchen Vormünder über die den Unmündigen zugehörigen Nachlassenschaften der Verstorbenen zu bestellen.

*Neuntens.* *Wir* bekräftigen Allergnädigst die ihnen verliehene zehnjährige Befreiung von allen Abgaben und erstrecken sie auch auf alle hinführo im Neurussischen Gouvernement sich niederzulassen gesonnenen Mennoniten. Da aber nach jetzt geschehener Untersuchung ihres Zustandes sich erwiesen hat, daß sie durch mehrmaligen Mißwachs und Viehseuchen in eine notdürftige Lage geraten und auf dem Chortizer Gebiete zu gedrängt angesiedelt sind, weshalb beschlossen worden ist, eine Anzahl Familien auf anderes Land zu versetzen, so bewilligen *Wir* Allergnädigst in Rücksicht ihrer Dürftigkeit und Armut, nach Verlauf der ersten zehn Freijahre denen, die auf ihren jetzigen Wohnorten verbleiben, noch fünf, denen zur Versetzung Bestimmten aber noch zehn Freijahre und befehlen, daß jede Familie nach Verlauf dieser Zeit von denen in Besitz habenden 65 Dess. Landes für jede Dess. 15 Kop. jährlich bezahle, übrigens aber von allen Kronsabgaben befreit bleibe. Den erhaltenen Geldvorschuß aber haben nach Verlauf der erwähnten Freijahre die auf ihrem Wohnorte Bleibenden zu gleichen Teilen in zehn, die anderweit zu Versetzenden in zwanzig Jahren abzutragen.

*Zehntens.* Zum Beschluß dieses *Unseres Kaiserlichen*, den Mennoniten verliehenen Gnadenbriefes, durch welchen *Wir* ihnen ihre Rechte und Vorzüge *Allergnädigst* zusichern, befehlen *Wir* allen *Unsern* Militär- und Zivilvorgesetzten, wie auch *Unsern* Gerichtsbehörden, besagte Mennoniten und ihre Nachkommen, nicht nur in dem ruhigen Besitze der ihnen von Uns Allergnädigst geschenkten Privilegien nicht zu stören, sondern ihnen vielmehr in allen Fällen alle Hilfe, Beistand und Schutz widerfahren zu lassen.

Gegeben in der Stadt Gatschina am 6. September des Jahres nach Christi Geburt 1800, Unserer Regierung im Vierten, des Großmeistertums im Zweiten.
Im Originale von Sr. Majestät Höchsteigenhändig unterschrieben.
**Paul.**
**Graf v. Rostopschin**

# Anhang II

Wachstum der mennonitischen Bevölkerung

Die mennonitische Bevölkerung in Russland nahm im Laufe des neunzehnten Jahrhunderts aufgrund der hohen Geburtenraten und in den ersten 50 Jahren nach der Ansiedlung durch die zahlreiche Einwanderung rapide zu. Obwohl ein umfangreiches Zahlenmaterial über die mennonitische Bevölkerung vorliegt, sind diese Statistiken noch nicht richtig miteinander verglichen worden. Es gibt beträchtliche Unstimmigkeiten zwischen vielen Quellen, und es ist schwierig, daraus Einzelheiten auszusondern, die erforderlich sind, um ein richtiges Verständnis für die Bevölkerungsgeschichte der Mennoniten und anderer ausländischer Kolonisten zu gewinnen.[855] Hier soll nur ein Überblick über die Grundzüge des Bevölkerungswachstums der Mennoniten in Russland während des neunzehnten Jahrhunderts gegeben werden. Ein gründliches Studium der Volkszählung von 1897, des einzigen verläßlichen, im neunzehnten Jahrhundert erstellten Verzeichnisses der russischen Bevölkerung, muß noch erst unternommen werden, um genauere Daten über die mennonitische Bevölkerung zu erhalten.

Hier sind nur repräsentative Zahlen für Chortitza und Molotschnaja ausgewählt worden, um den allgemeinen Bevölkerungszuwachs anzudeuten (Siehe Tabelle 2:1).[856] Trotz der Auswanderung nach Amerika in den 1870er und 1880er Jahren,

---

[855] Bezüglich einer allgemeinen Aufstellung über die Bevölkerung der "deutschen" Kolonisten in Russland mit Einzelheiten über das Bevölkerungswachstums und Quellen für weitere Studien siehe V.M. Kabuzan, "Zahl und Siedlungsgebiete der Deutschen im Russischen Reich (1796-1917)", *Zeitschrift für Geschichtswissenschaft,* 32 (1984), 866-74.

[856] Außer wenn etwas Gegenteiliges vermerkt ist, sind die in den Tabellen angegebenen Statistiken folgenden Quellen entnommen:
1789   TsGAIL f.383, op. 29, d.159, Seiten 5-14.
1790   1789   Ib.
1806   TsGAIL f.383, op. 29, d.656, Seite 7.
1807   Journal Ministerstwa Narodnogo Prossweschtschenia, 35 (1842), 42-47
1819   Reiswitz und Wadzeck, *Beiträge zur Kenntnis,* 381.
1825   Rempel, *Deutsche Bauernleistung 2.*
1839   "Opisanie Mennonitskich", 6

312   Mennoniten in Russland, 1789 - 1889

der Gründung von Tochterkolonien und der Zunahme privater Siedlungen außerhalb der Kolonien nahm die Bevölkerung von Chortitza und der Molotschnaja weiterhin zu. Nach 1890 fing jedoch die Bevölkerung beider Kolonien an sich zu stabilisieren, da der Bevölkerungsüberschuß anderswo angesiedelt wurde. Im Jahr 1887 bestand die Bevölkerung der mennonitischen Kolonisten an der Wolga aus 1.942 Personen.[857] Von Mannhardt wurde eine Zahl von 41.571 für die gesamte mennonitische Bevölkerung in Russland (außer dem russischen Polen) in den Jahren 1886/7 angegeben, aber diese Zahl ist wahrscheinlich zu niedrig.[858] Die Gesamtzahl der mennonitischen Bevölkerung in Russland im Jahr 1889 muß zwischen 43.000 und 45.000 gelegen haben, von denen die meisten in Neurussland angesiedelt waren. Um 1914 hatten sich die Mennoniten bis in entlegene Gebiete des Reichs verstreut und eine Bevölkerungszahl von etwa 104.000 erreicht.[859]

a) *Geburtenziffer.* Die Geburtenziffer kann nur in groben Zügen berechnet werden (Siehe Tabelle Anhang 2, 2). Es ist schwierig, diese Zahlen mit den vorhandenen ausführlicheren Statistiken der Fruchtbarkeitsraten Ende des neunzehnten Jahrhunderts in Russland zu vergleichen.[860] Nur wenige Mennoniten blieben bis in das Erwachsenenalter hinein unverheiratet. Die meisten heirateten jung und hatten folglich auch große Familien. Gegen Ende des neunzehnten Jahrhunderts neigten die gebildeten Mennoniten dazu, die Heirat hinauszuschieben, und da das Heiratsalter stieg, fing die Geburtenziffer an zu sinken. Dieser Wandel blieb jedoch fast durch das ganze neunzehnte Jahrhundert auf eine kleine Gesellschaftsgruppe beschränkt. Die grob geschätze Geburtenziffer war so hoch wie bei der benachbarten russischen Bevölkerung, und die Zahl der Geburten überstieg die Todesfälle in einem Verhältnis von wenigstens 2:1; zuweilen lag diese Verhältnisziffer sogar bei 2,5:1 oder höher. Die natürliche Netto-Zuwachsrate der mennonitischen Bevölkerung überstieg die der russischen Bevölkerung aufgrund der

---

[856] *continued...*
   1844   Cornies, "Über die landwirtschaftlichen Fortschritte.... 1845", 3.
   1851   "Kurze Übersicht...des chortitzer Mennonitenbezirks im Jahre 1851", *Bte.,* 22 (31 Mai 1950), 11; Klaus, *Unsere Kolonien,* 161; Wiebe, "Kurze Übersicht.... 1851", 1.
   1854   *Ubl,* 7 (Juli 1855), 59.
   1855   *MBL.,* 8 (Feb. 1861), 34.
   1856   *Zentraljnyj Statistischeskij Komitet,* XXI (St. Petersburg), 11-13, 15-17, XXIV, 31-34.
   1857   Klaus, *Unsere Kolonien.*
   1885   *MR,* 18 (5. Mai 1886), 1.

[857] "Die Mennonitenkolonien an der Wolga", *OZ,* 280 (13/25 Dez. 1889), 2.

[858] Mannhardt, *Jahrbuch der Altevangelischen Taufgesinnten,* 77, 79.

[859] Rempel, *Mennonite commonwealth,* 94.

[860] Siehe Ansley J. Coale, Barbara A. Anderson und Erna Härm, *Human fertility in Russia since the nineteenth century* (Princeton, 1979).

niedrigeren Sterblichkeitsziffer der Mennoniten.[861]

b) *Sterblichkeitsziffern.* Nach modernen westeuropäischen und nordamerikanischen Maßstäben lag die Sterblichkeitsziffer hoch, obwohl sie lange nicht so hoch war wie unter dem größten Teil der russischen Bevölkerung. Die Kindersterblichkeit machte zweifellos einen großen Anteil der Todesfälle vor dem Alter aus, obwohl bis jetzt keine ausführlichen Daten vorliegen, aufgrund derer sich die Kindersterblichkeitsziffer feststellen ließe. Die für die Molotschnaja vorliegenden Zahlen scheinen darauf hinzudeuten, daß die Sterblichkeitsziffer nach 1860 abnahm, obwohl die vorliegenden Zahlen zu gering sind, um eine solche Abnahme über einen längeren Zeitraum zu bestätigen. Wenn es wirklich eine Abnahme gegeben hat, so kann diese wahrscheinlich der besseren Gesundheit aufgrund eines höheren Lebensstandards, einer besseren Bildung und einer besseren medizinischen Versorgung nach den großen Reformen in den 1860er und 1870er Jahren zugeschrieben werden.

c) *Aus- bzw. Einwanderung.* Obwohl für die erste Zeit der Auswanderung nach Russland glaubwürdige Zahlen vorliegen, und Rempel unsere diesbezüglichen Kenntnisse durch seine Forschungsarbeit in den sowjetischen Archiven erweitert hat, [862] so sind die Zahlen für die Zeit nach 1820 problematischer. Unruh versuchte die Daten für alle Einwanderer nach Russland aufzulisten, die er für diese Zeit finden konnte, und wenn sein Material als Grundlage für die Berechnung verwendet wird, so scheint es, daß knapp 500 Familien in den Jahren 1820 bis 1892 in die Molotschnaja auswanderten. Seine Unterlagen stehen jedoch mit anderen Zahlen im Widerspruch. Für 1845 konnte Unruh z.B. Daten für nur 14 Familien (32 Personen) feststellen, während aus einem zeitgenössischen Bericht von Cornies hervorgeht, daß im Jahr 1845 51 Familien (200) Personen auswanderten.[863] Nach einer gründlichen Forschungsarbeit mit Franz Harder berechnete Unruh jedoch, daß in den Jahren von 1789 bis 1914 etwa 2300 mennonitische Familien nach Russland ausgewandert sind.[864]

Die Zahlen über die Auswanderung aus Russland sind gleichermaßen unklar. Sogar für die Zeit der größten Auswanderung in den 1870er und 1880er Jahren lie-

---

[861] Coale, Anderson und Härm (Ib.) weisen darauf hin, daß es schwierig ist, etwas Allgemeingültiges über die "russische" Bevölkerung zu sagen, da die Bevölkerungsverzeichnisse von Gebiet zu Gebiet und einer ethnischen Gruppe zur anderen sehr stark schwanken.

[862] Ein großer Teil von Rempels Material ist noch nicht veröffentlicht worden, obwohl einige Migrationsunterlagen in den Quellen erschienen ist, die im vorstehenden Kapitel 2 erwähnt sind.

[863] Cornies "Über die landwirtschaftlichen Fortschritte . . . . 1845", 3; Unruh, *Die niederländisch-niederdeutschen Hintergründe*.

[864] Unruh, Ib., 231; behandelt auch frühere Literatur in bezug auf die Einwanderungsfrage.

gen nur unvollständige Gesamtzahlen sowohl für die mennonitischen Auswanderer aus Russland als auch für die mennonitischen Einwanderer von Russland nach Nordamerika vor. Die Auswanderung, zum größten Teil nach Nordamerika, hielt bis 1914 an. Es gab auch eine kleine Rückwanderung von Mennoniten aus Amerika, die sich wieder in Russland ansiedeln wollten. Die besten Zahlen liegen für die Auswanderung aus Chortitza vor, von wo 580 Familien mit 3.240 Personen zwischen 1873 und 1880 auswanderten.[865] Die Zahlen für die Molotschnaja sind dagegen sehr unvollständig.

TABELLE ANHANG 2, 1

Gesamtzunahme der mennonitischen Bevölkerung von Chortitza und Molotschnaja 1789-1885.

| Jahr | Chortitza | | | Molotschnaja | | |
|---|---|---|---|---|---|---|
| | Männl. | Weibl. | Insgesamt | Männl. | Weibl. | Insgesamt |
| 1789 | 541 | 532 | 1.073 | | | |
| 1798 | 943 | 889 | 1.832 | | | |
| 1806 | | | | 909 | 847 | 1.756 |
| 1817 | 1.399 | 1.324 | 2.723 | 1.299 | 1.257 | 2.556 |
| 1825 | 2.071 | 2.027 | 4.098 | 3.322 | 3.109 | 6.431 |
| 1839 | 2.839 | 2.859 | 5.698 | | | 11.381 |
| 1851 | 3.896 | 3.910 | 7.806 | 8.362 | 7.995 | 16.357 |
| 1864 | 4.764 | 4.707 | 9.471 | 11.118 | 10.568 | 21.686 |
| 1868 | | | 12.292 | | | 25350 |
| 1895 | | | | 12.360 | 12.060 | 24.420 |

---

[865] Epp, *Chortitzer Mennoniten*, 122.

## TABELLE ANHANG 2,2

Grobgeschätzte Geburten- (G), Sterblichkeits- (S) natürliche Zuwachs- (Z) und Heirats- (H) Ziffern in den mennonitischen Kolonien Chortitza und Molotschnaja sowie Russland und Deutschland (pro '000 Einwohner).

| Jahr | Chortitza | | | | Mennonitische Kolonien Molotschnaja | | | | Russland | | | | Deutschland[a] | | | |
|---|---|---|---|---|---|---|---|---|---|---|---|---|---|---|---|---|
| | G | S | Z | H | G | S | Z | H | G | S | Z | H | G | S | Z | H |
| 1819 | 63 | 24 | 39 | 21 | | | | | | | | | | | | |
| 1825 | 50 | 23 | 27 | 15 | | | | | | | | | | | | |
| 1844 | | | | | 47 | 25 | 22 | 18 | | | | | 42 | 28 | 14 | 19 |
| 1854 | 62 | 25 | 37 | | 55 | 23 | 32 | | | | | | 39 | 25 | 14 | 17 |
| 1860 | | | | | 51 | 26 | 25 | 19 | | | | | 36 | 25 | 11 | 16 |
| 1885 | | | | | 55 | 19 | 36 | 18 | *50 | 35 | 15 | 23 | 34 | 27 | 7 | 14 |
| | | | | | 42 | 17 | 25 | 17 | 50 | 36 | 14 | 17 | 36 | 23 | 13 | 16 |
| | | | | | | | | | | | | | 37 | 26 | 11 | 16 |

(Quelle fürrussische und deutsche Zahlen B.R. Mitchell, *European historical statistics 1750-1975* (London, 1980)
* Russland 1861

# Bibliographie

NACHSCHLAGEWERKE:
Goertz, A. "Bibliographie zur Geschichte der Mennoniten Altpreussens", *Kirche im Osten*, 6 (1963), 174-90.
Long, J. *The German-Russians: a bibliography of Russian materials with introductory essay* . . . (Santa Barbara, CA, 1978).
*Mennonite Encyclopedia* (Scottdale, Pa, 4 Bände).
*Mennonitisches Lexicon* (Frankfurt am Main, 4 Bände).
Schiller, F.-P. *Literatur zur Geschichte und Volkskunde der deutschen Kolonien in der Sowjetunion für die Jahre 1764-1926* (Pokrowsk an der Wolga, 1926).
Simon, N. *Bibliography of Russian Mennonites* (Neuwied, 1978).
Springer, N. P. and A. J. Klassen, Hgr.. *The Mennonite bibliography 1631-1961* (Scottdale, Pa, 1977).
Stumpp, K. *Das Schrifttum über das Deutschtum in Russland: eine Bibliographie,* 5th Ausgabe (Stuttgart, 1980).


*PRIMÄRE QUELLEN: BÜCHER*
Allen, W. *Life of William Allen with selections from his correspondence* (London, 1846).
Balzer, H. *Der Balzer Brief! Oder eine Geschichte und Gedicht wie und warum Lehr. Heinrich Balzer ist ausgegangen* (Plum Coulee, Man., 1903).
Bartsch, F. *Unser Auszug nach Mittelasien* (Steinbach, Man., 1948).
Bekker, J. P. *Origin of the Mennonite Brethren Church* (Hillsboro, Kansas, 1973).
Bondar, S. D. *Sekta mennonitov Rossii, w swjasi s istoriej nemezkoj kolonisazii na juge Rossii* (Petrograd, 1916).
Braght, T. J. Van, *Martyrs mirror* (Scottdale, Pa., 1938).
Brons, A. Ursprung, *Entwicklung und Schicksale der Taufgesinnten oder Mennoniten* (Norden, 1884).
Clöter, S. *Auflösung der geheimen Zahl 666 in der Offenbarung St. Johannes* (Augsburg, 1860).
_____ *Katechismus über die Offenbarung St Johannis* (Basel, 1865).
Dyck, A. *Welkom opp 'e Forstei* (North Kildonan, Man., 1950).

Ediger, H., Hgr. *Beschlüsse der von der geistlichen und andern Vertretern der Mennonitengemeinden Russlands abgehaltenen Konferenzen für die Jahre 1879 bis 1913* (Berdjansk, 1914).
*Eine einfache Erklärung über einige Glaubenssätze der sogenannten Kleinen Gemeinde* (Danzig, 1845).
Epp, C. *Die entsiegelte Weissagung des Propheten Daniel und die Deutung der Offenbarung Jesu Christi* (Neusalz, 1878).
Epp, D. H. *Die Chortitzer Mennoniten: Versuch einer Darstellung des Entwicklungsganges derselben* (Odessa and Rosenthal, Man., 1889).
_____ *Die Memriker Ansiedlung. Zum 25-jährigen Bestehen derselben im Herbst 1910* (Berdjansk, 1910).
_____ *Johann Cornies. Züge aus seinem Leben und Wirken* (Steinbach, Man., 1946).
_____ *Heinrich Heese und seine Zeit* (Steinbach, Man., 1952).
_____ *Sketches from the pioneer years of the industry in the Mennonite settlements of South Russia* (trans. Jacob P. Penner) (Leamington, Ont., 1972).
Epp, H. *Notizen aus dem Leben und Wirken des verstorbenen Aeltesten Abraham Unger, dem Gründer der Einlage-Mennoniten-Brüdergemeinde* (Halbstadt, 1907).
Fadeew, A. M. *Vospominanija 1790-1867 gg.* (Odessa, 1897).
*Familienregister der Nachkommen von Klaas und Helena Reimer mit Biographien der ersten drei Generationen* (Winnipeg, 1958).
Fast, I. P. *Züge aus meinem Leben* (Winnipeg, 1932).
Fast, M. B. *Mitteilungen von etlichen der Grossen unter den Mennoniten in Russland und in Amerika* (Reedley, CA, 1935).
Friesen, P. M. *Die Alt-Evangelische Mennonitsche Brüderschaft in Russland (1789-1910) im Rahmen der Mennoniten Gesamtgeschichte* (Halbstadt, 1911).
_____ *The Mennonite brotherhood in Russia (1789-1910)* (Fresno, CA, 1978).
*Glaubens-Bekenntnis und Verfassung der gläubiggetauften und vereinigten Mennoniten-Brüdergemeinde im südlichen Russland* (Einlage, 1876).
Görz, A. *Die Schulen in den Mennoniten-Kolonien an der Molotschna im südlichen Russland* (Berdjansk, 1882).
_____ *Ein Beitrag zur Geschichte des Forsteidienstes der Mennoniten in Russland* (Gross Tokmak, 1907).
Hagemeister, J. de *Report on the commerce of the ports of Russia, Moldavia, and Wallachia made to the Russian government in 1835 . . .* (London, 1836).
Hamm, W. *Südostliche Steppen und Städte: nach eigener Anschauung geschildert* (Frankfurt am Main, 1862).
Harms, J. F. *Eine Lebensreise von Anfang bis zum baldigen Ende* (Hillsboro, 1943).
Haxthausen, A. F. von *Studien über die innern Zustände, das Volksleben und insbesondere die ländischen Einrichtungen Russlands* (Hannover, 1847).
_____ *The Russian Empire: its people, institutions and resources* (London, 1856).
_____ *Studies in the interior of Russia* (Chicago, 1972).

Heinrich Epp, *Kirchenaeltester der Mennonitengemeinde zu Chortitza* (Leipzig, 1897).
Hildebrand, P. *Erste Auswanderung der Mennoniten aus dem Danziger Gebiet nach Südrussland* (Halbstadt, 1888).
Hommaire de Hell, X. *Les steppes de la mer Caspienne, le Caucase, la Crimée et la Russie méridionale* (Paris, 1843).
_____ *Travels in the steppes of the Caspian Sea, the Crimea, the Caucasus etc.* (London, 1854).
Hunzinger, A. *Das Religions-, Kirchen- und Schulwesen der Mennoniten oder Taufgesinnten* (Speyer, 1830).
Isaak, F. *Die Molotschnaer Mennoniten. Ein Beitrag zur Geschichte derselben* (Halbstadt, 1908).
Jansen, P. *Memoirs of Peter Jansen: the record of a busy life: an autobiography* (Beatrice, 1921).
Kamensky, P. V. *Vopros ili nedorasumenie?* (Moskau, 1895).
Keller, P. C. *The German colonies in South Russia 1804 to 1904* (Saskatoon, Sask., 1968).
Klaassen, M. *Geschichte der wehrlosen taufgesinnten Gemeinden von den Zeiten der Apostel bis auf die Gegenwart* (Danzig, 1873).
Klaus, A. A. *Nashi Kolonii. Opyty i materialy po istorii i statistike inostrannoj kolonisazii w Rossii* (St. Petersburg, 1869; Cambridge, 1972).
_____ *Unsere Kolonien. Studien und Materialien zur Geschichte und Statistik der ausländischen Kolonisation in Russland* (Odessa, 1887).
Kohl, J. G. *Reisen in Südrussland* (Dresden und Leipzig, 1841).
*Konfession oder kurzes und einfältiges Glaubensbekenntnis derer so man nennt die vereinigte Flämische, Friesische und Hochdeutsche Taufgesinnte Mennonitengemeinde* (Odessa, 1853).
Lange, F. *Geschichte des Tempels* (Jerusalem, 1899).
Mannhardt, H. G. *Die Danziger Mennonitengemeinde: ihre Entstehung und ihre Geschichte von 1569-1919* (Danzig, 1919).
Mannhardt, W. *Die Wehrfreiheit der altpreussischen Mennoniten* (Marienburg, 1863).
Matthäi, F. *Die deutschen Ansiedlungen in Russland, ihre Geschichte und ihre volkswirtschaftliche Bedeutung für die Vergangenheit und Zukunft* (Leipzig, 1866).
*Missive van der Societeit der Doopsgezinde in Friesland en Groningen* (Leeuwarden, 1788).
Neufeld, A. *Die Chortitzer Centralschule, 1842-1892* (Berdjansk, 1893).
Neufeld, W., P. Riediger, and K. Unruh. *Leitfaden zur Kirchengeschichte für mennonitische Centralschulen in Russland* (Neuhalbstadt, 1890).
*The new law regulating military service in Russia* (London, 1875?).
*Otchet o sassedaniych' Sjesda Upolnomotschennych ot Mennomitskich obschtschestw'* (n.p., 1917).
Pallas, P. S. *Travels through the southern provinces of the Russian Empire in the years 1793 and 1794* (London, 1802).

Palmer, C. *Die Gemeinschaft und Sekten Württembergs* (Tübingen, 1877).
Peters, V., Hgr. *Zwei Dokumente. Quellen zum Geschichtsstudium der Mennoniten in Russland* (Winnipeg, 1965).
Petzholdt, A. *Reise im westlichen und südlichen europäischen Russland im Jahre 1855* (Leipzig, 1864).
_____ *Besuch bei unseren Vätern* (Norman, 1963).
Pinkerton, R. *Russia, or miscellaneous observations on the past and present state of that country and its inhabitants* (London, 1833).
Postnikov, V. E. *Juschno-russkoje krestjanskoe chosiastwo* (Moskau, 1891).
Prinz, J. *Die Kolonien der Brüdergemeinde. Ein Beitrag zur Beschichte der deutschen Kolonien Südrusslands* (Moskau, 1898).
Reiswitz, G. L. von und F. Wadzeck, *Beiträge zur Kenntnis der Mennoniten-Gemeinden in Europa und Amerika, statistischen, historischen und religiösen Inhalts* (Berlin, 1821).
Rempel, G. *Leitfaden zum Unterricht in der Geographie für die deutschen Schulen Südrusslands* (Odessa, 1870).
Rempel, H. *Deutsche Bauernleistung am Schwarzen Meer. Bevölkerung und Wirtschaft 1825* (Leipzig, 1942).
Robson, I. and T. Harvey *Narrative of the visit of Isaac Robson and Thomas Harvey to the south of Russia* (London, 1868).
Rochechouart, L. V. L. *Memoirs of the Count de Rouchechouart, 1788-1822 in France, Southern Russia, in the Napoleonic wars and as Commandant of Paris* (London, 1920).
*Sammlung von Notizen über Amerika* (Danzig, 1872).
Sablotskij-Desiatowskij, A. P. *Graf P. D. Ksiselew i ego wremja* (St. Petersburg, 1882).
Schlatter, D. *Bruchstücke aus einigen Reisen nach dem südlichen Russland in den Jahren 1822-1828* (St. Gallen, 1830).
Schön, M. *Das Mennonitenthum in Westpreussen* (Berlin, 1886).
Shilder, N. K. *Graf Eduard Iwanowitsch Todleben. Ego shisn i dejatelnostj* (St. Petersburg, 1886).
Stadling J. and W. Reason *In the land of Tolstoi: experiences of famine and misrule in Russia* (London, 1897).
Sudermann, H. *The book of my youth* (London, 1923).
Sudermann, L. *From Russia to America: in search of freedom* (Steinbach, Man., 1974).
*Theilungs-Verordnung der Chortitzer Mennoniten Gemeinden und deren Tochterkolonien* (Odessa, 1886).
*Theilungs-Verordnung der an der Molotschna im Taurischen Gouvernement angesiedelten Mennoniten* (Berdjansk, 1894).
Thiessen, A. *Ein Brief nur für die Mennoniten im berdjanischen Kreise* (Odessa, 1872).
_____ *Ein Räthsel, oder die Frage: wesshalb war ich vom Jahre 1874 bis 1876 in Verbannung?* (Zürich, 1876).
_____ *Die Lage der deutschen Kolonisten in Russland* (Leipzig, 1876).
_____ *Die Agrarwirren bei den Mennoniten in Südrussland* (Berlin, 1887).

Tylor, C., Hgr. *Memoir and diary of John Yeardley* (London, 1859).
Unruh, B. H. *Die niederländisch-niederdeutschen Hintergründe der mennonitischen Ostwanderung im 16, 18 und 19 Jahrhundert* (Karlsruhe, 1955).
Unruh, K. and K. Wilhelm, Hgr.. *Deutsches Lesebuch für mennonitische und lutherische Elementarschulen in Russland* (Neuhalbstadt, 1895).
Vernadsky, G., Hgr. *A source book for Russian history from early times to 1917* (New Haven, 1972).
Viesse de Marmot, A. F. L. *Voyage . . . en Hongrie, en Transilvanie, dans la Russe Méridionale, en Crimée et sur les bords de la mer d'Azoff. . .* (Paris, 1837/38).
Weber, J. P. B. *Die Russen oder Versuch einer Reisebeschreibung nach Russland und durch das Russische Reich in Europa* (Hgr. Hans Halm) (Innsbruck, 1960).
Welitsyn, A. A. *Nemzy w Rossii* (St. Petersburg, 1893)
Wiebe, G. *Causes and history of the emigration of the Mennonites from Russia to America* (Winnipeg, 1981).
Wiebe, P. A. *Kurze Biographie des Bruders Jakob A. Wiebe, seine Jugend, seine Bekehrung, und wie die Krimmer Mennoniten Brüdergemeinde gegründet wurde* (Hillsboro, 1924).
Wiens, H. *Ein Abschied und Bericht wie es in der Molotschnerkolonie in d. früh, Jahren zugegangen ist, und wie die Vorgesetzten den ehr. Aeltesten Heinrich Wiens von Gnadenheim aus dem Lande verwiesen haben* (Plum Coulee, 1903).
Woltner, M. Hgr. *Die Gemeindeberichte von 1848 der deutschen Siedlungen am Schwarzen Meer* (Leipzig, 1941).
Wüst, H. E. O. *Antritts-Predigt* (Moskau, 1850).
_____ *Die Herzen überwältigende Liebe* (Moskau, 1851).
_____ *Drei Weihnachts-Predigten* Revel, 1851).
_____ *Zehn Passions-Predigten* (Revel, 1852).
Ysenbeek, D. *Bijdragen tot de Geschiedenis der Doopsgezinden en derzelver Volkplantingen in het zuidelijke Gedeelte van Rusland* (Hoorn, 1848).
Zieglschmid, A. J. F., Hgr. *Das Klein Geschichtsbuch der Hutterischen Brüder* (Philadelphia, 1947).
*Zur Erinnerung an das 25 Jährige Bestehen der ersten Mennonitischen Druckerei in Russland* (Halbstadt, 1912).


PRIMÄRE QUELLEN: ARTIKEL
Allen, W. "Some account of the colonies of Mennonists in South Russia", *The Friend* (Philadelphia), 3 (1830), 189-90, 194-96.
Ein alter 73 jähriger Vollwirth [Brief], *OZ*, 148 (24 Dez. 1869).
"An den Herrn Verfasser des Aufsatzes in Nr. 58 der Odessaer Zeitung", *OZ*, 68 (18 Juni 1869).
"Aus den Mennoniten-Kolonien", *OZ*, 281 (16/28 Dez. 1882).
"Auszug eines Briefes aus der Orloff Halbstädter Gemeinde in Süd-Russland", *MBl.*, 8 (1861), 34.

J. J. B. "Justina Neufeld", *Budesbote-Kalender*, (1906), 35.
Balzer, H. "Faith and reason: the principles of Mennonitism reconsidered, in a treatise of 1833", (übersetzt und herausgegeben von R. Friedmann), *MQR*, 22 (1948), 75-93.
Bartsch, F. "Einiges über Westsibirien", *Frdst.*, (19/12 Mai-21-26 Mai 1907).
Bartsch, J. "Reminiscences of a Bible Colporteur", *HT*, 40 (Aug.-Nov. 1927).
Bekker, B. "Meine Erfahrungen in Russland", *Der Wahrheitsfreund*, 2 (2 Mai 1916).
Belten, H. "Einige Worte über die Verhältnisse der Chortitzer Tochterkolonien zu ihrer Mutterkolonie", *OZ*, 269, 271-72 (1/13-5/17 Dez. 1884).
Blau, G. "Russland: Seidenbau", *Russische Revue*, 26 (1886), 518-21.
Bode, A. "Notizen gesammelt auf einer Forstreise durch einen Teil des europäischen Russlands", *Beiträge zur Kenntnis des Russischen Reiches*, 19 (1854).
Braun, A. "Kleine Chronik der Mennoniten an der Molotschna seit ihrer Ansiedlung bis in meinem 80. Jahr", *MJ*, (1907), 66-79.
"Ein Brief aus Chortitza vom Jahre 1789", *Mennonitische Warte*, 37 (1938), 20.
"Die Chortitzer Mennoniten", *OZ*, 168 (26 Juli/1 Aug. 1889).
"Die Colonie der russischen Jerusalemsfreunde", *Süddeutsche Warte*, 18 (1869), 69-70.
Cornies, D. and J. Toews "Beschreibung des Vorwerkes Juschanlee", *Ubl.*, 7 (Mai 1852), 33-36.
Cornies, J. "Kurze Uebersicht der im molotschner Mennoniten Bezirke zum 1. Januar 1847 in Bestand . . .", *Ubl.*, 2 (April 1847), 2-3.
_____ "Kurze Uebersicht der im molotschner Mennoniten Bezirke zum 1. Januar 1848 in Bestand . . . ", *Ubl.*, 3 (März 1848) Beilage 1.
_____ "Von der Gehölzsaat überhaupt und Saat der in Südrussland gedeihenden Laubhölzer insbesondere", *Ubl.*, 3 (Nov. 1848), 82-88.
"Ueber die landwirtschaftlichen Fortschritte im Molotschnaer Mennoniten Bezirke in dem Jahre 1845", *Ubl.*, 1 (Jan. 1846), 3-6.
"Correspondenz aus Russland", *Süddeutsche Warte*, 50 (15 Dez. 1859), 107-10.
"Das Dankfest in Chortitz (Südrussland) am 1. Oktober 1889", *MBl.*, 28 (1889), 136-37.
"Die deutschen Kolonisten im Krimkriege", *Christliche Familienkalender*, (1918), 156-58.
Diehl, P. "Ueber die Centralschulen in den deutschen Kolonien", *OZ*, 30, 37-39 (10, 26-31 März 1872).
Dirks, H. "Die Podwodzeit", *MJ*, (1911), 34-45.
_____ "Aus der Gnadenfelder Gemeindechronik: die Geschichte der Schule", *MJ*, (1911-12), 28-40.
_____ "Aus den Aufzeichnungen eines Alten", *Warte Jahrbuch für die mennonitische Gemeinschaft in Canada*, 2 (1944), 74-85.
Dörksen, J. "Ueber das Kreditwesen im Molotschner Mennoniten Bezirk", *OZ*, 49 (3 Mai 1863).
_____ "Wirth und Anwohner im Molotschner Mennoniten Bezirk", *OZ*, 53 (13 Mai 1863).

Eberts, L. "Aufforderung zur Gründung eines Kolonialen Geschichtsvereins", *OZ*, 10 (14/ 26 Jan. 1887).

"Einige Bemerkungen zum Projekte der Gründung einer mennonitischen theologischen Anstalt in Südrussland", *MBl.*, 9 (Mai 1888), 52-54.

E [David H. Epp?] "Das Jahr 1889 und die Chortitzer Mennoniten", *MBl.*, 3 (Feb. 1889), 14.

Epp, D. H. [Antwortschreiben an Z], *OZ*, 227 (7/19 Okt. 1889).

_____ "Historische Uebersicht über den Zustand der Mennoniten Gemeinden an Molotschna [1836]", *OZ*, 98 (30 April 13 Mai 1904).

_____ "Jakob Höppner", *UB*, 2 (1926), 205-07.

_____ "Zur Geschichte der Bundeskonferenz der russländischen Mennonitengemeinden", *UB*, 2-3 (1926-1927).

_____ "Samuel Contenius: ein unvergesslicher Wohltäter der Kolonien Südrusslands", *UB*, 3 (1927) 107-09.

_____ "Peter Heinrich Lepp", *UB*, 3 (1927), 69-72.

_____ "Historische Uebersicht über den Zustand der Mennoniten-Gemeinden an der Molotschna vom Jahre 1836", *UB* 3 (1928), 139-43.

_____ "The emergence of German industry in the south Russian colonies", (übersetzt und herausgegeben von John B. Toews), *MQR*, 55 (1981), 289-371.

"Zur Erinnerung für die nach Amerika auswanderungslustigen Mennoniten", *OZ*, 117 (31 Mai/ 12 Juni 1879).

"Etwas über Landankauf", *OZ*, 197 (7/19 Sept. 1883).

"Zur Frage und Lage der Landlosen", *OZ*, 25-26 (4-5 März 1870).

"Die Freiwirthe in den deutschen Kolonien Südrusslands", *OZ*, 46 (26 April 1863).

Friesen, P. "Eine Begebenheit aus Russland und Kanada Manitoba", in Johann Wiebe, *Die Auswanderung von Russland nach Kanada - 1875 - in Form einer Predigt* (Cuauhtemoc, 1972).

Friesen, P. M. "Zu dem ′Auszug aus dem Projekt über Reorganisation des Unterrichts in den Kolonial Schulen′, " *OZ*, 157-58 (13/25-14/26 Juli 1888).

_____ "Weiteres zu dem Projekt über der Reorganisation des Unterrichts in den Kolonien", *OZ*, 210, 216-17 (20 Sept./2 Okt.-28 Sept./10 Okt. 1888).

Gaeddert, D. "Aus Gemeindechronik einer Mennonitengemeinde, die im Sommer 1874 von Russland nach Amerika auswanderte", *ZH*, 6 (21 Dez. 1880).

"Die Gemeinden in Russland, russischen Polen und oesterreichischen Galizien", in H.G. Mannhardt Hgr., *Jahrbuch der Altevangelischen Taufgesinnten oder Mennoniten-Gemeinden* (Danzig, 1888).

Gersawanow, N. "Die Schafracen im Taurischen Gouvernment", *MKG*, (1850), 291-96.

"Gnadenfeld von 1835 bis 1885 in bezug auf die soziale und ökonomische Entwicklung", *MJ*, (1910), 26-33.

"Aus der Gnadenfelder Gemeindechronik: die Kolonie und Gemeinde Gnadenfeld", *MJ*, (1907), 33-46, (1909), 106-16.

Görz, A. "Zur Schulfrage", *OZ*, 110 (2 Okt. 1868).

_____ "Ein kurzer Ueberblick über die Stellung der Mennoniten Südrusslands zum Wehrgesetz in Russland und zur Auswanderung nach Amerika", *ZH*, 1 (Juli 1875).

_____ "Kurzgefaßter Bericht über die Marienschule für Taubstumme in Blumenort in Südrussland", in H. G. Mannhardt Hgr., *Jahrbuch der Altevangelischen Taufgesinnten oder Mennoniten-Gemeinden* (Danzig, 1888).

G. H. "Die kaukasischen deutschen Colonien Tempelhof und Obelianowka von 1867 bis 1885, *OZ*, 115 (25 Mai/ 6 Juni 1885).

Hahn, E. von "Der chortitzer Mennonitenbezirk", *Ubl.*, 2 (Juni 1847), l.

_____ "Regeln für den Besuch der Dorfschulen und Kinderlehre", *OZ*, 257 (17/19 Nov. 1882).

"Handwerke und Fabriken in den Kolonien Südrusslands", *OZ*, 188 (30 Mai/11 Juni 1882).

Harder, G. "Mitteilungen aus dem Lebensgange des Verfassers", in B. Harder, *Geistliche Lieder und Gelegenheitsgedichte* (Hamburg, 1888).

Heese, H. "Kurzgefasste geschichtliche Uebersicht der Gründung und des Entstehens der Kolonien des Chortitzer Mennonitenbezirks", in M. Woltner Hgr., *Die Gemeindeberichte von 1848 der deutschen Siedlungen am Schwarzen Meer* (Leipzig, 1941).

_____ "Heinrich Heese (1787-1868): autobiography" (herausgegeben von C. Krahn), *ML*, 1969), 66-72.

Hoffman, K. "Wolga-deutsche und südrussische Kolonisten: eine Betrachtung", *OZ*, 62 (1899).

"Hundertjähriges Jubiläum der Chortitzer Mennonitenkolonien", *OZ*, 292 (30 Dec/11 Jan. 1889/1890).

J. J. "Ein Vorschlag zum Ankauf von Ländereien zur Ansiedlung der Freiwirthe", *OZ*, 42 (16 April 1865).

"Wie Johann Cornies das Schulwesen in den mennonitischen Schulen an der Molotschna zu heben suchte", *Christliches Jahrbuch*, (1903), 56-60.

"Die Judenfrage in den Kolonien", *OZ*, 35 (13/25 Feb. 1881).

Keppen, P.I. "Kurze Uebersicht der an den Jahren 1842-44 an der Nordseite des Asowischen Meeres geöffneten Tumuli", *Bulletin de la classe des Sciences Historico-Philologiques de l'Académie Impériale de St. Petersburg*, (1843), 193-203.

_____ Ueber einige Landes-Verhältnisse der Gegend zwischen dem Untern Dnjepr und dem Asow'schen Meere", *Beiträge zur Kenntnis des Russischen Reichs*, 11 (1845), 1-85.

Keussler, J. von "Das Grundbesitzrecht in den deutschen Kolonien Südrusslands", *Russische Revue* 23 (1883) 385-436

Klassen, P. Pädagogisches, *OZ*, 209 (18 30 Sept. 1887).

Kludt, S. "Die zukünftigen Schulen der deutschen Ansiedler", *OZ*, 90 (10 Aug. 1873).

_____ "Der Grundbesitz in den südrussischen deutschen Kolonien auf Kronsland und die neuen Grundbriefe", *OZ*, 12-25 (28-31 Okt. 1873).

_____ "Noch einmal die Grundbriefe der deutschen Ansiedlungen in

Südrussland", *OZ*, 137-38 (28-30 Nov. 1873).

_____ "Die Besitzrechte der verschiedenen Klassen deutscher Ansiedler an dem Lande ihres Dorfes", *OZ*, 21-25 (22 Feb.- 2 März 1874).

_____ "Die Wolgaansiedler über eine bessere Verfassung ihrer Schulen", *OZ*, 96 (22 Aug. 1875).

_____ "Berichte und Gesuche welche an die Staatsregierung in Angelegenheiten der deutschen Landgemeinden in Südrussland gerichtet worden", in R. H. Meyer, *Heimstätten und andere Wirthschaftsgesetze der Vereinigten Staaten. . .* (Berlin, 1883).

_____ "Ansiedler auf Universitäten und andern höhern Lehranstalten", *OZ*, 216 (6/18 Nov. 1885).

_____ "Senatsentscheidungen in den Grundbesitzfragen der Deutschen Landgemeinden in Südrussland", *OZ*, 254 (8/20 Okt. 1886).

_____ "Wie seiner Zeit Staatsrath v. Hahn die Landwirthschaft der Kolonien zu verbessern suchte", *OZ*, 148-49 (2/14-3/15 Juli 1888).

_____ "Die Verpachtgüter und Landlosenkassen im allgemeinen", *OZ*, 182-83 (12/25-13/26 Aug. 1900).

"Kolonie van Mennoniten in Nieuw-Russland", *Leeuwarder Courant*, (8 Aug. 1839).

Ein Kolonist "Erwiderung auf den Aufsatz in der Od. Ztg. Nr. 48", *OZ*, 58 (22 Mai 1869).

"Kurze Uebersicht . . . des chortitzer Mennonitenbezirks im Jahre 1851", *Bte*, 22 (31 Mai 1950).

"Die Landankaufe der Chortitzer Wolostgemeinde", *OZ*, 278 (14/27 Dez. 1904).

Ein Landloser "Zur Landlosenfrage", *OZ*, 50 (2/14 März 1885).

"Ein Laie aus den Mennoniten. Die Besoldung der Mennoniten-Prediger", *OZ*, 97 (29 April/11 Mai 1886).

"Die Laie. Für Mennoniten", *OZ*, 244 (28 Okt. 9 Nov. 1886).

"Lehrerkonferenz-Lehrerverein-Lehrerzeitung", *OZ*, 217 (28 Sept./10 Okt. 1884).

Martens, J. "Statistische Mitteilungen über die Mennoniten-Gemeinden im südlichen Russland", *MBl.*, 4 (1857), 30-34.

"Ein Mennonit, Berichtigung", *OZ*, 12/24 Okt. 1886).

Ein Mennonit "Der Brodmangel unter den Anwohnern der Molotschner Mennoniten-Kolonien und wie demselben abzuhelfen ist", *OZ*, 101 (4 Sept. 1863).

_____ "Die gegenseitigen Verhältnisse der landbesitzenden und landlosen molotschner Mennoniten", *OZ*, 4 (10 Jan. 1864).

"Die Mennoniten und die allgemeine Wehrpflicht", *OZ*, 159 (20 Juli/1 Aug. 1883).

G. M. "Eine Episode aus der Wirksamkeit Joh. Kornies", *OZ*, 158 (14/27 Juli 1900).

Ein Molotschner Mennonit "Der Kolonien Anwohner Bestes ist das allgemeine Wohl", *OZ*, 69 (21 Juni 1863).

_____ "Der Brodmangel im Molotschner Mennoniten Bezirk", *OZ*, 280 (9 Aug. 1863).

A. N. "Die Mennonitenkolonien an der Wolga", *OZ*, 283 (16/28 Dez. 1889).

C. N. "Zur Besoldungsfrage der Prediger bei den Mennoniten", *OZ*, 164-65 (22-

24 Juli 1888).
N. N. "Kurzer Beitrag zur Geschichte der Molotschnaer Mennoniten", *Kroekers Christlicher Familien-Kalender,* (1900), 103-11.
Neufeld, A. "Die deutschen Kolonisten in Südrussland", *OZ,* 173-74 (1/13-2/14 Aug. 1886).
Neufeld, W. "Das Unterrichtswesen unter den Mennoniten in Russland", in H. G. Mannhardt Hgr., *Jahrbuch der Altevangelischen Taufgesinnten oder Mennoniten-Gemeinden* (Danzig, 1888).
"Opisanie Mennonistskich kolonij w Rossii", *ZMG,* 4 (1842), 1-42.
"Ein paar Blätter aus der Geschichte der Rudnerweide Gemeinde", *MJ,* (1913), 24-34.
Penner, J. "Beiträge zur Aufklärung über den Beschluß der Abgeordnetenversammlung betreffend Einführung der Vermögenssteuer", *Botsch.,* (12 Sept. 1908).
Peters, I. "Die Auswanderung der Mennoniten aus Südrussland", *ZH,* 1 (Mai 1875).
_____ "An account of the cause and purpose that led to the emigration of the Mennonites from Russia to America", *HT,* 44 (7-21 Nov. 1907).
"Prediger Johann Wieler", *Christlicher Familienkalender,* (1908), 1-2.
E. R. "Offner Brief an die deutschen Kolonisten Südrusslands", *OZ,* 33 (22 März 1874).
"Reise eines Kaufmanns aus dem Astrachanischen nach Taganrog, Odessa, und die neugegründeten Kolonien an der Molotschna im Jahre 1806," *Magazin der Neuesten Reisebeschreibungen in Unterhaltenden Auszügen,* 7 (1810), 1-30.
"Schulrathsangelegenheiten," *OZ,* 193 (2/14 Sept. 1880).
Ein Schulfreund "Etwas über die Schulen der Mennoniten an der Molotschna", *OZ,* 90 (7 Aug. 1864).
Siemens, J. "Ueber den Seidenbau im chortitzer Mennoniten Bezirke," *Ubl.,* 8 (Juli 1853), 50.
Smissen, J. van der "Zur Geschichte der ersten Gemeindebildung in den Kolonien Süd-Russlands", *Botsch.,* 5 (1910).
Sonderegger, J. H. "Ueber die Rechtverhältnisse in den deutschen Kolonien," *OZ,* 87 (20 Juli 1866).
Todleben, E. I. "Bericht des Generals Totlebens an den Minister des Innern über das Resultat seiner Reise zu den Mennoniten Südrusslands 1874" (übersetzt von D. G. Rempel), *Bte,* 11 (14 März 1934, 28 März 1934).
Toews, J. "Gesetz und Recht", *OZ,* 149 (23 Dez. 1864).
_____ "Eine Erinnerung an Philip Wiebe", *OZ,* 274 (15/27 Dez. 1879).
_____ "Jüdische Ansiedlungen", *OZ,* 186-89 (21 Aug./2 Sept. 26 Aug./7 Sept. 1880).
_____ "Die Steppe in Winter", *OZ,* 273-93 (3/15 Dez. 1886-30 Dez./11 Jan. 1886/1887).
Trebensch. J. "Die Feier des 25-jährigen Regierungs-Jubiläums Sr. Maj. des Kaisers Alexander II am 19. Februar 1880 in Halbstadt und Neu Halbstadt", *OZ,* 58 (13/25 März 1880).

"Ueber die Vertheilung von Gemeindeland an die Landlosen der Chortizer Mennoniten-Kolonien", *OZ*, 263-64 (3/15-4/16 Dez. 1881).

"Ueber den Zustand der Molotschnaer Colonie im Jahre 1855", *Bte*, 10 (8 März 1939).

"Aus vergilbten Papieren von Anno 1835", *Botsch.*, 7 (1912).

Voth, H. R. "Kurze Reise - Correspondenzen", *Christliche Bundesbote*, 11 (21 April - 22 Sept. 1892).

T. W. "Eine Sekte", *OZ*, 6 (15-17 März 1864).

Warkentin, B. "Eine Reise nach Sibirien im Jahre 1859", *Botsch.*, 5 (16/29 Juli - 6/19 Aug. 1910).

"Warum wandern unser Kolonisten speziell die Mennoniten aus?" *OZ*, 100 (8/20 Mai 1879).

"Warum werden wir beneidet", *OZ*, 291 (29 Dez./ 10 Jan. 1889-1890).

Wiebe, P. "Kurze Uebersicht der im molotschner Mennonitenbezirke zum 1. Januar 1849 im Bestand . . .," *Ubl.*, 4 (Mai 1849), Beilage 3.

_____ "Zur Steuer der Wahrheit", *Ubl.*, 5 (August 1850), 58-59.

_____ "Behandlung der Schwarzbrache wie sie bei einer Vierfelderwirtschaft im molotschner Mennonitenbezirke zu bearbeiten angenommen worden ist", *Ubl.*, 5 (Sept. 1850) 65-66.

_____ "O chernom pare w stepnych chosiaistwach", *Trudy Imperatorskago Voljnago Ekonomitscheskago obschtschestwa*, (1851), 78-86.

_____ "Beschreibung einer deutschen Kolonisten-Landwirthschaft in Südrussland", *MKG*, (1851), 309-19.

_____ "Einrichtung des Hofraumes, der Gärten, des Wohnhauses und der Wirthschaftsgebäude eines Kolonisten an der Molotschna im Taurischen Gouvernement", *MKG*, (1852), 52-55.

_____ "Kurze Uebersicht des landwirtschaftlichen Zustandes im molotschner Mennonitenbezirke im Jahre 1851", *Ubl.*, 7 (Juni 1852) Beilage 1.

_____ "Akkerbauwirtschaft bei den Mennoniten im südlichen Russland", *Ubl.*, 7 (Juni 1852), 52-55.

_____ "Ueber den Zustand der Molotschnakolonie im Jahr 1855", *MBl.*, 3 (1856) 51-52.

_____ "Beschreibung zur Getreide-Mähmaschine", *Ubl.*, 10 (Juni 1855), 47-48.

Wiens, H. "Aus den Tagen des grossen Cornies", *Mennonitische Warte*, 9-10 (1935), 347-50, 367-71.

Z. "Höppner und ein ehrsamer Lehrdienst", *OZ*, 188 (19/31 Aug. 1889).

_____ "Z. Contra D. Epp", *OZ*, 257 (12/24 Nov. 1889).

"Zur Kolonial-Angelegenheit", *OZ*, 127 (10 Nov. 1868).

"Zustand der Kolonisten im Jahre 1855", *Ubl.*, 12 (April 1857), 2-4, 18-22, 29-33.

## SEKUNDÄRE QUELLEN: BÜCHER

Alexander, T. *The Prussian elementary schools* (New York, 1919).

Alston, P. *Education and the state in Tsarist Russia* (Stanford, 1969).
Anderson, B.A. *Internal migration during modernization in late nineteenth-century Russia* (Princeton, 1980).
Auerbach, H. *Die Besiedlung der Südukraine in den Jahren 1774-78* (Wiesbaden, 1965).
Bartlett, R.P. *Human capital: the settlement of foreigners in Russia 1762-1804* (Cambridge, 1979).
Bazhan, M. P. Hgr., *Soviet Ukraine* (Kiev, 1969).
Belk, F. R. *The great trek of the Russian Mennonites to Central Asia 1880-1884* (Scottdale, 1976).
Berg, A. *Dietrich Heinrich Epp, Aus einem Leben, Wirken und selbstaufgezeichneten Erinnerungen* (Saskatoon, 1973).
Blackwell, W. L. *The beginnings of Russian industrialization, 1800-1860* (Princeton, 1968).
Blum, J. *Lord and peasant in Russia from the ninth to the nineteenth century* (Princeton, 1961).
_____ *The end of the old order in rural Europe* (Princeton, 1978).
Bornhäuser C. *Leben und Lehre Menno Simons* (Neukirchen-Vluyn, 1973).
Brock, P. *Pacifism in Europe to 1914* (Princeton, 1972).
Carmel, A. *Die Siedlungen der württembergischen Templer in Palästina 1868-1918* (Stuttgart, 1973).
Clasen, C.P. *Anabaptism: a social history 1525-1618* (Ithaca, 1972).
Coale, A. J., B.A. Anderson and E. Härm *Human fertility in Russia since the nineteenth century* (Princeton, 1979).
Crisp, O. *Studies in the Russian economy before 1914* (London, 1976).
Curtiss, J. S. *Russia's Crimean War* (Durham, NC, 1979).
Davies, N. *God's playground: a history of Poland* (Oxford, 1981).
Drushinin, N. M. *Gossudarstwennye krestjane i reforma P. D. Kisselewa* (Moskau, 1946, 1958).
Druzhinina, E. I. *Kyuchuk-Kaynardjiyskij Mir. 1774g.* (Moskau, 1955).
_____ *Severnoje Pritschernomorje, 1775-1800 gg.* (Moskau, 1959).
_____ *Jushnaia Ukraina 1800-1825 gg.* (Moskau, 1970).
_____ *Yuzhnaia Ukraina w period krisissa feodalisma 1825-1860 gg.* (Moskau, 1981).
Dumont, L. *From Mandeville to Marx: the genesis and triumph of economic ideology* (Chicago, 1977).
Epp, F.H. *Mennonite exodus: the rescue and resettlement of the Russian Mennonites since the Communist Revolution* (Altona, 1962).
_____ *Mennonites in Canada, 1786-1920: the history of a separate people* (Toronto, 1974).
Fabrikant, A. O. *Rabotschij wopross w seljskom chosiaistwe Noworossii, I* (st. Petersburg, 1917).
Falkus, M. E. *The industrialization of Russia, 1700-1914* (London, 1974).
Fisher, A. *The Russian annexation of the Crimea, 1772-1783* (Cambridge, 1970).
_____ *The Crimean Tatars* (Stanford, 1978).

Francis, E. K. *In search of utopia: the Mennonites of Manitoba* (Altona, 1955).
Friedmann, R. *The theology of Anabaptism* (Scottdale, 1973).
Friesen, A. Hgr., P. M. *Friesen and his history: understanding Mennonite Brethren beginnings* (Fresno, 1979).
Gatrell, P. *The Tsarist economy 1850-1917* (London, 1986).
Geiger, M. *Aufklärung und Erweckung. Beiträge zur Erforschung Johann Jung Stillings und der Erweckungstheologie* (Zurich, 1963).
Gellner, E. *Nations and nationalism* (Oxford, 1983).
Goerz, H. *Die Molotschnaer Ansiedlung. Entstehung, Entwicklung und Untergang* (Steinbach, 1950/51).
_____ *Memrik. Eine mennonitische Kolonie in Russland* (Rosthern, 1954).
_____ *Die mennonitischen Siedlungen der Krim* (Winnipeg, 1957).
Goertz, H. J. *Die Täufer. Geschichte und Deutung* (Munich, 1980).
Goldscheider, C. and A. S. Zuckerman *The transformation of the Jews* (Chicago, 1984).
Goody, J. *The domestication of the savage mind* (Cambridge, 1977).
_____ *Production and reproduction: a comparative study of the domestic domain* (Cambridge, 1977).
Groenveld, S., Jacobszoon, J. P. and S. L. Verheus Hgr., *Wederdopers, Menisten, Doopsgezinden in Nederland 1530-1980* (Zutphen, 1980).
Gutsche, W. *Westliche Quellen des russischen Stundismus* (Kassel, 1956).
Hagen, W. H. *Germans, Poles and Jews: the nationality conflict in the Prussian east, 1772-1914* (Chicago, 1980).
Hans, N. *The Russian tradition in education* (London, 1963).
Harms, O. *Pioneer publisher: the life and times of J. F. Harms* (Winnipeg, 1984).
Hermelink, H. *Geschichte der evangelischen Kirchen in Württemberg von der Reformation bis zur Gegenwart* (Stuttgart, 1949).
Hildebrandt, J. J. *Siberien und Geschichte der Evangelischen Mennoniten-Gottesgemeinde in Siberien* (Winnipeg, 1952).
Holton, R. J. *The transition from feudalism to capitalism* (London, 1985).
Hostetler, J. *Hutterite society* (Baltimore, 1974).
_____ *Amish society* (3rd. edition) (Baltimore, 1980).
Hostetler, J. and G. E. Huntington *Children in Amish society: socialization and community education* (New York, 1971).
Huebert, H. T. *Hierschau: an example of Russian Mennonite life* (Winnipeg, 1986).
Hummel, T. *100 Jahre Erbhofrecht der deutschen Kolonisten in Russland* (Berlin, 1936).
Juhnke, J. C. *A people of two kingdoms: the political acculturation of the Kansas Mennonites* (Newton, 1975).
Keeney, W. *The development of Dutch Anabaptist thought and practice from 1539 to 1564* (Niewkoop, 1968).
Keep, J. L. H. *Soldiers of the Tsar: army and society in Russia 1462-1874* (Oxford 1985).
Keller, L. *Ein Apostel der Wiedertäufer* (Leipzig, 1882).
_____ *Die Reformation und die älteren Reformparteien* (Leipzig, 1885).
Kirchhoff, K.H. *Die Täufer in Münster 1534/35* (Münster, 1973).

Klaassen, W. *Anabaptism: neither Catholic nor Protestant* (Waterloo, 1973).
_____ Hgr. *Anabaptism in outline: selected primary sources* (Kitchener, 1981).
Klassen, P. J. *The economics of Anabaptism 1525-1560* (The Hague, 1964).
Krahn, C. *Dutch Anabaptism: origin, spread, life and thought (1450-1600)* (The Hague, 1968).
_____ Hgr. *From the steppes to the prairies* (Newton, 1949).
Kreidte, P., H. Medick and J. Schlumbohn *Industrialization before industrialization: rural industry in the genesis of capitalism* (Cambridge, 1981).
Kroeker, A. *Pfarrer Eduard Wüst, der grosse Erweckungsprediger in den deutschen Kolonien Südrusslands* (Leipzig, 1903).
Kroeker, N. *First Mennonite villages in Russia 1789-1943. Khortitsa-Rosental* (Vancouver, 1981).
*Die Kubaner Ansiedlung* (Winnipeg, 1953).
La Vopa, A. J. *Prussian school teachers: profession and office 1763-1848* (Chapel Hill, 1980).
Langen, A. *Der Wortschatz des deutschen Pietismus* (Tübingen, 1968).
Lehmann, H. *Pietismus und weltliche Ordnung in Württemberg vom 17. bis 20. Jahrhundert* (Stuttgart, 1969).
Leibbrandt, G. *Die Auswanderung aus Schwaben nach Russland, 1816-1825: ein schwabisches Zeit- und Charakterbild* (Stuttgart, 1928).
Lincoln, W. B. *Nikolai Miliutin, an enlightened Russian bureaucrat* (Newtonville, 1977).
_____ *Nicholas I. Emperor and autocrat of all the Russias* (London, 1978).
_____ *In the vanguard of reform: Russia's enlightened bureaucrats* (De Kalb, 1982).
Lohrenz, G. Sagradowka. *Die Geschichte einer mennonitischen Ansiedlung im Süden Russland* (Rosthern, 1947).
Longworth, P. *The Cossacks* (London, 1969).
Luckey, H. *Johann Gerhard Oncken und die Anfänge des deutschen Baptismus* (Kassel, 1934).
Ludwig, K-H. *Zur Besiedlung des Weichseldeltas durch die Mennoniten. Die Siedlungen der Mennoniten im Territorium der Stadt und in der Oekonomie Marienburg bis zur Uebernahme der Gebiete durch Preussen 1772* (Marburg, Lahn, 1961).
Lyashchenko, P. *A history of the national economy of Russia* (New York, 1949).
MacMaster, R.K. *Land, piety, peoplehood: the establishment of Mennonite communities in America 1683-1790* (Scottdale, 1985).
Madariaga, I. de *Russia in the age of Catherine the Great* (London, 1981).
McGrew, R. E. *The first Russian cholera epidemic, 1823-1832* (Madison, 1965).
Malinowsky, J. *Die Planerkolonien am Asowschen Meere* (Stuttgart, 1928).
Malozemoff, A. *Russian far eastern policy 1881-1904 with special emphasis on the causes of the Russo-Japanese War* (Berkeley, 1958).
Meynski, K. *From the history of Mennonites in Poland* (Warschau, 1975).
Miller, F. A. *Dmitri Miliutin and the reform era in Russia* (Nashville, 1958).
Neufeld, A. H., Hgr. und Übers. *Herman and Katherine: their story. The autobiography of Elder Herman A and Katherine Neufeld in Russia* (Winnipeg, 1984).

Neufeld, P. J. *Materially po istorii 'Krasnoi Nemki'na reke Molochnoi v XIX veke v XX veke* (Molochansk, 1927).

Nipperdey, T. *Deutsche Geschichte 1800-1866. Bürgerwelt und starker Staat* (München, 1983).

Penner, H. *Ansiedlung mennonitischer Niederländer im Weichselmündungsgebiet von der Mitte des 16. Jahrhunderts bis zum Beginn der preussischen Zeit* (Weierhof, 1963).

_____ *Die ost- und westpreussischen Mennoniten in ihrem religiösen und sozialen Leben in ihren kulturellen und wirtschaftlichen Leistungen. Teil 1 1526 bis 1772* (Weierhof, 1978).

Peters, J. *The Waisenamt: a history of Mennonite inheritance custom* (Steinbach, 1985).

Pierce, R. A. *Russian Central Asia 1867-1917: a study in colonial rule* (Berkeley, 1960).

Pintner, W. M. *Russian economic policy under Nicholas I* (Ithaca, 1967).

Plett, D. F. *History and events: writings and maps pertaining to the history of the Mennonite Kleine Gemeinde from 1866 to 1876* (Steinbach, 1982).

_____ *The golden years: the Mennonite Kleine Gemeinde in Russia (1812-1849)* (Steinbach, 1985).

_____ *Storm and triumph: the Mennonite Kleine Gemeinde (1850-1875)* (Steinbach, 1986).

_____ *Profile of the Mennonite Kleine Gemeinde* (Steinbach, 1987).

Pisarewsky, G. G. *Is istorii inostrannoj kolonisazii w Rossii w XVIII w.* (Moskau, 1909).

_____ *Peresselenije prusskich mennonitow w Rossiju pri Aleksandre I* (Rostow am Don, 1917).

Pritzkau, J. *Geschichte der Baptisten in Südrussland* (Odessa, 1914).

Puryear, V. J. *England, Russia and the Straits question 1844-56* (Berkeley, 1931).

Ratzlaff, E. L. *Im Weichselbogen. Mennonitensiedlungen in Zentralpolen* (Winnipeg, 1971).

Redekop, C. *The Old Colony Mennonites: dilemmas of ethnic minority life* (Baltimore, 1969).

Reimer, G. E. and G. R. Gaeddert *Exiled by the Czar: Cornelius Jansen and the great Mennonite migration* (Newton, 1956).

Rempel, D. G. *The Mennonite commonwealth in Russia: a sketch of its founding and endurance 1789-1914* (np., 1974).

Rogger, H. *Russia in the age of modernisation and revolution 1881-1917* (London, 1983).

Ruth, J. L. *Maintaining the right fellowship: a narrative account of life in the oldest Mennonite community in North America* (Scottdale, 1984).

Saionchkowskij, P. A. *Woennye reformy 1860-1870 godow w Rossii* (Moskau, 1952).

_____ *The Russian autocracy under Alexander III* (Gulf Breeze, 1976).

_____ *The Russian autocracy in crisis, 1878-1882* (Gulf Breeze, 1979).

Sauer, P. *Uns rief das Heilige Land. Die Tempelgesellschaft im Wandel der Zeit* (Stuttgart, 1985).

Sawatzky, H. *Templer Mennonitischer Herkunft* (Winnipeg, 1955).

Schroeder, W. *The Bergthal colony* (Winnipeg, 1974, 2. Ausgabe 1986).

Seguy, J. *Les assemblées Anabaptistes-Mennonites de France* (Paris, 1977).

Sinel, A. *The classroom and the chancellery: state educational reform in Russia under Count Dmitry Tolstoi* (Cambridge, Mass., 1973).
Smith, C. H. *The coming of the Russian Mennonites* (Berne, 1927).
Squire, P.S. *The Third Department: the establishment and practices of the political police in the Russia of Nicholas I* (Cambridge, 1968).
Stayer, J. S. *Anabaptists and the sword* (Lawrence, 1976).
Stumpp, K. *The emigration from Germany to Russia in the years 1763-1862* (Tübingen, 1972).
Thiessen, J. *Studien zum Wortschatz der kanadischen Mennoniten* (Marburg, 1963).
Toews, G. Schönfeld. *Werde und Opfergang einer deutschen Siedlung in der Ukraine* (Winnipeg, 1939).
Toews, J. A. *A history of the Mennonite Brethren Church: pilgrims and pioneers* (Fresno, 1975).
Toews, J. B. *Lost fatherland: Mennonite emigration from Soviet Russia, 1921-1927* (Scottdale, 1967).
_____ *Czars, Soviets and Mennonites* (Newton, 1982).
*The Ukraine: a concise encyclopaedia* (Toronto, 1963-71).
Unruh, A. H. *Die Geschichte der Mennoniten Brüdergemeinde, 1860-1954* (Winnipeg, 1955).
Verheyden, A. L. E. *Anabaptism in Flanders, 1530-1650: century of struggle* (Scottdale, 1961).
Venturi, F. *Roots of revolution: a history of the populist and socialist movements in nineteenth-century Russia* (London, 1960).
Walker, M. *Germany and the emigration, 1816-1885* (Cambridge, Mass., 1964).
Williams, G. H. *The radical Reformation* (Philadelphia, 1962).
Williams, H. P. *The Czar's Germans, with particular reference to the Volga Germans* (Lincoln, 1975).
Woodcock, G. and I. Avakumovic *The Doukhobors* (London, 1968).
Yaney, G. *The urge to mobilize: agrarian reform in Russia 1861-1939* (Urbana, 1982).
Yoder, J. H. *The legacy of Michael Sattler* (Scottdale, 1973).

SEKUNDÄRE QUELLEN: ARTIKEL
Adrian, W. "A thrilling story from an old diary", *ML*, 3 (1948), 23-24, 26-28, 39, 44.
Amburger, E. "Zur Entstehung und Entwicklung russischer Seehäfen", in K. Zernack Hgr., *Beiträge zur Stadt und Regional-Geschichte Ost- und Nordeuropas* (Wiesbaden, 1971).
Bagaley, D. T. "Kolonisazija Noworossijskogo Kraja i perwyje schagi jego po puti kultury", *Kiewskaja Starina*, 25-26 (1889), 25-55, 438-85, 110-48.
Bartlett, R. P. "Foreign settlement in Russia under Catherine II." *New Zealand Slavonic Journal, n.s. 1* (1974), 1-22.
_____ "Foreign colonies and foreign rural settlement in the Russian Empire", *MERSH*, 11 (1979), 210-15.
_____ "Colonists, *Gastarbeiter*, and the problems of agriculture in post-

emancipation Russia", *Slavonic and East European Review*, 60 (1982), 547-71.
Beachy, A. J. "The theology and practice of Mennonite worship", *MQR*, 40 (1966), 163-78.
Beliajeff, A. S. "Molokane", *MERSH*, 23 (1981), 22-24.
Berg, W. "The development of choral singing among Mennonites of Russia to 1895", *MQR*, 55 (1981), 131-42.
Bieri, G. "Die Gemeinde Gnadenberg im Nordkaukasus", in *Die Kirchen und das religiöse Leben der Russlanddeutschen*, HBR, (1969/72), 432-60.
Braun, A. "Die kirchlichen Spaltungen in den Russland-deutschen Mennoniten-Gemeinden", *in Beiträge zur Geschichte der Mennoniten: Festschrift für D. Christian Neff* (Weierhof, 1938).
Braun, P. "Das Mennonitische Archiv", *Volksfreund*, 25 (11 Juni 1918).
_____ "Mennonitisches Archiv", *Frdst.*, 70 (19 Nov. 1918).
_____ "The educational system of the Mennonite colonies in South Russia", *MQR*, 3 (1929), 169-82.
_____ "Archiv von Bolschewisten zerstört. Wichtige Urkunden der Mennoniten Russland vernichtet", *MGbl.*, 1 (1936) 32-36.
Brooks, J. "The zemstvo and the education of the people", in T. Emmons and W. S. Vucinich Hgr., *The zemstvo in Russia: an experiment in self-government* (Cambridge, 1982).
Brüsewitz, C. F. "The Mennonites of Balk, Friesland", *MQR*, 30 (1956), 19-31.
Crous, E. "Vom Pietismus bei den altpreussischen Mennoniten im Rahmen ihrer Gesamtgeschichte 1772-1945", *MGbl.*, 6 (1954), 7-29.
_____ "Mennoniten in Wolhynien und den benachbarten Gouvernments Kiew und Tschernigow", *MGbl.*, 8 (1956) 2-10.
Doerksen, V. G. "From Jung Stilling to Rudy Wiebe: 'Christian fiction' and the Mennonite imagination", in H. Loewen Hgr., *Mennonite images* (Winnipeg, 1980).
_____ "Eduard Wüst and Jerusalem", *MQR*, 56 (1982), 169-78.
_____ "Mennonite Templars in Russia", *JMS*, 3 (1985), 128-37.
_____ "A second Menno? Eduard Wüst and Mennonite Brethren beginnings", *MQR*, 74 (2000), 311-25.
Drushinina, E. "Zur Geschichte der deutschen Kolonien in Neurussland: eine handschriftliche Zeitung aus dem Jahre 1818", in W. Steinitz, Hgr., *Ost und West in der Geschichte des Denkens und der Kulurellen Beziehung. Festschrift für Eduard Winter* (Berlin, 1966).
Dueck, A. J. "Claas Epp and the Great Trek reconsidered", *JMS*, 3 (1985), 138-47.
Duerksen, J. A. "Przechowka and Alexanderwohl", *ML*, 10 (1955), 76-82.
_____ "Transition from Dutch to German in West Prussia", *ML*, 22 (1967), 107-09.
Dyck, H. L. Herausgeber und Übers. "Russian Mennonitism and the challenge of Russian nationalism", *MQR*, 56 (1982), 307-41.
_____ "Russian servitor and Mennonite hero: light and shadow in images of

Johann Cornies", *JMS*, 2 (1984), 9-28.

———— Übers. "Agronomist Gavel's biography of Johann Cornies (1789-1848), Supplement to the Unterhaltungsblatt (October 1848)," *JMS*, 2 (1984), 29-41.

Epp, G. K. "Russian patriotism among the nineteenth-century Russian Mennonites", *JMS*, 4 (1986), 125-28.

Erb, P. "The religious basis of the Mennonite community", *MQR*, 19 (1945), 79-85.

Erikson, J. and G. Klein "Women's roles and family production among the Old Order Amish", *Rural Sociology*, 46 (1981), 282-96.

Fairlie, S. "Shipping in the Anglo-Russian grain trade, to 1870", *Maritime History*, 1 (1971), 158-75, 2 (1972), 31-45.

Falkus, M. E. "Russia and the international wheat trade, 1861-1914", *Economica*, 33 (1966), 416-29.

Fast, M. B. "Vater Peter Fasts Lebensgeschichte", *Der Wahrheitsfreund*, 3 (7 Febr. 1917).

Fast, V. "The theology of Bernhard Harder", *MQR*, 37 (1963), 34-52.

Francis, E. K. "The Russian Mennonites: from religious to ethnic group", *American Journal of Sociology*, 54 (1948), 101-07.

———— "The Mennonite commonwealth in Russia, 1789-1914: a sociological interpretation", *MQR*, 25 (1951), 173-82, 200.

———— "The Mennonite farmhouse in Manitoba", *MQR*, 18 (1954), 56-59.

Friedmann, R. "The devotional literature of the Mennonites in Danzig and East Prussia to 1800", *MQR*, 18 (1944), 162-73.

———— "The doctrine of the two worlds," in G. F. Herschberger Hgr., *The recovery of the Anabaptist vision* (Scottdale, 1957).

Friesen, J. "The relationship of Prussian Mennonites to German nationalism", in H. Loewen Hgr., *Mennonite images* (Winnipeg, 1980).

———— "Mennonites in Poland: an expanded historical view", *JMS*, 4 (1986), 94-108.

E. N. "Die Fürstenländer Gemeinde", *Bte*, (26 Jan. 1926).

Gerschenkron, A. "Agricultural policies and industrialization: Russia 1861-1917", in H. J. Habakkuk and M. Postan Hgr., *The Cambridge economic history of Europe, Volume 6, Part 2* (Cambridge, 1966).

Goertz, A. "Mennonitische Russlandwanderer 1820-1841 aus dem Reg. Bez. Marienwerder", *Altpreussischer Geschlechterkunde*, 27 (1979), 70-72.

Gross, L. Hgr. "The coming of the Russian Mennonites to America: an analysis of Johann Epp, Mennonite minister in Russia", *MQR*, 48 (1974), 460-75.

Harder, F. "Die Auswanderung aus der Danziger Mennoniten-Gemeinde nach Russland", *Mitteilungen des Sippenverbandes der Danziger Mennoniten Familien Epp-Kauenhowen-Zimmermann*, 3 (1937), 194-95.

———— "Die Familie Abr. Sudermann: Kauffmann und Branntweinbrenner in Elbing vor dem Königsberger Thor, gest. 2.2.1800", *Mitteilungen des Sippenverbandes . . .* , 5 (1939), 24-25.

———— "Zum 18. Todestag des Dichters Hermann Sudermann", *Mitteilungen des*

*Sippenverbandes . . .*, 5 (1939), 24-25.

Heilbronner, H. "Counter reforms of Emperor Alexander III", *MERSH*, 8 (1978), 83-91.

Herlihy, P. "Odessa: staple trade and urbanization in New Russia", *JGO*, 21 (1973), 184-95.

Herschbiel, H. H. "Kiselev, Paul Dmitrievich", *MERSH*, 17 (1980), 41-44.

Janz, H. B. "Einige kurze Mitteilungen über den Forstdienst der Mennoniten in Russland", *Bte*, 51 (20 Dez. 1939).

_____ "Zu der Geschichte des Ersatzdienstes in Russland", *Bte*, (30 Okt. 1940).

Janz, J. B. "Mennonite life in Volhynia, 1800-1874", *Journal of the American Historical Society of Germans from Russia*, 1 (1978), 6-12.

Janzen, W. "Foreign mission interest of the Mennonites in Russia before World War I", *MQR*, 42 (1968), 57-67.

_____ "The Great Trek: episode or paradigm?" *MQR*, 51 (1977), 127-39.

Kabuzan, V. M. "Zahl und Siedlungsgebiete der Deutschen im Russischen Reich (1796-1917), " *Zeitschrift für Geschichtswissenschaft*, 32 (1984), 866-74.

Karge, P. "Die Auswanderung west- und ostpreussischer Mennoniten nach Russland (nach Chortitza und der Molotscha 1787-1820)", *Elbinger Jahrbuch*, 3 (1923), 65-98.

Klaassen, W. "A belated review: Martin Klaassen's 'Geschichte der wehrlosen taufgesinnten Gemeinden' published in 1873", *MQR*, 49 (1975), 43-52.

Klassen, H. H. "Mennonitische Gutsbesitzer in der Ukraine", *Bte*, 35 (5 Sept. 1972).

Klassen, N. J. "Mennonite intelligentisia in Russia", *ML*, 24 (1969), 51-60.

Klassen, P. J. "Sources for Russian Mennonite research in German archives and libraries", *MQR*, 53 (1979), 21-34.

_____ "The historiography of the birth of the Mennonite Brethren", in A. Friesen Hgr., *P. M. Friesen and his history* (Fresno, 1979).

_____ "Faith and cultue in conflict: Mennonites in the Vistula Delta", *MQR*, 57 (1983), 194-205.

Klippenstein, L. "Johann Wieler (1839-1889) among Russian evangelicals", *JMS*, 5 (1987), 44-60.

Krahn, C. "The office of elder in Anabaptist-Mennonite history", *MQR*, 30 (1956), 120-27.

_____ "Abraham Thiessen: a Mennonite revolutionary?" *ML*, 24 (1969), 73-77.

_____ "Views of the 1870s migrations by contemporaries", *MQR*, 48 (1974), 447-58.

Kreider, R. "The Anabaptist conception of the church in the Russian environment, 1789-1870", *MQR*, 25 (1951), 17-33.

Leibbrandt, G. "Material über das Russland-Deutschtum", *Volk auf dem Weg*, 6 (1975), 1-2.

Lenin, V. I. "New economic developments in peasant life (on V. Y. *Postnikov's Peasant farming in South Russia*)," in *Collected Works I: 1893-1894* (Moskau, 1960).

Lincoln, W. B. "Count P. D. Kiselev: a reformer in Imperial Russia", *Australian Journal of Politics and History*, 16 (1970), 177-88.

Loewen, H. "Echoes of drumbeats: the movement of exuberance among the Mennonite Brethren", *JMS*, 3 (1985), 188-27.

Lohrenz, G. "The Mennonites in Russia and the Great Commission" in C. J. Dyck, Hgr., *A legacy of faith* (Newton, 1962).

Malinowski, L. "Passage to Russia: who were the emigrants", *Journal of the American Society of Germans from Russia*, 2 (1979), 46-47.

Meżynski, K. "Z wedrówek Mennonitow pomorskich Gmina w Berdiansku nad Morzen Azowskum", *Rocznik Gdanski*, 22 (1969), 235-60.

Mierau, T. B. "Elder Benjamin Ratzlaff: his life, times and descendants", *ML*, 40 (1985), 17-20.

M-R "Staatsrat Kontenius", *HBR*, (1958), 247-58.

Müller, A. "Die preussische Kolonisation in Nordpolen und Litauen (1795-1807) und die Mennoniten", *Zeitschrift für Ostforschung*, 22 (1973), 487-96.

Neubauer, T. "Peter Ivanovic Köppen (1793-1864)", *JGO*, 13 (1965), 175-82.

Nicoll, G. D. "Old Believers", *MERSH*, 25 (1981), 228-37.

Oestreich, G. "Army organisation in the German territories from 1500 to 1800", in his *Neostoicism and the early modern state* (Cambridge, 1982).

Packull, W. O. "Some reflections on the state of Anabaptist history: the demise of the normative vision", *Studies in Religion*, 8 (1979), 313-23.

Penner, H. "Das Verhältnis der westpreussischen Mennoniten zum Staat", *MGbl.*, 25 (1973), 53-59.

Peters, F. C. "The ban in the writings of Menno Simons", *MQR*, 29 (1955), 16-33.

Petri, H. "Schwäbische Chiliasten in Südrussland", *Kirche im Osten*, 5 (1962), 75-97.

_____ "Der Agendenstreit in evangelischen Gemeinden Südrusslands", *Kirche im Osten*, 10 (1967), 85-99

Pinson, M. "Russian policy and the emigration of the Crimean Tatars to the Ottoman Empire, 1854-1862", *Güney-Dogu Avrupa arastirmalari dergisi*, 1 (1972), 37-56, 2-3 (1973/74), 101-14.

Pintner, W. M. "Inflation in Russia during the Crimean War period", *Slavic and East European Review*, 18 (1959), 81-87.

Polns´ska-Vasylenko, N. D. "The settlement of the southern Ukraine 1750-1775", *Annals of the Ukrainian Academy of Arts and Sciences in the USA*, (1955).

Portal, R. "The industrialization of Russia" in H. J. Habakkuk und M. Postan Hgr., *The Cambridge economic history of Europe*, Band 6, Teil 2 (Cambridge, 1966).

Puryear, V. J. "Odessa: its rise and international importance, 1815-50", *Pacific Historical Review*, 3 (1934), 192-215.

Regier, C. C. "Childhood reminiscences of a Russian Mennonite immigrant mother, 1859-80," *MQR*, 15 (1941), 83-94.

Reimer, A. " ´Derche Bloom Räde´: Arnold Dyck and the comic irony of the

Forstei", *JMS*, 2 (1984), 60-71.

_____ "Klaas Reimer: rebel conservative, radical traditionalist", *JMS*, 3 (1985), 108-17.

Rempel, D. G. "The Mennonite emigration to New Russia, 1787-1870. Part I the colonization policy of Catherine H and Alexander I," *MQR*, 9 (1935), 71-91.

_____ "The Mennonite emigration to New Russia, 1787-1870. Part H the emigration to Russia", *MQR*, 9 (1935), 109-28.

_____ "Bemerkungen zu unserer mennonitischen Geschichtsliteratur", *Bte*, 29-36 (19 Juli- 6 Sept. 1966).

_____ "Geschichte und Geschichten", *Bte*, (21-28 Nov. 1967).

_____ "From Danzig to Russia: the first Mennonite migration", *ML*, 24 (1969), 8-28.

_____ "Zu 'Russen, Tartaren und Kosaken'," *Bte*, 4-5 (20-27 Jan. 1970).

_____ "An introduction to Russian Mennonite historiography", *MQR*, 48 (1974), 409-46.

_____ "Historian challenges Sawatzky's review", *Mennonite Mirror*, (Juni, 1975), 18-20, (Sommer), 15-19.

_____ "Important historical facts discussed", in N. Kroeker, *First Mennonite villages in Russia* (Vancouver, 1981).

Rempel, J. G. "Das erste Einlage unter Wasser", *Bte*, 41 (13 Okt. 1948).

Roemmich, H. "Der Ursprung des Ukrainischen Stundismus", *HBR* (1967/68), 65-80.

Rosental, H. "Agricultural colonies in Russia", *Jewish Encyclopedia*, 1 (1901), 252-56.

"Die rote deutsche Kuh," *HBR*, (1955), 67-68.

Saul, N. E. "A Russian description of the foreign settlements in South Russia in 1820," *Working Paper of the American Historical Society of Germans from Russia*, 17 (1975), 8-9.

Schwartz, P. "Die Schulen der Provinz West-Preussen unter dem Oberschulkollegium 1787-1806", *Zeitschrift für Geschichte der Erziehung und des Unterrichts*, 16 (1926), 51-123.

Scheunes, K. A. "Enlightenment, reform, reaction: the schooling revolution in Prussia", *Cental European History*, 12 (1979), 315,42.

Semenov, D. P. "Rural economy", in *The industries of Russia 3: agriculture and fisheries* (St. Petersburg, 1893).

Shostok, P. A. "Grain trade", in *The industries of Russia 3: agriculture and fisheries* (St. Petersburg, 1893).

Siegelbaum, L. "The Odessa grain trade: a case study of urban growth and development in Tsarist Russia", *Journal of European Economic History*, 9 (1980), 113-52.

Solovjava, A. M. "The railway system in the mining area of southern Russia in the late nineteenth and early twentieth centuries", *Journal of Transport History*, 5 (1984), 66-81.

Stach, J. "Die Evangelische Lutherische Gemeinde Kaisertal", *HBR*, 13 (1957), 21-32.

Stayer, J. S., W. O. Packull, and K. Deppermann, "From monogenesis to polygenesis: the historical discussion of Anabaptist origins", *MQR*, 49 (1975), 83-121.

Sudermann, J. "The origin of Mennonite state service in Russia, 1870-1880", *MQR*, 27 (1943), 23-46.

Tessman, H. "Echo Verlag: the first Mennonite book club in Canada", *Mennonite Historian*, 11 (1985), 1-2.

Thiede, R. L. "Industry and urbanization in New Russia from 1860 to 1910", in M. Hamm, Hgr., *The city in Russian history* (Lexington, 1976).

Toews, J. B. " 'The good old days': a Russian-Mennonite document from 1835", *ML*, 23 (1968), 31-34.

_____ "A Russian Mennonite: the diary of Dietrich Gaeddert (1860-1876)", *ML*, 33 (1978), 7-18.

_____ "Cultural and intellectual aspects of the Mennonite experience in Russia", *MQR*, 53, (1979), 137-59.

_____ "The diary of Jacob Epp 1860-1880", *Journal of the American Society of Germans from Russia*, 5 (1982), 1:37-44, 2:23-28.

_____ "The early Mennonite Brethren: some outside views", *MQR*, 58 (1984), 83-124.

_____ "Harmony and disharmony: a diary portrait of Mennonite singing during the 1860s", *ML*, 40 (1985), 4-7.

_____ "Childbirth, disease and death among the Mennonites in nineteenth-century Russia", *MQR*, 60 (1986), 450-68.

Toews, J. C. "Das mennonitische Gutsbesitzertum in Russland", *Bte*, 26-45 (30 Juni- 24 Nov. 1954).

Unruh, B. H. "Die Mennoniten in der Neumark", *Christlicher Gemeinde-Kalender*, (1941), 58-76.

Urry J. "John Melville and the Mennonites: a British evangelist in south Russia 1837- ca. 1875", *MQR*, 54 (1980), 305-22.

_____ " 'The snares of reason': changing Mennonite attitudes to 'knowledge' in nineteenth-century Russia", *Comparative Studies in Society and History*, 25 (1983), 306-22.

_____ "Through the eye of a needle: wealth and the Mennonite experience in Imperial Russia", *JMS*, 3 (1985), 7-35.

_____ " 'All that glisters . . . ': Delbert Plett and the place of the Kleine Gemeinde in Russian-Mennonite history", *JMS*, 4 (1986), 228-50.

_____ " 'Servants from far': Mennonites and the pan-evangelical impulse in early nineteenth-century Russia", *MQR*, 61 (1987), 213-27.

Urry, J. and L. Klippenstein "Mennonites and the Crimean War, 1854-1856", *JMS*, 7 (1989), 9-32.

Voeikov, A. I. "The climate", in *The industries of Russia 3: agriculture and fisheries* (St. Petersburg, 1893).

Walker, F. A. "Popular response to public education in the reign of Tsar Alexander I (1801-1825)", *History of Education Quarterly*, 24 (1984), 527-43.

Wedel, C. H. "Heinrich Richert: eine kurze Skizze seines Lebens und Wirkens", *Bundesbote Kalender*, (1897), 25-35.
White, C. "The impact of Russian railway construction on the market for grain in the 1860s and 1870s", in L. Symons and C. White, Hgr.., *Russian transport: an historical and geographical survey* (London, 1975).
Wiens, G. "Village nicknames among the Mennonites in Russia", *ML*, 25 (1970, 177-80.
Yaney, G. "Some sugggestions regarding the study of Russian peasant society prior to collectivization", *Russian Review*, 44 (1985), 27-33.
Zacek, J. "The Russian Bible Society and the Russian Orthodox Church", *Church History,* 35 (1966), 311-37.


SEKUNDÄRE QUELLEN: DISSERTATIONEN
Baumann, R. *The debates over universal military service in Russia 1870-1874* (Ph.D. Dissertation, Yale University, 1982).
Ehrt, A. *Das Mennonitentum in Russland von seiner Einwanderung bis zur Gegenwart* (Langensalza, 1932).
Froese, L. *Das pädagogische Kultursystem der mennonitischen Siedlergruppe in Russland* (Ph.D. Dissertation, Universität Göttingen, 1949).
Harder, M. S. *The origin, philosophy and development of education among the Mennonites* (Ph.D Dissertation, University of Southern California, 1949).
Klimenko, M. *Anfänge des Baptismus in Südrussland (Ukraine) nach offiziellen Dokumenten* (Ph.D. Dissertation, Friedrich-Alexander-Universität, Erlangen, 1957).
Klippenstein, L. *Mennonite pacifism and state service in Russia: a case study in church-state relations, 1789-1936* (Ph.D. Dissertation, University of Minnesota, 1984).
Letkemann, P. *The hymnody and choral music of Mennonites in Russia 1789-1915* (Ph.D. Dissertation, University of Toronto, 1985).
Matt, G. O. *Die deutschen Schulen Bessarabiens* (Ph.D. Dissertation, Universität Tübingen, 1933).
Quiring, J. *Die Mundart von Chortitzer in Süd Russland* (Ph.D. Dissertation, Universität Ludwig Maximilian, München, 1928).
Randt, E. *Die Mennoniten in Ostpreussen und Litauen bis zum Jahre 1772* (Ph.D. Dissertation, Universität Königsberg, 1912).
Rempel, D. G. *The Mennonite colonies in Russia: a study of their settlement and economic development from 1789 to 1914* (Ph.D. Dissertation, Stanford University, 1933).
Urry, J. *The closed and the open: social and religious change amongst the Mennonites in Russia, 1789-1889* (D.Phil Dissertation, Oxford University, 1978).

# Index

Abendmahl, 53, 54, 215fn
  Gründung der Brüdergemeinde und, 202, 203
Ackerbau
  kommerzialisieren, 128-29, 131, 132-36, 160-61, 164-67, 168, 173-74, 254-55, 257-59
  mechanisieren aus, 107, 135, 161, 258
  mennonitische Glauben und, 60
  Milchwirtschaft, 69, 107, 109, 167, 230, 257
  die Steppeumgebung und, 102-04
  *siehe auch*: Obstbau *und* Schafzucht *und* Weinbau *und* Weizenproduktion
Alexander I. Tsar, 87, 114, 117, 120, 179
  Mennoniten und, 72, 84fn, 87, 123-24, 131, 132
Alexander II. Tsar, 207, 271, 276fn, 282, 283
Alexander III. Tsar, 282-83
Alexanderstipendien für Kolonistschüler, 269
Alexanderwohl, Molotschna Gemeinde in, 118, 144, 240, 253
Alexandrowsk Stadt, 72, 260
Alkohol *siehe* Brauerei, Enthaltsamkeit *und* Weinbau
Alkoholabstinenz, 193, 299fn
Allgemeine Konferenzen der Mennoniten
  in Russland, 276, 275-77
Altgläubigen, Russische, 114
Alt-Kolonie *siehe*: Chortitza
Amerika *siehe*: Nordamerika und Kanada
Amish, 49fn, 109fn, 176fn
Amur Gebiet, Siberische Ansiedlungsplänen im, 221
Anadol Forstei, 272
Anwohner, 75, 220-21, 223, 227-28, 263-64
  *siehe auch*: Landlosenstreit
Apostolische Brüdergemeinde: *siehe* Evangelische Mennoniten Gottesgemeinde
Arbeiter im Ackerbau
  Mennoniten, 77-78, 174, 220-21, 223-24, 257, 264
  Nicht-Mennoniten, 114, 115, 174-75, 267-58
Architektur *siehe*: Baukunst
Aufforstung
  in Kolonien, 87, 111-12, 113-14, 117, 126, 135
  mennonitische Wehrpflicht und, 214, 245-48
  *siehe auch*: Forstei
Auswanderung
  "Deutsche" Kolonien, 68, 116-17, 118
  Mennoniten, 57, 151
  von Preussen nach Russland, 70-71, 74, 81-82, 84, 118, 123, 151, 162-63, 182, 224, 237, 314

340   Mennoniten in Russland, 1789 - 1889

von Russland nach Nordamerika,
   235-42, 244, 253, 264, 270-71,
   275, 301, 314
nach Zentral Asien, 263-54
Nogaier Tatar aus Russland, 115-16,
   174-74
Preussische Obrigkeit und, 72, 88
Russische Obrigkeit und, 67-68, 74,
   88-89, 123, 237fn
Azow Forstei, 247

Balzer, Heinrich (1773-1842), Prediger
   Friesische Gemeinde, Molotschna,
   118, 144
Balzer, Heinrich (1800-46), Prediger
   Friesische Gemeinde und später Kleine
   Gemeinde, Molotschna, 144-45
Bann, 55-56
   in Preussen, 60
   in Russland, 86-87, 90, 92, 95, 96,
      107, 153-54, 202, 207, 213, 217
Baptisten
   Deutsche, 206, 208, 215, 274-75
   Russische, 192fn, 208fn, 213, 275
Bark, Staatsrat, und die Forstei, 272
Bartel, Heinrich, frühe Brüder,
   201,205, 207, 208
Bartel, Wilhelm, Brüder und später
   Templergemeinschaft, 201, 207, 208
Bartsch, Franz, Prediger Lysanderhöh
   Gemeinde, Wolga und Verfasser, 254fn
Bartsch, Jakob, Oberschultze Chortitza,
   171
Bartsch, Johann (1757-1821), 69-70,
   84, 85, 86, 105fn, 293
Bartsch, Johann, Bibel Kolporteur,
   254fn
Basler Missionsgesellschaft in
   Russland, 185fn, 191
Baukunst, Mennoniten
   in Preussen, 61
   in Russland, 86, 92, 95, 96, 152,
      162

*siehe auch*: Industrie
Baumschulen *siehe*: Aufforstung
Bekker, Benjamin (1883-1920), 205,
   206, 213-14
Bekker, Jakob (1828-1908), 205, 206,
   214
Bengel, J. A., Theologian in
   Württemberg, 117, 192
Berdjansk, Seehafen am Asowischen
   Meer, Mennoniten in, 136, 165,
   175, 193, 195, 201, 225, 236, 237,
   260
Bergmann, Peter (1823- ?), 199
Bergthal *siehe*: Mariupol Kolonisten
   Gebiet, Mennoniten in
Berislaw, Mennonitische Ansiedlung
   in, 69, 70, 71, 85, 104
Bessarabia, 87
   "Deutsche" Kolonien in, 116,
      139fn, 140, 142-43, 192
Bevölkerung, Mennoniten in
Russland, 165-66, 167, 311-14
Bibel Gesellschaften
   Britisch und Ausländischen, 120,
      254fn
   Russische, 120, 121, 146
Behörde für Volkswirtschaft,
   Ausländerschutz und
   Agrarwirtschaft, 88, 89, 106
Bondar, S.D., Russischer Beamter und
   Verfasser, 45
Bonekemper, Johann, Lutheran Pastor
   und russischen Stundismus, 192
Borosenko, Kleine Gemeinde
   Ansiedlung an, 217
Branntweinbrennerei und Brauerei,
   Mennoniten
   in Preussen, 64, 167fn
   in Russland, 86, 110, 161, 261fn,
      309
Bräul, Jakob, Schullehrer Molotschna,
   184
Bräul, Johann J., Schullehrer

Molotschna, 270fn
Braun, D., Gebietsschreiber
   Molotschna, 149
Braun, Peter (1880-1933), Schullehrer
   und Archiver, 17, 47, 132fn
Brazol, Dmitrii, Russische Gutsbesitzer
   in Jekaterinoslaw, 245
Britisch und Ausländischen
   Bibelgesellschaft: *siehe* Bibelgesellschaft
Brotbrecher Mennoniten *siehe*:
   Evangelische Mennoniten
   Gottesgemeinde
Brüdergemeinde, mennonitische, 215-17, 274
   Gründung, 202-08
   in Chortitza, 205-06, 208, 212-14, 274
   Deutsche Baptisten und, 206, 208, 215, 274-75
   in Kuban, 207, 212-13, 215, 251, 274
   in Molotschna, 202-06, 208-09, 213-15, 225, 227n, 231, 274-75
   Russische Baptisten und, 192fn, 208fn, 213, 275
   Schwärmer (Hüpfer/ Springer) und, 206-08, 213-15
   Taufe und, 205, 206, 213, 215, 279
Brüderschule in Gnadenfeld, 195-96, 201, 209, 210, 212
Brüder-Unität, Mennoniten Kontakt mit, 190
Bulgarische Kolonisten, 112, 115, 175, 222, 224
Bundeskonferenz *siehe*: Allgemeine Konferenzen der Mennoniten in Russland

Charkow, Stadt und Provinz, 111, 260
Cherson, Stadt und Provinz, 69, 87, 110, 210, 247
Chiva, Mennoniten in, 253
Chortitza Kolonie,
   Ackerbau, 106-07, 131, 156-57, 255, 257
   Bevölkerung, 167-68, 311-13
   Brüdergemeinde, 205-06, 208, 212-14, 274
   Dörfer, 78, 74-75
   Flämische Gemeinde in, 72, 82-87, 188-89, 200-01, 206,253
   Friesische Gemeinde in, 72, 83-84, 95, 206, 253
   Gesellschaftsstruktur, 164-68, 186-87, 221, 229-30, 249, 262-63
   Gründung, 70-72, 82, 87
   Jubiläums (1889), 291-95
   Industrie, 163-64, 188, 258-60, 301-02
   Landlosenstreit in, 221, 231
   Schulen, 157, 180, 185-86, 268-69, 276-77
   Tochterkolonien, 232, 244, 246-47, 248, 249
   Wolost, 280
Claassen, Johann (1820-1876), 201-05, 206-09, 212, 214-15
Clöter, Samuel, Bayrischer Chiliast, 252
"Commonwealth", Mennoniten Idee *siehe*: Staat im Staates
Contenius, Samuel, Präsident des Fürsorgekomitees, 88, 104, 105, 123, 131-32, 179
Cornelson, Abraham, Brüder, 202, 204
Cornies, Agnes (1819-?), 156, 170fn
Cornies, David (1794-1853), 171fn
Cornies, Johann (der Ältere), 129
Cornies, Johann (1789-1848), 129-31, 157, 170-71, 174, 195, 197, 201n, 224, 228, 237fn, 289fn
   Ackerbauer ausführen, 129, 131, 139
   Gut, 132-33, 166, 171
   Landwirtschaftlicher Verein und, 131-33, 137-39, 141-42, 147, 152,

165, 161-63, 168-70, 184
Schulreform, 151-53, 181, 183-87, 189
Streitigkeiten mit Kolonisten, 147-58, 199
Cornies. Johann (l812-?) 170fn, 199

Danzig, 63, 116, 237
  Mennoniten in, 51, 57-60, 81, 85, 95, 98, 118, 119, 182
"Deutsche" Kolonisten in Russland, 111
  Bessarabien, 116, 139fn, 140, 142-43, 192
  Bevölkerung,
  Katholische, 116, 198, 269, 286
  Einwanderung, 68, 116-17
  Lutherische, 116-17, 191-92, 198, 205, 268-69, 286, 311
  Widerstand der, 285-86
  Reform und die, 285-87
  Schwäbische, 116-18, 124, 192-93, 209-10
Deutsche Sprache *siehe*: Sprache, Deutsche
Dienstboten in Russland, 75, 77-78, 114, 115, 157-58
Dirks, Heinrich (1842-1915), Missionar und Ältester Gnadenfelder Gemeinde, 252fn
Dörksen, Jacob, Kaufmann und Hilfe der Landlosen, 225, 226fn
Driedger, Abraham, Oberschultze Molotschna, 227fn
Druckerei, Mennoniten in Russland, 275, 291
Dubrowna, Mennonitische Auswanderung nach Russland und, 11, 70, 82
Duchoborzen, 115
Dyck, Franz, Oberschultze Molotschna, 227
Dyck, Harvey L., Historiker, 17, 21fn
Dyck, Jacob (1779-1854), 121

Dyck, Johann (1802- ?), Prediger Ohrloff Gemeinden, Molotschna, 199

Ehrt, Adolf, Historiker, 43
Einlage, 84, 180fn
  Brüdergemeinde in *siehe*: Chortitza, Brüdergemeinde
Eisenbahn, in Russland, 246, 254-55, 260-61
Elbing, Preussen, Mennoniten in, 58, 59
Enns, Heinrich (1801-80), 217
Enns, Jakob (1763-1818), 95-96, 119
Enns, Johann, 281fn
Enns, Peter, Cornies Hilfsarbeiter mit Aufforstung, 147
Enthaltsamkeit *siehe*: Alkoholabstinenz
Epp, Claas (?-1913), Tausendjähriges Reich Idee und, 252-53
Epp, Cornelius (1728-1805), 93
Epp, David (1748/50-1802), Prediger Flämische Gemeinde Chortitza, 86, 87
Epp, David (1781-1843), Ältester Flämische Gemeinde Chortitza, 124, 147-48, 155fn, 156, 157, 188, 268
Epp, David H. (1861-1934), Prediger/ Ältester Flämische Gemeinde Chortitza und Historiker, 11, 12, 40-42, 291, 293, 294, 299, 300fn
Epp, Dietrich H. (1875-1955), Verfasser, 12
Epp, George K. (1924-1997), Historiker, 17, 26
Epp, Heinrich (1757-1805), 87, 93
Epp, Heinrich (1827-96), Ältester Flämische Gemeinde Chortitza, 11, 157, 268, 291, 292, 294
Epp, Johann, Gebietssekretär Chortitza, 280
Epp, Peter (1727-89), 81, 87, 93
Epp, Peter (1755-1802), 87, 93
Erbe, Mennoniten, 77-78, 166, 276-77

Russische Gesetz und, 77-78, 233, 276-77
*siehe auch:* Waisenamt
Ersatzdienst *siehe:* Forstei
Erziehung, Reform
  Mennoniten, 152, 171, 181-82, 184-87
  Russische Obrigkeit, 179, 183-84, 233-34, 267-69
  *siehe auch* Schulen *und* Schullehrer
  evangelische Einwirkung auf Mennoniten, 119-20, 188-89, 190, 296-97
  *siehe auch* Pietismus
Evangelische Mennoniten Gottesgemeinde, 215

Fabriken *siehe:* Industrie
Fadayev, A.M., Beamter des Fürsorgekomitees, 121, 125, 161
Fast, Bernhard (1785-1860), Ältester Ohrloff Gemeinde Molotschna, 119-22, 125-26, 131, 144, 155fn, 198, 204
Fast, Bernhard, Gutsbestizer Pavolograd, 246
Fast, Daniel (1826-1900), 214fn
Fast, Isaak P. (1815-95), Schullehrer, 182
Fast, Jacob (1772-1820), Prediger Ohrloff Gemeinde, Molotschna, 119
Fast, Johann (?-1872), 225
Felsental Gut in Molotschna, 132fn, 202fn, 222
Feüerverischerungsanstalt, Mennoniten, in Preussen und Russland, 63, 77
Flämische mennonitische Gemeinden
  absonderungen von Friesische Gemeinden, 57
  in Preussen, 57-59, 81-82, 119
  in Russland
    Chortitza, 72, 82-87, 188-89, 200-01, 206, 253
  Molotschna, 72, 83-84, 92-100, 119-23, 146, 148-57, 190, 197-200, 277-79, 253
  *siehe auch unter besondere Gemeindenamen*
Forchammer, Otto (?-1898), Dänisch evangelischerprediger, 205, 206fn
Forstei, mennonitische Wehrpflicht, 274, 276
  Begründung und Organisation, 239-41, 270-74
  Dienst in, 273-74, 280-82
  Steür für, 280
Francis, E. K., Soziologie, 44, 277fn
Franz, Heinrich (1819-89), Schullehrer, 182-83, 185, 202, 210, 265
Franz, Heinrich H., Schullehrer und Molotschna Industrieller, 265fn
Franz & Schröder, Maschienenbau Fabrik, Molotschna, 265fn
Franz, Peter, Friesischer Prediger, Molotschna, 118
Frauen
  Begründung der Brüdergemeinde und, 206-07
  in Seidenprodukion, 144
  in Wirtschaft, 107, 109fn, 161, 167
Friesen, Abraham (1756-1810), 98
Friesen, Abraham (1782-1849), Ältester *Kleine Gemeinde*, 149, 150fn, 155fn, 217
Friesen, Abraham (1831-1917), Ältester *Kleine Gemeinde*, 217
Friesen, David (1807-93), Oberschultze Molotschna, 170, 171, 174, 197, 199, 223, 225-26
Friesen, J., Chortitza Industrielle, 260
Friesen, Johann (1808-72) Ältester *Kleine Gemeinde*, 216, 217
Friesen, Peter M. (1849-1914), Brüdergemeinde Prediger, 270, 285
  als Historiker, 12, 13, 41-43

Friesische mennonitische Gemeinden
absonderungen von Flämische
Gemeinden, 57
in Preussen, 57-59, 81-82, 119
in Russland
Chortitza, 72, 83-84, 95, 206,
253
Molotschna, 119-23, 144, 197,
202, 209, 218fn, 253, 277-79,
253
*siehe auch unter besondere
Gemeindenamen*
Fröse, Cornelius, Ältester Friesische
Gemeinde Chortitza, 83, 84
Fürsorgekomitee für Ausländische
Kolonien, 89-90, 99, 110, 123-24,
148-49, 169-70, 198, 210-11, 287
Landlosen und, 224-26
Schliessen, 233, 235-26
Verbesserung die Kolonisten
Schulen, 183-84, 267-70
Wirtschaftliche Beförderung, 131-
34, 142-43
Fürstenland, Mennoniten im, 244-45

Gdansk *siehe*: Danzig
Gebietsämter und Verwaltung der
Kolonien, 89-90, 92, 99-100, 170-
71, 183, 187-88
Landlosen und, 220-32
mennonitische Brüdergemeinde
und, 203-05, 207-08, 225-26,
227fn
Reform, 234-35, 279-80
Streitigkeit mit Gemeinden, 95,
148-49, 199
*siehe auch*: Wolost
*Gemeindeblatt der Mennoniten* (Baden),
276fn
Gemeinden, Mennoniten, 52-55
Führerschaft in, 55-56
Spaltung, 56-57
Wandel in Russland, 294-95

*siehe auch unter besondere
Gemeindenamen*
Gerste-Streit, in Molotschna, 198-99,
204
Geschäftsleute *siehe*: Kaufmann
Geschichte, Mennoniten
Identität und, in Russland, 11-12,
40-43, 265, 267, 269
Historiographie, 12-14, 17-30, 43-
48
Gesetz, russische, 90
Reform aus, 234-35, 276-77
Gesellschaftsstruktur, Mennonitischer
Wandel in Russland, 75, 76, 79,
164-68, 173-75, 186-87, 220-21,
223-24, 249, 262-66, 306
Giesbrecht, D., Gemeindekandidat
Chortitza(1788), 82
Glaubensbekenntnisse, Mennoniten, 37,
215, 274
Gnadenfeld, Molotschna, 151
Gemeinde von, 151-52, 182, 183,
190-91, 197-98, 201-05, 208-12
Zentralschule, 182-83, 191, 197,
201-05, 208, 270, 281, 284
Wolost, 235, 280, 294
Görz, Abraham (1840-1911),
Schullehrer, 268
Görz, Franz (1779-1834), Ältester
Rudnerweide friesische Gemeinde,
Molotschna, 118, 119, 120, 144
Golitzyn, A. Prinz, Minister für
Religiöse Angelegenheiten und
offizielles Schulwesen, 120,125
Gottesdienst, Mennoniten, 53-54
Neuerungen in, 200-01, 297-98
*siehe auch*: Abendmahl *und* Musik
*und* Predigt
Greichische Kolonisten, 113, 129
Groningen Alt-Flämische Gemeinden
im den Niederlanden, 43
im polische-preussischen Land, 43,
105, 130, 167

in Russland (Molotschna)
Alexanderwohl, 99, 123, 130, 215, 216n
Gnadenfeld, 130-31, 167-72, 174-76, 177-81, 185, 187-88
Waldheim, 131, 194n
Gross-Liebenthal, Deutsche Kolonistische Ansiedlungen, 139n
Gut und Gutsbesitzer, Mennoniten, 132-33, 166, 171, 186, 245-46, 258-59, 262-64

Hahn, E. von (1807-74), Präsident des Fürsorgekomitees und Staatsrat, 141-42, 150, 152-55, 170, 184fn, 207, 226
Halbstadt, Molotschna, 110, 119, 276
  Industrie in, 100, 161, 164, 222, 260
  Zentralschule, 152, 183, 196
  Wolost, 235, 280, 294
  siehe auch: Neu Halbstadt
Handwerk siehe: Industrie, Mennonite
Harder, Bernhard (1832-84), Prediger Ohrloff Flämische Gemeinde und Kirchenliedverfasser, 204fn, 219, 252, 282fn
Harder Familien, Kaufleute im Preussen und Russland, 164, 165fn
Harder, Johann (1811-75), Ältester Ohrloff Flämische Gemeinde, 199
Harms, John (1855-1945), Amerikanische Herausgeber, 265
Hausknecht, David, Schullehrer, 190
Haxthausen, A F. von, (1792-1866) Besucher der Kolonien, 139fn, 156-57
Heirat, Mennoniten, 77-78
  Reichtum und, 262-63
  zwischen verschiedenen Gemeindemitgliedern, 82, 85fn
Heese, Heinrich (1787-1868), Lehrer Molotschna und Chortitza, 152-53, 157, 158, 171fn, 179fn, 183, 185
Heese, Peter H. (1852-1911), Schullehrer und Molotschner Schulratmitglied, 285fn
Herrnhut, Mennonitischer Kontakt mit Brüder-Unität aus, 190
Hierschau, Molotschna, 167fn, 168fn
Hildebrand, Jakob (1793-1867), Ältester Friesische Gemeinde Chortitza, 11, 193, 201
Hildebrand, Kornelius (1833-1920), Geschichtsschreiber, 11, 12, 193fn, 260
Hildebrand, Peter (1755-1849), Geschichtsschreiber, 11, 12, 291
Historiographie, Mennoniten und siehe: Geschichte, Mennoniten
Höppner, Jacob (1757-1826), 11, 69-70, 84, 85-87, 293
Höppner, Peter, 86-87
Holland siehe: Niederlande
Hofacker, Eduard, Prediget, 201, 296fn
Hoffmann, Christoph, Gründer des Templergemeinschaft, 192, 209-11, 212fn
Hoffmann, G. Wilhelm, Gründer Kornthal, 117, 192, 209
Hottmann, Joseph, Anti-Wüst Führer, 201
Hübert, Heinrich (1810-95), Brüdergemeinde Prediger, 203, 205, 214
Hunzinger, A, Süddeutscher mennonistischer Reformator, 144-45
Hüpfer siehe: Brüdergemeinde, mennonitische
Hutterer, 55
  in Russland, 83fn, 97fn, 140, 153, 240

Identität, mennonitische
  im polische-preussischen Land,61
  in Russland, 74, 116, 122-23, 231-2, 282-83, 285-88, 295, 303
  *siehe auch*: Nationalismus *und* Geschichte
Industrie, Mennoniten
  im polische-preussischen Land, 60, 63-64, 160-61
  in Russland
    Bauwerk, 135, 139-40
    Handlung, 75, 109, 160-64, 166-68, 220-21, 262
    Maschienenbau, 161, 164-65, 167, 258-61, 301-02
    Proto-Industrialisierung, 109-10, 161, 163-64, 168
    Tuschwerk, 105-07, 110, 134, 161, 163, 165, 222
    *siehe auch*: Branntweinbrennererei und Brauerei *und* Mühlen *und* Seidenwirtschaft
Intelligenzia, Mennoniten, 188, 269-70, 291
Insow, Iwan N., General, Präsident des Fürsorgekomitees, 123, 141, 142, 148, 149
Isaak, Franz (1817-99), Prediger Ohrloff Gemeinde,Molotschna, 12, 41, 204fn, 219, 225
Islawin, V., Beamter, und die Landlosenstreit in Molotschna, 226-28
Italienische Kolonisten, 113

Jansen, Cornelius (1822-94), Kaufmann und Führer des Auswanderung nach Amerika, 237, 238
Janz, Jacob (1834-?), 214fn
Janzen, Cornelius (1780-?), 97
Janzen, Heinrich (1752-1824), 84, 97

Janzen, Jacob, Friesische Prediger und die Kronsweide Erweckung, 201
Jekaterinoslaw
  Industrie in, 254, 260-61
  Mennoniten Landkauf in, 244-46, 247, 248, 249
  Provinz, 88, 231, 254
  Stadt, 85, 88, 105, 111, 131, 141, 208, 254, 261, 269
Jerusalemfreunde *siehe*: Templergemeinschaft
Josephtal, lutherische Kolonie, 85
Juden, Mennoniten und, 111fn, 113, 262
  landwirtschaftliche Verwaltung und, 140
Jung Stilling, J. H., 117, 251, 252, 253
Juschanlee Gut, Molotschna, 132-33, 171

Kamensky, P. V., russischer Gutsbesitzer und Freund des Mennoniten, 286fn
Kanada
  Kontakt mit Mennoniten in, 291, 295
  Mennoniten Auswanderung nach, 237, 238, 240
Kankrin, E. F., Finanz Minister, 173
Kappe, Anti-Wüst Führer, 201
Katechismus, Mennoniten, 61, 177
Katherina II. Tsarina, 67-68, 87, 110
Katholische deutsche Kolonisten in Russland, 116, 198, 269, 286
Kaukasus *siehe:* Kuban
Kaufleute, Mennoniten
  in polsche-preussischen Land, 60, 64, 164-65
  in Russland, 109, 110-11, 129, 136, 164-65, 193, 225- 226, 261-62
  *siehe auch*: Berdiansk
Keller, Alexander, Kolonisteninspektor

des Fürsorgekomitees, 211
Keppen, P. I., Wissenschaftler und Statistiker, 138, 161fn, 163
Khiva *siehe*: Chiva
Khortitsa *siehe*: Chortitza
Kirchenkonvent in Molotschna, 197-98, 203-04, 208, 211-12, 216, 226
Kirchenlieder *siehe*: Musik
Kirschenhardthoff, Schule in Württemberg, 209
Kisselev, P. D., Minister für Reichsdomäne, 137-38, 140-41, 168fn, 184
Klaassen, Martin, Prediger und Historiker, 252, 253fn
Klassen, Jakob (1856-1919), Wolostsekretär Chortitza, 280
Klassen, Johann, Oberschultze und Tuschfabrikeigentümer Molotschna, 95, 112, 164, 222
Klassen, Johann, Oberschultze Molotschna, 148-49
Klatt, Johann K., Schullehrer und Molotschner Schulrat Mitglied, 285fn
Klaus, A. A., russischer Beamter und Verfasser, 45, 289
Kleine Gemeinde, 128, 144-45, 155fn, 189fn, 196fn, 197, 219fn, 237-251
   Auswanderung nach Nordamerika, 240-41
   Gründung, 96-100
   Landankauf, 217, 244-45
   Russische Reform und, 123-24
   Spaltungen zwischen, 216-18, 224
   Streit mit Molotschna Gemeinden, 121, 150fn
   Wohltätigkeit, 79fn
Kludt, J., Wolostsekretär Halbstadt, 280fn
Kludt, Samuel, Deutscher Kolonist und Verfasser, 233fn, 280fn
Königilische Preussen: *siehe* Polen *und* Preussen
Köppen, P. I. *siehe*: Keppen, P. I.
Koop, Abraham J., Chortitza Industrielle, 260
Koop, Isaak, Brüder, 204
Korf, Baron, Schulreformorter, 234
Kornthal, Siedlungen des Pietisten in Württemberg, 117, 192, 209
Kosaken *siehe*: Saporoschje Kosaken
Koslowski, J., Chortitza Industrielle, 260
Krankheiten
   Menschen, 103-04, 172
   Tieren, 103, 104
Kreider, Robert, Historiker, 44
Krieg, Mennoniten und *siehe*: Krimkrieg, Napoleonischer Krieg *und* Russischer-türkischer Krieg
Krim, Mennoniten Siedlungen in, 70, 105, 111, 211, 215n, 217, 244, 245
Krimkrieg, Mennoniten und, 26, 165fn, 171-73, 199, 217, 221, 235, 244-46, 254, 261
Krimmer mennonitische Brüdrgemeinde, 217
   Auswanderung nach Nordamerika, 240
Kronsgarten, Ansiedlung des Chortitza Kolonie, 72, 84, 116
Kronsweide, Chortitza, 84
   Erweckung in, 200, 206, 208
   *siehe auch*: Friesische Gemeinden, Chortitza
Kuban, Mennoniten in
   Brüdergemeinde, 207, 212-13, 215, 251, 274
   Templergemeinschaft, 212-13, 251

Land
   Anbau, 134-35, 137, 255, 257-58
   Privatkauf äusserer Kolonien, 166, 217, 244-45, 246-7 *siehe auch*: Gut
   Streit über *siehe*: Landlosenstreit,

348    Mennoniten in Russland, 1789 - 1889

Verteilung in Kolonien, 75, 77, 89, 167-68, 221, 249
Landlosenstreit, 169, 174-75, 220-32, 236fn
Landwirtschaft *siehe*: Ackerbau
Landwirtschaltichen Vereine
    in "Deutsche" Kolonien, 133
    in Chortitza, 133, 142, 156-57, 171
    in Molotschna, 131-33, 137-42, 146-47, 150, 152, 156, 170-71, 184-85, 187, 195, 197
Lange, Benjamin, Prediger Gnadenfelder Gemeinde Molotschna, 197, 209
Lange, Friedrich Wilhelm, Schullehrer und Ältester Gnadenfelder Gemeinde Molotschna, 183, 184, 185, 191, 197
Lange, Johann (1838-1902), Führer der mennonitische Templergemeinschaft, 209-212
Lange, Wilhelm (1774-1840) Ältester Gnadenfelder Gemeinde Molotschna, 152, 183, 191
Lange, Wilhelm, Prediger Gnadenfelder Gemeinde Molotschna, 197
Lenin, W. I., 45fn
Lenzmann, August (1823-77), Ältester Gnadenfeld Gemeinde Molotschna, 198, 202, 209, 210-11
Lepp, Peter H. (1817-71), Chortitza Industrieller, 164, 243, 259-60
Lepp & Wallmann, Maschienenbaufabrik Chortitza und Schönwiese, 259
Lichtenau-Petershagen Flämische Gemeinde, Molotschna, 150, 151, 153, 199-200
Literatur, Mennonite lesen Religiöse, 188-89, 200-01, 205, 209-10, 212, 237, 251, 262, 288, 296, 298

Sekuläre, 128, 189, 262, 282, 288, 289, 296, 298
Löwen, Johann, und Kronsweide Erweckungs, 201
Lugansk, russische Eisenfabrik, 260
Lutherische Kolonisten in Russland, 116-17, 191-92, 198, 205, 268-69, 286, 311

Maschienenbau *siehe*: Industrie, Maschienenbau
Marienschule für Taubstumme *siehe* Taubstummenschule
Mariupol Kolonie Gebiet
    "Deutsche" Siedlungen, 147, 178
    Mennonitische Siedlungen (Bergthal), 169, 201
    Auswanderung nach Nordamerika, 240
    Schulen im, 182, 186fn, 234
Markusland, Kleine Gemeinde Ansiedlung in, 217
Martens, Jacob (1806-70), Prediger Ohrloff Flämische Gemeinde, Molotschner, 188, 204fn
Martens, Wilhelm, Gutsbesitzer, 166
Matthias, Isaak, Brüder, 204n
Mehlmühlen *siehe* Mühlen
Melville, John, Britischer Bibelkolporteur, 189
Memrik, Molotschner Tochterkolonie, 247, 248, 249
*Mennonitische Blätter*, 189fn, 295
*Mennonitische Rundschau*, 295-96
Militäreinberufung, Mennoniten und
    in Preussen, 65, 236-37, 295
    in Russland, 235-41, 252-53, 270-73 *siehe auch*: Forstei
    *siehe auch*: Wehrlosigkeit
Miljutin, N., Beamter des Ministerium für Reichsdomänen, 138, 161fn
Ministerium für Kultus (Aufklärung), Mennoniten und, 233-34, 283, 284

Ministerium für Innern, Mennoniten und, 123, 132, 183
Ministeriums für Reichsdomänen
  Bauernreform, 137-38, 140-41, 158, 170, 184
  Mennoniten und, 140-43, 148, 155, 157-58, 199, 233-34, 269-70, 271-72, 283
Missionsarbeit, Mennoniten
  Ausländische, 188, 190, 269, 296-97
  Preussische, 189, 190
  in Russland, 123, 189-90, 193, 263, 295, 296-97
Molotschna Kolonie
  Ackerbau in, 106-07, 131, 132-37, 255, 257-58
  Gründung, 73-74, 92
  Bevölkerung, 167-68, 221, 311-14
  Brüdergemeinde in, 202-06, 208-09, 213-15, 225, 227n, 231, 274-75
  Dörfen, 93, 119, 120, 169, 174
  Gemeinden in, 92-100, 119-25, 144-57, 190, 193-95, 197-200, 206-209, 218-19, 278 *siehe auch unter besondere Gemeindenamen*
  Gesellschaftsstruktur in 164-68, 173-75, 186-87, 220-21, 223-24, 249, 261-63, 265-66
  Industrie in, 109-10, 161-64, 167, 260
  Kirchenkonvent, 197-98, 203-04, 208, 211-12, 216, 226
  Landlosenstreit in, 171, 220-32 *siehe auch*: Landlosenstreit
  Schulen in, 124-25, 131, 142, 146, 152-53, 171, 179-88, 268-71, 280-81
  Tochterkolonien, 232, 247, 248, 249 *siehe auch*: Memrik *und* Sagrodowka
  Wolost, 279-80
Molokaner und Mennoniten, 141, 251

Mühlen, Mennoniten
  in Kolonien, 86, 110, 161, 261
  ausserhalb Kolonien, 261
Musik, Mennoniten, 53, 215, 241, 296-97

Namen, Mennonitenfamilien, 61
Napoleon, französischer Kaiser, 97, 117
Napoleonkrieg, Mennoniten und, 97, 99, 118
Nationalismus, Russische und Mennoniten, 171fn, 282-83, 285-88, 293-94, 299-300
  *siehe auch*: Identität, Mennoniten
Neufeld, Gerhard, Gemeindekandidat (1788), 82
Neufeld, Hermann A. (1860-1931), Prediger Brüdergemeinde, 245fn
Neufeld, Heinrich (1819- ?). 208, 214
Neufeld, Peter (1823-1909), Schullehrer Chortitza, 187fn, 291
Neufeld, Wilhelm, Schullehrer Molotschna, 288fn
Neu Halbstadt, Molotschna
  Versammlungshausstreit, 199-200, 208
  Industrie in, 163-64, 265fn
Neu Russland, 68, 85, 87, 91, 256
  Bevölkerung, 254
  Industrie in, 110, 258-61
  Umgebung, 101-02
  Wirtschaft, 69-70, 110-12, 160, 169-70, 171-74, 221, 246, 254-55, 305-06
  *siehe auch unter besondere Provinzen und Städte*
Niebuhr, Hermann, Chortitza Müller, 261
Niederlande
  Kontakt mit polisch-preussische Mennoniten, 51, 59-59, 82
  Mennoniten in, 57, 295

Wiedertäufer in, 51
*siehe auch*: Sprache, holländsich
Nikolajew Stadt, 87, 110
Nikolajpol, Chortitza Tochterkolonien, 231, 248
Nikolaus I. Tsar, 170, 233
 Reichbauernreform, 137-38
Nogaier Tataren, Mennoniten und, 96fn, 101-02, 106, 111, 115, 129, 139-40, 145, 174-75, 185fn, 221-22, 224
Nordamerika, Mennoniten
 Auswanderung nach
 aus Westeuropa, 57
 aus Russland, 237, 238-41, 244, 253, 264, 271, 275, 301, 314
 Siedlungen in, 57, 290fn, 291, 295-96

Obstbau, 77, 101, 105, 107, 132, 133, 134, 137, 167, 257
 Siehe auch: Ackerbau
Odessa, 110-11, 132, 149, 150, 189, 208, 267, 269, 287
 "Deutsche" Kolonisten in der Nähe, 116, 139, 142
*Odessaer Zeitung*, 44, 224, 230fn, 281fn, 285fn, 287fn, 293, 296, 298
Ohrloff, Molotschna, 129, 171
 Flämische Gemeinde von, 121-22, 125, 131, 144, 190, 191, 197-99, 203-04, 206-08, 214, 219, 225, 226, 227, 277, 278
 Zentralschule in, 124-25, 131, 146, 152-53, 179-80, 182, 183, 185, 144, 270
Oncken, Gerhard, Führer der Deutschen Baptisten, 206
Orthodoxe Kirche, russische, 114, 124, 235, 287
Ost Preussen *siehe*: Preussen, Ost

Pälastina, Templergemeinschaft

Aussiedlung in, 210, 212
Paskow Erweckung, 206fn
Patriotismus, und Mennoniten *siehe*: Nationalismus
Paul, Tsar, 87, 88, 308-310
Paulus Brüderschule in Württemberg, 209
Pawlowna, Großherzogin Elena, 139, 140
Pawolgrad, Jekaterinoslaw, mennonitische Aussiedlung in, 246
Pazifismus *siehe*: Wehrlosigkeit
Penner, Bernhard (1756-91), Ältester Flämische Gemeinde, Molotschna, 82-83
Penner, Peter, Schullehrer Chortitza, 294
Peters, Abraham, Molotschna, und die Tausendjährigen Reich, 252
Peters, Hermann (1841-1928), 215
Peters, Isaac (1826-1911), Prediger Molotschna, später Nordamerika, 240
Petersgemeinde: *siehe*: Evangelische Mennoniten Gottesgemeinde
Petzholdt, Alexander (1810-89) Busucher der Mennoniten Kolonien, 139fn
Philips, Dirk (1504-68), 51, 57, 59
Pietismus
 preussische Mennoniten und, 119, 190-92, 195fn
 russische Mennoniten und, 124-25, 188-95, 200, 251
 Schwaben, 117
Plattdeutsch *siehe*: Sprache, Mennoniten
Plett, D. F., Historiker, 19, 44
Podwodzeit *siehe*: Krimkrieg
Polen, Mennoniten in, 51, 58-63, 151
 *siehe auch*: Preussen *und* Wolhynia
Politizierungen der Mennoniten in Russland, 289-90

Pordenau Gemeinde, Molotschna, 150, 240, 278 *siehe auch*: Flämische Gemeinden, Molotschna
Postnikow, V. E., 45fn, 257fn
Potemkin, G., Graf, 68, 85, 87, 101
  Mennoniten und, 69-71
Predigt, Mennoniten, 53, 189fn
  Neuerung in Russland, 192-93, 216, 296-97
Preussen, Mennoniten in, 51, 57-64, 118, 128-29, 176-77, 236-37
  Brandenburg, 59, 125, 151, 152, 182-83
  Ost, 64, 72, 206fn
  West, 63-64, 81, 164, 178, 182-83, 195fn, 295
  *siehe auch*: Danzig *und* Elbing *und* Polen
Privilegium, Mennoniten in Russland, 78, 87, 150, 154, 179, 236, 308-10

Quäker, Besucher in Russland, Mennoniten und, 120, 198, 237

Raditschew, Hutterer in, 97fn, 140
Ratzlaff, Benjamin (1791-1874), Ältester Friesische Gemeinde, Molotschna, 218fn
Regehr, Helene, Brüder, 207
Regier, Cornelius (1740-94), Ältester Heubuden Gemeinde, Preussen, 84
Regier, Johann, Oberschultze Molotschna, 148-49
Reichbauern, 110, 113-14
  Reform, 88, 137-38, 158, 184, 232fn, 233-34
Reimer, David, Gutsbesitzer, 132fn, 202fn
Reimer, Jacob (1817-91), 179, 183n, 184, 189
Reimer, Klaas (1770-1837), Ältester und Gründer der Kleine Gemeinde, Molotschna, 81fn, 93, 95-98, 121

Rempel, Aron, Prediger, Molotschna, 190
Rempel, David G. (1899-1992), Historiker, 30, 43, 45-46
Rempel, Gustav, Schullehrer, 270fn
Rempel, J., Chortitza Industrieller, 260
Riesen, von Familien, Kaufleute in Preussen und Russland, 164
Richelieu, Duc de, General Gouverneur Neu Russland, 106, 112
Richert, Heinrich, (1831-95), Schullehrer Molotschna, 182fn
Riediger, P., Schullehrer, 288fn, 294
Rodlofferhuben, Preussen, Schule in, 182, 191
Rosen, F. F. von, Präsident des Fürsorgekomitees, 170
Rückenau, Molotschna, Brüdergemeinde in, 215
Rudnerweide, Molotschna, Friesische Gemeinde in, 119-23, 144, 202, 209, 218fn, 253
Russische Baptisten *siehe*: Baptisten, Russische
Russische Bibel Gesellschaft *siehe*: Bibel Gesellschaften
Russische Sprache *siehe*: Sprache, russische
Russischer-türkischer Krieg, Mennoniten und, 260, 286
Russifizierungen der Mennoniten, 233-34, 287, 288, 290, 299 *siehe auch*: Identität *und* Nationalismus

Sagradowka Kolonie, Molotschna Tochterkolonie, 247, 248
Saporoschje Kosaken, 71, 101, 111, 113
Schafzucht, 85-86, 105-06
  in Chortitza, 106-07, 131, 257
  in Molotschna, 106-07, 129, 131, 136-37, 222, 257

Schellenberg, Abraham (1845-1920), Älteste Brüdergemeinde, Molotschna und Amerika, 275

Schlatter, Daniel, Missionar zu Nogaier Tataren, 185fn

Schmidt, Christian (1833-1905), 214

Schmidt, Nikolai (1815-74), Gnadenfeld, 209, 211

Schmidt, Peter, Ältester Waldheim Gemeinde, Molotschna, 151, 152

Schmidt, Peter, Gutsbestizer Steinbach, 171, 183, 222, 223

Schock, F., Swabischer Prediger der Templergemeinschaft, 210fn

Schönfeld, mennonitische Siedlungen, 245, 262

Schönwiese, Chortitza, Mennoniten Industrie in, 260

Schröder, Peter, Molotschna Industrieller, 265fn

Schulen, Mennoniten, 177-75
im polischen-preussischen Land, 118, 125, 176-77, 178-79, 182-83
in Russland
Brüderschule, Gnadenfeld, 195-96, 201, 209, 210, 212
Cornies Reform, 151-53, 181, 183-87, 189
Taubstummenschule, 251, 276
Dorfschulen, 142, 179, 180-81, 182-83, 233-34, 281, 283-85
Russische Verwaltung und, 179, 183-84, 233-34, 267-70, 283-86
Reform, 170-71, 181, 184-88
Zentralschulen, 125-26, 131, 146, 152-53, 179-80, 184-87, 202, 209-10, 264-65, 269-70, 277, 281
Schulrat, Molotschna 268-70, 280-81, 284-85
Sonntagschulen, 298
Textbücher und, 287-88
*siehe auch*: Schullehrer, Mennoniten

Schullehrer, Mennoniten
in Preussen, 125-26, 152, 178, 184-85
in Russland, 125, 152, 177-78, 179, 180-85, 188, 264-65, 269

Schutz (*oder* Schött), D., Gemeindekandidat Chortitza(1788), 83

Schwäbische Kolonisten in Russland, 116-18, 123, 192, 193, 209-10

Schweiz, Wiedertäufer und Mennoniten in, 50, 56, 151fn

Seidenindustrie, 105, 133-34, 156, 163, 168, 170-71

Selbstverwaltung, Mennoniten in Russland, 88-90 *siehe auch*: Gebietsamt

Seminar, Theologisches *siehe*: Theologische Seminär

Semstwa, Gründung von, 233 *siehe auch*: Verwaltung

Siberien, Mennoniten in, 215n, 221, 253-4

Siemens, Johann, Vorsitzer Chortitza Landwirtschaftliche Verein, 171

Siemens, Peter, Oberschultze Chortitza, 90

Simons, Menno (1496-1561), 50, 54

Sonderegger, J H., Herausgeber Kolonistischer Zeitung, 142fn

Sontagsschulen, Mennoniten in Russland, 278

Sozialstruktur *siehe*: Gesellschaftsstruktur

Sprache, Mennoniten und
Holländisch, 61, 188-89
Hochdeutsch, 61, 142, 164, 188-89, 191, 216, 268-69, 270, 285, 287-88, 289
in Verwaltung, 88, 184, 189
Plattdeutsch, 61, 96n, 161-62, 177, 183-84, 191, 206, 216, 289
Russische, in Schulen und Verwaltung, 184, 268, 269-70, 281,

282, 285
Springer *siehe*: Brüdergemeinde, mennonitische
Spurgeon, Charles, Predigen von, 296fn
Staat im Staate, Mennoniteskonzept, 276-77, 294 *siehe auch*: Verwaltung, Mennoniten
Staatsbauern *siehe*: Reichbauern
Steinbach Gut, Molotschna, 171fn, 222
    Schule aus, 183-84
Steuer
    Forstei, 280-81
    Landlosen und, 222, 225, 227-28, 229-30
Stimmrechten in Kolonien, 223, 227, 229, 233, 234
Strafen, Streitigkeit über körperlich, 89, 90, 153
Sudermann Familien, Kaufleute in Preussen und Russland, 164, 165fn
Sudermann, Abraham (1765-?), 165
Sudermann, Hermann (1857-1928), Schriftsteller von Mennonitischer Herkunft, 189fn
Sudermann, Leonhard (1821-1900), Ältester Berdjansk Gemeinde und in Amerika, 238fn
*Süddeutsche Warte*, Zeitung der Templergemeinschaft, 209, 210

Tabak
    Ackerbau und, 134, 163
    gegen Rauchen, 96, 145
Taganrog, Seehafen am Asowischen Meer, 111, 247
Tataren *siehe*: Nogaier Tataren
Tashkent, Mennoniten in, 253
Taubstummenschule, Tiege/Blumenort, Molotschna, 251, 276
Taufe, 53, 177, 190, 194n, 271-72
    Krimmer mennonitische Brüdergemeinde und, 217-218
    mennonitische Brüdergemeinde und, 205, 206, 213, 215, 279
    Regeln in Russland, 152, 279
    Wiedertäufer und, 51, 52
Tausendjähriges Reich, Idee Mennoniten
    in Preussen, 251-52
    in Russland, 121fn, 124, 251-53
    Wiedertäufer, 51
Templergemeinschaft
    Mennoniten und, 207n, 212-13, 218, 251, 276
    in Palästina, 210, 212
    in Württemberg, 210-11
Theologisches Seminar, Pläne für, 250
Thiessen, Abraham (1838-1889), und Landlosenstreit, 217, 227fn, 228-29
Thiessen, Heinrich, Müller Jekaterinoslaw, 261
Thiessen, Johann, Müller Jekaterinoslaw, 261
Tochterkolonien
    Chortitza, 14, 232, 244, 246-47, 248, 249
    Molotschna, 207
    *siehe auch unter besonder Kolonienamen*
Todleben, E. I., General, 239-40, 241, 270-71, 281
Toews, Abraham (1793-1848), Oberschultze Molotschna, 152, 170
Toews, Heinrich, Ältester Pordenau Gemeinde, Molotschna 151
Toews, Jacob, Schriftsteller, 289, 296fn
Toews, John B., Historiker, 19fn, 23, 28
Toews, Kornelius, Oberschultze Molotschna, 227fn
Toews, Peter, Molotschna Oberschultze Whälen, 149-50, 152, 155
Toews, Peter (1841-1922), Ältester

Kleine Gemeinde, Russland und Kanada, 217
Tokmak, Russisches Dorf, später Stadt, 114, 272
Tolstoi, Dmitrii, Minister von Aufklärung, 234, 283
Trappe, G, Auswanderungsagent, 68-71, 81, 82, 85, 86
Trebensch, J, Gebietsschreiber Gnadenfeld Wolost, 280
Turkestan, Mennoniten in, 253
Tuschfabrik *siehe*: Industrie

Unger, Abraham (1820-80), Ältester Brüdergemeinde, Chortitza, 206, 208, 213, 215, 274
Unruh, Kornelius (1849-1910), Schullehrer, Molotschna, 270fn, 288
*Unterhaltungsblatt für deutsche Ansiedler im südlichen Russland*, 44fn, 141, 159, 164

van Braght, T. J., Verfasser von *Martyrische Spiegel*, 54
Vereinigten Staaten, Auswanderung nach 19, 43, 229, 237, 238, 240, 242, 275, 293 *siehe auch*: Nordamerika
Verlagshäuser *siehe*: Druckerei
Versammlungshausstreit, Neu Halbstadt, Molotschna, 199-200, 208
Verwaltung, Mennonit Selbst, *siehe*: Gebietsämten
Verwaltung, Zentral, Mennoniten und, 52
  in Polen, 59, 60, 64
  in Preussen, 64-65, 72-74
  in Russland, 104-05, 123
  Grossreform und, 232-43, 268-71, 281-82 208- 18, 24345,256
  Schulen und, 179, 183-84, 233-34, 267-70, 283-86

*siehe auch*: Fürsorgekomitee *und besondere Ministerien*
Verwandtschaft, Mennoniten, 56, 77, 78, 107, 232, 262-3, 307
Voth, Andreas (1821-85), Schullehrer, Molotschna, 268
Voth, Tobias, (1791-?) Schullehrer, Molotschna, 125, 152, 153, 183, 188

Waisenamt, 61, 63, 77-79, 276-77
Waldheim, Molotschna, 151
  Gemeinde in, 151-52, 218fn
  Industrie in, 260
Wall, Johann, 198
Wallmann Chortitza Industrieller *siehe*: Lepp & Wallmann, Maschienenbaufabrik
Warkentin, Cornelius (1740-1809), Ältester Rosenort, Preussen, 84
Warkentin, Dirk (1788-1837) Ältester Lichtenau-Peterhagen Gemeinde, Molotschna, 151
Warkentin, Jacob (1815-81) Ältester Flämische Gemeinde, Molotschna, 121-22, 125, 146, 148-50, 152, 153, 155fn
Wedel, Benjamin (1847-1905), Ältester Waldheim Gemeinde, Molotschna, 218fn
Wedel, Peter (1792-1871), 118, 144
Wehrlosigkeit, Mennoniten
  im polische-preussischen Land, 64-65, 236
  in Russland, 97, 153-55, 235-41, 252-53, 270-73, 275 *siehe auch*: Forstei
  Wiedertäufer, 51
  *siehe auch*: Militäreinberufung
Weinbau, 105, 132, 134, 138 *siehe auch*: Ackerbau
West Preussen *siehe*: Preussen, West
Weizenproduktion, 135-36, 166

bei Mennoniten, 135-36, 166, 255, 257-59
in Neu Russland, 254-55
*siehe auch*: Ackerbau
Welitzyn, A. A, Angreifer der Kolonisten in russischen Zeitschriften, 286fn
Wichern, Johannes, Deutsche Innere Mission und, 192fn
Wiebe, Gerhard (1725-96) Ältester Flämische Gemeinde, Danzig, 82fn, 83, 96fn
Wiebe, Gerhard (1827-1900), Ältester Bergthal Gemeinde in Russland und Kanada, 234
Wiebe, Jacob W. (1836-1921), 217, 218
Wiebe, Johann (1776-1823) Ältester Flämische Gemeinde, Chortitza, 83-84, 95, 97
Wiebe, Philip (1816-70), Juschanlee Gut, 156fn, 170-71, 185, 187, 199, 226, 268
Wiedertäufertum, 51-55, 176
Wieler, Gerhard (1833-1911), Brüder, 208-09, 213
Wieler, Johann (1839-89), Brüdergemeinde und Baptisten Prediger, 208-09, 213fn
Wiens, Claas (1767/68-?), Oberschultze Molotschna, 92, 95, 97, 106, 164, 171fn
Wiens, Heinrich (1800-72), Ältester Margenau Gemeinde, Molotschna, 151, 153-55
Wiens, Jacob, Gemeindekandidat Chortitza (1788), 82
Wilhelm Karl, Schullehrer und Verfasser Deutscher Schulbücher, 288
Willms, Gerhard, Chortitza Prediger, 87
Wohlfart, Mennoniten, 61, 63, 77-79

*siehe auch*: Waisenamt
Wolga Siedlungen
Bevölkerung (1887), 312
"Deutsche", 68, 205-06
Mennoniten, 36, 198fn, 237, 257fn
Tausendjähriges Reich in, 251-53
Wolhynia, Mennoniten in, 151
Auswanderung nach Nordamerika, 240fn
Auswanderung nach Neu-Russland, 151, 205fn, 252, 257
Wollosten, Begründung und Struktur, 234-35, 277, 278-80
Wollproduktion *siehe*: Schafzucht
Worontzow, M. S., General Gouverneur Neu Russland, 131, 132
Württemberg, Mennoniten und, 116-17, 192-93, 210-11 *siehe auch*: Templergemeinschaft
Wüst, Eduard, Erweckungsprediger der Schwaben in Russland, 192-93, 201-02, 205, 209fn, 210
Brüder, 193-95, 201-02, 218

Yeardley, John, Englisch Quäker Besucher, 198fn

Zablotskii-Desiatovskii, A. P., Beamter Ministeriums für Reichsdomäne, 138
Zagradovka Kolonie *siehe*: Sagradowka Kolonie
Zentral Asien, Mennoniten Auswanderung nach, 226-28
Zigeuner, 113
Zubov, Platon, Günstling Katherine die Grosse und Neu Russland, 87

# James Urry

James Urry wurde in London, England geboren. Er promovierte am Universitäts College London, Teil der Universität London und der Oxford Universität. Nach dem Abschluß in Oxford unterrichtete er ein Jahr an einer Schule in Jersey auf den Kanal-Inseln. Dann zog er nach Australien, um dort am Australischen Institut für Ureinwohner-Studien in Canberra zu arbeiten. Später hat er Anthropologie an der Fakultät für Vorgeschichte und Anthropologie an der Nationalen Australischen Universität in Canberra unterrichtet, bevor er einen Posten an der Fakultät für Anthropologie der Universität Viktoria in Wellington, Neuseeland, übernahm, wo er zur Zeit als Dozent für Anthropologie an der Schule für Soziale und Kulturelle Studien arbeitet. Er hat Visitationsstipendien für Forschungsarbeiten an der Universität Winnipeg und an der Universität Calgary gehabt.

Seit Anfang der 1970er Jahre führte Dr. Urry eine Forschungsarbeit unter den "russischen" Mennoniten, hauptsächlich in Kanada durch, eine Untersuchung zu der auch Besuche in den Vereinigten Staaten, Russland und der Ukraine gehörten. Er hat eine ganze Reihe von Veröffentlichungen über mennonitische Themen herausgegeben. Zudem ist er auch an Forschungsgebieten interessiert, zu denen Aspekte der Geschichte der Anthropologien, insbesondere der britischen Anthropologie, die australischen Ureinwohner und die Stellung der Kinder und jungen Erwachsenen in der modernen Welt gehören. Er hat Artikel über all diese Themen sowie eine Sammlung seiner Aufsätze veröffentlicht, und ein Buch, *Before Social Anthropology: Essays in the History of British anthropology (Bevor Sozial-Anthropologie: Aufsätze über die Geschichte der Britischen Anthropologie* (Chur, 1993)) geschrieben.

Dr. Urry hat vor kurzem ein buchfüllendes Studium über Mennoniten, Politik und Volksgemeinschaft abgeschlossen, in dem die Beteiligung der Mennoniten an der Politik seit ihren täuferischen Ursprüngen über die Erfahrungen in Russland bis zur modernen Welt des westlichen Kanada untersucht wird. Gegenwärtig arbeitet er an einem weiteren Buch, das sich mit der Übersiedlung mennonitischer Flüchtlinge aus der Sowjetunion nach Manitoba in den 1920-er Jahren beschäftigt, und wie diese und andere eine Gemeinschaft in dem Gebiet einer früheren mennonitischen Siedlung wiederaufbauen.

Dr. Urry is verheiratet und lebt in Wellington, Neuseeland. Er und seine Frau Rita haben drei, jetzt bereits erwachsene Kinder, und drei Großkinder, die alle in Australien leben.